# 黑龙江统计年鉴

# HEILONGJIANG STATISTICAL YEARBOOK

## 2019

（总第33期 No.33）

黑 龙 江 省 统 计 局
国家统计局黑龙江调查总队 编

*Compiled by*

HEILONGJIANG PROVINCIAL BUREAU OF STATISTICS
SURVEY ORGANIZATION OF HEILONGJIANG OF NBS

图书在版编目（CIP）数据

黑龙江统计年鉴．2019 ：汉英对照 / 黑龙江省统计局，国家统计局黑龙江调查总队编．-- 北京 ：中国统计出版社，2019.12
ISBN 978-7-5037-8901-4

Ⅰ．①黑… Ⅱ．①黑… ②国… Ⅲ．①统计资料－黑龙江省－2019－年鉴－汉、英 Ⅳ．①C832.35-54

中国版本图书馆 CIP 数据核字（2019）第 173125 号

# 黑龙江统计年鉴—2019

作　　者 / 黑龙江省统计局　国家统计局黑龙江调查总队
责任编辑 / 佘竞雄　且淑芬
装帧设计 / 李　静
出版发行 / 中国统计出版社
地　　址 / 北京市丰台区西三环南路甲 6 号　邮政编码 /100073
电　　话 / 邮购（010）63376909　书店（010）68783171
网　　址 / http://www.zgtjcbs.com
印　　刷 / 哈尔滨博奇印刷有限公司
经　　销 / 新华书店
开　　本 / 890mm×1240mm　1/16
字　　数 / 685 千字
印　　张 / 31.75　彩页：1.25
版　　别 / 2019 年 12 月第 1 版
版　　次 / 2019 年 12 月第 1 次印刷
定　　价 / 438.00 元　　Price:438.00 yuan (RMB)

# 《黑龙江统计年鉴—2019》编委会和编辑工作人员

# Heilongjiang Statistical Yearbook-2019

## Editorial Board And Editorial Staff

# 编辑说明

一、《黑龙江统计年鉴—2019》是一部全面反映黑龙江省经济和社会发展状况的资料性工具书。本书系统收录了全省及各市（地）、县2018年经济和社会各方面的统计数据，以及历史重要年份的主要统计数据。

二、全书共分20个部分：1. 综合；2. 人口、就业人员和工资；3. 国民经济核算；4. 价格指数；5. 人民生活；6. 财政、金融和保险；7. 资源与环境；8. 能源；9. 固定资产投资；10. 对外经济贸易；11. 农业；12. 工业；13. 建筑业；14. 住房和房地产；15. 国内贸易和旅游业；16. 运输和邮电；17. 教育与科技；18. 文化、体育、卫生和社会服务；19. 城市概况；附录：各县、市主要指标。各部分均附有主要统计指标解释。

三、资料中使用的度量衡单位均采用国际统一标准的计量单位。

四、本年鉴的资料大部分来自年度统计报表，部分数据来自抽样调查和专业部门年报，部分专业历史数据和资料来源口径有调整，请留意表中注释。

五、附录中的县域经济指标为各县（市）上报数，未做逐级核对，仅供参考。

六、由于数据来源和计算方法不同，一些指标分地区数据相加不等于全省数，请使用时注意。部分合计数或相对数因单位取舍不同而产生的计算误差均未做调整。

七、由于第四次全国经济普查各省数据尚未最终确定，2018年各专业数据为初步统计数据。从2018年开始，分地区统计数据中包括农垦总局数据，不再单独列示农垦总局。

八、本年鉴中的符号使用说明：“空格”表示该项数据不详或数据太小，不足本表计量单位；“#”表示其中主要项。

# EDITOR' S NOTES

I. *Heilongjiang Statistical Yearbook—2019* is an annual statistics publication, which covers very comprehensive data in 2018 and some selected data series in historically important years at provincial levels and local levels of cities, regions, and counties directly under the provincial government and therefore, reflects various aspects of social and economic development of Heilongjiang.

II. The book contains the following 20 parts, 1. General Survey; 2. Population, Employment and Wages; 3. National Accourts; 4. Price Indices; 5. People's Living Conditions; 6. Finance, Banking and Insurance; 7. Resources and Environment; 8. Energy; 9. Investment in Fixed Assets; 10. Foreign Trade and Economic Cooperation; 11. Agriculture; 12. Industry; 13. Construction; 14.Housing and Real Estate; 15. Domestic Trade and Tourism; 16. Transport, Posts and Telecommunication Services; 17. Education, Science and Technoloy; 18. Culture, Sports, Public Health and Social Services; 19. General Survey of Cities; Appedix Main Indicators of Counties. In addition, explanatory notes on main statistical indicators are provided at the end of each part.

III. The units of measurement used in this book are internationally standard measurement units.

IV. The major data sources of this publication are obtained from annual statistical reports, and some from sample surveys and professional departments. Statistical coverage of some professional historical data has adjusted. Please attention to explanatory notes in charts.

V. Some statistical data gathering from regions are not the same as total of province. Please attention to use. Statistical discrepancies due to rounding are not adjusted in this yearbook.

VI. Economic indicators in appendix are statistical data of county. The data are not checked from level. It is reference only.

VII. As the provincial data of the fourth national economic census have not yet been finalized, the professional data for 2018 are preliminary statistics. Starting from 2018, statistics from the state administration of agricultural reclamation will be included in the statistics by region, instead of being listed separately by the state administration of agricultural reclamation.

VIII. Notations used in this yearbook:

"(Blank) " indicates that the data not available or the figure is not large enough to be measured with the smallest unit in the table; "# " indicates the major items of the total.

# 篇目索引　Subject Index

| | |
|---|---|
| 1. 综　合 | 1.General Survey |
| 2. 人口、就业人员和工资 | 2.Population, Employment and Wages |
| 3. 国民经济核算 | 3.National  Accounts |
| 4. 价格指数 | 4.Price  Indices |
| 5. 人民生活 | 5.People's Living Conditions |
| 6. 财政、金融和保险 | 6.Finance, Banking and Insurance |
| 7. 资源与环境 | 7.Resources and Environment |
| 8. 能　源 | 8.Energy |
| 9. 固定资产投资 | 9.Investment in Fixed Assets |
| 10. 对外经济贸易 | 10.Foreign Trade and Economic Cooperation |
| 11. 农　业 | 11.Agriculture |
| 12. 工　业 | 12.Industry |
| 13. 建筑业 | 13.Construction |
| 14. 住房和房地产 | 14.Housing and Real Estate |
| 15. 国内贸易和旅游业 | 15.Domestic Trade and Tourism |
| 16. 运输和邮电 | 16.Transport, Posts and Telecommunication Services |
| 17. 教育与科技 | 17.Education, Science and Technoloy |
| 18. 文化、体育、卫生和社会服务 | 18.Culture, Sports, Public Health and Social Services |
| 19. 城市概况 | 19.General Survey of Cities |
| 附录　各县、市主要指标（2018 年） | Appendix Main Indicators of Counties(2018) |

## 耕地

黑龙江省是中国耕地面积最大的省份，是世界著名的三大黑土带之一。
全省人均耕地面积居全国第一位。

■耕地面积2.39亿亩（含加格达奇松岭区）

■人均耕地面积6.3亩

Heilongjiang province has the largest area of cultivated land among the provinces in China, Heilongiang province lies in one of the three most famous black earth belts in the world. The cultivated land per capita list the first in China.

## 粮食

黑龙江省粮食产量连续8年居全国首位，是中国重要的商品粮基地。

■粮食播种面积2018年21321.8万亩

■粮食产量2018年1501.4亿斤

Heilongiang province is an important commodity grain base in China,and its grain output ranks first in China for 7 consecutive years.

## 大豆

黑龙江省大豆种植面积和产量居全国首位。

■大豆播种面积2018年5351.6万亩

■大豆产量2018年131.6亿斤

The sown areas and yield soybean in Heilongjiang are standing number one in China.

特色黑龙江

## 绿色食品

黑龙江省绿色食品认证面积居全国第一位。

■绿色食品认证数量2018年2700个

■绿色食品种植面积2018年8046.7万亩

Heilongjiang ranks first in China in area of green food certification.

## 草原

黑龙江省草地面积约201.8万公顷，优质的牧草为畜牧业发展提供了丰厚的天然条件，全省牛奶和乳制品产量均居全国前列。

■奶牛数量2018年105.0万头

■乳制品产量2018年155.3万吨

■牛奶产量2018年455.9万吨

The provincial grassland area is about 2063000 hectares, and the high- quality grazing provide rich natural condition for the development of the stock raising. The prodction of milk and dairy products rank the total accumulation of the nation.

## 旅游资源

黑龙江省冰雪旅游资源堪称中国之最。

■亚布力是亚洲最大的滑雪场;

■镜泊湖是中国最大的高山堰塞湖;

■五大连池被誉为“天然火山博物馆”。

The resources of ice-and-snow in Heilongiang are praised the best of all in China. Yabuli sking site is the biggest in Asia Jingpohu lake is the largest mountain-and-wei stufing lake in China. Wudalianchi is praised as the natural volcano museum.

## 原油

黑龙江省原油产量居全国第一，大庆油田累计提供原油23.7亿吨。

■原油产量2018年3224.2万吨

The Daqing Oil Field is the largest oil field in China and the production of crude oil list the first in China.

## 森林

黑龙江省是我国重点林区之一，森林面积、森林总蓄积量和木材产量均居全国前列，是国家重要的木材战略储备基地。

■森林面积2145万公顷

■森林覆盖率47.21%

■森林蓄积量20.52亿立方米

Heilongjiang Province is one of China's major forest areas. The forest area, total volume of forest and timber production rank the total accumulation of the nation, is an important national timber strategic reserve base.

# 黑龙江的一天（2018年）

## Selected Indicators Average Daily Social and Economic Activities of Heilongjiang Province(2018)

地区生产总值44.83亿元
GDP 4483 million yuan

出生人口618人
Birth population 618 persons

死亡人口689人
Deadth population 689 persons

粮食产量20.57万吨
Yield of Grain 205665 tons

公共财政收入3.51亿元
Public financial revenue 351 million yuan

旅游收入6.15亿元
Earnings from tourism 615 million yuan

公共财政支出12.81亿元
Public financial ecpenditures 1281 million yuan

客运量93.1万人
Passenger traffic 0.93 million persons

进出口总额7236万美元
Total exports and imports 72.36 million USD

货运量170.7万吨
Freight traffic 1707315 tons

进口总额6017万美元
Total imports 60.17 million USD

邮电业务总量3.35亿元
Business volume of post and telecom-munications service 335 million yuan

出口总额1219万美元
Total exports 12.19 million USD

金融机构各项存款增加额4.68亿元
Every deposit tota value of financial institution 468 million yuan

原油产量8.83万吨
Yield of Crude Oil 88334 tons

居民储蓄增加额3.51亿元
Savings deposit of rural and urban residents 351 million yuan

钢材产量1.54万吨
Yield of steel 15380 tons

发电量2.78亿千瓦小时
Electricity 278 million kwh

乳制品产量0.43万吨
Yield of dairy product 4255 tons

三项专利授权53.2件
Number of three types of patent applications granted 53.2 units

汽车产量446辆
Yield of Automobile 446 unit

牛奶产量1.25万吨
Yield of milk 12490 tons

肉类产量0.68万吨
Output of Meat 6763 tons

数

黑
龙

## 总人口及自然增长率

Total Population and Natural Growth Rate

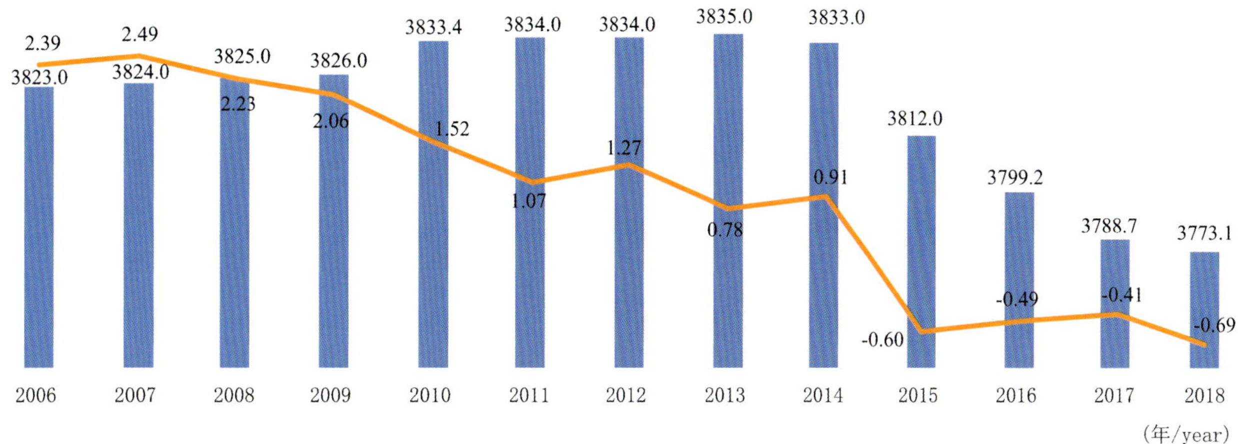


## 常住人口城镇化率（%）

Resident Population Urbanization Rate (%)

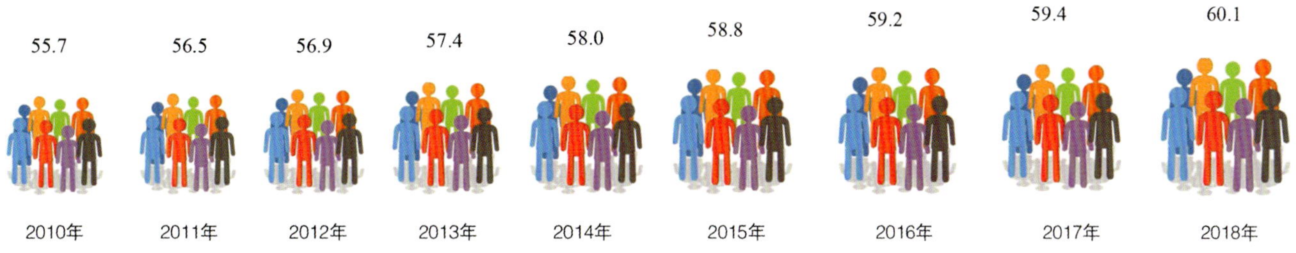


## 就业人数（万人）

Number of Employed Persons (10000 persons)

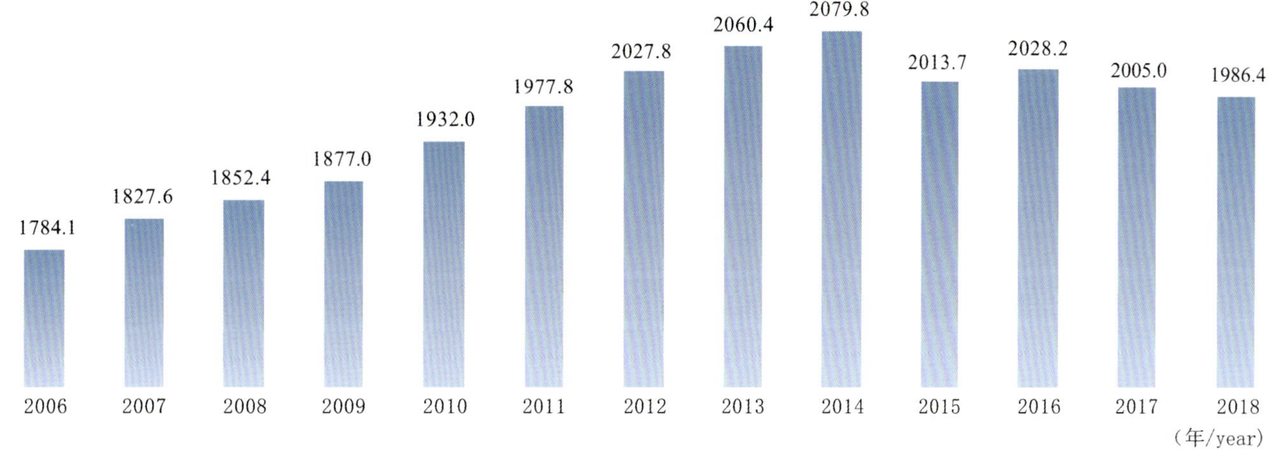

## 城镇非私营单位就业人员平均工资（元）

Average Wage of Employed Persons in Urban Non-private Units(yuan)

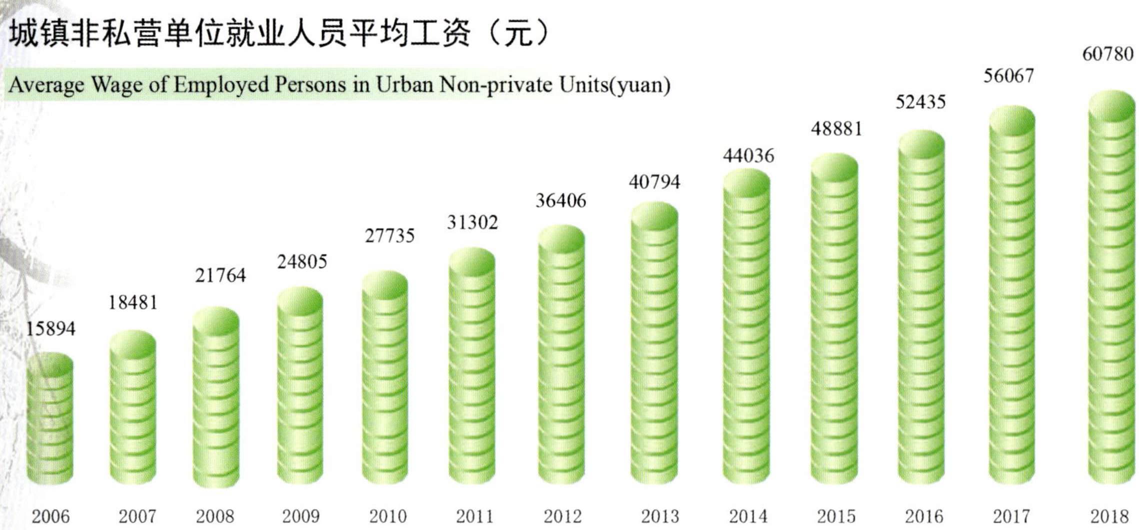


## 地区生产总值及增长速度

Gross Domestic Product &It's Growth Rate

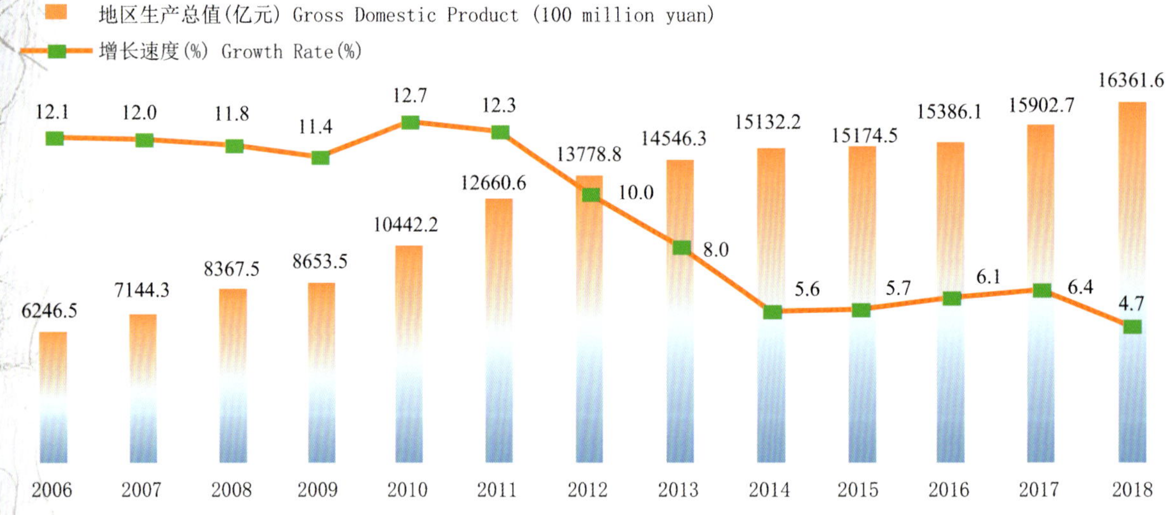


## 地区生产总值构成(%)

Composition of GDP (%)

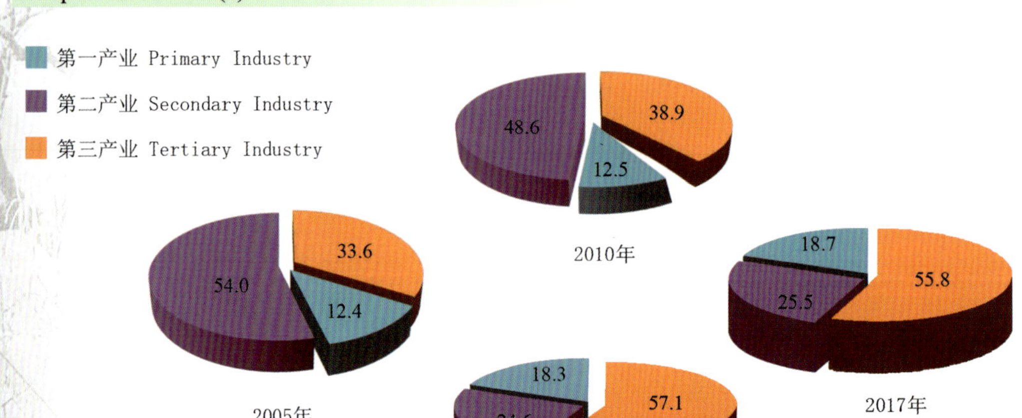


数字黑龙江

## 人均地区生产总值（元）
Per Capita GDP (yuan)

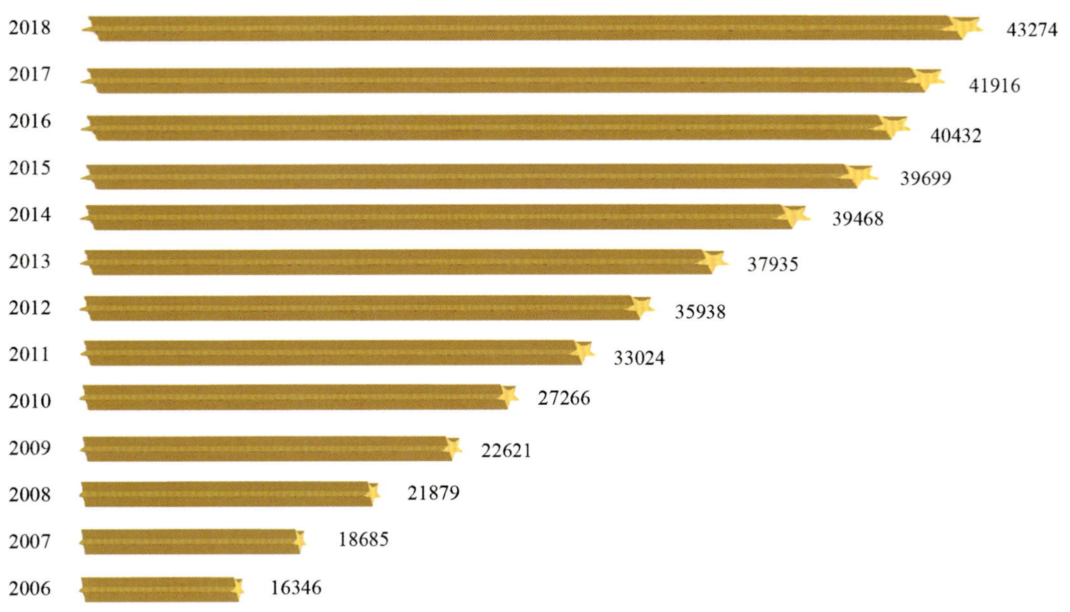


## 城乡常住居民人均可支配收入（元）
Annual Per Capita Disposable Income of Urban & Rural Households (yuan)

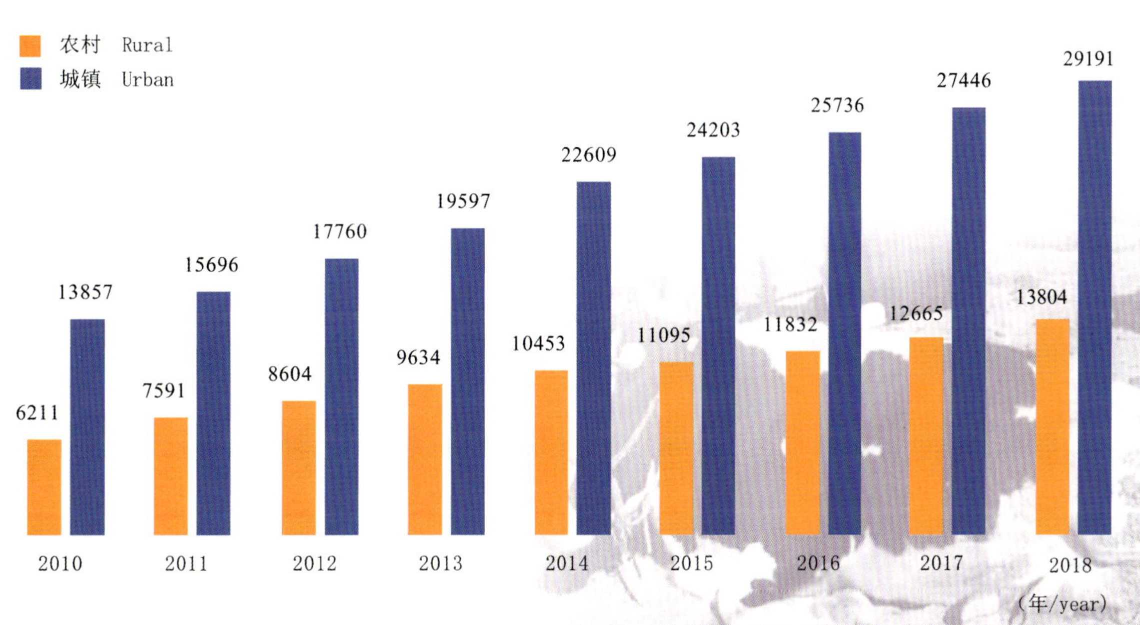

## 城镇居民消费结构（%）

Urban Resident's Consumption Composition (%)

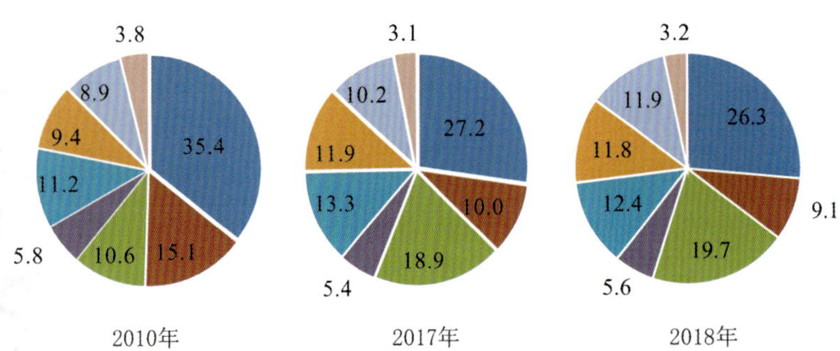


## 农村居民消费结构（%）

Rural Resident's Consumption Composition (%)

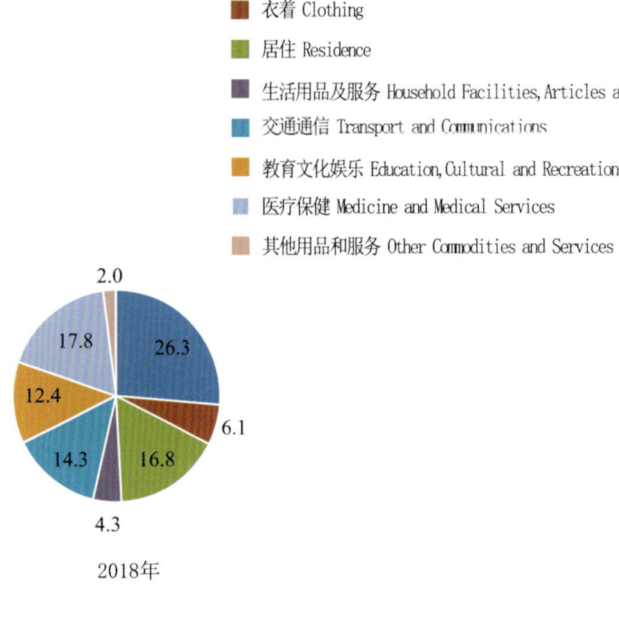


数字黑龙江

## 单位GDP能耗上升或下降（%）

Rise or Fall Rate of Energy Consumption Per Unit of GDP (%)

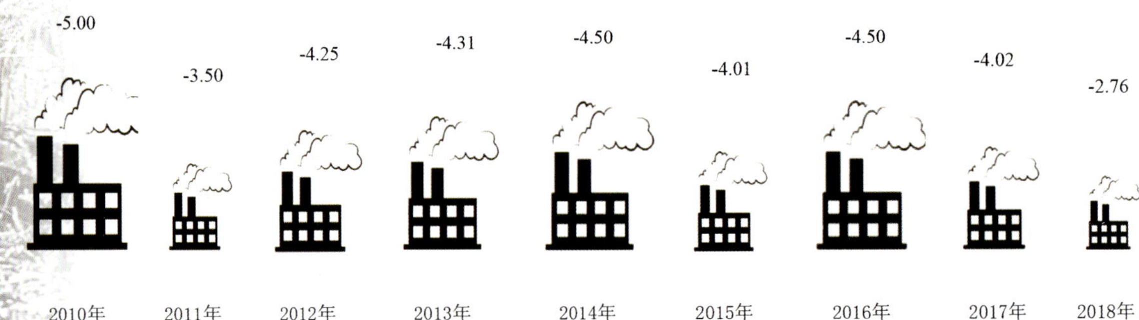

## 进出口总额（亿美元）
## Total Value of Imports and Exports (USD 100 million)

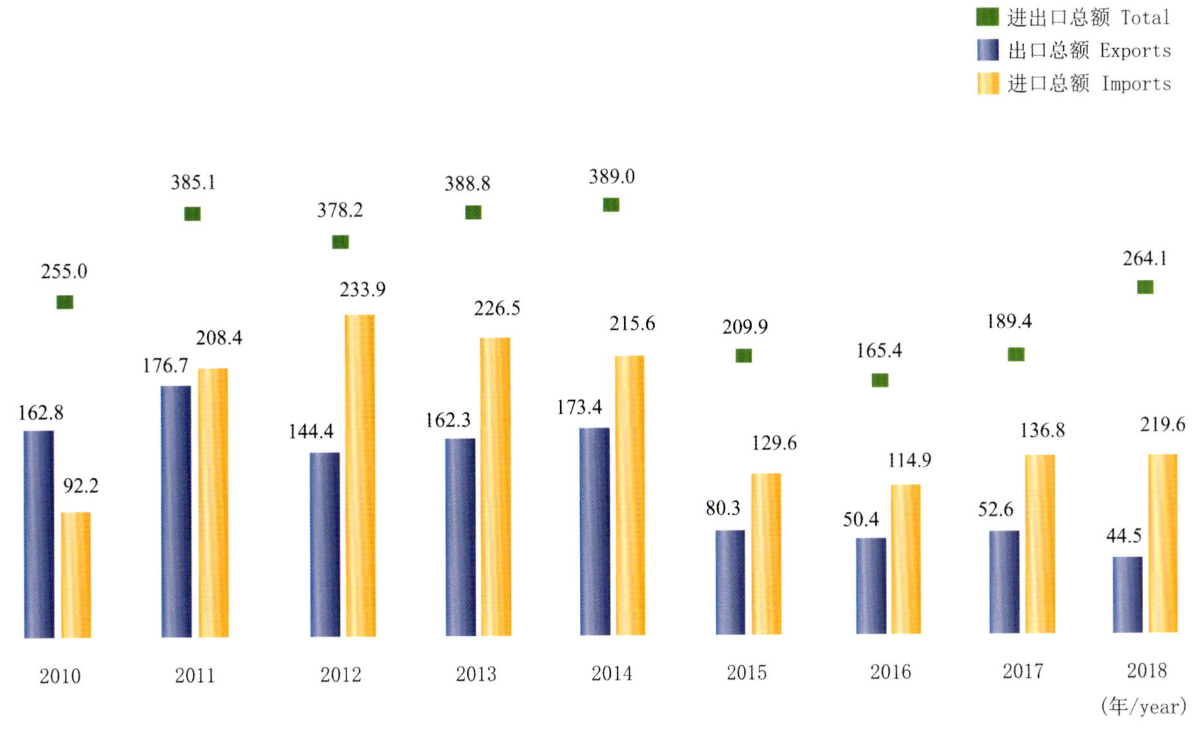


## 外贸依存度（%）
## Degree of Dependence upon Foreign Trade (%)

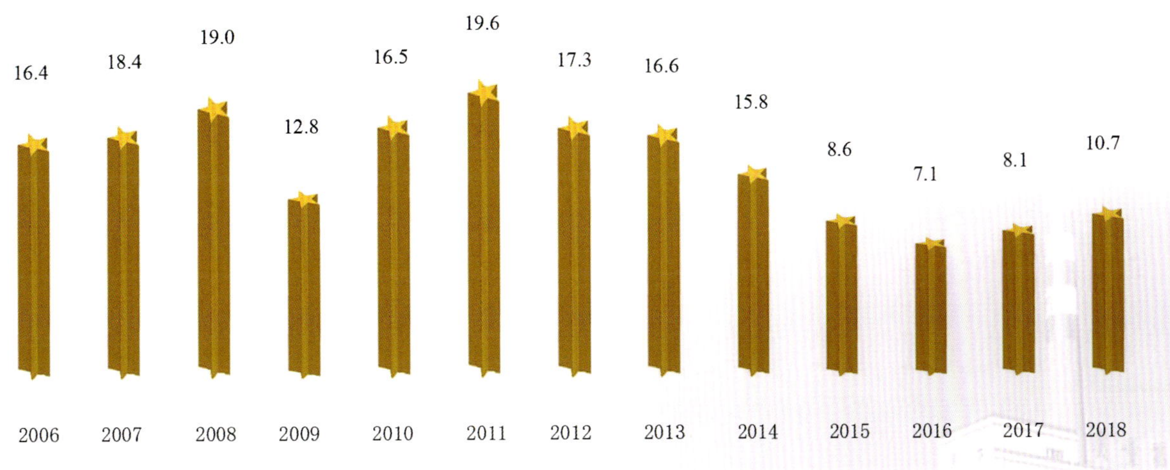

粮食产量（万吨）

Yield of Grain (10000 tons)

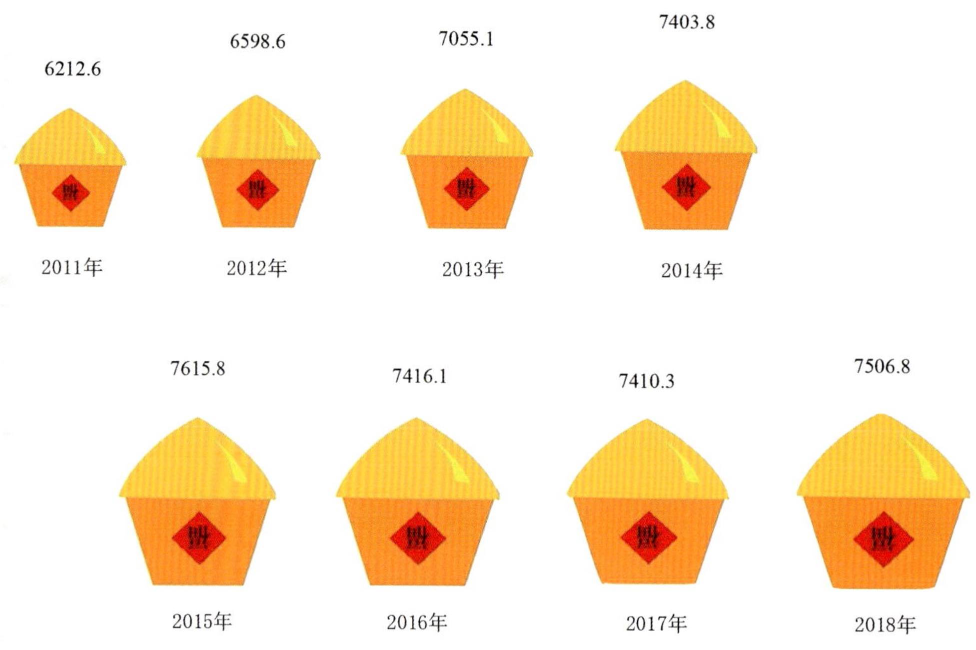


农业总产值（亿元）

Gross Output Value of Farming, Forestry, Animal Husbandry & Fishery (100 million yuan)

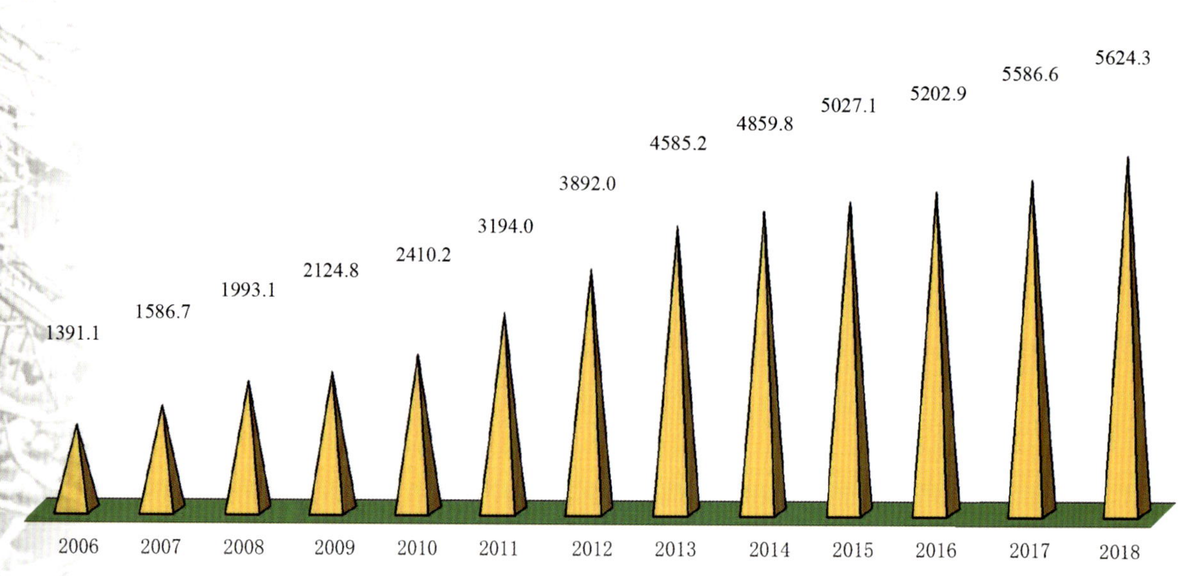


数字黑龙江

## 绿色食品产业发展
Green Food Industry Development

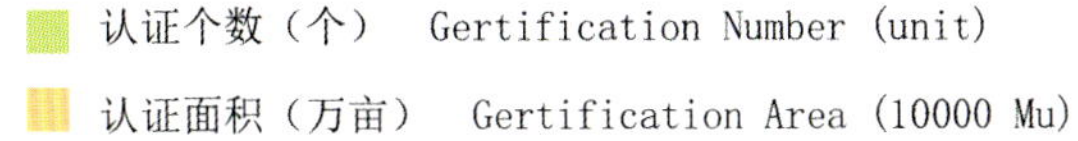


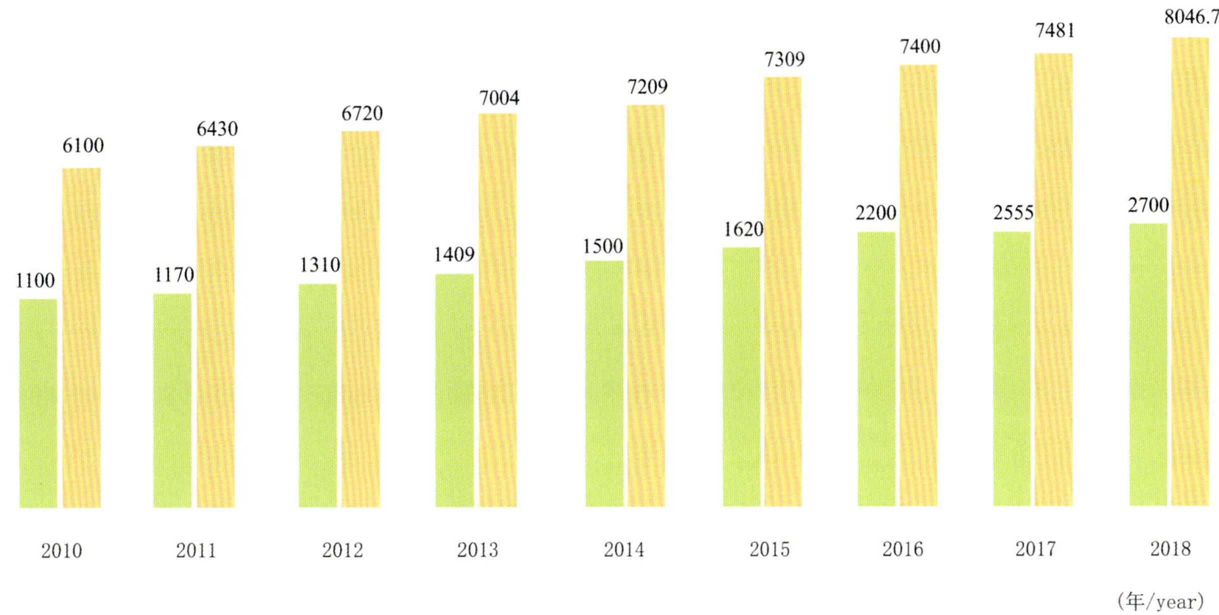


(年/year)

## 规模以上工业增加值增长速度（%）
Rate of Value-added of Industry Above Designated Size (%)

## 石油产量（万吨）
Yield of Crude Oil (10000 tons)

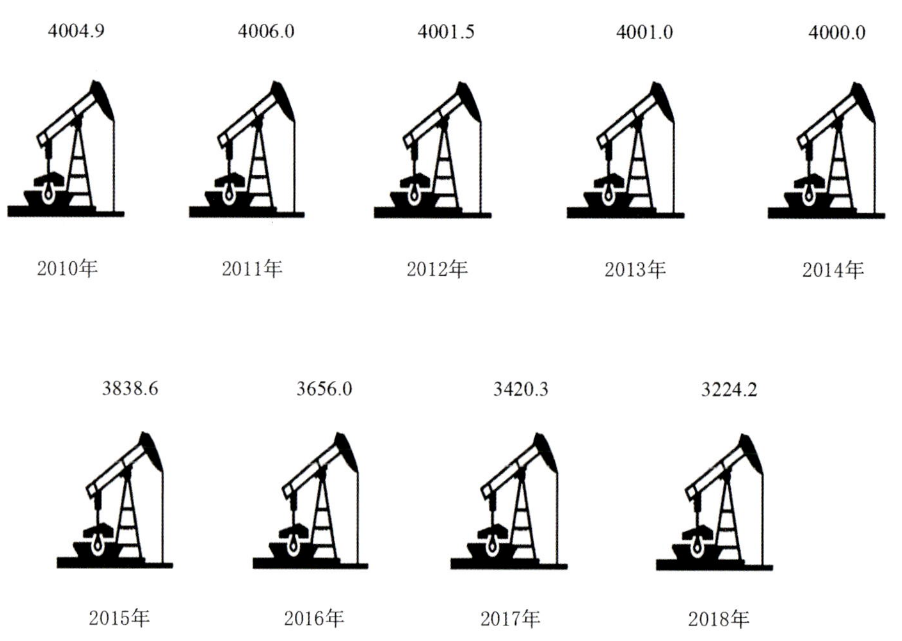


## 客货运输量
Total Passenger & Freight Traffic

客运量(亿人) Passenger Traffic(100 million persons)
货运量(亿吨) Freight Traffic(100 million tons)

## 各类学校在校学生数（万人）

Number of Students Enrollment By Type of School (10000 persons)

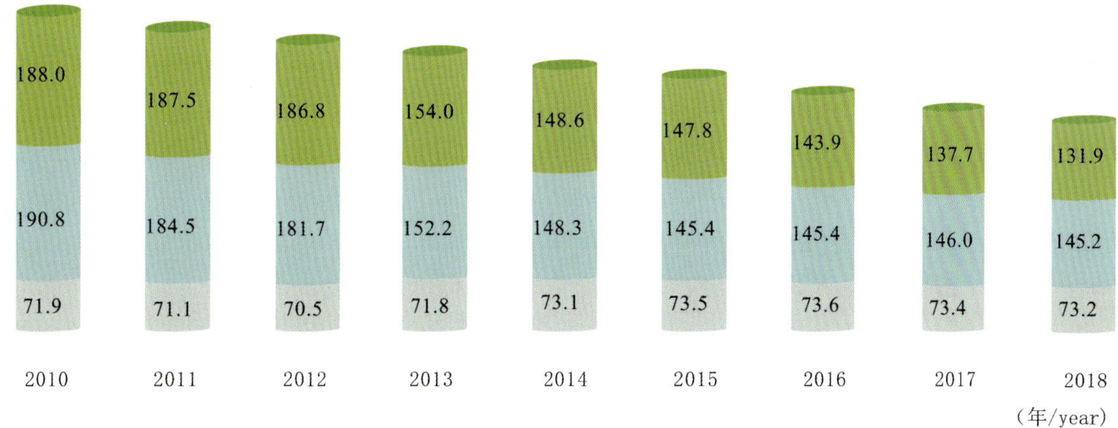


## 每万人拥有大学生数（人）

Number of University and College Students Per 10000 Population (person)

## 三项专利授权数（件）

Number of Patent Applications Certified (item)

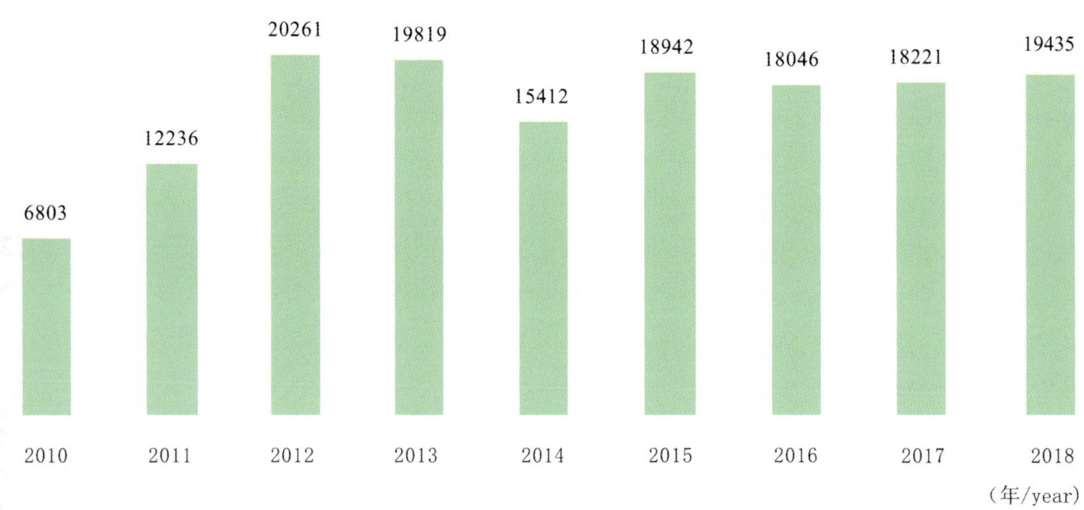


## 每万人拥有卫生资源数

Number of Health Resources Per 10000 Population

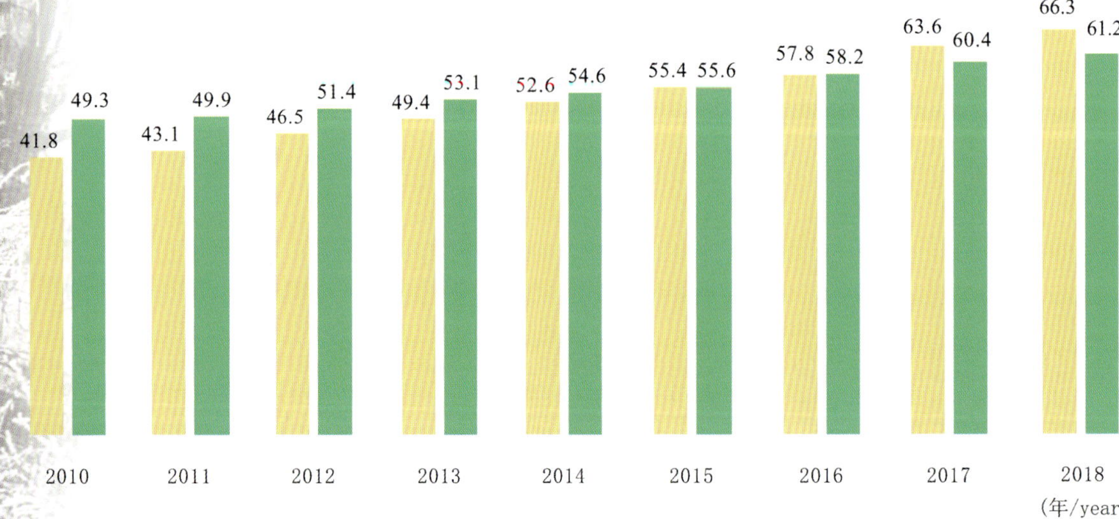


数字黑龙江

# 目　录
# CONTENTS

## 第一篇　综　合
## Chapter 1　General Survey



## 第二篇　人口、就业人员和工资
## Chapter 2　Population, Employment and Wages

## 第三篇 国民经济核算
## Chapter 3 National Accounts

## 第四篇 价格指数
## Chapter 4 Price Indices



## 第五篇 人民生活
## Chapter 5 People's Living Conditions

## 第六篇 财政、金融和保险
## Chapter 6 Government Finance, Financial Intermediation and Insurance

## 第七篇 资源与环境
## Chapter 7 Resources and Environment



## 第八篇 能 源
## Chapter 8 Energy

## 第九篇 固定资产投资
## Chapter 9 Investment in Fixed Assets

## 第十篇 对外经济贸易
## Chapter 10 Foreign Trade and Economic Cooperation



## 第十一篇 农 业
## Chapter 11 Agriculture

## 第十二篇　工 业
## Chapter 12　Industry

## 第十三篇 建筑业
## Chapter 13 Construction

## 第十四篇 住房和房地产
## Chapter 14 Housing and Real Estate

## 第十五篇 国内贸易和旅游业
## Chapter 15 Domestic Trade and Tourism



## 第十六篇 运输和邮电
## Chapter 16 Transport, Postal and Telecommunication Services

## 第十七篇 教育与科技
## Chapter 17 Education, Science and Technology

## 第十八篇 文化、体育、卫生和社会服务
## Chapter 18 Culture, Sports, Public Health and Social Services

## 第十九篇　城市概况
## Chapter 19　General Survey of Cities

# 第一篇　综　合

## CHAPTER 1　GENERAL SURVEY

大兴安岭地区
黑河市
鹤岗市
佳木斯市
伊春市
齐齐哈尔市
双鸭山市
绥化市
七台河市
鸡西市
大庆市
哈尔滨市
牡丹江市

**资料整理：王志博**

# 1-1 行政区划（2018年）
## Divisions of Administrative Areas(2018)

单位：个 (unit)

| 地 区 | Region | 市、地辖区 Districts Under the Jurisdiction of Cities(Prefecture) | 县级市 Cities at County Level | 县、自治县 County, Autonomous Counties | 镇 Towns | 民族镇 Ethnic Towns | 乡 Townships | 民族乡 Ethnic Townships | 城市街道办事处 Cities Street Communities | 村民委员会 Villages Committee | 社区居委会 Neighborhood Committee |
|---|---|---|---|---|---|---|---|---|---|---|---|
| **合 计** | **Total** | **69** | **20** | **43** | **530** | **11** | **295** | **52** | **314** | **8967** | **2582** |
| 哈尔滨 | Harbin | 9 | 2 | 7 | 109 | 3 | 45 | 11 | 136 | 1886 | 911 |
| 齐齐哈尔 | Qiqihar | 7 | 1 | 8 | 68 | 3 | 46 | 6 | 38 | 1260 | 214 |
| 鸡 西 | Jixi | 6 | 2 | 1 | 25 | | 19 | 4 | 29 | 459 | 97 |
| 鹤 岗 | Hegang | 6 | | 2 | 11 | | 8 | 2 | 32 | 212 | 83 |
| 双鸭山 | Shuangyashan | 4 | | 4 | 21 | | 19 | 2 | 24 | 415 | 115 |
| 大 庆 | Daqing | 5 | | 4 | 31 | | 24 | 3 | | 482 | 288 |
| 伊 春 | Yichun | 15 | 1 | 1 | 12 | | 8 | 1 | | 205 | 133 |
| 佳木斯 | Jiamusi | 4 | 3 | 3 | 44 | | 25 | 4 | 3 | 959 | 170 |
| 七台河 | Qitaihe | 3 | | 1 | 9 | | 6 | 2 | | 220 | 70 |
| 牡丹江 | Mudanjiang | 4 | 5 | 1 | 46 | 2 | 3 | 4 | 23 | 887 | 167 |
| 黑 河 | Heihe | 1 | 2 | 3 | 29 | | 29 | 7 | 11 | 566 | 91 |
| 绥 化 | Suihua | 1 | 3 | 6 | 99 | 3 | 54 | 4 | 12 | 1336 | 191 |
| 大兴安岭 | Daxinganling | 4 | 1 | 2 | 26 | | 9 | 2 | 6 | 80 | 52 |

### 1-1 续表1 Continued

| 地 区 | Region | 县级市 | City at County Level | 县 | County | 区 | District |
|---|---|---|---|---|---|---|---|
| **哈尔滨市** | **Harbin City** | 尚志市 | Shangzhi | 宾 县 | Binxian | 道里区 | Daoli |
| | | 五常市 | Wuchang | 方正县 | Fangzheng | 南岗区 | Nangang |
| | | | | 依兰县 | Yilan | 道外区 | Daowai |
| | | | | 巴彦县 | Bayan | 松北区 | Songbei |
| | | | | 木兰县 | Mulan | 香坊区 | Xiangfang |
| | | | | 通河县 | Tonghe | 平房区 | Pingfang |
| | | | | 延寿县 | Yanshou | 呼兰区 | Hulan |
| | | | | | | 阿城区 | Acheng |
| | | | | | | 双城区 | Shuangcheng |
| **齐齐哈尔市** | **Qiqihar City** | 讷河市 | Nehe | 龙江县 | Longjiang | 龙沙区 | Longsha |
| | | | | 依安县 | Yian | 建华区 | Jianhua |
| | | | | 泰来县 | Tailai | 铁锋区 | Tiefeng |
| | | | | 甘南县 | Gannan | 昂昂溪区 | Angangxi |
| | | | | 富裕县 | Fuyu | 富拉尔基区 | Fularji |
| | | | | 克山县 | Keshan | 碾子山区 | Nianzishan |
| | | | | 克东县 | Kedong | 梅里斯达斡尔族区 | Meilisi Daur Nationality District |
| | | | | 拜泉县 | Baiquan | | |
| **鸡西市** | **Jixi City** | 密山市 | Mishan | 鸡东县 | Jidong | 鸡冠区 | Jiguan |
| | | 虎林市 | Hulin | | | 恒山区 | Hengshan |
| | | | | | | 城子河区 | Chengzihe |
| | | | | | | 滴道区 | Didao |
| | | | | | | 梨树区 | Lishu |
| | | | | | | 麻山区 | Mashan |
| **鹤岗市** | **Hegang City** | | | 绥滨县 | Suibin | 向阳区 | Xiangyang |
| | | | | 萝北县 | Luobei | 工农区 | Gongnong |
| | | | | | | 南山区 | Nanshan |
| | | | | | | 兴安区 | Xingan |
| | | | | | | 东山区 | Dongshan |
| | | | | | | 兴山区 | Xingshan |

## 1-1 续表2 Continued

| 地 区 | Region | 县级市 | City at County Level | 县 | County | 区 | District |
|---|---|---|---|---|---|---|---|
| **双鸭山市** | **Shuangyashan City** | | | 集贤县 | Jixian | 尖山区 | Jianshan |
| | | | | 友谊县 | Youyi | 岭东区 | Lingdong |
| | | | | 宝清县 | Baoqing | 宝山区 | Baoshan |
| | | | | 饶河县 | Raohe | 四方台区 | Sifangtai |
| **大庆市** | **Daqing City** | | | 林甸县 | Lindian | 萨尔图区 | Sartu |
| | | | | 肇源县 | Zhaoyuan | 龙凤区 | Longfeng |
| | | | | 肇州县 | Zhaozhou | 让胡路区 | Ranghulu |
| | | | | 杜尔伯特蒙古族自治县 | Durbote Mongolia Nationality Autonomous | 红岗区 | Honggang |
| | | | | | | 大同区 | Datong |
| **伊春市** | **Yichun City** | 铁力市 | Tieli | 嘉荫县 | Jiayin | 伊春区 | Yichun |
| | | | | | | 南岔区 | Nancha |
| | | | | | | 友好区 | Youhao |
| | | | | | | 西林区 | Xilin |
| | | | | | | 翠峦区 | Cuiluan |
| | | | | | | 新青区 | Xinqing |
| | | | | | | 美溪区 | Meixi |
| | | | | | | 金山屯区 | Jinshantun |
| | | | | | | 乌马河区 | Wumahe |
| | | | | | | 汤旺河区 | Tangwanghe |
| | | | | | | 乌伊岭区 | Wuyiling |
| | | | | | | 五营区 | Wuying |
| | | | | | | 带岭区 | Dailing |
| | | | | | | 上甘岭区 | Shangganling |
| | | | | | | 红星区 | Hongxing |
| **佳木斯市** | **Jiamusi City** | 同江市 | Tongjiang | 桦南县 | Huanan | 向阳区 | Xiangyang |
| | | 富锦市 | Fujin | 桦川县 | Huachuan | 前进区 | Qianjin |
| | | 抚远市 | Fuyuan | 汤原县 | Tangyuan | 东风区 | Dongfeng |
| | | | | | | 郊 区 | Suburb |
| **七台河市** | **Qitaihe City** | | | 勃利县 | Boli | 新兴区 | Xinxing |
| | | | | | | 桃山区 | Taoshan |
| | | | | | | 茄子河区 | Qiezihe |
| **牡丹江市** | **Mudanjiang City** | 绥芬河市 | Suifenhe | 林口县 | Linkou | 东安区 | Dongan |
| | | 海林市 | Hailin | | | 阳明区 | Yangming |
| | | 宁安市 | Ningan | | | 爱民区 | Aimin |
| | | 穆棱市 | Muling | | | 西安区 | Xian |
| | | 东宁市 | Dongning | | | | |
| **黑河市** | **Heihe City** | 北安市 | Beian | 嫩江县 | Nenjiang | 爱辉区 | Aihui |
| | | 五大连池市 | Wudalianchi | 逊克县 | Xunke | | |
| | | | | 孙吴县 | Sunwu | | |
| **绥化市** | **Suihua City** | 安达市 | Anda | 望奎县 | Wangkui | 北林区 | Beilin |
| | | 肇东市 | Zhaodong | 兰西县 | Lanxi | | |
| | | 海伦市 | Hailin | 青冈县 | Qinggang | | |
| | | | | 庆安县 | Qingan | | |
| | | | | 明水县 | Mingshui | | |
| | | | | 绥棱县 | Suiling | | |
| **大兴安岭地区** | **Daxinganling Prefecture** | 漠河市 | Mohe | 呼玛县 | Huma | 新林区 | Xinlin |
| | | | | 塔河县 | Tahe | 呼中区 | Huzhong |
| | | | | | | 松岭区 | Songling |
| | | | | | | 加格达奇区 | Jiagedaqi |

# 1-2　按人口平均的主要工农业产品产量

## Per Capita Major Farm Products and Industrial Products

| 年　份<br>Year | 粮豆薯<br>(千克)<br>Grain<br>(kg) | 油　料<br>(千克)<br>Oil-bearing<br>Crops<br>(kg) | 猪牛羊肉<br>(千克)<br>Pork, Beef<br>and Mutton<br>(kg) | 牛　奶<br>(千克)<br>Cow Milk<br>(kg) | 水产品<br>(千克)<br>Aquatic<br>Products<br>(kg) | 木　材<br>(立方米)<br>Timber<br>(cu.m) | 钢<br>(千克)<br>Steel<br>(kg) | 原　煤<br>(吨)<br>Coal<br>(ton) | 原　油<br>(吨)<br>Crude Oil<br>(ton) | 发电量<br>(千瓦时)<br>Electricity<br>(kwh) |
|---|---|---|---|---|---|---|---|---|---|---|
| 1978 | 476.4 | 2.8 | 10.3 | 4.4 | 0.7 | 0.50 | 17.6 | 1.20 | 1.62 | 347 |
| 1980 | 459.0 | 7.5 | 11.6 | 3.9 | 0.6 | 0.51 | 16.5 | 1.33 | 1.62 | 405 |
| 1985 | 420.2 | 8.5 | 9.4 | 12.9 | 2.0 | 0.50 | 22.7 | 1.87 | 1.65 | 559 |
| 1990 | 655.7 | 4.9 | 13.0 | 28.8 | 4.2 | 0.43 | 27.0 | 2.34 | 1.58 | 837 |
| 1991 | 608.1 | 4.3 | 14.3 | 31.6 | 4.6 | 0.38 | 28.0 | 2.39 | 1.56 | 889 |
| 1992 | 658.9 | 6.1 | 14.8 | 33.5 | 5.0 | 0.35 | 32.7 | 2.34 | 1.55 | 966 |
| 1993 | 659.7 | 4.4 | 14.5 | 30.8 | 5.2 | 0.34 | 34.5 | 1.99 | 1.54 | 1027 |
| 1994 | 705.3 | 4.3 | 16.9 | 30.3 | 5.7 | 0.34 | 30.3 | 2.10 | 1.53 | 1044 |
| 1995 | 703.2 | 5.4 | 19.1 | 32.9 | 6.9 | 0.30 | 25.4 | 2.15 | 1.52 | 1052 |
| 1996 | 820.2 | 4.5 | 25.1 | 35.9 | 7.8 | 0.35 | 22.7 | 2.21 | 1.51 | 1105 |
| 1997 | 830.2 | 4.9 | 26.8 | 37.6 | 8.6 | 0.31 | 23.6 | 2.02 | 1.50 | 1158 |
| 1998 | 799.7 | 4.5 | 29.8 | 37.8 | 9.5 | 0.25 | 21.0 | 1.89 | 1.49 | 1127 |
| 1999 | 812.8 | 10.4 | 31.6 | 37.8 | 9.6 | 0.22 | 20.5 | 1.65 | 1.44 | 1088 |
| 2000 | 670.0 | 11.5 | 33.1 | 40.6 | 10.1 | 0.18 | 23.4 | 1.31 | 1.40 | 1123 |
| 2001 | 696.2 | 9.5 | 35.3 | 49.6 | 10.6 | 0.17 | 24.2 | 1.34 | 1.35 | 1150 |
| 2002 | 771.6 | 13.9 | 38.8 | 61.9 | 11.0 | 0.16 | 37.8 | 1.54 | 1.32 | 1205 |
| 2003 | 658.7 | 11.7 | 43.9 | 78.8 | 11.0 | 0.20 | 43.4 | 1.74 | 1.27 | 1277 |
| 2004 | 821.6 | 12.1 | 53.3 | 98.1 | 11.3 | 0.16 | 47.4 | 1.87 | 1.22 | 1295 |
| 2005 | 942.8 | 15.9 | 63.5 | 115.3 | 11.7 | 0.20 | 60.8 | 1.90 | 1.18 | 1561 |
| 2006 | 989.1 | 16.5 | 36.7 | 110.8 | 8.7 | 0.20 | 82.5 | 2.07 | 1.14 | 1654 |
| 2007 | 1015.0 | 13.1 | 35.7 | 114.6 | 9.0 | 0.20 | 114.1 | 2.09 | 1.09 | 1782 |
| 2008 | 1209.9 | 7.4 | 37.0 | 114.6 | 9.3 | 0.23 | 111.5 | 2.14 | 1.05 | 1881 |
| 2009 | 1251.8 | 7.4 | 41.7 | 119.2 | 10.0 | 0.20 | 147.9 | 2.29 | 1.05 | 1879 |
| 2010 | 1470.8 | 7.2 | 44.4 | 124.4 | 10.4 | 0.20 | 147.8 | 2.42 | 1.05 | 2022 |
| 2011 | 1620.5 | 6.1 | 45.3 | 122.2 | 9.3 | 0.11 | 155.6 | 2.29 | 1.04 | 2149 |
| 2012 | 1721.1 | 5.9 | 48.9 | 125.9 | 11.8 | 0.10 | 159.2 | 2.26 | 1.04 | 2199 |
| 2013 | 1839.9 | 5.0 | 50.6 | 116.5 | 12.7 | 0.07 | 164.6 | 2.00 | 1.04 | 2155 |
| 2014 | 1931.1 | 4.5 | 53.8 | 125.2 | 13.4 | 0.06 | 126.1 | 1.77 | 1.04 | 2280 |
| 2015 | 1992.4 | 4.8 | 53.5 | 128.7 | 14.2 | 0.06 | 105.6 | 1.65 | 1.00 | 2276 |
| 2016 | 1948.7 | 5.5 | 54.4 | 123.7 | 15.1 | 0.03 | 87.4 | 1.48 | 0.96 | 2359 |
| 2017 | 1953.2 | 3.8 | 57.0 | 122.6 | 15.5 | 0.02 | 108.2 | 1.43 | 0.90 | 2405 |
| 2018 | 1985.5 | 3.0 | 54.2 | 120.6 | 16.5 | 0.02 | 148.5 | 1.53 | 0.85 | 2686 |

注：2005、2006年钢产量为粗钢产量。

a) In 2005, 2006 the output of steel is crude steel.

# 1-3 国民经济和社会发展总量与速度指标

| 指　　标 | Item | 总量指标 | |
|---|---|---|---|
| | | 2000 | 2005 |
| **人口与就业** | **Population and Employment** | | |
| **人口(万人)** | **Population(10000 persons)** | | |
| 总人口 | Population at Year-end | 3807.0 | 3820.0 |
| 男性人口 | Male | 1945.8 | 1933.1 |
| 女性人口 | Female | 1861.2 | 1886.9 |
| 市镇人口 | Urban | 1977.4 | 2028.4 |
| 乡村人口 | Rural | 1829.6 | 1791.6 |
| **就业(万人)** | **Employment (10000 persons)** | | |
| 就业人员数 | Number of Employed Persons | 1600.7 | 1748.8 |
| #城镇就业人员 | # Urban Employed Persons | 722.8 | 799.8 |
| 城镇登记失业人数 | Registered Unemployed in Urban Areas | 25.3 | 31.3 |
| **宏观经济** | **Macro Economy** | | |
| **国民经济核算(亿元)** | **National Accounting(100 million yuan)** | | |
| 地区生产总值 | Gross Domestic Product | 3151.4 | 5542.8 |
| 第一产业 | Primary Industry | 383.2 | 684.6 |
| 第二产业 | Secondary Industry | 1731.7 | 2990.61 |
| 第三产业 | Tertiary Industry | 1036.6 | 1867.6 |
| 人均地区生产总值(元) | Per Capita GDP (yuan) | 8294 | 14516 |
| **固定资产投资(亿元)** | **Investment in Fixed Assets(100 million yuan)** | | |
| 房地产开发 | Real Estate Development | 104.1 | 267.6 |
| **对外贸易** | **Foreign Trade** | | |
| 进出口总额(万美元) | Total Exports and Imports(USD 10000) | 298620 | 957216 |
| 出口额 | Exports | 145101 | 607202 |
| 进口额 | Imports | 153519 | 350014 |
| 实际利用外资额(万美元) | Total Amount of Foreign Capital Actually Used(USD 10000) | 110359 | 152202 |
| #外商直接投资 | #Foreign Direct Investments | 83085 | 144690 |
| **财政(亿元)** | **Government Finance(100 million yuan)** | | |
| 公共财政收入 | General Budgetary Financial Revenue | 185.3 | 318.2 |
| 公共财政支出 | General Budgetary Financial Expenditure | 381.9 | 787.8 |
| **价格指数(上年=100)** | **Price Indices(preceding year=100)** | | |
| 居民消费价格总指数 | General Consumer Price Index | 98.3 | 101.2 |
| 商品零售价格总指数 | General Retail Price Index | 97.8 | 100.4 |
| 农业生产资料价格指数 | Price Index for Means of Agricultural Production | 98.6 | 108.6 |
| 工业生产者购进价格指数 | Producer Price Index for Industrial Products | 108.6 | 111.8 |
| 工业生产者出厂价格指数 | Producer Price Index for Industrial Products | 122.9 | 116.7 |
| **产　　业** | **Industry** | | |
| **农　　业** | **Agriculture** | | |
| 农林牧渔业总产值(亿元) | Gross Output Value of Farming, Forestry, Animal Husbandry and Fishery(100 million yuan) | 625.1 | 1294.4 |
| 乡村从业人员(万人) | Number of Rural Employees(10000 persons) | 913.2 | 950.1 |

# Principal Aggregate Indicators on National Economic and Social Development and Growth Rates

| Aggregate Data | | | 速度指标(%) Indices and Growth Rates(%) | | | | | | |
|---|---|---|---|---|---|---|---|---|---|
| | | | 指数(2018年为以下各年) Index (2018 as percentage of the following years) | | | | 年均增长 Average Annual Growth Rate | | |
| 2010 | 2015 | 2018 | 2000 | 2005 | 2010 | 2015 | “十一五”时期 Eleventh Five-Year Period | “十二五”时期 Twelfth Five-Year Period | 2016-2018年 |
| 3833.4 | 3812.0 | 3773.1 | 99.1 | 98.8 | 98.4 | 99.0 | 0.07 | -0.11 | -0.34 |
| 1943.6 | 1926.8 | 1899.3 | 97.6 | 98.3 | 97.7 | 98.6 | 0.11 | -0.17 | -0.48 |
| 1889.8 | 1885.2 | 1873.8 | 100.7 | 99.3 | 99.2 | 99.4 | 0.03 | -0.05 | -0.20 |
| 2133.7 | 2241.5 | 2267.6 | 114.7 | 111.8 | 106.3 | 101.2 | 1.02 | 0.99 | 0.39 |
| 1699.7 | 1570.5 | 1505.5 | 82.3 | 84.0 | 88.6 | 95.9 | -1.05 | -1.57 | -1.40 |
| 1932.0 | 2013.7 | 1986.4 | 124.1 | 113.6 | 102.8 | 98.6 | 2.01 | 0.83 | -0.45 |
| 942.6 | 1037.7 | 1049.9 | 145.3 | 131.3 | 111.4 | 101.2 | 3.34 | 1.94 | 0.39 |
| 36.2 | 41.0 | 39.4 | 155.7 | 125.9 | 108.7 | 96.1 | 2.97 | 2.49 | -1.30 |
| 10442.2 | 15174.5 | 16361.6 | 519.2 | 295.2 | 156.7 | 107.8 | 13.5 | 7.8 | 2.54 |
| 1302.9 | 2633.5 | 3001.0 | 783.3 | 438.4 | 230.3 | 114.0 | 13.7 | 15.1 | 4.45 |
| 5073.1 | 4847.5 | 4030.9 | 232.8 | 134.8 | 79.5 | 83.2 | 11.1 | -0.9 | -5.96 |
| 4066.3 | 7693.5 | 9329.7 | 900.0 | 499.6 | 229.4 | 121.3 | 16.8 | 13.6 | 6.64 |
| 27266 | 39699 | 43274 | 521.8 | 298.1 | 158.7 | 109.0 | 13.4 | 7.8 | 2.92 |
| 843.1 | 992.1 | 944.4 | 907.2 | 352.9 | 112.0 | 95.2 | 25.8 | 3.3 | -1.63 |
| 2550382 | 2098599 | 2641120 | 884.4 | 275.9 | 103.6 | 125.9 | 21.7 | -3.8 | 7.97 |
| 1628176 | 803072 | 444955 | 306.7 | 73.3 | 27.3 | 55.4 | 21.8 | -13.2 | -17.87 |
| 922207 | 1295527 | 2196166 | 1430.5 | 627.5 | 238.1 | 169.5 | 21.4 | 7.0 | 19.24 |
| 275851 | 554509 | 594792 | 539.0 | 390.8 | 215.6 | 107.3 | 12.6 | 15.0 | 2.37 |
| 266151 | 544875 | 587026 | 706.5 | 405.7 | 220.6 | 107.7 | 13.0 | 15.4 | 2.51 |
| 755.6 | 1165.9 | 1282.6 | 692.0 | 403.1 | 169.7 | 110.0 | 18.9 | 9.1 | 3.23 |
| 2253.3 | 4020.7 | 4676.8 | 1224.7 | 593.7 | 207.6 | 116.3 | 23.4 | 12.3 | 5.17 |
| 103.9 | 101.1 | 102.0 | | | | | 0.5 | -0.5 | 0.30 |
| 103.1 | 100.1 | 101.1 | | | | | 0.5 | -0.6 | 0.33 |
| 105.6 | 101.3 | 103.6 | | | | | -0.6 | -0.8 | 0.75 |
| 114.5 | 88.2 | 109.0 | | | | | 0.5 | -5.1 | 7.31 |
| 115.0 | 86.0 | 109.0 | | | | | -0.3 | -5.6 | 8.22 |
| 2422.2 | 5030.1 | 5624.3 | 899.7 | 434.5 | 232.2 | 111.8 | 13.4 | 15.7 | 3.79 |
| 989.4 | 976.0 | 906.5 | 99.3 | 95.4 | 91.6 | 92.9 | 0.8 | -0.3 | -2.43 |

1-3 续表1

| 指 标 | Item | 总量指标 | |
|---|---|---|---|
| | | 2000 | 2005 |
| 主要农产品产量(万吨) | Output of Major Farm Products(10000 tons) | | |
| 粮豆薯 | Grain | 2545.5 | 3600.0 |
| #水 稻 | #Rice | 1042.2 | 1172.5 |
| 玉 米 | Corn | 790.8 | 1379.5 |
| 大 豆 | Bean | 450.1 | 748.0 |
| 薯 类 | Tubers | 81.8 | 85.3 |
| 油 料 | Oil-bearing Crops | 43.8 | 60.6 |
| 麻 类 | Fiber Crops | 18.7 | 36.1 |
| 蔬菜、食用菌 | Vegetables, Mushroom | 1325.6 | 1153.5 |
| 烟 叶 | Tobacco | 9.6 | 7.4 |
| 瓜 果 | Fruits | 319.4 | 306.4 |
| 奶 类 | Milk | 156.5 | 444.2 |
| 水产品 | Aquatic Products | 38.2 | 44.6 |
| 木材(万立方米) | Timber(10000 cu.m) | 691.5 | 764.1 |
| **规模以上工业** | **Industry above Designated Size** | | |
| 主要工业产品产量 | Output of Major Industrial Products | | |
| 原油(万吨) | Crude Oil(10000 tons) | 5306.7 | 4495.0 |
| 天然气(亿立方米) | Natural Gas(100 million cu.m) | 23.0 | 24.4 |
| 水泥(万吨) | Cement(10000 tons) | 903.7 | 1113.3 |
| 成品钢材(万吨) | Steel Products(10000 tons) | 76.3 | 232.3 |
| 汽车(万辆) | Automobile(10000 unit) | 13.4 | 26.6 |
| 发电量(亿千瓦时) | Electricity(100 million kwh) | 426.7 | 596.0 |
| **建筑业** | **Construction** | | |
| 建筑业总产值(亿元) | Gross Output Value(100 million yuan) | 334.1 | 572.9 |
| 房屋建筑施工面积(万平方米) | Floor Space of Buildings under Construction(10000 sq.m) | 2962.6 | 4467.7 |
| 房屋建筑竣工面积(万平方米) | Floor Space of Buildings Completed(10000 sq.m) | 1886.9 | 2249.7 |
| **交通运输业** | **Transportation** | | |
| 货运量(万吨) | Freight Traffic(10000 tons) | 57214 | 64612 |
| 铁 路 | Railways | 12959 | 15959 |
| 公 路 | Highways | 39685 | 44376 |
| 水 运 | Waterways | 788 | 1301 |
| 民 航 | Civil Aviation | 3.2 | 4.2 |
| 管 道 | Pipelines | 3779 | 2972 |
| 客运量(万人) | Passenger Traffic(10000 persons) | 49897 | 55649 |
| 铁 路 | Railways | 9819 | 8251 |
| 公 路 | Highways | 39864 | 46808 |
| 水 运 | Waterways | 45 | 240 |
| 民 航 | Civil Aviation | 169 | 350 |
| **邮电通信业** | **Postal and Telecommunication Services** | | |
| 邮电业务总量(亿元) | Business Volume of Postal and Telecommunication Services(100 million yuan) | 167.1 | 346.8 |
| 邮政业务总量 | Business Volume of Post | 10.5 | 23.7 |
| 电信业务总量 | Business Volume of Telecommunications | 156.6 | 323.1 |
| 函件(万件) | Number of Letters Delivered (10000 pieces) | 9114 | 13010 |
| 报刊期发数(万份) | Number of Newspapers and Magazines(10000 pieces) | 240.0 | 386.0 |
| 固定电话年末用户(万户) | Number of Fixed Telephone Subscribers at Year-end(10000 subscribers) | 486.9 | 1082.1 |
| 城 市 | Urban Telephone Subscribers | 387.9 | 810.2 |
| 农 村 | Rural Telephone Subscribers | 99.0 | 271.9 |
| 移动电话用户(万户) | Number of Mobile Telephone(10000 subscribers) | 315.8 | 1132.3 |

Continued

| Aggregate Data | | | 速度指标(%) Indices and Growth Rates(%) | | | | | | |
|---|---|---|---|---|---|---|---|---|---|
| | | | 指数(2018年为以下各年) Index (2018 as percentage of the following years) | | | | 年均增长 Average Annual Growth Rate | | |
| 2010 | 2015 | 2018 | 2000 | 2005 | 2010 | 2015 | “十一五”时期 Eleventh Five-Year Period | “十二五”时期 Twelfth Five-Year Period | 2016-2018年 |
| 5632.9 | 7615.8 | 7506.8 | 294.9 | 208.5 | 133.3 | 98.6 | 9.4 | 6.2 | -0.5 |
| 2277.5 | 2720.9 | 2685.5 | 257.7 | 229.0 | 117.9 | 98.7 | 14.2 | 3.6 | -0.4 |
| 2513.7 | 4280.2 | 3982.2 | 503.6 | 288.7 | 158.4 | 93.0 | 12.8 | 11.2 | -2.4 |
| 615.4 | 498.8 | 657.8 | 146.1 | 87.9 | 106.9 | 131.9 | -3.8 | -4.1 | 9.7 |
| 82.9 | 69.8 | 80.7 | 98.6 | 94.6 | 97.3 | 115.6 | -0.6 | -3.4 | 4.9 |
| 27.5 | 18.3 | 11.2 | 25.6 | 18.5 | 40.8 | 61.2 | -14.6 | -7.8 | -15.1 |
| 2.2 | 2.0 | 10.5 | 56.0 | 29.0 | 481.8 | 529.2 | -43.0 | -1.9 | 74.3 |
| 723.8 | 807.4 | 634.4 | 47.9 | 55.0 | 87.6 | 78.6 | -8.9 | 2.2 | -7.7 |
| 9.6 | 6.9 | 3.4 | 35.1 | 45.6 | 35.2 | 49.2 | 5.3 | -6.5 | -21.1 |
| 321.5 | 161.6 | 141.3 | 44.3 | 46.1 | 44.0 | 87.5 | 1.0 | -12.9 | -4.4 |
| 482.7 | 495.8 | 458.5 | 293.0 | 103.2 | 95.0 | 92.5 | 1.7 | 0.5 | -2.6 |
| 40.0 | 54.2 | 62.4 | 163.4 | 140.0 | 156.2 | 115.1 | -2.2 | 6.3 | 4.8 |
| 770.0 | 156.6 | 69.1 | 10.0 | 9.0 | 9.0 | 44.1 | 0.2 | -27.3 | -23.9 |
| 4004.9 | 3838.6 | 3224.2 | 60.8 | 71.7 | 80.5 | 84.0 | -2.3 | -0.8 | -5.6 |
| 30.0 | 35.6 | 43.5 | 189.1 | 178.3 | 145.0 | 122.1 | 4.2 | 3.5 | 6.9 |
| 3507.2 | 3264.5 | 2039.5 | 225.7 | 183.2 | 58.2 | 62.5 | 25.8 | -1.4 | -14.5 |
| 566.0 | 403.8 | 561.4 | 735.8 | 241.7 | 99.2 | 139.0 | 19.5 | -6.5 | 11.6 |
| 24.8 | 8.0 | 16.3 | 121.6 | 61.2 | 65.8 | 202.4 | -1.4 | -20.1 | 26.5 |
| 774.5 | 870.0 | 1015.5 | 238.0 | 170.4 | 131.1 | 116.7 | 5.4 | 2.4 | 5.3 |
| 1769.7 | 1675.1 | 1194.3 | 357.5 | 208.5 | 67.5 | 71.3 | 25.3 | -1.1 | -10.7 |
| 7171.0 | 5617.1 | 3765.4 | 127.1 | 84.3 | 52.5 | 67.0 | 9.9 | -4.8 | -12.5 |
| 3620.0 | 2966.8 | 1789.3 | 94.8 | 79.5 | 49.4 | 60.3 | 10.0 | -3.9 | -15.5 |
| 61950 | 59591 | 62317 | 108.9 | 96.4 | 100.6 | 104.6 | -0.8 | -0.8 | 1.5 |
| 17463 | 8866 | 11142 | 86.0 | 69.8 | 63.8 | 125.7 | 1.8 | -12.7 | 7.9 |
| 40582 | 44200 | 42943 | 108.2 | 96.8 | 105.8 | 97.2 | -1.8 | 1.7 | -1.0 |
| 1015 | 1245 | 890 | 112.9 | 68.4 | 87.7 | 71.5 | -4.8 | 4.2 | -10.6 |
| 7.6 | 12.2 | 13.0 | 409.1 | 311.3 | 172.1 | 106.2 | 12.6 | 10.1 | 2.0 |
| 2883 | 5268 | 7329 | 193.9 | 246.6 | 254.2 | 139.1 | -0.6 | 12.8 | 11.6 |
| 47612 | 44480 | 33983 | 68.1 | 61.1 | 71.4 | 76.4 | -3.1 | -1.4 | -8.6 |
| 10468 | 9794 | 10493 | 106.9 | 127.2 | 100.2 | 107.1 | 4.9 | -1.3 | 2.3 |
| 36001 | 32632 | 20739 | 52.0 | 44.3 | 57.6 | 63.6 | -5.1 | -1.9 | -14.0 |
| 292 | 372 | 307 | 682.2 | 127.9 | 105.1 | 82.5 | 4.0 | 5.0 | -6.2 |
| 851 | 1682 | 2445 | 1448.7 | 699.5 | 287.2 | 145.4 | 19.5 | 14.6 | 13.3 |
| 823.4 | 511.5 | 1223.24 | 732.0 | 352.7 | 148.6 | 239.1 | 18.9 | -9.1 | 33.7 |
| 47.0 | 52.2 | 93.7 | 892.8 | 395.5 | 199.4 | 179.6 | 14.7 | 2.1 | 21.5 |
| 776.4 | 459.3 | 1129.5 | 721.3 | 349.6 | 145.5 | 245.9 | 19.2 | -10.0 | 35.0 |
| 9305 | 4609 | 2980 | 32.7 | 22.9 | 32.0 | 64.7 | -6.5 | -13.1 | -13.5 |
| 367.7 | 297.3 | 237.0 | 98.8 | 61.4 | 64.5 | 79.7 | -1.0 | -4.2 | -7.3 |
| 813.5 | 596.0 | 354.4 | 72.8 | 32.8 | 43.6 | 59.5 | -5.5 | -6.0 | -15.9 |
| 620.4 | 503.8 | 312.5 | 80.6 | 38.6 | 50.4 | 62.0 | -5.2 | -4.1 | -14.7 |
| 193.1 | 92.2 | 41.9 | 42.3 | 15.4 | 21.7 | 45.4 | -6.6 | -13.7 | -23.1 |
| 2243.0 | 3329.8 | 3833.6 | 1213.9 | 338.6 | 170.9 | 115.1 | 14.6 | 8.2 | 4.8 |

1-3 续表2

| 指 标 | Item | 总量指标 | |
|---|---|---|---|
| | | 2000 | 2005 |
| **旅游业** | **Tourism** | | |
| 国际旅游人数(万人) | Number of Tourists from Abroad(10000 persons) | 55.2 | 82.2 |
| 国际旅游外汇收入(万美元) | Foreign Exchange Earnings from Tourism(USD 10000) | 18905 | 34043 |
| **金融业（亿元）** | **Financial Intermediation(100 million yuan)** | | |
| 金融机构人民币各项存款余额 | Deposits of National Banking System | 3333.4 | 6135.1 |
| 金融机构人民币各项贷款余额 | Loans of National Banking System | 3145.1 | 3658.5 |
| 保险公司保费金额 | Insurance Premium of Insurance Companies | 40.8 | 139.6 |
| 保险公司赔款及给付金额 | Indemnity Expenditure and Payment of Insurance Companies | 11.1 | 25.2 |
| **教育、科技、文化** | **Education, Science and Technology and Culture** | | |
| **教 育** | **Education** | | |
| 在校学生数(万人) | Students Enrollment(10000 persons) | | |
| 普通高等学校 | Institutions of Higher Education | 20.0 | 54.0 |
| 中等专业学校 | Specialized Secondary Schools | 11.5 | 9.8 |
| 普通中学 | Regular Secondary Schools | 248.7 | 228.0 |
| 小 学 | Primary Schools | 283.1 | 220.4 |
| 专任教师数(万人) | Full-time Teachers(10000 persons) | | |
| 普通高等学校 | Institutions of Higher Education | 1.62 | 3.51 |
| 中等专业学校 | Specialized Secondary Schools | 0.74 | 0.32 |
| 普通中学 | Regular Secondary Schools | 14.4 | 14.3 |
| 小 学 | Primary Schools | 19.3 | 16.3 |
| **科 技** | **Science and Technology** | | |
| 研究与试验发展经费支出(亿元) | Expenditures on Research and Development(100 million yuan) | | |
| 授权专利数(件) | Total Patent Applications Certified(item) | 2252 | 2906 |
| 技术市场成交额(亿元) | Volume of Transaction in Technical Markets(100 million yuan) | 15.2 | 14.3 |
| **文 化** | **Culture** | | |
| 电视节目制作时间(小时) | Time for TV Programs Production(hour) | 21266 | 47647 |
| 印刷图书(万册) | Number of Printed books(10000 copies) | 9944 | 5938 |
| 印刷杂志(万册) | Number of Printed magazine(10000 copies) | 7919 | 3503 |
| 印刷报纸(万份) | Number of Printed newspapers(10000 copies) | 73571 | 71410 |
| **人民生活** | **People's Living Conditions** | | |
| **生 活** | **Living Conditions** | | |
| 城镇非私营单位就业人员平均工资(元) | Average Wage of Employed Persons In Urban Non-private Units(yuan) | | |
| 城镇常住居民人均可支配收入(元) | Annual Per Capita Disposable Income of Urban Households(yuan) | | |
| 农村常住居民人均可支配收入(元) | Annual Per Capita Disposable Income of Rural Households(yuan) | | |
| 城乡居民储蓄存款余额(亿元) | Outstanding Amount of Saving Deposits in Urban and Rural Areas(100 million yuan) | 2286 | 4079 |
| 人均储蓄存款(元) | Per Capita Balance of Saving Deposit(yuan) | 6003 | 10677 |
| **婚姻(万对)** | **Marriages and Divorces(10000 couples)** | | |
| 结婚登记总数 | Registered Number of Marriages | 21.8 | 22.8 |
| 离婚数 | Number of Divorces | 7.5 | 9.6 |
| **卫 生** | **Public Health** | | |
| 卫生机构(个) | Health Institutions(unit) | 8038 | 8326 |
| 卫生机构床位(万张) | Beds of Health Institutions(10000 unit) | 12.0 | 12.0 |
| 卫生技术人员(万人) | Medical Technical Personnel(10000 persons) | 17.1 | 15.1 |
| **城市建设** | **Municipal Works** | | |
| 全年供水总量(亿立方米) | Total Annual Volume of Tap Water Supply(100 million cu.m) | 15.4 | 12.0 |
| 城市排水管道长度(公里) | Length of City Sewage Pipes(km) | 4877 | 5918 |
| 人工煤气供气量(万立方米) | Volume of Coal Gas Supply(10000 cu.m) | 30347 | 40199 |
| 液化石油气供应量(万吨) | Volume of Liquefied Petroleum Gas Supply(10000 tons) | 19.9 | 22.9 |
| 年末实有道路长度(公里) | Length of Paved Roads at Year-end(km) | 8286 | 9318 |
| 园林绿地面积(公顷) | Green Areas(hectare) | 33768 | 51415 |
| 清运垃圾(万吨) | Volume of Garbage Disposal(10000 tons) | 918 | 1027 |

Continued

| Aggregate Data | | | 速度指标(%) Indices and Growth Rates(%) | | | | | | |
|---|---|---|---|---|---|---|---|---|---|
| | | | 指数(2018年为以下各年) Index (2018 as percentage of the following years) | | | | 年均增长 Average Annual Growth Rate | | |
| 2010 | 2015 | 2018 | 2000 | 2005 | 2010 | 2015 | "十一五"时期 Eleventh Five-Year Period | "十二五"时期 Twelfth Five-Year Period | 2016-2018年 |
| 172.4 | 83.5 | 109.2 | 197.9 | 132.9 | 63.3 | 130.8 | 16.0 | -13.5 | 5.5 |
| 76250 | 39533 | 53706 | 284.1 | 157.8 | 70.4 | 135.9 | 17.5 | -12.3 | 6.3 |
| 12835.7 | 21218.9 | 25321.9 | 759.6 | 412.7 | 197.3 | 119.3 | 15.9 | 10.6 | 3.6 |
| 7230.5 | 16214.9 | 20156.3 | 640.9 | 550.9 | 278.8 | 124.3 | 14.6 | 17.5 | 4.4 |
| 343.2 | 591.8 | 899.1 | 2202.8 | 643.8 | 262.0 | 151.9 | 19.7 | 11.5 | 8.7 |
| 77.6 | 169.3 | 257.2 | 2325.3 | 1020.6 | 331.6 | 151.9 | 25.2 | 16.9 | 8.7 |
| 71.9 | 73.5 | 73.2 | 365.3 | 135.6 | 101.8 | 99.6 | 5.9 | 0.4 | -0.1 |
| 11.9 | 11.2 | 9.1 | 79.0 | 93.1 | 76.7 | 81.8 | 4.0 | -1.3 | -3.9 |
| 190.8 | 145.4 | 145.2 | 58.4 | 63.7 | 76.1 | 99.9 | -3.5 | -5.3 | 0.0 |
| 188.0 | 147.8 | 131.9 | 46.6 | 59.8 | 70.2 | 89.2 | -3.1 | -4.7 | -2.3 |
| 4.42 | 4.68 | 4.60 | 284.7 | 131.1 | 104.1 | 98.3 | 4.7 | 1.2 | -0.3 |
| 0.42 | 0.46 | 0.47 | 64.4 | 145.9 | 112.8 | 103.2 | 5.3 | 1.8 | 0.6 |
| 14.2 | 15.3 | 13.2 | 91.2 | 92.0 | 92.6 | 86.1 | -0.1 | 1.5 | -3.0 |
| 15.1 | 10.9 | 11.1 | 57.2 | 67.7 | 73.0 | 101.4 | -1.5 | -6.3 | 0.3 |
| | 157.7 | 135.0 | | | | 85.6 | | | -3.1 |
| 6803 | 18942 | 19435 | 863.0 | 668.8 | 285.7 | 102.6 | 18.5 | 22.7 | 0.5 |
| 53.4 | 127.3 | 170.1 | 1116.3 | 1192.8 | 318.7 | 133.7 | 30.2 | 19.0 | 6.0 |
| 81482 | 97437 | 105089 | 494.2 | 220.6 | 129.0 | 107.9 | 11.3 | 3.6 | 1.5 |
| 7420 | 7170 | 8203 | 82.5 | 138.1 | 110.6 | 114.4 | 4.6 | -0.7 | 2.7 |
| 5253 | 4467 | 3483 | 44.0 | 99.4 | 66.3 | 78.0 | 8.4 | -3.2 | -4.9 |
| 78219 | 66308 | 49909 | 67.8 | 69.9 | 63.8 | 75.3 | 1.8 | -3.3 | -5.5 |
| 27735 | 48881 | 60780 | | | 219.1 | 124.3 | | 12.0 | 4.5 |
| 13857 | 24203 | 29191 | | | 210.7 | 120.6 | | 11.8 | 3.8 |
| 6211 | 11095 | 13804 | | | 222.3 | 124.4 | | 12.3 | 4.5 |
| 7255 | 12440 | 15611 | 683.0 | 382.8 | 215.2 | 125.5 | 12.2 | 11.4 | 4.6 |
| 18944 | 32544 | 41288 | 687.8 | 386.7 | 217.9 | 126.9 | 12.2 | 11.4 | 4.9 |
| 30.9 | 31.8 | 27.8 | 127.8 | 121.8 | 90.1 | 87.4 | 6.2 | 0.6 | -2.7 |
| 14.0 | 19.0 | 19.5 | 260.0 | 202.8 | 139.4 | 102.6 | 7.8 | 6.3 | 0.5 |
| 8938 | 9304 | 20357 | 253.3 | 244.5 | 227.8 | 218.8 | 1.4 | 0.8 | 17.0 |
| 16.0 | 21.2 | 25.0 | 207.7 | 208.7 | 156.4 | 118.2 | 5.9 | 5.8 | 3.4 |
| 18.9 | 21.3 | 23.1 | 134.8 | 153.3 | 122.4 | 108.7 | 4.6 | 2.4 | 1.7 |
| 16.4 | 14.9 | 14.0 | 90.8 | 116.7 | 85.4 | 94.0 | 6.4 | -1.9 | -1.2 |
| 7504 | 10345 | 12278 | 251.8 | 207.5 | 163.6 | 118.7 | 4.9 | 6.6 | 3.5 |
| 7587 | 7202 | 3501 | 11.5 | 8.7 | 46.1 | 48.6 | -28.4 | -1.0 | -13.4 |
| 22.0 | 21.0 | 19.9 | 100.0 | 86.9 | 90.5 | 94.5 | -0.8 | -0.9 | -1.1 |
| 10090 | 12364 | 12726 | 153.6 | 136.6 | 126.1 | 102.9 | 1.6 | 4.1 | 0.6 |
| 69581 | 76501 | 70669 | 209.3 | 137.4 | 101.6 | 92.4 | 6.2 | 1.9 | -1.6 |
| 782 | 523 | 525 | 57.2 | 51.1 | 67.1 | 100.4 | -5.3 | -7.7 | 0.1 |

# 1-4 国民经济和社会发展结构指标
# Composition Indicators on National Economic and Social Development

单位：% (%)

| 指标 | Item | 2000 | 2010 | 2015 | 2018 |
|---|---|---|---|---|---|
| **人口与就业** | **Population and Employment** | | | | |
| **人口** | **Population** | | | | |
| 性别结构 | Sexual Composition | | | | |
| 男 | Male | 51.1 | 50.7 | 50.5 | 50.3 |
| 女 | Female | 48.9 | 49.3 | 49.5 | 49.7 |
| 城乡结构 | Urban and Rural Composition | | | | |
| 城镇 | Urban | 51.9 | 55.7 | 58.8 | 60.1 |
| 乡村 | Rural | 48.1 | 44.3 | 41.2 | 39.9 |
| **就业** | **Employment** | | | | |
| 城乡结构 | Urban and Rural Composition | | | | |
| 城镇 | Urban | 45.2 | 48.8 | 52.6 | 52.9 |
| 乡村 | Rural | 54.8 | 51.2 | 48.5 | 47.1 |
| **宏观经济** | **Macro Economy** | | | | |
| **国民经济核算** | **National Accounting** | | | | |
| 地区生产总值产业结构 | Structure of Gross Domestic Product | | | | |
| 第一产业 | Primary Industry | 12.2 | 12.5 | 17.4 | 18.3 |
| 第二产业 | Secondary Industry | 54.9 | 48.6 | 31.9 | 24.6 |
| 第三产业 | Tertiary Industry | 32.9 | 38.9 | 50.7 | 57.0 |
| **货物进出口** | **Imports and Exports of Goods** | | | | |
| 进出口总额结构 | Structure of Total Exports and Imports | | | | |
| 出口 | Exports | 48.6 | 63.8 | 38.3 | 16.8 |
| 进口 | Imports | 51.4 | 36.2 | 61.7 | 83.2 |
| **财政** | **Government Finance** | | | | |
| 财政收入结构 | Composition of Government Revenue | | | | |
| 省级 | Province | | 21.7 | 22.3 | 25.8 |
| 地级 | City | | 41.3 | 56.5 | 56.9 |
| 县级 | County | | 35.6 | 21.2 | 17.3 |
| 乡镇级 | Town & Township | | 1.4 | | |
| 财政支出结构 | Composition of Government Expenditure | | | | |
| 一般公共服务 | General Public Services | | 9.9 | 6.0 | 6.6 |
| 教育 | Education | | 13.3 | 13.7 | 11.6 |
| 科学技术 | Science and Technology | | 1.2 | 1.1 | 0.8 |
| 社会保障和就业 | Social Safety Net and Employment Effort | | 13.6 | 18.1 | 21.9 |
| 医疗卫生 | Medical and Health Care | | 6.0 | 6.8 | 6.4 |
| 环境保护 | Environment Protection | | 3.9 | 3.9 | 3.3 |
| 城乡社区事务 | Urban and Rural Area Community Affairs | | 6.3 | 8.7 | 8.9 |
| 农林水事务 | Agriculture, Forestry and Water Conservancy | | 15.0 | 16.9 | 17.8 |
| 交通运输 | Transportation | | 6.6 | 6.8 | 5.2 |
| 住房保障支出 | Affairs of Housing Security | | 4.8 | 5.3 | 5.2 |
| 其他 | Others | | 19.4 | 12.7 | 12.2 |

## 1-4 续表1 Continued

单位：% (%)

| 指 标 | Item | 2000 | 2010 | 2015 | 2018 |
|---|---|---|---|---|---|
| **产 业** | **Industry** | | | | |
| **农 业** | **Agriculture** | | | | |
| 农林牧渔业总产值结构 | Composition of Gross Output Value of Agriculture, Forestry, Animal Husbandry and Fishery | | | | |
| 农 业 | Farming | 66.3 | 54.8 | 62.8 | 64.6 |
| 林 业 | Forestry | 2.9 | 3.5 | 3.1 | 3.3 |
| 牧 业 | Animal Husbandry | 28.1 | 38.0 | 30.1 | 27.4 |
| 渔 业 | Fishery | 2.7 | 1.4 | 1.7 | 1.9 |
| 农林牧渔服务业 | Service Industry of Farming, Agriculture Husbandry and Fishery | | 2.2 | 2.3 | 2.8 |
| **建筑业** | **Construction** | | | | |
| 建筑业总产值结构 | Composition of Gross Output Value of Construction Industry | | | | |
| 国有企业 | State-owned Enterprise | 53.3 | 32.0 | 14.7 | 2.3 |
| 集体企业 | Collective-owned Enterprises | 22.6 | 5.2 | 6.3 | 3.4 |
| 有限责任公司 | Limited Liability Corporations | 10.5 | 37.9 | 57.6 | 63.4 |
| 股份有限公司 | Share Holding Enterprises | 7.6 | 7.3 | 5.4 | 5.3 |
| 私营企业 | Private Enterprises | 2.9 | 17.2 | 15.4 | 25.5 |
| 其 他 | Other Enterprises | 3.2 | 0.4 | 0.6 | 0.1 |
| **交通运输业** | **Transportation** | | | | |
| 货运量结构 | Structure of Freight Traffic | | | | |
| 铁 路 | Railways | 22.6 | 28.2 | 14.9 | 17.9 |
| 公 路 | Highways | 69.4 | 65.5 | 74.2 | 68.9 |
| 水 运 | Waterways | 1.4 | 1.6 | 2.1 | 1.4 |
| 管 道 | Petroleum and Gas Pipelines | 6.6 | 4.7 | 8.8 | 11.8 |
| 客运量结构 | Structure of Passenger Traffic | | | | |
| 铁 路 | Railways | 19.7 | 22.0 | 22.0 | 30.9 |
| 公 路 | Highways | 79.9 | 75.6 | 73.4 | 61.0 |
| 水 运 | Waterways | 0.1 | 0.6 | 0.8 | 0.9 |
| 民 航 | Civil Aviation | 0.3 | 1.8 | 3.8 | 7.2 |

## 1-4 续表2 Continued

单位：% (%)

| 指 标 | Item | 2000 | 2010 | 2015 | 2018 |
|---|---|---|---|---|---|
| **旅游业** | **Tourism** | | | | |
| 国际游客人数结构 | Structure of Tourists | | | | |
| 外国人 | Foreigners | 91.5 | 95.6 | 94.3 | 95.4 |
| 港澳台同胞 | Compatriots form Hong Kong, Macao and Taiwan | 8.5 | 4.4 | 5.7 | 4.6 |
| **教育、科技、卫生** | **Education, Science and Health Care** | | | | |
| **教 育** | **Education** | | | | |
| 普通学校在校学生结构 | Structure of Students Enrollment | | | | |
| 大学生 | College and University Students | 3.5 | 18.7 | 24.1 | 24.4 |
| 中学生 | Secondary School Students | 47.2 | 45.7 | 41.1 | 42.8 |
| 小学生 | Primary School Students | 49.3 | 35.6 | 34.8 | 32.9 |
| 普通学校专任教师结构 | Full-time Teachers by Type | | | | |
| 普通高等学校 | College and Universities | 4.4 | 12.1 | 14.6 | 15.3 |
| 中等学校 | Secondary Schools | 43.4 | 46.6 | 51.4 | 47.8 |
| 小 学 | Primary Schools | 52.3 | 41.3 | 34.0 | 36.8 |
| **科 技** | **Science and Technology** | | | | |
| 研究与试验发展经费内部支出结构 | Composition of Intramural Expenditure on R&D | | | | |
| 基础研究 | Basic Research | | | 11.3 | 18.1 |
| 应用研究 | Applied Research | | | 20.2 | 29.8 |
| 试验发展 | Experimental Development | | | 68.5 | 52.2 |
| **卫 生** | **Health Care** | | | | |
| 卫生技术人员结构 | Composition of Medical Technical Personnel | | | | |
| #执业(助理)医师 | #Licensed (Assistant) Doctors | 45.9 | 40.8 | 37.4 | 38.8 |
| 注册护士 | Registered Nurses | 30.0 | 33.2 | 38.2 | 40.3 |
| 药师(士) | Pharmacist | | 5.9 | 9.5 | 4.9 |
| **人民生活** | **People's Living Conditions** | | | | |
| **城镇居民现金消费结构** | **Cash Consumption Composition of Urban Residents** | | | | |
| 食品烟酒 | Food, Tobacco and Liquor | 38.4 | 35.4 | 27.7 | 26.3 |
| 衣 着 | Clothing | 13.3 | 15.1 | 10.3 | 9.1 |
| 居 住 | Residence | 9.4 | 10.6 | 19.9 | 19.7 |
| 生活用品及服务 | Household Facilities, Articles and Services | 5.9 | 5.8 | 5.3 | 5.6 |
| 交通通信 | Transport and Communications | 7.6 | 11.2 | 12.0 | 12.4 |
| 教育文化娱乐 | Education, Cultural and Recreation | 12.0 | 9.4 | 10.8 | 11.8 |
| 医疗保健 | Health Care and Medical Services | 8.9 | 8.9 | 11.2 | 11.9 |
| 其他用品和服务 | Miscellaneous Goods and Services | 4.5 | 3.8 | 2.8 | 3.2 |
| **农村居民消费结构** | **Consumption Composition of Rural Residents** | | | | |
| 食品烟酒 | Food, Tobacco and Liquor | 44.3 | 33.8 | 27.5 | 26.3 |
| 衣 着 | Clothing | 6.8 | 8.8 | 7.6 | 6.1 |
| 居 住 | Residence | 19.7 | 18.1 | 18.5 | 16.8 |
| 生活用品及服务 | Household Facilities, Articles and Services | 3.3 | 3.7 | 4.3 | 4.3 |
| 交通通信 | Transport and Communications | 7.6 | 10.1 | 13.8 | 14.3 |
| 教育文化娱乐 | Education, Cultural and Recreation | 5.5 | 10.4 | 13.1 | 12.4 |
| 医疗保健 | Health Care and Medical Services | 9.8 | 12.8 | 13.3 | 17.8 |
| 其他用品和服务 | Miscellaneous Goods and Services | 3.0 | 2.3 | 1.9 | 2.0 |

# 1-5 国民经济和社会发展比例与效益指标
# Indicators on National Economic and Social Development

| 指 标 | Item | 2000 | 2010 | 2015 | 2018 |
|---|---|---|---|---|---|
| **人口与就业** | **Population and Employment** | | | | |
| 出生率(‰) | Birth Rate(‰) | 9.43 | 7.35 | 6.00 | 5.98 |
| 死亡率(‰) | Death Rate(‰) | 5.50 | 5.83 | 6.60 | 6.67 |
| 自然增长率(‰) | Natural Growth Rate(‰) | 3.93 | 1.52 | -0.60 | -0.69 |
| 每一就业人员负担人口(含本人)(人) | Dependency Ratio (including the labour self)(person) | 2.38 | 1.98 | 1.89 | 2.20 |
| 城镇登记失业率(%) | Unemployment Rate in Urban Areas(%) | 3.30 | 4.27 | 4.48 | 3.99 |
| **国民经济核算** | **National Accounts** | | | | |
| 三次产业增加值比例(第一产业=100) | Ratio of Value-added by Type of Industry (Value added in primary industry=100) | | | | |
| 第二产业 | Secondary Industry | 452.0 | 389.4 | 184.1 | 134.3 |
| 第三产业 | Tertiary Industry | 270.6 | 312.1 | 292.1 | 310.9 |
| 全社会劳动生产率(元/人) | Overall Labor Productivity (yuan/person) | 19363 | 54829 | 74139 | 81984 |
| 第一产业 | Primary Industry | 4754 | 16182 | 34322 | 40477 |
| 第二产业 | Secondary Industry | 47890 | 133344 | 122891 | 118643 |
| 第三产业 | Tertiary Industry | 22530 | 56566 | 86932 | 102014 |
| | in Construction(%) | | | | |
| **财 政** | **Government Finance** | | | | |
| 公共财政收入相当于GDP比例(%) | Proportion of General Budgetary Financial Revenue to GDP(%) | 5.9 | 7.2 | 7.7 | 7.8 |
| 公共财政支出相当于GDP比例(%) | Proportion of General Budgetary Financial Expenditure to GDP(%) | 12.1 | 21.6 | 26.5 | 28.6 |
| **对外贸易** | **Foreign Trade** | | | | |
| 进出口总额相当于GDP比例(%) | Proportion of Total Imports & Exports to GDP(%) | 7.8 | 16.6 | 8.7 | 10.7 |
| 实际利用外资占签订利用外资额比例(%) | Proportion of Foreign Capital for Utilization by Signed Contracts or Agreements(%) | 101.7 | 93.4 | 95.0 | 70.1 |
| **能 源** | **Energy** | | | | |
| 能源生产弹性系数 | Elasticity Ratio of Energy Production | -1.05 | 0.01 | -0.75 | -0.85 |
| 能源消费弹性系数 | Elasticity Ratio of Energy Consumption | -1.35 | 0.55 | 0.25 | 0.38 |
| 单位国内生产总值能耗上升或下降率(±%) | Rise or Fall Rate of Energy Consumption per Unit of GDP(±%) | | -5.00 | -4.01 | -2.76 |
| **农 业** | **Agriculture** | | | | |
| 农业从业者人均农产品产量(千克) | Per Capita Agricultural Output of Agricultural practitioners(kg) | | | | |
| 粮 食 | Grain | 3420 | 8274 | 11804 | 12272 |
| 油 料 | Oil-bearing Crops | 58.8 | 40.4 | 28.4 | 18.3 |
| 亚 麻 | Flax | 24.18 | 3.19 | 0.88 | 0.68 |
| 烤 烟 | Flue-Cured Tobacco | 10.88 | 12.48 | 9.68 | 5.40 |
| 水产品 | Aquatic Products | 51.3 | 587.1 | 840.6 | 102.1 |
| 每公顷播种面积农产品产量(千克) | Output of Farm Crops per Hectare of Sown Area(kg) | | | | |
| 粮 食 | Grain | 3242 | 4526 | 5332 | 5281 |
| #水 稻 | #Rice | 6489 | 7254 | 6944 | 7099 |
| 大 豆 | Soybean | 1569 | 1651 | 1874 | 1844 |
| 亚 麻 | Flax | 2039 | 4138 | 4029 | 4349 |
| 甜 菜 | Beetroots | 17482 | 22476 | 35541 | 43996 |
| 烤 烟 | Flue-cured Tobacco | 1810 | 2622 | 2678 | 2831 |

1-5 续表 Continued

| 指 标 | Item | 2000 | 2010 | 2015 | 2018 |
|---|---|---|---|---|---|
| **规模以上工业** | **Industry above Designated Size** | | | | |
| 总资产贡献率(%) | Ratio of Industrial Output Value(%) | | 22.1 | 8.7 | 11.1 |
| 资产负债率(%) | Assets-Liability Ratio(%) | 58.1 | 55.2 | 56.4 | 58.9 |
| 成本费用利润率(%) | Ratio of Profits to Industrial Cost(%) | 31.4 | 15.2 | 4.2 | 10.3 |
| 产品销售率(%) | Proportion of Products Sold(%) | 98.1 | 97.2 | 99.3 | 100.5 |
| **建筑业** | **Construction** | | | | |
| 全员劳动生产率(按总产值计算，元/人) | Overall Labor Productivity (in terms of Gross Output Value, yuan/person) | 51580 | 183395 | 228445 | 263940 |
| 技术装备率(元/人) | Value of Machinery per Laborer (yuan/person) | 10478 | 7771 | 10425 | 17618 |
| 动力装备率(千瓦/人) | Power of Machines per Laborer(kw/person) | 7.1 | 3.4 | 4.2 | 5.6 |
| 产值利税率(%) | Ratio of Pre-tax Profit to Gross Output Value(%) | 4.0 | 10.1 | 6.0 | 5.4 |
| **交通运输业** | **Transportation** | | | | |
| 货运量弹性系数 | Elasticity of Freight Traffic | 0.14 | 0.68 | 1.36 | 0.41 |
| 客运量弹性系数 | Elasticity of Passenger Traffic | 0.32 | 0.65 | -1.37 | -1.66 |
| 铁路网密度(公里/万平方公里) | Railway Density(km/10000 sq.km) | 120.4 | 125.4 | 135.2 | 149.9 |
| 公路网密度(公里/万平方公里) | Highway Density(km/10000 sq.km) | 1108 | 3358 | 3607 | 3693 |
| 铁路货运密度(万吨公里/公里) | Railway Freight Traffic Density(10000 ton/km) | 1315 | 1821 | 970 | 1156 |
| 公路货运密度(万吨公里/公里) | Highway Freight Traffic Density(10000 ton/km) | 32.2 | 50.2 | 56.9 | 48.5 |
| 电话普及率(部/百人) | Access to Telephones(set/100 persons) | 22.0 | 80.0 | 105.0 | 111.0 |
| **旅游业** | **Tourism** | | | | |
| 每一国际游客花费(美元) | Per Capita Expenditure of International Tourists(USD) | 342.7 | 442.2 | 473.6 | 491.8 |
| 国内旅游人均花费（元） | Expenditure per Domestic Tourist (yuan) | 446.2 | 529.9 | 1034.3 | 1219.9 |
| **金融业** | **Finance intermediation** | | | | |
| 金融机构存款增加额相当于GDP比例(%) | Increasing Deposits as Percentage of GDP(%) | 10.0 | 17.4 | 12.9 | 10.4 |
| 金融机构贷款增加额相当于GDP比例(%) | Increasing Loans as Percentage of GDP(%) | 1.3 | 11.9 | 18.6 | 5.8 |
| 百元存款相应的贷款(元) | Loans to Per 100 yuan Deposits(yuan) | 94.4 | 56.3 | 76.4 | 79.6 |
| **教 育** | **Education** | | | | |
| 学龄儿童入学率(%) | Rate of School-age Children Enrollment(%) | 98.8 | 99.1 | 99.9 | 99.9 |
| 小学升学率(%) | Rate of Graduates of Primary Schools Entering Junior Secondary Schools(%) | 95.9 | 99.9 | 98.8 | 98.8 |
| 学校教师负担系数(%) | Student-teacher Ratio (in percentage)(%) | | | | |
| 高等学校 | Colleges and Universities | 12.4 | 16.3 | 15.7 | 15.9 |
| 中等学校 | Secondary Schools | 16.9 | 13.9 | 9.9 | 11.2 |
| 小 学 | Primary Schools | 14.7 | 12.4 | 13.6 | 11.9 |
| 教育支出相当于GDP比例(%) | Expenditures for Operating Expenses of Education as Percentage of GDP(%) | 1.55 | 2.86 | 3.62 | 3.33 |
| **科 技** | **Science and Technology** | | | | |
| 研究与科学发展经费相当于GDP比例(%) | R&D Expenditures as Percentage of GDP(%) | 0.43 | 1.05 | 1.04 | 0.83 |
| **卫 生** | **Health Care** | | | | |
| 每万人拥有卫生技术人员(人) | Number of Doctors per 10000 Persons(person) | 45.0 | 49.3 | 55.6 | 61.2 |
| 每万人拥有卫生机构床位(张) | Number of Hospital Beds per 10000 Persons(unit) | 31.6 | 41.8 | 55.4 | 66.3 |
| 医疗机构病床使用率(%) | Beds Utilization Rate of Medical Organizations(%) | 48.7 | 72.4 | 76.5 | 69.3 |
| **人民生活** | **People's Living Conditions** | | | | |
| 城镇居民家庭恩格尔系数(%) | Engel's Coefficient of Urban Households(%) | 38.4 | 35.4 | 27.7 | 26.3 |
| 农村居民家庭恩格尔系数(%) | Engel's Coefficient of Rural Households(%) | 44.3 | 33.8 | 27.5 | 26.3 |
| **城市建设** | **Municipal Works** | | | | |
| 城市人口用水普及率(%) | Coverage Rate of Urban Population with Access to Tap Water(%) | 74.7 | 89.1 | 97.2 | 98.5 |
| 城市燃气普及率(%) | Coverage Rate of Urban Population with Access to Tap Gas(%) | 59.3 | 88.8 | 86.6 | 89.5 |
| 城市人均公园绿地面积(平方米) | Per Capita Public Green Areas(sq.m) | 5.4 | 11.8 | 12.0 | 12.4 |

# 1-6 平均每天主要社会经济活动
# Selected Indicators on Average Daily Social and Economic Activities

| 指 标 | Item | 2000 | 2005 | 2010 | 2015 | 2018 |
|---|---|---|---|---|---|---|
| **每天创造的财富** | **Daily Production** | | | | | |
| 地区生产总值(亿元) | Gross Domestic Product(100 million yuan) | 8.63 | 15.19 | 28.61 | 41.57 | 44.83 |
| 第一产业 | Primary Industry | 1.05 | 1.88 | 3.57 | 7.22 | 8.22 |
| 第二产业 | Secondary Industry | 4.74 | 8.19 | 13.90 | 13.28 | 11.04 |
| 工 业 | Industry | 4.29 | 7.44 | 12.27 | 11.25 | 8.94 |
| 建筑业 | Construction | 0.45 | 0.75 | 1.63 | 2.33 | 2.33 |
| 第三产业 | Tertiary Industry | 2.84 | 5.12 | 11.14 | 21.08 | 25.56 |
| 公共财政收入(亿元) | General Budgetary Financial Revenue(100 million yuan) | 0.51 | 0.87 | 2.07 | 3.19 | 3.51 |
| 粮豆薯(万吨) | Grain(10000 tons) | 6.97 | 9.86 | 15.43 | 20.87 | 20.57 |
| #水 稻 | #Rice | 2.86 | 3.21 | 6.24 | 7.45 | 7.36 |
| 玉 米 | Corn | 2.17 | 3.78 | 6.89 | 11.73 | 10.91 |
| 大 豆 | Bean | 1.23 | 2.05 | 1.69 | 1.37 | 1.80 |
| 薯 类 | Tuber | 0.22 | 0.23 | 0.23 | 0.19 | 0.22 |
| 油料(吨) | Oil-bearing Crops(ton) | 1200 | 1660 | 754 | 502 | 307 |
| 麻类(吨) | Fiber Crops(ton) | 512 | 989 | 60 | 54 | 287 |
| 烟叶(吨) | Tobacco(ton) | 263 | 203 | 262 | 188 | 92 |
| 瓜果类(吨) | Melon and Fruits(ton) | 8751 | 8395 | 8809 | 4428 | 3873 |
| 水产品(吨) | Aquatic Products(ton) | 1047 | 1222 | 1095 | 1486 | 1710 |
| 原油(万吨) | Crude Oil(10000 tons) | 14.54 | 12.32 | 10.97 | 10.52 | 8.83 |
| 天然气(亿立方米) | Natural Gas(100 million cu.m) | 0.06 | 0.07 | 0.08 | 0.10 | 0.12 |
| 水泥(万吨) | Cement(10000 tons) | 2.48 | 3.05 | 9.61 | 8.94 | 5.59 |
| 粗钢(万吨) | Crude Steel(10000 tons) | 0.24 | 0.68 | 1.79 | 1.15 | 2.12 |
| 成品钢材(万吨) | Steel Products(10000 tons) | 0.21 | 0.64 | 1.55 | 1.11 | 1.54 |
| 汽车(辆) | Automobile(unit) | 367 | 729 | 679 | 221 | 446 |
| 发电量(亿千瓦时) | Electricity(100 million kwh) | 1.17 | 1.63 | 2.12 | 2.38 | 2.78 |
| **每天消费量** | **Daily National Consumption** | | | | | |
| 公共财政支出(亿元) | General Budgetary Financial Expenditure(100 million yuan) | 1.05 | 2.16 | 6.17 | 11.02 | 12.81 |
| 全社会用电量(亿千瓦时) | Electricity Consumption(100 million kwh) | | | 2.05 | 2.38 | 2.78 |

1-6 续表 Continued

| 指 标 | Item | 2000 | 2005 | 2010 | 2015 | 2018 |
|---|---|---|---|---|---|---|
| **每天其他经济活动** | **Other Daily Economic Activities** | | | | | |
| 邮电业务总量(亿元) | Business Volume of Postal and Telecommunication Services(100 million yuan) | | | 2.26 | 1.40 | 3.35 |
| 客运量(万人) | Passenger Traffic (10000 persons) | 136.7 | 152.5 | 130.4 | 121.9 | 93.1 |
| 货运量(万吨) | Freight Traffic (10000 tons) | 156.8 | 177.0 | 169.7 | 163.3 | 170.7 |
| 居民新增储蓄额(亿元) | Outstanding Amount of Savings Deposit(100 million yuan) | 0.46 | 1.35 | 2.26 | 4.34 | 3.51 |
| 进出口总额(万美元) | Total Value of Imports and Exports (USD 10000) | 818 | 2623 | 6988 | 5750 | 7236 |
| 出 口 | Total Exports | 398 | 1664 | 4461 | 2200 | 1219 |
| 进 口 | Total Imports | 421 | 959 | 2527 | 3549 | 6017 |
| 实际利用外资额(万美元) | Foreign Capital Actually Used (USD 10000) | 302 | 417 | 756 | 1519 | 1630 |
| 国际旅游人数(人) | Number of Tourists from Abroad (person) | 1511 | 2251 | 4724 | 2287 | 2992 |
| 国际旅游外汇收入(万美元) | Foreign Exchange Earnings (USD 10000) | 51.8 | 93.3 | 208.9 | 108.3 | 147.1 |
| **人口和社会活动** | **Population and Social Activities** | | | | | |
| 出生人口(人) | Births(person) | 982 | 823 | 772 | 627 | 618 |
| 死亡人口(人) | Deaths(person) | 573 | 544 | 528 | 689 | 689 |
| 结婚(对) | Marriages(couple) | 597 | 626 | 846 | 872 | 762 |
| 离婚(对) | Divorces(couple) | 205 | 263 | 383 | 520 | 533 |
| 发表科技论文(篇) | Scientific and Technological Papers(piece) | | 56.0 | 110.2 | 123.4 | 130.1 |
| 出版科技著作(种) | Scientific and Technological Composing(kind) | | 2.0 | 2.5 | 2.8 | 3.4 |
| 成交技术合同(件) | Number of Technical Contracts Completed(piece) | 27.08 | 5.59 | 5.44 | 5.08 | 9.33 |
| 技术市场成交额(万元) | Transaction Value on Technical Market(10000 yuan) | 417 | 391 | 1462 | 3487 | 4660 |
| 授权专利(件) | Number of Patent Applications Certified(item) | 6.17 | 7.96 | 18.64 | 51.90 | 53.25 |
| 公共图书馆流通人次(万人次) | Circulation of Public Libraries(10000 person-times) | 1.67 | 1.38 | 1.70 | 2.65 | 3.10 |
| 印刷图书(万册) | Printed Copies of Books(10000 copies) | 27.2 | 16.3 | 20.3 | 19.6 | 22.5 |
| 印刷杂志(万册) | Printed Copies of Magazines(10000 copies) | 21.7 | 9.6 | 14.4 | 12.2 | 9.5 |
| 印刷报纸(万份) | Printed Copies of Newspaper(10000 copies) | 201.6 | 195.6 | 214.3 | 181.7 | 136.7 |
| 诊疗人次(万人次) | Total Number of Patients Treated(10000 person-times) | 12.09 | 12.02 | 20.35 | 20.71 | 30.63 |
| 入院人数(万人) | Hospital Admissions(10000 patients) | 0.41 | 0.55 | 1.02 | 1.39 | 1.54 |
| 工业废水排放量(万吨) | Volume of Industry Waste Water Discharged(10000 tons) | | | | | 54.7 |
| 工业废气排放量(亿标立方米) | Total Volume of Waste Gas Emission(100 million cu.m) | | | | | 36.5 |
| 工业固体废物产生量(吨) | Volume of Industrial Solid Wastes Produced(tons) | | | | | 22.6 |
| 生活垃圾清运量(万吨) | Volume of Garbage Disposal(10000 tons) | 2.51 | 3.08 | 2.14 | 1.43 | 1.44 |
| 受理劳动争议案件(件) | Number of Labor Dispute Cases Accepted(piece) | 7.81 | 16.81 | 24.99 | 31.13 | 63.91 |
| 劳动争议结案案件(件) | Number of Labor Dispute Cases Settled(piece) | 7.99 | 16.63 | 24.75 | 31.33 | 63.58 |

# 主要统计指标解释

**行政区划** 指国家对行政区域的划分。根据有关法规规定，我国的行政区域划分如下：(1)全国分为省、自治区、直辖市；(2)省、自治区分为自治州、县、自治县、市；(3)自治州分为县、自治县、市；(4)县、自治县分为乡、民族乡、镇；(5)直辖市和较大的市分为区、县；(6)国家在必要时设立的特别行政区。

**平均增长速度** 平均增长速度表明社会经济现象在一个较长的时期内逐期平均增长变化的程度，它不能根据各个环比增长速度直接求得，但与平均发展速度之间存在着一定的数量关系：平均增长速度＝平均发展速度－1。

平均发展速度是一种根据环比发展速度计算的序时平均数，由于各时期对比的基础不同，所以计算平均发展速度不能采用一般的序时平均数的计算方法，计算方法分为水平法和累计法。水平法，又称几何平均法，即将环比发展速度按连乘法用几何平均数公式计算。累计法，也称方程法，根据一段时期内各年发展水平总和与基期水平的关系，列出方程式计算平均发展速度。水平法着重考虑最后一年所达到的发展水平；累计法着重考虑整个时期累计发展水平的总量。

本《年鉴》内所列的平均增长速度，除固定资产投资用“累计法”计算外，其余均用“水平法”计算。从某年到某年平均增长速度的年份，均不包括基期年在内。如建国四十三年以来的平均增长速度是以1949年为基期计算的，则写为1950-1992年平均增长速度，其余类推。

**国民经济行业分类** 自2012年定期报表开始使用新的《国民经济行业分类》(GB/T4754-2011)。该分类是由国家统计局组织修订，国家质量监督检验检疫总局和中国国家标准化管理委员会于2011年4月29日发布。这次修订是在2002年分类标准的基础上，参照联合国《全部经济活动的国际标准产业分类》(ISIC/Rev.4)进行的。修订后的《国民经济行业分类》(GB/T4754-2012)共有门类20个，大类96个，中类432个，小类1094个。

**企业(单位)登记注册类型** 是以在工商行政管理机关登记注册的各类企业为划分对象，以工商行政管理部门对企业登记注册的类型为依据，将企业登记注册类型分为内资企业、港澳台商投资企业和外商投资企业三大类。内资企业包括国有企业、集体企业、股份合作企业、联营企业、有限责任公司、股份有限公司、私营企业和其他企业；港澳台商投资企业和外商投资企业分别包括合资经营企业、合作经营企业、独资经营企业和股份有限公司等。对不在工商行政管理部门进行登记注册的行政机关、事业单位和社会团体，主要按其经费来源和管理方式进行划分。

**国有企业** 指企业全部资产归国家所有，并按《中华人民共和国企业法人登记管理条例》规定登记注册的非公司制的经济组织。不包括有限责任公司中的国有独资公司。

**集体企业** 指企业资产归集体所有，并按《中华人民共和国企业法人登记管理条例》规定登记注册的经济组织。

**股份合作企业** 指以合作制为基础，由企业职工共同出资入股，吸收一定比例的社会资产投资组建，实行自主经营，自负盈亏，共同劳动，民主管理，按劳分配与按股分红相结合的一种集体经济组织。

**联营企业** 指两个及两个以上相同或不同所有制性质的企业法人或事业单位法人，按自愿、平等、互利的原则，共同投资组成的经济组织。联营企业包括国有联营企业、集体联营企业、国有与集体联营企业和其他联营企业。

**有限责任公司** 指根据《中华人民共和国公司登记管理条例》规定登记注册，由两个以上、五十个以下的股东共同出资，每个股东以其所认缴的出资额对公司承担有限责任，公司以其全部资产对其债务承担责任的经济组织。有限责任公司包括国有独资公司以及其他有限责任公司。

**股份有限公司** 指根据《中华人民共和国公司登记管理条例》规定登记注册，其全部注册资本由等额股份构成并通过发行股票筹集资本，股东以其认购的股份对公司承担有限责任，公司以其全部资产对其债务承担责任的经济组织。

**私营企业** 指由自然人投资设立或由自然人控股，以雇佣劳动为基础的营利性经济组织。包括按照《公司法》《合伙企业法》《私营企业暂行条例》规定登记注册的私营有限责任公司、私营股份有限公司、私营合伙企业和私营独资企业。

**其他企业** 指上述企业之外的其他内资经济组织。

**合资经营企业(港或澳、台资)** 指港澳台地区投资者与内地企业依照《中华人民共和国中外合资经营企业法》及有关法律的规定，按合同规定的比例投资设立、分享利润和分担风险的企业。

**合作经营企业(港或澳、台资)** 指港澳台地区投资者与内地企业依照《中华人民共和国中外合作经营企业法》及有关法律的规定，依照合作合同的约定进行投资或提供条件设立、分配利润和分担风险的企业。

**港澳台商独资经营企业** 指依照《中华人民共和国外资企业法》及有关法律的规定，在内地由港澳台地区投资者全额投资设立的企业。

**港澳台商投资股份有限公司** 指根据国家有关规定，经原外经贸部依法批准设立，其中港、澳、台商的股本占公司注册资本的比例达25%以上的股份有限公司。凡其中港、澳、台商的股本占公司注册资本的比例小于25%的，属于内资企业中的股份有限公司。

**其他港澳台商投资企业** 指在中国境内参照《外国企业或个人在中国境内设立合伙企业管理办法》和《外商投资合伙企业登记管理规定》，依法设立的港、澳、台商投资合伙企业等。

**中外合资经营企业** 指外国企业或外国人与中国内地企业依照《中华人民共和国中外合资经营企业法》及有关法律的规定，按合同规定的比例投资设立、分享利润和分担风险的企业。

**中外合作经营企业** 指外国企业或外国人与中国内地企业依照《中华人民共和国中外合作经营企业法》及有关法律的规定，依照合作合同的约定进行投资或提供条件设立、分配利润和分担风险的企业。

**外资企业** 指依照《中华人民共和国外资企业法》及有关法律的规定，在中国内地由外国投资者全额投资设立的企业。

**外商投资股份有限公司** 指根据国家有关规定，经原外经贸部依法批准设立，其中外资的股本占公司注册资本的比例达25%以上的股份有限公司。凡其中外资股本占公司注册资本的比例小于25%的，属于内资企业中的股份有限公司。

**其他外商投资企业** 指在中国境内依照《外国企业或个人在中国境内设立合伙企业管理办法》和《外商投资合伙企业登记管理规定》，依法设立的外商投资合伙企业等。

**行政机关、事业单位和社会团体** 参照企业登记注册类型，主要按其经费来源和管理方式划分。具体规定如下:

⑴行政机关：包括国家机关和政党机关，原则上均列为“国有”。但有特殊规定的，如供销社等，则列为“集体”。

⑵事业单位：包括经国家机构编制部门和有关业务主管部门批准成立的各类事业单位，不包括实行企业化管理的事业单位。事业单位的划分办法如下:

①由国家财政预算拨款或列入财政预算外资金管理以及经费主要来源于国有主管部门或国有上级单位的事业单位，列为“国有”。

②经费主要来源于集体单位的事业单位，列为“集体”。

③公民个人(或个人合伙)开办的事业单位，列为“私营”。

④上述以外的其他事业单位，如果其经费来源不明确，按管理方式进行归类。

⑶社会团体：包括经民政部门批准成立以及未纳入社会团体管理条例范围的工会、妇联等各类社会团体。社会团体的划分办法如下:

①未纳入民政部社会团体管理条例范围的工会、妇联、共青团、青联、工商联、科协、侨联等社会团体，国家拨款设立的基金会或基金管理组织以及经费主要来源于国有业务主管部门或国有上级单位的社会团体，列为“国有”。

②经费主要来源于集体单位的社会团体，列为“集体”。

③公民个人(或个人合伙)开办的社会团体，划为“私营”。

④上述以外的其他社会团体，如果其经费来源不明确，改按管理方式进行归类。

# Explanatory Notes on Main Statistical Indicators

**Divisions of Administrative Areas** refer to the division of administrative areas by the State. The relative laws stipulate that 1) the whole country is divided into provinces, autonomous regions and municipalities directly under the Central Government; 2) provinces and autonomous regions are further divided into autonomous prefectures, counties, autonomous counties and cities; 3) autonomous prefectures are further divided into counties, autonomous counties and cities; 4) counties and autonomous counties are further divided into townships, ethnic townships and towns; 5) municipalities directly under the Central Government and large cities are divided into districts and counties, 6) the State shall, when necessary, establish special administrative regions.

**Average Annual Growth Rate** shows the average growth rate of social and economic development during a longer period. It can not be directly calculated by chain based growth rate. The relation is:

Average Annual Growth Rate = Average Speed of Development – 1

Average speed of development is the time series average of speed which calculated by chain based. Because the reference bases during the different periods are not same, average speed of development can not be calculated by the general method. Level approach and accumulative approach for calculating average speed of development rate are applied. The "level approach", or the method of calculating the geometric average, is derived by the formula of geometric average of the chain-based speeds of development, or comparing the level of the last year of the interval with that of the beginning year; the other is called the "accumulative approach" or the "algebraic average", "equation" method, which is derived by the summation of the actual figure of each year in the interval divided by the figure in the base year. The level approach focuses on the level of the last year, while the accumulative approach emphasizes the aggregate development in the duration.

The average annual growth rates listed in the Yearbook are calculated by the level approach except for the growth rate of investment in fixed assets. The base year is not listed in the duration for which average annual growth rates are computed. For instance, the average annual growth rate of the 43 years since 1949 is shown as the average annual growth rate of 1950-1992 without showing the base year 1949.

**Industrial Classification of the National Economy** The new Industrial Classification of the National Economy (GB/T 4754-2011) is introduced starting from the compilation of 2012 annual statistics. The revision, based on the 2002 classification, was organized by the National Bureau of Statistics taking into consideration of the International Standards of the Industrial Classification of All Economic Activities (ISIC/Rev.4) of the United Nations. The new Classification was promulgated by the National Administration of Quality Supervision, Inspection and Quarantine and the Standardization Administration of the People's Republic of China on April 29, 2011. The revised version of the Industrial Classification of the National Economy (GB/T 4754-2012) is composed of 20 sections, 96 divisions, 432 groups and 1094 classes.

**Registration Status of Enterprises (Units)** Enterprises are classified into 3 categories, namely domestic-funded enterprises, enterprises with investment from Hong Kong, Macao and Taiwan, and enterprises with foreign investment, according to the registration status of an enterprise in industrial and commercial administration agencies. Domestic-funded enterprises include State-owned enterprises, collective-owned enterprises, cooperative enterprises, joint ownership enterprises, limited liability corporations, share-holding corporations Ltd., private enterprises and other enterprises. Included in the enterprises with investment from Hong Kong, Macao and Taiwan and enterprises with foreign investment are joint-venture enterprises, cooperative enterprises, sole investment enterprises and share-holding corporations Ltd. For government agencies, institutions and social organizations which are not registered in industrial and commercial administration agencies, they are classified mainly by their sources of funding and manner of management.

**State-owned Enterprises** refer to non-corporation economic units where the entire assets are owned by the State and which have been registered in accordance with the *Regulation of the People's Republic of China on the Management of Registration of Corporate Enterprises*. Not included from this category are solely State-funded corporations in the limited liability corporations.

**Collective-owned Enterprises** refer to economic units where the assets are owned collectively and which have been registered in accordance with the *Regulation of the People's Republic of China on the Management of Registration of Corporate Enterprises.*

**Cooperative Enterprises** refer to a form of collective economic units (enterprises) where capitals come mainly from employees as their shares, with certain proportion of capital from the outside, where production is organized on the basis of independent operation, independent accounting for profits and losses, joint work, democratic management, and a distribution system that integrates remuneration according to work with dividend according to capital share.

**Joint Ownership Enterprises** refer to economic units established by two or more corporate enterprises or corporate institutions of the same or different ownership, through joint investment on the basis of voluntary participation, equality, and mutual benefits. They include State joint ownership enterprises; collective joint ownership enterprises; joint State-collective enterprises; and other joint ownership enterprises.

**Limited Liability Corporations** refer to economic units established with investment from 2-50 investors and registered in accordance with the Regulation of the People's Republic of China on the Management of Registration of Corporations, each investor bearing limited liability to the corporation depending on its share of investment, and the corporation bearing liability to its debt to the maximum of its total assets. Limited liability corporations include solely State-funded limited liability corporations and other limited liability corporations.

**Share-holding Corporations Ltd.** refer to economic units registered in accordance with the Regulation of the People's Republic of China on the Management of Registration of Corporations, with total registered capital divided into equal shares and raised through issuing stocks. Each investor bears limited liability to the corporation depending on the holding of shares, and the corporation bears liability to its debt to the maximum of its total assets.

**Private Enterprises** refer to profit-making economic units invested and established by natural persons, or controlled by natural persons using employed labour. Included in this category are private limited liability corporations, private share-holding corporations Ltd., private partnership enterprises and private-funded enterprises registered in accordance with the Company Law, the Law on Partnership Business and Interim Regulations on Private Enterprises.

**Other Domestic-funded Enterprises** refer to domestic-funded economic units other than those mentioned above.

**Joint Venture Enterprises(Funds are from Hong Kong, Macao or Taiwan.)** are enterprises established by investors from Hong Kong, Macao and Taiwan with enterprises in the mainland of China in accordance with the Law of the People's Republic of China on Sino-foreign Equity Joint Ventures and other relevant laws, where the establishment of the investment and the sharing of profits and risks are stipulated under joint venture contracts.

**Cooperative Enterprises(Funds are from Hong Kong, Macao or Taiwan.)** established by investors from Hong Kong, Macao and Taiwan with enterprises in the mainland of China in accordance with the Law of the People's Republic of China on Sino-foreign Contractual Joint Venture and other relevant laws, where the investment or provision of facilities and the sharing of profits and risks are stipulated under cooperative contracts.

**Enterprises with Sole (exclusive) Investment from Hong Kong, Macao and Taiwan** refer to enterprises established in the mainland of China with exclusive investment from investors from Hong Kong, Macao and Taiwan in accordance with the Law of the People's Republic of China on Wholly Foreign-owned Enterprises and other relevant laws.

**Share-holding Corporations Ltd. with Investment from Hong Kong, Macao and Taiwan** refer to share-holding corporations Ltd. established with the approval from the former Ministry of Foreign Trade and Economic Relations in line with relevant State regulations, where the share of investment from Hong Kong, Macao or Taiwan businessmen exceeds 25% of the total registered capital of the corporation. In case the share of investment from Hong Kong, Macao or Taiwan is less than 25% of the total registered capital, the enterprise is to be classified as domestic-funded share-holding corporation Ltd.

**Other Enterprises with Funds From Hong Kong, Macao and Taiwan** refer to partnership enterprises with investments from Hong Kong, Macao and Taiwan established within the territory of China in accordance with Administrative Measures on the Establishment of Partnership Enterprises in China by Foreign Enterprises or Foreign Individuals and Regulations for the Administration of the Registration of Foreign-invested Partnership Enterprises.

**Joint Venture Enterprises with Foreign Investment** refer to enterprises jointly established by foreign enterprises or foreigners with enterprises in the mainland of China in accordance with the Law of the People's Republic of China on Sino-foreign Equity Joint Ventures and other relevant laws, where the sharing of investment, profits and risks is stipulated under contract.

**Cooperative Enterprises with Foreign Investment** refer to enterprises jointly established by foreign enterprises or foreigners with enterprises in the mainland of China in accordance with the Law of the People's Republic of China on Sino-foreign Contractual Joint Venture and other relevant laws, where the investment or provision of facilities and the sharing of profits and risks are stipulated under cooperative contracts.

**Enterprises with Sole (exclusive) Foreign Investment** refer to enterprises established in the mainland of China with exclusive investment from foreign investors in accordance with the Law of the People's Republic of China on Wholly Foreign-owned Enterprises and other relevant laws.

**Share-holding Corporations Ltd. with Foreign Investment** refer to share-holding corporations Ltd. established with the approval from the former Ministry of Foreign Trade and Economic Relations in line with relevant State regulations, where the share of investment from foreign investors exceeds 25% of the total registered capital of the corporation. In case the share of foreign investment is less than 25% of the total registered capital, the enterprise is to be classified as domestic-funded share-holding corporation Ltd.

**Other Enterprises with Foreign Funds** refer to partnership enterprises established within the territory of China in accordance with Administrative Measures on the Establishment of Partnership Enterprises in China by Foreign Enterprises or Foreign Individuals and Regulations for the Administration of the Registration of Foreign-invested Partnership Enterprises.

**Government Agencies, Institutions and Social Organizations** are classified into the following categories by source of funds and manner of management taking reference of the registration status of enterprises:

(1) Government agencies: include State and party agencies, classified in principle as State-owned. There are exceptions, such as supply and marketing cooperatives which are classified as collective-owned.

(2) Institutions: include institutions of various types established with the approval by organization and staffing departments of the government, but exclude institutions where enterprise management system is introduced. Institutions are further classified as follows:

(a) Institutions for which their main budgets are from government budget appropriations or extra-budget funds, or allocated from the budget of their competent government agencies. Such institutions are classified as state-owned.

(b) Institutions for which their budget mainly come from collective units. Such institutions are classified as collective-owned.

(c) Social institutions established by individual or a group of citizens, which are classified as private.

(d) Institutions other than those mentioned above for which their sources of budget are not clear. Such institutions are classified by the manner of management.

(3) Social organizations: include social organizations established with the approval from the Ministry of Civil Affairs, and organizations that are not covered by social organization management regulations such as trade unions, women's federations etc.. Social organizations are further classified as follows:

(a) Social organizations that are not covered by social organization management regulations of the Ministry of Civil Affairs such as trade unions, women federations, communist youth leagues, youth associations, industrial and commerce associations, scientist associations, overseas Chinese associations, etc., foundations and fund management organizations established with funds from the state, and social organizations whose funds mainly come from the budget of their competent government agencies. Such institutions are classified as State-owned.

(b) Social organizations for which their budget mainly come from collective units. Such institutions are classified as collective-owned.

(c) Social organizations established by individual or a group of citizens, which are classified as private.

(d) Social organizations other than those mentioned above for which their sources of budget are not clear. Such organizations are classified by the manner of management.

# 第二篇　人口、就业人员和工资

CHAPTER 2　POPULATION, EMPLOYMENT AND WAGES

资料整理：魏　瑁　曹夏茵

# 2-1　人口和就业基本情况
# Population and Employment

| 指　标 | Item | 2014 | 2015 | 2016 | 2017 | 2018 |
|---|---|---|---|---|---|---|
| **人　口** | **Population** | | | | | |
| 总人口(万人) | Total Population (10000 persons) | 3833.0 | 3812.0 | 3799.2 | 3788.7 | 3773.1 |
| 男 | Male | 1925.1 | 1926.8 | 1918.1 | 1910.7 | 1899.3 |
| 女 | Female | 1907.9 | 1885.2 | 1881.1 | 1878.0 | 1873.8 |
| 市　镇 | Urban | 2223.5 | 2241.5 | 2249.1 | 2250.5 | 2267.6 |
| 乡　村 | Rural | 1609.5 | 1570.5 | 1550.1 | 1538.2 | 1505.5 |
| 性别比(女性=100) | Sex Ratio (Female=100) | 100.9 | 102.2 | 102.0 | 101.7 | 101.4 |
| 出生率(‰) | Birth Rate (‰) | 7.37 | 6.00 | 6.12 | 6.22 | 5.98 |
| 死亡率(‰) | Death Rate (‰) | 6.46 | 6.60 | 6.61 | 6.63 | 6.67 |
| 自然增长率(‰) | Natural Growth Rate (‰) | 0.91 | -0.60 | -0.49 | -0.41 | -0.69 |
| **就　业** | **Employment** | | | | | |
| 就业人员合计(万人) | Total Number of Employed Persons (10000 persons) | 2079.8 | 2013.7 | 2028.2 | 2005.0 | 1986.4 |
| 城镇就业人员 | Urban Employed Persons | 1096.9 | 1037.7 | 1072.9 | 1059.5 | 1049.9 |
| 国有单位 | State-owned Units | 277.1 | 267.8 | 263.7 | 254.1 | 246.4 |
| 集体单位 | Collective-owned Units | 14.7 | 14.1 | 12.2 | 10.6 | 9.6 |
| 其他单位 | Units of Other Types of Ownership | 159.1 | 151.6 | 149.0 | 148.3 | 136.7 |
| 私营单位 | Private Units | 148.2 | 185.5 | 152.1 | 162.3 | 178.9 |
| 个　体 | Self-employed Individuals | 266.0 | 181.8 | 263.7 | 274.3 | 278.0 |
| 灵活就业 | Obtain Employment Flexibly | 231.8 | 236.9 | 232.2 | 209.9 | 200.3 |
| 乡村就业人员 | Rural Employed Persons | 982.9 | 976.0 | 955.3 | 945.5 | 936.5 |
| 城镇登记失业人数(万人) | Number of Registered Unemployed Persons in Urban Areas(10000 persons) | 39.9 | 41.0 | 39.6 | 39.7 | 39.4 |
| 城镇登记失业率(%) | Registered Unemployment Rate in Urban Areas(%) | 4.47 | 4.48 | 4.22 | 4.21 | 3.99 |
| 城镇非私营单位就业人员平均工资(元) | Average Wage of Employed Persons In Urban Non-private Units (yuan) | 44036 | 48881 | 52435 | 56067 | 60780 |
| 国有单位 | State-owned Units | 42794 | 49307 | 52847 | 55789 | 59716 |
| 集体单位 | Collective-owned Units | 37740 | 39063 | 41618 | 45814 | 51838 |
| 私营单位 | Private Units | 26960 | 28586 | 30533 | 32422 | 34801 |
| 其他单位 | Other Units | 46776 | 49062 | 52621 | 57290 | 63332 |

# 2-2 年末人口数
# Population at Year-End

单位：万人、% (10000 persons,%)

| 年 份 Year | 总人口 Total Population | 按性别分 By Sex | | | | 按城乡分 By Residence | | | |
|---|---|---|---|---|---|---|---|---|---|
| | | 男 Male | | 女 Female | | 城镇 Urban | | 乡村 Rural | |
| | | 人口数 Population | 比 重 Proportion | 人口数 Population | 比 重 Proportion | 人口数 Population | 比 重 Proportion | 人口数 Population | 比 重 Proportion |
| 1953 | 1189.7 | 646.4 | 54.3 | 543.3 | 45.7 | 378.9 | 31.8 | 810.8 | 68.2 |
| 1954 | 1250.2 | 676.2 | 54.1 | 574.0 | 45.9 | 416.7 | 33.3 | 833.5 | 66.7 |
| 1955 | 1321.2 | 714.2 | 54.1 | 607.0 | 45.9 | 433.8 | 32.8 | 887.4 | 67.2 |
| 1956 | 1418.2 | 770.9 | 54.4 | 647.3 | 45.6 | 496.0 | 35.0 | 922.2 | 65.0 |
| 1957 | 1478.5 | 796.8 | 53.9 | 681.7 | 46.1 | 545.1 | 36.9 | 933.4 | 63.1 |
| 1958 | 1563.7 | 842.2 | 53.9 | 721.5 | 46.1 | 587.1 | 37.5 | 976.6 | 62.5 |
| 1959 | 1682.0 | 908.1 | 54.0 | 773.9 | 46.0 | 741.9 | 44.1 | 940.1 | 55.9 |
| 1960 | 1807.1 | 973.4 | 53.9 | 833.7 | 46.1 | 877.6 | 48.6 | 929.5 | 51.4 |
| 1961 | 1897.1 | 1018.4 | 53.7 | 878.7 | 46.3 | 900.1 | 47.4 | 997.0 | 52.6 |
| 1962 | 1893.5 | 1001.8 | 52.9 | 891.7 | 47.1 | 811.2 | 42.8 | 1082.3 | 57.2 |
| 1963 | 1972.0 | 1041.0 | 52.8 | 931.0 | 47.2 | 796.0 | 40.4 | 1176.0 | 59.6 |
| 1964 | 2053.3 | 1078.7 | 52.5 | 974.6 | 47.5 | 811.5 | 39.5 | 1241.8 | 60.5 |
| 1965 | 2133.9 | 1116.8 | 52.3 | 1017.1 | 47.7 | 805.6 | 37.8 | 1328.3 | 62.2 |
| 1966 | 2188.6 | 1143.9 | 52.3 | 1044.7 | 47.7 | 822.2 | 37.6 | 1366.4 | 62.4 |
| 1967 | 2258.9 | 1179.6 | 52.2 | 1079.3 | 47.8 | 842.0 | 37.3 | 1416.9 | 62.7 |
| 1968 | 2343.4 | 1218.8 | 52.0 | 1124.6 | 48.0 | 867.2 | 37.0 | 1476.2 | 63.0 |
| 1969 | 2440.8 | 1264.7 | 51.8 | 1176.1 | 48.2 | 865.9 | 35.5 | 1574.9 | 64.5 |
| 1970 | 2522.6 | 1306.9 | 51.8 | 1215.7 | 48.2 | 907.3 | 36.0 | 1615.3 | 64.0 |
| 1971 | 2627.2 | 1361.6 | 51.8 | 1265.6 | 48.2 | 936.7 | 35.7 | 1690.5 | 64.3 |
| 1972 | 2723.4 | 1409.7 | 51.8 | 1313.7 | 48.2 | 1007.3 | 37.0 | 1716.1 | 63.0 |
| 1973 | 2818.6 | 1459.4 | 51.8 | 1359.2 | 48.2 | 1034.0 | 36.7 | 1784.6 | 63.3 |
| 1974 | 2894.0 | 1496.6 | 51.7 | 1397.4 | 48.3 | 1059.1 | 36.6 | 1834.9 | 63.4 |
| 1975 | 2958.1 | 1528.7 | 51.7 | 1429.4 | 48.3 | 1078.8 | 36.5 | 1879.3 | 63.5 |
| 1976 | 3019.4 | 1558.3 | 51.6 | 1461.1 | 48.4 | 1093.7 | 36.2 | 1925.7 | 63.8 |
| 1977 | 3072.5 | 1585.3 | 51.6 | 1487.2 | 48.4 | 1118.2 | 36.4 | 1954.3 | 63.6 |
| 1978 | 3129.6 | 1614.2 | 51.6 | 1515.4 | 48.4 | 1122.9 | 35.9 | 2006.7 | 64.1 |
| 1979 | 3168.7 | 1629.2 | 51.4 | 1539.5 | 48.6 | 1181.4 | 37.3 | 1987.3 | 62.7 |
| 1980 | 3203.8 | 1642.4 | 51.3 | 1561.4 | 48.7 | 1232.7 | 38.5 | 1971.1 | 61.5 |
| 1981 | 3239.3 | 1660.3 | 51.3 | 1579.0 | 48.7 | 1275.3 | 39.4 | 1964.0 | 60.6 |
| 1982 | 3281.1 | 1677.9 | 51.1 | 1603.2 | 48.9 | 1309.4 | 39.9 | 1971.7 | 60.1 |
| 1983 | 3306.0 | 1692.0 | 51.2 | 1614.0 | 48.8 | 1356.8 | 41.0 | 1949.2 | 59.0 |
| 1984 | 3331.0 | 1706.0 | 51.2 | 1625.0 | 48.8 | 1398.0 | 42.0 | 1933.0 | 58.0 |
| 1985 | 3357.0 | 1718.2 | 51.2 | 1638.8 | 48.8 | 1440.5 | 42.9 | 1916.5 | 57.1 |
| 1986 | 3385.0 | 1733.6 | 51.2 | 1651.4 | 48.8 | 1485.3 | 43.9 | 1899.7 | 56.1 |
| 1987 | 3424.0 | 1753.0 | 51.2 | 1671.0 | 48.8 | 1536.0 | 44.9 | 1888.0 | 55.1 |
| 1988 | 3466.0 | 1774.4 | 51.2 | 1691.6 | 48.8 | 1589.9 | 45.9 | 1876.1 | 54.1 |
| 1989 | 3510.0 | 1796.6 | 51.2 | 1713.4 | 48.8 | 1646.5 | 46.9 | 1863.5 | 53.1 |
| 1990 | 3543.0 | 1812.0 | 51.1 | 1731.0 | 48.9 | 1699.2 | 48.0 | 1843.8 | 52.0 |
| 1991 | 3575.0 | 1827.5 | 51.1 | 1747.5 | 48.9 | 1753.2 | 49.0 | 1821.8 | 51.0 |
| 1992 | 3608.0 | 1844.0 | 51.1 | 1764.0 | 48.9 | 1809.1 | 50.1 | 1798.9 | 49.9 |
| 1993 | 3640.0 | 1861.1 | 51.1 | 1778.9 | 48.9 | 1866.2 | 51.3 | 1773.8 | 48.7 |
| 1994 | 3672.0 | 1873.0 | 51.0 | 1799.0 | 49.0 | 1924.9 | 52.4 | 1747.1 | 47.6 |
| 1995 | 3701.0 | 1887.5 | 51.0 | 1813.5 | 49.0 | 1985.9 | 53.7 | 1715.1 | 46.3 |
| 1996 | 3728.0 | 1901.3 | 51.0 | 1826.7 | 49.0 | 2007.5 | 53.8 | 1720.5 | 46.2 |
| 1997 | 3751.0 | 1912.0 | 51.0 | 1839.0 | 49.0 | 2021.8 | 53.9 | 1729.2 | 46.1 |
| 1998 | 3773.0 | 1923.5 | 51.0 | 1849.5 | 49.0 | 2037.4 | 54.0 | 1735.6 | 46.0 |
| 1999 | 3792.0 | 1933.2 | 51.0 | 1858.8 | 49.0 | 2055.3 | 54.2 | 1736.7 | 45.8 |
| 2000 | 3807.0 | 1945.8 | 51.1 | 1861.2 | 48.9 | 1977.4 | 51.9 | 1829.6 | 48.1 |
| 2001 | 3811.0 | 1948.2 | 51.1 | 1862.8 | 48.9 | 1996.2 | 52.4 | 1814.8 | 47.6 |
| 2002 | 3813.0 | 1953.0 | 51.2 | 1860.0 | 48.8 | 2004.5 | 52.6 | 1808.5 | 47.4 |
| 2003 | 3815.0 | 1940.4 | 50.9 | 1874.6 | 49.1 | 2006.3 | 52.6 | 1808.7 | 47.4 |
| 2004 | 3816.8 | 1937.8 | 50.8 | 1879.0 | 49.2 | 2014.5 | 52.8 | 1802.3 | 47.2 |
| 2005 | 3820.0 | 1933.1 | 50.6 | 1886.9 | 49.4 | 2028.4 | 53.1 | 1791.6 | 46.9 |
| 2006 | 3823.0 | 1942.5 | 50.8 | 1880.5 | 49.2 | 2045.3 | 53.5 | 1777.7 | 46.5 |
| 2007 | 3824.0 | 1931.1 | 50.5 | 1892.9 | 49.5 | 2061.1 | 53.9 | 1762.9 | 46.1 |
| 2008 | 3825.0 | 1933.2 | 50.5 | 1891.8 | 49.5 | 2119.0 | 55.4 | 1706.0 | 44.6 |
| 2009 | 3826.0 | 1943.6 | 50.8 | 1882.4 | 49.2 | 2123.4 | 55.5 | 1702.6 | 44.5 |
| 2010 | 3833.4 | 1943.6 | 50.7 | 1889.8 | 49.3 | 2133.7 | 55.7 | 1699.7 | 44.3 |
| 2011 | 3834.0 | 1936.2 | 50.5 | 1897.8 | 49.5 | 2166.2 | 56.5 | 1667.8 | 43.5 |
| 2012 | 3834.0 | 1943.8 | 50.7 | 1890.2 | 49.3 | 2181.5 | 56.9 | 1652.5 | 43.1 |
| 2013 | 3835.0 | 1929.6 | 50.3 | 1905.4 | 49.7 | 2201.3 | 57.4 | 1633.7 | 42.6 |
| 2014 | 3833.0 | 1925.1 | 50.2 | 1907.9 | 49.8 | 2223.5 | 58.0 | 1609.5 | 42.0 |
| 2015 | 3812.0 | 1926.8 | 50.5 | 1885.2 | 49.5 | 2241.5 | 58.8 | 1570.5 | 41.2 |
| 2016 | 3799.2 | 1918.1 | 50.5 | 1881.1 | 49.5 | 2249.1 | 59.2 | 1550.1 | 40.8 |
| 2017 | 3788.7 | 1910.7 | 50.4 | 1878.0 | 49.6 | 2250.5 | 59.4 | 1538.2 | 49.9 |
| 2018 | 3773.1 | 1899.3 | 50.3 | 1873.8 | 49.7 | 2267.6 | 60.1 | 1505.5 | 39.9 |

# 2-3 人口出生率、死亡率、自然增长率

## Birth Rate, Death Rate and Natural Growth Rate of Population

单位：‰ (‰)

| 年 份 Year | 全省 Provincial | | | 市 City | | | 县 County | | |
|---|---|---|---|---|---|---|---|---|---|
| | 出生率 Birth Rate | 死亡率 Death Rate | 自然增长率 Natural Growth Rate | 出生率 Birth Rate | 死亡率 Death Rate | 自然增长率 Natural Growth Rate | 出生率 Birth Rate | 死亡率 Death Rate | 自然增长率 Natural Growth Rate |
| 1957 | 36.59 | 10.45 | 26.14 | 48.33 | 9.50 | 38.83 | 33.01 | 10.74 | 22.27 |
| 1962 | 35.46 | 8.62 | 26.84 | 38.94 | 8.08 | 30.86 | 33.79 | 8.87 | 24.92 |
| 1965 | 40.38 | 8.00 | 32.38 | 40.11 | 6.08 | 34.03 | 40.47 | 8.67 | 31.80 |
| 1970 | 34.80 | 5.81 | 28.99 | 30.78 | 5.21 | 25.57 | 36.04 | 6.00 | 30.04 |
| 1975 | 21.98 | 5.43 | 16.55 | 16.21 | 5.11 | 11.10 | 23.70 | 5.53 | 18.17 |
| 1978 | 16.84 | 4.68 | 12.16 | 14.12 | 4.91 | 9.21 | 17.64 | 4.61 | 13.03 |
| 1980 | 13.49 | 4.86 | 8.63 | 11.74 | 4.77 | 6.97 | 14.07 | 4.89 | 9.18 |
| 1985 | 15.04 | 4.76 | 10.28 | 13.39 | 5.22 | 8.17 | 16.86 | 3.86 | 13.00 |
| 1990 | 18.11 | 6.35 | 11.76 | 15.43 | 5.92 | 9.51 | 20.71 | 6.79 | 13.92 |
| 1991 | 15.89 | 5.70 | 10.19 | 12.30 | 5.42 | 6.88 | 17.05 | 5.73 | 11.32 |
| 1992 | 16.25 | 6.12 | 10.13 | 12.88 | 5.40 | 7.48 | 17.65 | 6.55 | 11.10 |
| 1993 | 15.90 | 5.52 | 10.38 | 15.37 | 5.88 | 9.49 | 16.10 | 5.65 | 10.45 |
| 1994 | 15.15 | 5.47 | 9.68 | 14.91 | 5.06 | 9.85 | 15.39 | 6.18 | 9.21 |
| 1995 | 13.23 | 5.33 | 7.90 | 12.09 | 5.30 | 6.79 | 13.72 | 5.34 | 8.38 |
| 1996 | 12.40 | 5.05 | 7.35 | 12.28 | 5.02 | 7.26 | 12.43 | 5.06 | 7.37 |
| 1997 | 12.02 | 5.17 | 6.85 | 11.46 | 5.02 | 6.44 | 12.91 | 5.35 | 7.56 |
| 1998 | 11.68 | 5.32 | 6.36 | 10.24 | 4.67 | 5.57 | 13.31 | 6.07 | 7.25 |
| 1999 | 10.55 | 5.49 | 5.06 | 9.56 | 4.68 | 4.87 | 11.23 | 5.86 | 5.37 |
| 2000 | 9.43 | 5.50 | 3.93 | 8.76 | 4.94 | 3.82 | 10.11 | 6.10 | 4.01 |
| 2001 | 8.48 | 5.49 | 2.99 | 7.56 | 5.31 | 2.25 | 9.44 | 5.82 | 3.62 |
| 2002 | 7.98 | 5.44 | 2.54 | 7.30 | 5.29 | 2.01 | 9.12 | 5.61 | 3.51 |
| 2003 | 7.48 | 5.45 | 2.03 | 5.80 | 4.60 | 1.20 | 9.30 | 6.40 | 2.90 |
| 2004 | 7.27 | 5.45 | 1.82 | 5.15 | 3.97 | 1.18 | 9.53 | 7.02 | 2.51 |
| 2005 | 7.87 | 5.20 | 2.67 | 5.81 | 4.74 | 1.07 | 10.57 | 5.80 | 4.77 |
| 2006 | 7.57 | 5.18 | 2.39 | 5.82 | 4.86 | 0.96 | 9.18 | 4.90 | 4.28 |
| 2007 | 7.88 | 5.39 | 2.49 | 6.25 | 4.89 | 1.36 | 9.85 | 6.02 | 3.83 |
| 2008 | 7.91 | 5.68 | 2.23 | 6.94 | 5.77 | 1.17 | 9.21 | 5.55 | 3.66 |
| 2009 | 7.48 | 5.42 | 2.06 | 6.55 | 5.40 | 1.15 | 8.76 | 5.54 | 3.22 |
| 2010 | 7.35 | 5.83 | 1.52 | 6.45 | 5.36 | 1.09 | 7.78 | 5.98 | 1.80 |
| 2011 | 6.99 | 5.92 | 1.07 | 6.58 | 5.57 | 1.01 | 7.59 | 6.33 | 1.26 |
| 2012 | 7.30 | 6.03 | 1.27 | 6.52 | 5.21 | 1.31 | 8.27 | 7.06 | 1.21 |
| 2013 | 6.86 | 6.08 | 0.78 | 5.82 | 5.21 | 0.61 | 7.52 | 6.49 | 1.03 |
| 2014 | 7.37 | 6.46 | 0.91 | 6.47 | 5.51 | 0.96 | 7.92 | 7.11 | 0.81 |
| 2015 | 6.00 | 6.60 | -0.60 | 5.96 | 6.17 | -0.21 | 6.04 | 7.04 | -1.00 |
| 2016 | 6.12 | 6.61 | -0.49 | 6.19 | 6.23 | -0.04 | 6.02 | 7.14 | -1.12 |
| 2017 | 6.22 | 6.63 | -0.41 | 6.33 | 6.11 | 0.22 | 6.06 | 7.39 | -1.33 |
| 2018 | 5.98 | 6.67 | -0.69 | 6.04 | 5.94 | 0.10 | 5.89 | 7.77 | -1.88 |

# 2-4 人口年龄构成和抚养比
# Age Composition and Dependency Ratio of Population

单位：万人、% (10000 persons,%)

| 年 份 Year | 人口数 Total Population | 0-14岁 Aged 0-14 | 15-64岁 Aged 15-64 | 65岁及以上 Aged 65 and over | 总抚养比 Gross Dependency Ratio | 少年儿童抚养比 Children Dependency Ratio | 老年人口抚养比 Old Dependency Ratio |
|---|---|---|---|---|---|---|---|
| 1986 | 3385.0 | 1020.7 | 2230.6 | 133.7 | 51.8 | 45.8 | 6.0 |
| 1987 | 3424.0 | 993.4 | 2305.5 | 125.0 | 48.5 | 43.1 | 5.4 |
| 1988 | 3466.0 | 931.3 | 2403.4 | 131.3 | 44.2 | 38.7 | 5.5 |
| 1989 | 3510.0 | 957.1 | 2412.1 | 140.9 | 45.5 | 39.7 | 5.8 |
| 1990 | 3543.0 | 944.3 | 2463.7 | 135.0 | 43.8 | 38.3 | 5.5 |
| 1991 | 3575.0 | 990.9 | 2438.9 | 145.2 | 46.6 | 40.6 | 6.0 |
| 1992 | 3608.0 | 984.6 | 2474.0 | 149.4 | 45.8 | 39.8 | 6.0 |
| 1993 | 3640.0 | 881.6 | 2613.3 | 145.1 | 39.3 | 33.8 | 5.6 |
| 1994 | 3672.0 | 869.1 | 2649.9 | 153.1 | 38.6 | 32.8 | 5.8 |
| 1995 | 3701.0 | 868.1 | 2663.5 | 169.5 | 38.9 | 32.6 | 6.4 |
| 1996 | 3728.0 | 802.0 | 2732.5 | 193.5 | 36.4 | 29.4 | 7.1 |
| 1997 | 3751.0 | 798.9 | 2757.0 | 195.1 | 36.1 | 29.0 | 7.1 |
| 1998 | 3773.0 | 776.0 | 2800.5 | 196.5 | 34.7 | 27.7 | 7.0 |
| 1999 | 3792.0 | 778.1 | 2808.5 | 205.3 | 35.0 | 27.7 | 7.3 |
| 2000 | 3807.0 | 719.1 | 2876.0 | 211.7 | 32.4 | 25.0 | 7.4 |
| 2001 | 3811.0 | 699.0 | 2882.0 | 230.0 | 32.2 | 24.3 | 8.0 |
| 2002 | 3813.0 | 648.2 | 2922.3 | 242.5 | 30.5 | 22.2 | 8.3 |
| 2003 | 3815.0 | 604.3 | 2957.1 | 253.6 | 29.0 | 20.4 | 8.6 |
| 2004 | 3816.8 | 555.0 | 3002.6 | 259.2 | 27.1 | 18.5 | 8.6 |
| 2005 | 3820.0 | 563.7 | 2966.5 | 289.8 | 28.8 | 19.0 | 9.8 |
| 2006 | 3823.0 | 536.4 | 2979.3 | 307.4 | 28.3 | 18.0 | 10.3 |
| 2007 | 3824.0 | 501.3 | 2978.5 | 344.2 | 28.4 | 16.8 | 11.6 |
| 2008 | 3825.0 | 481.6 | 2990.4 | 353.0 | 27.9 | 16.1 | 11.8 |
| 2009 | 3826.0 | 464.1 | 2999.2 | 362.7 | 27.6 | 15.5 | 12.1 |
| 2010 | 3833.4 | 458.5 | 3056.0 | 318.9 | 25.4 | 15.0 | 10.4 |
| 2011 | 3834.0 | 453.6 | 3054.2 | 326.3 | 25.5 | 14.9 | 10.7 |
| 2012 | 3834.0 | 452.0 | 3041.1 | 340.9 | 26.1 | 14.9 | 11.2 |
| 2013 | 3835.0 | 450.1 | 3026.0 | 358.9 | 26.8 | 14.9 | 11.9 |
| 2014 | 3833.0 | 449.2 | 2998.2 | 385.6 | 27.8 | 15.0 | 12.8 |
| 2015 | 3812.0 | 423.1 | 2973.4 | 415.5 | 28.2 | 14.2 | 14.0 |
| 2016 | 3799.2 | 416.0 | 2942.5 | 440.7 | 29.1 | 14.1 | 15.0 |
| 2017 | 3788.7 | 406.9 | 2926.0 | 455.8 | 29.5 | 13.9 | 15.6 |
| 2018 | 3773.1 | 400.7 | 2887.1 | 485.3 | 30.7 | 13.9 | 16.8 |

# 2-5 按年龄和性别分人口数
# Population by Age and Sex

单位：万人、% (10000 persons,%)

| 年 龄 | Age | 合计 Total | | | 男 Male | | | 女 Female | | |
|---|---|---|---|---|---|---|---|---|---|---|
| | | 2010 | 2015 | 2018 | 2010 | 2015 | 2018 | 2010 | 2015 | 2018 |
| **人口数** | **Population** | | | | | | | | | |
| **总 计** | **Total** | **3833.4** | **3812.0** | **3773.1** | **1943.6** | **1926.8** | **1899.3** | **1889.8** | **1885.2** | **1873.8** |
| 0-4岁 | Age 0-4 | 137.4 | 125.9 | 120.9 | 72.1 | 66.2 | 64.1 | 65.3 | 59.7 | 56.7 |
| 5-9岁 | Age 5-9 | 149.1 | 141.7 | 131.2 | 77.8 | 74.9 | 69.2 | 71.3 | 66.8 | 62.0 |
| 10-14岁 | Age 10-14 | 169.1 | 155.5 | 148.7 | 87.8 | 81.5 | 78.1 | 81.3 | 74.0 | 70.6 |
| 15-19岁 | Age 15-19 | 225.1 | 172.7 | 160.2 | 114.6 | 87.9 | 82.6 | 110.5 | 84.8 | 77.6 |
| 20-24岁 | Age 20-24 | 332.0 | 237.1 | 213.1 | 166.6 | 117.9 | 108.3 | 165.4 | 119.2 | 104.8 |
| 25-29岁 | Age 25-29 | 281.8 | 299.7 | 274.6 | 142.0 | 151.2 | 140.1 | 139.7 | 148.5 | 134.5 |
| 30-34岁 | Age 30-34 | 306.7 | 273.0 | 285.5 | 156.6 | 137.1 | 147.6 | 150.0 | 135.9 | 138.0 |
| 35-39岁 | Age 35-39 | 395.1 | 300.7 | 308.6 | 202.7 | 153.4 | 158.4 | 192.3 | 147.3 | 150.2 |
| 40-44岁 | Age 40-44 | 400.6 | 388.2 | 371.8 | 206.3 | 199.1 | 193.1 | 194.3 | 189.1 | 178.8 |
| 45-49岁 | Age 45-49 | 366.5 | 391.1 | 376.9 | 186.7 | 199.3 | 193.6 | 179.9 | 191.8 | 183.3 |
| 50-54岁 | Age 50-54 | 302.7 | 354.6 | 345.1 | 153.2 | 180.2 | 176.1 | 149.5 | 174.4 | 169.0 |
| 55-59岁 | Age 55-59 | 268.2 | 292.9 | 288.0 | 132.9 | 145.6 | 143.9 | 135.2 | 147.3 | 144.1 |
| 60-64岁 | Age 60-64 | 182.1 | 263.4 | 263.1 | 89.3 | 129.8 | 123.5 | 92.8 | 133.6 | 139.5 |
| 65-69岁 | Age 65-69 | 115.5 | 173.5 | 176.6 | 55.4 | 85.4 | 78.6 | 60.1 | 88.1 | 98.0 |
| 70-74岁 | Age 70-74 | 97.5 | 104.8 | 149.2 | 47.7 | 50.4 | 67.6 | 49.8 | 54.4 | 81.6 |
| 75-79岁 | Age 75-79 | 59.3 | 77.1 | 90.8 | 29.8 | 37.3 | 42.6 | 29.5 | 39.8 | 48.2 |
| 80-84岁 | Age 80-84 | 30.1 | 39.5 | 46.0 | 15.2 | 19.7 | 21.7 | 14.9 | 19.8 | 24.3 |
| 85-89岁 | Age 85-89 | 11.0 | 15.5 | 16.8 | 5.3 | 7.6 | 7.6 | 5.7 | 7.9 | 9.3 |
| 90岁及以上 | Age 90 and Over | 3.8 | 5.1 | 5.8 | 1.7 | 2.3 | 2.4 | 2.1 | 2.8 | 3.4 |
| **构成** | **Composition** | | | | | | | | | |
| **总 计** | **Total** | **100.0** | **100.0** | **100.0** | **100.0** | **100.0** | **100.0** | **100.0** | **100.0** | **100.0** |
| 0-4岁 | Age 0-4 | 3.6 | 3.3 | 3.2 | 3.7 | 3.4 | 3.4 | 3.5 | 3.2 | 3.0 |
| 5-9岁 | Age 5-9 | 3.9 | 3.7 | 3.5 | 4.0 | 3.9 | 3.6 | 3.8 | 3.5 | 3.3 |
| 10-14岁 | Age 10-14 | 4.4 | 4.1 | 3.9 | 4.5 | 4.2 | 4.1 | 4.3 | 3.9 | 3.8 |
| 15-19岁 | Age 15-19 | 5.9 | 4.5 | 4.2 | 5.9 | 4.7 | 4.4 | 5.8 | 4.5 | 4.1 |
| 20-24岁 | Age 20-24 | 8.7 | 6.2 | 5.6 | 8.6 | 6.1 | 5.7 | 8.8 | 6.3 | 5.6 |
| 25-29岁 | Age 25-29 | 7.4 | 7.9 | 7.3 | 7.3 | 7.9 | 7.4 | 7.4 | 7.9 | 7.2 |
| 30-34岁 | Age 30-34 | 8.0 | 7.2 | 7.6 | 8.1 | 7.1 | 7.8 | 7.9 | 7.2 | 7.4 |
| 35-39岁 | Age 35-39 | 10.3 | 7.9 | 8.2 | 10.4 | 8.0 | 8.3 | 10.2 | 7.8 | 8.0 |
| 40-44岁 | Age 40-44 | 10.5 | 10.2 | 9.9 | 10.6 | 10.3 | 10.2 | 10.3 | 10.0 | 9.5 |
| 45-49岁 | Age 45-49 | 9.6 | 10.3 | 10.0 | 9.6 | 10.3 | 10.2 | 9.5 | 10.2 | 9.8 |
| 50-54岁 | Age 50-54 | 7.9 | 9.3 | 9.1 | 7.9 | 9.4 | 9.3 | 7.9 | 9.3 | 9.0 |
| 55-59岁 | Age 55-59 | 7.0 | 7.7 | 7.6 | 6.8 | 7.6 | 7.6 | 7.2 | 7.8 | 7.7 |
| 60-64岁 | Age 60-64 | 4.7 | 6.9 | 7.0 | 4.6 | 6.7 | 6.5 | 4.9 | 7.1 | 7.4 |
| 65-69岁 | Age 65-69 | 3.0 | 4.6 | 4.7 | 2.8 | 4.4 | 4.1 | 3.2 | 4.7 | 5.2 |
| 70-74岁 | Age 70-74 | 2.5 | 2.7 | 4.0 | 2.5 | 2.6 | 3.6 | 2.6 | 2.9 | 4.4 |
| 75-79岁 | Age 75-79 | 1.5 | 2.0 | 2.4 | 1.5 | 1.9 | 2.2 | 1.6 | 2.1 | 2.6 |
| 80-84岁 | Age 80-84 | 0.8 | 1.0 | 1.2 | 0.8 | 1.0 | 1.1 | 0.8 | 1.1 | 1.3 |
| 85-89岁 | Age 85-89 | 0.3 | 0.4 | 0.4 | 0.3 | 0.4 | 0.4 | 0.3 | 0.4 | 0.5 |
| 90岁及以上 | Age 90 and Over | 0.1 | 0.1 | 0.2 | 0.1 | 0.1 | 0.1 | 0.1 | 0.1 | 0.2 |

# 2-6 分地区年末人口数(2018年)
# Population at Year-End by Region (2018)

单位：户、万人、% (Household,10000 persons,%)

| 地区 | Region | 年底总户数 Total Household | 总人口 Total Population | 按性别分 By Sex 男 Male 人口数 Population | 男 Male 比重 Proportion | 女 Female 人口数 Population | 女 Female 比重 Proportion |
|---|---|---|---|---|---|---|---|
| 全　省 | Total | 15013390 | 3574.3 | 1795.5 | 50.2 | 1778.8 | 49.8 |
| 哈尔滨 | Harbin | 3911947 | 951.5 | 475.4 | 50.0 | 476.1 | 50.0 |
| 齐齐哈尔 | Qiqihar | 2149562 | 529.7 | 267.4 | 50.5 | 262.3 | 49.5 |
| 鸡　西 | Jixi | 768763 | 172.7 | 86.5 | 50.1 | 86.2 | 49.9 |
| 鹤　岗 | Hegang | 458717 | 99.5 | 49.5 | 49.8 | 50.0 | 50.2 |
| 双鸭山 | Shuangyashan | 650247 | 140.9 | 70.8 | 50.2 | 70.1 | 49.8 |
| 大　庆 | Daqing | 1057648 | 275.5 | 137.1 | 49.8 | 138.4 | 50.2 |
| 伊　春 | Yichun | 562052 | 114.1 | 56.5 | 49.5 | 57.6 | 50.5 |
| 佳木斯 | Jiamusi | 997903 | 233.3 | 117.2 | 50.2 | 116.1 | 49.8 |
| 七台河 | Qitaihe | 357688 | 77.7 | 39.3 | 50.6 | 38.4 | 49.4 |
| 牡丹江 | Mudanjiang | 1047561 | 252.5 | 126.3 | 50.0 | 126.2 | 50.0 |
| 黑　河 | Heihe | 717723 | 159.3 | 80.2 | 50.3 | 79.1 | 49.7 |
| 绥　化 | Suihua | 2136884 | 524.7 | 267.6 | 51.0 | 257.1 | 49.0 |
| 大兴安岭 | Daxinganling | 196695 | 43.0 | 21.7 | 50.6 | 21.2 | 49.4 |

注：本表根据公安年报计算。
a) Data in this table are calculated in accordance with police annual report forms.

# 2-7 分地区城镇登记失业人员及失业率
# Registered Unemployed Persons and Unemployment Rate in Urban Area by Region

单位：万人、% (10000 persons,%)

| 地区 | Region | 失业人员 Unemployed Persons 2014 | 2015 | 2016 | 2017 | 2018 | 失业率 Unemployment Rate 2014 | 2015 | 2016 | 2017 | 2018 |
|---|---|---|---|---|---|---|---|---|---|---|---|
| 全　省 | Total | 39.85 | 40.98 | 39.58 | 39.74 | 39.41 | 4.47 | 4.48 | 4.22 | 4.21 | 3.99 |
| 哈尔滨 | Harbin | 8.83 | 9.54 | 8.96 | 8.82 | 10.03 | 3.72 | 3.88 | 3.76 | 3.68 | 3.76 |
| 齐齐哈尔 | Qiqihar | 3.91 | 4.04 | 4.36 | 4.52 | 3.96 | 4.10 | 4.10 | 4.30 | 4.31 | 3.81 |
| 鸡　西 | Jixi | 1.57 | 1.48 | 1.55 | 1.55 | 1.71 | 4.09 | 3.84 | 4.09 | 4.02 | 3.77 |
| 鹤　岗 | Hegang | 1.44 | 1.80 | 1.67 | 1.72 | 1.45 | 4.11 | 4.10 | 4.10 | 4.11 | 3.82 |
| 双鸭山 | Shuangyashan | 1.11 | 1.12 | 1.09 | 0.96 | 0.95 | 4.00 | 4.03 | 4.04 | 4.04 | 3.82 |
| 大　庆 | Daqing | 3.98 | 4.00 | 4.11 | 4.29 | 3.81 | 4.22 | 4.14 | 4.06 | 4.22 | 3.76 |
| 伊　春 | Yichun | 2.23 | 2.17 | 2.21 | 2.13 | 1.88 | 4.19 | 4.14 | 4.18 | 4.15 | 3.94 |
| 佳木斯 | Jiamusi | 1.94 | 1.92 | 2.18 | 2.32 | 2.15 | 4.17 | 4.05 | 4.08 | 4.05 | 3.95 |
| 七台河 | Qitaihe | 0.80 | 0.82 | 0.80 | 0.78 | 1.00 | 4.21 | 4.30 | 4.31 | 4.27 | 3.87 |
| 牡丹江 | Mudanjiang | 2.02 | 2.02 | 2.63 | 2.82 | 2.43 | 3.39 | 3.38 | 3.29 | 3.52 | 3.81 |
| 黑　河 | Heihe | 0.96 | 0.94 | 0.97 | 0.99 | 0.97 | 3.72 | 3.48 | 3.59 | 3.60 | 3.51 |
| 绥　化 | Suihua | 1.98 | 1.92 | 1.91 | 2.23 | 1.97 | 3.69 | 3.37 | 3.47 | 3.82 | 3.76 |
| 大兴安岭 | Daxinganling | 0.59 | 0.56 | 0.59 | 0.67 | 0.58 | 3.87 | 3.90 | 4.13 | 4.20 | 3.36 |
| 绥芬河 | Suifenhe | 0.06 | 0.09 | 0.10 | 0.10 | - | 2.04 | 2.61 | 3.05 | 2.99 | - |
| 抚　远 | Fuyuan | 0.09 | 0.15 | 0.15 | 0.14 | - | 4.30 | 4.28 | 4.20 | 3.97 | - |
| 农垦总局 | ARB | 1.86 | 1.80 | 1.67 | 1.70 | 1.65 | 2.39 | 2.39 | 2.11 | 2.35 | 1.90 |
| 省森工总局 | Heilongjiang Forestry Group | 6.48 | 6.61 | 4.63 | 3.99 | 4.85 | - | - | - | - | - |

# 2-8　三次产业年末就业人数

# Number of Employed Persons at Year-End by Three Strata of Industry

单位：万人、%　　(10000 persons,%)

| 年　份 Year | 就业人员数 Number of Employed Persons | | | | 构　成 Composition | | |
|---|---|---|---|---|---|---|---|
| | 合　计 Total | 第一产业 Primary Industry | 第二产业 Secondary Industry | 第三产业 Tertiary Industry | 第一产业 Primary Industry | 第二产业 Secondary Industry | 第三产业 Tertiary Industry |
| 1978 | 1000.6 | 526.3 | 292.2 | 182.1 | 52.6 | 29.2 | 18.2 |
| 1980 | 1073.2 | 502.3 | 345.6 | 225.4 | 46.8 | 32.2 | 21.0 |
| 1985 | 1280.9 | 527.7 | 448.3 | 304.9 | 41.2 | 35.0 | 23.8 |
| 1990 | 1427.3 | 565.2 | 501.0 | 361.1 | 39.6 | 35.1 | 25.3 |
| 1991 | 1472.7 | 562.6 | 525.8 | 384.4 | 38.2 | 35.7 | 26.1 |
| 1992 | 1474.8 | 542.7 | 536.8 | 395.2 | 36.8 | 36.4 | 26.8 |
| 1993 | 1481.1 | 565.8 | 527.3 | 388.0 | 38.2 | 35.6 | 26.2 |
| 1994 | 1504.0 | 553.5 | 532.4 | 418.1 | 36.8 | 35.4 | 27.8 |
| 1995 | 1552.1 | 571.2 | 532.3 | 448.6 | 36.8 | 34.3 | 28.9 |
| 1996 | 1557.9 | 559.2 | 534.4 | 464.3 | 35.9 | 34.3 | 29.8 |
| 1997 | 1647.5 | 581.6 | 510.7 | 555.2 | 35.3 | 31.0 | 33.7 |
| 1998 | 1700.0 | 826.2 | 385.9 | 487.9 | 48.6 | 22.7 | 28.7 |
| 1999 | 1654.1 | 807.2 | 375.5 | 471.4 | 48.8 | 22.7 | 28.5 |
| 2000 | 1600.7 | 803.6 | 347.3 | 449.8 | 50.2 | 21.7 | 28.1 |
| 2001 | 1592.6 | 804.3 | 339.2 | 449.1 | 50.5 | 21.3 | 28.2 |
| 2002 | 1588.6 | 800.6 | 335.2 | 452.8 | 50.4 | 21.1 | 28.5 |
| 2003 | 1623.3 | 832.7 | 318.2 | 472.4 | 51.3 | 19.6 | 29.1 |
| 2004 | 1681.0 | 811.9 | 356.4 | 512.7 | 48.3 | 21.2 | 30.5 |
| 2005 | 1748.8 | 804.4 | 367.3 | 577.1 | 46.0 | 21.0 | 33.0 |
| 2006 | 1784.0 | 806.1 | 374.8 | 603.1 | 45.2 | 21.0 | 33.8 |
| 2007 | 1827.6 | 798.7 | 395.2 | 633.7 | 43.7 | 21.6 | 34.7 |
| 2008 | 1852.4 | 803.8 | 385.1 | 663.5 | 43.4 | 20.8 | 35.8 |
| 2009 | 1877.0 | 811.7 | 386.6 | 678.7 | 43.2 | 20.6 | 36.2 |
| 2010 | 1932.0 | 798.6 | 374.4 | 759.0 | 41.3 | 19.4 | 39.3 |
| 2014 | 2079.8 | 768.6 | 403.1 | 908.1 | 37.0 | 19.4 | 43.7 |
| 2015 | 2013.7 | 766.0 | 385.8 | 861.9 | 38.0 | 19.2 | 42.8 |
| 2016 | 2028.2 | 758.2 | 365.6 | 904.4 | 37.4 | 18.0 | 44.6 |
| 2017 | 2005.0 | 746.3 | 348.2 | 910.5 | 37.2 | 17.4 | 45.4 |
| 2018 | 1986.4 | 736.5 | 331.3 | 918.6 | 37.1 | 16.7 | 46.2 |

注：1.1998年起从业人员中不含城镇单位离岗职工；乡村劳动力与农业普查数据衔接后，第一产业变化较大，故与以前年份不可比。
2.2003年起执行新的国民经济行业分类标准，三次产业的划分有所调整，相关的历史数据未作调整。

a) Since 1998, the number of employed persons has excluded off-post staff and workers in urban units; rural employed persons has been adjusted in accordance with the data obtained from general investigation of agriculture, as a result, the data of primary industry employed persons are not comparable with the data of the previous years.

b) From 2003, the new criteria for classification of national economy trade will be performed, accordingly the division of industry will change，the relevant historical data have not been adjusted.

# 2-9 分城乡就业人数

# Number Employed Persons at Year-End in Urban and Rural Areas

单位：万人、人 (10000 persons, person)

| 年份<br>地区 | Year<br>Region | 合计<br>Total | 城镇 Urban Areas<br>小计<br>Subtotal | 国有单位<br>State-owned Units | 集体单位<br>Collective-owned Units | 私营单位<br>Private Enterprises | 城镇个体<br>Urban Self-employed Individuals | 灵活就业<br>Obtain Employment Flexibly | 其他单位<br>Units of Other Types of Ownership | 乡村<br>Rural Areas |
|---|---|---|---|---|---|---|---|---|---|---|
| 2006 | | 1784.0 | 839.7 | 313.6 | 36.5 | 82.8 | 111.3 | 149.1 | 146.4 | 944.3 |
| 2007 | | 1827.6 | 878.2 | 319.0 | 32.9 | 92.5 | 115.5 | 167.7 | 150.6 | 949.4 |
| 2008 | | 1852.4 | 886.1 | 318.3 | 30.6 | 108.5 | 120.4 | 182.2 | 126.1 | 966.3 |
| 2009 | | 1877.0 | 898.8 | 334.4 | 29.1 | 112.0 | 128.1 | 189.6 | 105.6 | 978.2 |
| 2010 | | 1932.0 | 942.6 | 332.4 | 22.0 | 147.7 | 146.2 | 188.7 | 105.6 | 989.4 |
| 2011 | | 1977.8 | 988.6 | 333.6 | 16.1 | 145.1 | 175.4 | 201.9 | 116.5 | 989.2 |
| 2012 | | 2027.8 | 1039.3 | 335.4 | 15.3 | 158.7 | 214.7 | 195.0 | 120.2 | 988.5 |
| 2013 | | 2060.4 | 1067.6 | 291.9 | 15.8 | 159.2 | 232.6 | 208.4 | 159.7 | 992.8 |
| 2014 | | 2079.8 | 1096.9 | 277.1 | 14.7 | 148.2 | 266.0 | 231.8 | 159.1 | 982.9 |
| 2015 | | 2013.7 | 1037.7 | 267.8 | 14.1 | 185.5 | 181.8 | 236.9 | 151.6 | 976.0 |
| 2016 | | 2028.2 | 1072.9 | 263.7 | 12.2 | 152.1 | 263.7 | 232.2 | 149.0 | 955.3 |
| 2017 | | 2005.0 | 1059.5 | 254.1 | 10.6 | 162.3 | 274.3 | 209.9 | 148.3 | 945.5 |
| 2018 | | 1986.4 | 1049.9 | 246.4 | 9.6 | 178.9 | 278.0 | 200.3 | 136.7 | 936.5 |
| 哈尔滨 | Harbin | | 2899873 | 511747 | 51656 | 686259 | 867967 | 193748 | 588496 | |
| 齐齐哈尔 | Qiqihar | | 954244 | 206620 | 5172 | 155854 | 329425 | 150733 | 106440 | |
| 鸡西 | Jixi | | 547797 | 121598 | 3502 | 54933 | 118781 | 181675 | 67308 | |
| 鹤岗 | Hegang | | 456604 | 103810 | 6696 | 54891 | 58603 | 179196 | 53408 | |
| 双鸭山 | Shuangyashan | | 419535 | 175388 | 1204 | 43213 | 92424 | 58544 | 48762 | |
| 大庆 | Daqing | | 906638 | 249716 | 10515 | 135413 | 214754 | 64763 | 231477 | |
| 伊春 | Yichun | | 500887 | 143825 | 759 | 38549 | 76262 | 220053 | 21439 | |
| 佳木斯 | Jiamusi | | 766360 | 192578 | 4963 | 95300 | 195239 | 235095 | 43185 | |
| 七台河 | Qitaihe | | 293897 | 40082 | 1205 | 68183 | 63755 | 73215 | 47457 | |
| 牡丹江 | Mudanjiang | | 653950 | 135317 | 2193 | 173698 | 218360 | 63185 | 61197 | |
| 黑河 | Heihe | | 488877 | 193104 | 1346 | 55502 | 134796 | 77900 | 26229 | |
| 绥化 | Suihua | | 932978 | 179567 | 6223 | 158262 | 286689 | 238033 | 64204 | |
| 大兴安岭 | Daxinganling | | 182254 | 65869 | 35 | 16377 | 28233 | 64499 | 7241 | |
| 哈尔滨铁路局 | Harbin Railway Bureau | | 145027 | 145027 | | | | | | |
| 省森工总局 | Heilongjiang Forestry Group | | 57771 | | | | | 57771 | | |

注：因部门数据含农垦分组，故城镇私营、城镇个体、灵活就业分地区数据之和不等于总计。

a) Because the sector data includes the group of agricultural reclamation, the sum of the data of urban private sector, urban individual and flexible employment is not equal to the total.

# 2-10　分地区年末按登记注册类型分城镇单位就业人数

## Number of Employment in Urban Non-Private Units at Year-End by Registration Status

单位：人　　　　　　　　　　　　　　　　　　　　　　　　　　　　(person)

| 年份 地区 | Year Region | 城镇单位就业人数 Number of Urban Employed Persons | 国有单位 State-owned Units | 集体单位 Urban Collective-owned Units | 其他单位 Units of Other Types of Ownership | 内资 Domestic Funded Units | 股份合作 Cooperative Units |
|---|---|---|---|---|---|---|---|
| | 2013 | 6266144 | 2919007 | 158145 | 1597193 | 1435236 | 70516 |
| | 2014 | 5990490 | 2770991 | 147269 | 1590568 | 1433065 | 57611 |
| | 2015 | 5853144 | 2678459 | 141049 | 1515643 | 1377680 | 54302 |
| | 2016 | 5770004 | 2636890 | 122044 | 1489780 | 1357465 | 51080 |
| | 2017 | 5753201 | 2540814 | 105883 | 1483439 | 1359899 | 49592 |
| | 2018 | 5715078 | 2464248 | 95469 | 1366843 | 1263318 | 40510 |
| 哈尔滨 | Harbin | 1838158 | 511747 | 51656 | 588496 | 530263 | 33942 |
| 齐齐哈尔 | Qiqihar | 474086 | 206620 | 5172 | 106440 | 99198 | 331 |
| 鸡西 | Jixi | 247341 | 121598 | 3502 | 67308 | 65516 | 196 |
| 鹤岗 | Hegang | 218805 | 103810 | 6696 | 53408 | 51908 | 66 |
| 双鸭山 | Shuangyashan | 268567 | 175388 | 1204 | 48762 | 48484 | 1577 |
| 大庆 | Daqing | 627121 | 249716 | 10515 | 231477 | 221043 | 1591 |
| 伊春 | Yichun | 204572 | 143825 | 759 | 21439 | 20190 | 1457 |
| 佳木斯 | Jiamusi | 336026 | 192578 | 4963 | 43185 | 39512 | 8 |
| 七台河 | Qitaihe | 156927 | 40082 | 1205 | 47457 | 46670 | |
| 牡丹江 | Mudanjiang | 372405 | 135317 | 2193 | 61197 | 53789 | 139 |
| 黑河 | Heihe | 276181 | 193104 | 1346 | 26229 | 24309 | 230 |
| 绥化 | Suihua | 408256 | 179567 | 6223 | 64204 | 55724 | 765 |
| 大兴安岭 | Daxinganling | 89522 | 65869 | 35 | 7241 | 6712 | 208 |
| 哈尔滨铁路局 | Harbin Railway Bureau | 145027 | 145027 | | | | |

## 2-10　续表　Continued

单位：人　　　　　　　　　　　　　　　　　　　　　　　　　　　　(person)

| 年份 地区 | Year Region | 联营 Joint Ownership Units | 有限责任公司 Limited Liability Corporations | 股份有限公司 Share-Holding Corporations Ltd. | 其他 Others | 港澳台商投资 Units of Funds from Hong Kong, Macao & Taiwan | 外商投资 Foreign Funded Units | 私营单位 Private Units |
|---|---|---|---|---|---|---|---|---|
| | 2013 | 4145 | 1046255 | 305320 | 9000 | 52854 | 109103 | 1591799 |
| | 2014 | 4354 | 1059309 | 304826 | 6965 | 51198 | 106305 | 1481662 |
| | 2015 | 3357 | 1010657 | 300355 | 9009 | 47402 | 90561 | 1517993 |
| | 2016 | 3290 | 965417 | 308077 | 29601 | 45876 | 86439 | 1521290 |
| | 2017 | 3973 | 991126 | 271455 | 43753 | 46485 | 77055 | 1623065 |
| | 2018 | 3855 | 985212 | 219154 | 14587 | 34825 | 68700 | 1788518 |
| 哈尔滨 | Harbin | 3238 | 399011 | 83634 | 10438 | 19161 | 39072 | 686259 |
| 齐齐哈尔 | Qiqihar | 2 | 87748 | 10766 | 351 | 3536 | 3706 | 155854 |
| 鸡西 | Jixi | | 52263 | 12681 | 376 | 1228 | 564 | 54933 |
| 鹤岗 | Hegang | | 48379 | 3463 | | 888 | 612 | 54891 |
| 双鸭山 | Shuangyashan | 33 | 36774 | 9017 | 1083 | 278 | | 43213 |
| 大庆 | Daqing | | 185110 | 34123 | 219 | 2798 | 7636 | 135413 |
| 伊春 | Yichun | | 15809 | 2914 | 10 | 1058 | 191 | 38549 |
| 佳木斯 | Jiamusi | 391 | 28298 | 10703 | 112 | 1122 | 2551 | 95300 |
| 七台河 | Qitaihe | | 39319 | 7289 | 62 | 733 | 54 | 68183 |
| 牡丹江 | Mudanjiang | | 32177 | 20423 | 1050 | 2890 | 4518 | 173698 |
| 黑河 | Heihe | 47 | 18991 | 4568 | 473 | 654 | 1266 | 55502 |
| 绥化 | Suihua | 144 | 37187 | 17215 | 413 | 479 | 8001 | 158262 |
| 大兴安岭 | Daxinganling | | 4146 | 2358 | | | 529 | 16377 |
| 哈尔滨铁路局 | Harbin Railway Bureau | | | | | | | |

# 2-11 分地区年末城镇非私营单位就业人数 Number of Employment in Urban Non-Private Units at Year-End by Region

单位：人 (person)

| 年份 地区 | Year Region | 总计 Total | 农、林、牧、渔业 Agriculture, Forestry, Animal Husbandry and Fishery | 采矿业 Mining | 制造业 Manufacturing | 电力、热力、燃气及水的生产和供应业 Production and Supply of Electric, heat, Gas and Water | 建筑业 Construction |
|---|---|---|---|---|---|---|---|
| 2013 | | 4674345 | 798383 | 323312 | 653326 | 181815 | 369628 |
| 2014 | | 4508828 | 710984 | 359280 | 613082 | 180839 | 338497 |
| 2015 | | 4335151 | 654595 | 318638 | 574066 | 180621 | 311202 |
| 2016 | | 4248714 | 667985 | 279101 | 519865 | 176015 | 284420 |
| 2017 | | 4130136 | 677202 | 255592 | 456676 | 168343 | 247003 |
| 2018 | | 3926560 | 656214 | 268514 | 386097 | 136521 | 214861 |
| 哈尔滨 | Harbin | 1151899 | 24151 | 505 | 195802 | 54599 | 96953 |
| 齐齐哈尔 | Qiqihar | 318232 | 43204 | 463 | 52906 | 12561 | 9250 |
| 鸡西 | Jixi | 192408 | 48543 | 33618 | 7080 | 6679 | 7762 |
| 鹤岗 | Hegang | 163914 | 51942 | 37634 | 6588 | 5759 | 4935 |
| 双鸭山 | Shuangyashan | 225354 | 91311 | 25354 | 2072 | 6902 | 4267 |
| 大庆 | Daqing | 491708 | 9769 | 132647 | 57108 | 9477 | 39568 |
| 伊春 | Yichun | 166023 | 92619 | 424 | 9764 | 3953 | 4634 |
| 佳木斯 | Jiamusi | 240726 | 78157 | 313 | 11368 | 8370 | 14496 |
| 七台河 | Qitaihe | 88744 | 6714 | 32184 | 4507 | 2312 | 1542 |
| 牡丹江 | Mudanjiang | 198707 | 36941 | 1 | 11775 | 9049 | 4869 |
| 黑河 | Heihe | 220679 | 111063 | 3777 | 4659 | 7256 | 2864 |
| 绥化 | Suihua | 249994 | 18725 | 424 | 20554 | 8695 | 13821 |
| 大兴安岭 | Daxinganling | 73145 | 42630 | 1170 | 964 | 909 | 1314 |
| 哈尔滨铁路局 | Harbin Railway Bureau | 145027 | 445 | | 950 | | 8586 |

## 2-11 续表1 Continued

单位：人 (person)

| 年份 地区 | Year Region | 批发和零售业 Wholesale and Retail Trades | 交通运输仓储和邮政业 Transport, Storage and Post | 住宿和餐饮业 Hotels and Catering Services | 信息传输、软件和信息技术服务业 Information Transmission, Software and Information Technology | 金融业 Financial Intermediation | 房地产业 Real Estate | 租赁和商务服务业 Leasing and Business Services |
|---|---|---|---|---|---|---|---|---|
| 2013 | | 196718 | 280624 | 109287 | 70793 | 159208 | 60212 | 59092 |
| 2014 | | 187562 | 277461 | 45246 | 76385 | 169005 | 60346 | 62055 |
| 2015 | | 182176 | 274955 | 41511 | 73668 | 187020 | 59870 | 62900 |
| 2016 | | 186170 | 271327 | 40433 | 72891 | 213468 | 61337 | 68933 |
| 2017 | | 177763 | 270041 | 36859 | 81555 | 226548 | 62550 | 79775 |
| 2018 | | 156808 | 250300 | 32438 | 79656 | 217173 | 64203 | 108374 |
| 哈尔滨 | Harbin | 81105 | 43669 | 21526 | 43998 | 70045 | 37805 | 87287 |
| 齐齐哈尔 | Qiqihar | 9383 | 10222 | 452 | 5139 | 25453 | 3938 | 4756 |
| 鸡西 | Jixi | 5439 | 6444 | 385 | 2432 | 11726 | 1075 | 243 |
| 鹤岗 | Hegang | 4860 | 3168 | 622 | 1316 | 4023 | 834 | 1070 |
| 双鸭山 | Shuangyashan | 4129 | 6748 | 407 | 1977 | 5275 | 910 | 1660 |
| 大庆 | Daqing | 14016 | 13954 | 1274 | 6565 | 26740 | 10436 | 1108 |
| 伊春 | Yichun | 1572 | 3693 | 661 | 2400 | 3372 | 1257 | 1113 |
| 佳木斯 | Jiamusi | 9973 | 9902 | 981 | 2907 | 8167 | 1580 | 882 |
| 七台河 | Qitaihe | 1243 | 3459 | 103 | 1030 | 5969 | 491 | 769 |
| 牡丹江 | Mudanjiang | 5874 | 7546 | 763 | 4269 | 26525 | 1885 | 6569 |
| 黑河 | Heihe | 4602 | 7487 | 810 | 2361 | 5817 | 753 | 573 |
| 绥化 | Suihua | 13360 | 10149 | 588 | 3948 | 21467 | 3107 | 958 |
| 大兴安岭 | Daxinganling | 684 | 1574 | 580 | 1224 | 2539 | 101 | 424 |
| 哈尔滨铁路局 | Harbin Railway Bureau | 568 | 122285 | 3286 | 90 | 55 | 31 | 962 |

## 2-11　续表2　Continued

单位：人　　　　(person)

| 年　份<br>地　区 | Year<br>Region | 科学研究和技术服务业<br>Scientific Research and Technical Service | 水利、环境和公共设施管理业<br>Management of Water Conservancy, Environment and Public Facilities | 居民服务、修理和其他服务业<br>Services to Households Repair and Other Services | 教　育<br>Education | 卫生和社会工作<br>Health and Social Services | 文化、体育和娱乐业<br>Culture, Sports and Entertainment | 公共管理、社会保障和社会组织<br>Public Management Social Security and Social Organization |
|---|---|---|---|---|---|---|---|---|
| 2013 | | 111528 | 104330 | 46290 | 450369 | 223051 | 45595 | 430784 |
| 2014 | | 115422 | 101503 | 42642 | 453708 | 225950 | 40981 | 447880 |
| 2015 | | 111809 | 108794 | 43100 | 442622 | 223709 | 39965 | 443930 |
| 2016 | | 111223 | 111348 | 39937 | 430329 | 229192 | 39209 | 445531 |
| 2017 | | 106923 | 109521 | 39102 | 417976 | 231389 | 38244 | 447074 |
| 2018 | | 91742 | 103924 | 42349 | 409036 | 229921 | 35017 | 443412 |
| 哈尔滨 | Harbin | 26644 | 25113 | 13144 | 133530 | 72005 | 14179 | 109839 |
| 齐齐哈尔 | Qiqihar | 5167 | 12638 | 839 | 44745 | 28150 | 3830 | 45136 |
| 鸡　西 | Jixi | 1000 | 8825 | 293 | 17598 | 9461 | 939 | 22866 |
| 鹤　岗 | Hegang | 686 | 4060 | 288 | 10484 | 10067 | 1175 | 14403 |
| 双鸭山 | Shuangyashan | 1163 | 12263 | 340 | 15665 | 9679 | 1181 | 34051 |
| 大　庆 | Daqing | 42655 | 5484 | 19650 | 40448 | 21046 | 2825 | 36938 |
| 伊　春 | Yichun | 1542 | 2624 | 138 | 12201 | 7395 | 1163 | 15498 |
| 佳木斯 | Jiamusi | 2996 | 9236 | 648 | 28726 | 15894 | 1831 | 34299 |
| 七台河 | Qitaihe | 979 | 2042 | 203 | 7252 | 5132 | 705 | 12108 |
| 牡丹江 | Mudanjiang | 2435 | 4902 | 401 | 26302 | 18229 | 2722 | 27650 |
| 黑　河 | Heihe | 1525 | 7800 | 280 | 17765 | 10885 | 1392 | 29010 |
| 绥　化 | Suihua | 2844 | 7684 | 652 | 49787 | 19491 | 2146 | 51594 |
| 大兴安岭 | Daxinganling | 791 | 1253 | 38 | 4011 | 2267 | 652 | 10020 |
| 哈尔滨铁路局 | Harbin Railway Bureau | 1315 | | 5435 | 522 | 220 | 277 | |

# 2-12　分地区年末国有单位就业人数

## Number of Employment in State-Owned Units at Year-End by Region

单位：人　　　　(person)

| 年　份<br>地　区 | Year<br>Region | 总　计<br>Total | 农、林、牧、渔业<br>Agriculture, Forestry, Animal Husbandry and Fishery | 采矿业<br>Mining | 制造业<br>Manufa-cturing | 电力、热力、燃气及水的生产和供应业<br>Production and Supply of Electric, heat, Gas and Water | 建筑业<br>Construction | 批发和零售业<br>Wholesale and Retail Trades |
|---|---|---|---|---|---|---|---|---|
| 2013 | | 2919007 | 790212 | 11744 | 70486 | 89916 | 96218 | 53685 |
| 2014 | | 2770991 | 702780 | 9331 | 63476 | 86450 | 88314 | 46677 |
| 2015 | | 2678459 | 647035 | 7789 | 69258 | 85612 | 68363 | 45404 |
| 2016 | | 2636890 | 660654 | 7357 | 56580 | 81301 | 63001 | 43197 |
| 2017 | | 2540814 | 670334 | 5199 | 44306 | 78987 | 43438 | 40301 |
| 2018 | | 2464248 | 650035 | 23386 | 28965 | 49661 | 39066 | 36741 |
| 哈尔滨 | Harbin | 511747 | 23412 | | 19233 | 9542 | 13091 | 14588 |
| 齐齐哈尔 | Qiqihar | 206620 | 43130 | | 1642 | 5519 | 587 | 1502 |
| 鸡　西 | Jixi | 121598 | 48515 | | 450 | 3055 | 1119 | 1261 |
| 鹤　岗 | Hegang | 103810 | 51655 | 290 | 2877 | 2605 | 748 | 1300 |
| 双鸭山 | Shuangyashan | 175388 | 91311 | | 46 | 3466 | 347 | 1245 |
| 大　庆 | Daqing | 249716 | 9597 | 21837 | 53 | 1769 | 7865 | 6777 |
| 伊　春 | Yichun | 143825 | 92591 | 20 | 290 | 2745 | 989 | 441 |
| 佳木斯 | Jiamusi | 192578 | 78080 | 82 | 385 | 4198 | 1965 | 1868 |
| 七台河 | Qitaihe | 40082 | 6714 | | | 1657 | 59 | 336 |
| 牡丹江 | Mudanjiang | 135317 | 36929 | 1 | 181 | 3244 | 646 | 1797 |
| 黑　河 | Heihe | 193104 | 106654 | 20 | 1087 | 5489 | 751 | 1668 |
| 绥　化 | Suihua | 179567 | 18372 | 3 | 1771 | 5708 | 2209 | 3229 |
| 大兴安岭 | Daxinganling | 65869 | 42630 | 1133 | | 664 | 104 | 161 |
| 哈尔滨铁路局 | Harbin Railway Bureau | 145027 | 445 | | 950 | | 8586 | 568 |

## 2-12 续表1 Continued

单位：人 (person)

| 年 份<br>地 区 | Year<br>Region | 交通运输仓储和邮政业<br>Transport, Storage and Post | 住宿和餐饮业<br>Hotels and Catering Services | 信息传输、软件和信息技术服务业<br>Information Transmission, Software and Information Technology | 金融业<br>Financial Intermediation | 房地产业<br>Real Estate | 租赁和商务服务业<br>Leasing and Business Services | 科学研究和技术服务业<br>Scientific Research and Technical Service |
|---|---|---|---|---|---|---|---|---|
| 2013 | | 255329 | 72907 | 22082 | 51414 | 15017 | 26177 | 99043 |
| 2014 | | 250879 | 22073 | 20135 | 56488 | 14570 | 31374 | 101157 |
| 2015 | | 245370 | 20231 | 19380 | 59693 | 13292 | 31133 | 100886 |
| 2016 | | 242424 | 20527 | 19327 | 61832 | 11708 | 30544 | 97896 |
| 2017 | | 223218 | 18634 | 12894 | 52705 | 11345 | 31126 | 92959 |
| 2018 | | 211133 | 17986 | 16769 | 54447 | 9106 | 31369 | 77070 |
| 哈尔滨 | Harbin | 21112 | 11074 | 7634 | 10425 | 4845 | 18364 | 17057 |
| 齐齐哈尔 | Qiqihar | 8133 | 123 | 958 | 5663 | 482 | 1630 | 4573 |
| 鸡西 | Jixi | 5269 | 205 | 244 | 1542 | 497 | 196 | 970 |
| 鹤岗 | Hegang | 1956 | 346 | 214 | 2331 | 330 | 452 | 686 |
| 双鸭山 | Shuangyashan | 4950 | 334 | 193 | 891 | 250 | 1555 | 1148 |
| 大庆 | Daqing | 12335 | 539 | 3346 | 21179 | 517 | 532 | 38888 |
| 伊春 | Yichun | 3267 | 332 | 770 | 1214 | 350 | 681 | 1422 |
| 佳木斯 | Jiamusi | 7596 | 619 | 1144 | 1833 | 764 | 674 | 2976 |
| 七台河 | Qitaihe | 2552 | 93 | 341 | 619 | 131 | 385 | 979 |
| 牡丹江 | Mudanjiang | 6859 | 75 | 259 | 886 | 93 | 4721 | 2120 |
| 黑河 | Heihe | 4802 | 331 | 422 | 3561 | 204 | 469 | 1335 |
| 绥化 | Suihua | 8716 | 325 | 943 | 3468 | 598 | 485 | 2810 |
| 大兴安岭 | Daxinganling | 1301 | 304 | 211 | 780 | 14 | 263 | 791 |
| 哈尔滨铁路局 | Harbin Railway Bureau | 122285 | 3286 | 90 | 55 | 31 | 962 | 1315 |

## 2-12 续表2 Continued

单位：人 (person)

| 年 份<br>地 区 | Year<br>Region | 水利、环境和公共设施管理业<br>Management of Water Conservancy, Environment and Public Facilities | 居民服务、修理和其他服务业<br>Services to Households Repair and Other Services | 教 育<br>Education | 卫生和社会工作<br>Health and Social Services | 文化、体育和娱乐业<br>Culture, Sports and Entertainment | 公共管理、社会保障和社会组织<br>Public Management Social Security and Social Organization |
|---|---|---|---|---|---|---|---|
| 2013 | | 97903 | 37582 | 445445 | 213996 | 39741 | 430110 |
| 2014 | | 92670 | 36379 | 447551 | 217401 | 35943 | 447343 |
| 2015 | | 97350 | 36998 | 437422 | 214746 | 34957 | 443540 |
| 2016 | | 100762 | 33485 | 421810 | 216171 | 33112 | 435202 |
| 2017 | | 98509 | 33298 | 404402 | 210674 | 30998 | 437487 |
| 2018 | | 90943 | 38022 | 404386 | 213393 | 28431 | 443339 |
| 哈尔滨 | Harbin | 17880 | 9154 | 129263 | 65379 | 9855 | 109839 |
| 齐齐哈尔 | Qiqihar | 11990 | 737 | 44662 | 26629 | 3524 | 45136 |
| 鸡西 | Jixi | 8451 | 252 | 17598 | 8229 | 879 | 22866 |
| 鹤岗 | Hegang | 4060 | 278 | 10484 | 7673 | 1122 | 14403 |
| 双鸭山 | Shuangyashan | 10558 | 340 | 15608 | 7914 | 1181 | 34051 |
| 大庆 | Daqing | 4624 | 19606 | 40448 | 20212 | 2654 | 36938 |
| 伊春 | Yichun | 2489 | 103 | 12201 | 7299 | 1123 | 15498 |
| 佳木斯 | Jiamusi | 9236 | 638 | 28726 | 15779 | 1789 | 34226 |
| 七台河 | Qitaihe | 2042 | 132 | 7252 | 3977 | 705 | 12108 |
| 牡丹江 | Mudanjiang | 4375 | 401 | 26074 | 17785 | 1221 | 27650 |
| 黑河 | Heihe | 6983 | 276 | 17765 | 10885 | 1392 | 29010 |
| 绥化 | Suihua | 7660 | 652 | 49772 | 19145 | 2107 | 51594 |
| 大兴安岭 | Daxinganling | 595 | 18 | 4011 | 2267 | 602 | 10020 |
| 哈尔滨铁路局 | Harbin Railway Bureau | | 5435 | 522 | 220 | 277 | |

# 2-13 分地区年末城镇集体单位就业人数
# Number of Employment in Urban Collective-Owned Units at Year-End by Region

单位：人 (person)

| 年份 Year<br>地区 Region | | 总计<br>Total | 农、林、牧、渔业<br>Agriculture, Forestry, Animal Husbandry and Fishery | 采矿业<br>Mining | 制造业<br>Manufacturing | 电力、热力、燃气及水的生产和供应业<br>Production and Supply of Electric, heat, Gas and Water | 建筑业<br>Construction |
|---|---|---|---|---|---|---|---|
| 2013 | | 158145 | 1538 | 13188 | 46735 | 829 | 33110 |
| 2014 | | 147269 | 881 | 7840 | 48279 | 888 | 32932 |
| 2015 | | 141049 | 767 | 7643 | 44383 | 835 | 28796 |
| 2016 | | 122044 | 642 | 7416 | 36047 | 751 | 22304 |
| 2017 | | 105883 | 817 | 9269 | 33902 | 741 | 16451 |
| 2018 | | 95469 | 531 | 7460 | 33156 | 804 | 12213 |
| 哈尔滨 | Harbin | 51656 | 47 | 2 | 26060 | 49 | 6179 |
| 齐齐哈尔 | Qiqihar | 5172 | | | 652 | 291 | 109 |
| 鸡西 | Jixi | 3502 | | 61 | 473 | | 1473 |
| 鹤岗 | Hegang | 6696 | 287 | 4586 | 4 | | 70 |
| 双鸭山 | Shuangyashan | 1204 | | | 50 | | 247 |
| 大庆 | Daqing | 10515 | | 2777 | 4562 | | 759 |
| 伊春 | Yichun | 759 | 18 | | 90 | | 270 |
| 佳木斯 | Jiamusi | 4963 | 77 | 34 | 289 | 219 | 1331 |
| 七台河 | Qitaihe | 1205 | | | | | 90 |
| 牡丹江 | Mudanjiang | 2193 | | | 64 | | 474 |
| 黑河 | Heihe | 1346 | | | 223 | | 497 |
| 绥化 | Suihua | 6223 | 102 | | 689 | 245 | 679 |
| 大兴安岭 | Daxinganling | 35 | | | | | 35 |

## 2-13 续表1 Continued

单位：人 (person)

| 年份 Year<br>地区 Region | | 批发和零售业<br>Wholesale and Retail Trades | 交通运输仓储和邮政业<br>Transport, Storage and Post | 住宿和餐饮业<br>Hotels and Catering Services | 信息传输、软件和信息技术服务业<br>Information Transmission, Software and Information Technology | 金融业<br>Financial Intermediation | 房地产业<br>Real Estate | 租赁和商务服务业<br>Leasing and Business Services |
|---|---|---|---|---|---|---|---|---|
| 2013 | | 12578 | 2147 | 3521 | 193 | 19208 | 1166 | 6632 |
| 2014 | | 10150 | 2008 | 2346 | 63 | 19384 | 929 | 5160 |
| 2015 | | 11671 | 1569 | 2143 | 55 | 19239 | 503 | 7055 |
| 2016 | | 11414 | 1025 | 2401 | 43 | 19159 | 563 | 6928 |
| 2017 | | 9206 | 841 | 2257 | 40 | 16778 | 642 | 6012 |
| 2018 | | 6871 | 587 | 1051 | 64 | 14662 | 650 | 6992 |
| 哈尔滨 | Harbin | 3154 | 150 | 861 | 25 | 1581 | 297 | 5859 |
| 齐齐哈尔 | Qiqihar | 532 | 149 | 14 | | 2962 | 11 | 58 |
| 鸡西 | Jixi | 134 | | 64 | | 1199 | | 26 |
| 鹤岗 | Hegang | 68 | 152 | | | 1047 | 16 | |
| 双鸭山 | Shuangyashan | 204 | | | | | | 92 |
| 大庆 | Daqing | 308 | | 15 | | 980 | 120 | 278 |
| 伊春 | Yichun | 90 | 10 | 88 | | | | 75 |
| 佳木斯 | Jiamusi | 985 | 23 | | | 1713 | | 169 |
| 七台河 | Qitaihe | | 92 | | | 699 | 43 | 210 |
| 牡丹江 | Mudanjiang | 172 | | | | 1376 | 15 | 7 |
| 黑河 | Heihe | 49 | 11 | | 39 | 478 | 11 | 34 |
| 绥化 | Suihua | 1175 | | 9 | | 2627 | 137 | 184 |
| 大兴安岭 | Daxinganling | | | | | | | |

2-13 续表2 Continued

单位：人 (person)

| 年 份 地 区 | Year Region | 科学研究和技术服务业 Scientific Research and Technical Service | 水利、环境和公共设施管理业 Management of Water Conservancy, Environment and Public Facilities | 居民服务、修理和其他服务业 Services to Households Repair and Other Services | 教 育 Education | 卫生和社会工作 Health and Social Services | 文化、体育和娱乐业 Culture, Sports and Entertainment | 公共管理、社会保障和社会组织 Public Management Social Security and Social Organization |
|---|---|---|---|---|---|---|---|---|
| | 2013 | 1677 | 3493 | 2863 | 2483 | 5928 | 678 | 178 |
| | 2014 | 1319 | 3851 | 2552 | 2498 | 5246 | 665 | 278 |
| | 2015 | 938 | 4912 | 2804 | 1962 | 5076 | 602 | 96 |
| | 2016 | 767 | 3638 | 2695 | 433 | 4983 | 732 | 103 |
| | 2017 | 506 | 1554 | 1859 | 513 | 3885 | 525 | 85 |
| | 2018 | 450 | 3299 | 1534 | 994 | 3881 | 197 | 73 |
| 哈尔滨 | Harbin | 447 | 2685 | 1426 | 973 | 1679 | 182 | |
| 齐齐哈尔 | Qiqihar | | 3 | 11 | | 380 | | |
| 鸡 西 | Jixi | 3 | | | | 69 | | |
| 鹤 岗 | Hegang | | | | | 466 | | |
| 双鸭山 | Shuangyashan | | 611 | | | | | |
| 大 庆 | Daqing | | | | | 716 | | |
| 伊 春 | Yichun | | | 22 | | 96 | | |
| 佳木斯 | Jiamusi | | | | | 50 | | 73 |
| 七台河 | Qitaihe | | | 71 | | | | |
| 牡丹江 | Mudanjiang | | | | 6 | 79 | | |
| 黑 河 | Heihe | | | 4 | | | | |
| 绥 化 | Suihua | | | | 15 | 346 | 15 | |
| 大兴安岭 | Daxinganling | | | | | | | |

# 2-14 分地区年末城镇其他单位就业人数
# Number of Employment in Urban Other Units at Year-End by Region

单位：人 (person)

| 年 份 地 区 | Year Region | 总 计 Total | 农、林、牧、渔业 Agriculture, Forestry, Animal Husbandry and Fishery | 采矿业 Mining | 制造业 Manufa-cturing | 电力、热力、燃气及水的生产和供应业 Production and Supply of Electric, heat, Gas and Water | 建筑业 Construction | 批发和零售业 Wholesale and Retail Trades |
|---|---|---|---|---|---|---|---|---|
| | 2013 | 1597193 | 6633 | 298380 | 536105 | 91070 | 240300 | 130455 |
| | 2014 | 1590568 | 7323 | 342109 | 501327 | 93501 | 217251 | 130735 |
| | 2015 | 1515643 | 6793 | 303206 | 460425 | 94174 | 214043 | 125101 |
| | 2016 | 1489780 | 6689 | 264328 | 427238 | 93963 | 199115 | 131559 |
| | 2017 | 1483439 | 6051 | 241124 | 378468 | 88615 | 187114 | 128256 |
| | 2018 | 1366843 | 5648 | 237668 | 323976 | 86056 | 163582 | 113196 |
| 哈尔滨 | Harbin | 588496 | 692 | 503 | 150509 | 45008 | 77683 | 63363 |
| 齐齐哈尔 | Qiqihar | 106440 | 74 | 463 | 50612 | 6751 | 8554 | 7349 |
| 鸡 西 | Jixi | 67308 | 28 | 33557 | 6157 | 3624 | 5170 | 4044 |
| 鹤 岗 | Hegang | 53408 | | 32758 | 3707 | 3154 | 4117 | 3492 |
| 双鸭山 | Shuangyashan | 48762 | | 25354 | 1976 | 3436 | 3673 | 2680 |
| 大 庆 | Daqing | 231477 | 172 | 108033 | 52493 | 7708 | 30944 | 6931 |
| 伊 春 | Yichun | 21439 | 10 | 404 | 9384 | 1208 | 3375 | 1041 |
| 佳木斯 | Jiamusi | 43185 | | 197 | 10694 | 3953 | 11200 | 7120 |
| 七台河 | Qitaihe | 47457 | | 32184 | 4507 | 655 | 1393 | 907 |
| 牡丹江 | Mudanjiang | 61197 | 12 | | 11530 | 5805 | 3749 | 3905 |
| 黑 河 | Heihe | 26229 | 4409 | 3757 | 3349 | 1767 | 1616 | 2885 |
| 绥 化 | Suihua | 64204 | 251 | 421 | 18094 | 2742 | 10933 | 8956 |
| 大兴安岭 | Daxinganling | 7241 | | 37 | 964 | 245 | 1175 | 523 |

## 2-14　续表1　Continued

单位：人　(person)

| 年　份<br>地　区 | Year<br>Region | 交通运输仓储和邮政业<br>Transport, Storage and Post | 住宿和餐饮业<br>Hotels and Catering Services | 信息传输、软件和信息技术服务业<br>Information Transmission, Software and Information Technology | 金融业<br>Financial Intermediation | 房地产业<br>Real Estate | 租赁和商务服务业<br>Leasing and Business Services | 科学研究和技术服务业<br>Scientific Research and Technical Service |
|---|---|---|---|---|---|---|---|---|
| 2013 | | 23148 | 32859 | 48518 | 88586 | 44029 | 26283 | 10808 |
| 2014 | | 24574 | 20827 | 56187 | 93133 | 44847 | 25521 | 12946 |
| 2015 | | 28016 | 19137 | 54233 | 108088 | 46075 | 24712 | 9985 |
| 2016 | | 27878 | 17505 | 53521 | 132477 | 49066 | 31461 | 12560 |
| 2017 | | 45982 | 15968 | 68621 | 157065 | 50563 | 42637 | 13458 |
| 2018 | | 38580 | 13401 | 62823 | 148064 | 54447 | 70013 | 14222 |
| 哈尔滨 | Harbin | 22407 | 9591 | 36339 | 58039 | 32663 | 63064 | 9140 |
| 齐齐哈尔 | Qiqihar | 1940 | 315 | 4181 | 16828 | 3445 | 3068 | 594 |
| 鸡　西 | Jixi | 1175 | 116 | 2188 | 8985 | 578 | 21 | 27 |
| 鹤　岗 | Hegang | 1060 | 276 | 1102 | 645 | 488 | 618 | |
| 双鸭山 | Shuangyashan | 1798 | 73 | 1784 | 4384 | 660 | 13 | 15 |
| 大　庆 | Daqing | 1619 | 720 | 3219 | 4581 | 9799 | 298 | 3767 |
| 伊　春 | Yichun | 416 | 241 | 1630 | 2158 | 907 | 357 | 120 |
| 佳木斯 | Jiamusi | 2283 | 362 | 1763 | 4621 | 816 | 39 | 20 |
| 七台河 | Qitaihe | 815 | 10 | 689 | 4651 | 317 | 174 | |
| 牡丹江 | Mudanjiang | 687 | 688 | 4010 | 24263 | 1777 | 1841 | 315 |
| 黑　河 | Heihe | 2674 | 479 | 1900 | 1778 | 538 | 70 | 190 |
| 绥　化 | Suihua | 1433 | 254 | 3005 | 15372 | 2372 | 289 | 34 |
| 大兴安岭 | Daxinganling | 273 | 276 | 1013 | 1759 | 87 | 161 | |

## 2-14　续表2　Continued

单位：人　(person)

| 年　份<br>地　区 | Year<br>Region | 水利、环境和公共设施管理业<br>Management of Water Conservancy, Environment and Public Facilities | 居民服务、修理和其他服务业<br>Services to Households Repair and Other Services | 教　育<br>Education | 卫生和社会工作<br>Health and Social Services | 文化、体育和娱乐业<br>Culture, Sports and Entertainment | 公共管理、社会保障和社会组织<br>Public Management Social Security and Social Organization |
|---|---|---|---|---|---|---|---|
| 2013 | | 2934 | 5845 | 2441 | 3127 | 5176 | 496 |
| 2014 | | 4982 | 3711 | 3659 | 3303 | 4373 | 259 |
| 2015 | | 6532 | 3298 | 3238 | 3887 | 4406 | 294 |
| 2016 | | 6948 | 3757 | 8086 | 8038 | 5365 | 10226 |
| 2017 | | 9458 | 3945 | 13061 | 16830 | 6721 | 9502 |
| 2018 | | 9682 | 2793 | 3656 | 12647 | 6389 | |
| 哈尔滨 | Harbin | 4548 | 2564 | 3294 | 4947 | 4142 | |
| 齐齐哈尔 | Qiqihar | 645 | 91 | 83 | 1141 | 306 | |
| 鸡　西 | Jixi | 374 | 41 | | 1163 | 60 | |
| 鹤　岗 | Hegang | | 10 | | 1928 | 53 | |
| 双鸭山 | Shuangyashan | 1094 | | 57 | 1765 | | |
| 大　庆 | Daqing | 860 | 44 | | 118 | 171 | |
| 伊　春 | Yichun | 135 | 13 | | | 40 | |
| 佳木斯 | Jiamusi | | 10 | | 65 | 42 | |
| 七台河 | Qitaihe | | | | 1155 | | |
| 牡丹江 | Mudanjiang | 527 | | 222 | 365 | 1501 | |
| 黑　河 | Heihe | 817 | | | | | |
| 绥　化 | Suihua | 24 | | | | 24 | |
| 大兴安岭 | Daxinganling | 658 | 20 | | | 50 | |

# 2-15 年末分行业女性就业人员(2018年，城镇非私营单位)

# Number of Female Employed Persons at Year-End by Sector (2018， Excluding Private)

单位：人、%　　　　(person, %)

| 行　业 | Sector | 女性单位就业人员 Number of Female Employed Persons | 占单位就业人员比重 Proportion of Female Employed Persons to Total |
|---|---|---|---|
| **总　计** | **Total** | **1432177** | **36.5** |
| 农、林、牧、渔业 | Agriculture, Forestry, Animal Husbandry and Fishery | 221325 | 33.7 |
| 采矿业 | Mining | 61321 | 22.8 |
| 制造业 | Manufacturing | 122995 | 31.9 |
| 电力、热力、燃气及水的生产和供应业 | Production and Supply of Electric, Heat, Gas and Water | 32603 | 23.9 |
| 建筑业 | Construction | 43433 | 20.2 |
| 批发和零售业 | Wholesale and Retail Trade | 74037 | 47.2 |
| 交通运输、仓储及邮政业 | Transport, Storage and Post | 56239 | 22.5 |
| 住宿和餐饮业 | Hotels and Catering Services | 17405 | 53.7 |
| 信息传输、软件和信息技术服务业 | Information Transmission, Software and Information Technology | 32579 | 40.9 |
| 金融业 | Financial Intermediation | 103466 | 47.6 |
| 房地产业 | Real Estate | 25745 | 40.1 |
| 租赁和商务服务业 | Leasing and Business Services | 35903 | 33.1 |
| 科学研究和技术服务业 | Scientific Research and Technical Services | 25089 | 27.3 |
| 水利、环境和公共设施管理业 | Management of Water Conservancy, Environment and Public Facilities | 35423 | 34.1 |
| 居民服务、修理和其他服务业 | Services to Households, Repair and Other Services | 16303 | 38.5 |
| 教　育 | Education | 232797 | 56.9 |
| 卫生、社会工作 | Health and Social Service | 141605 | 61.6 |
| 文化、体育和娱乐业 | Culture, Sports and Entertainment | 14792 | 42.2 |
| 公共管理、社会保障和社会组织 | Public Management, Social Securities and Social Organization | 139117 | 31.4 |
| 国际组织 | International Organizations | | |

# 2-16 按行业分城镇非私营单位就业人员工资总额

## Total Wage of Employed Persons in Urban Non-Private Units by Sector

单位：亿元、千元 (100 million yuan, 1000 yuan)

| 年份<br>地区 | Year<br>Region | 总计<br>Total | 农、林、牧、渔业<br>Agriculture, Forestry, Animal Husbandry and Fishery | 采矿业<br>Mining | 制造业<br>Manufacturing | 电力、热力、燃气及水的生产和供应业<br>Production and Supply of Electric, heat, Gas and Water | 建筑业<br>Construction | 批发和零售业<br>Wholesale and Retail Trades |
|---|---|---|---|---|---|---|---|---|
| 2013 | | 1944.5 | 188.4 | 185.1 | 262.3 | 99.5 | 180.3 | 74.0 |
| 2014 | | 2033.1 | 186.0 | 200.5 | 266.4 | 105.6 | 167.3 | 75.8 |
| 2015 | | 2164.2 | 187.2 | 185.7 | 265.8 | 113.8 | 143.6 | 80.2 |
| 2016 | | 2251.4 | 190.5 | 174.1 | 261.3 | 114.8 | 132.9 | 88.8 |
| 2017 | | 2368.6 | 227.1 | 179.6 | 255.0 | 115.2 | 118.7 | 89.3 |
| 2018 | | 2421.4 | 215.5 | 215.3 | 246.8 | 100.0 | 114.6 | 81.7 |
| 哈尔滨 | Harbin | 78515917 | 912845 | 50638 | 13057858 | 4952528 | 5126564 | 4663316 |
| 齐齐哈尔 | Qiqihar | 17851415 | 1550747 | 12482 | 3022659 | 738940 | 348004 | 448288 |
| 鸡西 | Jixi | 9609180 | 1414396 | 1952870 | 276777 | 341050 | 303395 | 240796 |
| 鹤岗 | Hegang | 7867564 | 1300229 | 2035079 | 302117 | 320870 | 207143 | 241347 |
| 双鸭山 | Shuangyashan | 11062499 | 3745714 | 1493832 | 81723 | 416793 | 152730 | 172031 |
| 大庆 | Daqing | 41720362 | 304112 | 13763263 | 5195681 | 686836 | 2805819 | 685295 |
| 伊春 | Yichun | 6665058 | 2439527 | 44271 | 417024 | 226712 | 165066 | 84331 |
| 佳木斯 | Jiamusi | 13252033 | 3825010 | 7454 | 529018 | 570538 | 470664 | 371867 |
| 七台河 | Qitaihe | 5034906 | 183529 | 1782578 | 164514 | 170963 | 62228 | 80529 |
| 牡丹江 | Mudanjiang | 11342590 | 1205544 | 46 | 617883 | 647098 | 293202 | 408553 |
| 黑河 | Heihe | 8987616 | 2409706 | 263049 | 209449 | 457400 | 101994 | 171158 |
| 绥化 | Suihua | 12663983 | 552018 | 66835 | 693283 | 417814 | 637606 | 485906 |
| 大兴安岭 | Daxinganling | 3829190 | 1661661 | 55726 | 31080 | 50000 | 62024 | 44565 |
| 哈尔滨铁路局 | Harbin Railway Bureau | 13735982 | 44373 | | 77967 | | 728078 | 69523 |

## 2-16 续表1 Continued

单位：亿元、千元 (100 million yuan, 1000 yuan)

| 年份<br>地区 | Year<br>Region | 交通运输仓储和邮政业<br>Transport, Storage and Post | 住宿和餐饮业<br>Hotels and Catering Services | 信息传输、软件和信息技术服务业<br>Information Transmission, Software and Information Technology | 金融业<br>Financial Intermediation | 房地产业<br>Real Estate | 租赁和商务服务业<br>Leasing and Business Services | 科学研究和技术服务业<br>Scientific Research and Technical Service |
|---|---|---|---|---|---|---|---|---|
| 2013 | | 140.0 | 46.7 | 39.2 | 89.3 | 22.7 | 23.6 | 67.7 |
| 2014 | | 157.8 | 17.8 | 45.3 | 97.0 | 24.7 | 24.4 | 72.2 |
| 2015 | | 162.4 | 17.6 | 47.8 | 116.4 | 27.1 | 27.7 | 73.8 |
| 2016 | | 172.4 | 18.1 | 44.2 | 132.2 | 28.1 | 33.1 | 74.9 |
| 2017 | | 187.0 | 18.1 | 52.9 | 150.4 | 29.0 | 41.8 | 78.5 |
| 2018 | | 189.3 | 16.4 | 51.5 | 144.5 | 32.4 | 59.8 | 76.4 |
| 哈尔滨 | Harbin | 2648675 | 1129451 | 2841257 | 5903537 | 2219237 | 5085470 | 2014780 |
| 齐齐哈尔 | Qiqihar | 581683 | 14191 | 329936 | 1165806 | 160146 | 183959 | 368428 |
| 鸡西 | Jixi | 334171 | 10577 | 150971 | 710320 | 43898 | 11881 | 57041 |
| 鹤岗 | Hegang | 185537 | 18425 | 88556 | 344574 | 35445 | 28362 | 42409 |
| 双鸭山 | Shuangyashan | 276357 | 11483 | 121642 | 450485 | 39183 | 51421 | 81164 |
| 大庆 | Daqing | 984506 | 43020 | 508783 | 1662090 | 410548 | 60923 | 4082167 |
| 伊春 | Yichun | 179915 | 21820 | 144066 | 315383 | 39273 | 40103 | 93678 |
| 佳木斯 | Jiamusi | 452318 | 28047 | 188781 | 608336 | 50796 | 56710 | 209945 |
| 七台河 | Qitaihe | 175580 | 3115 | 70594 | 379954 | 21668 | 20788 | 57301 |
| 牡丹江 | Mudanjiang | 441849 | 25027 | 257999 | 1385322 | 79375 | 238459 | 169228 |
| 黑河 | Heihe | 311115 | 23962 | 133161 | 480856 | 22478 | 27257 | 103529 |
| 绥化 | Suihua | 503489 | 21097 | 220543 | 820239 | 107280 | 42933 | 167349 |
| 大兴安岭 | Daxinganling | 89546 | 21628 | 83678 | 213251 | 3239 | 27720 | 60562 |
| 哈尔滨铁路局 | Harbin Railway Bureau | 11763802 | 263814 | 12966 | 9184 | 9720 | 106200 | 134020 |

## 2-16 续表2 Continued

单位：亿元、千元 (100 million yuan,1000 yuan)

| 年 份<br>地 区 | Year<br>Region | 水利、环境和公共设施管理业<br>Management of Water Conservancy, Environment and Public Facilities | 居民服务、修理和其他服务业<br>Services to Households Repair and Other Services | 教 育<br>Education | 卫生和社会工作<br>Health and Social Services | 文化、体育和娱乐业<br>Culture, Sports and Entertainment | 公共管理、社会保障和社会组织<br>Public Management Social Security and Social Organization |
|---|---|---|---|---|---|---|---|
| 2013 | | 27.3 | 23.1 | 194.5 | 95.4 | 17.8 | 167.5 |
| 2014 | | 28.9 | 23.0 | 223.7 | 106.7 | 17.6 | 192.4 |
| 2015 | | 35.8 | 22.6 | 277.4 | 124.3 | 20.2 | 234.3 |
| 2016 | | 38.8 | 23.4 | 294.3 | 142.0 | 21.7 | 265.8 |
| 2017 | | 39.2 | 23.4 | 303.7 | 154.1 | 22.5 | 283.1 |
| 2018 | | 40.1 | 25.8 | 318.3 | 164.7 | 21.7 | 306.6 |
| 哈尔滨 | Harbin | 1204263 | 607125 | 11099013 | 5858332 | 942099 | 8198929 |
| 齐齐哈尔 | Qiqihar | 482869 | 29476 | 3331124 | 1758034 | 202951 | 3121692 |
| 鸡 西 | Jixi | 289070 | 14394 | 1234407 | 662114 | 48565 | 1512487 |
| 鹤 岗 | Hegang | 146819 | 12292 | 863383 | 609500 | 60486 | 1024991 |
| 双鸭山 | Shuangyashan | 335740 | 16124 | 1175944 | 604410 | 83571 | 1752152 |
| 大 庆 | Daqing | 253221 | 1379883 | 3606339 | 1774445 | 204137 | 3309294 |
| 伊 春 | Yichun | 108323 | 6473 | 858544 | 417075 | 65149 | 998325 |
| 佳木斯 | Jiamusi | 317278 | 31577 | 2131359 | 1082781 | 110677 | 2208877 |
| 七台河 | Qitaihe | 72918 | 9753 | 558068 | 358427 | 42148 | 820251 |
| 牡丹江 | Mudanjiang | 190293 | 24097 | 1957108 | 1303950 | 135904 | 1961653 |
| 黑 河 | Heihe | 242663 | 14740 | 1310428 | 719377 | 87297 | 1897997 |
| 绥 化 | Suihua | 313018 | 32397 | 3326206 | 1136975 | 107607 | 3011388 |
| 大兴安岭 | Daxinganling | 53111 | 2314 | 322979 | 164425 | 44189 | 837492 |
| 哈尔滨铁路局 | Harbin Railway Bureau | | 403057 | 57536 | 23522 | 32220 | |

# 2-17 分地区城镇非私营单位就业人员平均工资
# Average Wage of Employed Persons in Urban Non-Private Units by Region

单位：元 (yuan)

| 年 份<br>地 区 | Year<br>Region | 总 计<br>Total | 农、林、牧、渔业<br>Agriculture, Forestry, Animal Husbandry and Fishery | 采矿业<br>Mining | 制造业<br>Manufa-cturing | 电力、热力、燃气及水的生产和供应业<br>Production and Supply of Electric, heat, Gas and Water | 建筑业<br>Construction |
|---|---|---|---|---|---|---|---|
| 2013 | | 40794 | 23793 | 58079 | 39668 | 54355 | 36581 |
| 2014 | | 44036 | 25816 | 56472 | 43254 | 58221 | 37389 |
| 2015 | | 48881 | 28556 | 54707 | 45447 | 62714 | 37948 |
| 2016 | | 52435 | 28782 | 59875 | 49775 | 64919 | 39922 |
| 2017 | | 56067 | 30638 | 68926 | 55497 | 68215 | 42200 |
| 2018 | | 60780 | 30926 | 79255 | 62891 | 72319 | 48414 |
| 哈尔滨 | Harbin | 68436 | 38654 | 49259 | 65302 | 88833 | 47782 |
| 齐齐哈尔 | Qiqihar | 55568 | 35802 | 34386 | 55987 | 58725 | 29595 |
| 鸡 西 | Jixi | 49486 | 28077 | 57025 | 37775 | 50933 | 43748 |
| 鹤 岗 | Hegang | 47377 | 24380 | 53548 | 45139 | 57432 | 39874 |
| 双鸭山 | Shuangyashan | 47521 | 38240 | 59605 | 38990 | 59695 | 35626 |
| 大 庆 | Daqing | 83926 | 30272 | 102727 | 89763 | 73114 | 66172 |
| 伊 春 | Yichun | 41137 | 27464 | 104413 | 44568 | 56565 | 35225 |
| 佳木斯 | Jiamusi | 47085 | 32213 | 23815 | 45862 | 67447 | 33371 |
| 七台河 | Qitaihe | 56364 | 27335 | 54256 | 36591 | 75647 | 38365 |
| 牡丹江 | Mudanjiang | 57345 | 36090 | 46000 | 51039 | 69476 | 45684 |
| 黑 河 | Heihe | 40679 | 21738 | 70278 | 43836 | 62761 | 37484 |
| 绥 化 | Suihua | 49988 | 31056 | 157630 | 34323 | 48341 | 34126 |
| 大兴安岭 | Daxinganling | 52513 | 40131 | 46907 | 31812 | 39124 | 35626 |
| 哈尔滨铁路局 | Harbin Railway Bureau | 93190 | 96884 | | 79477 | | 81286 |

## 2-17 续表1 Continued

单位：元 (yuan)

| 年份 地区 | Year Region | 批发和零售业 Wholesale and Retail Trades | 交通运输仓储和邮政业 Transport, Storage and Post | 住宿和餐饮业 Hotels and Catering Services | 信息传输、软件和信息技术服务业 Information Transmission, Software and Information Technology | 金融业 Financial Intermediation | 房地产业 Real Estate | 租赁和商务服务业 Leasing and Business Services |
|---|---|---|---|---|---|---|---|---|
| 2013 | | 38346 | 50817 | 43308 | 55780 | 57385 | 36849 | 38722 |
| 2014 | | 41480 | 56406 | 39387 | 59055 | 58112 | 40002 | 39918 |
| 2015 | | 44654 | 58601 | 42095 | 64003 | 65140 | 44447 | 44945 |
| 2016 | | 48576 | 62977 | 44807 | 62707 | 64737 | 45376 | 48066 |
| 2017 | | 50907 | 68747 | 48778 | 65370 | 66790 | 46693 | 56493 |
| 2018 | | 52525 | 74935 | 50404 | 64022 | 66942 | 48982 | 67108 |
| 哈尔滨 | Harbin | 56994 | 60496 | 52425 | 64051 | 88013 | 56185 | 74857 |
| 齐齐哈尔 | Qiqihar | 47564 | 54855 | 31396 | 63242 | 48620 | 40482 | 39032 |
| 鸡西 | Jixi | 46920 | 51954 | 27190 | 62256 | 59476 | 39944 | 48893 |
| 鹤岗 | Hegang | 50714 | 58308 | 30760 | 67088 | 84766 | 41848 | 26116 |
| 双鸭山 | Shuangyashan | 41403 | 40238 | 28076 | 60219 | 83796 | 41818 | 30902 |
| 大庆 | Daqing | 58209 | 69863 | 37770 | 76844 | 57436 | 39709 | 55034 |
| 伊春 | Yichun | 52641 | 49550 | 32519 | 58731 | 93892 | 30539 | 34631 |
| 佳木斯 | Jiamusi | 37788 | 45496 | 28416 | 64829 | 74160 | 32313 | 63935 |
| 七台河 | Qitaihe | 60186 | 51145 | 29952 | 64647 | 63922 | 44584 | 27033 |
| 牡丹江 | Mudanjiang | 67552 | 58253 | 32672 | 60070 | 51285 | 39529 | 36317 |
| 黑河 | Heihe | 37079 | 41510 | 30103 | 56234 | 82085 | 28525 | 47988 |
| 绥化 | Suihua | 35710 | 49870 | 35697 | 54442 | 38184 | 33567 | 44722 |
| 大兴安岭 | Daxinganling | 64587 | 56212 | 37745 | 66517 | 83530 | 32069 | 64316 |
| 哈尔滨铁路局 | Harbin Railway Bureau | 100758 | 94975 | 76891 | 135063 | 143500 | 123038 | 100664 |

## 2-17 续表2 Continued

单位：元 (yuan)

| 年份 地区 | Year Region | 科学研究和技术服务业 Scientific Research and Technical Service | 水利、环境和公共设施管理业 Management of Water Conservancy, Environment and Public Facilities | 居民服务、修理和其他服务业 Services to Households Repair and Other Services | 教育 Education | 卫生和社会工作 Health and Social Services | 文化、体育和娱乐业 Culture, Sports and Entertainment | 公共管理、社会保障和社会组织 Public Management Social Security and Social Organization |
|---|---|---|---|---|---|---|---|---|
| 2013 | | 60617 | 26855 | 49320 | 43379 | 43194 | 39726 | 39335 |
| 2014 | | 62073 | 28993 | 52333 | 49503 | 47659 | 43083 | 43143 |
| 2015 | | 66168 | 32980 | 50275 | 62673 | 55776 | 50931 | 53007 |
| 2016 | | 68514 | 35519 | 55411 | 68288 | 62122 | 55056 | 59837 |
| 2017 | | 73978 | 36282 | 58569 | 72656 | 66627 | 58391 | 63684 |
| 2018 | | 82607 | 38571 | 60090 | 77787 | 71719 | 62263 | 69260 |
| 哈尔滨 | Harbin | 76179 | 47579 | 46082 | 83432 | 81580 | 66094 | 74813 |
| 齐齐哈尔 | Qiqihar | 70418 | 38214 | 35132 | 74228 | 62106 | 52701 | 69125 |
| 鸡西 | Jixi | 57041 | 33086 | 49126 | 69922 | 69851 | 52560 | 66195 |
| 鹤岗 | Hegang | 59230 | 35967 | 42533 | 81536 | 60293 | 51919 | 70963 |
| 双鸭山 | Shuangyashan | 69017 | 27356 | 43935 | 74089 | 61399 | 69875 | 51153 |
| 大庆 | Daqing | 94224 | 49236 | 67784 | 89532 | 84780 | 73642 | 90438 |
| 伊春 | Yichun | 60909 | 41408 | 46568 | 70125 | 56830 | 55970 | 64313 |
| 佳木斯 | Jiamusi | 68632 | 34178 | 48730 | 73959 | 68014 | 60282 | 64226 |
| 七台河 | Qitaihe | 58530 | 38277 | 48044 | 77007 | 70376 | 59700 | 67885 |
| 牡丹江 | Mudanjiang | 69384 | 39099 | 59206 | 74613 | 71709 | 54102 | 70990 |
| 黑河 | Heihe | 67183 | 29885 | 52643 | 72878 | 65859 | 63076 | 65816 |
| 绥化 | Suihua | 58107 | 40768 | 49765 | 66866 | 58981 | 51241 | 58699 |
| 大兴安岭 | Daxinganling | 75608 | 40792 | 60895 | 78146 | 73143 | 67361 | 84153 |
| 哈尔滨铁路局 | Harbin Railway Bureau | 97682 | | 75891 | 108970 | 102270 | 113451 | |

# 2-18 城镇非私营单位就业人员平均工资(2018年)

# Average Wage of Employed Persons in Urban Non-Private Units (2018)

单位：元 (yuan)

| 项 目 | Item | 全部单位 Total | 国有单位 State-owned Units | 集体单位 Urban Collective-owned Units | 其他单位 Others |
|---|---|---|---|---|---|
| **总 计** | **Total** | **60780** | **59716** | **51838** | **63332** |
| **按隶属关系分组** | **Grouped by Jurisdiction of Management** | | | | |
| 中 央 | Central | | 70879 | | |
| 地 方 | Local | | 57687 | | |
| 其 他 | Others | | 65161 | | |
| **按企业、事业、机关分组** | **Grouped by Enterprises, Institutions and Agencies** | | | | |
| 企 业 | Enterprises | 56954 | 50394 | 51847 | 63329 |
| #地 方 | #Local | | 61609 | | |
| 事 业 | Institutions | 68934 | 69105 | 51304 | 53256 |
| #地 方 | #Local | | 70415 | | |
| 机 关 | Agencies & Organizations | 68938 | 69000 | 59745 | 30936 |
| #地 方 | #Local | | 70315 | | |
| **按行业分组** | **Grouped by Sector** | | | | |
| 农、林、牧、渔业 | Agriculture, Forestry, Animal Husbandry and Fishery | 30926 | 30985 | 25766 | 24231 |
| 采矿业 | Mining | 79255 | 77097 | 58446 | 80087 |
| 制造业 | Manufacturing | 62891 | 54715 | 47439 | 65164 |
| 电力、热力、燃气及水的生产和供应业 | Production and Supply of Electric, Heat, Gas and Water | 72319 | 57828 | 58825 | 80906 |
| 建筑业 | Construction | 48414 | 66449 | 46713 | 44463 |
| 批发和零售业 | Wholesale and Retail Trade | 52525 | 70743 | 30893 | 48251 |
| 交通运输、仓储及邮政业 | Transport, Storage and Post | 74935 | 78963 | 42482 | 53419 |
| 住宿和餐饮业 | Hotels and Catering Services | 50404 | 56154 | 55508 | 42097 |
| 信息传输、软件和信息技术服务业 | Information Transmission, Software and IT Services | 64022 | 67973 | 30688 | 63033 |
| 金融业 | Financial Intermediation | 66942 | 74878 | 69402 | 63541 |
| 房地产业 | Real Estate | 48982 | 49810 | 29256 | 49072 |
| 租赁和商务服务业 | Leasing and Business Services | 67108 | 47565 | 59058 | 79106 |
| 科学研究和技术服务业 | Scientific Research and Technical Services | 82607 | 83945 | 62498 | 75792 |
| 水利、环境和公共设施管理业 | Management of Water Conservancy, Environment and Public Facilities | 38571 | 38145 | 38762 | 42633 |
| 居民服务、修理和其他服务业 | Services to Households, Repair and Other Services | 60090 | 60598 | 58554 | 54031 |
| 教 育 | Education | 77787 | 78075 | 70617 | 46975 |
| 卫生、社会工作 | Health and Social Services | 71719 | 72249 | 60184 | 66216 |
| 文化、体育和娱乐业 | Culture, Sports and Entertainment | 62263 | 64347 | 36929 | 53261 |
| 公共管理、社会保障和社会组织 | Public Management, Social Security and Social Organization | 69260 | 69261 | 66905 | |
| 国际组织 | International Organizations | | | | |

# 2-19　分地区国有单位就业人员平均工资
# Average Wage of Employed Persons in State-Owned Units by Region

单位：元 (yuan)

| 年份 地区 | Year Region | 总计 Total | 农、林、牧、渔业 Agriculture, Forestry, Animal Husbandry and Fishery | 采矿业 Mining | 制造业 Manufacturing | 电力、热力、燃气及水的生产和供应业 Production and Supply of Electric, heat, Gas and Water | 建筑业 Construction | 批发和零售业 Wholesale and Retail Trades |
|---|---|---|---|---|---|---|---|---|
| 2013 | | 39072 | 23868 | 40007 | 43876 | 47990 | 38573 | 44178 |
| 2014 | | 42794 | 25862 | 45310 | 51557 | 50904 | 38150 | 50711 |
| 2015 | | 49307 | 28627 | 45471 | 48958 | 54168 | 39947 | 55589 |
| 2016 | | 52847 | 28825 | 46392 | 52532 | 56360 | 40762 | 57455 |
| 2017 | | 55789 | 30685 | 47000 | 56784 | 57585 | 54943 | 65150 |
| 2018 | | 59716 | 30985 | 77097 | 54715 | 57828 | 66449 | 70743 |
| 哈尔滨 | Harbin | 71991 | 38303 | | 58800 | 58564 | 52780 | 70572 |
| 齐齐哈尔 | Qiqihar | 59388 | 35827 | | 51751 | 62642 | 38207 | 73692 |
| 鸡西 | Jixi | 47233 | 28079 | | 22610 | 36930 | 36707 | 63992 |
| 鹤岗 | Hegang | 44264 | 24359 | 38425 | 37638 | 50723 | 38520 | 73065 |
| 双鸭山 | Shuangyashan | 45076 | 38240 | | 51804 | 48545 | 38947 | 57363 |
| 大庆 | Daqing | 79341 | 30331 | 79353 | 19623 | 56319 | 116200 | 85414 |
| 伊春 | Yichun | 39925 | 27466 | 62500 | 32151 | 44838 | 31951 | 74396 |
| 佳木斯 | Jiamusi | 47823 | 32227 | 18671 | 55195 | 76979 | 37668 | 63051 |
| 七台河 | Qitaihe | 59977 | 27335 | | | 56246 | 25610 | 105515 |
| 牡丹江 | Mudanjiang | 61418 | 36088 | 46000 | 36849 | 88246 | 38190 | 112269 |
| 黑河 | Heihe | 40160 | 21821 | 39700 | 62372 | 61493 | 52916 | 41771 |
| 绥化 | Suihua | 56009 | 31100 | 27667 | 37320 | 46916 | 35080 | 38257 |
| 大兴安岭 | Daxinganling | 52817 | 40131 | 47499 | | 38413 | 36105 | 121842 |
| 哈尔滨铁路局 | Harbin Railway Bureau | 93190 | 96884 | | 79477 | | 81286 | 100758 |

## 2-19　续表1　Continued

单位：元 (yuan)

| 年份 地区 | Year Region | 交通运输仓储和邮政业 Transport, Storage and Post | 住宿和餐饮业 Hotels and Catering Services | 信息传输、软件和信息技术服务业 Information Transmission, Software and Information Technology | 金融业 Financial Intermediation | 房地产业 Real Estate | 租赁和商务服务业 Leasing and Business Services | 科学研究和技术服务业 Scientific Research and Technical Service |
|---|---|---|---|---|---|---|---|---|
| 2013 | | 51796 | 47305 | 54993 | 65784 | 36493 | 37095 | 61761 |
| 2014 | | 57840 | 44781 | 57864 | 67957 | 40097 | 36521 | 63643 |
| 2015 | | 60376 | 47820 | 63774 | 74356 | 47055 | 40818 | 67252 |
| 2016 | | 64415 | 49893 | 65312 | 75790 | 49742 | 42938 | 69908 |
| 2017 | | 71718 | 55309 | 68314 | 84871 | 52507 | 42796 | 74929 |
| 2018 | | 78963 | 56154 | 67973 | 74878 | 49810 | 47565 | 83945 |
| 哈尔滨 | Harbin | 60541 | 57648 | 62944 | 96164 | 51869 | 48606 | 81561 |
| 齐齐哈尔 | Qiqihar | 54680 | 36537 | 46427 | 92436 | 53663 | 36118 | 71051 |
| 鸡西 | Jixi | 57201 | 26938 | 54593 | 97940 | 49147 | 50056 | 58041 |
| 鹤岗 | Hegang | 70050 | 26375 | 52925 | 92363 | 64248 | 26147 | 59230 |
| 双鸭山 | Shuangyashan | 42121 | 26169 | 72848 | 115713 | 67717 | 29091 | 69340 |
| 大庆 | Daqing | 70945 | 41117 | 79497 | 46799 | 39182 | 68661 | 93223 |
| 伊春 | Yichun | 51087 | 34421 | 89087 | 111688 | 35313 | 42545 | 62463 |
| 佳木斯 | Jiamusi | 47417 | 27886 | 80713 | 94037 | 31855 | 74705 | 68888 |
| 七台河 | Qitaihe | 51662 | 30904 | 89683 | 112132 | 59985 | 35878 | 58530 |
| 牡丹江 | Mudanjiang | 59921 | 45027 | 45898 | 126053 | 51914 | 37533 | 72772 |
| 黑河 | Heihe | 44173 | 23087 | 58132 | 84701 | 42175 | 48836 | 68292 |
| 绥化 | Suihua | 49999 | 38384 | 55763 | 81248 | 46226 | 44539 | 58383 |
| 大兴安岭 | Daxinganling | 57873 | 38923 | 70706 | 85726 | 38571 | 86240 | 75608 |
| 哈尔滨铁路局 | Harbin Railway Bureau | 94975 | 76891 | 135063 | 143500 | 123038 | 100664 | 97682 |

2-19 续表2 Continued

单位：元 (yuan)

| 年 份<br>地 区 | Year<br>Region | 水利、环境和公共设施管理业<br>Management of Water Conservancy, Environment and Public Facilities | 居民服务、修理和其他服务业<br>Services to Households Repair and Other Services | 教 育<br>Education | 卫生和社会工作<br>Health and Social Services | 文化、体育和娱乐业<br>Culture, Sports and Entertainment | 公共管理、社会保障和社会组织<br>Public Management Social Security and Social Organization |
|---|---|---|---|---|---|---|---|
| 2013 | | 26760 | 51217 | 43377 | 43489 | 39770 | 39364 |
| 2014 | | 28936 | 53433 | 49462 | 48034 | 43258 | 43156 |
| 2015 | | 33136 | 50351 | 62739 | 56328 | 51335 | 53018 |
| 2016 | | 35422 | 56271 | 68269 | 62483 | 55653 | 60761 |
| 2017 | | 35793 | 59070 | 72783 | 67240 | 58583 | 64490 |
| 2018 | | 38145 | 60598 | 78075 | 72249 | 64347 | 69261 |
| 哈尔滨 | Harbin | 46967 | 41308 | 84383 | 84546 | 69608 | 74813 |
| 齐齐哈尔 | Qiqihar | 38647 | 36540 | 74289 | 61953 | 53782 | 69125 |
| 鸡 西 | Jixi | 32364 | 43282 | 69922 | 64265 | 53019 | 66195 |
| 鹤 岗 | Hegang | 35967 | 42893 | 81536 | 57607 | 52258 | 70963 |
| 双鸭山 | Shuangyashan | 25457 | 43935 | 74253 | 57006 | 69875 | 51153 |
| 大 庆 | Daqing | 51426 | 67877 | 89532 | 86116 | 75592 | 90438 |
| 伊 春 | Yichun | 42138 | 46769 | 70125 | 56840 | 56836 | 64313 |
| 佳木斯 | Jiamusi | 34178 | 49306 | 73959 | 68227 | 60920 | 64221 |
| 七台河 | Qitaihe | 38277 | 50348 | 77007 | 66992 | 59700 | 67885 |
| 牡丹江 | Mudanjiang | 41251 | 59206 | 75004 | 72169 | 64617 | 70990 |
| 黑 河 | Heihe | 30526 | 52478 | 72878 | 65859 | 63076 | 65816 |
| 绥 化 | Suihua | 40861 | 49765 | 66876 | 59155 | 51561 | 58699 |
| 大兴安岭 | Daxinganling | 59207 | 67444 | 78146 | 73143 | 71165 | 84153 |
| 哈尔滨铁路局 | Harbin Railway Bureau | | 75891 | 108970 | 102270 | 113451 | |

# 2-20 分地区城镇集体单位就业人员平均工资
# Average Wage of Employed Persons in Urban Collective-Owned Units by Region

单位：元 (yuan)

| 年 份<br>地 区 | Year<br>Region | 总 计<br>Total | 农、林、牧、渔业<br>Agriculture, Forestry, Animal Husbandry and Fishery | 采矿业<br>Mining | 制造业<br>Manufa-cturing | 电力、热力、燃气及水的生产和供应业<br>Production and Supply of Electric, heat, Gas and Water | 建筑业<br>Construction |
|---|---|---|---|---|---|---|---|
| 2013 | | 35819 | 15662 | 37757 | 36004 | 54607 | 31823 |
| 2014 | | 37740 | 23913 | 46419 | 36207 | 45483 | 34562 |
| 2015 | | 39063 | 21659 | 44709 | 33319 | 54664 | 36615 |
| 2016 | | 41618 | 27715 | 44700 | 34592 | 56491 | 34492 |
| 2017 | | 45814 | 35120 | 48670 | 36516 | 57243 | 37422 |
| 2018 | | 51838 | 25766 | 58446 | 47439 | 58825 | 46713 |
| 哈尔滨 | Harbin | 51035 | 35326 | 31000 | 45891 | 73490 | 56491 |
| 齐齐哈尔 | Qiqihar | 51970 | | | 24763 | 66900 | 29602 |
| 鸡 西 | Jixi | 61234 | | 15213 | 32877 | | 60639 |
| 鹤 岗 | Hegang | 42418 | 28156 | 35177 | 74000 | | 27524 |
| 双鸭山 | Shuangyashan | 27974 | | | 15510 | | 40758 |
| 大 庆 | Daqing | 67728 | | 94387 | 68706 | | 36756 |
| 伊 春 | Yichun | 36051 | 25333 | | 31067 | | 34367 |
| 佳木斯 | Jiamusi | 47770 | 10532 | 16000 | 13875 | 65617 | 26540 |
| 七台河 | Qitaihe | 58475 | | | | | 31689 |
| 牡丹江 | Mudanjiang | 59583 | | | 23310 | | 27675 |
| 黑 河 | Heihe | 55398 | | | 7081 | | 29981 |
| 绥 化 | Suihua | 41712 | 26118 | | 28188 | 40506 | 34205 |
| 大兴安岭 | Daxinganling | 29486 | | | | | 29486 |

## 2-20　续表1　Continued

单位：元 (yuan)

| 年　份 Year<br>地　区 Region | | 批发和零售业<br>Wholesale and Retail Trades | 交通运输仓储和邮政业<br>Transport, Storage and Post | 住宿和餐饮业<br>Hotels and Catering Services | 信息传输、软件和信息技术服务业<br>Information Transmission, Software and Information Technology | 金融业<br>Financial Intermediation | 房地产业<br>Real Estate | 租赁和商务服务业<br>Leasing and Business Services |
|---|---|---|---|---|---|---|---|---|
| 2013 | | 26732 | 29559 | 43635 | 25804 | 49174 | 26971 | 35845 |
| 2014 | | 26941 | 31064 | 44848 | 31175 | 52725 | 25945 | 37392 |
| 2015 | | 33247 | 31845 | 46459 | 35702 | 53758 | 31321 | 41013 |
| 2016 | | 37111 | 42310 | 52458 | 36860 | 60736 | 27125 | 43072 |
| 2017 | | 34067 | 45467 | 57890 | 39000 | 70941 | 28726 | 56523 |
| 2018 | | 30893 | 42482 | 55508 | 30688 | 69402 | 29256 | 59058 |
| 哈尔滨 | Harbin | 39513 | 40127 | 60905 | 25760 | 65587 | 24577 | 63276 |
| 齐齐哈尔 | Qiqihar | 18428 | 30538 | 32000 | | 63988 | 9636 | 72085 |
| 鸡　西 | Jixi | 26739 | | 20359 | | 82584 | | 51577 |
| 鹤　岗 | Hegang | 18956 | 65171 | | | 70905 | 15750 | |
| 双鸭山 | Shuangyashan | 15312 | | | | | | 59319 |
| 大　庆 | Daqing | 39296 | | 32200 | | 49789 | 20313 | 33928 |
| 伊　春 | Yichun | 34544 | 11800 | 34216 | | | | 28120 |
| 佳木斯 | Jiamusi | 17830 | 16522 | | | 82414 | | 28151 |
| 七台河 | Qitaihe | | 42095 | | | 77542 | 59814 | 18600 |
| 牡丹江 | Mudanjiang | 31361 | | | | 77682 | 57200 | 68286 |
| 黑　河 | Heihe | 38000 | 16000 | | 33846 | 112571 | 16111 | 71794 |
| 绥　化 | Suihua | 25446 | | 58556 | | 55277 | 38350 | 43440 |
| 大兴安岭 | Daxinganling | | | | | | | |

## 2-20　续表2　Continued

单位：元 (yuan)

| 年　份 Year<br>地　区 Region | | 科学研究和技术服务业<br>Scientific Research and Technical Service | 水利、环境和公共设施管理业<br>Management of Water Conservancy, Environment and Public Facilities | 居民服务、修理和其他服务业<br>Services to Households Repair and Other Services | 教　育<br>Education | 卫生和社会工作<br>Health and Social Services | 文化、体育和娱乐业<br>Culture, Sports and Entertainment | 公共管理、社会保障和社会组织<br>Public Management Social Security and Social Organization |
|---|---|---|---|---|---|---|---|---|
| 2013 | | 42813 | 22201 | 45573 | 39942 | 35905 | 40800 | 31017 |
| 2014 | | 42978 | 24479 | 49224 | 45846 | 40067 | 48922 | 29081 |
| 2015 | | 54220 | 25898 | 60850 | 48668 | 47047 | 53138 | 55031 |
| 2016 | | 60736 | 32110 | 59834 | 54727 | 51980 | 57845 | 60221 |
| 2017 | | 56851 | 39258 | 59900 | 60817 | 54327 | 61126 | 66800 |
| 2018 | | 62498 | 38762 | 58554 | 70617 | 60184 | 36929 | 66905 |
| 哈尔滨 | Harbin | 62816 | 42039 | 59654 | 71224 | 69679 | 37165 | |
| 齐齐哈尔 | Qiqihar | | 42667 | 33455 | | 54811 | | |
| 鸡　西 | Jixi | 15333 | | | | 42855 | | |
| 鹤　岗 | Hegang | | | | | 52886 | | |
| 双鸭山 | Shuangyashan | | 24704 | | | | | |
| 大　庆 | Daqing | | | | | 52223 | | |
| 伊　春 | Yichun | | | 46727 | | 56103 | | |
| 佳木斯 | Jiamusi | | | | | 47820 | | 66905 |
| 七台河 | Qitaihe | | | 43761 | | | | |
| 牡丹江 | Mudanjiang | | | | 62833 | 67557 | | |
| 黑　河 | Heihe | | | 64000 | | | | |
| 绥　化 | Suihua | | | | 34400 | 49462 | 34067 | |
| 大兴安岭 | Daxinganling | | | | | | | |

# 2-21 分地区城镇其他单位就业人员平均工资
# Average Wage of Employed Persons in Urban Other Units by Region

单位：元 (yuan)

| 年份 地区 | Year Region | 总计 Total | 农、林、牧、渔业 Agriculture, Forestry, Animal Husbandry and Fishery | 采矿业 Mining | 制造业 Manufacturing | 电力、热力、燃气及水的生产和供应业 Production and Supply of Electric, heat, Gas and Water | 建筑业 Construction | 批发和零售业 Wholesale and Retail Trades |
|---|---|---|---|---|---|---|---|---|
| 2013 | | 44381 | 16803 | 59698 | 39437 | 60556 | 36564 | 37067 |
| 2014 | | 46776 | 21506 | 56996 | 42868 | 65089 | 37677 | 39436 |
| 2015 | | 49062 | 22666 | 55165 | 46098 | 64742 | 37512 | 41944 |
| 2016 | | 52621 | 24688 | 60649 | 50668 | 72349 | 40313 | 46734 |
| 2017 | | 57290 | 24402 | 70110 | 57038 | 77753 | 39869 | 47833 |
| 2018 | | 63332 | 24231 | 80087 | 65164 | 80906 | 44463 | 48251 |
| 哈尔滨 | Harbin | 66884 | 50461 | 49294 | 69372 | 95372 | 46390 | 54742 |
| 齐齐哈尔 | Qiqihar | 48236 | 21297 | 34386 | 56524 | 55072 | 27485 | 44348 |
| 鸡西 | Jixi | 53123 | 24286 | 57099 | 39210 | 62641 | 43423 | 41788 |
| 鹤岗 | Hegang | 54021 | | 55993 | 50966 | 62976 | 40412 | 42737 |
| 双鸭山 | Shuangyashan | 57135 | | 59605 | 39270 | 71456 | 35082 | 36107 |
| 大庆 | Daqing | 89558 | 26884 | 107733 | 91653 | 76954 | 55604 | 41522 |
| 伊春 | Yichun | 49305 | 15000 | 106488 | 45106 | 83458 | 36259 | 45177 |
| 佳木斯 | Jiamusi | 43054 | | 27305 | 46374 | 57343 | 33206 | 33804 |
| 七台河 | Qitaihe | 53334 | | 54256 | 36591 | 124439 | 39284 | 44986 |
| 牡丹江 | Mudanjiang | 48805 | 40438 | | 51389 | 58873 | 48785 | 47295 |
| 黑河 | Heihe | 43676 | 19779 | 70442 | 40409 | 66727 | 35303 | 34248 |
| 绥化 | Suihua | 35035 | 29996 | 158556 | 34262 | 52052 | 33942 | 36135 |
| 大兴安岭 | Daxinganling | 50075 | | 38927 | 31812 | 42044 | 35728 | 46592 |

## 2-21 续表1 Continued

单位：元 (yuan )

| 年份 地区 | Year Region | 交通运输仓储和邮政业 Transport, Storage and Post | 住宿和餐饮业 Hotels and Catering Services | 信息传输、软件和信息技术服务业 Information Transmission, Software and Information Technology | 金融业 Financial Intermediation | 房地产业 Real Estate | 租赁和商务服务业 Leasing and Business Services | 科学研究和技术服务业 Scientific Research and Technical Service |
|---|---|---|---|---|---|---|---|---|
| 2013 | | 41889 | 34712 | 56212 | 54187 | 37244 | 41317 | 52606 |
| 2014 | | 43606 | 32995 | 59511 | 53138 | 40257 | 44550 | 51601 |
| 2015 | | 44547 | 35257 | 64114 | 61960 | 43860 | 51135 | 56157 |
| 2016 | | 51342 | 37813 | 61742 | 60122 | 44549 | 53730 | 58216 |
| 2017 | | 54413 | 39673 | 64829 | 60103 | 45605 | 67049 | 68049 |
| 2018 | | 53419 | 42097 | 63033 | 63541 | 49072 | 79106 | 75792 |
| 哈尔滨 | Harbin | 60588 | 45638 | 64298 | 87120 | 57109 | 85753 | 66480 |
| 齐齐哈尔 | Qiqihar | 57447 | 29362 | 66981 | 28866 | 38754 | 39916 | 65523 |
| 鸡西 | Jixi | 28233 | 31414 | 63082 | 49689 | 32346 | 34714 | 25741 |
| 鹤岗 | Hegang | 35599 | 36798 | 69828 | 79297 | 27926 | 26092 | |
| 双鸭山 | Shuangyashan | 35058 | 37000 | 58900 | 77412 | 32698 | 42308 | 44000 |
| 大庆 | Daqing | 61404 | 34922 | 74079 | 114764 | 39962 | 50977 | 104665 |
| 伊春 | Yichun | 39019 | 29199 | 44737 | 83794 | 28768 | 22084 | 42542 |
| 佳木斯 | Jiamusi | 39637 | 29331 | 54386 | 62946 | 32754 | 27897 | 29700 |
| 七台河 | Qitaihe | 50607 | 21000 | 53278 | 55401 | 36019 | 17638 | |
| 牡丹江 | Mudanjiang | 42890 | 31331 | 61001 | 47016 | 38784 | 33069 | 46455 |
| 黑河 | Heihe | 36819 | 35202 | 56270 | 68203 | 23813 | 30800 | 59300 |
| 绥化 | Suihua | 49083 | 31417 | 54040 | 25569 | 30225 | 45841 | 36306 |
| 大兴安岭 | Daxinganling | 48391 | 36202 | 65658 | 82547 | 31023 | 29994 | |

## 2-21 续表2 Continued

单位：元 (yuan)

| 年份<br>地区 | Year<br>Region | 水利、环境和公共设施管理业<br>Management of Water Conservancy, Environment and Public Facilities | 居民服务、修理和其他服务业<br>Services to Households Repair and Other Services | 教育<br>Education | 卫生和社会工作<br>Health and Social Services | 文化、体育和娱乐业<br>Culture, Sports and Entertainment | 公共管理、社会保障和社会组织<br>Public Management Social Security and Social Organization |
|---|---|---|---|---|---|---|---|
| 2013 | | 35497 | 38036 | 47305 | 36799 | 39255 | 17491 |
| 2014 | | 33216 | 44065 | 57563 | 35322 | 40831 | 35726 |
| 2015 | | 36261 | 42001 | 62165 | 36444 | 47216 | 35571 |
| 2016 | | 39018 | 45051 | 69990 | 58632 | 51070 | 21320 |
| 2017 | | 40979 | 53650 | 69185 | 61836 | 57300 | 26307 |
| 2018 | | 42633 | 54031 | 46975 | 66216 | 53261 | |
| 哈尔滨 | Harbin | 53289 | 55360 | 48661 | 45457 | 58824 | |
| 齐齐哈尔 | Qiqihar | 29557 | 23934 | 41229 | 67996 | 39626 | |
| 鸡西 | Jixi | 49219 | 85049 | | 111061 | 43578 | |
| 鹤岗 | Hegang | | 31333 | | 72782 | 42400 | |
| 双鸭山 | Shuangyashan | 47210 | | 30800 | 80952 | | |
| 大庆 | Daqing | 32339 | 24773 | | 34619 | 36146 | |
| 伊春 | Yichun | 28096 | 44692 | | | 30974 | |
| 佳木斯 | Jiamusi | | 12000 | | 30000 | 33024 | |
| 七台河 | Qitaihe | | | | 81930 | | |
| 牡丹江 | Mudanjiang | 21027 | | 29381 | 50330 | 44093 | |
| 黑河 | Heihe | 24372 | | | | | |
| 绥化 | Suihua | 11250 | | | | 34542 | |
| 大兴安岭 | Daxinganling | 24307 | 55000 | | | 21260 | |

# 2-22 分地区城镇私营单位就业人员平均工资
# Average Wage of Employed Persons in Urban Private Units by Region

单位：元 (yuan)

| 年份<br>地区 | Year<br>Region | 总计<br>Total | 农、林、牧、渔业<br>Agriculture, Forestry, Animal Husbandry and Fishery | 采矿业<br>Mining | 制造业<br>Manufa-cturing | 电力、热力、燃气及水的生产和供应业<br>Production and Supply of Electric, heat, Gas and Water | 建筑业<br>Construction |
|---|---|---|---|---|---|---|---|
| 2013 | | 24750 | 18992 | 27912 | 24899 | 24063 | 27687 |
| 2014 | | 26960 | 22241 | 27071 | 26571 | 27860 | 30191 |
| 2015 | | 28586 | 25011 | 31468 | 27966 | 29179 | 32129 |
| 2016 | | 30533 | 26367 | 32478 | 29592 | 32277 | 34021 |
| 2017 | | 32422 | 28196 | 34577 | 31469 | 34590 | 34447 |
| 2018 | | 34801 | 30123 | 38716 | 34405 | 32493 | 34426 |
| 哈尔滨 | Harbin | 39327 | 33122 | 36706 | 38760 | 34708 | 39474 |
| 齐齐哈尔 | Qiqihar | 32126 | 25728 | 36709 | 32826 | 29694 | 31617 |
| 鸡西 | Jixi | 28973 | 20768 | 34476 | 29675 | 29901 | 28355 |
| 鹤岗 | Hegang | 31639 | 19538 | 43862 | 28536 | 23725 | 34316 |
| 双鸭山 | Shuangyashan | 32849 | 24102 | 38188 | 38308 | 32323 | 29455 |
| 大庆 | Daqing | 34423 | 27928 | 43629 | 35657 | 33115 | 32271 |
| 伊春 | Yichun | 26390 | 23716 | 33104 | 23398 | 25782 | 36357 |
| 佳木斯 | Jiamusi | 31740 | 33385 | 25204 | 33823 | 39680 | 30453 |
| 七台河 | Qitaihe | 28302 | | 35401 | 30273 | 30433 | 22334 |
| 牡丹江 | Mudanjiang | 28617 | 28081 | 35453 | 28836 | 31959 | 29415 |
| 黑河 | Heihe | 32236 | 20725 | 55090 | 24875 | 35418 | 34104 |
| 绥化 | Suihua | 34978 | 30000 | 48034 | 35995 | 30583 | 28305 |
| 大兴安岭 | Daxinganling | 29097 | 30518 | 33574 | 26981 | 36385 | 26772 |

## 2-22 续表1 Continued

单位：元 (yuan )

| 年 份 地 区 | Year Region | 批发和零售业 Wholesale and Retail Trades | 交通运输仓储和邮政业 Transport, Storage and Post | 住宿和餐饮业 Hotels and Catering Services | 信息传输、软件和信息技术服务业 Information Transmission, Software and Information Technology | 金融业 Financial Intermediation | 房地产业 Real Estate | 租赁和商务服务业 Leasing and Business Services |
|---|---|---|---|---|---|---|---|---|
| 2013 | | 23335 | 22793 | 22768 | 26667 | 31006 | 26322 | 21201 |
| 2014 | | 26648 | 27677 | 24030 | 28065 | 31235 | 28268 | 23625 |
| 2015 | | 27481 | 30996 | 25377 | 31261 | 32638 | 31287 | 26644 |
| 2016 | | 28874 | 35454 | 27556 | 34172 | 34216 | 35178 | 30494 |
| 2017 | | 30821 | 36994 | 27875 | 37286 | 36555 | 37102 | 32501 |
| 2018 | | 31793 | 40120 | 31009 | 40903 | 43467 | 36683 | 39310 |
| 哈尔滨 | Harbin | 33821 | 47933 | 34215 | 46841 | 54551 | 47117 | 44437 |
| 齐齐哈尔 | Qiqihar | 30596 | 26814 | 29238 | 21703 | 27307 | 34589 | 33474 |
| 鸡 西 | Jixi | 26731 | 28707 | 23170 | 17310 | 18810 | 22114 | 22004 |
| 鹤 岗 | Hegang | 24820 | 33854 | 27086 | 20588 | 55500 | 20283 | 28984 |
| 双鸭山 | Shuangyashan | 30044 | 28558 | 25022 | 23846 | 32714 | 25267 | 22151 |
| 大 庆 | Daqing | 33540 | 33911 | 36219 | 39296 | 32687 | 36004 | 33542 |
| 伊 春 | Yichun | 25843 | 25006 | 31617 | 25500 | 25448 | 29144 | 27018 |
| 佳木斯 | Jiamusi | 28955 | 35763 | 30345 | 30520 | 32533 | 30615 | 30762 |
| 七台河 | Qitaihe | 22358 | 25374 | 20396 | 21674 | 24238 | 25392 | 19658 |
| 牡丹江 | Mudanjiang | 27336 | 28895 | 24017 | 28987 | 46098 | 27729 | 24941 |
| 黑 河 | Heihe | 22249 | 30004 | 24910 | 16930 | | 30479 | 30014 |
| 绥 化 | Suihua | 35119 | 33096 | 23620 | 26263 | 30212 | 29646 | 24399 |
| 大兴安岭 | Daxinganling | 27460 | 26880 | 32165 | 31119 | 20000 | 28555 | 31587 |

## 2-22 续表2 Continued

单位：元 (yuan)

| 年 份 地 区 | Year Region | 科学研究和技术服务业 Scientific Research and Technical Service | 水利、环境和公共设施管理业 Management of Water Conservancy, Environment and Public Facilities | 居民服务、修理和其他服务业 Services to Households Repair and Other Services | 教 育 Education | 卫生和社会工作 Health and Social Services | 文化、体育和娱乐业 Culture, Sports and Entertainment | 公共管理、社会保障和社会组织 Public Management Social Security and Social Organization |
|---|---|---|---|---|---|---|---|---|
| 2013 | | 29169 | 19968 | 18300 | 24576 | 22782 | 19033 | 20500 |
| 2014 | | 31204 | 22651 | 21346 | 27379 | 23488 | 23344 | |
| 2015 | | 33246 | 26537 | 24661 | 28264 | 26033 | 23913 | |
| 2016 | | 34537 | 29730 | 28193 | 29425 | 28830 | 25032 | |
| 2017 | | 38214 | 30315 | 30725 | 31382 | 33421 | 26825 | |
| 2018 | | 43348 | 30526 | 30471 | 32520 | 36565 | 29379 | |
| 哈尔滨 | Harbin | 51594 | 37384 | 33389 | 33223 | 29163 | 32522 | |
| 齐齐哈尔 | Qiqihar | 38457 | 30586 | 24803 | 38129 | 57924 | 31330 | |
| 鸡 西 | Jixi | 22345 | 23359 | 34707 | 33418 | 30408 | 22082 | |
| 鹤 岗 | Hegang | 23274 | 28000 | 29865 | 25017 | 27485 | 28477 | |
| 双鸭山 | Shuangyashan | 26705 | 26583 | 25968 | 26800 | 23466 | 25202 | |
| 大 庆 | Daqing | 34710 | 27579 | 30033 | 33239 | 30490 | 30465 | |
| 伊 春 | Yichun | 24509 | 28687 | 29250 | 28902 | 24254 | 24236 | |
| 佳木斯 | Jiamusi | 33838 | 28797 | 31890 | 33604 | 37063 | 31620 | |
| 七台河 | Qitaihe | 25197 | 18333 | 19987 | 22317 | 22888 | 20814 | |
| 牡丹江 | Mudanjiang | 28920 | 28122 | 26631 | 29194 | 30227 | 26021 | |
| 黑 河 | Heihe | 32500 | 30000 | 19801 | 20753 | 13091 | 19088 | |
| 绥 化 | Suihua | 53254 | | 40688 | 46923 | 46992 | 14500 | |
| 大兴安岭 | Daxinganling | 30581 | 29524 | 29484 | 30724 | 30115 | 31082 | |

# 主要统计指标解释

**人口数** 指一定时点、一定地区范围内有生命的个人总和。

年度统计的年末人口数指每年 12 月 31 日 24 时的人口数。年度统计的全国人口总数内未包括香港、澳门特别行政区和台湾省以及海外华侨人数。

**城镇人口和乡村人口** 城镇人口是指居住在城镇范围内的全部常住人口；乡村人口是除上述人口以外的全部人口。

**出生率（又称粗出生率）** 指在一定时期内(通常为一年)一定地区的出生人数与同期内平均人数(或期中人数)之比，用千分率表示。本资料中的出生率指年出生率，其计算公式为：

$$出生率=\frac{年出生人数}{年平均人数}\times 1000‰$$

式中：出生人数指活产婴儿，即胎儿脱离母体时(不管怀孕月数)，有过呼吸或其他生命现象。年平均人数指年初、年底人口数的平均数，也可用年中人口数代替。

**死亡率（又称粗死亡率）** 指在一定时期内(通常为一年)一定地区的死亡人数与同期内平均人数(或期中人数)之比，用千分率表示。本资料中的死亡率指年死亡率，其计算公式为：

$$死亡率=\frac{年死亡人数}{年平均人数}\times 1000‰$$

**人口自然增长率** 指在一定时期内(通常为一年)人口自然增加数(出生人数减死亡人数)与该时期内平均人数(或期中人数)之比，用千分率表示。计算公式为：

$$人口自然增长率=\frac{本年出生人数-本年死亡人数}{年平均人数}\times 1000‰$$

$$=人口出生率-人口死亡率$$

**总抚养比** 也称总负担系数。指人口总体中非劳动年龄人口数与劳动年龄人口数之比。通常用百分比表示。说明每 100 名劳动年龄人口大致要负担多少名非劳动年龄人口。用于从人口角度反映人口与经济发展的基本关系。计算公式为：

$$GDR=\frac{P_{0\sim14}+P_{65^+}}{P_{15\sim64}}\times 100\%$$

其中：$GDR$ 为总抚养比；

$P_{0\sim14}$ 为 0 ~ 14 岁少年儿童人口数；

$P_{65}^{+}$ 为 65 岁及 65 岁以上的老年人口数；

$P_{15\sim64}$ 为 15 ~ 64 岁劳动年龄人口数。

**老年人口抚养比** 也称老年人口抚养系数。指某一人口中老年人口数与劳动年龄人口数之比。通常用百分比表示。用以表明每 100 名劳动年龄人口要负担多少名老年人。老年人口抚养比是从经济角度反映人口老化社会后果的指标之一。计算公式为：

$$ODR=\frac{P_{65^+}}{P_{15\sim64}}\times 100\%$$

其中：$ODR$ 为老年人口抚养比；

$P_{65}^{+}$ 为 65 岁及 65 岁以上的老年人口数；

$P_{15\sim64}$ 为 15 ~ 64 岁的劳动年龄人口数。

**少年儿童抚养比** 也称少年儿童抚养系数。指某一人口中少年儿童人口数与劳动年龄人口数之比。通常用百分比表示。以反映每 100 名劳动年龄人口要负担多少名少年儿童。计算公式为：

$$CDR=\frac{P_{0\sim14}}{P_{15\sim64}}\times 100\%$$

其中：$CDR$ 为少年儿童抚养比；

$P_{0\sim14}$ 为 0 ~ 14 岁少年儿童人口数；

$P_{15\sim64}$ 为 15 ~ 64 岁劳动年龄人口数。

**劳动力** 指在 16 周岁及以上，有劳动能力，参加或要求参加社会经济活动的人口。包括就业人员和失业人员。

**就业人员** 指在一定年龄以上，有劳动能力，为取得劳动报酬或经营收入而从事一定社会劳动的人员。具体指年满 16 周岁，为取得报酬或经营利润，在调查周内从事了 1 小时（含 1 小时）以上劳动的人员；或由于学习、休假等原因在调查周内暂时处于未工作状态，但有工作单位或场所的人员；或由于临时停工放假、单位不景气放假等原因在调查周内暂时处于未工作状态，但不满三个月的人员。

**单位就业人员** 指报告期末最后一日 24 时在本单位中工作，并取得工资或其他形式劳动报酬的人员数。该指标为时点指标，不包括最后一日当天及以前已经与单位解除劳动合同关系的人员，是在岗职工、劳务派遣人员及其他就业人员之和。就业人员不包括：

(1)离开本单位仍保留劳动关系，并定期领取生活费的人员；

(2)在本单位实习的各类在校学生；

(3)本单位因劳务外包而使用的人员。

**城镇私营和个体就业人员** 城镇私营就业人员指在工商管理部门注册登记，其经营地址设在县城关镇(含县城关镇)以上的私营企业就业人员，包括私营企业投资者和雇工。城镇个体就业人员指在工商管理部门注册登记，并持有城镇户口或在城镇长期居住，经批准从事个体工商经营的就业人员，包括个体经营者和在个体工商户劳动的家庭帮工和雇工。

**在岗职工** 指在本单位工作且与本单位签订劳动合同，并由单位支付各项工资和社会保险、住房公积金的人员，以及上述人员中由于学习、病伤、产假等原因暂未工作仍由单位支付工资的人员。在岗职工还包括：

(1)应订立劳动合同而未订立劳动合同人员(如使用的农

村户籍人员);

(2)处于试用期人员;

(3)编制外招用的人员;

(4)派往外单位工作，但工资仍由本单位发放的人员(如挂职锻炼、外派工作等情况)。

**工资总额** 指根据《关于工资总额组成的规定》(1990年1月1日国家统计局发布的一号令)进行修订，在报告期内(季度或年度)直接支付给本单位全部就业人员的劳动报酬总额。包括计时工资、计件工资、奖金、津贴和补贴、加班加点工资、特殊情况下支付的工资，是在岗职工工资总额、劳务派遣人员工资总额和其他就业人员工资总额之和。

工资总额是税前工资，包括单位从个人工资中直接为其代扣或代缴的房费、水费、电费、住房公积金和社会保险基金个人缴纳部分等。

工资总额不论是计入成本的还是不计入成本的，不论是以货币形式支付的还是以实物形式支付的，均应列入工资总额的计算范围。

**平均工资** 指单位就业人员在一定时期内平均每人所得的工资额。它表明一定时期工资收入的高低程度，是反映就业人员工资水平的主要指标。计算公式为:

$$\text{平均工资}=\frac{\text{报告期就业人员工资总额}}{\text{报告期就业人员平均人数}}$$

**城镇登记失业人员** 指有非农业户口，在一定的劳动年龄内(16周岁至退休年龄)，有劳动能力，无业而要求就业，并在当地劳动保障部门进行失业登记的人员。

**城镇登记失业率** 城镇登记失业人员与城镇单位就业人员(扣除使用的农村劳动力、聘用的离退休人员、港澳台及外方人员)、城镇单位中的不在岗职工、城镇私营业主、个体户主、城镇私营企业和个体就业人员、城镇登记失业人员之和的比。

# Explanatory Notes on Main Statistical Indicators

**Total Population** refers to the total number of people alive at a certain point of time within a given area.

The annual statistics on total population is taken at midnight, the 3lst of December, not including residents in Taiwan province, Hong Kong SAR and Macao SAR and Chinese national residing abroad.

**Urban Population and Rural Population** Urban population refers to all people residing in cities and towns, while rural population refers to population other than urban population.

**Birth Rate (or Crude Birth Rate)** refers to the ratio of the number of births to the average population (or mid-period population) during a certain period of time (usually a year), expressed in ‰. Birth rate in the chapter refers to annual birth rate. The following formula is used:

$$\text{Birth Rate} = \frac{\text{Number of Births}}{\text{Annual Average Population}} \times 1000‰$$

Number of births in the formula refers to live births, i.e. when a baby has breathed or showed any vital phenomena regardless of the length of pregnancy.

Annual average population is the average of the number of population at the beginning of the year and that at the end of the year. Sometimes it is substituted by the mid-year population.

**Death Rate (or Crude Death Rate)** refers to the ratio of the number of deaths to the average population (or mid-period population) during a certain period of time (usually a year), expressed in ‰. Death rate in the chapter refers to annual death rate. The following formula is used:

$$\text{Death Rate} = \frac{\text{Number of Deaths}}{\text{Annual Average Population}} \times 1000‰$$

**Natural Growth Rate of Population** refers to the ratio of natural increase in population (number of births minus number of deaths) in a certain period of time (usually a year) to the average population (or mid-period population) of the same period, expressed in ‰. The following formula is applied:

$$\begin{matrix}\text{Natural Growth} \\ \text{Rate of Population}\end{matrix} = \frac{\text{Number of Births - Number of Deaths}}{\text{Annual Average Population}} \times 1000‰$$

Natural Growth Rate of Population = Birth Rate-Death Rate

**Gross Dependency Ratio** also called gross dependency coefficient, refers to the ratio of non-working-age population to the working-age population, express in %. Describing in general the number of non-working-age population that every100 people at working ages will take care of, this indicator reflects the basic relation between population and economic development from the demographic perspective. The gross dependency ratio is calculated with the following formula:

$$GDR = \frac{P_{0\sim14} + P_{65^+}}{P_{15\sim64}} \times 100\%$$

Where: $GDR$ is the gross dependency ratio,

$P_{0\sim14}$ is the population of children aged 0-14,

$P_{65+}$ is the elderly population aged 65 and over, and

$P_{15\sim64}$ is the working-age population aged 15-64.

**Old Dependency Ratio** also called old dependency coefficient, refers to the ratio of the elderly population to the working-age population, express in %. It describes the number of the elderly population that every 100 people at working ages will take care of. Old dependency ratio is one of the indicators reflecting the social implication of population aging from the economic perspective. The old dependency ratio is calculated with the following formula:

$$ODR = \frac{P_{65^+}}{P_{15\sim64}} \times 100\%$$

Where: $ODR$ is the old dependency ratio,

$P_{65+}$ is the elderly population aged 65 and over, and

$P_{15\sim64}$ is the working-age population aged 15-64.

**Children Dependency Ratio** also called children dependency coefficient, refers to the ratio of the children population to the working-age population, express in %. It describes the number of children population that every 100 people at working ages will take care of. The children dependency ratio is calculated with the following formula:

$$CDR = \frac{P_{0\sim14}}{P_{15\sim64}} \times 100\%$$

Where: $CDR$ is the children dependency ratio,

$P_{0\sim14}$ is the children population aged 0-14, and

$P_{15\sim64}$ is the working-age population aged 15-64.

**Labour Force** refers to the population aged 16 and over who are capable of working, are participating in or willing to participate in economic activities, including employed persons and unemployed persons.

**Employed Persons** refers to persons above a specified age who had labour capacity and performed some social work for compensation or business gains. Specifically, it refers to persons, aged 16 and over, who performed some work for compensation or business gains for one hour or more during the reference period; or persons who do not work for the reasons of study or on holiday, but had work units or sites during the reference period; or persons temporary absence from a job for disorganization or suspension of work, recession, etc, but not exceeding three months during the reference period.

**Persons Employed in Various Units** refer to the total number of employees who work at his unit and obtain wages or other forms of payment at the end of the reporting period. This indicator is a kind of time point index and it equals to the sum of the number of employed staff and workers, labor dispatch personnel and other employed persons. Employed persons do not include:

1)persons who have left their working units while keeping their labour contract (employment relation) unchanged and receiving regular alimony;

2)all kinds of enrolled students who do internship in various units;

3)persons employed due to labor outsourcing;

4)persons who dissolve labor contracts with their units on the last day of reporting period or before.

**Persons Employed in Private Enterprises and Self-Employed Individuals in Urban Areas** Persons employed in private enterprises refer to the persons employed in the private enterprises which have been registered at the departments of industrial and commercial administration for which the business operation are situated at a county town (i.e. a town where the county government is located), or at urban areas with administrative hierarchy higher than a county town. The self-employed individuals in urban areas refer to persons who hold the certificates of residence in urban areas or have resided in the urban areas for a long time and have been registered at the departments of industrial and commercial administration and approved to be engaged in individual industrial or commercial business, including self-employed persons as well as helpers and hired laborers who work in individual households.

**Employed Staff and Workers** refer to persons who signed labor contracts with working units and working units would pay wages, social insurance and housing funds for them. Persons who have their work posts but are temporarily absent from work for reasons of study or on sick, injury or maternal leave and still receive wages from their working units are also included. Employed staff and workers also include:

1)Persons who should have signed the labor contracts but not (like people with rural household registration);

2)Employees on probation;

3)Employees beyond the staffing quota;

4)Employees who are sent to other working units but still obtain wages from their original units (situations like on-the-job placement, expatriated assignment, etc. )

1)Employed Staff and Workers do not include: Dispatched personnel who work and are paid directly by the working units; they shall be counted into "labour dispatch personnel" of the working units;

2)Personnel through labor outsourcing, they shall be counted into "employed staff and workers" of the units which contracted them.

**Total Wage Bill** It is revised according to the "Provision of Composition of Total Wages" (Order No.1 by National Bureau of Statistics on January, 1st, ,1990), total wage bill refers to the total remuneration payment to all employed persons in various units during the reporting period (by quarter or by year), including hourly-paid wages, piece-rate wages, bonuses, allowance and subsidies, overtime wages and wages paid under special circumstances. It equals to the sum of total wages of employed staff and workers, dispatch labors and other employed persons.

Total wage bill is pre-tax wages, including the room charges, utility bills, housing funds and social insurance paid or withheld by employee's units.

Total wage bill, whether or not included in cost, whether or not paid in money or in kind, shall be included in the calculation of total wage.

**Average Wage** refers to the average per capita wage during a certain period of time for employed persons. It shows the general level of wage income during a certain period of time, one major indicator to reflect the wage level. It is calculated as follows:

$$\text{Average Wage} = \frac{\text{Total Wage Bill of Employed Persons at Reference Time}}{\text{Average Number of Persons Employed at Reference Time}}$$

**Registered Unemployed Persons in Urban Areas** refer to the persons with non-agricultural household registration at certain working ages (16 years old to retirement age), who are capable of working, unemployed and willing to work, and have been registered at the local employment service agencies to apply for a job.

**Registered Unemployment Rate in Urban Areas** refers to the ratio of the number of the registered unemployed persons to the sum of the number of persons employed in various units (minus the employed rural labour force, re-employed retirees, and Hong Kong, Macao, Taiwan or foreign employees), laid-off staff and workers in urban units, owners of private enterprises in urban areas, owners of self-employed individuals in urban areas, employees of private enterprises in urban areas, employee of self-employed individuals in urban areas, and the registered unemployed persons in urban areas

# 第三篇　国民经济核算

CHAPTER 3 NATIONAL ACCOUNTS

资料整理：于占占

# 3-1　地区生产总值
# Gross Domestic Product

单位：亿元　　(100 million yuan)

| 年　份 Year | 地　区生产总值 Gross Domestic Product | 第一产业 Primary Industry | 第二产业 Secondary Industry | 工　业 Industry | 建筑业 Construction | 第三产业 Tertiary Industry | #交通运输仓储邮电通信业 Transport, Post & Telecommunication Services | #批发零售贸易餐饮业 Wholesale, Retail Trade & Catering Services | 人均地区生产总值（元） Per Capita GDP (yuan) |
|---|---|---|---|---|---|---|---|---|---|
| 1954 | 36.7 | 15.0 | 13.1 | 11.5 | 1.6 | 8.5 | 2.1 | 3.1 | 301 |
| 1955 | 38.2 | 16.6 | 12.2 | 10.6 | 1.6 | 9.4 | 2.3 | 3.7 | 297 |
| 1956 | 42.2 | 18.0 | 13.2 | 11.4 | 1.8 | 11.1 | 2.5 | 4.2 | 308 |
| 1957 | 44.4 | 17.2 | 15.0 | 13.4 | 1.6 | 12.3 | 2.7 | 4.4 | 307 |
| 1958 | 61.6 | 18.2 | 29.7 | 26.9 | 2.9 | 13.7 | 3.5 | 5.4 | 405 |
| 1959 | 73.5 | 17.4 | 38.1 | 34.7 | 3.4 | 18.0 | 5.3 | 6.5 | 453 |
| 1960 | 80.5 | 11.7 | 48.1 | 43.6 | 4.5 | 20.7 | 6.5 | 6.6 | 461 |
| 1961 | 54.2 | 10.9 | 25.5 | 23.3 | 2.1 | 17.8 | 4.7 | 5.0 | 293 |
| 1962 | 54.6 | 14.5 | 23.1 | 21.2 | 1.9 | 17.0 | 4.5 | 4.8 | 288 |
| 1963 | 61.8 | 17.9 | 28.1 | 25.2 | 3.0 | 15.8 | 3.6 | 4.1 | 320 |
| 1964 | 68.2 | 16.8 | 33.0 | 29.4 | 3.6 | 18.3 | 4.4 | 5.4 | 339 |
| 1965 | 78.9 | 19.6 | 40.1 | 36.4 | 3.7 | 19.1 | 4.8 | 5.5 | 377 |
| 1966 | 92.1 | 23.3 | 48.6 | 44.1 | 4.5 | 20.2 | 5.6 | 5.6 | 426 |
| 1967 | 91.0 | 26.0 | 45.1 | 41.0 | 4.1 | 19.9 | 5.3 | 5.5 | 409 |
| 1968 | 88.9 | 25.2 | 44.5 | 40.6 | 3.9 | 19.2 | 5.3 | 5.4 | 386 |
| 1969 | 101.0 | 24.4 | 55.9 | 51.0 | 4.9 | 20.7 | 6.4 | 5.7 | 422 |
| 1970 | 111.2 | 25.6 | 64.0 | 58.5 | 5.5 | 21.6 | 6.9 | 5.7 | 448 |
| 1971 | 115.6 | 25.9 | 66.7 | 60.9 | 5.8 | 23.0 | 7.4 | 5.6 | 449 |
| 1972 | 115.7 | 27.5 | 64.6 | 59.1 | 5.5 | 23.6 | 7.1 | 5.5 | 433 |
| 1973 | 123.5 | 30.1 | 69.3 | 63.9 | 5.4 | 24.1 | 7.2 | 5.5 | 446 |
| 1974 | 131.4 | 32.6 | 73.6 | 67.8 | 5.8 | 25.3 | 7.6 | 5.7 | 460 |
| 1975 | 141.5 | 33.4 | 81.6 | 74.8 | 6.8 | 26.5 | 8.5 | 6.2 | 484 |
| 1976 | 144.2 | 33.9 | 85.0 | 79.2 | 5.8 | 25.3 | 7.6 | 5.6 | 482 |
| 1977 | 155.7 | 38.0 | 92.1 | 86.2 | 5.9 | 25.7 | 7.7 | 5.7 | 511 |
| 1978 | 174.8 | 41.0 | 106.6 | 100.6 | 6.1 | 27.2 | 9.6 | 5.0 | 564 |
| 1979 | 187.2 | 44.3 | 113.9 | 107.3 | 6.6 | 29.0 | 11.0 | 5.7 | 594 |
| 1980 | 221.0 | 55.3 | 131.1 | 122.5 | 8.6 | 34.7 | 12.2 | 6.5 | 694 |
| 1981 | 228.3 | 57.8 | 132.4 | 122.6 | 9.8 | 38.1 | 11.9 | 8.5 | 709 |
| 1982 | 248.4 | 63.8 | 140.8 | 127.3 | 13.5 | 43.9 | 13.4 | 7.2 | 762 |

注：1.本表按当年价格计算。
2.2005-2012年数据执行《国民经济行业分类》(GB/T 4754-2002)，第一产业中增加了农、林、牧、渔服务业；交通运输仓储邮电通信业改为交通运输、仓储和邮政业；批发零售贸易餐饮业调整为批发和零售业、住宿和餐饮业。
3.从2013年开始，数据执行《国民经济行业分类》(GB/T 4754-2011)。原第一产业中的农、林、牧、渔服务业，原工业中的开采辅助活动、金属制品、机械和设备修理业划入第三产业(下同)。
4.实施研发支出核算方法改革后，对省级GDP数据进行了修订(下同)。
5.2017年第一产业数据与第三次农业普查数据进行了衔接(下同)。

a) Data in value terms in this table are calculated at current prices.
b) Data of 2005-2012 execution the Industrial Classification of the National Economy (GB/T 4754-2011), the relative service industry is newly added to farming, forestry, animal husbandry and fishery, transport, storage, post & telecommunication services industry is changed transport, storage and post; the accommodation is changed to wholesale, retail trade & catering services (the same as following tables).
c) Since 2013, execution the Industrial Classification of the National Economy (GB/T 4754-2011), the agriculture, forestry, animal husbandry and fishery service industry in the first industry, the original mining auxiliary activities, metal products, machinery and equipment repair in the industry were added to the third industry.
d) As methodology of R&D expenditure accounting is reformed, data of GDP of all years are adjusted systematically. The same applies to the relevant tables following.
e) The Primary Industry data of 2017 have been adjusted according to the results of the third national agricultural census. The same applies to the relevant tables following.

## 3-1 续表 Continued

单位：亿元 (100 million yuan)

| 年 份 Year | 地区生产总值 Gross Domestic Product | 第一产业 Primary Industry | 第二产业 Secondary Industry | 工 业 Industry | 建筑业 Construction | 第三产业 Tertiary Industry | #交通运输仓储邮电通信业 Transport, Post & Telecommunication Services | #批发零售贸易餐饮业 Wholesale, Retail Trade & Catering Services | 人均地区生产总值（元） Per Capita GDP (yuan) |
|---|---|---|---|---|---|---|---|---|---|
| 1983 | 276.9 | 78.9 | 150.7 | 135.4 | 15.3 | 47.3 | 14.9 | 7.2 | 841 |
| 1984 | 318.3 | 86.0 | 175.0 | 154.9 | 20.1 | 57.3 | 16.9 | 9.9 | 959 |
| 1985 | 355.0 | 77.0 | 205.1 | 180.9 | 24.2 | 72.9 | 20.1 | 15.3 | 1062 |
| 1986 | 400.8 | 92.7 | 212.6 | 187.0 | 25.6 | 95.5 | 24.7 | 17.8 | 1189 |
| 1987 | 454.6 | 90.7 | 261.6 | 231.9 | 29.7 | 102.3 | 26.4 | 20.7 | 1335 |
| 1988 | 552.0 | 94.2 | 295.7 | 258.6 | 37.1 | 162.1 | 36.3 | 47.4 | 1602 |
| 1989 | 630.6 | 93.9 | 345.5 | 307.0 | 38.5 | 191.2 | 40.5 | 50.4 | 1808 |
| 1990 | 715.2 | 160.3 | 362.7 | 323.9 | 38.8 | 192.2 | 34.5 | 48.0 | 2028 |
| 1991 | 822.3 | 148.3 | 413.3 | 369.5 | 43.8 | 260.7 | 46.0 | 79.9 | 2310 |
| 1992 | 959.7 | 167.0 | 493.1 | 440.0 | 53.1 | 299.6 | 49.2 | 97.4 | 2672 |
| 1993 | 1198.3 | 198.4 | 649.7 | 580.4 | 69.3 | 350.2 | 56.9 | 113.6 | 3306 |
| 1994 | 1604.9 | 305.2 | 850.4 | 764.3 | 86.1 | 449.3 | 70.7 | 144.8 | 4390 |
| 1995 | 1991.4 | 371.2 | 1048.6 | 949.1 | 99.5 | 571.6 | 86.4 | 174.6 | 5402 |
| 1996 | 2370.5 | 444.2 | 1270.5 | 1160.0 | 110.5 | 655.8 | 104.1 | 197.3 | 6382 |
| 1997 | 2667.5 | 460.2 | 1432.9 | 1304.9 | 128.0 | 774.4 | 143.2 | 231.1 | 7133 |
| 1998 | 2774.4 | 429.1 | 1482.3 | 1332.0 | 150.3 | 863.0 | 160.1 | 246.6 | 7375 |
| 1999 | 2866.3 | 377.2 | 1556.7 | 1399.9 | 156.8 | 932.4 | 170.0 | 255.7 | 7578 |
| 2000 | 3151.4 | 383.1 | 1731.7 | 1566.4 | 165.3 | 1036.6 | 213.3 | 317.4 | 8294 |
| 2001 | 3390.1 | 435.6 | 1773.3 | 1592.0 | 181.3 | 1181.2 | 262.8 | 344.8 | 8900 |
| 2002 | 3637.2 | 474.2 | 1843.6 | 1650.8 | 192.8 | 1319.4 | 302.4 | 377.1 | 9541 |
| 2003 | 4057.4 | 504.8 | 2084.7 | 1874.8 | 209.9 | 1467.9 | 330.5 | 412.3 | 10638 |
| 2004 | 4750.6 | 593.3 | 2487.0 | 2242.3 | 244.7 | 1670.3 | 377.1 | 462.9 | 12449 |
| 2005 | 5542.8 | 684.6 | 2990.6 | 2715.2 | 275.4 | 1867.6 | 331.6 | 509.7 | 14516 |
| 2006 | 6246.5 | 750.1 | 3387.9 | 3071.6 | 316.3 | 2108.5 | 352.0 | 561.9 | 16346 |
| 2007 | 7144.3 | 915.4 | 3721.8 | 3353.1 | 368.7 | 2507.1 | 412.1 | 635.3 | 18685 |
| 2008 | 8367.5 | 1088.9 | 4354.4 | 3901.0 | 453.3 | 2924.3 | 434.0 | 778.4 | 21879 |
| 2009 | 8653.5 | 1154.3 | 4104.0 | 3593.0 | 511.0 | 3395.2 | 433.6 | 968.4 | 22621 |
| 2010 | 10442.2 | 1302.9 | 5073.1 | 4477.2 | 595.8 | 4066.3 | 486.0 | 1189.7 | 27266 |
| 2011 | 12660.6 | 1701.5 | 6013.6 | 5285.8 | 727.8 | 4945.5 | 568.8 | 1508.8 | 33024 |
| 2012 | 13778.8 | 2113.7 | 6091.8 | 5294.8 | 797.0 | 5573.4 | 598.8 | 1706.5 | 35938 |
| 2013 | 14546.3 | 2474.1 | 5898.4 | 5143.0 | 843.8 | 6173.7 | 601.5 | 1809.4 | 37935 |
| 2014 | 15132.2 | 2611.4 | 5598.4 | 4838.9 | 845.1 | 6922.4 | 683.1 | 2023.8 | 39468 |
| 2015 | 15174.5 | 2633.5 | 4847.5 | 4104.5 | 850.1 | 7693.5 | 707.0 | 2169.2 | 39699 |
| 2016 | 15386.1 | 2670.5 | 4400.7 | 3647.1 | 874.2 | 8314.9 | 758.0 | 2318.4 | 40432 |
| 2017 | 15902.7 | 2965.3 | 4060.6 | 3332.6 | 852.8 | 8876.8 | 801.3 | 2424.2 | 41916 |
| 2018 | 16361.6 | 3001.0 | 4030.9 | 3263.1 | 852.0 | 9329.7 | 828.6 | 2552.8 | 43274 |

# 3-2　地区生产总值构成
# Composition of Gross Domestic Product

单位：%　　　　(%)

| 年　份 Year | 地区生产总值 Gross Domestic Product | 第一产业 Primary Industry | 第二产业 Secondary Industry | 工　业 Industry | 建筑业 Construction | 第三产业 Tertiary Industry | #交通运输仓储邮电通信业 Transport, Post and Telecommunication Services | #批发零售贸易餐饮业 Wholesale, Retail Trade & Catering Services |
|---|---|---|---|---|---|---|---|---|
| 1954 | 100.0 | 40.9 | 35.8 | 31.4 | 4.4 | 23.3 | 5.7 | 8.4 |
| 1955 | 100.0 | 43.5 | 31.9 | 27.7 | 4.2 | 24.6 | 6.0 | 9.7 |
| 1956 | 100.0 | 42.6 | 31.2 | 26.9 | 4.3 | 26.2 | 5.9 | 10.0 |
| 1957 | 100.0 | 38.6 | 33.7 | 30.1 | 3.6 | 27.7 | 6.1 | 9.9 |
| 1958 | 100.0 | 29.5 | 48.2 | 43.6 | 4.6 | 22.3 | 5.7 | 8.8 |
| 1959 | 100.0 | 23.7 | 51.8 | 47.2 | 4.6 | 24.5 | 7.2 | 8.8 |
| 1960 | 100.0 | 14.5 | 59.8 | 54.2 | 5.6 | 25.7 | 8.1 | 8.2 |
| 1961 | 100.0 | 20.1 | 47.0 | 43.1 | 3.9 | 32.9 | 8.7 | 9.2 |
| 1962 | 100.0 | 26.6 | 42.3 | 38.8 | 3.5 | 31.1 | 8.2 | 8.8 |
| 1963 | 100.0 | 29.0 | 45.5 | 40.7 | 4.8 | 25.5 | 5.8 | 6.6 |
| 1964 | 100.0 | 24.7 | 48.4 | 43.1 | 5.3 | 26.9 | 6.5 | 7.9 |
| 1965 | 100.0 | 24.9 | 50.9 | 46.2 | 4.7 | 24.2 | 6.1 | 7.0 |
| 1966 | 100.0 | 25.3 | 52.8 | 47.9 | 4.9 | 21.9 | 6.1 | 6.1 |
| 1967 | 100.0 | 28.6 | 49.6 | 45.1 | 4.5 | 21.8 | 5.8 | 6.0 |
| 1968 | 100.0 | 28.3 | 50.1 | 45.7 | 4.4 | 21.6 | 6.0 | 6.1 |
| 1969 | 100.0 | 24.2 | 55.3 | 50.4 | 4.9 | 20.5 | 6.3 | 5.6 |
| 1970 | 100.0 | 23.0 | 57.6 | 52.7 | 4.9 | 19.4 | 6.2 | 5.1 |
| 1971 | 100.0 | 22.4 | 57.7 | 52.7 | 5.0 | 19.9 | 6.4 | 4.8 |
| 1972 | 100.0 | 23.8 | 55.8 | 51.0 | 4.8 | 20.4 | 6.1 | 4.8 |
| 1973 | 100.0 | 24.4 | 56.1 | 51.7 | 4.4 | 19.5 | 5.8 | 4.5 |
| 1974 | 100.0 | 24.8 | 56.0 | 51.6 | 4.4 | 19.2 | 5.8 | 4.3 |
| 1975 | 100.0 | 23.6 | 57.7 | 52.9 | 4.8 | 18.7 | 6.0 | 4.4 |
| 1976 | 100.0 | 23.5 | 58.9 | 54.9 | 4.0 | 17.6 | 5.3 | 3.9 |
| 1977 | 100.0 | 24.4 | 59.1 | 55.3 | 3.8 | 16.5 | 4.9 | 3.7 |
| 1978 | 100.0 | 23.4 | 61.0 | 57.5 | 3.5 | 15.6 | 5.5 | 2.9 |
| 1979 | 100.0 | 23.7 | 60.8 | 57.3 | 3.5 | 15.5 | 5.9 | 3.0 |
| 1980 | 100.0 | 25.0 | 59.3 | 55.4 | 3.9 | 15.7 | 5.5 | 2.9 |
| 1981 | 100.0 | 25.3 | 58.0 | 53.7 | 4.3 | 16.7 | 5.2 | 3.7 |
| 1982 | 100.0 | 25.7 | 56.6 | 51.2 | 5.4 | 17.7 | 5.4 | 2.9 |
| 1983 | 100.0 | 28.5 | 54.4 | 48.9 | 5.5 | 17.1 | 5.4 | 2.6 |
| 1984 | 100.0 | 27.0 | 55.0 | 48.7 | 6.3 | 18.0 | 5.3 | 3.1 |
| 1985 | 100.0 | 21.7 | 57.8 | 51.0 | 6.8 | 20.5 | 5.7 | 4.3 |
| 1986 | 100.0 | 23.1 | 53.1 | 46.7 | 6.4 | 23.8 | 6.2 | 4.4 |
| 1987 | 100.0 | 20.0 | 57.5 | 51.0 | 6.5 | 22.5 | 5.8 | 4.6 |
| 1988 | 100.0 | 17.2 | 53.5 | 46.8 | 6.7 | 29.3 | 6.6 | 8.6 |
| 1989 | 100.0 | 14.9 | 54.8 | 48.7 | 6.1 | 30.3 | 6.4 | 8.0 |
| 1990 | 100.0 | 22.4 | 50.7 | 45.3 | 5.4 | 26.9 | 4.8 | 6.7 |
| 1991 | 100.0 | 18.0 | 50.3 | 45.0 | 5.3 | 31.7 | 5.6 | 9.7 |
| 1992 | 100.0 | 17.4 | 51.4 | 45.9 | 5.5 | 31.2 | 5.1 | 10.1 |

3-2 续表 Continued

单位：% (%)

| 年 份 Year | 地区生产总值 Gross Domestic Product | 第一产业 Primary Industry | 第二产业 Secondary Industry | 工 业 Industry | 建筑业 Construction | 第三产业 Tertiary Industry | #交通运输仓储邮电通信业 Transport, Post and Telecommunication Services | #批发零售贸易餐饮业 Wholesale, Retail Trade & Catering Services |
|---|---|---|---|---|---|---|---|---|
| 1993 | 100.0 | 16.6 | 54.2 | 48.4 | 5.8 | 29.2 | 4.7 | 9.5 |
| 1994 | 100.0 | 19.0 | 53.0 | 47.6 | 5.4 | 28.0 | 4.4 | 9.0 |
| 1995 | 100.0 | 18.6 | 52.7 | 47.7 | 5.0 | 28.7 | 4.3 | 8.8 |
| 1996 | 100.0 | 18.7 | 53.6 | 48.9 | 4.7 | 27.7 | 4.4 | 8.3 |
| 1997 | 100.0 | 17.3 | 53.7 | 48.9 | 4.8 | 29.0 | 5.4 | 8.7 |
| 1998 | 100.0 | 15.5 | 53.4 | 48.0 | 5.4 | 31.1 | 5.8 | 8.9 |
| 1999 | 100.0 | 13.2 | 54.3 | 48.8 | 5.5 | 32.5 | 5.9 | 8.9 |
| 2000 | 100.0 | 12.2 | 54.9 | 49.7 | 5.2 | 32.9 | 6.8 | 10.1 |
| 2001 | 100.0 | 12.8 | 52.3 | 47.0 | 5.3 | 34.9 | 7.8 | 10.2 |
| 2002 | 100.0 | 13.0 | 50.7 | 45.4 | 5.3 | 36.3 | 8.3 | 10.4 |
| 2003 | 100.0 | 12.4 | 51.4 | 46.2 | 5.2 | 36.2 | 8.1 | 10.2 |
| 2004 | 100.0 | 12.4 | 52.4 | 47.2 | 5.2 | 35.2 | 7.9 | 9.7 |
| 2005 | 100.0 | 12.4 | 54.0 | 49.0 | 5.0 | 33.6 | 6.0 | 9.2 |
| 2006 | 100.0 | 12.0 | 54.2 | 49.2 | 5.1 | 33.8 | 5.6 | 9.0 |
| 2007 | 100.0 | 12.8 | 52.1 | 46.9 | 5.2 | 35.1 | 5.8 | 8.9 |
| 2008 | 100.0 | 13.0 | 52.0 | 46.6 | 5.4 | 35.0 | 5.2 | 9.3 |
| 2009 | 100.0 | 13.3 | 47.4 | 41.5 | 5.9 | 39.3 | 5.0 | 11.2 |
| 2010 | 100.0 | 12.5 | 48.6 | 42.9 | 5.7 | 38.9 | 4.7 | 11.4 |
| 2011 | 100.0 | 13.4 | 47.5 | 41.7 | 5.7 | 39.1 | 4.5 | 11.9 |
| 2012 | 100.0 | 15.3 | 44.2 | 38.4 | 5.8 | 40.5 | 4.3 | 12.4 |
| 2013 | 100.0 | 17.0 | 40.6 | 35.4 | 5.8 | 42.4 | 4.1 | 12.4 |
| 2014 | 100.0 | 17.3 | 37.0 | 32.0 | 5.6 | 45.7 | 4.5 | 13.4 |
| 2015 | 100.0 | 17.4 | 31.9 | 27.0 | 5.6 | 50.7 | 4.7 | 14.3 |
| 2016 | 100.0 | 17.4 | 28.6 | 23.7 | 5.7 | 54.0 | 4.9 | 15.1 |
| 2017 | 100.0 | 18.7 | 25.5 | 21.0 | 5.4 | 55.8 | 5.0 | 15.2 |
| 2018 | 100.0 | 18.3 | 24.6 | 19.9 | 5.2 | 57.1 | 5.1 | 15.6 |

# 3-3　地区生产总值指数
# Indices of Gross Domestic Product

(上年=100)　(preceding year=100)

| 年份 Year | 地区生产总值 Gross Domestic Product | 第一产业 Primary Industry | 第二产业 Secondary Industry | 工业 Industry | 建筑业 Construction | 第三产业 Tertiary Industry | 人均地区生产总值 Per Capita GDP |
|---|---|---|---|---|---|---|---|
| 1954 | 110.4 | 106.1 | 128.6 | 130.3 | 118.6 | 102.9 | 104.1 |
| 1955 | 106.7 | 111.1 | 95.9 | 94.8 | 103.6 | 109.0 | 101.3 |
| 1956 | 106.5 | 95.8 | 122.3 | 122.1 | 123.6 | 115.7 | 100.0 |
| 1957 | 108.5 | 106.8 | 110.8 | 114.7 | 113.5 | 109.1 | 102.6 |
| 1958 | 140.5 | 133.4 | 175.9 | 178.7 | 153.7 | 114.1 | 133.7 |
| 1959 | 119.0 | 93.3 | 125.0 | 126.1 | 115.0 | 128.9 | 104.5 |
| 1960 | 108.2 | 66.1 | 123.9 | 123.3 | 130.6 | 113.3 | 92.6 |
| 1961 | 58.3 | 74.8 | 43.4 | 43.9 | 38.2 | 70.4 | 54.9 |
| 1962 | 98.0 | 120.6 | 89.1 | 101.5 | 106.5 | 93.2 | 102.8 |
| 1963 | 115.2 | 121.9 | 117.4 | 113.6 | 157.0 | 103.6 | 113.0 |
| 1964 | 114.6 | 100.5 | 115.4 | 116.1 | 109.3 | 115.2 | 110.2 |
| 1965 | 115.4 | 116.7 | 121.5 | 123.8 | 102.9 | 104.6 | 110.8 |
| 1966 | 116.6 | 118.7 | 121.1 | 121.1 | 120.6 | 105.7 | 113.1 |
| 1967 | 101.4 | 111.6 | 92.6 | 92.9 | 91.1 | 97.9 | 98.5 |
| 1968 | 97.5 | 96.9 | 98.7 | 98.9 | 96.5 | 96.9 | 94.3 |
| 1969 | 109.5 | 96.9 | 125.6 | 125.7 | 124.5 | 107.3 | 105.3 |
| 1970 | 110.1 | 110.9 | 121.4 | 121.5 | 120.9 | 108.5 | 110.7 |
| 1971 | 102.5 | 100.3 | 103.0 | 102.9 | 103.6 | 105.7 | 98.8 |
| 1972 | 99.1 | 85.8 | 106.0 | 106.3 | 103.3 | 108.4 | 95.4 |
| 1973 | 106.3 | 109.3 | 107.4 | 108.1 | 99.8 | 99.4 | 102.7 |
| 1974 | 106.6 | 108.2 | 106.1 | 106.1 | 106.6 | 104.9 | 103.4 |
| 1975 | 107.6 | 110.2 | 109.4 | 110.3 | 99.1 | 98.6 | 105.0 |
| 1976 | 101.0 | 94.5 | 105.5 | 105.9 | 100.2 | 101.3 | 98.9 |
| 1977 | 108.2 | 111.9 | 108.3 | 108.8 | 101.3 | 101.6 | 106.1 |
| 1978 | 111.1 | 105.3 | 118.2 | 119.1 | 105.2 | 100.6 | 109.2 |
| 1979 | 103.0 | 92.9 | 108.6 | 108.5 | 110.9 | 103.7 | 101.4 |
| 1980 | 110.0 | 112.1 | 108.1 | 107.2 | 122.8 | 113.3 | 108.7 |
| 1981 | 103.8 | 102.8 | 103.8 | 102.9 | 117.1 | 105.3 | 102.7 |
| 1982 | 106.6 | 107.8 | 104.8 | 102.4 | 135.3 | 111.0 | 105.3 |
| 1983 | 108.6 | 124.5 | 102.1 | 101.4 | 108.1 | 102.8 | 107.5 |
| 1984 | 111.1 | 102.0 | 116.2 | 114.5 | 131.2 | 113.7 | 110.3 |
| 1985 | 106.0 | 87.4 | 112.3 | 111.9 | 115.3 | 120.0 | 105.2 |
| 1986 | 103.5 | 117.9 | 91.9 | 91.6 | 94.1 | 120.5 | 102.7 |
| 1987 | 108.6 | 95.5 | 114.3 | 115.2 | 107.6 | 112.6 | 107.5 |
| 1988 | 108.6 | 97.6 | 101.6 | 100.2 | 112.3 | 138.5 | 107.4 |
| 1989 | 106.3 | 89.6 | 111.2 | 112.6 | 101.4 | 110.8 | 105.0 |
| 1990 | 105.8 | 141.8 | 97.4 | 97.7 | 94.7 | 97.7 | 104.6 |
| 1991 | 106.6 | 91.9 | 110.7 | 111.6 | 103.7 | 113.1 | 105.6 |
| 1992 | 106.5 | 105.8 | 106.4 | 106.4 | 107.3 | 107.0 | 105.5 |

注：本表按不变价格计算。
a) Data in this table are calculated at constant prices.

## 3-3 续表 Continued

(上年=100) (preceding year=100)

| 年 份 Year | 地 区 生产总值 Gross Domestic Product | 第一产业 Primary Industry | 第二产业 Secondary Industry | 工业 Industry | 建筑业 Construction | 第三产业 Tertiary Industry | 人均地区生产总值 Per Capita GDP |
|---|---|---|---|---|---|---|---|
| 1993 | 107.4 | 104.3 | 108.7 | 108.3 | 111.7 | 107.6 | 106.5 |
| 1994 | 108.4 | 107.2 | 108.8 | 109.0 | 107.7 | 108.6 | 107.5 |
| 1995 | 109.2 | 106.8 | 110.2 | 110.0 | 111.9 | 109.0 | 108.3 |
| 1996 | 110.2 | 110.8 | 110.5 | 110.2 | 112.3 | 109.3 | 109.4 |
| 1997 | 110.0 | 106.2 | 110.1 | 109.5 | 115.0 | 112.7 | 109.3 |
| 1998 | 108.3 | 99.0 | 110.0 | 108.6 | 120.1 | 111.5 | 107.6 |
| 1999 | 107.5 | 103.0 | 107.6 | 107.5 | 107.9 | 109.9 | 106.9 |
| 2000 | 108.2 | 96.8 | 109.8 | 110.0 | 109.0 | 111.8 | 107.7 |
| 2001 | 109.3 | 106.9 | 110.0 | 109.8 | 112.6 | 108.8 | 109.0 |
| 2002 | 110.2 | 107.2 | 110.9 | 111.2 | 108.5 | 110.2 | 110.2 |
| 2003 | 110.2 | 102.4 | 111.9 | 112.2 | 109.2 | 110.1 | 110.2 |
| 2004 | 111.7 | 112.2 | 112.9 | 113.0 | 112.1 | 109.3 | 111.6 |
| 2005 | 111.6 | 108.7 | 112.6 | 112.9 | 110.1 | 110.8 | 111.6 |
| 2006 | 112.1 | 108.5 | 112.8 | 112.9 | 112.4 | 112.4 | 112.1 |
| 2007 | 112.0 | 104.1 | 112.0 | 112.2 | 110.5 | 114.8 | 111.9 |
| 2008 | 111.8 | 108.2 | 111.9 | 112.2 | 109.8 | 112.6 | 111.7 |
| 2009 | 111.4 | 105.2 | 113.1 | 112.5 | 118.9 | 110.7 | 111.4 |
| 2010 | 112.7 | 106.2 | 114.5 | 115.0 | 109.3 | 111.8 | 112.6 |
| 2011 | 112.3 | 106.2 | 113.0 | 113.3 | 111.1 | 113.4 | 112.2 |
| 2012 | 110.0 | 106.5 | 110.2 | 110.4 | 108.4 | 110.8 | 110.0 |
| 2013 | 108.0 | 105.1 | 106.6 | 107.0 | 104.0 | 110.4 | 107.9 |
| 2014 | 105.6 | 105.6 | 102.8 | 103.3 | 100.2 | 108.8 | 105.6 |
| 2015 | 105.7 | 105.2 | 101.4 | 100.9 | 102.0 | 110.5 | 106.0 |
| 2016 | 106.1 | 105.3 | 102.6 | 102.2 | 103.5 | 108.5 | 106.5 |
| 2017 | 106.4 | 104.5 | 102.8 | 103.1 | 101.5 | 109.1 | 106.7 |
| 2018 | 104.7 | 103.7 | 102.1 | 103.0 | 97.3 | 106.4 | 105.0 |

# 3-4　地区生产总值指数
## Indices of Gross Domestic Product

(1978=100)　　　　　　(1978=100)

| 年　份 Year | 地　区 生产总值 Gross Domestic Product | 第一产业 Primary Industry | 第二产业 Secondary Industry | 工业 Industry | 建筑业 Construction | 第三产业 Tertiary Industry | 人均地区 生产总值 Per Capita GDP |
|---|---|---|---|---|---|---|---|
| 1954 | 24.6 | 48.1 | 14.3 | 11.5 | 21.6 | 37.4 | 64.9 |
| 1955 | 26.3 | 53.5 | 13.7 | 10.9 | 22.4 | 40.8 | 65.8 |
| 1956 | 28.0 | 51.2 | 16.8 | 13.4 | 27.6 | 47.2 | 65.8 |
| 1957 | 30.4 | 54.7 | 18.6 | 15.3 | 31.4 | 51.5 | 67.5 |
| 1958 | 42.7 | 73.0 | 32.7 | 27.4 | 48.2 | 58.7 | 90.2 |
| 1959 | 50.8 | 68.1 | 40.9 | 34.5 | 55.4 | 75.7 | 94.2 |
| 1960 | 55.0 | 45.0 | 50.6 | 42.6 | 72.4 | 85.7 | 87.3 |
| 1961 | 32.0 | 33.7 | 22.0 | 18.7 | 27.7 | 60.4 | 47.9 |
| 1962 | 31.4 | 40.6 | 19.6 | 19.0 | 29.5 | 56.3 | 49.2 |
| 1963 | 36.2 | 49.5 | 23.0 | 21.6 | 46.2 | 58.3 | 55.7 |
| 1964 | 41.5 | 49.7 | 26.5 | 25.0 | 50.5 | 67.1 | 61.3 |
| 1965 | 47.9 | 58.0 | 32.2 | 31.0 | 52.0 | 70.2 | 67.9 |
| 1966 | 55.8 | 68.9 | 39.0 | 37.5 | 62.7 | 74.2 | 76.8 |
| 1967 | 56.6 | 76.9 | 36.1 | 34.9 | 57.1 | 72.7 | 75.7 |
| 1968 | 55.2 | 74.5 | 35.7 | 34.5 | 55.1 | 70.4 | 71.3 |
| 1969 | 60.4 | 72.2 | 44.8 | 43.3 | 68.7 | 75.6 | 75.1 |
| 1970 | 66.5 | 80.1 | 54.4 | 52.7 | 83.0 | 82.0 | 83.1 |
| 1971 | 68.2 | 80.3 | 56.0 | 54.2 | 86.0 | 86.7 | 82.1 |
| 1972 | 67.6 | 68.9 | 59.4 | 57.6 | 88.8 | 93.9 | 78.3 |
| 1973 | 71.8 | 75.3 | 63.8 | 62.3 | 88.6 | 93.4 | 80.4 |
| 1974 | 76.5 | 81.5 | 67.7 | 66.1 | 94.5 | 98.0 | 83.1 |
| 1975 | 82.4 | 89.8 | 74.0 | 72.9 | 93.6 | 96.6 | 87.3 |
| 1976 | 83.2 | 84.9 | 78.1 | 77.2 | 93.8 | 97.8 | 86.3 |
| 1977 | 90.0 | 95.0 | 84.6 | 84.0 | 95.1 | 99.4 | 91.6 |
| 1978 | 100.0 | 100.0 | 100.0 | 100.0 | 100.0 | 100.0 | 100.0 |
| 1979 | 103.0 | 92.9 | 108.6 | 108.5 | 110.9 | 103.7 | 101.4 |
| 1980 | 113.3 | 104.1 | 117.4 | 116.3 | 136.2 | 117.5 | 110.3 |
| 1981 | 117.6 | 107.1 | 121.9 | 119.7 | 159.5 | 123.7 | 113.2 |
| 1982 | 125.4 | 115.4 | 127.7 | 122.6 | 215.8 | 137.3 | 119.2 |
| 1983 | 136.1 | 143.7 | 130.4 | 124.3 | 233.2 | 141.2 | 128.2 |
| 1984 | 151.3 | 146.6 | 151.5 | 142.3 | 306.0 | 160.5 | 141.4 |
| 1985 | 160.3 | 128.1 | 170.1 | 159.2 | 352.8 | 192.6 | 148.8 |
| 1986 | 165.9 | 151.0 | 156.4 | 145.9 | 332.0 | 232.1 | 152.7 |
| 1987 | 180.2 | 144.2 | 178.7 | 168.0 | 357.3 | 261.3 | 164.2 |
| 1988 | 195.7 | 140.8 | 181.6 | 168.4 | 401.2 | 362.0 | 176.3 |
| 1989 | 208.0 | 126.1 | 201.9 | 189.6 | 406.8 | 401.1 | 185.1 |
| 1990 | 220.1 | 178.8 | 196.7 | 185.2 | 385.3 | 391.8 | 193.7 |
| 1991 | 234.6 | 164.3 | 217.7 | 206.7 | 399.5 | 443.2 | 204.5 |
| 1992 | 249.8 | 173.8 | 231.7 | 219.9 | 428.7 | 474.2 | 215.8 |

注：本表按不变价格计算。
a) Data in this table are calculated at constant prices.

3-4 续表 Continued

(1978=100) (1978=100)

| 年 份 Year | 地 区 生产总值 Gross Domestic Product | 第一产业 Primary Industry | 第二产业 Secondary Industry | 工业 Industry | 建筑业 Construction | 第三产业 Tertiary Industry | 人均地区生产总值 Per Capita GDP |
|---|---|---|---|---|---|---|---|
| 1993 | 268.3 | 181.3 | 251.8 | 238.2 | 478.8 | 510.2 | 229.8 |
| 1994 | 290.9 | 194.4 | 274.0 | 259.6 | 515.7 | 554.1 | 247.1 |
| 1995 | 317.5 | 207.6 | 301.9 | 285.6 | 577.1 | 604.0 | 267.6 |
| 1996 | 350.0 | 230.1 | 333.6 | 314.7 | 648.0 | 660.1 | 292.7 |
| 1997 | 385.1 | 244.3 | 367.3 | 344.6 | 745.2 | 743.9 | 319.9 |
| 1998 | 416.8 | 241.9 | 404.0 | 374.2 | 895.0 | 829.4 | 344.3 |
| 1999 | 448.1 | 249.2 | 434.7 | 402.3 | 965.7 | 911.5 | 368.0 |
| 2000 | 484.7 | 241.2 | 477.3 | 442.4 | 1052.5 | 1019.1 | 396.3 |
| 2001 | 529.8 | 257.8 | 525.0 | 485.8 | 1185.1 | 1108.8 | 432.0 |
| 2002 | 583.8 | 276.4 | 582.3 | 540.2 | 1285.8 | 1221.9 | 476.1 |
| 2003 | 643.4 | 283.0 | 651.5 | 606.1 | 1404.1 | 1345.3 | 524.6 |
| 2004 | 718.7 | 317.5 | 735.6 | 684.8 | 1574.0 | 1470.4 | 585.5 |
| 2005 | 802.1 | 345.1 | 828.3 | 773.1 | 1733.0 | 1629.2 | 653.4 |
| 2006 | 899.1 | 374.5 | 934.3 | 872.9 | 1947.9 | 1831.2 | 732.5 |
| 2007 | 1007.0 | 389.8 | 1046.4 | 979.4 | 2152.4 | 2102.2 | 819.7 |
| 2008 | 1125.8 | 421.8 | 1170.9 | 1098.8 | 2363.3 | 2367.1 | 915.6 |
| 2009 | 1254.2 | 443.7 | 1324.3 | 1236.2 | 2810.0 | 2620.4 | 1019.9 |
| 2010 | 1413.5 | 471.2 | 1516.4 | 1421.6 | 3071.3 | 2929.6 | 1148.4 |
| 2011 | 1587.3 | 500.4 | 1713.5 | 1610.7 | 3412.2 | 3322.2 | 1288.5 |
| 2012 | 1746.1 | 533.0 | 1888.3 | 1778.2 | 3698.9 | 3681.0 | 1417.4 |
| 2013 | 1885.7 | 560.0 | 2012.6 | 1901.9 | 3847.5 | 4062.9 | 1529.4 |
| 2014 | 1991.3 | 591.3 | 2069.0 | 1964.6 | 3855.2 | 4420.4 | 1615.0 |
| 2015 | 2104.9 | 622.1 | 2098.0 | 1982.3 | 3932.3 | 4884.6 | 1711.9 |
| 2016 | 2233.2 | 655.0 | 2152.5 | 2025.9 | 4070.0 | 5299.7 | 1823.2 |
| 2017 | 2375.1 | 684.5 | 2212.1 | 2089.4 | 4132.2 | 5782.3 | 1944.9 |
| 2018 | 2486.8 | 709.8 | 2258.6 | 2152.1 | 4020.6 | 6152.4 | 2042.1 |

# 3-5　全省三次产业对地区生产总值贡献率

## Share of the Contributions of the Three Strata of Industry to the Increase of the GDP

单位：%　　　　(%)

| 年　份 Year | 地区生产总值 Gross Domestic Product | 第一产业 Primary Industry | 第二产业 Secondary Industry | 工业 Industry | 建筑业 Construction | 第三产业 Tertiary Industry |
|---|---|---|---|---|---|---|
| 2001 | 100.0 | 11.7 | 59.3 | 50.2 | 9.1 | 29.0 |
| 2002 | 100.0 | 10.9 | 58.6 | 52.8 | 5.8 | 30.5 |
| 2003 | 100.0 | 3.6 | 65.5 | 59.2 | 6.3 | 30.9 |
| 2004 | 100.0 | 14.4 | 61.5 | 54.5 | 7.0 | 24.1 |
| 2005 | 100.0 | 8.3 | 62.1 | 57.5 | 4.6 | 29.6 |
| 2006 | 100.0 | 8.7 | 57.1 | 52.0 | 5.1 | 34.3 |
| 2007 | 100.0 | 4.1 | 54.3 | 50.0 | 4.4 | 41.5 |
| 2008 | 100.0 | 7.8 | 55.1 | 51.0 | 4.1 | 37.1 |
| 2009 | 100.0 | 4.9 | 62.3 | 54.3 | 8.0 | 32.8 |
| 2010 | 100.0 | 5.0 | 62.9 | 59.1 | 3.8 | 32.1 |
| 2011 | 100.0 | 6.3 | 51.4 | 46.2 | 5.2 | 42.3 |
| 2012 | 100.0 | 7.6 | 49.9 | 45.2 | 4.8 | 42.5 |
| 2013 | 100.0 | 7.1 | 40.0 | 38.0 | 2.8 | 52.9 |
| 2014 | 100.0 | 10.8 | 23.8 | 25.1 | 0.2 | 65.4 |
| 2015 | 100.0 | 9.9 | 11.1 | 6.8 | 1.8 | 79.0 |
| 2016 | 100.0 | 15.1 | 13.5 | 9.6 | 3.2 | 71.3 |
| 2017 | 100.0 | 12.4 | 13.4 | 12.8 | 1.3 | 74.2 |
| 2018 | 100.0 | 13.6 | 13.3 | 16.5 | -3.0 | 73.1 |

注：三次产业贡献率指各产业不变价增加值增量与GDP不变价增量之比。

a) Share of the contributions of the three strata of industry to the increase of the GDP refers to the proportion of the increment of the value-added of each industry to the increment of GDP.

# 3-6　三次产业对地区生产总值增长的拉动

## Contribution of the Three Strata of Industry to GDP Growth

单位：百分点　　　　(percentage points)

| 年　份 Year | 地区生产总值 Gross Domestic Product | 第一产业 Primary Industry | 第二产业 Secondary Industry | 工业 Industry | 建筑业 Construction | 第三产业 Tertiary Industry |
|---|---|---|---|---|---|---|
| 2001 | 9.30 | 1.09 | 5.51 | 4.67 | 0.85 | 2.70 |
| 2002 | 10.20 | 1.11 | 5.98 | 5.39 | 0.59 | 3.11 |
| 2003 | 10.20 | 0.37 | 6.68 | 6.04 | 0.64 | 3.15 |
| 2004 | 11.70 | 1.68 | 7.20 | 6.38 | 0.82 | 2.82 |
| 2005 | 11.60 | 0.96 | 7.20 | 6.67 | 0.53 | 3.44 |
| 2006 | 12.10 | 1.05 | 6.90 | 6.29 | 0.61 | 4.15 |
| 2007 | 12.00 | 0.50 | 6.52 | 6.00 | 0.52 | 4.98 |
| 2008 | 11.80 | 0.92 | 6.51 | 6.02 | 0.48 | 4.37 |
| 2009 | 11.40 | 0.56 | 7.10 | 6.19 | 0.91 | 3.74 |
| 2010 | 12.70 | 0.63 | 7.99 | 7.51 | 0.48 | 4.08 |
| 2011 | 12.30 | 0.77 | 6.32 | 5.69 | 0.64 | 5.21 |
| 2012 | 10.00 | 0.76 | 4.99 | 4.52 | 0.48 | 4.25 |
| 2013 | 8.00 | 0.57 | 3.20 | 3.04 | 0.23 | 4.23 |
| 2014 | 5.60 | 0.61 | 1.33 | 1.41 | 0.01 | 3.66 |
| 2015 | 5.70 | 0.57 | 0.63 | 0.39 | 0.10 | 4.50 |
| 2016 | 6.10 | 0.92 | 0.83 | 0.59 | 0.20 | 4.35 |
| 2017 | 6.40 | 0.79 | 0.86 | 0.82 | 0.08 | 4.75 |
| 2018 | 4.70 | 0.63 | 0.62 | 0.77 | -0.14 | 3.40 |

注：三次产业拉动指GDP增长速度与各产业贡献率之乘积。

a) Contribution of the three strata of industry to GDP growth refers to the growth rate of GDP multiplied by the contribution share of each industry.

# 3-7 分地区生产总值和指数
# Gross Regional Product and Indices by Region

| 地区 | Region | 地区生产总值(亿元) Gross Regional Product (100 million yuan) | | | | | 指数(上年=100) Indices (preceding year=100) | | | | |
|---|---|---|---|---|---|---|---|---|---|---|---|
| | | 2014 | 2015 | 2016 | 2017 | 2018 | 2014 | 2015 | 2016 | 2017 | 2018 |
| 哈尔滨 | Harbin | 5340.1 | 5751.2 | 6101.6 | 6257.2 | 6300.5 | 106.9 | 107.1 | 107.3 | 106.7 | 105.1 |
| 齐齐哈尔 | Qiqihar | 1209.3 | 1270.3 | 1325.3 | 1333.8 | 1340.2 | 105.1 | 106.5 | 106.1 | 106.1 | 106.2 |
| 鸡西 | Jixi | 516.0 | 514.7 | 518.4 | 522.5 | 535.2 | 101.0 | 104.1 | 106.5 | 106.5 | 105.0 |
| 鹤岗 | Hegang | 259.5 | 265.6 | 264.1 | 282.9 | 289.6 | 90.3 | 104.0 | 98.8 | 107.3 | 104.7 |
| 双鸭山 | Shuangyashan | 432.7 | 433.3 | 437.4 | 462.9 | 507.0 | 88.5 | 103.0 | 102.6 | 105.0 | 105.2 |
| 大庆 | Daqing | 4077.5 | 2983.5 | 2610.0 | 2680.5 | 2801.2 | 104.5 | 97.7 | 101.7 | 102.8 | 103.5 |
| 伊春 | Yichun | 256.0 | 248.2 | 251.2 | 258.1 | 274.2 | 90.6 | 97.3 | 101.0 | 106.3 | 106.0 |
| 佳木斯 | Jiamusi | 766.0 | 810.2 | 845.0 | 992.0 | 1012.0 | 106.8 | 106.5 | 106.4 | 106.0 | 104.3 |
| 七台河 | Qitaihe | 214.3 | 212.7 | 216.6 | 228.8 | 250.3 | 102.4 | 104.1 | 100.6 | 106.0 | 105.6 |
| 牡丹江 | Mudanjiang | 1130.3 | 1178.6 | 1231.2 | 1344.7 | 1302.7 | 107.2 | 106.1 | 106.6 | 106.1 | 101.3 |
| 黑河 | Heihe | 421.4 | 447.7 | 470.8 | 488.8 | 505.1 | 108.0 | 107.1 | 106.2 | 106.4 | 107.0 |
| 绥化 | Suihua | 1190.2 | 1272.2 | 1316.3 | 1336.8 | 1359.6 | 106.7 | 106.5 | 106.7 | 105.8 | 104.1 |
| 大兴安岭 | Daxinganling | 128.4 | 135.1 | 143.8 | 122.8 | 128.9 | 104.1 | 106.1 | 106.3 | 106.2 | 105.1 |
| 绥芬河 | Suifenhe | 125.6 | 132.1 | 136.9 | 148.7 | | 109.9 | 105.1 | 102.8 | 107.5 | |
| 抚远 | Fuyuan | 47.9 | 50.5 | 50.7 | 67.0 | | 105.9 | 106.0 | 107.1 | 106.7 | |

注:1.本表绝对数按当年价格计算，指数按不变价格计算。
2.2013年各地生产总值绝对数为第三次经济普查修订后数据，2013年指数为第三次经济普查修订前数据。
3.2017年牡丹江市数据中包含绥芬河市，佳木斯市数据中包含抚远市。

a) Level data in this table are calculated at current prices while indices at constant prices.

b) Gross Regional Product of 2013 have been adjusted according to the results of the third national economic census. Indices of 2013 have been unadjusted .

c) Mudanjiang the data of 2017 contains Suifenhe, Jiamusi data contains Fuyuan.

# 3-8 分地区人均地区生产总值和指数
## Per Capita Gross Regional Product and Indices by Region

| 地区 | Region | 人均地区生产总值(元) Per Capita Gross Regional Product ( yuan) | | | | | 指数(上年=100) Indices (preceding year=100) | | | | |
|---|---|---|---|---|---|---|---|---|---|---|---|
| | | 2014 | 2015 | 2016 | 2017 | 2018 | 2014 | 2015 | 2016 | 2017 | 2018 |
| 哈尔滨 | Harbin | 53872 | 59027 | 63445 | 57193 | 66094 | 107.1 | 108.9 | 108.7 | 107.0 | 105.7 |
| 齐齐哈尔 | Qiqihar | 23099 | 24430 | 25690 | 26223 | 26545 | 105.7 | 107.2 | 107.0 | 107.6 | 107.0 |
| 鸡西 | Jixi | 27881 | 28222 | 28647 | 29369 | 30784 | 101.4 | 105.7 | 107.4 | 108.3 | 107.5 |
| 鹤岗 | Hegang | 24154 | 24981 | 25244 | 27658 | 28891 | 90.9 | 105.1 | 100.4 | 109.7 | 106.9 |
| 双鸭山 | Shuangyashan | 28964 | 29230 | 29959 | 32277 | 35527 | 88.9 | 103.8 | 104.2 | 106.9 | 105.8 |
| 大庆 | Daqing | 146518 | 110115 | 94690 | 97677 | 102639 | 105.2 | 97.8 | 101.9 | 103.2 | 104.1 |
| 伊春 | Yichun | 20885 | 20413 | 21043 | 22109 | 23837 | 90.6 | 98.1 | 102.9 | 108.7 | 107.6 |
| 佳木斯 | Jiamusi | 32864 | 35069 | 36878 | 41419 | 43262 | 108.3 | 107.4 | 107.2 | 106.7 | 105.2 |
| 七台河 | Qitaihe | 25123 | 24823 | 25600 | 28836 | 32028 | 102.9 | 109.4 | 105.6 | 109.0 | 105.6 |
| 牡丹江 | Mudanjiang | 42792 | 44799 | 46997 | 49214 | 48201 | 107.5 | 106.5 | 107.0 | 107.1 | 102.4 |
| 黑河 | Heihe | 24731 | 26575 | 28473 | 30236 | 31600 | 108.8 | 108.3 | 108.1 | 108.9 | 108.2 |
| 绥化 | Suihua | 21467 | 23095 | 24109 | 24965 | 25841 | 108.9 | 107.2 | 107.7 | 107.8 | 106.0 |
| 大兴安岭 | Daxinganling | 25509 | 27816 | 31136 | 27580 | 29665 | 105.4 | 110.0 | 111.8 | 110.1 | 107.7 |
| 绥芬河 | Suifenhe | 119148 | 128987 | 134695 | 145313 | | 113.2 | 108.1 | 103.6 | 106.8 | |
| 抚远 | Fuyuan | 40466 | 42572 | 42886 | 56440 | | 105.7 | 105.8 | 107.6 | 106.3 | |

注：1.本表绝对数按当年价格计算，指数按不变价格计算。
2.2013年各地生产总值绝对数为第三次经济普查修订后数据，2013年指数为第三次经济普查修订前数据。
3.2017年牡丹江市数据中包含绥芬河市，佳木斯市数据中包含抚远市。

a) Level data in this table are calculated at current prices while indices at constant prices.
b) Gross Regional Product of 2013 have been adjusted according to the results of the third national economic census. Indices of 2013 have been unadjusted .
c) Mudanjiang the data of 2017 contains Suifenhe, Jiamusi data contains Fuyuan.

# 3-9 分地区三次产业增加值(2018年)
# Gross Regional Product by Three Strata of Industry by Region(2018)

单位：亿元 (100 million yuan)

| 地 区 | Region | 地区生产总值 Gross Regional Product | 第一产业 Primary Industry | 第二产业 Secondary Industry | 工业 Industry | 建筑业 Construction | 第三产业 Tertiary Industry |
|---|---|---|---|---|---|---|---|
| 哈尔滨 | Harbin | 6300.5 | 525.5 | 1689.3 | 1081.0 | 609.4 | 4085.7 |
| 齐齐哈尔 | Qiqihar | 1340.2 | 305.9 | 349.1 | 324.5 | 24.6 | 685.2 |
| 鸡 西 | Jixi | 535.2 | 189.3 | 128.9 | 120.0 | 9.0 | 217.0 |
| 鹤 岗 | Hegang | 289.6 | 87.0 | 94.2 | 88.6 | 5.6 | 108.4 |
| 双鸭山 | Shuangyashan | 507.0 | 194.4 | 104.1 | 89.1 | 14.9 | 208.5 |
| 大 庆 | Daqing | 2801.2 | 199.8 | 1511.1 | 1554.8 | 52.4 | 1090.3 |
| 伊 春 | Yichun | 274.2 | 103.8 | 59.3 | 45.7 | 13.6 | 111.1 |
| 佳木斯 | Jiamusi | 1012.0 | 357.1 | 202.0 | 171.9 | 30.1 | 453.0 |
| 七台河 | Qitaihe | 250.3 | 30.9 | 99.8 | 98.1 | 2.8 | 119.6 |
| 牡丹江 | Mudanjiang | 1302.7 | 164.2 | 446.2 | 410.1 | 36.5 | 692.2 |
| 黑 河 | Heihe | 505.1 | 223.2 | 79.5 | 68.7 | 10.8 | 202.4 |
| 绥 化 | Suihua | 1359.6 | 478.9 | 353.7 | 341.0 | 36.2 | 527.0 |
| 大兴安岭 | Daxinganling | 128.9 | 49.5 | 15.8 | 10.0 | 5.9 | 63.6 |

注：本表绝对数按当年价格计算，指数按不变价格计算。
a) Level data in this table are calculated at current prices while indices at constant prices.

## 3-9　续表1　Continued

单位：亿元　　(100 million yuan)

| 地　区 | Region | 交通运输、仓储和邮政业 Transport, Storage and Post | 批发和零售业 Wholesale and Retail Trades | 住宿和餐饮业 Hotels and Catering Services | 金融业 Financial Intermediation | 房地产业 Real Estate | 其他服务业 Other services |
|---|---|---|---|---|---|---|---|
| 哈尔滨 | Harbin | 326.3 | 817.9 | 256.1 | 443.6 | 223.2 | 1997.0 |
| 齐齐哈尔 | Qiqihar | 107.5 | 211.3 | 22.9 | 60.3 | 63.2 | 216.8 |
| 鸡　西 | Jixi | 24.9 | 50.7 | 11.9 | 24.9 | 18.9 | 82.0 |
| 鹤　岗 | Hegang | 6.8 | 16.4 | 7.5 | 12.5 | 6.2 | 49.9 |
| 双鸭山 | Shuangyashan | 12.7 | 29.4 | 12.4 | 52.4 | 12.5 | 83.6 |
| 大　庆 | Daqing | 58.0 | 283.6 | 49.6 | 74.8 | 143.6 | 382.4 |
| 伊　春 | Yichun | 9.2 | 12.4 | 8.9 | 13.0 | 11.5 | 55.4 |
| 佳木斯 | Jiamusi | 79.1 | 87.7 | 24.7 | 46.9 | 37.5 | 172.1 |
| 七台河 | Qitaihe | 12.6 | 23.0 | 4.6 | 17.0 | 11.2 | 48.9 |
| 牡丹江 | Mudanjiang | 46.7 | 236.8 | 32.1 | 35.8 | 55.4 | 278.8 |
| 黑　河 | Heihe | 8.2 | 28.4 | 10.8 | 22.8 | 17.1 | 102.6 |
| 绥　化 | Suihua | 71.2 | 134.5 | 51.6 | 11.9 | 40.8 | 190.4 |
| 大兴安岭 | Daxinganling | 6.8 | 12.6 | 4.4 | 6.0 | 4.7 | 25.3 |

## 3-9　续表2　Continued

| 地　区 | Region | 构　成（地区生产总值=100） Composition (GRP=100) | | | 指　数（上年=100） Indices (preceding year=100) | | | |
|---|---|---|---|---|---|---|---|---|
| | | 第一产业 Primary Industry | 第二产业 Secondary Industry | 第三产业 Tertiary Industry | 地区生产总　值 Gross Regional Product | 第一产业 Primary Industry | 第二产业 Secondary Industry | 第三产业 Tertiary Industry |
| 哈尔滨 | Harbin | 8.3 | 26.8 | 64.8 | 105.1 | 99.9 | 102.7 | 107.5 |
| 齐齐哈尔 | Qiqihar | 22.8 | 26.0 | 51.1 | 106.2 | 105.0 | 108.5 | 105.4 |
| 鸡　西 | Jixi | 35.4 | 24.1 | 40.5 | 105.0 | 106.5 | 105.6 | 103.1 |
| 鹤　岗 | Hegang | 30.0 | 32.5 | 37.4 | 104.7 | 105.5 | 105.8 | 103.2 |
| 双鸭山 | Shuangyashan | 38.4 | 20.5 | 41.1 | 105.2 | 106.0 | 104.4 | 105.0 |
| 大　庆 | Daqing | 7.1 | 53.9 | 38.9 | 103.5 | 105.5 | 101.4 | 106.9 |
| 伊　春 | Yichun | 37.8 | 21.6 | 40.5 | 106.0 | 106.2 | 103.7 | 107.0 |
| 佳木斯 | Jiamusi | 35.3 | 20.0 | 44.8 | 104.3 | 106.4 | 102.5 | 103.4 |
| 七台河 | Qitaihe | 12.3 | 39.9 | 47.8 | 105.6 | 104.7 | 105.5 | 106.0 |
| 牡丹江 | Mudanjiang | 12.6 | 34.3 | 53.1 | 101.3 | 98.6 | 101.7 | 101.9 |
| 黑　河 | Heihe | 44.2 | 15.7 | 40.1 | 107.0 | 107.7 | 108.6 | 105.5 |
| 绥　化 | Suihua | 35.2 | 26.0 | 38.8 | 104.1 | 102.2 | 103.8 | 106.4 |
| 大兴安岭 | Daxinganling | 38.4 | 12.3 | 49.3 | 105.1 | 104.4 | 106.7 | 105.7 |

# 主要统计指标解释

**国内生产总值(GDP)** 指一个国家所有常住单位在一定时期内生产活动的最终成果。国内生产总值有三种表现形态，即价值形态、收入形态和产品形态。从价值形态看，它是所有常住单位在一定时期内生产的全部货物和服务价值与同期投入的全部非固定资产货物和服务价值的差额，即所有常住单位的增加值之和；从收入形态看，它是所有常住单位在一定时期内创造的各项收入之和，包括劳动者报酬、生产税净额、固定资产折旧和营业盈余；从产品形态看，它是所有常住单位在一定时期内最终使用的货物和服务价值与货物和服务净出口价值之和。在实际核算中，国内生产总值有三种计算方法，即生产法、收入法和支出法。三种方法分别从不同的方面反映国内生产总值及其构成。

对于一个地区来说，称为地区生产总值或地区 GDP。

**三次产业** 三产业的划分是世界上较为常用的产业结构分类，但各国的划分不尽一致。根据《国民经济行业分类》（GB/T 4754—2011）和《三次产业划分规定》，我国的三次产业划分是：

第一产业是指农、林、牧、渔业（不含农、林、牧、渔服务业）。

第二产业是指采矿业（不含开采辅助活动），制造业（不含金属制品、机械和设备修理业），电力、热力、燃气及水生产和供应业，建筑业。

第三产业即服务业，是指除第一产业、第二产业以外的其他行业。

**劳动者报酬** 指劳动者从事生产活动应获得的全部报酬，既包括货币形式的报酬，也包括实物形式的报酬。主要包括工资、奖金、津贴和补贴，单位为其员工交纳的社会保险费、补充社会保险费和住房公积金、行政事业单位职工的离退休金、单位为其员工提供的其他各种形式的福利和报酬等。

**生产税净额** 指生产税减生产补贴后的差额。其中，生产税指政府对生产单位从事生产、销售和经营活动，以及因从事生产活动使用某些生产要素（如固定资产和土地等）所征收的各种税收、附加费和其他规费。生产税分为产品税和其他生产税，产品税主要有：增值税、消费税、进口关税、出口税等；其他生产税主要有：房产税、车船使用税、城镇土地使用税等。生产补贴则相反，它是政府为影响生产单位的生产、销售及定价等生产活动而对其提供的无偿支付，包括农业生产补贴、政策亏损补贴、进口补贴等。生产补贴作为负生产税处理。

**固定资产折旧** 指由于自然退化、正常淘汰或损耗而导致的固定资产价值下降，用以代表固定资产通过生产过程被转移到其产出中的价值。原则上，固定资产折旧应按照固定资产的重置价值计算。

**营业盈余** 指常住单位创造的增加值扣除劳动者报酬、生产税净额和固定资产折旧后的余额。

**支出法国内生产总值** 是从最终使用的角度反映一个国家(或地区)一定时期内生产活动最终成果的一种方法，包括最终消费支出、资本形成总额及货物和服务净出口三部分。计算公式为：

支出法国内生产总值=最终消费支出+资本形成总额+货物和服务净出口

**最终消费支出** 指常住单位为满足物质、文化和精神生活的需要，从本国经济领土和国外购买的货物和服务的支出。它不包括非常住单位在本国经济领土内的消费支出。最终消费支出分为居民消费支出和政府消费支出。

**居民消费支出** 指常住住户在一定时期内对于货物和服务的全部最终消费支出。居民消费支出除了直接以货币形式购买的货物和服务的消费支出外，还包括以其他方式获得的货物和服务的消费支出，后者称为虚拟消费支出。居民虚拟消费支出主要包括：单位以实物报酬及实物转移的形式提供给劳动者的货物和服务；住户生产用于自身消费的货物（如自产自用的农产品），以及纳入生产核算范围并用于自身消费的服务（如住户的自有住房服务）；银行和保险机构提供的间接计算的金融服务。

**政府消费支出** 指政府部门为全社会提供的公共服务的消费支出和免费或以较低的价格向居民住户提供的货物和服务的净支出，前者等于政府服务的产出价值减去政府单位所获得的经营收入的价值，后者等于政府部门免费或以较低价格向居民住户提供的货物和服务的市场价值减去向住户收取的价值。

**资本形成总额** 指常住单位在一定时期内获得减去处置的固定资产和存货的净额，包括固定资本形成总额和存货变动两部分。

**固定资本形成总额** 指常住单位在一定时期内获得的固定资产减处置的固定资产的价值总额。固定资产是通过生产活动生产出来的，且其使用年限在一年以上、单位价值在规定标准以上的资产，不包括自然资产、耐用消费品、小型工器具。固定资本形成总额包括住宅、其他建筑和构筑物、机器和设备、培育性生物资源、知识产权产品（研发支出、矿藏的勘探、计算机软件）的价值获得减处置。

**存货变动** 指常住单位在一定时期内存货实物量变动的市场价值，即期末价值减期初价值的差额，再扣除当期由于价格变动而产生的持有收益。存货变动可以是正值，也可以是负值，正值表示存货上升，负值表示存货下降。存货包括生产单位购进的原材料、燃料和储备物资等存货，以及生产单位生产的产成品、在制品和半成品等存货。

**货物和服务净出口** 指货物和服务出口减货物和服务

进口的差额。出口包括常住单位向非常住单位出售或无偿转让的各种货物和服务的价值；进口包括常住单位从非常住单位购买或无偿得到的各种货物和服务的价值。货物的出口和进口都按离岸价格计算。

**直接消耗系数**　也称为投入系数，记为 aij(i，j=1，2，…，n)它是指在生产经营过程中第 j 产品(或产业)部门的单位总产出所直接消耗的第 i 产品部门货物或服务的价值量，将各产品(或产业)部门的直接消耗系数用表的形式表现出来，就是直接消耗系数表或直接消耗系数矩阵，通常用字母 A 表示。

**完全消耗系数**　指第 j 产品部门每提供一个单位最终使用时，对第 i 产品部门货物或服务的直接消耗和间接消耗之和。将各产品部门的完全消耗系数用表的形式表现，就是完全消耗系数表或完全消耗系数矩阵，通常用字母 B 表示。

# Explanatory Notes on Main Statistical Indicators

**Gross Domestic Product (GDP) Gross Domestic Product (GDP)** refers to the final products produced by all resident units in a country during a certain period of time. Gross domestic product is expressed in three different perspectives, namely value, income, and products respectively. GDP in its value perspective refers to the balance of total value of all goods and services produced by all resident units during a certain period of time, minus the total value of input of goods and services of the nature of non-fixed assets; in other words, it is the sum of the value-added of all resident units. GDP from the perspective of income refers to the sum of all kinds of revenue, including Compensation of Employees, Net Taxes on Production, Depreciation of Fixed Assets, and Operating Surplus. GDP from the perspective of products refers to the value of all goods and services for final demand by all resident units plus the net exports of goods and services during a given period of time. In the practice of national accounting, gross domestic product is calculated from three approaches, namely production approach, income approach and expenditure approach, which reflect gross domestic product and its composition from different angles.

For a region, it is called as Gross Regional Product(GRP) or regional GDP.

**Three Strata of Industry** Classification of economic activities into three strata of industry is a common practice in the world, although the grouping varies to some extent from country to country. In China, according to Industrial classification for National Economic Activities (GB/T 4754—2011) and Dividing Basis of Three Industries, economic activities are categorized into the following three strata of industry:

Primary industry refers to agriculture, forestry, animal husbandry and fishery industries (not including services in support of agriculture, forestry, animal husbandry and fishery industries).

Secondary industry refers to mining and quarrying(not including support activities for mining), manufacturing(not including repair service of metal products, machinery and equipment), production and supply of electricity, heat, gas and water, and construction.

Tertiary industry refers to all other economic activities not included in the primary or secondary industries.

**Compensation of Employees** refers to the total payment of various forms to employees for the productive activities they are engaged in. It includes the employees earn in cash or in kind. It mainly include: wages, bonuses and allowances, subsidies, social insurance paid by company or unit for its staff, supplementary social insurance, housing fund, the pension for the employees of the administrative institution, other forms of welfare and remuneration provide by the units for its employees.

**Net Taxes on Production** refers to taxes on production less subsidies on production. The taxes on production refers to the various taxes, extra charges and fees levied on the production units on their production, sale and business activities as well as on the use of some factors of production, such as fixed assets, land etc. in the production activities they are engaged in. Taxes on production are divided into product tax and other kinds of taxes on production, product tax mainly includes: value-added tax, consumption tax, import duty, export duty; other taxes on production mainly include: House Property Tax, Tax on Vehicles and Boat Operation, Urban Land Use Tax, etc. In contrast to taxes on production, subsidies on production refer to the payment by the government for free to the production units to influence production activities of production units such as production, sales and pricing, which include agricultural production subsidies, subsidies for policy losses, import subsidies, etc. Subsidies on production are therefore regarded as negative taxes on production.

**Depreciation of Fixed Assets** Refers to the decline of the value of fixed assets due to natural deterioration, normal elimination or loss, it reflects the value of transfer of the fixed assets in the production of the current period. In principle, the depreciation of fixed assets should be calculated on the basis of the re-purchased value of the fixed assets.

**Operating Surplus** refers to the balance of the value added created by the resident units after deducting the labourers remuneration, net taxes on production and the depreciation of fixed assets.

**GDP by Expenditure Approach** refers to the method of measuring the final results of production activities of a country (region) during a given period from the perspective of final uses. It includes final consumption expenditure, gross capital formation and net export of goods and services. The formula for computation is.:

GDP by expenditure approach = final consumption expenditure + gross capital formation + net export of goods and services

**Final Consumption Expenditure** refers to the total expenditure of resident units for purchases of goods and services from both the domestic economic territory and abroad to meet the needs of material, cultural and spiritual life. It does not include the expenditure of non-resident units on consumption in the economic territory of the country. The final consumption expenditure is broken down into household consumption expenditure and government consumption expenditure.

**Household Consumption Expenditure** refers to the total expenditure of resident households on the final consumption of

goods and services. In addition to the consumption of goods and services bought by the households directly with money, the household consumption expenditure also includes expenditure on goods and services obtained by the households in other ways, i.e. the latter so-called imputed consumption expenditure, which mainly includes: (a) the goods and services provided to households by employers in the form of payment in kind and transfer in kind; (b) goods and services produced and consumed by the households themselves (such as self produced agricultural products); (c) financial intermediate services provided by banking and insurance institutions.

**Government Consumption Expenditure** refers to the consumption expenditure spent for the provision of public services provided by the government to the whole country and the net expenditure on the goods and services provided by the government to households free of charge or at reduced prices. The former equals to the output value of the government services minus the value of operating income obtained by the government departments. The latter equals to the market value of the goods and services provided by the government free of charge or at reduced prices to the households minus the value received by the government from the households.

**Gross Capital Formation** refers to the fixed assets acquired less disposals and the net value of inventory, thus including gross fixed capital formation and changes in inventories.

**Gross Fixed Capital Formation** refers to the value of acquisitions less those disposals of fixed assets during a given period. Fixed assets are the assets produced through production activities with unit value above a specified amount and which could be used for over one year. Natural assets, consumer durables, small instruments are not included. Gross Fixed Capital Formation includes the value of housing, other buildings and structure, equipment and machinery, breeding biological resources, intellectual property right product (expenditure for R&D, the prospecting of minerals and the acquisition of computer software) minus the disposal of them.

**Changes in Inventories** refers to the market value of the change in the physical volume of inventory of resident units during a given period, i.e. the difference between the values at the beginning and at the end of the period minus the gains due to the change in prices. The changes in inventories can have a positive or a negative value. A positive value indicates an increase in inventory while a negative value indicates a decrease in inventory. The inventory includes raw materials, fuels and reserve materials purchased by the production units as well as the inventory of finished products, semi-finished products and work-in-progress.

**Net Export of Goods and Services** refers to the exports of goods and services subtracting the imports of goods and services. Exports include the value of various goods and services sold or gratuitously transferred by resident units to non-resident units. Imports include the value of various goods and services purchased or gratuitously acquired resident units from non-resident units. Because the provision of services and the use of them happen simultaneously, the acquisition of services by resident units from abroad is usually treated as import while the acquisition of services by non-resident units in this country is usually treated as export. The exports and imports of goods are calculated at FOB.

**Direct Input Coefficient** refers to the volume of products and services of industry i, which is consumed directly by industry j in the course of its production or business, recorded as aij (i,j=1,2, … ,n). The table of direct input coefficients, or the direct input coefficients matrix, usually denoted as A, is a table that presents direct input coefficients of all industries.

**Total Input Coefficient** refers to the volume of products and services of industry i which is consumed directly and indirectly by industry j in producing each unit of final use. The table of total input coefficients, or total input coefficients matrix, usually denoted as B, is a table that presents total input coefficients of all industries.

# 第四篇　价格指数

CHAPTER 4　PRICE INDICES

资料整理：张红艳　陆　艳

# 4-1　各种价格指数
# Price Indices

(上年=100) (preceding year=100)

| 年　份<br>Year | 商品零售价格指数<br>Retail Price Index | 居民消费价格指数<br>Consumer Price Index | 城市<br>Urban Areas | 农村<br>Rural Areas | 建筑安装工程价格指数<br>Price Index for Construction and Installation | 固定资产投资价格指数<br>Price Index for Investment In Fixed Assets | 农业生产资料价格指数<br>Price Index for Means of Agricultural Production | 工业生产者购进价格指数<br>Purchasing Price Index for Industrial Producers | 工业生产者出厂价格指数<br>Producer Price Index for Industrial Products |
|---|---|---|---|---|---|---|---|---|---|
| 1978 | 100.2 | 100.5 | 100.5 | | | | | | |
| 1979 | 101.8 | 102.5 | 102.5 | | | | | | |
| 1980 | 105.6 | 107.3 | 107.3 | | | | | | |
| 1981 | 102.1 | 102.1 | 102.1 | | | | | | |
| 1982 | 102.8 | 103.0 | 103.0 | | | | | | |
| 1983 | 102.2 | 102.5 | 102.5 | | | | | | |
| 1984 | 104.4 | 104.3 | 104.4 | 103.1 | | | | | |
| 1985 | 111.7 | 111.8 | 111.9 | 110.0 | | | | | |
| 1986 | 105.9 | 106.2 | 106.0 | 107.5 | | | | | |
| 1987 | 109.6 | 109.4 | 109.7 | 106.6 | | | | | |
| 1988 | 117.8 | 118.0 | 118.6 | 116.1 | | | 114.9 | | |
| 1989 | 114.0 | 114.6 | 114.6 | 114.6 | | | 111.9 | | |
| 1990 | 104.9 | 105.7 | 105.6 | 106.3 | 103.4 | | 104.3 | | |
| 1991 | 106.5 | 107.4 | 108.2 | 105.3 | 109.0 | 107.5 | 105.4 | | |
| 1992 | 108.5 | 109.2 | 109.7 | 105.9 | 112.0 | 113.5 | 109.6 | 112.9 | 111.6 |
| 1993 | 114.6 | 114.8 | 115.2 | 113.7 | 132.9 | 128.0 | 124.6 | 139.6 | 141.3 |
| 1994 | 120.7 | 121.9 | 122.0 | 121.3 | 107.2 | 109.0 | 125.9 | 119.3 | 129.0 |
| 1995 | 114.3 | 116.1 | 115.9 | 116.2 | 104.8 | 106.5 | 123.1 | 112.7 | 116.1 |
| 1996 | 105.1 | 107.1 | 107.6 | 105.8 | 103.3 | 103.4 | 110.3 | 103.4 | 104.6 |
| 1997 | 102.2 | 104.4 | 104.5 | 103.8 | 103.8 | 102.7 | 100.6 | 104.4 | 102.3 |
| 1998 | 98.4 | 100.4 | 100.9 | 99.7 | 101.6 | 100.8 | 96.0 | 97.7 | 97.8 |
| 1999 | 96.1 | 96.8 | 97.0 | 96.3 | 99.7 | 99.7 | 96.5 | 98.2 | 107.4 |
| 2000 | 97.8 | 98.3 | 98.7 | 97.2 | 103.1 | 101.5 | 98.6 | 108.6 | 122.9 |
| 2001 | 100.4 | 100.8 | 100.8 | 100.4 | 100.6 | 100.1 | 98.9 | 99.5 | 96.0 |
| 2002 | 98.5 | 99.3 | 99.3 | 99.5 | 101.1 | 100.2 | 99.7 | 99.3 | 97.8 |
| 2003 | 99.7 | 100.9 | 100.8 | 101.2 | 102.7 | 102.3 | 101.8 | 107.6 | 111.9 |
| 2004 | 102.8 | 103.8 | 103.5 | 105.2 | 106.1 | 104.6 | 112.0 | 115.2 | 113.1 |
| 2005 | 100.4 | 101.2 | 100.8 | 102.3 | 102.2 | 102.2 | 108.6 | 111.8 | 116.7 |
| 2006 | 101.5 | 101.9 | 101.8 | 102.4 | 102.2 | 102.1 | 101.9 | 105.6 | 109.9 |
| 2007 | 105.6 | 105.4 | 105.4 | 105.4 | 105.5 | 104.5 | 109.4 | 105.0 | 105.3 |
| 2008 | 105.8 | 105.6 | 105.0 | 107.2 | 111.9 | 109.0 | 122.7 | 114.1 | 114.0 |
| 2009 | 98.9 | 100.2 | 99.8 | 101.2 | 94.8 | 97.6 | 94.2 | 93.4 | 87.4 |
| 2010 | 103.1 | 103.9 | 103.6 | 104.9 | 106.7 | 105.2 | 105.6 | 114.5 | 115.0 |
| 2011 | 104.5 | 105.8 | 105.6 | 106.4 | 109.9 | 107.5 | 110.2 | 111.1 | 112.0 |
| 2012 | 102.2 | 103.2 | 103.3 | 102.9 | 101.0 | 100.8 | 107.8 | 98.8 | 100.0 |
| 2013 | 101.1 | 102.2 | 102.0 | 103.1 | 100.4 | 100.1 | 104.1 | 98.7 | 98.0 |
| 2014 | 100.8 | 101.5 | 101.4 | 101.6 | 99.9 | 100.0 | 100.3 | 97.6 | 97.1 |
| 2015 | 100.1 | 101.1 | 101.1 | 101.1 | 98.7 | 99.0 | 101.3 | 88.2 | 86.0 |
| 2016 | 101.1 | 101.5 | 101.2 | 102.1 | 99.4 | 99.4 | 100.0 | 96.0 | 95.1 |
| 2017 | 99.9 | 101.3 | 101.2 | 101.8 | 104.5 | 103.4 | 100.6 | 110.2 | 109.3 |
| 2018 | 101.1 | 102.0 | 102.0 | 101.9 | 104.4 | 103.3 | 103.6 | 109.0 | 109.0 |

注：1.1994年后商品零售价格指数不包括农业生产资料。
2.从2011年起工业品出厂价格指数改为工业生产者出厂价格指数、原材料、燃料、动力购进价格指数改为工业生产者购进价格指数(下同)。

a) Since 1994, Retail Price Indices Exclude Agricultural Means of Production.

b) From 2011, the producer price index for manufactured goods and the purchasing price index for raw materials, fuel and power changed to the produc price index for industrial products and the purchasing price index for industrial producers. The same applies to the tables following.

# 4-2 各种价格定基指数
# Fixed-Base Price Indices

| 年份<br>Year | 商品零售价格指数<br>Retail Price Index | 居民消费价格指数<br>Consumer Price Index | 城市<br>Urban Areas | 农村<br>Rural Areas | 建筑安装工程价格指数<br>Price Index for Construction and Installation | 固定资产投资价格指数<br>Price Index for Investment In Fixed Assets | 农业生产资料价格指数<br>Price Index for Means of Agricultural Production | 工业生产者购进价格指数<br>Purchasing Price Index for Industrial Producers | 工业生产者出厂价格指数<br>Producer Price Index for Industrial Products |
|---|---|---|---|---|---|---|---|---|---|
| 1978=100 | | | | | | | | | |
| 1979 | 101.8 | 102.5 | 102.5 | | | | | | |
| 1980 | 107.5 | 110.0 | 110.0 | | | | | | |
| 1981 | 109.7 | 112.3 | 112.3 | | | | | | |
| 1982 | 112.8 | 115.7 | 115.7 | | | | | | |
| 1983 | 115.3 | 118.6 | 118.6 | | | | | | |
| 1984 | 120.4 | 123.7 | 123.8 | | | | | | |
| 1985 | 134.6 | 100.0 | 138.6 | 100.0 | | | | | |
| 1986 | 142.5 | 106.2 | 146.9 | 107.5 | | | | | |
| 1987 | 156.2 | 116.2 | 161.1 | 114.6 | | | | | |
| 1988 | 184.0 | 137.1 | 191.1 | 133.1 | | | | | |
| 1989 | 209.8 | 157.1 | 219.0 | 152.5 | | | | | |
| 1990 | 220.1 | 166.1 | 231.3 | 162.1 | 100.0 | 100.0 | 100.0 | | |
| 1991 | 234.4 | 178.4 | 250.3 | 170.7 | 109.0 | 107.5 | 105.4 | | |
| 1992 | 254.3 | 194.8 | 274.6 | 180.8 | 122.1 | 122.0 | 115.5 | | |
| 1993 | 291.5 | 223.6 | 316.3 | 205.6 | 162.2 | 156.2 | 143.9 | | |
| 1994 | 351.8 | 272.6 | 385.9 | 249.4 | 173.9 | 170.2 | 181.2 | | |
| 1995 | 402.1 | 316.5 | 447.3 | 289.8 | 182.3 | 181.3 | 223.1 | 100.0 | 100.0 |
| 1996 | 422.6 | 339.0 | 481.3 | 306.6 | 188.3 | 187.5 | 246.1 | 103.4 | 104.6 |
| 1997 | 431.9 | 353.9 | 503.0 | 318.3 | 195.4 | 192.5 | 247.5 | 107.9 | 107.0 |
| 1998 | 425.0 | 355.3 | 507.5 | 317.3 | 198.6 | 194.1 | 237.6 | 105.5 | 104.7 |
| 1999 | 408.0 | 343.8 | 491.8 | 305.4 | 198.0 | 193.5 | 229.3 | 103.6 | 112.4 |
| 2000 | 399.0 | 337.9 | 485.4 | 296.8 | 204.1 | 196.4 | 226.1 | 112.5 | 138.1 |
| 2001 | 400.6 | 340.6 | 489.3 | 298.0 | 205.3 | 196.6 | 223.6 | 111.9 | 132.6 |
| 2002 | 394.6 | 338.2 | 485.9 | 296.5 | 207.6 | 197.0 | 222.9 | 111.1 | 129.7 |
| 2003 | 393.4 | 341.2 | 489.8 | 300.1 | 213.2 | 201.5 | 226.9 | 119.5 | 145.1 |
| 2004 | 404.4 | 354.2 | 506.9 | 315.7 | 226.2 | 210.8 | 254.1 | 137.7 | 164.1 |
| 2005 | 406.0 | 358.5 | 510.9 | 322.9 | 231.2 | 215.4 | 276.0 | 153.9 | 191.5 |
| 2006 | 412.1 | 365.3 | 520.1 | 330.6 | 236.3 | 219.9 | 281.2 | 162.5 | 210.5 |
| 2007 | 435.2 | 385.0 | 548.2 | 348.5 | 249.3 | 229.8 | 307.6 | 170.6 | 221.7 |
| 2008 | 460.4 | 406.6 | 575.6 | 373.6 | 279.0 | 250.5 | 377.4 | 194.7 | 252.7 |
| 2009 | 455.3 | 407.4 | 574.4 | 378.1 | 264.5 | 244.5 | 355.5 | 181.8 | 220.9 |
| 2010 | 469.4 | 423.3 | 595.1 | 396.6 | 282.2 | 257.2 | 375.4 | 208.2 | 254.0 |
| 2011 | 490.5 | 447.8 | 628.4 | 422.0 | 310.2 | 276.5 | 413.7 | 231.3 | 284.5 |
| 2012 | 501.3 | 462.1 | 649.1 | 434.2 | 313.3 | 278.7 | 446.0 | 228.5 | 284.5 |
| 2013 | 506.8 | 472.3 | 662.1 | 447.7 | 314.6 | 279.0 | 464.3 | 225.5 | 278.8 |
| 2014 | 510.9 | 479.4 | 671.4 | 454.9 | 314.3 | 279.0 | 465.7 | 220.1 | 270.7 |
| 2015 | 511.4 | 484.7 | 678.8 | 459.9 | 310.2 | 276.2 | 471.8 | 194.1 | 232.8 |
| 2016 | 517.0 | 492.0 | 686.9 | 469.6 | 308.3 | 274.5 | 471.8 | 186.3 | 221.4 |
| 2017 | 516.5 | 498.4 | 695.1 | 478.1 | 322.2 | 283.9 | 474.6 | 205.3 | 242.0 |
| 2018 | 522.2 | 508.4 | 709.0 | 487.2 | 336.4 | 293.3 | 491.7 | 223.8 | 263.8 |

注：居民消费价格总指数及农村居民消费价格指数以1985年为基期，农业生产资料、建筑安装工程价格指数和固定资产投资价格指数以1990年为基期，工业生产者出厂价格指数和工业生产者购进价格指数以1995年为基期。

a) The index of year 1985 is defined as 100 in Consumer Price Index and Rural Consumer Price Index, the index of year 1990 is defined as 100 in Price Index for Means of Agricultural Production, Build-in Project Price Index and Price Index of Investment In Fixed Assets, the index of year 1995 is defined as 100 in Purchasing Price Index for Industrial Producers and Producer Price Index for Industrial Products.

# 4-3　居民消费价格分类指数
# Consumer Price Indices by Category

（上年=100）　　(preceding year=100)

| 项　目 | Item | 2017年 全省 Total Indices | 2017年 城市 Urban Indices | 2017年 农村 Rural Indices | 2018年 全省 Total Indices | 2018年 城市 Urban Indices | 2018年 农村 Rural Indices |
|---|---|---|---|---|---|---|---|
| **居民消费价格指数** | **Consumer Price Index** | **101.3** | **101.2** | **101.8** | **102.0** | **102.0** | **101.9** |
| **食品烟酒** | **Food, Tobacco and Liquor** | **98.6** | **98.6** | **98.4** | **100.9** | **101.1** | **100.3** |
| 食　品 | Food | 97.3 | 97.1 | 97.7 | 100.7 | 101.0 | 99.9 |
| 粮　食 | Grain | 101.1 | 100.9 | 101.5 | 101.3 | 100.7 | 102.2 |
| 薯　类 | Tubers | 92.6 | 92.4 | 93.3 | 106.9 | 106.4 | 108.7 |
| 豆　类 | Soybeans | 100.2 | 99.8 | 101.1 | 98.9 | 98.1 | 100.4 |
| 食用油 | Edible Oil | 101.6 | 101.9 | 101.3 | 98.9 | 99.4 | 98.2 |
| 菜 | Vegetables | 91.1 | 90.7 | 92.7 | 106.3 | 106.4 | 106.3 |
| 畜肉类 | Livestock Meat | 92.0 | 93.0 | 89.4 | 92.2 | 93.4 | 89.2 |
| 禽肉类 | Poultries Meat | 97.5 | 97.2 | 98.2 | 102.7 | 102.0 | 105.3 |
| 水产品 | Aquatic Products | 102.3 | 102.1 | 103.2 | 101.2 | 100.8 | 102.7 |
| 蛋　类 | Eggs | 92.5 | 93.2 | 90.3 | 110.7 | 110.2 | 112.1 |
| 奶　类 | Milk | 99.8 | 99.4 | 101.7 | 101.9 | 102.4 | 99.7 |
| 干鲜瓜果类 | Dried and Fresh Melons and Fruits | 100.8 | 99.8 | 104.0 | 105.3 | 105.2 | 105.5 |
| 糖果糕点类 | Confectionery | 100.4 | 100.1 | 101.4 | 101.4 | 102.2 | 98.9 |
| 调味品 | Flavoring | 103.8 | 104.6 | 101.9 | 101.9 | 101.8 | 102.2 |
| 其他食品类 | Other Foods | 101.1 | 100.7 | 102.0 | 100.9 | 101.3 | 100.1 |
| 茶及饮料 | Tea and Beverages | 100.2 | 100.2 | 99.9 | 102.1 | 102.5 | 100.7 |
| 烟　酒 | Tobacco and Liquor | 99.9 | 99.5 | 100.5 | 102.0 | 102.1 | 101.9 |
| 在外餐饮 | Dining Out | 102.8 | 103.2 | 100.5 | 101.1 | 101.1 | 101.2 |
| **衣　着** | **Clothing** | **100.7** | **101.0** | **99.6** | **100.9** | **100.7** | **101.8** |
| 服　装 | Garments | 101.1 | 101.6 | 99.5 | 101.3 | 101.1 | 102.1 |
| 服装材料 | Clothing Material | 101.0 | 100.4 | 102.9 | 99.7 | 99.3 | 101.0 |
| 其他衣着及配件 | Other Clothing and Parts | 99.5 | 99.3 | 100.1 | 99.7 | 99.6 | 99.8 |
| 衣着加工服务费 | Clothing Manufacturing Services | 101.6 | 102.0 | 100.0 | 101.7 | 101.5 | 102.2 |
| 鞋　类 | Footwear | 99.7 | 99.7 | 99.8 | 100.0 | 99.6 | 101.5 |
| **居　住** | **Residence** | **101.7** | **101.4** | **102.6** | **101.1** | **100.5** | **102.8** |
| 租赁房房租 | Rent of Rental Housing | 102.4 | 101.9 | 106.2 | 100.9 | 100.8 | 101.8 |
| 住房保养维修及管理 | Housing Maintenance and Management | 100.9 | 101.4 | 100.3 | 102.1 | 102.3 | 101.9 |
| 水电燃料 | Water, Electricity and Fuels | 101.5 | 101.4 | 101.9 | 101.9 | 100.6 | 106.2 |
| 自有住房 | Private Housing | 102.0 | 101.3 | 104.0 | 100.4 | 100.1 | 101.4 |
| **生活用品及服务** | **Supplies and Services** | **100.3** | **100.3** | **100.0** | **100.8** | **100.5** | **101.6** |
| 家具及室内装饰品 | Furniture and Interior Decorations | 98.7 | 98.6 | 99.1 | 99.8 | 99.8 | 99.7 |
| 家用器具 | Household Facilities | 98.6 | 99.3 | 96.4 | 99.8 | 99.8 | 99.7 |
| 家用纺织品 | Household Textile | 98.1 | 97.8 | 99.3 | 100.7 | 100.9 | 100.0 |
| 家庭日用杂品 | Daily Use Household Articles | 100.7 | 100.5 | 101.0 | 101.0 | 100.6 | 101.9 |
| 个人护理用品 | Personal-care Supply | 102.2 | 102.6 | 99.6 | 101.4 | 101.4 | 101.2 |
| 家庭服务 | Household Services | 105.1 | 103.7 | 111.0 | 103.2 | 101.0 | 112.4 |
| **交通和通信** | **Transportation and Communication** | **99.5** | **99.3** | **100.0** | **101.2** | **101.2** | **101.2** |
| 交　通 | Transportation | 101.4 | 101.3 | 101.8 | 103.0 | 103.0 | 102.8 |
| 通　信 | Communication | 96.2 | 95.9 | 97.0 | 97.9 | 97.7 | 98.5 |
| **教育文化和娱乐** | **Education, Culture and Recreation** | **103.6** | **103.3** | **104.7** | **102.9** | **103.1** | **102.4** |
| 教　育 | Education | 106.1 | 106.1 | 105.9 | 103.8 | 104.2 | 103.2 |
| 文化娱乐 | Cultural and Recreational Articles | 99.1 | 99.2 | 98.9 | 101.1 | 101.5 | 98.2 |
| **医疗保健** | **Health Care** | **110.4** | **110.1** | **111.1** | **108.6** | **110.3** | **104.9** |
| 药品及医疗器具 | Drugs and Medical Instrument | 106.1 | 105.8 | 106.9 | 104.5 | 103.9 | 106.2 |
| 医疗服务 | Medical Service | 113.4 | 113.3 | 113.5 | 111.2 | 114.8 | 104.2 |
| **其他用品和服务** | **Other Articles and Services** | **101.5** | **101.5** | **101.4** | **99.8** | **99.6** | **100.7** |
| 其他用品类 | Other Articles | 101.1 | 101.2 | 100.7 | 98.4 | 98.4 | 98.4 |
| 其他服务类 | Other Services | 101.7 | 101.7 | 101.8 | 100.9 | 100.5 | 101.9 |

# 4-4 商品零售价格分类指数
# Retail Price Indices by Category of Commodities

(上年=100) (preceding year=100)

| 项目 | Item | 2017年 | | | 2018年 | | |
|---|---|---|---|---|---|---|---|
| | | 全省 Total Indices | 城市 Urban Indices | 农村 Rural Indices | 全省 Total Indices | 城市 Urban Indices | 农村 Rural Indices |
| **商品零售价格总指数** | **Retail Price Index** | **99.9** | **99.9** | **99.6** | **101.1** | **101.0** | **101.9** |
| **食品类** | **Food** | **98.2** | **98.2** | **98.1** | **100.6** | **100.6** | **100.5** |
| 粮 食 | Grain | 101.1 | 101.0 | 101.5 | 101.1 | 100.8 | 102.0 |
| 薯 类 | Tubers | 91.9 | 91.6 | 93.2 | 106.8 | 106.5 | 108.4 |
| 豆 类 | Soybeans | 100.5 | 100.3 | 101.3 | 98.7 | 98.3 | 100.4 |
| 食用油 | Edible Oil | 101.7 | 101.9 | 101.2 | 99.0 | 99.2 | 98.5 |
| 菜 | Vegetables | 90.9 | 90.7 | 93.0 | 107.1 | 107.2 | 106.9 |
| 畜肉类 | Livestock Meat | 92.8 | 93.3 | 89.6 | 92.5 | 92.8 | 89.8 |
| 禽肉类 | Poultries Meat | 97.2 | 97.0 | 98.3 | 102.1 | 101.5 | 105.9 |
| 水产品 | Aquatic Products | 102.5 | 102.5 | 103.0 | 100.1 | 99.9 | 102.7 |
| 蛋 类 | Eggs | 92.5 | 92.9 | 90.2 | 109.8 | 109.3 | 112.5 |
| 奶 类 | Milk | 99.3 | 99.1 | 101.5 | 102.7 | 103.0 | 99.4 |
| 干鲜瓜果类 | Dried and Fresh Melons and Fruits | 99.9 | 99.5 | 103.9 | 105.0 | 104.8 | 106.1 |
| 糖果糕点类 | Confectionery | 99.6 | 99.2 | 101.7 | 101.7 | 102.3 | 98.6 |
| 调味品 | Flavoring | 105.2 | 105.7 | 101.7 | 102.1 | 102.1 | 102.2 |
| 其他食品类 | Other Foods | 100.9 | 100.7 | 102.0 | 101.5 | 101.7 | 100.2 |
| 在外餐饮 | Dining Out | 103.8 | 104.1 | 100.5 | 101.2 | 101.2 | 101.2 |
| **饮料、烟酒** | **Beverages, Tobacco and Liquor** | **99.3** | **99.2** | **100.3** | **102.5** | **102.6** | **101.8** |
| 茶及饮料 | Tea and Beverages | 99.6 | 99.6 | 99.9 | 102.3 | 102.4 | 100.6 |
| 烟 草 | Tobacco | 99.8 | 99.7 | 100.1 | 100.7 | 100.7 | 100.5 |
| 酒 | Liquor | 98.5 | 98.1 | 100.7 | 105.6 | 105.9 | 103.8 |
| **服装、鞋帽类** | **Garments, Shoes and Hats** | **100.3** | **100.5** | **99.4** | **100.8** | **100.6** | **101.7** |
| 服 装 | Garments | 101.1 | 101.3 | 99.3 | 101.2 | 101.1 | 101.9 |
| 鞋袜帽 | Footgear and Hats | 98.8 | 98.6 | 99.7 | 99.4 | 99.1 | 101.4 |
| 其他衣着配件 | Others | 98.1 | 97.9 | 100.3 | 101.5 | 101.6 | 100.4 |
| **纺织品类** | **Textiles** | **97.7** | **97.4** | **99.6** | **100.7** | **100.8** | **100.1** |
| 衣着材料 | Clothing | 101.4 | 101.3 | 102.2 | 99.5 | 99.2 | 100.9 |
| 床上用品 | Bedding | 96.6 | 96.3 | 98.7 | 101.0 | 101.2 | 99.8 |

# 4-4 续表 Continued

(上年=100) (preceding year=100)

| 项 目 | Item | 2017年 全省 Total Indices | 2017年 城市 Urban Indices | 2017年 农村 Rural Indices | 2018年 全省 Total Indices | 2018年 城市 Urban Indices | 2018年 农村 Rural Indices |
|---|---|---|---|---|---|---|---|
| **家用电器及音像器材** | **Household Appliances and Music and Video Equipment** | **97.4** | **97.6** | **96.0** | **99.0** | **99.0** | **98.5** |
| 家庭设备 | Household Facilities | 99.4 | 99.8 | 96.9 | 100.4 | 100.4 | 100.0 |
| 文娱用耐用消费品 | Durable Consumer Goods for Recreational Use | 94.1 | 94.1 | 94.4 | 97.0 | 97.1 | 96.2 |
| 音像器材类 | Sound and Video Equipment | 98.0 | 98.0 | 97.5 | 97.1 | 97.1 | 97.1 |
| **文化办公用品** | **Cultural and Official Appliances** | **98.7** | **98.7** | **99.1** | **97.5** | **97.5** | **97.9** |
| **日用品** | **Articles for Daily Use** | **100.5** | **100.5** | **100.2** | **100.7** | **100.6** | **101.2** |
| 日用百货 | General Merchandise for Daily Use | 100.5 | 100.6 | 100.0 | 102.1 | 102.2 | 101.3 |
| 厨具餐具茶具 | Kitchen Utensils and Tableware | 100.5 | 100.3 | 101.3 | 99.0 | 98.5 | 102.5 |
| 洗涤用品 | Washing Product | 100.7 | 100.8 | 100.1 | 100.8 | 100.7 | 100.8 |
| 其它日用品 | Others | 100.1 | 100.2 | 99.7 | 99.5 | 99.4 | 100.7 |
| **体育娱乐用品** | **Sports and Recreation Articles** | **100.4** | **100.4** | **100.5** | **100.3** | **100.1** | **102.2** |
| 体育用品 | Sports Goods | 99.7 | 99.6 | 100.0 | 99.3 | 99.2 | 100.0 |
| 娱乐用品 | Amusement Goods | 100.6 | 100.6 | 100.6 | 100.6 | 100.4 | 102.6 |
| **交通、通信用品** | **Transportation and Communication Articles** | **95.9** | **95.9** | **95.5** | **98.0** | **98.0** | **98.0** |
| 交通运输机械 | Transportation Facility | 99.2 | 99.3 | 99.1 | 99.9 | 99.9 | 100.1 |
| 通信器材类 | Communication Facility | 90.2 | 90.2 | 90.0 | 94.5 | 94.5 | 94.5 |
| **家 具** | **Furniture** | **98.1** | **98.1** | **98.5** | **100.1** | **100.2** | **99.5** |
| **化妆品类** | **Cosmetics** | **103.5** | **104.0** | **99.0** | **101.8** | **101.8** | **101.1** |
| **金银珠宝类** | **Gold, Silver and Jewelry** | **102.1** | **102.2** | **101.5** | **96.6** | **96.6** | **96.9** |
| **中西药品及医疗保健用品** | **Medicines and Health Cares Articles** | **105.9** | **105.9** | **106.3** | **103.9** | **103.5** | **106.4** |
| 医疗器具及用品 | Medical Treatment Appliance Articles | 101.2 | 101.3 | 100.5 | 100.0 | 100.0 | 100.7 |
| 中药材及中成药 | Chinese Traditional Medicines | 105.2 | 105.8 | 101.5 | 104.3 | 103.4 | 109.5 |
| 西 药 | Western Medicine | 106.9 | 106.6 | 108.9 | 104.4 | 104.2 | 105.4 |
| 保健器具及用品 | Health Care Appliances and Articles | 103.4 | 103.3 | 104.7 | 101.2 | 101.1 | 102.0 |
| **书报杂志及电子出版物** | **Newspapers, Magazines and E-journal** | **101.2** | **101.2** | **100.6** | **102.1** | **101.9** | **103.8** |
| 教材及参考书 | Teaching Materials and Reference Books | 102.3 | 102.4 | 101.3 | 101.7 | 101.9 | 100.8 |
| 书报杂志 | Newspapers and Magazines | 100.9 | 101.0 | 100.0 | 103.4 | 102.8 | 108.7 |
| 电子音像制品 | E-journal | 98.0 | 97.8 | 99.9 | 99.2 | 99.1 | 99.7 |
| **燃料类** | **Fuels** | **108.2** | **108.5** | **106.6** | **109.1** | **108.5** | **112.4** |
| 煤炭及制品类 | Coal and Their Products | 106.9 | 107.7 | 104.9 | 107.0 | 104.3 | 114.1 |
| 石油及制品类 | Oil and Their Products | 108.6 | 108.7 | 108.0 | 109.7 | 109.5 | 111.2 |
| **建筑材料及五金电料类** | **Building Materials, Hardware and Electric Materials** | **101.0** | **101.1** | **100.1** | **101.4** | **101.3** | **102.0** |
| 建筑装潢材料 | Building Decoration Materials | 101.1 | 101.1 | 100.6 | 101.5 | 101.4 | 102.5 |
| 五金电料类 | Hardware and Electric Materials | 100.8 | 101.2 | 98.7 | 100.9 | 100.9 | 100.7 |

# 4-5 农业生产资料价格分类指数
## Price Indices for Means of Agricultural Production by Category

(上年=100) (preceding year=100)

| 项　目 | Item | 2014 | 2015 | 2016 | 2017 | 2018 |
|---|---|---|---|---|---|---|
| **总指数** | **General Index** | **100.3** | **101.3** | **100.0** | **100.6** | **103.6** |
| 农用手工工具 | Farm Hand Tools | 102.0 | 102.3 | 100.6 | 101.4 | 107.5 |
| 饲　料 | Forage | 101.2 | 101.2 | 100.0 | 97.5 | 101.3 |
| 仔畜幼禽及产品畜 | Newborn Animals & Poultry, and Commodity Animals | | | | 95.9 | 89.7 |
| 半机械化农具 | Semi-mechanized Farm Tools | 100.0 | 98.9 | 97.8 | 99.6 | 100.9 |
| 机械化农具 | Mechanized Farm Machinery | 100.9 | 100.1 | 100.3 | 101.1 | 102.4 |
| 化学肥料 | Chemical Fertilizer | 93.8 | 103.5 | 97.9 | 102.9 | 105.3 |
| 农药及农药械 | Pesticide & Its Appliances | 101.1 | 100.7 | 99.9 | 100.3 | 106.6 |
| 化学农药 | Chemical Pesticide | 101.2 | 100.7 | 99.9 | 100.4 | 106.2 |
| 农药械 | Pesticide Appliances | 100.0 | 100.0 | 100.0 | 100.0 | 108.6 |
| 农机用油 | Oil for Farm Machinery | 98.3 | 86.7 | 96.0 | 109.9 | 112.8 |
| 其他农业生产资料 | Others Means of Agricultural Production | 102.6 | 101.3 | 100.0 | 100.3 | 104.7 |
| 农业生产服务 | Service for Agricultural Production | 106.4 | 98.7 | 99.8 | 99.8 | 104.8 |

# 4-6 农产品生产价格指数
## Producer Price Indices for Farm Products

(上年=100) (preceding year=100)

| 指　标 | Item | 2014 | 2015 | 2016 | 2017 | 2018 |
|---|---|---|---|---|---|---|
| **总指数** | **General Index** | **100.7** | **98.7** | **93.6** | **95.1** | **100.8** |
| 农业产品 | Agricultural Products | 101.8 | 97.4 | 90.0 | 96.1 | 102.9 |
| 林业产品 | Forestry Products | 96.3 | 101.4 | 85.3 | 115.3 | 105.1 |
| 畜牧业产品 | Animal Husbandry Products | 95.2 | 105.5 | 112.4 | 89.8 | 89.6 |
| 渔业产品 | Fishery Products | 98.0 | 95.8 | 104.2 | 95.3 | 99.1 |

# 4-7　按工业部门分工业生产者出厂价格指数
# Producer Price Indices for Industrial Products by Category

(上年=100)　　(preceding year=100)

| 类　别 | Category | 2014 | 2015 | 2016 | 2017 | 2018 |
|---|---|---|---|---|---|---|
| **总指数** | **General Index** | **97.1** | **86.0** | **95.1** | **109.3** | **109.0** |
| 轻工业 | Light Industry | 99.5 | 97.5 | 99.2 | 99.5 | 101.0 |
| 以农产品为原料 | Using Farm Products as Raw Materials | 99.5 | 98.8 | 99.3 | 99.2 | 100.8 |
| 以非农产品为原料 | Using Non-Farm Products as Raw Materials | 99.9 | 87.4 | 98.2 | 101.8 | 102.8 |
| 重工业 | Heavy Industry | 96.4 | 82.7 | 93.2 | 113.9 | 112.4 |
| 采掘工业 | Mining & Quarrying Industry | 94.7 | 60.2 | 84.9 | 129.3 | 125.2 |
| 原料工业 | Raw Materials Industry | 95.7 | 87.0 | 95.7 | 113.6 | 110.0 |
| 加工工业 | Manufacturing Industry | 98.5 | 96.9 | 97.6 | 102.9 | 103.3 |
| 生产资料 | Means of Production | 96.4 | 82.8 | 93.4 | 113.5 | 112.3 |
| 采　掘 | Mining & Quarrying Industry | 94.7 | 60.2 | 84.9 | 129.3 | 125.2 |
| 原　料 | Raw Materials Industry | 95.8 | 86.5 | 95.3 | 113.6 | 110.6 |
| 加　工 | Manufacturing Industry | 98.4 | 97.1 | 98.2 | 103.0 | 103.2 |
| 生活资料 | Consumer Goods | 99.8 | 98.8 | 99.1 | 99.4 | 100.6 |
| 食　品 | Food | 99.6 | 98.6 | 99.1 | 99.1 | 100.5 |
| 衣　着 | Clothing | 99.3 | 96.9 | 98.5 | 98.6 | 99.0 |
| 一般日用品 | Articles for Daily Use | 100.4 | 99.4 | 98.5 | 100.9 | 101.5 |
| 耐用消费品 | Durable Consumer Goods | 100.8 | 100.1 | 101.1 | 99.2 | 100.8 |
| 冶金工业 | Metallurgical Industry | 93.0 | 89.4 | 99.1 | 115.6 | 108.7 |
| 电力工业 | Power Industry | 99.8 | 98.8 | 99.5 | 100.5 | 99.8 |
| 煤炭及炼焦工业 | Coal and Coking Industry | 86.9 | 84.7 | 98.7 | 131.3 | 110.1 |
| 石油工业 | Petroleum Industry | 96.1 | 64.0 | 86.4 | 124.2 | 123.0 |
| 化学工业 | Chemical Industry | 98.5 | 90.2 | 95.0 | 109.8 | 108.9 |
| 机械工业 | Machine Building Industry | 99.8 | 99.1 | 99.5 | 100.1 | 100.7 |
| 建筑材料工业 | Building Materials Industry | 98.0 | 94.9 | 93.0 | 103.7 | 108.3 |
| 森林工业 | Timber Industry | 101.6 | 99.5 | 100.1 | 99.9 | 99.6 |
| 食品工业 | Food Industry | 99.5 | 98.9 | 99.6 | 99.1 | 100.3 |
| 纺织工业 | Textile Industry | 104.7 | 100.2 | 97.4 | 100.0 | 100.0 |
| 缝纫工业 | Tailoring Industry | 100.1 | 100.0 | 101.2 | 98.9 | 98.5 |
| 皮革工业 | Leather Industry | 95.2 | 99.6 | 92.7 | 98.8 | 99.9 |
| 造纸工业 | Paper Industry | 97.9 | 96.0 | 97.8 | 108.1 | 112.0 |
| 文教艺术用品工业 | Cultural, Educational & Handicrafts Articles | 98.2 | 98.4 | 100.1 | 100.4 | 100.6 |
| 其他工业 | Others | 101.9 | 99.9 | 99.6 | 101.3 | 101.1 |

# 4-8 按工业行业分工业生产者出厂价格指数
# Producer Price Indices for Industrial Products by Sector

(上年=100) (preceding year=100)

| 行 业 | Sector | 2014 | 2015 | 2016 | 2017 | 2018 |
|---|---|---|---|---|---|---|
| **总指数** | **General Indices** | **97.1** | **86.0** | **95.1** | **109.3** | **109.0** |
| **采矿业** | **Mining** | | | | | |
| 煤炭开采和洗选业 | Mining and Washing of Coal | 87.9 | 86.4 | 97.5 | 128.0 | 107.6 |
| 石油和天然气开采业 | Extraction of Petroleum and Natural Gas | 95.2 | 55.4 | 80.8 | 133.2 | 130.1 |
| 黑色金属矿采选业 | Mining of Ferrous Metal Ores | 88.7 | 91.5 | 103.6 | 114.5 | 103.8 |
| 有色金属矿采选业 | Mining of Non-ferrous Metal Ores | 99.6 | 92.3 | 103.4 | 121.5 | 117.0 |
| 非金属矿采选业 | Mining and Processing of Nonmetal Ores | 103.0 | 101.5 | 93.4 | 102.7 | 108.9 |
| 开采辅助活动 | Mining Auxiliary Activities | | | 101.6 | 99.9 | 98.1 |
| **制造业** | **Manufacturing** | | | | | |
| 农副食品加工业 | Processing of Food from Agricultural Products | 98.3 | 99.7 | 99.9 | 98.4 | 100.0 |
| 食品制造业 | Manufacture of Foods | 102.3 | 97.5 | 99.1 | 101.3 | 101.3 |
| 酒、饮料和精制茶制造业 | Manufacture of Wine, soft drinks and refined tea | 99.5 | 96.7 | 97.0 | 97.8 | 102.5 |
| 烟草制品业 | Manufacture of Tobacco | 100.0 | 100.2 | 100.0 | 100.0 | 100.0 |
| 纺织业 | Manufacture of Textile | 104.7 | 100.2 | 97.4 | 100.0 | 100.0 |
| 纺织服装、服饰业 | Manufacture of Textile and Apparel | 100.1 | 100.0 | 101.2 | 98.9 | 98.5 |
| 皮革、毛皮、羽毛及其制品和制鞋业 | Manufacture of Leather, Furs, Feather and Related Products and Footwear | 95.4 | 99.6 | 92.9 | 98.9 | 99.9 |
| 木材加工和木、竹、藤、棕、草制品业 | Processing of Timber, Manufacture of Wood, Bamboo, Rattan, Palm and Straw Products | 101.4 | 99.3 | 100.2 | 100.0 | 99.4 |
| 家具制造业 | Manufacture of Furniture | 102.3 | 100.3 | 100.1 | 99.1 | 101.0 |
| 造纸和纸制品业 | Manufacture of Paper and Paper Products | 97.9 | 96.0 | 97.8 | 108.1 | 112.0 |
| 印刷和记录媒介复制业 | Manufacture of Printing and Record Medium Reproduction | 99.2 | 99.1 | 100.0 | 102.2 | 101.3 |
| 文教、工美、体育和娱乐用品制造业 | Manufacture of Articles for Culture, Education and Sports Activities | 97.5 | 96.8 | 100.1 | 99.6 | 100.1 |
| 石油加工、炼焦和核燃料加工业 | Processing of Petroleum ,Coking, Processing of Nucleus Fuel | 94.5 | 81.8 | 94.4 | 118.3 | 115.5 |
| 化学原料和化学制品制造业 | Manufacture of Chemical Raw Material and Chemical Products | 97.7 | 82.6 | 93.6 | 117.1 | 113.2 |
| 医药制造业 | Manufacture of Medicines | 100.9 | 96.9 | 96.3 | 102.5 | 103.1 |
| 化学纤维制造业 | Manufacture of Chemical Fiber | 99.8 | 83.3 | 85.1 | 121.3 | 121.2 |
| 橡胶塑料制品业 | Manufacture of Rubber and Plastics Products | | | 98.2 | 105.7 | 103.0 |
| 非金属矿物制品业 | Manufacture of Non-metallic Mineral Products | 98.3 | 94.8 | 93.8 | 103.5 | 107.0 |
| 黑色金属冶炼和压延加工业 | Manufacture and Processing of Ferrous Metals | 91.2 | 85.6 | 100.0 | 126.1 | 113.4 |
| 有色金属冶炼和压延加工业 | Manufacture and Processing of Non-ferrous Metals | 92.1 | 96.1 | 96.2 | 99.8 | 102.8 |
| 金属制品业 | Manufacture of Metal Products | | | 98.1 | 104.9 | 102.5 |
| 通用设备制造业 | Manufacture of General Purpose Machinery | 99.5 | 98.6 | 99.7 | 99.2 | 99.6 |
| 专用设备制造业 | Manufacture of Special Purpose Machinery | 100.5 | 97.8 | 98.6 | 100.9 | 101.0 |
| 汽车制造业 | Manufacture of Automobiles | | | 100.0 | 100.1 | 100.1 |
| 铁路、船舶、航空航天和其他运输设备制造业 | Manufacture of Railway, Ship, Aerospace and Other Transport Equipment | | | 100.4 | 100.5 | 100.3 |
| 电气机械及器材制造业 | Manufacture of Electrical Machinery and Equipment | 100.0 | 99.9 | 99.0 | 100.3 | 102.8 |
| 计算机、通信和其他电子设备制造业 | Manufacture of Computers, Communication and Other Electronic Equipment | 100.2 | 100.0 | 100.1 | 108.8 | 99.9 |
| 仪器仪表制造业 | Manufacture of Measuring Instruments | 100.6 | 100.0 | 100.7 | 100.1 | 102.4 |
| 其他制造业 | Other Manufacturing | 98.1 | 66.7 | 103.7 | 118.7 | 100.0 |
| 废弃资源综合利用业 | Comprehensive Utilization of Waste Resources Industry | 100.0 | 100.0 | 95.3 | 111.5 | 113.6 |
| 金属制品、机械和设备修理业 | Metal Products, Machinery and Equipment Repair Industry | | | 100.0 | 100.0 | 100.0 |
| **电力、燃气及水的生产和供应业** | **Production and Distribution of Electricity, Gas and Water** | | | | | |
| 电力、热力的生产和供应业 | Production and Supply of Electric Power and Heat Power | 99.8 | 98.8 | 99.5 | 100.5 | 99.8 |
| 燃气生产和供应业 | Production and Distribution of Gas | 101.7 | 82.9 | 92.0 | 100.8 | 97.1 |
| 水的生产和供应业 | Production and Distribution of Water | 100.2 | 100.1 | 104.5 | 100.0 | 100.0 |

# 4-9　工业生产者购进价格指数
# Purchasing Price Indices for Industrial Producers

(上年=100)　　(preceding year=100)

| 类　　别 | Category | 2014 | 2015 | 2016 | 2017 | 2018 |
|---|---|---|---|---|---|---|
| **总指数** | **General Index** | **97.6** | **88.2** | **96.0** | **110.2** | **109.0** |
| 燃料、动力类 | Fuels and Motive Power | 95.6 | 80.4 | 93.0 | 117.3 | 114.9 |
| 黑色金属材料类 | Ferrous Metals Materials | 96.7 | 90.9 | 95.9 | 107.1 | 106.5 |
| #钢　材 | #Steel Products | 96.5 | 91.1 | 95.0 | 104.3 | 105.5 |
| 其　他 | Others | 97.6 | 90.3 | 99.8 | 118.9 | 110.2 |
| 有色金属材料和电线类 | Nonferrous Metals Materials and Electric Wire | 98.8 | 97.4 | 98.6 | 103.4 | 100.5 |
| 化工原料类 | Chemical Raw Materials | 101.2 | 92.8 | 99.1 | 107.4 | 105.8 |
| 木材及纸浆类 | Logging and Paper Pulp | 101.3 | 100.2 | 99.9 | 104.9 | 106.2 |
| 建筑材料类及非金属矿类 | Building Materials and Nonmetal Minerals | 101.0 | 100.6 | 99.1 | 107.0 | 109.7 |
| 其他工业原料及半成品 | Others Industry Materials & Semi Finished Articles | 100.9 | 97.1 | 97.5 | 101.9 | 102.3 |
| 农副产品类 | Farm Products | 100.4 | 99.3 | 103.4 | 99.2 | 96.8 |
| 纺织原料类 | Textile Raw Materials | 100.4 | 99.7 | 96.8 | 101.4 | 99.8 |

# 4-10　固定资产投资价格指数
# Price Indices for Investment in Fixed Assets

(上年=100)　　(preceding year=100)

| 年　份 Year | 总指数 General Index | 建筑安装工　程 Construction and Installation | 设备、工器具购置 Purchase of Equipment and Instruments | 其他费用 Other Expenses |
|---|---|---|---|---|
| 1995 | 106.5 | 106.7 | 108.3 | 101.3 |
| 1996 | 103.4 | 103.3 | 105.0 | 101.3 |
| 1997 | 102.7 | 103.8 | 100.2 | 100.2 |
| 1998 | 100.8 | 101.6 | 98.9 | 100.9 |
| 1999 | 99.7 | 99.7 | 99.8 | 99.4 |
| 2000 | 101.5 | 103.1 | 97.3 | 100.7 |
| 2001 | 100.1 | 100.6 | 98.6 | 100.2 |
| 2002 | 100.2 | 101.1 | 96.9 | 101.5 |
| 2003 | 102.3 | 102.7 | 100.8 | 103.0 |
| 2004 | 104.6 | 106.1 | 101.4 | 102.0 |
| 2005 | 102.2 | 102.2 | 101.8 | 102.9 |
| 2006 | 102.1 | 102.2 | 101.3 | 103.4 |
| 2007 | 104.5 | 105.5 | 99.9 | 109.1 |
| 2008 | 109.0 | 111.9 | 100.6 | 110.9 |
| 2009 | 97.6 | 94.8 | 97.8 | 112.0 |
| 2010 | 105.2 | 106.7 | 100.4 | 107.6 |
| 2011 | 107.5 | 109.9 | 101.1 | 107.2 |
| 2012 | 100.8 | 101.0 | 99.3 | 102.8 |
| 2013 | 100.1 | 100.4 | 98.7 | 101.8 |
| 2014 | 100.0 | 99.9 | 99.7 | 101.4 |
| 2015 | 99.0 | 98.7 | 99.2 | 101.9 |
| 2016 | 99.4 | 99.4 | 99.0 | 100.7 |
| 2017 | 103.4 | 104.5 | 100.4 | 101.2 |
| 2018 | 103.3 | 104.4 | 100.8 | 100.4 |

# 4-11 建筑安装工程价格指数
# Build-In Project Price Index

(上年=100) (preceding year=100)

| 年 份<br>Year | 总指数<br>General Index | 人工费<br>Manpower Cost<br>Price Index | 材料费<br>Material<br>Price Index | 钢 材<br>Steel Products | 木 材<br>Timber |
|---|---|---|---|---|---|
| 1995 | 104.8 | 111.0 | 103.4 | 92.7 | 98.0 |
| 1996 | 103.3 | 115.0 | 102.8 | 98.9 | 100.0 |
| 1997 | 103.8 | 107.5 | 99.5 | 98.1 | 102.6 |
| 1998 | 101.6 | 103.4 | 101.4 | 99.0 | 100.0 |
| 1999 | 99.7 | 103.3 | 99.0 | 97.4 | 100.7 |
| 2000 | 103.1 | 104.1 | 103.0 | 104.6 | 101.5 |
| 2001 | 100.6 | 105.2 | 99.1 | 98.9 | 101.0 |
| 2002 | 101.1 | 101.5 | 101.2 | 99.2 | 107.9 |
| 2003 | 102.7 | 103.6 | 102.8 | 109.1 | 100.8 |
| 2004 | 106.1 | 104.0 | 107.4 | 114.7 | 103.6 |
| 2005 | 102.2 | 105.6 | 101.5 | 101.4 | 105.8 |
| 2006 | 102.2 | 108.7 | 100.6 | 98.5 | 103.7 |
| 2007 | 105.5 | 113.3 | 103.5 | 104.2 | 107.7 |
| 2008 | 111.9 | 115.5 | 110.7 | 116.5 | 112.7 |
| 2009 | 94.8 | 111.7 | 90.8 | 82.5 | 104.8 |
| 2010 | 106.7 | 111.1 | 105.1 | 105.0 | 107.8 |
| 2011 | 109.9 | 113.7 | 109.0 | 111.5 | 110.6 |
| 2012 | 101.0 | 107.3 | 97.6 | 93.2 | 102.4 |
| 2013 | 100.4 | 102.7 | 98.8 | 94.7 | 100.1 |
| 2014 | 99.9 | 101.5 | 98.9 | 97.3 | 100.4 |
| 2015 | 98.7 | 101.4 | 97.1 | 94.5 | 100.1 |
| 2016 | 99.4 | 100.7 | 98.4 | 98.2 | 101.8 |
| 2017 | 104.5 | 101.8 | 106.9 | 114.1 | 102.1 |
| 2018 | 104.4 | 102.6 | 106.1 | 108.8 | 102.3 |

## 4-11 续表 Continued

| 年 份<br>Year | 水 泥<br>Cement | 地方材料<br>Local Materials | 化工材料<br>Chemical Materials | 电 料<br>Electrical Materials | 其它材料<br>Other Material | 机械使用费<br>Machinery<br>Price Index |
|---|---|---|---|---|---|---|
| 1995 | 106.2 | 111.6 | | | | |
| 1996 | 102.5 | 104.8 | | | | 107.6 |
| 1997 | 102.2 | 102.0 | 105.7 | 100.5 | | 131.5 |
| 1998 | 103.4 | 103.8 | 100.1 | 98.0 | | 99.6 |
| 1999 | 99.4 | 99.6 | 101.9 | 99.4 | | 100.5 |
| 2000 | 102.3 | 103.1 | 109.6 | 103.9 | | 102.2 |
| 2001 | 99.6 | 99.1 | 98.5 | 98.7 | | 99.0 |
| 2002 | 101.1 | 102.8 | 99.3 | 100.1 | | 100.1 |
| 2003 | 99.1 | 99.6 | 100.2 | 100.3 | 101.5 | 100.8 |
| 2004 | 99.5 | 103.8 | 102.8 | 102.5 | 103.8 | 100.5 |
| 2005 | 100.5 | 101.8 | 104.5 | 102.1 | 101.4 | 101.5 |
| 2006 | 100.2 | 104.1 | 102.0 | 101.4 | 99.9 | 102.6 |
| 2007 | 102.4 | 102.9 | 101.8 | 103.6 | 103.5 | 102.9 |
| 2008 | 102.6 | 106.7 | 107.1 | 106.5 | 105.2 | 106.5 |
| 2009 | 102.4 | 103.4 | 100.8 | 100.6 | 93.2 | 105.3 |
| 2010 | 104.7 | 105.8 | 103.5 | 102.2 | 104.2 | 103.7 |
| 2011 | 107.9 | 108.5 | 104.3 | 111.1 | 103.6 | 105.3 |
| 2012 | 103.0 | 100.3 | 101.2 | 99.2 | 102.1 | 102.4 |
| 2013 | 100.0 | 100.9 | 102.1 | 100.7 | 100.2 | 102.1 |
| 2014 | 98.9 | 100.7 | 101.4 | 100.0 | 99.8 | 100.7 |
| 2015 | 97.8 | 99.5 | 98.0 | 99.5 | 100.3 | 100.1 |
| 2016 | 97.8 | 98.2 | 99.6 | 99.9 | 99.9 | 99.6 |
| 2017 | 105.6 | 103.1 | 101.6 | 102.0 | 101.1 | 100.8 |
| 2018 | 107.2 | 103.0 | 102.5 | 104.1 | 102.8 | 101.4 |

注：从2003年起建筑安装工程价格指数取消了直接费用价格指数和间接费用价格指数的分组，在材料费中新增加了"其它材料"指标。

a) Since 2003,the build-in project price index no longer be classified the direct cost price index and indirect cost price index, the other material price index is added to material price index.

# 主要统计指标解释

**居民消费价格指数**　是反映一定时期内城乡居民所购买的生活消费品和服务项目价格变动趋势和程度的相对数，是对城市居民消费价格指数和农村居民消费价格指数进行综合汇总计算的结果。通过该指数可以观察和分析消费品的零售价格和服务项目价格变动对城乡居民实际生活费支出的影响程度。

**城市居民消费价格指数**　是反映一定时期内城市居民家庭所购买的生活消费品价格和服务项目价格变动趋势和程度的相对数。通过该指数可以观察和分析消费品的零售价格和服务项目价格变动对城镇居民收入和消费支出的影响。

**农村居民消费价格指数**　是反映一定时期内农村居民家庭所购买的生活消费品价格和服务项目价格变动趋势和程度的相对数。该指数可以观察农村消费品的零售价格和服务项目价格变动对农村居民收入和生活消费支出的影响。

**商品零售价格指数**　是反映一定时期内城乡商品零售价格变动趋势和程度的相对数。商品零售价格的变动与国家的财政收入、市场供需的平衡、消费与积累的比例关系有关。因此，该指数可以从一个侧面对上述经济活动进行观察和分析。

**农业生产资料价格指数**　指反映一定时期内农业生产资料价格变动趋势和程度的相对数。其编制目的是了解农业生产中投入物质资料价格的变动状况，服务于国民经济核算。1994 年以前，农业生产资料价格指数仅仅是商品零售价格指数的一个类别，此后，从商品零售价格指数中分离出来，单独编制。

**农产品生产价格指数**　是反映一定时期内，农产品生产者出售农产品价格水平变动趋势及幅度的相对数。该指数可以客观反映全国农产品生产价格水平和结构变动情况，满足农业与国民经济核算需要。其中某代表品生产价格指数是通过对全部有出售该产品行为的调查单位的个体指数进行几何平均求得的，类价格指数是通过对其所属的类（或代表品）的价格指数进行加权平均求得的。季度累计价格指数的计算方法与分季指数的计算方法相同。

**工业生产者出厂价格指数**　是反映一定时期内全部工业产品第一次出售时的出厂价格总水平的变动趋势和变动幅度的相对数。

**工业生产者购进价格指数**　是反映作为中间投入的原材料、燃料、动力购进价格总水平的变动趋势和变动幅度的相对数。

**固定资产投资价格指数**　是反映一定时期内固定资产投资品及取费项目的价格变动趋势和变动幅度的相对数。该指数可以准确地反映固定资产投资中涉及的各类投资品和取费项目价格变动趋势和变动幅度，消除按现价计算的固定资产投资指标中的价格变动因素，真实地反映固定资产投资的规模、速度、结构和效益。

# Explanatory Notes on Main Statistical Indicators

**Consumer Price Indices** reflect the trend and degree of changes in prices of consumer goods and services purchased by urban and rural households during a given period. They are obtained by combining Consumer Price Indices of Urban Household and Consumer Price Indices of Rural Household. The Indices enable the observation and analysis of the degree of impact of the changes in the prices of retailed goods and services on the actual living expenses of urban and rural residents.

**Consumer Price Indices of Urban Household** reflect the trend and degree of changes in prices of consumer goods and services purchased by urban households during a given period. It can be used to observe and analyze the impact of price changes in consumer goods and services on urban household income and consumption expenditure.

**Consumer Price Indices of Rural Household** reflect the trend and degree of changes in prices of consumer goods and services purchased by rural households during a given period. It can be used to observe the impact of change in retail prices of consumer goods and service prices on rural household income and consumption expenditure on living.

**Retail Price Indices** reflect the trend and degree of change in retail prices of commodities during a given period. The change in retail prices of commodities is related to government revenue, the equilibrium of market supply and demand, and the ratio of consumption to accumulation. Therefore, the retail price indices are useful from an oblique perspective for observing and analyzing the changes of the above economic activities.

**Price Indices for Means of Agricultural Production** reflect the trend and degree of changes in the prices of the means of agricultural production during a given period. Compilation of these indices helps to understand the price changes of material input in agricultural production and facilitate the compilation of national accounts. Before 1994, price indices for means of agricultural production were a sub-category in the retail price indices for commodities, and it has been compiled separately since 1994.

**Producer Prices Indices for Farm Products** reflect the trend and degree of changes in producers' prices received by farmers when they sell farm products during a given period. These indices depict the change in the level and structure of producer prices for farm products of the country and meet the needs of agricultural statistics and national accounts statistics. The producer price index for a given product is calculated as the geometrical mean of individual indices for all surveyed units which sell such product, and the indices for a product category is obtained as the weighted mean of price indices for all products in the category. Method for calculating accumulative quarterly indices is the same as for calculating the individual quarterly indices.

**Producer Price Indices for Industrial Products** reflect the trend and degree of changes in general ex-factory prices of all manufactured goods for first sale during a given period,.

**Purchasing Price Indices for Industrial Producers** reflect changes in the level and degree of purchasing prices such as intermediate input such as raw materials, fuels and power.

**Price Indices for Investment in Fixed Assets** reflect the trend and degree of changes in prices of investment goods and projects in fixed assets during a given period. Removing the factor of price change in the aggregates of investment at current prices, this indicator shows the changes in the prices of commodities and fees involved in the investment of fixed assets, and can be used to observe the actual size, growth, structure, and efficiency of investment in fixed assets.

# 第五篇　人民生活

## CHAPTER 5 PEOPLE'S LIVING CONDITIONS

资料整理: 刘佳琦　杨　洋

# 5-1　人民生活基本情况
## Basic Statistics on People's Living Conditions

| 项　目 | Item | 2014 | 2015 | 2016 | 2017 | 2018 |
|---|---|---|---|---|---|---|
| **就　业** | **Employment** | | | | | |
| 每一农村劳动力负担人数(人) | Number of Dependents per Rural Laborer(person) | 1.3 | 1.3 | 1.3 | 1.3 | 1.3 |
| 每一城镇就业者负担人数(人) | Number of Dependents per Urban Employee(person) | 1.9 | 2.2 | 2.2 | 2.2 | 2.2 |
| 城镇登记失业率(%) | Urban Registered Unemployment Rate(%) | 4.47 | 4.48 | 4.22 | 4.21 | 3.99 |
| **收　入** | **Income of Rural and Urban Residents** | | | | | |
| 全省居民人均可支配收入(元) | Annual Per Capita Disposable Income of the Province Households(yuan) | 17404 | 18593 | 19838 | 21206 | 22726 |
| 农村常住居民人均可支配收入(元) | Annual Per Capita Disposable Income of Rural Households(yuan) | 10453 | 11095 | 11832 | 12665 | 13804 |
| 城镇常住居民人均可支配收入(元) | Annual Per Capita Disposable Income of Urban Households(yuan) | 22609 | 24203 | 25736 | 27446 | 29191 |
| 城镇非私营单位就业人员平均工资(元) | Average Wage of Employed Persons In Urban Non-private Units(yuan) | 44036 | 48881 | 52435 | 56067 | 60780 |
| **消　费** | **Consumption** | | | | | |
| 全省居民人均消费支出(元) | Per Capita Annual Living Expenditure of the Province Households(yuan) | 12769 | 13403 | 14446 | 15577 | 16994 |
| 农村常住居民人均消费支出(元) | Per Capita Annual Living Expenditure of Rural Households(yuan) | 7830 | 8391 | 9424 | 10524 | 11417 |
| 农村居民恩格尔系数(%) | Engel's Coefficient of Rural Households (%) | 28.2 | 27.5 | 27.7 | 26.5 | 26.3 |
| 城镇常住居民人均消费支出(元) | Per Capita Annual Living Expenditure of Urban Households(yuan) | 16467 | 17152 | 18145 | 19270 | 21035 |
| 城镇居民恩格尔系数(%) | Engel's Coefficient of Urban Households (%) | 27.5 | 27.7 | 27.7 | 27.2 | 26.3 |
| **储　蓄** | **Savings** | | | | | |
| 城乡居民年底储蓄存款余额(亿元) | Balance of Savings Deposit of Rural and Urban Residents at Year-end(100 million yuan) | 10857 | 12440 | 13448 | 14331 | 15611 |
| 平均每人储蓄存款余额(元) | Per Capita Balance of Saving Deposit (yuan) | 28317 | 32544 | 35338 | 37773 | 41288 |
| **城市公用事业** | **Public Utilities in Urban Areas** | | | | | |
| 城市人口用水普及率(%) | Coverage Rate of Urban Population with Access to Tap Water(%) | 96.2 | 97.2 | 97.2 | 98.5 | 98.5 |
| 燃气普及率(%) | Coverage Rate of Urban Population with Access to Tap Gas(%) | 86.2 | 86.6 | 86.7 | 87.8 | 89.5 |
| 每万人拥有公共交通车辆(标台) | Number of Public Transportation Vehicles Per 10000 Population(unit) | 14.0 | 14.4 | 15.1 | 15.5 | 15.8 |
| 人均公园绿地面积(平方米) | Per Capita Public Green Areas(sq.m) | 12.1 | 12.0 | 11.9 | 11.8 | 12.4 |
| **教育、文化、卫生** | **Education, Culture and Public Health** | | | | | |
| 学龄儿童入学率(%) | Enrollment Ratio of School-Age Children(%) | 99.9 | 99.9 | 99.9 | 99.9 | 99.9 |
| 每万人口在校大学生数(人) | Number of University Students per 10000 Persons(person) | 270.4 | 267.6 | 259.1 | 256.5 | 258.6 |
| 城镇每百户拥有彩色电视机(台) | Number of Color TV Sets per 100 Households in Urban Areas(unit) | 103 | 102 | 99 | 101 | 99 |
| 农村每百户拥有彩色电视机(台) | Number of TV Sets per 100 Households in Rural Areas(unit) | 107 | 105 | 106 | 106 | 103 |
| 每万人拥有卫生机构病床数(张) | Number of Hospital Beds per 10000 Persons(unit) | 52.6 | 55.4 | 57.8 | 63.6 | 66.3 |
| 每万人拥有卫生技术人员数(人) | Number of Medical Personnel per 10000 Persons(person) | 54.6 | 55.6 | 58.2 | 60.4 | 61.2 |

注：2014年居民收支调查数据为新口径汇总数据，与以前年份不可比。

a) The 2014 Income and Expenditure Survey data for the new residents caliber aggregate data is not comparable with previous years.

# 5-2 城乡居民家庭人均收入和恩格尔系数
# Per Capita Annual Income and Engel's Coefficient of Urban and Rural Households

| 年份 Year | 农村居民人均纯收入 Per Capita Annual Net Income of Rural Households | | 城镇居民人均可支配收入 Per Capita Annual Disposable Income of Urban Households | | 农村居民家庭恩格尔系数(%) Engel's Coefficient of Rural Households(%) | 城镇居民家庭恩格尔系数(%) Engel's Coefficient of Urban Households (%) |
|---|---|---|---|---|---|---|
| | 绝对数(元) Value (yuan) | 指数 Index (1985=100) | 绝对数(元) Value (yuan) | 指数 Index (1985=100) | | |
| 1978 | 172 | 56.3 | 455 | | 61.8 | 42.9 |
| 1979 | 191 | 59.8 | 458 | | 57.0 | |
| 1980 | 205 | 61.7 | 420 | | 57.7 | 56.7 |
| 1981 | 224 | 62.7 | 424 | | 58.2 | 57.4 |
| 1982 | 252 | 67.3 | 460 | | 57.7 | 58.6 |
| 1983 | 388 | 102.4 | 518 | | 55.0 | 58.2 |
| 1984 | 432 | 112.1 | 580 | | 53.4 | 56.9 |
| 1985 | 398 | 100.0 | 742 | 100.0 | 57.7 | 52.8 |
| 1986 | 476 | 115.6 | 830 | 105.5 | 56.4 | 51.7 |
| 1987 | 474 | 112.3 | 889 | 103.0 | 55.2 | 52.6 |
| 1988 | 553 | 128.9 | 1004 | 98.1 | 55.5 | 50.3 |
| 1989 | 535 | 112.4 | 1138 | 97.0 | 55.0 | 51.8 |
| 1990 | 760 | 144.3 | 1211 | 97.7 | 56.6 | 51.1 |
| 1991 | 735 | 135.5 | 1389 | 103.6 | 57.7 | 50.6 |
| 1992 | 949 | 160.5 | 1630 | 110.9 | 62.0 | 49.9 |
| 1993 | 1028 | 163.8 | 1960 | 115.7 | 61.0 | 49.2 |
| 1994 | 1394 | 175.6 | 2597 | 125.6 | 64.4 | 50.8 |
| 1995 | 1766 | 199.9 | 3375 | 140.9 | 55.0 | 48.2 |
| 1996 | 2182 | 213.1 | 3768 | 146.2 | 55.5 | 46.2 |
| 1997 | 2308 | 219.1 | 4091 | 151.9 | 54.8 | 45.9 |
| 1998 | 2253 | 217.1 | 4269 | 157.1 | 55.0 | 43.5 |
| 1999 | 2166 | 211.9 | 4595 | 174.2 | 52.8 | 40.5 |
| 2000 | 2148 | 213.6 | 4913 | 188.9 | 44.3 | 38.4 |
| 2001 | 2280 | 226.2 | 5426 | 207.0 | 42.7 | 37.2 |
| 2002 | 2405 | 239.3 | 6101 | 241.8 | 41.6 | 35.5 |
| 2003 | 2509 | 248.9 | 6679 | 255.0 | 40.7 | 35.6 |
| 2004 | 3005 | 287.0 | 7471 | 275.7 | 40.9 | 35.4 |
| 2005 | 3221 | 299.9 | 8273 | 303.0 | 36.3 | 33.5 |
| 2006 | 3552 | 325.4 | 9182 | 330.4 | 35.3 | 33.3 |
| 2007 | 4132 | 357.0 | 10245 | 349.8 | 34.6 | 35.0 |
| 2008 | 4856 | 391.3 | 11581 | 375.2 | 33.0 | 36.3 |
| 2009 | 5207 | 414.8 | 12566 | 408.2 | 31.4 | 35.3 |
| 2010 | 6211 | 471.7 | 13857 | 434.3 | 33.8 | 35.4 |
| 2011 | 7591 | 541.5 | 15696 | 466.0 | 35.1 | 36.1 |
| 2012 | 8604 | 596.5 | 17760 | 510.4 | 37.9 | 36.1 |
| 2013 | 9634 | 647.8 | 19597 | 552.2 | 35.2 | 35.8 |
| 2014 | 10453 | | 22609 | | 28.2 | 27.5 |
| 2015 | 11095 | | 24203 | | 27.5 | 27.7 |
| 2016 | 11832 | | 25736 | | 27.7 | 27.7 |
| 2017 | 12665 | | 27446 | | 26.5 | 27.2 |
| 2018 | 13804 | | 29191 | | 26.3 | 26.3 |

注：从2014年起，居民收支调查数据为新口径汇总数据，与以前年份不可比。

a) Since 2014, Income and Expenditure Survey data for the new residents caliber aggregate data is not comparable with previous years.

# 5-3　城镇居民家庭基本情况
# Basic Conditions of Urban Households

单位：元　　(yuan)

| 项　　目 | Item | 2015 | 2016 | 2017 | 2018 |
|---|---|---|---|---|---|
| **调查户数(户)** | **Number of Households Surveyed (household)** | **3071** | **3113** | **3097** | **3486** |
| 期内户均常住成员数(人) | Average Household Size(person) | 2.6 | 2.6 | 2.5 | 2.5 |
| 平均每户就业人口(人) | Average Number of Employed Persons per Household(person) | 1.2 | 1.2 | 1.1 | 1.2 |
| 平均每户就业面(%) | Percentage of Employment per Household(%) | 46.2 | 46.3 | 45.8 | 46.0 |
| 平均每一就业者负担人数(人) | Number of Dependents Per Employee(person) | 2.2 | 2.2 | 2.2 | 2.2 |
| **人均可支配收入** | **Per Capita Disposable Income** | **24203** | **25736** | **27446** | **29191** |
| 工资性收入 | Income of Wages and Salaries | 14372 | 15008 | 15783 | 16706 |
| 经营净收入 | Net Business Income | 2527 | 2671 | 2897 | 3302 |
| 财产净收入 | Net Income from Property | 1341 | 1305 | 1314 | 1387 |
| 转移净收入 | Net Income from Transfer | 5963 | 6752 | 7452 | 7797 |
| **消费支出** | **Consumption Expenditure** | **17152** | **18145** | **19270** | **21035** |
| 食品烟酒 | Food, Tobacco and Liquor | 4750 | 5019 | 5247 | 5525 |
| 衣　着 | Clothing | 1773 | 1804 | 1921 | 1920 |
| 居　住 | Residence | 3416 | 3352 | 3644 | 4149 |
| 生活用品及服务 | Household Facilities, Articles and Services | 908 | 1019 | 1031 | 1173 |
| 交通通信 | Transport and Communications | 2059 | 2463 | 2564 | 2605 |
| 教育文化娱乐 | Education, Cultural and Recreation | 1847 | 2012 | 2290 | 2473 |
| 医疗保健 | Health Care and Medical Services | 1924 | 2008 | 1967 | 2512 |
| 其他用品和服务 | Miscellaneous Goods and Services | 474 | 468 | 607 | 678 |
| **恩格尔系数(%)** | **Engel's Coefficient(%)** | **27.7** | **27.7** | **27.2** | **26.3** |

# 5-4 农村居民家庭基本情况
# Basic Conditions of Rural Households

单位：元 (yuan)

| 项 目 | Item | 2015 | 2016 | 2017 | 2018 |
|---|---|---|---|---|---|
| **调查户数(户)** | **Number of Households Surveyed (household)** | **2106** | **2115** | **2107** | **1810** |
| 期内住户常住成员数(人) | Number of Permanent Residents in the Households Surveyed | 6485 | 6359 | 6137 | 5109 |
| 平均每户整、半劳动力 | Average Number of Full/Semi Labour Force (including the laborer himself or herself) | 2.3 | 2.2 | 2.2 | 2.1 |
| 平均每个劳动力负担人口 | Average Number of Dependents per Laborer Force | 1.3 | 1.3 | 1.3 | 1.3 |
| **人均可支配收入** | **Per Capita Disposable Income** | **11095** | **11832** | **12665** | **13804** |
| 工资性收入 | Income of Wages and Salaries | 2247 | 2430 | 2840 | 3009 |
| 经营净收入 | Net Business Income | 7050 | 6426 | 6693 | 7053 |
| 财产净收入 | Net Income from Property | 525 | 573 | 553 | 679 |
| 转移净收入 | Net Income from Transfer | 1274 | 2403 | 2579 | 3062 |
| **消费支出** | **Consumption Expenditure** | **8391** | **9424** | **10524** | **11417** |
| 食品烟酒 | Food, Tobacco and Liquor | 2307 | 2609 | 2788 | 3001 |
| 衣 着 | Clothing | 640 | 648 | 777 | 695 |
| 居 住 | Residence | 1555 | 1618 | 1723 | 1917 |
| 生活用品及服务 | Household Facilities, Articles and Services | 357 | 387 | 428 | 491 |
| 交通通信 | Transport and Communications | 1162 | 1468 | 1668 | 1633 |
| 教育文化娱乐 | Education, Cultural and Recreation | 1098 | 1249 | 1362 | 1419 |
| 医疗保健 | Health Care and Medical Services | 1113 | 1270 | 1551 | 2030 |
| 其他用品和服务 | Miscellaneous Goods and Services | 160 | 175 | 227 | 232 |
| **恩格尔系数(%)** | **Engel's Coefficient(%)** | **27.5** | **27.7** | **26.5** | **26.3** |

# 5-5　城镇家庭居住户耐用消费品百户拥有情况
## Number of Durable Consumer Goods Owned Per 100 Urban Households

| 品　名 | Item | 2014 | 2015 | 2016 | 2017 | 2018 |
|---|---|---|---|---|---|---|
| 摩托车(辆) | Motorcycle(unit) | 12 | 10.5 | 9 | 9 | 7 |
| 家用汽车(辆) | Automobile(unit) | 10 | 11.8 | 16 | 17 | 21 |
| 洗衣机(台) | Washing Machine(unit) | 92 | 92.5 | 91 | 94 | 95 |
| 电冰箱(柜)(台) | Refrigerator(unit) | 89 | 91.9 | 92 | 95 | 98 |
| 彩色电视机(台) | Color TV Set(unit) | 103 | 102 | 99 | 101 | 99 |
| 计算机(台) | Computer(unit) | 58 | 56.8 | 59 | 60 | 54 |
| 照相机(台) | Camera(unit) | 23 | 20 | 17 | 18 | 12 |
| 微波炉(台) | Microwave Oven(unit) | 36 | 36.1 | 35 | 36 | 34 |
| 空调(台) | Air Conditioner(unit) | 11 | 9.8 | 10 | 11 | 14 |
| 热水器(台) | Shower(unit) | 45 | 47.3 | 50 | 52 | 71 |
| 移动电话(部) | Mobile Telephone(unit) | 194 | 197.6 | 201 | 208 | 212 |

# 5-6　农村家庭居住户耐用消费品百户拥有情况
## Number of Durable Consumer Goods Owned Per 100 Rural Households

| 项　目 | Item | 2014 | 2015 | 2016 | 2017 | 2018 |
|---|---|---|---|---|---|---|
| 洗衣机(台) | Washing Machine(unit) | 87 | 87 | 89 | 90 | 90 |
| 电冰箱(柜)(台) | Refrigerator(unit) | 83 | 86 | 91 | 93 | 94 |
| 排油烟机(台) | Smoke Absorber(unit) | 11 | 10 | 12 | 13 | 11 |
| 微波炉(台) | Microwave Oven(unit) | 5 | 6 | 5 | 5 | 6 |
| 热水器(台) | Shower(unit) | 6 | 7 | 7 | 8 | 8 |
| 摩托车(辆) | Motorcycle(unit) | 59 | 59 | 56 | 53 | 46 |
| 固定电话(线) | Telephone(unit) | 40 | 28 | 22 | 12 | 7 |
| 移动电话(部) | Mobile Telephone(unit) | 199 | 203 | 212 | 213 | 222 |
| 彩色电视机(台) | Color TV Set(unit) | 107 | 105 | 106 | 106 | 103 |
| 计算机(台) | Computer(unit) | 22 | 25 | 26 | 28 | 21 |
| 照相机(台) | Camera(unit) | 3 | 3 | 3 | 5 | 1 |

# 5-7 城乡居民人民币储蓄存款(年底余额)
# Savings Deposit of Urban and Rural Households at Year-End

| 年　份 Year | 城乡储蓄存款余额(亿元) Balance of Savings Deposit of Rural and Urban Residents (100 million yuan) | 全省人均储蓄存款(元) Per Capita Balance of Saving Deposit (yuan) | 年　份 Year | 城乡储蓄存款余额(亿元) Balance of Savings Deposit of Rural and Urban Residents (100 million yuan) | 全省人均储蓄存款(元) Per Capita Balance of Saving Deposit (yuan) |
|---|---|---|---|---|---|
| 1978 | 9 | 30 | 2003 | 3342.4 | 8761 |
| 1980 | 19 | 59 | 2004 | 3586 | 9395 |
| 1985 | 70 | 209 | 2005 | 4079 | 10677 |
| 1990 | 309 | 872 | 2006 | 4374 | 11440 |
| 1991 | 389 | 1088 | 2007 | 4478 | 11711 |
| 1992 | 476 | 1319 | 2008 | 5545 | 14497 |
| 1993 | 583 | 1602 | 2009 | 6430 | 16806 |
| 1994 | 791 | 2153 | 2010 | 7255 | 18944 |
| 1995 | 1091 | 2948 | 2011 | 8147 | 21252 |
| 1996 | 1419 | 3806 | 2012 | 9269 | 24176 |
| 1997 | 1690 | 4505 | 2013 | 10059 | 26231 |
| 1998 | 1907 | 5054 | 2014 | 10857 | 28317 |
| 1999 | 2119 | 5589 | 2015 | 12440 | 32544 |
| 2000 | 2286 | 6003 | 2016 | 13448 | 35338 |
| 2001 | 2578 | 6766 | 2017 | 14331 | 37773 |
| 2002 | 2916 | 7649 | 2018 | 15611 | 41288 |

# 5-8 分地区城乡常住居民人均可支配收入
# Per Capita Disposable Income of Urban and Rural Households by Region

单位：元　　　　(yuan)

| 地　区 | Region | 城镇常住居民人均可支配收入 Annual Per Capita Disposable Income of Urban Households | | | | 农村常住居民人均可支配收入 Annual Per Capita Disposable Income of Rural Households | | | |
|---|---|---|---|---|---|---|---|---|---|
| | | 2015 | 2016 | 2017 | 2018 | 2015 | 2016 | 2017 | 2018 |
| **全　省** | **Average** | **24203** | **25736** | **27446** | **29191** | **11095** | **11832** | **12665** | **13804** |
| 哈尔滨 | Harbin | 30978 | 33190 | 35546 | 37828 | 13325 | 14391 | 15557 | 16934 |
| 齐齐哈尔 | Qiqihar | 23022 | 24629 | 26304 | 28051 | 12106 | 12943 | 13965 | 15283 |
| 鸡　西 | Jixi | 20132 | 21227 | 22607 | 23889 | 14409 | 15592 | 16808 | 18258 |
| 鹤　岗 | Hegang | 18891 | 20085 | 21370 | 22639 | 12153 | 13041 | 13967 | 15134 |
| 双鸭山 | Shuangyashan | 21248 | 22416 | 23806 | 25272 | 12206 | 13035 | 13882 | 15102 |
| 大　庆 | Daqing | 34402 | 36509 | 38736 | 41091 | 13204 | 13909 | 14757 | 15978 |
| 伊　春 | Yichun | 20844 | 22189 | 23676 | 25191 | 12001 | 12827 | 13725 | 15017 |
| 佳木斯 | Jiamusi | 23033 | 24632 | 26332 | 28141 | 13125 | 13912 | 14872 | 16315 |
| 七台河 | Qitaihe | 20776 | 22071 | 23528 | 24949 | 10687 | 11405 | 12169 | 13230 |
| 牡丹江 | Mudanjiang | 26673 | 28489 | 30569 | 32504 | 14711 | 15688 | 16896 | 18458 |
| 黑　河 | Heihe | 22935 | 24474 | 26138 | 27957 | 12177 | 12969 | 14007 | 15268 |
| 绥　化 | Suihua | 20664 | 22060 | 23450 | 25023 | 11271 | 12014 | 12831 | 14002 |
| 大兴安岭 | Daxinganling | 20461 | 21803 | 23220 | 24718 | 10668 | 11349 | 12098 | 13288 |

# 主要统计指标解释

从 2012 年四季度起，国家统计局对分别进行的城乡住户调查实施了一体化改革，规范了城乡划分范围，统一了城乡居民收入指标名称、分类和统计标准，建立了城乡统一的一体化住户调查，并据此采集全国居民有关数据。

## 一、居民可支配收入

居民可支配收入指居民可用于最终消费支出和储蓄的总和，即居民可用于自由支配的收入。既包括现金收入，也包括实物收入。按照收入的来源，可支配收入包含四项，分别为：工资性收入、经营净收入、财产净收入和转移净收入。

**工资性收入**　指就业人员通过各种途径得到的全部劳动报酬和各种福利，包括受雇于单位或个人、从事各种自由职业、兼职和零星劳动得到的全部劳动报酬和福利。

**经营净收入**　指住户或住户成员从事生产经营活动所获得的净收入，是全部经营收入中扣除经营费用、生产性固定资产折旧和生产税之后得到的净收入。计算公式为：

经营净收入=经营收入-经营费用-生产性固定资产折旧-生产税

**财产净收入**　指住户或住户成员将其所拥有的金融资产、住房等非金融资产和自然资源交由其他机构单位、住户或个人支配而获得的回报并扣除相关的费用之后得到的净收入。财产净收入包括利息净收入、红利收入、储蓄性保险净收益、转让承包土地经营权租金净收入、出租房屋净收入、出租其他资产净收入和自有住房折算净租金等。财产净收入不包括转让资产所有权的溢价所得。

**转移净收入**　计算公式为：转移净收入=转移性收入-转移性支出

**转移性收入**　指国家、单位、社会团体对住户的各种经常性转移支付和住户之间的经常性收入转移。包括养老金或退休金、社会救济和补助、政策性生产补贴、政策性生活补贴、救灾款、经常性捐赠和赔偿、报销医疗费、住户之间的赡养收入，本住户非常住成员寄回带回的收入等。转移性收入不包括住户之间的实物馈赠。

**转移性支出**　指调查户对国家、单位、住户或个人的经常性或义务性转移支付。包括缴纳的税款、各项社会保障支出、赡养支出、经常性捐赠和赔偿支出以及其他经常转移支出等。

## 二、居民消费支出

居民消费支出是指居民用于满足家庭日常生活消费需要的全部支出，既包括现金消费支出，也包括实物消费支出。消费支出可划分为食品烟酒、衣着、居住、生活用品及服务、交通通信、教育文化娱乐、医疗保健以及其他用品及服务八大类。

**食品烟酒**　指用于各种食品和烟草、酒类的支出。

**衣着**　指与居民穿着有关的支出，包括服装、服装材料、鞋类、其他衣类及配件、衣着相关加工服务的支出。

**居住**　指与居住有关的支出，包括房租、水、电、燃料、物业管理等方面的支出，也包括自有住房折算租金。

**生活用品及服务**　指家庭及个人的各类生活品及家庭服务。包括家具及室内装饰品、家用器具、家用纺织品、家庭日用杂品、个人用品和家庭服务。

**交通通信**　指用于交通和通信工具及相关的各种服务费、维修费和车辆保险等支出。

**教育文化娱乐**　指用于教育、文化和娱乐方面的支出。

**医疗保健**　指用于医疗和保健的药品、用品和服务的总费用。包括医疗器具及药品，以及医疗服务。

**其他用品及服务**　指无法直接归入上述各类支出的其他用品与服务支出。

# Explanatory Notes on Main Statistical Indicators

Since the fourth quarter of 2012, the NBS has launched its reform on the household survey programme, to form an integrated survey, instead of the two separate urban and rural household surveys. The reform regulates the division of urban and rural areas, integrates the concepts, classifications and standards, conducts the integrated household survey, and collects household data in the whole country thereafter.

**1. Disposable Income of Households**

Disposable Income of Households refers to the income of households for purpose of final expenditure and savings. It includes income both in cash and in kind. By sources of income, disposable income includes four categories: income from wages and salaries, net business income, net income from properties and net income from transfer.

**Income from Wages and Salaries** refers to remuneration of labour and salaries from all kinds of sources, including those employed by other units or individuals, freelance work, part-time jobs, and sporadic labour.

**Net Business Income** refers to net income earned by households and their members engaged in production and business activities. It refers to the net income of operating revenue minus operating costs, depreciation of productive fixed assets, and production tax. The formula is:

Net Business Income=Operating Revenue-Operating Costs-Depreciation of Productive Fixed Assets-Production Tax

**Net Income from Properties** refers to the net income received as returns by households or members of financial assets, non-financial assets such as housing, to other institutions, households or individuals, and minus relevant costs. Net income from properties includes net income of interest, bonus income, net income of saving insurance, net income of rents of transferring management right of contract land, income of renting housing, income of renting other assets, net converted rents of self-owned housing. Net income from properties do not include premium of transferring ownership of assets.

**Net Income from Transfer** The formula is:

Net Income from Transfer=Income from Transfers-Expenditure from Transfer

**Income from Transfer** refers to the regular transfer from country, institutions, social communities to households and between households. It includes old-age and retirement pension, disaster relief funds, regular donation and compensation, applying for medical fees, supporting income between households, income from non-usual-residing members of households, etc. Income from transfer do not include presents in kinds between households.

**Expenditure from Transfer** refers to regular or deontic transfer from households to country, institutions, households or individuals. It includes taxes paid, expenditure of all kinds of social security, supporting expenditure, regular donation and compensation and other regular transfer expenditure, etc.

**2. Consumption Expenditure of Households**

Consumption Expenditure of Households refers to all expenditure of households for living expenditure to satisfy family daily living. It includes expenditure in cash and in kind. It includes eight categories: food, tobacco and liquor; clothing; residence; household facilities, articles and services; transport and communications; education, cultural and recreational activities; health care and medical services, and miscellaneous goods and services.

**Food, Tobacco and Liquor** refers to expenditure for food, tobacco and liquor of all kinds.

**Clothing** refers to expenditure related to clothing, including clothes, clothing materials, footwear, other clothing and accessories, processing services related to clothing.

**Residence** refers to expenditure related to residence, including housing rents, water, electricity, fuel, property management, and including converted self-owned housing rents.

**Household Facilities, Articles and Services** refers to expenditure for family and individual articles for living purpose and family services. It includes furniture and interior decoration, home appliances, home textiles, household miscellaneous daily articles, personal articles, and family services.

**Transport and Communications** refers to expenditure for transport and communication and related services, maintenance and repairs, and vehicle insurance.

**Education, Cultural and Recreational Activities** refers to expenditure on education, cultural and recreational activities.

**Health Care and Medical Services** refers to expenditure on drugs, supplies and services of medical and health care. It includes medical appliances and drugs, and medical services.

**Miscellaneous Goods and Services** refers to expenditure of all kinds of expenditure of other articles and services that can not divided into the category above.

# 第六篇　财政、金融和保险

CHAPTER 6 GOVERNMENT FINANCE,
FINANCIAL INTERMEDIATION AND INSURANCE

资料整理：王　悦　王志博

# 6-1　财政、金融和保险

## Government Finance, Financial Intermediation and Insurance

单位：亿元 (100 million yuan)

| 年　份 Year | 公共财政收　入 Public Financial Revenue | 公共财政支　出 Public Financial Expenditure | 金融机构人民币存款余额 RMB Deposits | 金融机构人民币贷款余额 RMB Loans | 全年各项保费收入 All Premium Income | 全年各项赔款及给付 All Claim and Payment |
|---|---|---|---|---|---|---|
| 1978 | 63.3 | 31.5 | 81.9 | 84.6 | | |
| 1979 | 54.1 | 28.3 | 76.7 | 97.2 | | |
| 1980 | 17.1 | 25.8 | 98.5 | 123.3 | | |
| 1981 | 15.6 | 25.9 | 105.8 | 138.0 | | |
| 1982 | 17.3 | 28.0 | 112.0 | 159.0 | | |
| 1983 | 21.6 | 30.7 | 118.6 | 178.6 | | |
| 1984 | 26.7 | 36.1 | 162.6 | 245.4 | | |
| 1985 | 37.4 | 44.6 | 145.1 | 276.8 | | |
| 1986 | 47.4 | 61.3 | 183.3 | 342.2 | | |
| 1987 | 53.8 | 66.0 | 232.5 | 368.2 | | |
| 1988 | 62.6 | 74.1 | 294.0 | 456.4 | | |
| 1989 | 72.3 | 85.4 | 356.9 | 519.5 | | |
| 1990 | 76.6 | 92.7 | 413.8 | 697.5 | | |
| 1991 | 94.7 | 110.1 | 553.0 | 814.7 | 7.9 | 4.2 |
| 1992 | 84.6 | 102.5 | 690.0 | 953.6 | 11.9 | 5.3 |
| 1993 | 108.1 | 124.9 | 761.4 | 1247.3 | 8.7 | 5.0 |
| 1994 | 84.7 | 142.4 | 1012.8 | 1507.1 | 9.4 | 6.8 |
| 1995 | 101.3 | 174.6 | 1555.9 | 1776.4 | 10.8 | 6.1 |
| 1996 | 126.9 | 208.9 | 2021.3 | 2102.1 | 16.1 | 7.0 |
| 1997 | 150.6 | 233.6 | 2409.5 | 2524.4 | 25.5 | 7.3 |
| 1998 | 179.3 | 280.8 | 2713.2 | 2854.9 | 28.4 | 10.6 |
| 1999 | 170.1 | 339.0 | 3017.0 | 3103.9 | 35.3 | 8.0 |
| 2000 | 185.3 | 381.9 | 3333.4 | 3145.1 | 40.8 | 11.1 |
| 2001 | 213.6 | 478.3 | 3742.1 | 3358.6 | 53.3 | 14.8 |
| 2002 | 231.9 | 531.9 | 4236.7 | 3624.0 | 85.6 | 16.5 |
| 2003 | 248.9 | 564.9 | 4810.0 | 3981.3 | 118.7 | 19.9 |
| 2004 | 289.4 | 697.6 | 5313.9 | 4038.9 | 127.6 | 24.0 |
| 2005 | 318.2 | 787.8 | 6135.1 | 3658.5 | 139.6 | 25.2 |
| 2006 | 386.6 | 968.5 | 6923.4 | 3971.9 | 157.2 | 34.4 |
| 2007 | 440.2 | 1187.3 | 7559.7 | 4256.4 | 155.5 | 82.2 |
| 2008 | 578.4 | 1542.3 | 8993.8 | 4532.7 | 251.2 | 103.0 |
| 2009 | 641.6 | 1877.7 | 11022.8 | 5988.3 | 278.4 | 96.7 |
| 2010 | 755.6 | 2253.3 | 12835.7 | 7230.5 | 343.2 | 77.6 |
| 2011 | 997.5 | 2794.1 | 14328.4 | 8548.7 | 317.8 | 86.8 |
| 2012 | 1163.2 | 3171.5 | 16326.6 | 9906.7 | 344.1 | 98.3 |
| 2013 | 1277.4 | 3369.2 | 18131.8 | 11359.4 | 384.3 | 154.4 |
| 2014 | 1301.3 | 3434.2 | 19254.8 | 13391.7 | 507.1 | 154.8 |
| 2015 | 1165.9 | 4020.7 | 21218.9 | 16214.9 | 591.8 | 169.3 |
| 2016 | 1148.4 | 4227.3 | 22179.0 | 17725.0 | 685.5 | 237.8 |
| 2017 | 1243.3 | 4641.1 | 23615.1 | 19208.4 | 931.4 | 240.5 |
| 2018 | 1282.5 | 4675.7 | 25321.9 | 20156.3 | 899.1 | 257.2 |

注：2011年开始，原指标“地方一般预算收入”和“地方一般预算支出”更名为“地方公共财政收入”和“地方公共财政支出”（下同）。

a) From 2011,local financial revenue and local financial expenditure is renamed local public financial budgetary revenue and local financial budgetary expenditure(similarly following tables).

# 6-2 地方公共财政收入
# Local Public Financial Revenue

单位：万元 (10000 yuan)

| 项 目 | Item | 2014 | 2015 | 2016 | 2017 | 2018 |
|---|---|---|---|---|---|---|
| **收入合计** | **Total Revenue** | **13013120** | **11658767** | **11484112** | **12433118** | **12825950** |
| 税收收入 | Tax Revenue | 9773960 | 8803432 | 8278542 | 9019067 | 9808045 |
| 增值税 | Value-added Tax | 1688927 | 1294584 | 2267325 | 3507220 | 3768882 |
| 营业税 | Sales Tax | 2505051 | 2569769 | 1353087 | 70142 | 46080 |
| 企业所得税 | Enterprises' Income Tax | 1032194 | 1006424 | 945983 | 1023780 | 1070358 |
| 企业所得税退税 | Drawback of Enterprise Income Tax | | | | | |
| 个人所得税 | Individual Income Tax | 369810 | 355725 | 372830 | 414555 | 472613 |
| 资源税 | Resources Tax | 1083296 | 537454 | 407378 | 535913 | 665485 |
| 城市维护建设税 | Tax on Urban Maintenance and Construction | 593763 | 545609 | 522404 | 580773 | 632876 |
| 房产税 | Tax on Real Estates | 276172 | 313835 | 319232 | 382670 | 411377 |
| 印花税 | Stamp Tax | 124959 | 103287 | 103850 | 117461 | 120908 |
| 城镇土地使用税 | Tax on the Use of Urban Land | 496470 | 614055 | 579344 | 752109 | 727595 |
| 土地增值税 | Land Value Added Tax | 653954 | 634589 | 533136 | 634119 | 798121 |
| 车船税 | Tax on Vehicles and Ships | 139995 | 155261 | 173576 | 194021 | 211033 |
| 耕地占用税 | Tax on The Occupancy of Cultivated Land | 227411 | 185746 | 215010 | 209184 | 159951 |
| 契 税 | Contract Tax | 550545 | 451279 | 466718 | 582291 | 690676 |
| 烟叶税 | Tax on Tobacco Leaf | 31413 | 35815 | 18669 | 14829 | 14924 |
| 其他税收收入 | Others | | | | | 17166 |
| 非税收入 | Non-Tax Revenue | 3239160 | 2855335 | 3205570 | 3414051 | 3017905 |
| 专项收入 | Expert Project Income | 479080 | 763744 | 660067 | 657423 | 674179 |
| 行政事业性收费收入 | Income from Administrative Fees | 782256 | 693170 | 661676 | 623652 | 507307 |
| 罚没收入 | Penalty and Confiscator Income | 429761 | 386240 | 421947 | 459911 | 490675 |
| 国有资本经营收入 | Stated-owned Assets Profit | 342666 | 244663 | 182158 | 280104 | 77261 |
| 国有资源(资产)有偿使用收入 | Revenue from using Stated-owned Assets Profit | 1001673 | 706879 | 961278 | 1137811 | 1039602 |
| 捐赠收入 | Income from Donation | | | 11674 | 16630 | 19555 |
| 政府住房基金收入 | Government Housing Fund Income | | | 244217 | 161892 | 162906 |
| 其他收入 | Other | 203724 | 60639 | 318444 | 76628 | 46420 |

# 6-3 各级地方公共财政收入(2018年)
# Local Public Financial Revenue by Rating (2018)

单位：万元 (10000 yuan)

| 项　目 | Item | 合 计 Total | 省 级 Province | 地 级 City | 县 级 County |
|---|---|---|---|---|---|
| **收入合计** | **Total Revenue** | **12825950** | **3310389** | **7300390** | **2215171** |
| 税收收入 | Tax Revenue | 9808045 | 2578662 | 5867957 | 1361426 |
| 增值税 | Value-added Tax | 3768882 | 1510852 | 1862535 | 395495 |
| 营业税 | Sales Tax | 46080 | 13865 | 19863 | 12352 |
| 企业所得税 | Enterprises' Income Tax | 1070358 | 279439 | 615819 | 175100 |
| 企业所得税退税 | Drawback of Enterprise Income Tax | | | | |
| 个人所得税 | Individual Income Tax | 472613 | 59499 | 354535 | 58579 |
| 资源税 | Resources Tax | 665485 | 562415 | 74938 | 28132 |
| 城市维护建设税 | Tax on Urban Maintenance and Construction | 632876 | 1046 | 538273 | 93557 |
| 房产税 | Tax on Real Estates | 411377 | 20790 | 320258 | 70329 |
| 印花税 | Stamp Tax | 120908 | 6102 | 90094 | 24712 |
| 城镇土地使用税 | Tax on the Use of Urban Land | 727595 | 36531 | 587402 | 103662 |
| 土地增值税 | Land Value Added Tax | 798121 | 40326 | 643746 | 114049 |
| 车船税 | Tax on Vehicles and Ships | 211033 | 10587 | 149020 | 51426 |
| 耕地占用税 | Tax on The Occupancy of Cultivated Land | 159951 | | 49058 | 110893 |
| 契　税 | Contract Tax | 690676 | 34646 | 550502 | 105528 |
| 烟叶税 | Tax on Tobacco Leaf | 14924 | | 1586 | 13338 |
| 环境保护税 | Environmental protection tax | 16962 | 2554 | 10318 | 4090 |
| 其他税收收入 | Others | 204 | 10 | 10 | 184 |
| 非税收入 | Non-Tax Revenue | 3017905 | 731727 | 1432433 | 853745 |
| 专项收入 | Expert Project Income | 674179 | 249010 | 336174 | 88995 |
| 行政事业性收费收入 | Income from Administrative Fees | 507307 | 144293 | 264818 | 98196 |
| 罚没收入 | Penalty and Confiscator Income | 490675 | 96860 | 257612 | 136203 |
| 国有资本经营收入 | Stated-owned Assets Profit | 77261 | 4518 | 51778 | 20965 |
| 国有资源(资产)有偿使用收入 | Revenue from using Stated-owned Assets Profit | 1039602 | 219247 | 338354 | 482001 |
| 捐赠收入 | Income from Donation | 19555 | 26 | 7558 | 11971 |
| 政府住房基金收入 | Government Housing Fund Income | 162906 | 11284 | 145026 | 6596 |
| 其他收入 | Other | 46420 | 6489 | 31113 | 8818 |

# 6-4 地方公共财政支出
# Local Public Financial Expenditure

单位：万元 (10000 yuan)

| 项目 | Item | 2014 | 2015 | 2016 | 2017 | 2018 |
|---|---|---|---|---|---|---|
| **支出合计** | **Total Expenditure** | **34342184** | **40206554** | **42273373** | **46410771** | **46767503** |
| 一般公共服务 | General Public Services | 2561959 | 2426656 | 2667033 | 2790825 | 3076072 |
| 外交 | Foreign Affairs | | | | | |
| 国防 | National Defense | 48777 | 53354 | 48809 | 53419 | 55208 |
| 公共安全 | Public Security | 1707654 | 1809435 | 2102956 | 2233909 | 2472225 |
| 教育 | Education | 5059364 | 5496567 | 5588722 | 5731126 | 5443838 |
| 科学技术 | Science and Technology | 394571 | 429134 | 449209 | 469094 | 395249 |
| 文化体育与传媒 | Culture, Sport and Media | 456292 | 531693 | 532130 | 535564 | 462012 |
| 社会保障和就业 | Social Safety Net and Employment Effort | 6026792 | 7287329 | 7324055 | 9285487 | 10240862 |
| 医疗卫生 | Medical and Health Care | 2353133 | 2739583 | 2805635 | 2971657 | 3009978 |
| 环境保护 | Environment Protection | 1115668 | 1555201 | 1134428 | 1932040 | 1540926 |
| 城乡社区事务 | Urban and Rural Area Community Affairs | 3321053 | 3505214 | 3870819 | 4566972 | 4156980 |
| 农林水事务 | Agriculture, Forestry and Water Conservancy | 4876670 | 6814824 | 8017680 | 8151611 | 8344713 |
| 交通运输 | Transportation | 2369728 | 2720740 | 2503984 | 2525594 | 2447099 |
| 资源勘探电力信息等事务 | Affairs of Exploration, Power and Information | 913369 | 1064537 | 819932 | 703486 | 901820 |
| 商业服务业等事务 | Affairs of Commerce and Services | 214496 | 238908 | 174706 | 182754 | 183753 |
| 金融监管等事务支出 | Affairs of Financial Supervision | 11542 | 7974 | 59007 | 29221 | 23421 |
| 地震灾后恢复重建支出 | Post Earthquake Recovery and Reconstruction | | | | | |
| 援助其他地区支出 | Other Regional Assistance | 27464 | 37530 | 29800 | 28540 | 36856 |
| 国土资源气象等事务 | Affairs of Land and Weather | 328086 | 349228 | 357266 | 478266 | 324406 |
| 住房保障支出 | Affairs of Housing Security | 1471889 | 2123361 | 2719528 | 2651544 | 2409575 |
| 粮油物资储备管理事务 | Affairs of Management of Grain & Oil Reserves | 716440 | 658619 | 623220 | 483161 | 546516 |
| 预备事物 | Reserve Funds | | | | | |
| 国债还本付息支出 | Interest Payment for Domestic and Foreign Debts | 131048 | 179885 | 355080 | 551806 | 639464 |
| 其他支出 | Other Expenditure | 236189 | 171371 | 81147 | 48209 | 49658 |
| 债务发行费支出 | Debt distribution fee payments | | 5411 | 8227 | 6486 | 6872 |

# 6-5　各级地方公共财政支出(2018年)
# Local Public Financial Expenditure by Rating(2018)

单位：万元　(10000 yuan)

| 项　目 | Item | 合计 Total | 省级 Province | 地级 City | 县级 County |
|---|---|---|---|---|---|
| **支出合计** | **Total Expenditure** | **46767503** | **10537110** | **17506679** | **18723714** |
| 一般公共服务 | General Public Services | 3076072 | 522091 | 1350187 | 1203794 |
| 外　交 | Foreign Affairs | | | | |
| 国　防 | National Defense | 55208 | 33775 | 18497 | 2936 |
| 公共安全 | Public Security | 2472225 | 1000067 | 942901 | 529257 |
| 教　育 | Education | 5443838 | 1274649 | 1964974 | 2204215 |
| 科学技术 | Science and Technology | 395249 | 219061 | 142131 | 34057 |
| 文化体育与传媒 | Culture, Sport and Media | 462012 | 102492 | 194436 | 165084 |
| 社会保障和就业 | Social Security and Employment | 10240862 | 2332045 | 4648359 | 3260458 |
| 医疗卫生与计划生育 | Medical and Health Care, and Family Planning | 3009978 | 263534 | 1204760 | 1541684 |
| 节能环保 | Energy Conservation and Environment Protection | 1540926 | 906725 | 246625 | 387576 |
| 城乡社区 | Urban and Rural Community Affairs | 4156980 | 300644 | 2539199 | 1317137 |
| 农林水 | Agriculture, Forestry and Water Conservancy | 8344713 | 1553021 | 1195622 | 5596070 |
| 交通运输 | Transportation | 2447099 | 1026651 | 691847 | 728601 |
| 资源勘探信息等 | Affairs of Resource Exploration and Information | 901820 | 184923 | 563741 | 153156 |
| 商业服务业等事务 | Affairs of Commerce and Services | 183753 | 54487 | 58189 | 71077 |
| 金融 | Financial Affairs | 23421 | 20377 | 1346 | 1698 |
| 援助其他地区 | Other Regional Assistance | 36856 | 35546 | 1260 | 50 |
| 国土资源气象等 | Affairs of Land, Ocean and Weather | 324406 | 107581 | 75239 | 141586 |
| 住房保障 | Housing Security | 2409575 | 137345 | 1238270 | 1033960 |
| 粮油物资储备 | Affairs of Management of Grain & Oil Reserves | 546516 | 325854 | 47320 | 173342 |
| 预备费 | Reserve Funds | | | | |
| 债务付息 | Interest Payment on Debts | 639464 | 135589 | 330737 | 173138 |
| 其他支出 | Other Expenditure | 49658 | 29 | 46821 | 2808 |
| 债务发行费用 | Issuing Debts | 6872 | 624 | 4218 | 2030 |

# 6-6　分地区公共财政收入(2018年)
# Local Public Financial Revenue by Region (2018)

单位：万元 (10000 yuan)

| 地　区 | Region | 公共财政收入 General Budgetary Financial Revenue | 税收收入 Tax Revenue | #增值税 Value-added Tax | #营业税 Operation Tax | #企业所得税 Corporate Income Tax | #个人所得税 Individual Income Tax |
|---|---|---|---|---|---|---|---|
| 哈尔滨 | Harbin | 3843671 | 3244120 | 955753 | 11839 | 406807 | 221527 |
| 齐齐哈尔 | Qiqihar | 748969 | 533586 | 149208 | 1806 | 76176 | 27343 |
| 鸡　西 | Jixi | 341463 | 240389 | 97418 | 4304 | 23481 | 14173 |
| 鹤　岗 | Hegang | 252400 | 164693 | 67941 | 264 | 18267 | 7625 |
| 双鸭山 | Shuangyashan | 265310 | 181993 | 77120 | 1107 | 14308 | 9790 |
| 大　庆 | Daqing | 1508652 | 1205118 | 376430 | 223 | 70505 | 49811 |
| 伊　春 | Yichun | 178857 | 109556 | 35561 | 1109 | 6796 | 4503 |
| 佳木斯 | Jiamusi | 412695 | 274759 | 79586 | 1616 | 31458 | 15542 |
| 七台河 | Qitaihe | 274750 | 191346 | 93095 | 760 | 14663 | 6751 |
| 牡丹江 | Mudanjiang | 594839 | 430289 | 140384 | 1728 | 52045 | 20274 |
| 黑　河 | Heihe | 343899 | 169090 | 40693 | 3151 | 25769 | 12710 |
| 绥　化 | Suihua | 609834 | 382273 | 112974 | 3925 | 39690 | 16962 |
| 大兴安岭 | Daxinganling | 90881 | 56684 | 18906 | 132 | 4611 | 3572 |

6-6 续表 Continued

单位：万元 (10000 yuan)

| 地　区 | Region | #城市维护建设税 Tax on Town Maintenance and Construction | #耕地占用税 Tax on Occupation of Cultivated Land | #契　税 Deed Tax | 非税收入 Non-Tax Revenue | #专项收入 Expert Project Income | #行政事业性收费收入 Income from Administrative Fees | 基金收入 Fund Income |
|---|---|---|---|---|---|---|---|---|
| 哈尔滨 | Harbin | 237466 | 19502 | 407042 | 599551 | 175992 | 136481 | 2012812 |
| 齐齐哈尔 | Qiqihar | 29744 | 29889 | 44629 | 215383 | 26982 | 33875 | 196046 |
| 鸡　西 | Jixi | 20472 | 1267 | 10712 | 101074 | 11356 | 13631 | 47487 |
| 鹤　岗 | Hegang | 21969 | 2093 | 5596 | 87707 | 6944 | 15072 | 17855 |
| 双鸭山 | Shuangyashan | 14946 | 3028 | 10616 | 83317 | 10203 | 14907 | 24160 |
| 大　庆 | Daqing | 184290 | 16065 | 53643 | 303534 | 94097 | 34629 | 279892 |
| 伊　春 | Yichun | 6309 | 3184 | 6894 | 69301 | 5935 | 8354 | 15332 |
| 佳木斯 | Jiamusi | 17756 | 5254 | 27895 | 137936 | 18384 | 22768 | 64753 |
| 七台河 | Qitaihe | 17039 | 2358 | 7565 | 83404 | 10687 | 8463 | 30495 |
| 牡丹江 | Mudanjiang | 38284 | 20520 | 34968 | 164550 | 20832 | 31449 | 123122 |
| 黑　河 | Heihe | 7388 | 5547 | 10814 | 174809 | 14254 | 13527 | 47684 |
| 绥　化 | Suihua | 30522 | 38900 | 30370 | 227561 | 25230 | 26811 | 148507 |
| 大兴安岭 | Daxinganling | 3573 | 9304 | 3258 | 34197 | 3029 | 3047 | 3486 |

# 6-7　分地区公共财政支出(2018年)
# Local Public Financial Expenditure by Region(2018)

单位：万元　(10000 yuan)

| 地　区 | Region | 公共财政支出 General Budgetary Financial Expenditure | 一般公共服务 Commonly Public servings | 公共安全 Public security | 教育 Education | 科学技术 Technology | 文化体育与传媒 Culture Sport and Medium | 社会保障和就业 Social Security and Obtain employment |
|---|---|---|---|---|---|---|---|---|
| 哈尔滨 | Harbin | 9621654 | 558031 | 410867 | 1180131 | 119777 | 82448 | 2184358 |
| 齐齐哈尔 | Qiqihar | 4483421 | 285519 | 159254 | 589425 | 11429 | 38876 | 1057721 |
| 鸡　西 | Jixi | 1612540 | 126092 | 60968 | 160099 | 4734 | 13582 | 473720 |
| 鹤　岗 | Hegang | 1156562 | 122517 | 47902 | 147066 | 3576 | 18436 | 238843 |
| 双鸭山 | Shuangyashan | 1501267 | 122279 | 60305 | 152360 | 2533 | 17571 | 354158 |
| 大　庆 | Daqing | 3006786 | 257053 | 185804 | 445152 | 7128 | 40152 | 597798 |
| 伊　春 | Yichun | 1566785 | 89868 | 53074 | 72629 | 1856 | 13488 | 400976 |
| 佳木斯 | Jiamusi | 2727936 | 189333 | 104359 | 262742 | 2682 | 26210 | 472135 |
| 七台河 | Qitaihe | 942751 | 96123 | 45844 | 85621 | 1526 | 9412 | 208843 |
| 牡丹江 | Mudanjiang | 2487441 | 207794 | 110691 | 253227 | 10647 | 25603 | 608929 |
| 黑　河 | Heihe | 2140881 | 151789 | 68041 | 182009 | 5086 | 24357 | 334280 |
| 绥　化 | Suihua | 4235636 | 272537 | 132202 | 604712 | 4235 | 36878 | 790613 |
| 大兴安岭 | Daxinganling | 678952 | 72959 | 31270 | 32521 | 979 | 12507 | 185842 |

## 6-7 续表 Continued

单位：万元　(10000 yuan)

| 地　区 | Region | 医疗卫生与计划生育 Medical Treatment and Public Health | 节能环保 Environment Protection | 城乡社区事务 Urban and Rural Area Community Operating | 农林水事务 Farming Forestry and Water Conservancy Operating | 其他支出 Other Expenditure | 政府性基金支出 Government Fund Income |
|---|---|---|---|---|---|---|---|
| 哈尔滨 | Harbin | 703817 | 228416 | 1535166 | 1140884 | 1477759 | 2945321 |
| 齐齐哈尔 | Qiqihar | 370662 | 59398 | 266109 | 1136560 | 508468 | 345522 |
| 鸡　西 | Jixi | 118094 | 22973 | 101348 | 244368 | 286562 | 36601 |
| 鹤　岗 | Hegang | 81807 | 8578 | 80970 | 143779 | 263088 | 48028 |
| 双鸭山 | Shuangyashan | 98858 | 29768 | 195245 | 216026 | 252164 | 71417 |
| 大　庆 | Daqing | 275526 | 28929 | 262607 | 402135 | 504502 | 143163 |
| 伊　春 | Yichun | 83412 | 21890 | 306074 | 256421 | 267097 | 118742 |
| 佳木斯 | Jiamusi | 207900 | 38008 | 201801 | 732712 | 490054 | 124646 |
| 七台河 | Qitaihe | 61687 | 8207 | 85576 | 108742 | 231170 | 91784 |
| 牡丹江 | Mudanjiang | 189117 | 26274 | 353259 | 336871 | 365029 | 244149 |
| 黑　河 | Heihe | 136013 | 56975 | 159585 | 814465 | 208281 | 78516 |
| 绥　化 | Suihua | 381406 | 92280 | 231451 | 1099461 | 589861 | 242601 |
| 大兴安岭 | Daxinganling | 38081 | 12201 | 50864 | 131780 | 109948 | 27518 |

# 6-8 金融机构、人员数(2018年)
# Number of Institutions and employees in Financial Intermediation(2018)

单位：个、人 (unit，person)

| 项 目 | Item | 机构总数 Number of Institutions | 从业人员数 Number of Employees |
|---|---|---|---|
| **金融机构合计** | **Total** | **6561** | **117632** |
| **国有商业银行** | **State-owned Commercial Bank** | **1999** | **48481** |
| 工商银行 | Industrial and Commercial Bank | 538 | 14269 |
| 农业银行 | Agriculture Bank | 670 | 15456 |
| 中国银行 | Bank of China | 264 | 6441 |
| 建设银行 | Bank of Construction | 428 | 10064 |
| 交通银行 | Bank of Communication | 99 | 2251 |
| **政策性银行及国家开发银行** | **Policy Bank** | **90** | **2599** |
| 国家开发银行 | The Bank of State Development | 1 | 183 |
| 进出口银行 | Export-Import Bank | 1 | 71 |
| 中国农业发展银行 | The Bank of Agricultural Development | 88 | 2345 |
| **股份制商业银行** | **Shareholding System Bank** | **207** | **4866** |
| 中国光大银行 | Ever Bright Bank | 52 | 1083 |
| 招商银行 | Merchants Bank | 38 | 1012 |
| 上海浦东发展银行 | Pudong Development Bank | 33 | 649 |
| 兴业银行 | Industrial Bank | 30 | 682 |
| 中信银行 | China CITIC Bank | 18 | 525 |
| 广发银行 | Development Bank | 23 | 549 |
| 中国民生银行 | China MinSheng Bank | 8 | 209 |
| 华夏银行 | HXB | 5 | 157 |
| **城市商业银行** | **City Commercial Bank** | **575** | **12846** |
| **农村金融机构** | **Rural Financial Institutions** | **2037** | **30697** |
| 农村信用社 | Rural Credit Coorpertive | 859 | 12883 |
| 农村商业银行 | Rural Commercial Bank | 1087 | 16370 |
| 村镇银行 | Village Bank | 86 | 1393 |
| 农村资金互助社 | Rural Credit Union Funds | 5 | 51 |
| **非银行金融机构** | **Non-bank Financial Institutions** | **6** | **1124** |
| 企业集团财务公司 | Finance Company of Enterprise Group | 3 | 81 |
| 信托公司 | International Trust in the Financial | 1 | 840 |
| 金融租赁公司 | Financial Leasing Company | 1 | 79 |
| 消费金融公司 | Consumer Finance Companies | 1 | 124 |
| **外资金融银行** | **Foreign-funded Banks** | **7** | **110** |
| 国民银行(中国)有限公司哈尔滨分行 | Kookmin Bank Harbin Branch | 1 | 22 |
| 韩亚银行(中国)有限公司哈尔滨分行 | Hana Bank Harbin Branch | 1 | 24 |
| 东亚银行(中国)有限公司哈尔滨分行 | East Asia Bank Harbin Branch | 1 | 27 |
| 汇丰银行(中国)有限公司哈尔滨分行 | The Hongkong and Shanghai Banking Corporation Limited, Harbin Branch | 1 | 17 |
| 摩根大通银行(中国)有限公司哈尔滨分行 | JPMorgan Chase Bank Harbin branch | 1 | 9 |
| 法兴银行(中国)有限公司哈尔滨分行 | Societe Generale Bank (China) co., LTD. Harbin Branch | 1 | 6 |
| 渣打银行(中国)有限公司哈尔滨分行 | Standard Chartered Bank (China) co., LTD. Harbin Branch | 1 | 5 |
| **邮政储蓄银行** | **Postal Deposit and Remittance** | **1636** | **16713** |
| **资产管理公司** | **Asset Management** | **4** | **196** |
| 东方资产管理公司黑龙江省分公司 | Orient Asset Management Corporation | 1 | 33 |
| 长城资产管理公司黑龙江省分公司 | Great Wall Asset Management Corporation | 1 | 59 |
| 信达资产管理公司黑龙江省分公司 | Cinda Asset Management Corporation | 1 | 59 |
| 华融资产管理公司黑龙江省分公司 | HuaRong Assets Management Corporation | 1 | 45 |

# 6-9　金融机构人民币信贷资金平衡表(年底余额)
# Balance Sheet of Credit Funds of Financial Institutions at Year-End

单位：亿元　(100 million yuan)

| 指　标 | Item | 2016 | 2017 | 2018 |
|---|---|---|---|---|
| **资金来源总计** | **Sources of Funds** | **22700.1** | **24459.2** | **26126.5** |
| **各项存款** | **Total Deposits** | **22179.0** | **23615.1** | **25321.9** |
| 境内存款 | Domestic Deposits | 22165.1 | 23600.1 | 25306.9 |
| 住户存款 | Households Deposits | 13448.4 | 14331.0 | 15610.7 |
| 活期存款 | Demand Deposits | 5525.0 | 5806.0 | 5956.6 |
| 定期及其他存款 | Time Deposits and Others | 7923.3 | 8525.1 | 9654.1 |
| 非金融企业存款 | Non-financial Corporate Deposits | 4298.8 | 4531.2 | 4294.2 |
| 活期存款 | Demand Deposits | 2448.5 | 2594.3 | 2450.8 |
| 定期及其他存款 | Time Deposits and Others | 1850.3 | 1936.9 | 1843.3 |
| 广义政府存款 | General Government Deposits | 3864.7 | 3925.7 | 4669.1 |
| 财政性存款 | Fiscal Deposits | 689.8 | 619.7 | 852.9 |
| 机关团体存款 | Organizations Deposits | 3174.9 | 3306.0 | 3816.2 |
| 非银行业金融机构存款 | Non-banking Financial Institutions Deposits | 553.2 | 812.2 | 732.9 |
| 境外存款 | Overseas Deposits | 13.9 | 15.0 | 15.0 |
| 金融债券 | Financial Bond | 175.0 | 179.9 | 151.9 |
| 卖出回购资产 | Sell Repurchase Assets | 59.0 | 97.1 | 77.8 |
| 借款及非银行业金融机构拆入 | Borrowing and Non-banking Financial Institutions are Dismantled | 14.3 | 8.2 | 9.0 |
| 联行往来(净) | Jones Lang Lasalle Exchanges (net) | | | |
| 应付及暂收款 | Payable and Temporary Collection | 588.1 | 589.0 | 593.3 |
| 各项准备 | Reserves | 469.0 | 516.9 | 595.9 |
| 所有者权益 | Owners Equity | 1061.2 | 1117.8 | 1278.3 |
| #实收资本 | #Paicl-up Capital | 481.8 | 554.1 | 566.2 |
| 其　他 | Others | -1845.4 | -1664.7 | -1901.5 |
| **资金运用总计** | **Uses of Funds** | **22700.1** | **24459.2** | **26126.5** |
| **各项贷款** | **Total Loans** | **17725.0** | **19208.4** | **20156.3** |
| 境内贷款 | Domestic Loans | 17625.1 | 19073.5 | 19922.1 |
| 住户贷款 | Households Loans | 4590.2 | 5000.5 | 5376.4 |
| 短期贷款 | Short-term Loans | 1412.5 | 1414.5 | 1420.5 |
| 消费贷款 | Consumer Loans | 363.3 | 427.2 | 474.6 |
| 经营贷款 | Business Loans | 1049.3 | 987.3 | 945.9 |
| 中长期贷款 | Medium & Long-term Loans | 3177.7 | 3586.0 | 3955.9 |
| 消费贷款 | Consumer Loans | 2382.0 | 2806.6 | 3147.8 |
| 经营贷款 | Business Loans | 795.7 | 779.4 | 808.1 |
| 非金融企业及机关团体贷款 | Non-financial Companies and Organizations Loans | 13034.9 | 14073.0 | 14535.7 |
| 短期贷款 | Short-term Loans | 7119.0 | 7841.0 | 7418.9 |
| 中长期贷款 | Medium & Long-term Loans | 4726.9 | 5370.0 | 5788.4 |
| 票据融资 | Bill Financing Loans | 1023.9 | 689.5 | 1089.3 |
| 融资租赁 | Finance Lease Loans | 152.9 | 160.6 | 221.9 |
| 各项垫款 | Advances | 12.2 | 12.0 | 17.2 |
| 非银行业金融机构贷款 | Non-banking Financial Institutions Loans | | | 10.0 |
| 境外贷款 | Overseas Loans | 99.9 | 134.9 | 234.2 |
| 债券投资 | Bond Investment | 1599.3 | 1586.5 | 1430.3 |
| 股权及其他投资 | Equity and Other Investments | 2616.3 | 2705.6 | 2782.2 |
| 买入返售资产 | Buy Back to Sell Assets | 50.0 | 97.2 | 40.2 |
| 存放非银行业金融机构款项 | Storage of Non-banking Financial Institutions | 2.8 | 2.7 | 2.8 |
| 联行往来(净) | Jones Lang LaSalle Exchanges (net) | 144.0 | 309.7 | 1144.8 |
| #境内存放二级准备金 | #Stored in the Secondary Reserve | 1209.8 | 506.0 | 434.2 |
| 金银占款 | Funds Outstanding for Gold and Silver | | | |
| 中央银行外汇占款 | Central Bank Foreign Exchange Occupation | | | |
| 应收及预付款 | Receivables and Advance Payments | 233.5 | 215.6 | 232.3 |
| 投资性房地产 | Investment Real Estate | 0.7 | 0.7 | 0.7 |
| 固定资产 | Fixed Assets | 328.5 | 332.7 | 337.0 |

# 6-10 分地区金融机构人民币信贷收支表(年底余额)(各项存款)

单位：亿元

| 年 份<br>地 区 | Year<br>Region | 各项存款<br>Total Deposits | 境内存款<br>Domestic Deposits | 住户存款<br>Households Deposits | 活期存款<br>Demand Deposits | 定期及其他存款<br>Time Deposits and Others | 非金融企业存款<br>Non-financial Corporate Deposits |
|---|---|---|---|---|---|---|---|
| 2015 | | 21218.9 | 21204.2 | 12439.8 | 4928.1 | 7511.6 | 4085.2 |
| 2016 | | 22179.0 | 22165.1 | 13448.4 | 5525.0 | 7923.3 | 4298.8 |
| 2017 | | 23615.1 | 23600.1 | 14331.0 | 5806.0 | 8525.1 | 4531.2 |
| 2018 | | 25321.9 | 25306.9 | 15610.7 | 5956.6 | 9654.1 | 4294.2 |
| 哈尔滨 | Harbin | 11504.0 | 11492.9 | 5394.3 | 2162.5 | 3231.8 | 2771.9 |
| 齐齐哈尔 | Qiqihar | 1967.7 | 1967.3 | 1462.1 | 564.9 | 897.2 | 228.5 |
| 鸡 西 | Jixi | 1116.8 | 1116.6 | 843.9 | 294.3 | 549.6 | 102.5 |
| 鹤 岗 | Hegang | 687.9 | 687.8 | 527.0 | 207.1 | 319.9 | 43.7 |
| 双鸭山 | Shuangyashan | 875.9 | 875.8 | 645.4 | 266.7 | 378.7 | 78.5 |
| 大 庆 | Daqing | 2487.6 | 2487.3 | 1687.6 | 509.4 | 1178.2 | 450.5 |
| 伊 春 | Yichun | 714.2 | 714.0 | 494.2 | 155.6 | 338.6 | 101.8 |
| 佳木斯 | Jiamusi | 1379.7 | 1379.2 | 1030.5 | 469.4 | 561.2 | 143.9 |
| 七台河 | Qitaihe | 447.8 | 447.8 | 329.2 | 121.2 | 208.1 | 39.4 |
| 牡丹江 | Mudanjiang | 1476.7 | 1475.2 | 1175.7 | 388.6 | 787.1 | 114.5 |
| 黑 河 | Heihe | 809.4 | 809.0 | 594.4 | 260.4 | 334.0 | 78.3 |
| 绥 化 | Suihua | 1507.7 | 1507.6 | 1223.2 | 481.5 | 741.7 | 87.7 |
| 大兴安岭 | Daxinganling | 346.5 | 346.5 | 203.2 | 75.1 | 128.1 | 52.9 |

# Balance Sheet of Credit Funds of Financial Institutions at Year-End by Region(Deposits)

(100 million yuan)

| 活期存款 Demand Deposits | 定期及其他存款 Time and Others | 广义政府存款 General Government Deposits | 财政性存款 Fiscal Deposits | 机关团体存款 Organizations | 非银行业金融机构存款 Non-banking Financial Institutions Deposits |
|---|---|---|---|---|---|
| 2337.3 | 1747.9 | 3799.1 | 859.2 | 2939.9 | 880.2 |
| 2448.5 | 1850.3 | 3864.7 | 689.8 | 3174.9 | 553.2 |
| 2594.3 | 1936.9 | 3925.7 | 619.7 | 3306.0 | 812.2 |
| 2450.8 | 1843.3 | 4669.1 | 852.9 | 3816.2 | 732.9 |
| | | | | | |
| 1407.7 | 1364.2 | 2620.5 | 631.6 | 1988.9 | 706.3 |
| 152.4 | 76.1 | 276.6 | 41.9 | 234.7 | 0.1 |
| 82.5 | 20.0 | 164.7 | 18.8 | 145.9 | 5.5 |
| 37.9 | 5.8 | 116.6 | 14.2 | 102.4 | 0.6 |
| 46.4 | 32.1 | 142.9 | 7.2 | 135.7 | 9.0 |
| 213.2 | 237.4 | 348.5 | 24.6 | 323.8 | 0.7 |
| 99.0 | 2.8 | 118.1 | 8.2 | 109.8 | 0.01 |
| 124.9 | 19.0 | 200.0 | 30.2 | 169.9 | 4.7 |
| 33.7 | 5.6 | 79.2 | 4.1 | 75.1 | 0.02 |
| 75.5 | 39.0 | 179.9 | 16.2 | 163.7 | 5.1 |
| 63.2 | 15.2 | 136.2 | 13.0 | 123.2 | 0.02 |
| 69.0 | 18.7 | 195.6 | 23.2 | 172.5 | 1.0 |
| 45.4 | 7.5 | 90.4 | 19.8 | 70.5 | 0.003 |

# 6-11 分地区金融机构人民币信贷收支表(年底余额)(各项贷款)

单位：亿元

| 年份<br>地区 | Year<br>Region | 各项贷款<br>Total Loans | 境内贷款<br>Domestic loans | 住户贷款<br>Households loans | 短期贷款<br>Short-term Loans | 消费贷款<br>Consumer | 经营贷款<br>Business | 中长期贷款<br>Medium & Long-term Loans |
|---|---|---|---|---|---|---|---|---|
| 2015 | | 16214.9 | 16174.2 | 4036.7 | 1398.9 | 322.6 | 1076.3 | 2637.8 |
| 2016 | | 17725.0 | 17625.1 | 4590.2 | 1412.5 | 363.3 | 1049.3 | 3177.7 |
| 2017 | | 19208.4 | 19073.5 | 5000.5 | 1414.5 | 427.2 | 987.3 | 3586.0 |
| 2018 | | 20156.3 | 19922.1 | 5376.4 | 1420.5 | 474.6 | 945.9 | 3955.9 |
| 哈尔滨 | Harbin | 10921.2 | 10687.6 | 3086.7 | 646.7 | 326.1 | 320.6 | 2440.0 |
| 齐齐哈尔 | Qiqihar | 1437.5 | 1437.5 | 450.1 | 121.9 | 25.4 | 96.4 | 328.2 |
| 鸡西 | Jixi | 795.8 | 795.8 | 132.7 | 59.2 | 9.3 | 49.9 | 73.6 |
| 鹤岗 | Hegang | 497.2 | 497.2 | 61.4 | 33.1 | 7.9 | 25.2 | 28.3 |
| 双鸭山 | Shuangyashan | 913.7 | 913.7 | 129.3 | 60.0 | 7.5 | 52.5 | 69.2 |
| 大庆 | Daqing | 1086.9 | 1086.8 | 355.8 | 67.4 | 20.9 | 46.5 | 288.4 |
| 伊春 | Yichun | 180.2 | 180.2 | 42.5 | 18.4 | 5.6 | 12.8 | 24.1 |
| 佳木斯 | Jiamusi | 1812.5 | 1812.5 | 253.1 | 106.4 | 13.9 | 92.5 | 146.7 |
| 七台河 | Qitaihe | 246.6 | 246.6 | 56.2 | 21.0 | 4.7 | 16.3 | 35.2 |
| 牡丹江 | Mudanjiang | 665.5 | 665.5 | 282.7 | 90.5 | 16.3 | 74.3 | 192.1 |
| 黑河 | Heihe | 557.8 | 557.2 | 153.9 | 63.3 | 7.2 | 56.0 | 90.7 |
| 绥化 | Suihua | 908.9 | 908.9 | 331.1 | 104.0 | 22.0 | 82.0 | 227.1 |
| 大兴安岭 | Daxinganling | 132.4 | 132.4 | 40.8 | 28.5 | 7.6 | 20.9 | 12.3 |

# Balance Sheet of Credit Funds of Financial Institutions at Year-End by Region(Loans)

(100 million yuan)

| 消费贷款 Consumer | 经营贷款 Business | 非金融企业及机关团体贷款 Non-financial Companies and Organizations Loans | 短期贷款 Short-term Loans | 中长期贷款 Medium & Long-term Loans | 票据融资 Bill Financing | 融资租赁 Finance Lease | 各项垫款 Advances |
|---|---|---|---|---|---|---|---|
| 1893.8 | 744.0 | 12137.5 | 6353.3 | 4512.8 | 1155.0 | 105.6 | 10.8 |
| 2382.0 | 795.7 | 13034.9 | 7119.0 | 4726.9 | 1023.9 | 152.9 | 12.2 |
| 2806.6 | 779.4 | 14073.0 | 7841.0 | 5370.0 | 689.5 | 160.6 | 12.0 |
| 3147.8 | 808.1 | 14535.7 | 7418.9 | 5788.4 | 1089.3 | 221.9 | 17.2 |
| | | | | | | | |
| 2119.0 | 321.1 | 7591.0 | 2327.1 | 4237.0 | 800.3 | 221.9 | 4.7 |
| 247.1 | 81.1 | 987.4 | 756.4 | 211.4 | 19.4 | | 0.2 |
| 40.0 | 33.5 | 663.0 | 564.7 | 85.3 | 13.1 | | |
| 18.3 | 10.0 | 435.8 | 338.0 | 75.8 | 22.0 | | |
| 19.6 | 49.6 | 784.4 | 590.4 | 169.2 | 24.9 | | |
| 204.4 | 84.0 | 731.0 | 392.7 | 262.8 | 63.6 | | 12.0 |
| 13.1 | 11.0 | 137.7 | 21.4 | 86.8 | 29.5 | | |
| 91.5 | 55.2 | 1559.5 | 1349.5 | 195.8 | 14.2 | | |
| 20.2 | 14.9 | 190.4 | 92.8 | 58.8 | 38.8 | | |
| 162.2 | 29.9 | 382.8 | 183.5 | 186.2 | 12.9 | | 0.2 |
| 48.9 | 41.7 | 403.2 | 332.3 | 57.5 | 13.4 | | 0.1 |
| 156.7 | 70.4 | 577.8 | 428.7 | 131.9 | 17.3 | | |
| 6.7 | 5.7 | 91.6 | 41.6 | 30.0 | 20.0 | | |

# 6-12 黑龙江A股股票发行情况

单位:万元

| 公司名称 | Company Name | 证券代码 Securities Code |
|---|---|---|
| 金洲慈航集团股份有限公司 | Goldleaf Jewelry Co., Ltd | 000587.SZ |
| 黑龙江京蓝科技股份有限公司 | Heilongjiang Kingland Technology Co.,Ltd. | 000711.SZ |
| 航天科技控股集团股份有限公司 | Aerospace Hi-Tech Holding GroupCo.,Ltd. | 000901.SZ |
| 哈尔滨电气集团佳木斯电机股份有限公司 | Harbin Electric Corporation Jiamusi Electric Machine Co.,Ltd. | 000922.SZ |
| 大庆华科股份有限公司 | Daqing Huake Co.,Ltd. | 000985.SZ |
| 哈尔滨誉衡药业股份有限公司 | Gloria Pharmaceuticals | 002437.SZ |
| 哈尔滨博实自动化股份有限公司 | Harbin Boshi Automation Co., Ltd. | 002698.SZ |
| 葵花药业集团股份有限公司 | Sunflower Pharmaceutical Group Co.,Ltd. | 002737.SZ |
| 哈尔滨三联药业股份有限公司 | MEDISAN | 002900.SZ |
| 哈尔滨九洲电气股份有限公司 | JZE,Inc | 300040.SZ |
| 哈尔滨中飞新技术股份有限公司 | Harbin ZhongFei New Technology Co.,Ltd. | 300489.SZ |
| 中航直升飞机股份有限公司 | AVIC Helicopter Co., Ltd. | 600038.SH |
| 哈尔滨高科技(集团)股份有限公司 | Harbin High-Tech Group Co.,Ltd. | 600095.SH |
| 哈尔滨东安汽车动力股份有限公司 | Harbin Dongan Automotive Powertrain Co., Ltd. | 600178.SH |
| 安通控股股份有限公司 | Antong Holdings Co., Ltd. | 600179.SH |
| 佳通轮胎股份有限公司 | Jiatong Tyre Holding Co.,Ltd. | 600182.SH |
| 黑龙江国中水务股份有限公司 | Interchina Water Treatment Co.,Ltd. | 600187.SH |
| 哈尔滨空调股份有限公司 | Harbin Air Conditioning Co.,Ltd. | 600202.SH |
| 亿阳信通股份有限公司 | Bright Oceans Co.,Ltd. | 600289.SH |
| 牡丹江恒丰纸业股份有限公司 | Mudanjiang Hengfeng Paper Co., Ltd | 600356.SH |
| 万向德农股份有限公司 | Wan Xiang Doneed Co.,Ltd. | 600371.SH |
| 黑龙江北大荒农业股份有限公司 | Heilongjiang Bei Da Huang Agriculture Co., Ltd | 600598.SH |
| 哈药集团股份有限公司 | Harbin Pharmaceutical Group Holding Co.,Ltd. | 600664.SH |
| 哈尔滨工大高新技术产业开发股份有限公司 | Harbin Industry University High-tech Industry Development Holding Co.,Ltd. | 600701.SH |
| 中航资本控股股份有限公司 | Avic Capital Co.,Ltd. | 600705.SH |
| 华电能源股份有限公司 | Huadian Energy Co.,Ltd. | 600726.SH |
| 东方集团股份有限公司 | Orient Group Co.,Ltd. | 600811.SH |
| 哈药集团人民同泰医药股份有限公司 | Hpgc Renmintongtai Pharmaceutical Corporation | 600829.SH |
| 龙建路桥股份有限公司 | Long Jian Holding Co.,Ltd. | 600853.SH |
| 哈尔滨哈投投资股份有限公司 | Harbin Investment Co.,Ltd. | 600864.SH |
| 哈尔滨秋林集团股份有限公司 | Qiulin Group | 600891.SH |
| 宝泰隆新材料股份有限公司 | Bao Tyrone | 601011.SH |
| 中国第一重型机械股份公司 | China First Heavy Industries | 601106.SH |
| 黑龙江交通发展股份有限公司 | HTDC | 601188.SH |
| 哈尔滨威帝电子股份有限公司 | Harbin VITI Electronic Co. LTD. | 603023.SH |
| 黑龙江珍宝岛药业股份有限公司 | ZBD Pharmaceutical | 603567.SH |

# Issuance of A Shares

(10000 yuan)

| 上市时间 Listed Time | 首发融资额 Initial Issue | 可转债 Transferable Bond | 配股 Rationed Shares | 定向增发 Directed Issuance | 公开增发 Public Issuance | 融资额合计 Total Amount of Financing | 总股本(万股)(2018年末) Stock Capital by 2018 (10000 share) |
|---|---|---|---|---|---|---|---|
| 1996/4/25 | | | 18711 | 269960 | | 288671 | 212375 |
| 1997/4/11 | 5988 | | 5962 | 372383 | | 384333 | 87666 |
| 1999/4/1 | 18600 | | 48721 | 167055 | | 234377 | 61419 |
| 1999/6/18 | 37510 | | | 79695 | | 117205 | 48989 |
| 2000/7/26 | 25020 | | | | | 25020 | 12964 |
| 2010/6/23 | 175000 | | | | | 175000 | 219812 |
| 2012/9/11 | 52480 | | | | | 52480 | 68170 |
| 2014/12/30 | 133335 | | | | | 133335 | 58400 |
| 2017/9/22 | 95349 | | | | | 95349 | 31660 |
| 2010/1/8 | 59400 | 30800 | | | | 90200 | 34303 |
| 2015/7/1 | 19931 | | | | | 19931 | 9075 |
| 2000/12/18 | 47100 | | 27476 | 110600 | | 185176 | 58948 |
| 1997/7/8 | 28900 | | 19843 | | | 48743 | 36126 |
| 1998/10/14 | 57400 | | 35622 | | | 93022 | 46208 |
| 1998/11/4 | 39100 | | | 70000 | | 109100 | 148698 |
| 1999/5/7 | 40320 | | | | | 40320 | 34000 |
| 1998/11/11 | 22850 | | 18150 | 295759 | | 336759 | 165394 |
| 1999/6/3 | 18240 | | | | | 18240 | 38334 |
| 2000/7/20 | 72960 | | | 111176 | | 184136 | 63105 |
| 2001/4/19 | 28360 | 45000 | | 28938 | | 102298 | 29873 |
| 2002/9/16 | 13880 | | | | | 13880 | 22506 |
| 2002/3/29 | 161400 | 150000 | | | | 311400 | 177768 |
| 1993/6/29 | | | 154739 | | | 154739 | 254495 |
| 1996/5/28 | 13500 | | 28690 | 74252 | | 116442 | 103474 |
| 1996/5/16 | | | 17971 | 638880 | 90000 | 746851 | 897633 |
| 1996/7/1 | 5898 | 80000 | | 150000 | 68850 | 304748 | 196668 |
| 1994/1/6 | 26760 | | 103240 | 870300 | | 1000300 | 371458 |
| 1994/2/24 | 13000 | | | | | 13000 | 57989 |
| 1994/4/4 | 29400 | | | 47024 | | 76424 | 64417 |
| 1994/8/9 | 11500 | | 7994 | 500000 | | 519494 | 210851 |
| 1996/3/25 | 18360 | | 14074 | 45000 | | 77434 | 61759 |
| 2011/3/9 | 174600 | | | 256160 | | 430760 | 161098 |
| 2010/2/9 | 1140000 | | | 155095 | | 1295095 | 685778 |
| 2010/3/19 | | | | 23000 | | 23000 | 131588 |
| 2015/5/27 | 26500 | 20000 | | | | 46500 | 36000 |
| 2015/4/24 | 152409 | | | | | 152409 | 84916 |

# 6-13 保险公司机构数(2018年)

单位：个

| 机构名称 | Organization Name | 机构总数 Number of Institutions |
|---|---|---|
| **全省合计** | **Total** | |
| **寿险公司小计** | **Life Insurance Companies Subtotal** | **1457** |
| 中国人寿保险股份有限公司 | China Life Insurance Co., Ltd. | 612 |
| 中国太平洋人寿保险股份有限公司 | China Pacific Life Insurance Co., Ltd. | 117 |
| 中国平安人寿保险股份有限公司 | China Ping An Life Insurance Co., Ltd. | 136 |
| 新华人寿保险股份有限公司 | China Life Insurance Co., Ltd. | 70 |
| 泰康人寿保险有限责任公司 | Tai Kang Life Insurance Co., Ltd. | 114 |
| 太平人寿保险有限公司 | Taiping Life Insurance Co., Ltd. | 75 |
| 建信人寿保险股份有限公司 | CCB Life Insurance Co., Ltd. | 5 |
| 民生人寿保险股份有限公司 | Minsheng Life Insurance Co., Ltd. | 17 |
| 富德生命人寿保险股份有限公司 | Fude Sino Life Insurance Co., Ltd. | 48 |
| 平安养老保险股份有限公司 | Ping An Endowment Insurance Co., Ltd. | 4 |
| 合众人寿保险股份有限公司 | Union Life Insurance Co., Ltd. | 28 |
| 君康人寿保险股份有限公司 | June Life Insurance Co., Ltd. | 10 |
| 信泰人寿保险股份有限公司 | Xintai Life Insurance Co., Ltd. | 20 |
| 农银人寿保险股份有限公司 | ABC Life Insurance Co., Ltd. | 3 |
| 和谐健康保险股份有限公司 | Hexie Health Insurance Co., Ltd. | 2 |
| 中国人民人寿保险股份有限公司 | Chinese People's Life Insurance Co., Ltd. | 79 |
| 阳光人寿保险股份有限公司 | Sun Life Insurance Co., Ltd. | 55 |
| 百年人寿保险股份有限公司 | Century Life Insurance Co., Ltd. | 21 |
| 安邦人寿保险股份有限公司 | Ampang Life Insurance Co., Ltd. | 7 |
| 中意人寿保险有限公司 | Generali China Life Insurance Co., Ltd. | 7 |
| 中英人寿保险有限公司 | England Life Insurance Co., Ltd. | 14 |
| 光大永明人寿保险有限公司 | Sun Life Everbright Life Insurance Co., Ltd. | 4 |
| 太平养老保险股份有限公司 | Taiping Pension Insurance Co., Ltd. | 1 |
| 华夏人寿保险股份有限公司 | Huaxia Life Insurance Co., Ltd. | 1 |
| 中邮人寿保险股份有限公司 | China Post Life Insurance Co., Ltd | 1 |
| 泰康养老保险股份有限公司 | Tai Kang Pension Insurance Co., Ltd. | 1 |
| 华泰人寿保险股份有限公司 | Huatai Life Insurance Co., Ltd. | 4 |
| 英大泰和人寿保险股份有限公司 | Yingdataihe Life Insurance Co., Ltd. | 1 |
| **财险公司小计** | **Insurance Company Subtotal** | **1100** |
| 中国人民财产保险股份有限公司 | China PICC | 387 |
| 中国大地财产保险股份有限公司 | China Continent Property & Casualty Insurance Co., Ltd. | 60 |
| 中国出口信用保险公司 | China Export & Credit Insurance Corporation | 1 |
| 中华联合财产保险股份有限公司 | China United Property Insurance Co., Ltd. | 4 |
| 中国太平洋财产保险股份有限公司 | China Pacific Property Insurance Co., Ltd. | 60 |
| 中国平安财产保险股份有限公司 | China Ping An Insurance Company | 72 |
| 天安保险股份有限公司 | Tian An Insurance Co., Ltd. | 23 |
| 华安财产保险股份有限公司 | Hua An Property Insurance Co., Ltd. | 44 |
| 太平财产保险有限公司 | Pacific Property Insurance Co., Ltd. | 7 |
| 永诚财产保险股份有限公司 | Yongcheng Property Insurance Co., Ltd. | 9 |
| 安邦财产保险股份有限公司 | Anbang Property Insurance Co., Ltd. | 58 |
| 安华农业保险股份有限公司 | Anhua Agricultural Insurance Co., Ltd. | 4 |
| 阳光财产保险股份有限公司 | Sunshine Property and Casualty Insurance Co., Ltd. | 64 |
| 阳光农业相互保险公司 | Sunshine Agriculture Mutual Insurance Company | 188 |
| 都邦财产保险股份有限公司 | Du Bang Property Insurance Company | 10 |
| 中国人寿财产保险股份有限公司 | China Life Insurance Company | 79 |
| 中意财产保险有限公司 | China Insurance Co., Ltd. | 2 |
| 英大泰和财产保险股份有限公司 | Yingda Taihe Property Insurance Co., Ltd. | 5 |
| 华泰财产保险有限公司 | Huatai Property Insurance Co., ltd | 3 |
| 中航安盟财产保险有限公司 | AVIC UNITA Property Insurance Co., Ltd | 19 |
| 中银保险有限公司 | BOC Insurance Co., Ltd. | 1 |

# Number of Institutions of Insurance Company(2018)

(unit)

| 机构类别 Organization Type | | | | | |
|---|---|---|---|---|---|
| 总公司 Company | 分公司 Branch | 中心支公司 Center Support Company | 支公司 Support Company | 营业部 Sales Department | 营销服务部 Marketing Services Division |
| | **28** | **171** | **445** | **2** | **811** |
| | 1 | 14 | 91 | 2 | 504 |
| | 1 | 13 | 86 | | 17 |
| | 1 | 11 | 53 | | 71 |
| | 1 | 12 | 22 | | 35 |
| | 1 | 11 | 50 | | 52 |
| | 1 | 11 | 1 | | 62 |
| | 1 | 4 | | | |
| | 1 | 6 | 6 | | 4 |
| | 1 | 12 | 16 | | 19 |
| | 1 | 3 | | | |
| | 1 | 9 | 5 | | 13 |
| | 1 | 9 | | | |
| | 1 | 6 | 9 | | 4 |
| | 1 | 2 | | | |
| | 1 | 1 | | | |
| | 1 | 13 | 65 | | |
| | 1 | 9 | 32 | | 13 |
| | 1 | 7 | 6 | | 7 |
| | 1 | 6 | | | |
| | 1 | 4 | 2 | | |
| | 1 | 3 | | | 10 |
| | 1 | 2 | 1 | | |
| | 1 | | | | |
| | 1 | | | | |
| | 1 | | | | |
| | 1 | | | | |
| | 1 | 3 | | | |
| | 1 | | | | |
| **1** | **20** | **155** | **571** | **38** | **315** |
| | 1 | 14 | 145 | 38 | 189 |
| | 1 | 12 | 34 | | 13 |
| | 1 | | | | |
| | 1 | 3 | | | |
| | 1 | 13 | 46 | | |
| | 1 | 13 | 32 | | 26 |
| | 1 | 9 | | | 13 |
| | 1 | 12 | 16 | | 15 |
| | 1 | 5 | 1 | | |
| | 1 | 7 | 1 | | |
| | 1 | 13 | 31 | | 13 |
| | 1 | 1 | 2 | | |
| | 1 | 13 | 46 | | 4 |
| 1 | | 12 | 168 | | 7 |
| | 1 | 7 | | | 2 |
| | 1 | 13 | 32 | | 33 |
| | 1 | 1 | | | |
| | 1 | 3 | 1 | | |
| | 1 | 2 | | | |
| | 1 | 2 | 16 | | |
| | 1 | | | | |

# 6-14 保险业务情况
# Major Indicators of Insurance Business

单位：万元 (10000 yuan)

| 项　目 | Item | 2013 | 2014 | 2015 | 2016 | 2017 | 2018 |
|---|---|---|---|---|---|---|---|
| **保费收入** | **Premium Income** | **3843235** | **5070910** | **5917671** | **6855239** | **9314112** | **8991064** |
| 企业财产险 | Enterprise Property Insurance | 50023 | 50404 | 48861 | 50093 | 48405 | 47217 |
| 家庭财产险 | Family Property Insurance | 5995 | 6254 | 7885 | 8647 | 11272 | 12473 |
| 机动车辆险 | Motor Vehicle Insurance | 696826 | 780339 | 870855 | 999313 | 1146753 | 1181570 |
| 船舶险 | Ships Insurance | 222 | 96 | 111 | 96 | 84 | 78 |
| 货物运输险及责任保险 | Cargo Transportation Insurance and Liability Insurance | 7127 | 6645 | 5875 | 6693 | 5900 | 7251 |
| 责任险 | Liability Insurance | 27539 | 28452 | 31216 | 33808 | 43045 | 51469 |
| 保证保险 | Guarantee Insurance | 28417 | 39677 | 54912 | 39162 | 57919 | 144579 |
| 农业险 | Agriculture Insurance | 283295 | 260574 | 298473 | 318422 | 354612 | 396870 |
| 其他保险 | Other Insurance | 1267 | 47867 | 17464 | 32721 | 27392 | 36270 |
| 寿　险 | Life Insurance | 2404736 | 3467932 | 4033169 | 4135990 | 6392455 | 5455620 |
| 健康险 | Health Insurance | 226541 | 295908 | 447541 | 1107113 | 1075470 | 1487407 |
| 人身意外伤害险 | Person Accident Insurance | 75726 | 86761 | 101308 | 123180 | 150806 | 170260 |
| **赔款及给付** | **Claim and Payment** | **1544111** | **1547548** | **1692546** | **2377512** | **2405184** | **2571690** |
| 企业财产险 | Enterprise Property Insurance | 34744 | 25612 | 22560 | 31127 | 34603 | 22765 |
| 家庭财产险 | Family Property Insurance | 2314 | 3534 | 2588 | 3456 | 5095 | 5424 |
| 机动车辆险 | Motor Vehicle Insurance | 394206 | 407110 | 421467 | 492419 | 556124 | 620019 |
| 船舶险 | Ships Insurance | 0.45 | 0.39 | 2.66 | 13.95 | 7.76 | 5.37 |
| 货物运输险及责任保险 | Cargo Transportation Insurance and Liability Insurance | 4657 | 7539 | 3051 | 2433 | 3175 | 4735 |
| 责任险 | Liability Insurance | 12423 | 18279 | 14717 | 21279 | 29058 | 30477 |
| 保证保险 | Guarantee Insurance | 8613 | 5394 | 8663 | 15516 | 18800 | 34399 |
| 农业险 | Agriculture Insurance | 327959 | 180441 | 189845 | 375930 | 273767 | 280285 |
| 其他保险 | Other Insurance | 292 | 6126 | 6916 | 8069 | 7321 | 8199 |
| 寿　险 | Life Insurance | 648058 | 770700 | 867684 | 1187491 | 1120847 | 1064294 |
| 健康险 | Health Insurance | 84392 | 105953 | 138198 | 218194 | 329204 | 462425 |
| 人身意外伤害险 | Person Accident Insurance | 18301 | 16860 | 16853 | 21583 | 27182 | 38664 |

注：其他保险=建筑安装工程保险及责任保险+出口信用险+其他险
a) Other Insurance = construction and installation insurance and liability insurance + export credit insurance + other

# 主要统计指标解释

**一般公共预算收入**　指国家财政参与社会产品分配所取得的收入，是实现国家职能的财力保证。主要包括：（1）各项税收：包括国内增值税、国内消费税、进口货物增值税和消费税、出口货物退增值税和消费税、企业所得税、个人所得税、资源税、城市维护建设税、房产税、印花税、城镇土地使用税、土地增值税、车船税、船舶吨税、车辆购置税、关税、耕地占用税、契税、烟叶税、环境保护税等。（2）非税收入：包括专项收入、行政事业性收费、罚没收入、国有资本经营收入、国有资源（资产）有偿使用收入和其他收入。财政收入按现行分税制财政体制划分为中央本级收入和地方本级收入。

**一般公共预算支出**　指国家财政将筹集起来的资金进行分配使用，以满足经济建设和各项事业的需要。主要包括：一般公共服务、外交、国防、公共安全、教育、科学技术、文化体育与传媒、社会保障和就业、医疗卫生与计划生育、节能环保、城乡社区、农林水、交通运输、资源勘探信息等、商业服务业等、金融、援助其他地区、国土海洋气象等、住房保障、粮油物资储备、债务付息、债务发行费用等方面的支出。财政支出根据政府在经济和社会活动中的不同职权，划分为中央财政支出和地方财政支出。

**信贷资金**　指金融机构以信用方式积聚和分配的货币资金。金融机构信贷资金的来源有各项存款、金融债券、对国际金融机构负债、流通中现金、其他项目等；信贷资金的运用有各项贷款、有价证券及投资、金银占款、外汇占款、财政借款及在国际金融机构中的资产等。

**存款**　指企业、机关、团体或居民根据资金必须收回的原则，把货币资金存入银行或其他信贷机构保管并取得一定利息的一种信用活动形式。根据存款对象或性质的不同可划分为单位存款、个人存款、财政性存款、临时性存款、委托存款、其他存款等科目。它是银行信贷资金的主要来源。

**贷款**　指银行或其他信贷机构根据资金必须归还的原则，按一定利率，为企业、个人等提供资金的一种信用活动形式。我国银行贷款分为短期贷款、中长期贷款、融资租赁、票据融资、各项垫款、境外贷款等。

**保险公司**　在中国境内的、经过保险监督管理部门批准设立，并依法登记注册的各类商业保险公司。

**保险金额**　指保险人承担赔偿或者给付保险金责任的最高限额。

**保费**　指投保人为取得保险人在约定范围内所承担赔偿责任而支付给保险人的费用。

**赔款**　指保险人根据保险合同的规定，向被保险人支付的赔偿保险责任损失的金额。

**给付**　包括死伤医疗给付和满期给付。死伤医疗给付是指保险人根据人寿保险及长期健康保险合同的规定，因被保险人在保险期内发生保险责任范围内的保险事故支付给被保险人(或受益人)的金额。满期给付是指被保险人生存期满，保险人按人寿保险合同规定支付给被保险人的满期保险金额。

**股票及其他股权**　指股票购买者及直接投资者对其投资企业净资产所拥有的权益。股票是股份公司签发的证明股东投资并按其所持股份享有权益和承担义务的权益性证券。其他股权是机构单位以直接投资的方式用除股票、债权性证券以外的土地、房屋及建筑物、机器设备、存货、资源资产等实物资产，商标、专利权、土地使用权、特许使用权、商誉等无形资产及货币资金直接向其他单位进行的投资。通常以股权证、出资证明书、参与证或类似的单据为凭证。

# Explanatory Notes on Main Statistical Indicators

**General Public Budget Revenue** refers to income for the government finance through participating in the distribution of social products. It is the financial guarantee to ensure government functioning. The government revenue includes the following main items: (1) Various tax revenues including domestic value added tax (VAT), domestic consumption tax, VAT and consumption tax from imports, VAT and consumption tax rebate for exports, corporate income tax, individual income tax, resource tax, city maintenance and construction tax, house property tax, stamp tax, urban land use tax, land appreciation tax, tax on vehicles and boat operation, ship tonnage tax, vehicle purchase tax, tariffs, farm land occupation tax, deed tax, and tobacco tax, environment protection tax, etc. (2) Non-tax revenue, including special program receipts, charge of administrative and institutional units, penalty receipts, operating income from government capital, income from use of state-owned resources (assets) and others non-tax receipts.

**General Public Budget Expenditure** refers to the distribution and use of the funds which the government finance has raised, so as to meet the needs of economic construction and various undertakings. It includes the following main items: expenditure for general public services, expenditure for foreign affairs, expenditure for national defence expenditure for public security, expenditure for education, expenditure for science and technology, expenditure for culture, sport and media, expenditure for social safety net and employment effort, expenditure for medical and health care and family planning, expenditure for energy conservation and environment protection, expenditure for urban and rural community affairs, expenditure for agriculture, forestry and water conservancy, expenditure for transportation, expenditure for resource exploration and information, expenditure for affairs of commerce and services, expenditure for finance, aid to other regions, expenditure for land, ocean and weather, expenditure for housing security, expenditure for grain & oil reserves, interest payment for public debts, expenditure for issuing debts. General public budget expenditure is divided into general public budget expenditure of central government and general public budget expenditure of local government according to the different functions of the governments played in economic and social activities,

**Credit Funds** refer to the monetary funds accumulated and distributed in the means of credit by the financial institutions. The sources of credit funds include various deposits, financial bonds, liabilities to international financial institutions, currency in circulation, other items. The uses of credit funds include loans, securities and investment, position for bullion and silver purchase, position for foreign exchange purchase, advancces to trcasury, and assets with international financial institutions.

**Deposit** is a form of credit by which enterprises, institutions, organizations or households can put money into banks and other credit institutions for safekeeping and interest earning under the principle of free withdrawal. According to different depositors, deposits are divided into unit deposits, personal deposits, fiscal deposits, temporary deposits, entrusted deposits and other deposits. Deposits are major sources of the credit funds of banks.

**Loan** is a form of credit by which banks and other credit institutions provide funds at certain interest rate to enterprises and individuals in the light of the principle of unconditional repayment. Loans from Chinese banks include short-term loan, medium-term and long-term loans, financial lease, bill financing, various money advanced, foreign loans.

**Insurance Companies** refer to commercial insurance companies of various forms registered by law and established in China with the approval of insurance regulatory agencies.

**Amount Insured** refers to the maximum that the insurant will get for the claim of the case insured.

**Premium** is the fee paid by the insurant to the insurer to obtain the obligation of compensation from the insurance within the agreed terms.

**Settled Claim** is the compensation paid by the insurer to the insurant in accordance with the insurance contract.

**Payment** includes payment for death, injury or medical treatment and payment at maturity. Payment for death, injury or medical treatment refers to the money paid to the insurant (or the beneficiary) in accordance with the life or health insurance contract when the insurant encounters accidents within the insured period covered in the contract. Payment at maturity refers to the payment to the insurant in accordance with the life insurance contract at the end of the insured period.

**Shares and Other Holding Rights** refer to the rights of stockholders and direct investors on the net assets of corporations they have invested in. Shares refer to negotiable securities on creditor's rights, issued by share companies certifying the investment by stockholders and their rights and duties in accordance with the amount of stocks that they hold. Other holding rights refer to the direct investment by

institutional units in other units with currency capital or with assets, in forms other than shares and negotiable securities on creditor's rights, including such tangible assets such as land, buildings, machines and equipment, inventory, resources, etc., and such intangible assets as trade marks, patents, monopolies, rights on land use, licenses, commercial reputation, etc.. Documents of proof of holding rights usually include certificates on creditor's right, certificates on investment or on participation, etc.

# 第七篇　资源与环境

CHAPTER 7 RESOURCES AND ENVIRONMENT

资料整理：王志博　张雅楠

# 7-1 土地状况
# Land Characteristics

| 项目 | Item | 面积<br>(万公顷)<br>Area<br>(10000 hectares) | 占总面积<br>(%)<br>Percentage to<br>Total Area(%) |
|---|---|---|---|
| **总面积** | **Total Land Area** | **4525.3** | **100.0** |
| 耕地 | Cultivated Land | 1584.4 | 35.0 |
| 园地 | Garden Land | 4.5 | 0.1 |
| 林地 | Forests Land | 2181.9 | 48.2 |
| 草地 | Grassland | 201.8 | 4.5 |
| 城镇村及工矿用地 | Land for Inhabitation, Mining and Manufacturing | 123.7 | 2.7 |
| 交通运输用地 | Land for Transport Facilities | 59.4 | 1.3 |
| 水域及水利设施用地 | Land for Water Conservancy Facilities | 217.1 | 4.8 |
| 其他用地 | Other | 152.6 | 3.4 |

注：1.本表数据来源于黑龙江省自然资源厅，为第二次土地调查数据(7-2表同)。
2.本表不包含加格达奇、松岭区面积共计1.82万平方公里。

a) Figures in this table were the second land survey data and obtained from the Department of Natural Resources of Heilongjiang Province(the same as 7-2 table).

b) This table does not include Jiagedaqi and Songling area total of 18200 square kilometers.

# 7-2 分地区土地面积
# Land Area in the Region

| 地区 | Region | 总面积(平方公里)<br>Total Land Area (sq.km) |
|---|---|---|
| **全省** | **Total** | **452532.3** |
| 哈尔滨 | Harbin | 53076.5 |
| 齐齐哈尔 | Qiqihar | 42255.5 |
| 鸡西 | Jixi | 22494.5 |
| 鹤岗 | Hegang | 14665.0 |
| 双鸭山 | Shuangyashan | 22051.1 |
| 大庆 | Daqing | 21204.8 |
| 伊春 | Yichun | 32800.3 |
| 佳木斯 | Jiamusi | 32463.8 |
| 七台河 | Qitaihe | 6190.1 |
| 牡丹江 | Mudanjiang | 38827.2 |
| 黑河 | Heihe | 66861.9 |
| 绥化 | Suihua | 34873.1 |
| 大兴安岭 | Daxinganling | 64768.4 |

# 7-3 主要河流基本情况(2018年)
# Major Rivers(2018)

| 名 称 | Name | 流域面积（平方公里） Drainage Area (sq.km) | 河长（公里） Length (km) |
|---|---|---|---|
| 呼玛河 | Humahe River | 31197 | 524 |
| 逊毕拉河 | Xunbilahe River | 15739 | 279 |
| 穆棱河 | Mulinghe River | 18136 | 834 |
| 挠力河 | Naolihe River | 22495 | 596 |
| 呼兰河 | Hulanhe River | 31424 | 523 |
| 蚂蚁河 | Ant River | 10547 | 341 |
| 汤旺河 | Tangwanghe River | 20557 | 509 |

注：水利数据来源于黑龙江省水文局。
a) Figures of water resources were obtained from the Hydrographic Department of Heilongjiang Province.

# 7-4 分地区水资源状况(2018年)
# Water Resources by Region(2018)

单位：亿立方米 (100 Million cu.m)

| 地 区 | Region | 水资源总量 Total Water Resources Volume | 地下水资源与地表水资源不重复量 Unduplicated Measurement Volume of Surface Water and Ground Water | 地表水资源量 Total Surface Water Resources Volume |
|---|---|---|---|---|
| **全 省** | **Total** | **1011.4** | **169.2** | **842.2** |
| 哈尔滨 | Harbin | 184.8 | 24.0 | 160.7 |
| 齐齐哈尔 | Qiqihar | 63.2 | 30.3 | 32.9 |
| 鸡 西 | Jixi | 46.4 | 10.6 | 35.8 |
| 鹤 岗 | Hegang | 31.5 | 7.3 | 24.2 |
| 双鸭山 | Shuangyashan | 33.9 | 8.5 | 25.4 |
| 大 庆 | Daqing | 23.6 | 15.1 | 8.6 |
| 伊 春 | Yichun | 107.6 | 3.8 | 103.8 |
| 佳木斯 | Jiamusi | 52.4 | 22.8 | 29.6 |
| 七台河 | Qitaihe | 8.9 | 0.9 | 7.9 |
| 牡丹江 | Mudanjiang | 127.2 | 4.2 | 123.0 |
| 黑 河 | Heihe | 160.4 | 15.7 | 144.7 |
| 绥 化 | Suihua | 71.6 | 21.1 | 50.6 |
| 大兴安岭 | Daxinganling | 100.0 | 4.9 | 95.1 |

# 7-5　主要矿产资源储量
# Reserves of Major Mineral Resources

| 项　目 | Item | 2014 | 2015 | 2016 | 2017 | 2018 |
|---|---|---|---|---|---|---|
| 煤炭(亿吨) | Coal(100 million tons) | 202.9 | 198.5 | 198.0 | 199.1 | 198.2 |
| 铁矿(矿石亿吨) | Iron(Ore,100 million tons) | 4.02 | 4.02 | 4.03 | 4.06 | 3.68 |
| 铜矿(铜万吨) | Copper(Metal,10000 tons) | 424.9 | 425.0 | 425.2 | 425.2 | 573.5 |
| 铅矿(万吨) | Lead(Metal,10000 tons) | 55.5 | 54.8 | 54.7 | 58.0 | 57.5 |
| 锌矿(万吨) | Zinc(Metal,10000 tons) | 186.0 | 185.9 | 185.3 | 192.7 | 190.8 |
| 镁矿(万吨) | Magnesium(10000 tons) | 891.3 | 891.3 | 891.3 | 891.3 | 891.3 |
| 镍矿(吨) | Nickel(ton) | 21612 | 21612 | 21612 | 21612 | 21612 |
| 钨矿(WO3)(万吨) | Tungsten(WO3,10000 tons) | 18.90 | 16.50 | 16.51 | 16.51 | 15.67 |
| 金矿(岩金)(千克) | Gold ore (rock gold) (kg) | 146215 | 153909 | 160297 | 159695 | 162260 |
| 矽线石(万吨) | Fibrolite(10000 tons) | 757.3 | 757.3 | 757.3 | 757.3 | 757.3 |
| 熔剂用灰岩(万吨) | Limestone for Flux(10000 tons) | 2590.9 | 4643.745 | 4643.7 | 4229.4 | 4120.4 |
| 冶金用白云岩(万吨) | Dolomite for Metallurgy(10000 tons) | 3653 | 3653 | 3653 | 3653 | 3653 |
| 铸型用砂(万吨) | Placer for Mould(10000 tons) | 1039.9 | 1039.9 | 1039.9 | 1039.9 | 1039.9 |
| 耐火粘土(万吨) | Refractory Clay(10000 tons) | 1533.7 | 1533.7 | 1533.7 | 1533.7 | 1533.7 |
| 硫铁矿(万吨) | Pyrite Ore(10000 tons) | 251.4 | 251.4 | 251.4 | 251.4 | 251.4 |
| 化肥用蛇纹岩(万吨) | Serpentinite for Chemical Fertilizer(10000 tons) | 7880.3 | 7880.3 | 7880.3 | 7880.3 | 7880.3 |
| 泥炭(万吨) | Peat(10000 tons) | 2877.3 | 2877.3 | 2877.3 | 2877.3 | 2877.3 |
| 磷矿石(万吨) | Phosphorite(10000 tons) | 4255 | 4255 | 4255 | 4255 | 4255 |
| 长石(万吨) | Feldspar(10000 tons) | 17558 | 17558 | 17558 | 17558 | 17558 |
| 陶瓷土(万吨) | Pottery Clay(10000 tons) | 3612 | 3601 | 3600 | 2021 | 2021 |
| 玻璃用砂(万吨) | Gritstone for Glass(10000 tons) | 1591 | 1591 | 1591 | 1591 | 1591 |
| 玻璃用脉石英(万吨) | Vein Quartz for Glass(10000 tons) | 799.5 | 799.5 | 799.5 | 799.5 | 799.5 |
| 玻璃用大理岩(万吨) | Marble for Glass(10000 tons) | 2820 | 2820 | 2820 | 2820 | 2820 |
| 水泥配料用粘土(万吨) | Clay for Cement Industry(10000 tons) | 11211.4 | 11210.9 | 11210.9 | 11210.9 | 11210.7 |
| 水泥用大理岩(亿吨) | Marble for Cement(100 million tons) | 15.7 | 15.8 | 16.2 | 16.2 | 16.8 |
| 膨润土(万吨) | Bentonite(10000 tons) | 14594 | 14594 | 14594 | 14594 | 14594 |
| 饰面用花岗岩(万立方米) | Granite for Facing(10000 cu.m) | 5265 | 5265 | 5265 | 5265 | 5265 |
| 火山灰(万吨) | Pozzolana(10000 tons) | 4948 | 4948 | 4948 | 4948 | 4948 |
| 饰面用大理岩(万立方米) | Marble for Facing(10000 cu.m) | 668 | 668 | 668 | 668 | 668 |
| 石墨(万吨) | Graphite(10000 tons) | 11615.6 | 12407.4 | 12884.8 | 19535.8 | 23263.4 |
| 沸石(万吨) | Zeolite(10000 tons) | 11908 | 11908 | 11908 | 11908 | 11908 |
| 颜料黄土(万吨) | Sienna(10000 tons) | 192 | 192 | 192 | 192 | 192 |
| 铸石用玄武岩(万吨) | Basalt for Casting(10000 tons) | 11110 | 11110 | 11110 | 11110 | 11110 |
| 岩棉用玄武岩(万吨) | Basalt for Artificial Asbestos(10000 tons) | 7274 | 7274 | 7274 | 7274 | 7274 |
| 珍珠岩(万吨) | Perlite(10000 tons) | 3325 | 3324 | 3322 | 3316 | 3304 |

注：本表数据来源于黑龙江省自然资源厅。
a) Figures in this table were obtained from the Department of Natural Resources of Heilongjiang Province.

# 7-6 主要城市(区)平均气压(2018年)
# Monthly Average Atmospheric Pressure of Major Cities(2018)

单位：百帕 (hPa)

| 月份 | Month | 哈尔滨 Harbin | 齐齐哈尔 Qiqihar | 北林 Beilin | 大庆 Daqing | 加格达奇 Jiagedaqi | 爱辉 Aihui | 伊春 Yichun | 佳木斯 Jiamusi | 鸡西 Jixi | 牡丹江 Mudan-jiang | 鹤岗 Hegang | 双鸭山 Shuang-yashan | 七台河 Qitaihe |
|---|---|---|---|---|---|---|---|---|---|---|---|---|---|---|
| **年平均** | **Annual Average** | **1000.3** | **996.2** | **992.6** | **996.3** | **968.4** | **992.8** | **981.7** | **1003.9** | **981.3** | **978.2** | **991.3** | **992.3** | **987.1** |
| 1月 | Jan. | 1008.1 | 1004.1 | 999.4 | 1003.8 | 973.0 | 998.3 | 986.6 | 1009.9 | 985.2 | 983.1 | 995.8 | 996.8 | 991.6 |
| 2月 | Feb. | 1007.3 | 1003.4 | 998.9 | 1003.1 | 973.4 | 999.3 | 986.9 | 1010.5 | 985.9 | 982.8 | 996.8 | 997.8 | 992.3 |
| 3月 | Mar. | 1004.3 | 1000.1 | 996.2 | 1000.2 | 970.5 | 995.4 | 984.3 | 1007.3 | 984.0 | 981.1 | 994.1 | 995.2 | 990.0 |
| 4月 | Apr. | 997.0 | 993.5 | 989.4 | 993.3 | 966.5 | 990.1 | 978.6 | 1000.4 | 978.0 | 974.9 | 988.0 | 989.0 | 983.7 |
| 5月 | May | 994.5 | 990.9 | 987.4 | 990.8 | 964.5 | 988.6 | 977.7 | 999.0 | 976.7 | 973.1 | 987.2 | 987.9 | 982.4 |
| 6月 | June | 988.9 | 984.8 | 981.9 | 985.0 | 959.8 | 983.3 | 972.4 | 993.9 | 972.9 | 969.5 | 982.3 | 983.3 | 978.2 |
| 7月 | July | 991.8 | 987.2 | 984.9 | 987.6 | 962.3 | 985.9 | 975.7 | 996.8 | 975.8 | 972.4 | 985.4 | 986.3 | 981.2 |
| 8月 | Aug. | 994.7 | 992.0 | 988.0 | 991.4 | 966.9 | 990.0 | 978.6 | 999.4 | 977.5 | 973.6 | 987.9 | 988.6 | 983.1 |
| 9月 | Sept. | 997.4 | 992.8 | 990.1 | 993.2 | 966.6 | 990.3 | 979.9 | 1001.7 | 980.3 | 977.1 | 989.6 | 990.7 | 985.7 |
| 10月 | Oct. | 1001.8 | 997.5 | 994.0 | 997.7 | 969.8 | 993.2 | 982.7 | 1004.7 | 982.8 | 980.0 | 992.2 | 993.3 | 988.4 |
| 11月 | Nov. | 1007.5 | 1002.7 | 999.4 | 1003.2 | 973.1 | 998.6 | 987.7 | 1010.7 | 987.8 | 984.9 | 997.6 | 998.8 | 993.6 |
| 12月 | Dec. | 1010.5 | 1005.5 | 1001.7 | 1005.9 | 974.7 | 1000.3 | 988.8 | 1012.3 | 988.6 | 986.4 | 998.4 | 999.7 | 994.6 |
| 春季 | Spring | 998.6 | 994.8 | 991.0 | 994.8 | 967.2 | 991.4 | 980.2 | 1002.2 | 979.6 | 976.4 | 989.8 | 990.7 | 985.4 |
| 夏季 | Summer | 991.8 | 988.0 | 984.9 | 988.0 | 963.0 | 986.4 | 975.6 | 996.7 | 975.4 | 971.8 | 985.2 | 986.1 | 980.8 |
| 秋季 | Fall | 1002.2 | 997.7 | 994.5 | 998.0 | 969.8 | 994.0 | 983.4 | 1005.7 | 983.6 | 980.7 | 993.1 | 994.3 | 989.2 |
| 冬季 | Winter | 1008.6 | 1004.3 | 1000.0 | 1004.3 | 973.7 | 999.3 | 987.4 | 1010.9 | 986.6 | 984.1 | 997.0 | 998.1 | 992.8 |
| 最高 | Highest | 1003.2 | 999.0 | 995.4 | 999.1 | 971.0 | 995.5 | 984.5 | 1006.7 | 984.1 | 981.0 | 994.1 | 995.0 | 989.8 |
| 最低 | Lowest | 997.2 | 993.1 | 989.7 | 993.2 | 965.6 | 990.0 | 978.7 | 1000.9 | 978.3 | 975.2 | 988.4 | 989.4 | 984.1 |

注：气象数据来源于黑龙江省气象信息中心。
a) Figures of climate were obtained from Herlongjiang Province Meteorological Information Center.

# 7-7　主要城市(区)平均气温(2018年)
# Monthly Average Temperature of Major Cities (2018)

单位：摄氏度　　　　(℃)

| 月　份 | Month | 哈尔滨 Harbin | 齐齐哈尔 Qiqihar | 北林 Beilin | 大庆 Daqing | 加格达奇 Jiagedaqi | 爱辉 Aihui | 伊春 Yichun | 佳木斯 Jiamusi | 鸡西 Jixi | 牡丹江 Mudan-jiang | 鹤岗 Hegang | 双鸭山 Shuang-yashan | 七台河 Qitaihe |
|---|---|---|---|---|---|---|---|---|---|---|---|---|---|---|
| **年平均** | **Annual Average** | **5.1** | **5.2** | **4.5** | **5.9** | **0.4** | **1.8** | **2.2** | **4.1** | **5.0** | **4.9** | **2.4** | **5.1** | **4.7** |
| 1 月 | Jan. | -19.5 | -19.0 | -20.3 | -17.3 | -23.6 | -21.9 | -22.3 | -19.5 | -16.7 | -17.2 | -20.5 | -17.3 | -17.6 |
| 2 月 | Feb. | -16.3 | -16.0 | -16.8 | -14.2 | -21.6 | -20.7 | -19.9 | -17.7 | -14.1 | -14.2 | -18.3 | -14.8 | -15.3 |
| 3 月 | Mar. | -3.7 | -3.1 | -3.9 | -2.5 | -7.4 | -6.0 | -6.1 | -4.3 | -2.8 | -3.0 | -6.2 | -3.1 | -3.5 |
| 4 月 | Apr. | 9.0 | 8.9 | 8.3 | 9.4 | 5.2 | 6.2 | 6.0 | 8.0 | 8.0 | 8.7 | 5.7 | 8.2 | 7.5 |
| 5 月 | May | 16.6 | 16.5 | 16.6 | 16.9 | 12.3 | 14.1 | 13.0 | 15.1 | 14.7 | 14.9 | 13.2 | 15.2 | 14.6 |
| 6 月 | June | 21.2 | 21.3 | 20.4 | 21.6 | 16.7 | 17.8 | 17.9 | 20.0 | 19.3 | 19.5 | 18.0 | 19.7 | 19.3 |
| 7 月 | July | 24.9 | 24.8 | 24.1 | 25.3 | 20.3 | 22.1 | 22.3 | 23.7 | 24.4 | 24.0 | 21.9 | 24.0 | 24.0 |
| 8 月 | Aug. | 21.4 | 21.8 | 21.1 | 21.9 | 18.0 | 19.8 | 18.7 | 19.7 | 19.7 | 19.7 | 18.8 | 20.0 | 19.5 |
| 9 月 | Sept. | 15.3 | 15.4 | 14.7 | 15.7 | 11.1 | 12.9 | 12.8 | 14.2 | 14.5 | 14.2 | 12.9 | 15.1 | 14.7 |
| 10 月 | Oct. | 7.8 | 8.2 | 7.2 | 8.7 | 4.4 | 5.7 | 6.1 | 7.2 | 7.8 | 7.1 | 6.0 | 8.8 | 7.8 |
| 11 月 | Nov. | -2.8 | -3.1 | -3.8 | -2.3 | -10.3 | -8.9 | -6.8 | -4.3 | -2.8 | -3.3 | -6.6 | -3.1 | -3.1 |
| 12 月 | Dec. | -13.0 | -13.7 | -13.9 | -11.9 | -20.1 | -19.8 | -15.7 | -12.5 | -11.5 | -11.8 | -15.9 | -11.9 | -11.9 |
| 春　季 | Spring | 7.3 | 7.4 | 7.0 | 7.9 | 3.4 | 4.8 | 4.3 | 6.3 | 6.6 | 6.9 | 4.2 | 6.8 | 6.2 |
| 夏　季 | Summer | 22.5 | 22.6 | 21.9 | 22.9 | 18.3 | 19.9 | 19.6 | 21.1 | 21.1 | 21.1 | 19.6 | 21.2 | 20.9 |
| 秋　季 | Fall | 6.8 | 6.8 | 6.0 | 7.4 | 1.7 | 3.2 | 4.0 | 5.7 | 6.5 | 6.0 | 4.1 | 6.9 | 6.5 |
| 冬　季 | Winter | -16.3 | -16.2 | -17.0 | -14.5 | -21.8 | -20.8 | -19.3 | -16.6 | -14.1 | -14.4 | -18.2 | -14.7 | -14.9 |
| 最　高 | Highest | 10.7 | 10.8 | 9.6 | 11.0 | 7.9 | 8.1 | 8.8 | 10.1 | 10.5 | 11.3 | 8.8 | 9.9 | 10.1 |
| 最　低 | Lowest | -0.3 | 0.0 | -0.3 | 1.3 | -6.0 | -3.8 | -3.9 | -2.1 | 0.3 | -0.5 | -3.9 | 0.8 | -0.2 |

# 7-8 主要城市(区)平均相对湿度(2018年)
# Monthly Average Relative Humidity of Major Cities (2018)

单位: % (%)

| 月 份 | Month | 哈尔滨 Harbin | 齐齐哈尔 Qiqihar | 北林 Beilin | 大庆 Daqing | 加格达奇 Jiagedaqi | 爱辉 Aihui | 伊春 Yichun | 佳木斯 Jiamusi | 鸡西 Jixi | 牡丹江 Mudan-jiang | 鹤岗 Hegang | 双鸭山 Shuang-yashan | 七台河 Qitaihe |
|---|---|---|---|---|---|---|---|---|---|---|---|---|---|---|
| **年平均** | **Annual Average** | **64** | **58** | **64** | **58** | **65** | **62** | **67** | **68** | **61** | **63** | **66** | **60** | **64** |
| 1 月 | Jan. | 67 | 62 | 68 | 59 | 63 | 59 | 65 | 66 | 59 | 61 | 61 | 59 | 63 |
| 2 月 | Feb. | 65 | 60 | 65 | 54 | 65 | 54 | 62 | 66 | 54 | 56 | 60 | 56 | 61 |
| 3 月 | Mar. | 58 | 50 | 56 | 50 | 57 | 52 | 54 | 58 | 49 | 54 | 54 | 48 | 54 |
| 4 月 | Apr. | 46 | 41 | 46 | 41 | 38 | 33 | 48 | 51 | 45 | 46 | 50 | 45 | 49 |
| 5 月 | May | 49 | 47 | 45 | 46 | 51 | 47 | 58 | 58 | 57 | 56 | 59 | 54 | 58 |
| 6 月 | June | 67 | 66 | 71 | 65 | 76 | 72 | 77 | 71 | 66 | 67 | 72 | 64 | 67 |
| 7 月 | July | 80 | 78 | 83 | 79 | 85 | 79 | 85 | 85 | 77 | 77 | 84 | 78 | 79 |
| 8 月 | Aug. | 82 | 76 | 79 | 77 | 84 | 79 | 85 | 86 | 82 | 83 | 83 | 80 | 82 |
| 9 月 | Sept. | 74 | 66 | 73 | 68 | 72 | 69 | 75 | 78 | 74 | 75 | 75 | 69 | 72 |
| 10 月 | Oct. | 62 | 54 | 63 | 55 | 60 | 66 | 64 | 67 | 60 | 64 | 65 | 54 | 62 |
| 11 月 | Nov. | 61 | 50 | 63 | 53 | 64 | 67 | 68 | 68 | 61 | 65 | 69 | 59 | 63 |
| 12 月 | Dec. | 58 | 49 | 61 | 49 | 61 | 62 | 62 | 61 | 53 | 54 | 62 | 52 | 55 |
| 春 季 | Spring | 51 | 46 | 49 | 46 | 49 | 44 | 53 | 56 | 50 | 52 | 54 | 49 | 54 |
| 夏 季 | Summer | 76 | 73 | 78 | 74 | 82 | 77 | 82 | 81 | 75 | 76 | 80 | 74 | 76 |
| 秋 季 | Fall | 66 | 57 | 66 | 59 | 65 | 67 | 69 | 71 | 65 | 68 | 70 | 61 | 66 |
| 冬 季 | Winter | 63 | 57 | 65 | 54 | 63 | 58 | 63 | 64 | 55 | 57 | 61 | 56 | 60 |

# 7-9　主要城市(区)降水量(2018年)
# Monthly Precipitation of Major Cities (2018)

单位：毫米　　(millimeters)

| 月份 | Month | 哈尔滨 Harbin | 齐齐哈尔 Qiqihar | 北林 Beilin | 大庆 Daqing | 加格达奇 Jiagedaqi | 爱辉 Aihui | 伊春 Yichun | 佳木斯 Jiamusi | 鸡西 Jixi | 牡丹江 Mudan-jiang | 鹤岗 Hegang | 双鸭山 Shuang-yashan | 七台河 Qitaihe |
|---|---|---|---|---|---|---|---|---|---|---|---|---|---|---|
| **合　计** | **Total** | **651.2** | **597.1** | **754.4** | **716.5** | **692.4** | **623.4** | **903.0** | **556.6** | **573.9** | **819.6** | **532.2** | **566.9** | **673.1** |
| 1　月 | Jan. | 6.0 | 0.4 | 7.3 | 2.6 | 2.9 | 4.6 | 4.6 | 7.3 | 3.9 | 6.3 | 3.2 | 6.3 | 7.3 |
| 2　月 | Feb. | 4.4 | 5.3 | 5.0 | 7.1 | 1.1 | 0.5 | 2.1 | 6.6 | 0.8 | 3.1 | 4.3 | 4.1 | 5.3 |
| 3　月 | Mar. | 10.4 | 7.1 | 12.3 | 11.3 | 7.4 | 6.5 | 15.3 | 14.8 | 18.6 | 25.7 | 16.5 | 18.1 | 15.9 |
| 4　月 | Apr. | 25.9 | 15.3 | 54.8 | 29.8 | 1.6 | 0.9 | 47.5 | 54.3 | 17.6 | 44.7 | 50.8 | 56.4 | 32.2 |
| 5　月 | May | 12.1 | 16.5 | 7.6 | 10.7 | 18.3 | 24.9 | 59.1 | 67.8 | 57.7 | 41.2 | 35.6 | 33.0 | 39.8 |
| 6　月 | June | 186.4 | 98.9 | 125.6 | 155.4 | 180.8 | 192.0 | 174.5 | 69.6 | 44.1 | 151.7 | 67.1 | 55.8 | 110.2 |
| 7　月 | July | 172.1 | 258.3 | 312.4 | 292.7 | 252.6 | 167.8 | 312.6 | 97.7 | 123.5 | 105.9 | 154.6 | 148.3 | 137.8 |
| 8　月 | Aug. | 121.9 | 75.5 | 89.5 | 112.4 | 106.8 | 94.1 | 176.5 | 160.5 | 193.1 | 239.7 | 117.7 | 140.8 | 201.2 |
| 9　月 | Sept. | 76.7 | 108.3 | 92.5 | 80.9 | 101.9 | 89.3 | 67.2 | 46.4 | 44.7 | 83.1 | 47.1 | 53.0 | 51.6 |
| 10 月 | Oct. | 15.1 | 9.3 | 24.7 | 6.1 | 15.1 | 32.8 | 19.4 | 4.0 | 23.3 | 40.1 | 10.7 | 10.6 | 29.6 |
| 11 月 | Nov. | 15.8 | 1.8 | 19.1 | 5.8 | 1.0 | 6.1 | 23.6 | 27.2 | 44.5 | 76.0 | 24.4 | 40.3 | 39.1 |
| 12 月 | Dec. | 4.4 | 0.4 | 3.6 | 1.7 | 2.9 | 3.9 | 0.6 | 0.4 | 2.1 | 2.1 | 0.2 | 0.2 | 3.1 |
| 春　季 | Spring | 48.4 | 38.9 | 74.7 | 51.8 | 27.3 | 32.3 | 121.9 | 136.9 | 93.9 | 111.6 | 102.9 | 107.5 | 87.9 |
| 夏　季 | Summer | 480.4 | 432.7 | 527.5 | 560.5 | 540.2 | 453.9 | 663.6 | 327.8 | 360.7 | 497.3 | 339.4 | 344.9 | 449.2 |
| 秋　季 | Fall | 107.6 | 119.4 | 136.3 | 92.8 | 118.0 | 128.2 | 110.2 | 77.6 | 112.5 | 199.2 | 82.2 | 103.9 | 120.3 |
| 冬　季 | Winter | 14.8 | 6.1 | 15.9 | 11.4 | 6.9 | 9.0 | 7.3 | 14.3 | 6.8 | 11.5 | 7.7 | 10.6 | 15.7 |

# 7-10 主要城市(区)平均风速(2018年)
# Monthly Average Wind Velocity of Major Cities(2018)

单位: m/s (m/s)

| 月 份 | Month | 哈尔滨 Harbin | 齐齐哈尔 Qiqihar | 北林 Beilin | 大庆 Daqing | 加格达奇 Jiagedaqi | 爱辉 Aihui | 伊春 Yichun | 佳木斯 Jiamusi | 鸡西 Jixi | 牡丹江 Mudan-jiang | 鹤岗 Hegang | 双鸭山 Shuang-yashan | 七台河 Qitaihe |
|---|---|---|---|---|---|---|---|---|---|---|---|---|---|---|
| **年平均** | **Annual Average** | **3.0** | **2.5** | **2.2** | **1.9** | **2.3** | **2.6** | **2.4** | **2.5** | **3.8** | **3.2** | **2.3** | **2.1** | **2.1** |
| 1 月 | Jan. | 2.6 | 1.9 | 1.9 | 1.7 | 2.1 | 2.4 | 2.3 | 2.5 | 4.6 | 2.9 | 2.6 | 2.3 | 2.4 |
| 2 月 | Feb. | 2.8 | 2.1 | 1.9 | 1.7 | 1.7 | 2.2 | 2.0 | 2.0 | 4.0 | 2.9 | 2.3 | 2.1 | 2.1 |
| 3 月 | Mar. | 3.5 | 2.9 | 2.7 | 2.1 | 2.4 | 3.3 | 2.8 | 3.0 | 4.6 | 3.4 | 2.8 | 2.5 | 2.6 |
| 4 月 | Apr. | 3.9 | 3.2 | 2.7 | 2.2 | 3.1 | 3.5 | 2.7 | 3.0 | 4.3 | 4.2 | 2.5 | 2.2 | 2.5 |
| 5 月 | May | 3.1 | 2.7 | 2.4 | 2.2 | 2.5 | 2.8 | 2.2 | 2.6 | 3.7 | 3.5 | 2.3 | 1.9 | 2.1 |
| 6 月 | June | 3.2 | 2.3 | 2.2 | 1.8 | 2.2 | 2.6 | 2.2 | 2.6 | 3.5 | 3.4 | 2.3 | 1.9 | 2.0 |
| 7 月 | July | 3.0 | 2.6 | 2.1 | 1.9 | 2.1 | 2.4 | 2.0 | 2.2 | 3.0 | 3.0 | 2.0 | 1.5 | 1.6 |
| 8 月 | Aug. | 2.3 | 1.9 | 1.8 | 1.2 | 1.9 | 2.0 | 1.7 | 1.8 | 2.6 | 2.2 | 1.7 | 1.4 | 1.5 |
| 9 月 | Sept. | 2.6 | 2.5 | 2.0 | 1.7 | 2.5 | 2.8 | 2.3 | 2.3 | 3.3 | 2.8 | 2.2 | 1.9 | 1.9 |
| 10 月 | Oct. | 2.8 | 2.6 | 2.1 | 2.0 | 2.4 | 2.7 | 2.5 | 2.5 | 3.9 | 2.9 | 2.3 | 2.1 | 2.2 |
| 11 月 | Nov. | 2.9 | 2.8 | 2.3 | 2.0 | 2.1 | 2.2 | 2.5 | 2.5 | 3.6 | 2.9 | 2.1 | 2.2 | 2.0 |
| 12 月 | Dec. | 3.0 | 2.5 | 2.1 | 2.0 | 2.1 | 2.6 | 3.3 | 3.2 | 5.0 | 3.8 | 2.7 | 2.6 | 2.7 |
| 春 季 | Spring | 3.5 | 2.9 | 2.6 | 2.2 | 2.7 | 3.2 | 2.6 | 2.9 | 4.2 | 3.7 | 2.5 | 2.2 | 2.4 |
| 夏 季 | Summer | 2.8 | 2.3 | 2.0 | 1.6 | 2.1 | 2.3 | 2.0 | 2.2 | 3.0 | 2.9 | 2.0 | 1.6 | 1.7 |
| 秋 季 | Fall | 2.8 | 2.6 | 2.1 | 1.9 | 2.3 | 2.6 | 2.4 | 2.4 | 3.6 | 2.9 | 2.2 | 2.1 | 2.0 |
| 冬 季 | Winter | 2.8 | 2.2 | 2.0 | 1.8 | 2.0 | 2.4 | 2.5 | 2.6 | 4.5 | 3.2 | 2.5 | 2.3 | 2.4 |
| 最 大 | Maximum | 12.4 | 12.8 | 11.7 | 9.4 | 12.7 | 12.4 | 13.0 | 13.7 | 17.8 | 19.2 | 13.6 | 10.9 | 9.0 |
| 风 向 | Wind Directio | SW | WNW | SW | WNW | NE | S | WNW | WSW | WSW | SW | WSW | WSW | W |

# 7-11　主要城市(区)日照时数(2018年)
# Monthly Sunshine Hours of Major Cities (2018)

单位：小时　　(hour)

| 月份 | Month | 哈尔滨 Harbin | 齐齐哈尔 Qiqihar | 北林 Beilin | 大庆 Daqing | 加格达奇 Jiagedaqi | 爱辉 Aihui | 伊春 Yichun | 佳木斯 Jiamusi | 鸡西 Jixi | 牡丹江 Mudan-jiang | 鹤岗 Hegang | 双鸭山 Shuang-yashan | 七台河 Qitaihe |
|---|---|---|---|---|---|---|---|---|---|---|---|---|---|---|
| **合计** | **Total** | **2223.9** | **2884.2** | **2455.4** | **2488.1** | **2692.2** | **2738.5** | **2340.9** | **2178.0** | **2474.5** | **2243.2** | **2703.3** | **2547.5** | **1784.6** |
| 1 月 | Jan. | 148.7 | 213.1 | 165.4 | 159.5 | 197.4 | 175.4 | 155.5 | 176.2 | 176.9 | 168.8 | 186.2 | 169.3 | 124.9 |
| 2 月 | Feb. | 166.1 | 223.3 | 197.5 | 205.7 | 214.9 | 222.2 | 195.6 | 191.2 | 199.5 | 172.2 | 213.3 | 197.0 | 140.3 |
| 3 月 | Mar. | 201.9 | 277.8 | 231.7 | 229.6 | 271.3 | 258.2 | 240.9 | 233.5 | 224.3 | 208.1 | 268.3 | 256.2 | 188.1 |
| 4 月 | Apr. | 186.2 | 254.2 | 216.6 | 217.1 | 301.6 | 271.2 | 224.1 | 180.3 | 197.8 | 175.0 | 251.3 | 248.8 | 155.5 |
| 5 月 | May | 263.2 | 326.5 | 300.2 | 294.1 | 309.8 | 313.5 | 286.5 | 231.0 | 247.1 | 216.0 | 319.7 | 290.0 | 196.5 |
| 6 月 | June | 202.8 | 259.4 | 232.6 | 227.7 | 210.6 | 214.5 | 222.2 | 178.8 | 226.6 | 193.9 | 242.1 | 241.9 | 149.7 |
| 7 月 | July | 156.6 | 223.1 | 162.7 | 207.2 | 247.1 | 273.6 | 189.8 | 140.3 | 227.4 | 197.6 | 199.5 | 203.1 | 132.9 |
| 8 月 | Aug. | 182.7 | 237.0 | 204.9 | 195.4 | 236.0 | 283.3 | 188.2 | 147.7 | 163.8 | 139.7 | 212.8 | 178.2 | 121.1 |
| 9 月 | Sept. | 177.5 | 222.5 | 213.7 | 184.6 | 196.1 | 232.3 | 198.1 | 198.6 | 244.0 | 227.2 | 242.1 | 231.0 | 184.6 |
| 10 月 | Oct. | 194.9 | 228.9 | 192.6 | 196.4 | 183.5 | 181.9 | 176.5 | 191.5 | 213.9 | 192.0 | 221.2 | 200.8 | 138.5 |
| 11 月 | Nov. | 168.8 | 214.1 | 165.6 | 178.8 | 181.2 | 166.6 | 132.9 | 163.2 | 167.6 | 173.0 | 172.2 | 168.8 | 121.7 |
| 12 月 | Dec. | 174.5 | 204.3 | 171.9 | 192.0 | 142.7 | 145.8 | 130.6 | 145.7 | 185.6 | 179.7 | 174.6 | 162.4 | 130.8 |
| 春 季 | Spring | 651.3 | 858.5 | 748.5 | 740.8 | 882.7 | 842.9 | 751.5 | 644.8 | 669.2 | 599.1 | 839.3 | 795.0 | 540.1 |
| 夏 季 | Summer | 542.1 | 719.5 | 600.2 | 630.3 | 693.7 | 771.4 | 600.2 | 466.8 | 617.8 | 531.2 | 654.4 | 623.2 | 403.7 |
| 秋 季 | Fall | 541.2 | 665.5 | 571.9 | 559.8 | 560.8 | 580.8 | 507.5 | 553.3 | 625.5 | 592.2 | 635.5 | 600.6 | 444.8 |
| 冬 季 | Winter | 489.3 | 640.7 | 534.8 | 557.2 | 555.0 | 543.4 | 481.7 | 513.1 | 562.0 | 520.7 | 574.1 | 528.7 | 396.0 |

# 7-12 工业“三废”排放治理情况(2018年)
# Discharge and Treatment of Industrial Waste Water, Waste Gas and Solid Wastes(2018)

| 项 目 | Item | 2018 |
|---|---|---|
| **工业废水** | **Industrial Waste Water** | |
| 工业废水排放量(万吨) | Volume of Industrial Waste Water Discharged(10000 tons) | 19965.66 |
| 直接排入环境的 | Directly Into the Environment | 12047.81 |
| 排入污水处理厂的 | Discharged Into the Sewage Treatment Plant | 7917.85 |
| 化学需氧量COD排放量(吨) | Chemical Oxygen Demand COD Emissions(ton) | 17705.43 |
| 氨氮排放量(吨) | Ammonia - Nitrogen Emissions(ton) | 1235.96 |
| **工业废气** | **Industrial Waste Gas** | |
| 工业废气排放量(亿立方米) | Emission Volume of Industrial Waste Gas(100 million cu.m) | 13335.22 |
| 二氧化硫排放量(吨) | Emission Volume of Sulphur Dioxide (ton) | 101890.58 |
| 氮氧化物排放量(吨) | Emission Volume of Nitrogen Oxide (ton) | 158412.56 |
| 烟(粉)尘排放量(吨) | Emission Volume of Smoke (powder) Dust(ton) | 120500.50 |
| **工业固体废物** | **Industrial Solid Wastes** | |
| 工业固体废物产生量(万吨) | Volume of Industrial Solid Wastes Produced(10000 tons) | 8248.44 |
| 工业固体废物综合利用量(万吨) | Volume of Industrial Solid Wastes Utilized(10000 tons) | 3444.21 |
| 工业固体废物处置量(万吨) | Volume of Industrial Solid Wastes Treated(10000 tons) | 2350.69 |
| 工业固体废物贮存量(万吨) | Volume of Industrial Solid Wastes Accumulated(10000 tons) | 264.16 |
| 危险废物产生量(万吨) | Hazardous Waste Generated Volume(10000 tons) | 91.49 |
| 危险废物综合利用量(万吨) | Comprehensive Utilization Amount of Hazardous Waste(10000 tons) | 51.26 |
| 危险废物处置量(万吨) | Hazardous Waste Disposal Volume(10000 tons) | 36.39 |
| 危险废物贮存量(万吨) | Hazardous Waste Storage Capacity (10000 tons) | 7.80 |

注：环保数据来源于黑龙江省生态环境厅,此数据为快报数据。
a) Figures of climate were obtained from the Department of Ecology Environmental of Heilongjiang Province.

# 7-13　分地区污染物排放总量情况(2018年)
# Total Emission Volume of Pollutants by Region (2018)

| 地　区 | Region | 废　水排放量(万吨) Volume of Waste Water Discharged (10000 tons) | 化学需氧量COD排放量(吨) Chemical Oxygen Demand COD Emissions (ton) | 氨　氮排放量(吨) Ammonia-Nitrogen Emissions (ton) | 二氧化硫排放量(吨) Emission Volume of Sulphur Dioxide(ton) | 氮氧化物排放量(吨) Emission Volume of Nitrogen Oxide(ton) | 烟(粉)尘排放量(吨) Emission Volume of Smoke(powder) Dust(ton) |
|---|---|---|---|---|---|---|---|
| **全　省** | **Total** | **19965.7** | **17705.4** | **1236.0** | **101890.6** | **158412.6** | **120500.5** |
| 哈尔滨 | Harbin | 2218.8 | 2097.3 | 213.6 | 16424.7 | 30192.7 | 14632.3 |
| 齐齐哈尔 | Qiqihar | 2928.1 | 6001.2 | 532.4 | 10564.0 | 15405.1 | 14587.8 |
| 鸡　西 | Jixi | 933.0 | 514.3 | 2.9 | 6708.3 | 10995.8 | 4183.4 |
| 鹤　岗 | Hegang | 4200.4 | 2302.8 | 66.7 | 4101.9 | 9866.0 | 18151.0 |
| 双鸭山 | Shuangyashan | 2083.2 | 1357.5 | 73.6 | 8635.2 | 8102.3 | 17558.7 |
| 大　庆 | Daqing | 3683.1 | 1919.9 | 100.3 | 13286.2 | 30844.4 | 8637.9 |
| 伊　春 | Yichun | 539.6 | 228.7 | 18.7 | 4626.1 | 5869.1 | 8775.1 |
| 佳木斯 | Jiamusi | 378.7 | 266.5 | 19.5 | 3520.8 | 5137.4 | 3995.2 |
| 七台河 | Qitaihe | 388.2 | 400.8 | 15.5 | 7076.9 | 14216.5 | 6383.7 |
| 牡丹江 | Mudanjiang | 539.2 | 605.8 | 32.4 | 6673.8 | 9429.8 | 5516.3 |
| 黑　河 | Heihe | 435.2 | 664.0 | 33.3 | 3154.3 | 3621.9 | 1996.1 |
| 绥　化 | Suihua | 1342.5 | 940.8 | 92.0 | 4953.6 | 6218.4 | 3635.5 |
| 大兴安岭 | Daxinganling | 25.9 | 42.2 | 0.7 | 5042.5 | 2798.9 | 3667.4 |

# 7-14 工业污染排放和处理利用情况(2018年)

| 类别 | Category | 汇总工业企业数(个) Number of Industrial Enterprises (unit) | 工业废水排放量(万吨) Volume of Industrial Waste Water Discharged (10000 tons) | 直接排入环境的 Directly Into the Environment | 排入污水处理厂的 Discharged Into the Sewage Treatment Plant |
|---|---|---|---|---|---|
| **重点调查企业** | **Key Survey Enterprises** | **1660** | **18301.16** | **10885.83** | **7415.33** |
| 农、林、牧、渔服务业 | Agricultural, Forestry, Animal Husbandry and Fishery Services | 6 | 16.75 | | 16.75 |
| 煤炭开采和洗选业 | Mining and Washing of Coal | 105 | 6243.34 | 5169.32 | 1074.02 |
| 石油和天然气开采业 | Extraction of Petroleum and Natural Gas | 19 | | | |
| 黑色金属矿采选业 | Mining and Processing of Ferrous Metal Ores | 2 | | | |
| 有色金属矿采选业 | Mining and Processing of Non-Ferrous Metal Ores | 166 | 6.72 | 2645.15 | 22.13 |
| 非金属矿采选业 | Mining and Processing of Nonmetal Ores | 701 | 103.97 | 659.42 | 387.23 |
| 开采辅助活动 | Mining Support Activities | 556 | 103.95 | 141.85 | 90.42 |
| 农副食品加工业 | Processing of Food from Agricultural Products | 271050 | 1913.54 | 59.39 | 50.37 |
| 食品制造业 | Manufacture of Foods | 170962 | 844.32 | 42.18 | 29.85 |
| 酒、饮料和精制茶制造业 | Manufacture of Wine, Soft Drinks and Refined Tea | 87517.66 | 2704.32 | 31.00 | 25.87 |
| 烟草制品业 | Manufacture of Tobacco | 1831 | 72.79 | 0.62 | 0.62 |
| 纺织业 | Manufacture of Textile | 765 | 76.12 | 0.51 | 0.32 |
| 纺织服装、服饰业 | Manufacture of Textile, Wearing Apparel and Accessories | 2 | 0.20 | 0.001 | 0.001 |
| 皮革、毛皮、羽毛及其制品和制鞋业 | Leather, Fur, Feathers and Its Process and System Footwear | | | 0.03 | |
| 木材加工和木、竹、藤、棕、草制品业 | Processing of Timber, Manufacture of Wood, Bamboo, Rattan, Palm, and Straw Products | 2488 | 479.07 | 2.50 | 1.28 |
| 家具制造业 | Manufacture of Furniture | 364.29 | 53.04 | 0.14 | 0.06 |
| 造纸和纸制品业 | Manufacture of Paper and Paper Products | 36449 | 227.17 | 10.73 | 10.55 |
| 印刷和记录媒介复制业 | Printing, Reproduction of Recording Media | 15 | 4.36 | 0.01 | 0.01 |
| 文教、工美、体育和娱乐用品制造业 | Manufacture of Culture and Education, Arts and Crafts, Sports and Recreation Supplies | 199 | 38.46 | | |
| 石油加工、炼焦和核燃料加工业 | Processing of Petroleum, Coking, Processing of Nuclear Fuel | 203837 | 5214.95 | 63.84 | 28.96 |

# Discharge and Treatment of Industrial Pollution (2018)

| 工业废水中化学需氧量排放量(吨) Emission Volume of Industrial Waste Water Chemical Oxygen Demand COD (ton) | 工业废水中氨氮排放量(吨) Emission Volume of Industrial Waste Water Ammonia - Nitrogen (ton) | 工业废气排放量(亿立方米) Emission Volume of Industrial Waste Gas (100 million cu.m) | 工业废气中二氧化硫产生量(吨) Volume of Industrial Waste Gas Sulphur Dioxide Produced (ton) | 工业废气中二氧化硫排放量(吨) Emission Volume of Industrial Waste Gas Sulphur Dioxide (ton) | 工业废气中氮氧化物产生量(吨) Volume of Industrial Waste Gas Nitrogen Oxide Produced (ton) | 工业废气中氮氧化物排放量(吨) Emission Volume of Industrial Waste Gas Nitrogen Oxide (ton) |
|---|---|---|---|---|---|---|
| **16161.15** | **1148.83** | **13335.22** | **406278.66** | **90170.35** | **374928.14** | **145981.55** |
| 4.13 | 0.15 | 1.17 | 109.05 | 74.75 | 56.48 | 56.48 |
| | | | | | | |
| 3125.11 | 51.51 | 47.07 | 1980.72 | 1966.32 | 1410.46 | 1410.46 |
| | | 214.71 | 1014.26 | 1014.26 | 2976.58 | 2976.58 |
| | | 49.89 | 51.50 | 51.50 | 35.76 | 35.76 |
| 1048.24 | 1574.78 | | 0.02 | | 0.02 | |
| 395.95 | 158.55 | | 0.002 | 0.00002 | 0.01 | 0.002 |
| 51.43 | | | 0.04 | 0.01 | 0.02 | 0.02 |
| 8.96 | 0.06 | 0.01 | 0.003 | | 0.003 | 0.001 |
| 2.44 | 10.16 | 0.02 | 0.05 | 0.03 | 0.02 | 0.004 |
| 5.78 | 0.65 | | 0.005 | 0.0001 | 0.004 | 0.001 |
| | | | | | | |
| 0.19 | | | 0.0003 | | 0.00001 | 0.0003 |
| | | | | | | |
| | 0.03 | | 0.00001 | | 0.00001 | |
| | | | | | | |
| 1.22 | | | | | | |
| | | | | | | |
| 0.08 | | | 0.01 | 0.00001 | 0.01 | 0.003 |
| 0.48 | 0.004 | | 0.001 | 0.0001 | 0.001 | 0.00004 |
| | | | 0.0001 | | 0.0001 | 0.000003 |
| | | | | | | |
| | | | | | | |
| 0.19 | 34.69 | | 6.64 | 3.00 | 3.65 | 0.01 |

7-14 续表1

| 类 别 | Category | 汇总工业企业数(个) Number of Industrial Enterprises (unit) | 工业废水排放量(万吨) Volume of Industrial Waste Water Discharged (10000 tons) | 直接排入环境的 Directly Into the Environment | 排入污水处理厂的 Discharged Into the Sewage Treatment Plant |
|---|---|---|---|---|---|
| 化学原料和化学制品制造业 | Manufacture of Raw Chemical Materials and Chemical Products | 68 | 2334.51 | 279.21 | 2055.30 |
| 医药制造业 | Manufacture of Medicines | 82 | 537.31 | 74.05 | 463.25 |
| 化学纤维制造业 | Manufacture of Chemical Fibers | 1 | 0.56 | 0.56 | |
| 橡胶和塑料制品业 | Manufacture of Rubber and Plastic Products | 10 | 41.65 | 41.65 | |
| 非金属矿物制品业 | Manufacture of Non-metallic Mineral Products | 137 | 15.50 | 1.02 | 14.48 |
| 黑色金属冶炼和压延加工业 | Smelting and Pressing of Ferrous Metals | 4 | 760.58 | 760.58 | |
| 有色金属冶炼和压延加工业 | Smelting and Pressing of Non-ferrous Metals | 1 | 155.35 | | 155.35 |
| 金属制品业 | Manufacture of Metal Products | 14 | 14.47 | 1.80 | 12.67 |
| 通用设备制造业 | Manufacture of General Purpose Machinery | 16 | 108.13 | 2.96 | 105.17 |
| 专用设备制造业 | Manufacture of Special Purpose Machinery | 16 | 438.60 | 422.77 | 15.83 |
| 汽车制造业 | Manufacture of Automotive | 8 | 25.11 | 0.63 | 24.48 |
| 铁路、船舶、航空航天和其他运输设备制造业 | Manufacture of Railways, Shipbuilding, Aerospace and Other Transportation Equipment | 7 | 181.89 | 72.64 | 109.24 |
| 电气机械和器材制造业 | Manufacture of Electrical Machinery and Equipment | 3 | 18.55 | | 18.55 |
| 计算机、通信和其他电子设备制造业 | Manufacture of Computer, Communications and Other Electronic Equipment | 1 | | | |
| 仪器仪表制造业 | Manufacture of Instrument | 1 | | | |
| 其他制造业 | Other Manufacture | 10 | 83.14 | 73.63 | 9.51 |
| 废弃资源综合利用业 | Comprehensive Utilization of Abandoned Resources | 7 | 0.16 | 0.14 | 0.02 |
| 金属制品、机械和设备修理业 | Metal Products, Machinery and Equipment Repair Industry | 3 | | | |
| 电力、热力生产和供应业 | Production and Supply of Electric Power and Heat Power | 445 | 523.44 | 260.73 | 262.71 |
| 燃气生产和供应业 | Production and Supply of Gas | 6 | 0.50 | 0.01 | 0.49 |

Continued

| 工业废水中化学需氧量排放量(吨) Emission Volume of Industrial Waste Water Chemical Oxygen Demand COD (ton) | 工业废水中氨氮排放量(吨) Emission Volume of Industrial Waste Water Ammonia - Nitrogen (ton) | 工业废气排放量(亿立方米) Emission Volume of Industrial Waste Gas (100 million cu.m) | 工业废气中二氧化硫产生量(吨) Volume of Industrial Waste Gas Sulphur Dioxide Produced (ton) | 工业废气中二氧化硫排放量(吨) Emission Volume of Industrial Waste Gas Sulphur Dioxide (ton) | 工业废气中氮氧化物产生量(吨) Volume of Industrial Waste Gas Nitrogen Oxide Produced (ton) | 工业废气中氮氧化物排放量(吨) Emission Volume of Industrial Waste Gas Nitrogen Oxide (ton) |
|---|---|---|---|---|---|---|
| 1140.33 | 82.91 | 261.33 | 3235.02 | 1380.81 | 4312.39 | 3745.65 |
| 521.39 | 32.97 | 3045.06 | 1173.88 | 660.02 | 782.86 | 577.51 |
| 0.89 | 0.0002 | 0.09 | 0.58 | 0.57 | 0.08 | 0.02 |
| 17.33 | 0.02 | 4.47 | 296.15 | 122.22 | 118.47 | 83.94 |
| 6.76 | 0.46 | 520.91 | 2671.00 | 1819.66 | 15972.26 | 6900.61 |
| 274.38 | 24.95 | 1084.48 | 17138.03 | 6608.51 | 4937.98 | 4937.98 |
| 64.39 | 5.93 | 21.52 | 87.98 | 87.16 | 175.36 | 173.99 |
| 6.15 | 0.86 | 0.56 | 33.02 | 15.39 | 15.88 | 14.23 |
| 92.64 | 12.62 | 2.75 | 142.04 | 39.23 | 39.50 | 39.50 |
| 111.96 | 4.17 | 54.43 | 828.20 | 209.83 | 575.07 | 575.07 |
| 36.77 | 1.67 | 2.70 | 10.10 | 8.83 | 30.21 | 30.21 |
| 145.46 | 19.78 | 97.50 | 439.05 | 80.79 | 839.58 | 536.65 |
| 5.37 | 0.23 | 14.24 | 25.81 | 25.81 | 17.20 | 17.20 |
| 58.58 | 8.95 | 3.60 | 219.45 | 113.10 | 91.20 | 88.20 |
| 0.28 | 0.005 | 0.04 | 0.09 | 0.09 | 0.35 | 0.35 |
| | | 0.59 | 23.11 | 23.11 | 16.99 | 16.99 |
| 299.79 | 7.21 | 6698.56 | 327722.58 | 64082.83 | 312916.70 | 108469.97 |
| 4.70 | 0.23 | 3.61 | 145.03 | 108.84 | 104.08 | 97.46 |

7-14 续表2

| 类别 | Category | 工业废气中烟(粉)尘产生量(吨) Produced Volume of Industrial Waste Gas Smoke (powder) Dust (ton) | 工业废气中烟(粉)尘排放量(吨) Emission Volume of Industrial Waste Gas Smoke(powder) Dust (ton) | 一般工业固体废物产生量(万吨) Volume of Industrial Solid Wastes Produced (10000 tons) |
|---|---|---|---|---|
| **重点调查企业** | **Key Survey Enterprises** | **16149933.82** | **100213.40** | **7683.40** |
| 农、林、牧、渔服务业 | Agricultural,Forestry,Animal Husbandry and Fishery Services | 453.24 | 43.50 | 0.33 |
| 煤炭开采和洗选业 | Mining and Washing of Coal | 19907.25 | 4769.12 | 1060.70 |
| 石油和天然气开采业 | Extraction of Petroleum and Natural Gas | 695.45 | 472.57 | 0.16 |
| 黑色金属矿采选业 | Mining and Processing of Ferrous Metal Ores | 740.41 | 465.60 | 150.02 |
| 有色金属矿采选业 | Mining and Processing of Non-Ferrous Metal Ores | 166.20 | 6.72 | 2645.15 |
| 非金属矿采选业 | Mining and Processing of Nonmetal Ores | 701.10 | 103.97 | 659.42 |
| 开采辅助活动 | Mining Support Activities | 555.96 | 103.95 | 141.85 |
| 农副食品加工业 | Processing of Food from Agricultural Products | 271050.28 | 1913.54 | 59.39 |
| 食品制造业 | Manufacture of Foods | 170961.88 | 844.32 | 42.18 |
| 酒、饮料和精制茶制造业 | Manufacture of Wine, Soft Drinks and Refined Tea | 87517.66 | 2704.32 | 31.00 |
| 烟草制品业 | Manufacture of Tobacco | 1831.39 | 72.79 | 0.62 |
| 纺织业 | Manufacture of Textile | 764.98 | 76.12 | 0.51 |
| 纺织服装、服饰业 | Manufacture of Textile, Wearing Apparel and Accessories | 1.56 | 0.20 | 0.001 |
| 皮革、毛皮、羽毛及其制品和制鞋业 | Leather, Fur, Feathers and Its Process and System Footwear | | | 0.03 |
| 木材加工和木、竹、藤、棕、草制品业 | Processing of Timber, Manufacture of Wood, Bamboo, Rattan, Palm, and Straw Products | 2488.06 | 479.07 | 2.50 |
| 家具制造业 | Manufacture of Furniture | 364.29 | 53.04 | 0.14 |
| 造纸和纸制品业 | Manufacture of Paper and Paper Products | 36448.87 | 227.17 | 10.73 |
| 印刷和记录媒介复制业 | Printing, Reproduction of Recording Media | 14.69 | 4.36 | 0.01 |
| 文教、工美、体育和娱乐用品制造业 | Manufacture of Culture and Education, Arts and Crafts, Sports and Recreation Supplies | 199.36 | 38.46 | |
| 石油加工、炼焦和核燃料加工业 | Processing of Petroleum, Coking, Processing of Nuclear Fuel | 203836.80 | 5214.95 | 63.84 |

Continued

| 一般工业固体废物综合利用量(万吨) Volume of Industrial Solid Wastes Utilized (10000 tons) | 一般工业固体废物处置量(万吨) Volume of Industrial Solid Wastes Treated (10000 tons) | 一般工业固体废物贮存量(万吨) Volume of Industrial Solid Wastes Accumulated (10000 tons) | 一般工业固体废物倾倒丢弃量(万吨) Volume of Industrial Solid Wastes Discarded (10000 tons) | 危险废物产生量(万吨) Hazardous Waste Generated Volume (10000 tons) | 危险废物综合利用量(万吨) Comprehensive Utilization Amount of Hazardous Waste (10000 tons) | 危险废物处置量(万吨) Hazardous Waste Disposal Volume (10000 tons) | 危险废物贮存量(万吨) Hazardous Waste Storage Capacity (10000 tons) |
|---|---|---|---|---|---|---|---|
| **3066.51** | **2224.88** | **2771.85** | **1.52** | **91.49** | **51.26** | **36.39** | **7.80** |
| 0.33 | | | | | | | |
| | | | | | | | |
| 537.53 | 227.07 | 371.30 | 0.21 | 0.0002 | | 0.0002 | |
| 0.16 | | | | 55.09 | 44.74 | 7.26 | 6.62 |
| 27.12 | 10.00 | 112.90 | | 0.0001 | | 0.0002 | 0.000002 |
| 22.13 | 1048.24 | 1574.78 | | 0.02 | | 0.02 | |
| 387.23 | 395.95 | 158.55 | | 0.002 | 0.00002 | 0.01 | 0.002 |
| 90.42 | 51.43 | | | 0.04 | 0.01 | 0.02 | 0.02 |
| 50.37 | 8.96 | 0.06 | 0.01 | 0.003 | | 0.003 | 0.001 |
| 29.85 | 2.44 | 10.16 | 0.02 | 0.05 | 0.03 | 0.02 | 0.004 |
| 25.87 | 5.78 | 0.65 | | 0.005 | 0.0001 | 0.004 | 0.001 |
| 0.62 | | | | | | | |
| 0.32 | 0.19 | | | 0.0003 | | 0.00001 | 0.0003 |
| 0.001 | | | | | | | |
| | | 0.03 | | 0.00001 | | 0.00001 | |
| | | | | | | | |
| 1.28 | 1.22 | | | | | | |
| | | | | | | | |
| 0.06 | 0.08 | | | 0.01 | 0.00001 | 0.01 | 0.003 |
| 10.55 | 0.48 | 0.004 | | 0.001 | 0.0001 | 0.001 | 0.00004 |
| 0.01 | | | | 0.0001 | | 0.0001 | 0.000003 |
| | | | | | | | |
| | | | | | | | |
| 28.96 | 0.19 | 34.69 | | 6.64 | 3.00 | 3.65 | 0.01 |

7-14 续表3

| 类　　别 | Category | 工业废气中烟(粉)尘产生量(吨) Produced Volume of Industrial Waste Gas Smoke (powder) Dust (ton) | 工业废气中烟(粉)尘排放量(吨) Emission Volume of Industrial Waste Gas Smoke(powder) Dust (ton) | 一般工业固体废物产生量(万吨) Volume of Industrial Solid Wastes Produced (10000 tons) |
|---|---|---|---|---|
| 化学原料和化学制品制造业 | Manufacture of Raw Chemical Materials and Chemical Products | 138915.13 | 1390.82 | 79.56 |
| 医药制造业 | Manufacture of Medicines | 18636.80 | 442.56 | 6.90 |
| 化学纤维制造业 | Manufacture of Chemical Fibers | 0.08 | 0.03 | 0.02 |
| 橡胶和塑料制品业 | Manufacture of Rubber and Plastic Products | 8566.77 | 90.48 | 2.41 |
| 非金属矿物制品业 | Manufacture of Non-metallic Mineral Products | 1694943.58 | 7003.37 | 91.98 |
| 黑色金属冶炼和压延加工业 | Smelting and Pressing of Ferrous Metals | 450658.51 | 16810.86 | 382.73 |
| 有色金属冶炼和压延加工业 | Smelting and Pressing of Non-ferrous Metals | 3954.59 | 197.70 | 0.95 |
| 金属制品业 | Manufacture of Metal Products | 171.28 | 20.32 | 0.20 |
| 通用设备制造业 | Manufacture of General Purpose Machinery | 694.73 | 59.64 | 3.62 |
| 专用设备制造业 | Manufacture of Special Purpose Machinery | 4102.48 | 1276.66 | 14.35 |
| 汽车制造业 | Manufacture of Automotive | 60.00 | 7.68 | 2.23 |
| 铁路、船舶、航空航天和其他运输设备制造业 | Manufacture of Railways, Shipbuilding, Aerospace and Other Transportation Equipment | 7981.27 | 695.49 | 11.17 |
| 电气机械和器材制造业 | Manufacture of Electrical Machinery and Equipment | 105.15 | 5.22 | 0.11 |
| 计算机、通信和其他电子设备制造业 | Manufacture of Computer, Communications and Other Electronic Equipment | | | |
| 仪器仪表制造业 | Manufacture of Instrument | | | |
| 其他制造业 | Other Manufacture | 1336.50 | 27.90 | 0.93 |
| 废弃资源综合利用业 | Comprehensive Utilization of Abandoned Resources | 1.28 | 1.22 | 1.27 |
| 金属制品、机械和设备修理业 | Metal Products, Machinery and Equipment Repair Industry | 303.35 | 92.22 | 0.23 |
| 电力、热力生产和供应业 | Production and Supply of Electric Power and Heat Power | 13019400.06 | 54138.57 | 2214.96 |
| 燃气生产和供应业 | Production and Supply of Gas | 1402.83 | 358.90 | 1.17 |

Continued

| 一般工业固体废物综合利用量(万吨) Volume of Industrial Solid Wastes Utilized (10000 tons) | 一般工业固体废物处置量(万吨) Volume of Industrial Solid Wastes Treated (10000 tons) | 一般工业固体废物贮存量(万吨) Volume of Industrial Solid Wastes Accumulated (10000 tons) | 一般工业固体废物倾倒丢弃量(万吨) Volume of Industrial Solid Wastes Discarded (10000 tons) | 危险废物产生量(万吨) Hazardous Waste Generated Volume (10000 tons) | 危险废物综合利用量(万吨) Comprehensive Utilization Amount of Hazardous Waste (10000 tons) | 危险废物处置量(万吨) Hazardous Waste Disposal Volume (10000 tons) | 危险废物贮存量(万吨) Hazardous Waste Storage Capacity (10000 tons) |
|---|---|---|---|---|---|---|---|
| 79.11 | 0.45 | | | 21.27 | 0.66 | 20.51 | 0.18 |
| 6.17 | 0.73 | 0.0007 | | 0.20 | 0.16 | 0.04 | 0.001 |
| 0.02 | | | | | | | |
| 0.05 | 2.36 | | | 0.01 | | 0.01 | 0.001 |
| 73.73 | 18.26 | | | 0.005 | 0.003 | 0.002 | 0.00004 |
| 255.01 | 127.72 | | | 0.35 | 0.19 | 0.16 | 0.004 |
| 0.77 | 0.18 | | | 0.07 | 0.07 | | |
| 0.18 | 0.02 | 0.002 | | 0.01 | | 0.005 | 0.003 |
| 3.37 | 0.10 | 0.15 | | 0.20 | 0.01 | 0.19 | 0.01 |
| 13.89 | 0.33 | 0.13 | | 0.37 | 0.0002 | 0.15 | 0.34 |
| 2.11 | 0.12 | | | 0.11 | 0.001 | 0.11 | 0.001 |
| 5.18 | 6.31 | 0.20 | | 0.14 | 0.02 | 0.11 | 0.01 |
| 0.11 | | | | 0.24 | 0.04 | 0.19 | 0.03 |
| | | | | 0.03 | | 0.02 | 0.01 |
| | | | | 0.00002 | 0.00002 | | 0.00002 |
| 0.93 | | | | 0.01 | | 0.01 | 0.002 |
| 1.29 | | 0.01 | | 1.51 | 1.55 | 0.0001 | 0.04 |
| 0.23 | | | | 0.01 | | 0.01 | 0.001 |
| 1410.38 | 316.27 | 508.22 | 1.28 | 5.09 | 0.78 | 3.88 | 0.51 |
| 1.17 | | | | | | | |

# 主要统计指标解释

**耕地** 指种植农作物的土地，包括熟地，新开发、复垦、整理地，休闲地（含轮歇地、轮作地）；以种植农作物（含蔬菜）为主，间有零星果树、桑树或其他树木的土地；平均每年能保证收获一季的已垦滩地和海涂。耕地中包括南方宽度<1.0 米，北方宽度<2.0 米固定的沟、渠、路和地坎（埂）；临时种植药材、草皮、花卉、苗木等的耕地，以及其他临时改变用途的耕地。

**园地** 指种植以采集果、叶、根、茎、汁等为主的集约经营的多年生木本和草本作物，覆盖度大于 50%和每亩株数大于合理株数 70%的土地。包括用于育苗的土地。

**林地** 指生长乔木、竹类、灌木的土地，及沿海生长红树林的土地。包括迹地，不包括居民点内部的绿化林木用地，铁路、公路征地范围内的林木，以及河流、沟渠的护堤林。

**牧草地** 指生长草本植物为主的土地。

**径流量** 指在一定时段内通过河流某一过水断面的水量，用以反映一个国家或地区水资源的丰歉程度。计算公式为:

径流量=降水量-蒸发量

**流域** 每条河流都有自己的干流和支流，干支流共同组成这条河流的水系。每条河流都有自己的集水区域，这个集水区域就称为该河流的流域。

**矿产资源** 矿产资源指由地质作用形成的，具有利用价值的，呈固态、液态、气态的自然资源，是社会生产发展的重要物质基础。目前我国已发现矿种有 170 多种，按其特点和用途，可分为能源矿产(如煤炭、石油、天然气、地热)、金属矿产(如铁矿、锰矿、铜矿、铅矿、铝土矿)、非金属矿产(如金刚石、石灰岩、粘土)和水气矿产(如地下水、矿泉水、二氧化碳气)四大类。其中: 金属矿产按其物质成份和性质又可分为: 黑色金属矿产、有色金属矿产、贵金属矿产、稀有金属矿产、稀土金属矿产、分散元素金属矿产六类。

**矿产基础储量** 基础储量是查明矿产资源的一部分。它能满足现行采矿和生产所需的指标要求，是控制的、探明的并通过可行性或预可行性研究认为属于经济的、边界经济的部分，用未扣除设计、采矿损失的数量表示。

**平均气温** 气温指空气的温度，我国一般以摄氏度为单位表示。气象观测的温度表是放在离地面约 1.5 米处通风良好的百叶箱里测量的，因此，通常说的气温指的是离地面 1.5 米处百叶箱中的温度。计算方法: 月平均气温是将全月各日的平均气温相加，除以该月的天数而得。年平均气温是将 12 个月的月平均气温累加后除以 12 而得。

**年平均相对湿度** 指空气中实际水气压与当时气温下的饱和水气压之比。其统计方法与气温相同。

**降水量** 指从天空降落到地面的液态或固态(经融化后)水，未经蒸发、渗透、流失而在地面上积聚的深度。计算方法: 月降水量是将全月各日的降水量累加而得。年降水量是将 12 个月的月降水量累加而得。

**全年日照时数** 指太阳实际照射地面的时数，通常以小时为单位表示。其统计方法与降水量相同。

**水资源总量** 指当地降水形成的地表和地下产水总量，即地表径流量与降水入渗补给量之和。

**地表水资源量** 指河流、湖泊以及冰川等地表水体中可以逐年更新的动态水量，即天然河川径流量。

**地下水资源量** 指地下饱和含水层逐年更新的动态水量，即降水和地表水入渗对地下水的补给量。

**地表水与地下水重复计算量** 指地表水和地下水相互转化的部分，即天然河川径流量中的地下水排泄量和地下水补给量中来源于地表水的入渗补给量。

**供水总量** 指各种水源为用水户提供的包括输水损失在内的毛水量。

**地表水源供水量** 指地表水体工程的取水量，按蓄、引、提、调四种形式统计。从水库、塘坝中引水或提水，均属蓄水工程供水量；从河道或湖泊中自流引水的，无论有闸或无闸，均属引水工程供水量；利用扬水站从河道或湖泊中直接取水的，属提水工程供水量；跨流域调水指水资源一级区或独立流域之间的跨流域调配水量，不包括在蓄、引、提水量中。

**地下水源供水量** 指水井工程的开采量，按浅层淡水、深层承压水和微咸水分别统计。城市地下水源供水量包括自来水厂的开采量和工矿企业自备井的开采量。

**其他水源供水量** 包括污水处理再利用、集雨工程、海水淡化等水源工程的供水量。

**用水总量** 指各类用水户取用的包括输水损失在内的毛水量。

**农业用水** 包括农田灌溉用水、林果地灌溉用水、草地灌溉用水、鱼塘补水和畜禽用水。

**工业用水** 指工矿企业在生产过程中用于制造、加工、冷却、空调、净化、洗涤等方面的用水，按新水取用量计，不包括企业内部的重复利用水量。

**生活用水** 包括城镇生活用水和农村生活用水。城镇生活用水由居民用水和公共用水（含第三产业及建筑业等用水）组成；农村生活用水指居民生活用水。

**生态环境补水** 仅包括人为措施供给的城镇环境用水和部分河湖、湿地补水，而不包括降水、径流自然满足的水量。

**一般工业固体废物产生量** 指未被列入《国家危险废物名录》或者根据国家规定的危险废物鉴别标准（GB5085）、固体废物浸出毒性浸出方法（GB5086）及固体废物浸出毒性测定方法（GB／T 15555）鉴别方法判定不具有危险特性的工业固体废物。计算公式是:

一般工业固体废物产生量=（一般工业固体废物综合利

用量－其中：综合利用往年贮存量）+一般工业固体废物贮存量+（一般工业固体废物处置量－其中：处置往年贮存量）+一般工业固体废物倾倒丢弃量

**一般工业固体废物综合利用量**　指报告期内企业通过回收、加工、循环、交换等方式，从固体废物中提取或者使其转化为可以利用的资源、能源和其他原材料的固体废物量（包括当年利用的往年工业固体废物累计贮存量）。如用作农业肥料、生产建筑材料、筑路等。综合利用量由原产生固体废物的单位统计。

**一般工业固体废物处置量**　指报告期内企业将工业固体废物焚烧和用其他改变工业固体废物的物理、化学、生物特性的方法，达到减少或者消除其危险成分的活动，或者将工业固体废物最终置于符合环境保护规定要求的填埋场的活动中，所消纳固体废物的量。

**一般工业固体废物贮存量**　指报告期内企业以综合利用或处置为目的，将固体废物暂时贮存或堆存在专设的贮存设施或专设的集中堆存场所内的量。专设的固体废物贮存场所或贮存设施必须有防扩散、防流失、防渗漏、防止污染大气、水体的措施。

**一般工业固体废物倾倒丢弃量**　指报告期内企业将所产生的固体废物倾倒或者丢弃到固体废物污染防治设施、场所以外的量。

**危险废物产生量**　指当年全年调查对象实际产生的危险废物的量。危险废物指列入国家危险废物名录或者根据国家规定的危险废物鉴别标准和鉴别方法认定的，具有爆炸性、易燃性、易氧化性、毒性、腐蚀性、易传染性疾病等危险特性之一的废物。按《国家危险废物名录》（环境保护部、国家发展和改革委员会 2008 部令第 1 号）填报。

**危险废物综合利用量**　指当年全年调查对象从危险废物中提取物质作为原材料或者燃料的活动中消纳危险废物的量。包括本单位利用或委托、提供给外单位利用的量。

**危险废物处置量**　指报告期内企业将危险废物焚烧和用其他改变工业固体废物的物理、化学、生物特性的方法，达到减少或者消除其危险成分的活动，或者将危险废物最终置于符合环境保护规定要求的填埋场的活动中，所消纳危险废物的量。处置量包括处置本单位或委托给外单位处置的量。

**危险废物贮存量**　指将危险废物以一定包装方式暂时存放在专设的贮存设施内的量。专设的贮存设施指对危险废物的包装、选址、设计、安全防护、监测和关闭等符合《危险废物贮存污染控制标准》（GB18597-2001）等相关环保法律法规要求，具有防扩散、防流失、防渗漏、防止污染大气和水体措施的设施。

**生活垃圾清运量**　指报告期收集和运送到各生活垃圾处理厂(场)和生活垃圾最终消纳点的生活垃圾数量。生活垃圾指城市日常生活或为城市日常生活提供服务的活动中产生的固体废物以及法律行政规定的视为城市生活垃圾的固体废物。包括：居民生活垃圾、商业垃圾、集市贸易市场垃圾、街道清扫垃圾、公共场所垃圾和机关、学校、厂矿等单位的生活垃圾。

**生活垃圾无害化处理率**　指报告期生活垃圾无害化处理量与生活垃圾产生量的比率。在统计上，由于生活垃圾产生量不易取得，可用清运量代替。计算公式为：

$$\text{生活垃圾无害化处理率}=\frac{\text{生活垃圾无害化处理量}}{\text{生活垃圾产生量}}\times 100\%$$

**森林面积**　包括郁闭度 0.2 以上的乔木林地面积和竹林面积，国家特别规定的灌木林地面积，农田林网以及村旁、路旁、水旁、宅旁林木的覆盖面积。

**森林覆盖率**　以行政区域为单位的森林面积占区域土地总面积的百分比。计算公式为：

$$\text{森林覆盖率}=\frac{\text{森林面积}}{\text{土地总面积}}\times 100\%$$

**活立木总蓄积量**　指一定范围土地上全部树木蓄积的总量，包括森林蓄积、疏林蓄积、散生木蓄积和四旁树蓄积。

**森林蓄积量**　指一定森林面积上存在着的林木树干部分的总材积。

**湿地**　指天然或人工、长久或暂时性的沼泽地、泥炭地或水域地带，包括静止或流动、淡水、半咸水、咸水体，低潮时水深不超过 6 米的水域以及海岸地带地区的珊瑚滩和海草床、滩涂、红树林、河口、河流、淡水沼泽、沼泽森林、湖泊、盐沼及盐湖。

**自然保护区**　指为了保护自然环境和自然资源，促进国民经济的持续发展，将一定面积的陆地和水体划分出来，并经各级人民政府批准而进行特殊保护和管理的区域个数。根据保护对象，自然保护区分为自然生态系统类、野生生物类、自然遗迹类。风景名胜区、文物保护区不计在内。

# Explanatory Notes on Main Statistical Indicators

**Cultivated Land** refers to land mainly for the regular cultivation of farm crops (including vegetables), with some fruit trees, mulberry trees and others, covers cultivated land, newly-developed land, reclaimed land, consolidated land, fallow, beach land that can guarantee one harvest per year on average. It also covers fixed ditch, canal, road and sill (ridge) with width less than 1 meter in the South and 2 meters in the North, lands planted temporarily with herbs, grass, flowers and nursery stocks, and other cultivated land with temporary change of use.

**Garden Land** refers to land for intensive cultivation of perennial woody plants and herbs to collect fruits, leaves, roots, stems and juice, with a covering rate over 50% and plant number per mu over 70% of rational plant number. Land for nursery is included.

**Forestland** refers to land for planting arbor, bamboo, bush shrub and land in coastal zones for planting mangrove. It includes slash, but not the green belts in residential area, forests requested for railway and highway, and the dike protection forest around rivers and ditches.

**Pastureland** refers to land mainly for the growth of herbs.

**Volume of Runoff** refers to the total volume of water running through a certain cross section of a river during a certain period of time, reflecting the water resource condition in a country or a region. The formula for calculating volume of runoff is as follows:

Runoff =Precipitation-Evaporation

**Drainage Area** Each river has its own main stream and branches to form the water system of the river. Each river has its own catchment's area, which is also called as the drainage area of the river.

**Mineral Resources** refer to useful minerals, with solid state, liquid state, gaseity, due to the geological process. Minerals are important natural resources, and important material base for social development. At present, there are more than 170 types of minerals discovered in China. They can be categorized into four groups: energy producing minerals (including coal, petroleum, natural gas and terrestrial heat), metallic minerals (including iron, manganese, copper, lead and bauxite), non metallic minerals (including diamond, limestone and clay), and water/gas related minerals (including ground water, mineral water and carbon dioxide). Metallic minerals can be further classified as ferrous, non-ferrous, noble metal, rare metal, rare earth metal and dispersed metals.

**Ensured Mineral Reserves** refer to the actual mineral reserves, which equal to the proven mineral reserves (including industrial reserves and prospective reserves) minus extracted parts and underground losses.

**Average Temperature** refers to the air temperature. China uses centigrade as the unit. The thermometry used for weather observation is put in a breezy shutter, which is 1.5 meters high from the ground. Therefore, the commonly used temperature refers to the temperature in the breezy shutter 1.5 meters away from the ground. The calculation method is as follows:

Monthly average temperature is the summation of average daily temperature of one month divided by the actual days of that particular month.

Annual average temperature is the summation of monthly average of a year divided by 12 months.

**Average Annual Relative Humidity** refers to the ratio of actual water vapour pressure to the saturation water vapour pressure under the current temperature. The calculation method is the same as that of temperature.

**Volume of Precipitation** refers to the deepness of liquid state or solid state (thawed) water falling from the sky to the ground that has not been evaporated, infiltrated or run off. The calculation method is as follows:

Monthly precipitation is the summation of daily precipitation of a month.

Annual precipitation is the summation of 12 months precipitation of a year.

**Annual Sunshine Hours** refer to the actual hours of sun irradiating the earth, usually expressed in hours. The calculation method is the same as that of the precipitation.

**Total Water Resources** refers to total volume of surface water and groundwater and is measured as run-off for surface water and replenishment of groundwater with rainfall in local area.

**Surface Water Resources** refers to total volume of year by year renewable dynamic resources which exist in rivers, lakes, glaciers and other surface water and are the natural run-off of rivers.

**Groundwater Resources** refers to total volume of year by year renewable dynamic resources which exist in saturation acquifers of groundwater and are measured as replenishment of groundwater with rainfall and surface water.

**Duplicated Measurement between Surface Water and Groundwater** refers to mutual exchange between surface water and groundwater, i.e. run-off of rivers includes some depletion into groundwater while groundwater includes some replenishment from surface water.

**Water Supply** refers to gross water of various sources supplied to consumers, including losses during distribution.

**Surface Water Supply** refers to withdrawals by surface water supply system, broken down with storage, flow, pumping and transfer. Supply from storage projects includes withdrawals from reservoirs; supply from flow includes withdrawals from

rivers and lakes with natural flows no matter if there are locks or not; supply from pumping projects includes withdrawals from rivers or lakes with pumping stations; and supply from transfer refers to water supplies transferred from first-level regions of water resources or independent river drainage areas to others, and should not be covered under supplies of storage, flow and pumping.

**Groundwater Supply** refers to withdrawals from supplying wells, broken down with shallow layer freshwater, deep layer freshwater and slightly brackish water. Groundwater supply for urban areas includes water mining by both waterworks and own wells of enterprises.

**Other Water Supply Sources** include supplies by waste-water treatment, rain collection, seawater desalinization and other water projects.

**Water Use** refers to gross water used by various water users, including losses during distribution.

**Water Use by Agriculture** includes uses of water by irrigation of farming fields, forestry and orchards, irrigation of grassland, replenishment of fishing farms and water used by animal husbandry.

**Water Use by Industry** refers to new withdrawals of water, excluding reuse of water within enterprises.

**Water Use by Living Consumption** includes use of water for living consumption in both urban and rural areas. Urban water use by living consumption is composed of household use and public use (including tertiary industry and construction). Rural water use by living consumption includes water used by households.

**Water Use by Ecological and Environmental Protection** includes replenishment of rivers and lakes and use for urban environment.

**Common Industrial Solid Wastes Produced** refers to the industrial solid wastes that are not listed in the 《National Catalogue of Hazardous Wastes》, or not regarded as hazardous according to the national hazardous waste identification standards (GB5085), solid waste-Extraction procedure for leaching toxicity (GB5086) and solid waste-Extraction procedure for leaching toxicity (GB/T 15555). The calculation formula is as followed:

Common Industrial Solid Wastes Produced = (common industrial solid wastes utilized – the proportion of utilized stock of previous years) + common industrial solid waste stock + (common industrial solid wastes disposed – the proportion of disposed stock of previous years) + common industrial solid wastes discharged.

**Common Industrial Solid Wastes Comprehensively Utilized** refers to volume of solid wastes from which useful materials can be extracted or which can be converted into usable resources, energy or other materials by means of reclamation, processing, recycling and exchange (including utilizing in the year the stocks of industrial solid wastes of the previous year) during the report period, e.g. being used as agricultural fertilizers, building materials or as material for paving road. Examples of such utilizations include fertilizers, building materials and road materials. The information shall be collected by the producing units of the wastes.

**Common Industrial Solid Wastes Disposed** refers to the quantity of industrial solid wastes which are burnt or specially disposed using other methods to alter the physical, chemical and biological properties and thus to reduce or eliminate the hazard, or placed ultimately in the sites meeting the requirements for environmental protection during the report period.

**Stock of Common Industrial Solid Wastes** refers to the volume of solid wastes placed in special facilities or special sites by enterprises for purposes of utilization or disposal during the report period. The sites or facilities should take measures against dispersion, loss, seepage, and air and water contamination.

**Common Industrial Solid Wastes Discharged** refers to the volume of industrial solid wastes dumped or discharged by producing enterprises to disposal facilities or to other sites.

**Hazardous Wastes Produced** refers to the volume of actual hazardous wastes produced by surveyed samples throughout the year of the survey. Hazardous waste refers to those included in the national hazardous wastes catalogue or specified as any one of the following properties in light of the national hazardous wastes identification standards and methods: explosive, ignitable, oxidizable, toxic, corrosive or liable to cause infectious diseases or lead to other dangers. The report of this indicator should follow the 《National Catalogue of Hazardous Wastes》 (the NO.1 Ministry Order in 2008 by the Ministry of Environment Protection and National Development and Reform Commission).

**Hazardous Wastes Utilized** refers to the volume of hazardous wastes that are used to extract materials for raw materials or fuel throughout the year of the survey, including those utilized by the producing enterprise and those provided to other enterprises for utilization.

**Hazardous Wastes Disposed** refers to the quantity of hazardous wastes which are burnt or specially disposed using other methods to alter the physical, chemical and biological properties and thus to reduce or eliminate the hazard, or placed ultimately in the sites meeting the requirements for environmental protection during the report period.

**Stock of Hazardous Wastes** refers to the volume of hazardous wastes specially packaged and placed in special facilities or special sites by enterprises. The special stock facilities should meet the requirements set in relevant environment protection laws and regulations such as "Pollution Control Standards for Hazardous Waste Stock" (GB18597-2001) in regard to package of hazardous waste, location, design, safety, monitoring and shutdown, and take measures against dispersion, loss, seepage, and air and water contamination.

**Consumption Wastes Transported** refers to volume of consumption wastes collected and transported to disposal factories or sites during the reference period. Consumption wastes are solid wastes produced from urban households or from service activities for urban households, and solid wastes regarded by laws and regulations as urban consumption wastes, including those from households, commercial activities, markets, cleaning of streets, public sites, offices, schools, factories, mining units and other sources.

**Ratio of Consumption Wastes Treated** refers to consumption wastes treated over that produced. In practical statistics, as it is difficult to estimate, the volume of consumption wastes produced is replaced with that transported. It is calculated as:

$$\text{Ratio of consumption wastes treated} = \frac{\text{consumption wastes treated}}{\text{consumption wastes produced}} \times 100\%$$

**Forest Area** refers to the area of trees and bamboo grow with a canopy density above 0.2 degree, the area of shrubby tree according to regulations of the government, the area of forest land inside farm land and the area of trees planted by the side of villages, farm houses and along roads and rivers.

**Forest Coverage Rate** Taking the administrative jurisdiction as the unit, the percentage of area of afforested land to the area of total land. The formula for calculating forest coverage rate is as follows:

$$\text{Forestry coverage rate} = \frac{\text{Area of Afforested Land}}{\text{Area of Total Land}} \times 100\%$$

**Total Standing Stock Volume** refers to the total stock volume of trees growing in land, including trees in forest, trees in sparse forest, scattered trees and trees planted by the side of villages, farm houses and along roads and rivers.

**Stock Volume of Forest** refers to total stock volume of wood growing in forest area, which shows the total size and level of forest resources of a country or a region.

**Wetlands** refer to marshland and peat bog, whether natural or man-made, permanent or temporary; water covered areas, whether stagnant or flowing, with fresh or semi-fresh or salty water that is less than 6 meters deep at low tide; as well as coral beach, weed beach, mud beach, mangrove, river outlet, rivers, fresh-water marshland, marshland forests, lakes, salty bog and salt lakes along the coastal areas.

**Natural Reserves** refer to number of certain areas of land, or waters that have been set aside and put under special protection and management in order to protect natural environment and natural resources, and promote the sustainable development of national economy. They are subject to formal approval from governments of various levels. According to the protected targets, natural reserves can be divided into three categories: reserves of natural ecological system, natural reserves of wildlife species, and natural heritage of historical significance.Scenic spots and cultural preservation zones are not included.

# 第八篇　能　源

CHAPTER 8　ENERGY

资料整理: 苗立辉　鄢杰明　张雅楠

# 8-1　能源生产和消费弹性系数
## Elasticity Ratio of Energy Production and Consumption

单位：%　　(%)

| 年　份 Year | 能源生产比上年增长 Growth Rate of Energy Production over Preceding Year | 能源消费比上年增长 Growth Rate of Energy Consumption over Preceding Year | 地区生产总值比上年增长 Growth Rate of Gross Domestic Product over Preceding Year | 能源生产弹性系数 Elasticity Ratio of Energy Production | 能源消费弹性系数 Elasticity Ratio of Energy Consumption |
|---|---|---|---|---|---|
| 1957 | 20.60 | 7.30 | 8.50 | 2.42 | 0.86 |
| 1962 | -1.70 | -18.80 | -2.00 | 0.85 | 9.40 |
| 1965 | 15.80 | -6.60 | 15.40 | 1.03 | -0.43 |
| 1970 | 26.80 | 28.90 | 10.10 | 2.65 | 2.86 |
| 1975 | 11.60 | 3.00 | 7.60 | 1.53 | 0.39 |
| 1978 | 4.30 | 9.30 | 11.10 | 0.39 | 0.83 |
| 1980 | 1.50 | 4.30 | 10.00 | 0.15 | 0.43 |
| 1985 | 5.10 | 0.50 | 6.00 | 0.85 | 0.08 |
| 1990 | 2.70 | 3.10 | 5.80 | 0.47 | 0.53 |
| 1995 | 1.30 | 8.50 | 9.20 | 0.14 | 0.92 |
| 1996 | 1.10 | 0.10 | 10.20 | 0.11 | 0.01 |
| 1997 | -9.60 | 5.90 | 10.00 | -0.96 | 0.59 |
| 1998 | 4.50 | 0.90 | 8.30 | 0.54 | 0.11 |
| 1999 | -6.10 | -4.70 | 7.50 | -0.81 | -0.63 |
| 2000 | -8.60 | -11.10 | 8.20 | -1.05 | -1.35 |
| 2001 | -1.00 | 2.90 | 9.30 | -0.11 | 0.31 |
| 2002 | 3.00 | 6.40 | 10.30 | 0.29 | 0.62 |
| 2003 | 2.30 | 12.40 | 10.30 | 0.22 | 1.20 |
| 2004 | 13.60 | 11.90 | 11.70 | 1.16 | 1.02 |
| 2005 | 0.90 | 9.30 | 11.60 | 0.08 | 0.80 |
| 2006 | 1.20 | 8.60 | 12.00 | 0.10 | 0.72 |
| 2007 | -2.70 | 7.50 | 12.00 | -0.23 | 0.63 |
| 2008 | -3.60 | 6.50 | 11.80 | -0.31 | 0.55 |
| 2009 | 0.62 | 4.60 | 11.10 | 0.06 | 0.41 |
| 2010 | 0.02 | 6.98 | 12.60 | 0.002 | 0.55 |
| 2011 | 1.29 | 8.23 | 12.20 | 0.11 | 0.67 |
| 2012 | -0.04 | 5.28 | 10.00 | -0.004 | 0.53 |
| 2013 | -4.90 | 3.30 | 8.00 | -0.61 | 0.41 |
| 2014 | -6.20 | 0.86 | 5.60 | -1.11 | 0.15 |
| 2015 | -4.28 | 1.43 | 5.70 | -0.75 | 0.25 |
| 2016 | -3.71 | 1.27 | 6.10 | -0.61 | 0.21 |
| 2017 | 0.08 | 2.08 | 6.40 | 0.01 | 0.33 |
| 2018 | -3.94 | 1.76 | 4.66 | -0.85 | 0.38 |

# 8-2 规模以上工业企业分品种能源购进、消费及库存(2018年)

| 项　目 | Item | 年初库存<br>Stock of Year Beginning |
|---|---|---|
| 原煤(万吨) | Coal(10000 tons) | 927.07 |
| 无烟煤 | Anthracite Coal | 3.91 |
| 炼焦烟煤 | Coking Bituminous Coal | 3.55 |
| 一般烟煤 | General Bituminous Coal | 763.03 |
| 褐　煤 | Brown Coal | 156.58 |
| 洗精煤用于炼焦(万吨) | Clean Coal(10000 tons) | 57.03 |
| 其它洗煤(万吨) | Other Clean Coal(10000 tons) | 31.63 |
| 煤制品(万吨) | Coal Products(10000 tons) | 4.28 |
| 焦炭(万吨) | Coke(10000 tons) | 4.60 |
| 其他焦化产品(万吨) | Other Coking Products(10000 tons) | 1.38 |
| 焦炉煤气(亿立方米) | Coking Gas(100 million cu.m) | |
| 高炉煤气(亿立方米) | Blast furnace Gas(100 million cu.m) | |
| 转炉煤气(亿立方米) | Converter Gas(100 million cu.m) | |
| 发生炉煤气(亿立方米) | Producer Gas(100 million cu.m) | |
| 天然气(亿立方米) | Natural Gas(100 million cu.m) | 0.01 |
| 液化天然气(万吨) | Liquefied Gas(10000 tons) | 0.002 |
| 煤层气(亿立方米) | Coal Bed Methane(100 million cu.m) | |
| 原油(万吨) | Crude Oil(10000 tons) | 16.50 |
| 汽油(万吨) | Gasoline(10000 tons) | 0.03 |
| 煤油(万吨) | Kerosene(10000 tons) | 0.0002 |
| 柴油(万吨) | Diesel Fuel Oil(10000 tons) | 1.39 |
| 燃料油(万吨) | Fuel Oil(10000 tons) | 0.30 |
| 液化石油气(万吨) | Liquefied Petroleum Gas(10000 tons) | 0.001 |
| 炼厂干气(万吨) | Net Gas of Plant(10000 tons) | |
| 石脑油(万吨) | Naphtha(10000 tons) | |
| 润滑油(万吨) | Lubricating Oil(10000 tons) | 0.002 |
| 石腊(万吨) | Paraffin(10000 tons) | |
| 溶剂油(万吨) | Solvent Oil(10000 tons) | 0.03 |
| 石油焦(万吨) | Petroleum Coke(10000 tons) | |
| 石油沥青(万吨) | Petroleum Pitch(10000 tons) | 0.01 |
| 其他石油制品(万吨) | Other Petroleum Products(10000 tons) | 0.0005 |
| 热力(百亿千焦) | Heat(10 billion kilo-joule) | |
| 电力(亿千瓦时) | Power(100 milling kwh) | |
| 煤矸石(用于燃料)(万吨) | Coal Waste for Fuel(10000 tons) | 18.23 |
| 城市生活垃圾(用于燃料)(万吨) | Biomass Waste for Fuel (10000 tons) | 3.49 |
| 生物燃料(万吨标准煤) | Biofuels(10000 tons of SCE) | 28.89 |
| 余热余压(百亿千焦) | Residual Heat and Pressure(10 billion kilo-joules) | |
| 工业废料(用于燃料)(万吨) | Industrial Wastes for Fuel(10000 tons) | |
| 其他燃料(万吨标准煤) | Other Fuel(10000 tons of SCE) | 1.00 |
| 能源合计(万吨标准煤) | Total Energy(10000 tons of SCE) | |

# Purchase, Consume, and Stock of Energy in above Designated Size Industrial Enterprises by Type of Energy(2018)

| 购进量<br>Purchase Capacity | 消费量<br>Total Energy Consumption | 工　业<br>生产消费<br>Consumption of Industrial Production | 非工业<br>生产消费<br>Consumption of Nonindustrial Production | 年末库存<br>Stock of Year End |
|---|---|---|---|---|
| 10909.11 | 12544.64 | 12475.06 | 69.58 | 1088.57 |
| 14.76 | 29.34 | 29.19 | 0.15 | 1.71 |
| 82.75 | 82.74 | 82.74 | 0.002 | 3.55 |
| 8728.69 | 10365.79 | 10298.05 | 67.74 | 866.15 |
| 2082.93 | 2066.76 | 2065.08 | 1.69 | 217.15 |
| 936.43 | 1252.42 | 1252.42 | | 88.65 |
| 242.50 | 294.89 | 276.15 | 18.74 | 59.27 |
| 17.34 | 17.37 | 17.23 | 0.14 | 4.25 |
| 303.34 | 327.73 | 327.72 | 0.01 | 7.56 |
| 10.14 | 10.79 | 10.79 | | 0.73 |
| 12.64 | 16.22 | 16.22 | | |
| 11.67 | 87.73 | 81.35 | 6.38 | |
| | 5.26 | 5.26 | | |
| | 3.91 | 3.91 | | |
| 15.65 | 30.63 | 30.48 | 0.15 | 0.01 |
| 0.18 | 0.17 | 0.17 | | 0.003 |
| | | | | |
| 1541.63 | 1552.19 | 1552.02 | 0.17 | 23.02 |
| 6.39 | 6.42 | 4.35 | 2.07 | 0.03 |
| 0.02 | 0.02 | 0.02 | 0.0004 | 0.0003 |
| 35.06 | 35.12 | 32.74 | 2.38 | 1.34 |
| 31.12 | 43.11 | 43.11 | 0.00002 | 0.28 |
| 26.76 | 76.54 | 76.54 | | 0.002 |
| | 106.36 | 106.36 | | |
| 27.82 | 27.81 | 27.81 | | 0.003 |
| 0.04 | 0.02 | 0.02 | 0.0008 | 0.02 |
| 0.004 | 0.004 | 0.004 | | |
| 0.09 | 0.07 | 0.07 | | 0.04 |
| | | | | |
| 0.03 | 0.03 | 0.03 | | |
| 145.79 | 145.75 | 145.75 | 0.001 | 0.04 |
| 1908.07 | 8527.23 | 8056.69 | 470.54 | |
| 1231.40 | 525.94 | 517.62 | 8.32 | |
| 417.15 | 576.10 | 575.00 | 1.10 | 40.69 |
| 75.73 | 77.48 | 77.48 | | 1.74 |
| 241.20 | 260.85 | 260.54 | 0.30 | 30.07 |
| 29.30 | 180.56 | 180.56 | | |
| 0.57 | 0.57 | 0.57 | | |
| 12.34 | 12.42 | 12.35 | 0.07 | |
| | 13994.91 | 13896.68 | 98.22 | |

# 8-3 全社会用电量
# Electricity Consumption

单位：亿千瓦时 (100 million kwh)

| 行　业 | Sector | 2017 | 2018 |
|---|---|---|---|
| **全社会用电量** | **Electricity Consumption** | **928.57** | **973.88** |
| **居民生活用电** | **Electricity Consumption for Households** | **175.60** | **184.64** |
| 城镇居民 | Urban | 105.59 | 114.75 |
| 乡村居民 | Rural | 70.00 | 69.88 |
| **行业用电** | **Electricity Consumption for Sector** | **752.97** | **789.24** |
| 第一产业 | Primary Industry | 26.89 | 28.43 |
| 第二产业 | Secondary Industry | 570.20 | 583.01 |
| 工　业 | Industry | 558.51 | 571.46 |
| 建筑业 | Construction | 11.99 | 11.82 |
| 第三产业 | Tertiary Industry | 155.88 | 177.80 |
| 批发和零售业 | Wholesale and Retail Trade | 32.26 | 35.64 |
| 交通运输、仓储和邮政业 | Traffic, Transport, Storage and Post | 19.40 | 25.12 |
| 住宿和餐饮业 | Accommodation and Restaurants | 9.84 | 10.57 |
| 信息传输、软件和信息技术服务业 | Information Transmission, Software and IT Service | 11.19 | 12.94 |
| 金融业 | Finance | 2.55 | 2.47 |
| 房地产业 | Real estate | 11.46 | 12.53 |
| 租赁和商务服务业 | Leasing and Business Services | 5.91 | 4.37 |
| 科学研究和技术服务业 | Scientific Research and Technical Services | 1.70 | 1.59 |
| 水利、环境和公共设施管理业 | Management of Water Conservancy, Environment and Public Establishment | 6.39 | 6.72 |
| 居民服务、修理和其他服务业 | Services to Households, Repair and Other Services | 14.20 | 21.13 |
| 教　育 | Education | 8.74 | 9.41 |
| 卫生和社会工作 | Health, Social Security and Social Welfare | 5.80 | 6.17 |
| 文化、体育和娱乐业 | Culture, Sports and Entertainment | 2.87 | 2.76 |
| 公共管理和社会组织、国际组织 | Public Management, Social Securities and Social Organization | 6.65 | 7.28 |

# 8-4 工业用电量
## Electricity Consumption of Industry

单位：亿千瓦时 (100 million kwh)

| 行 业 | Sector | 2017 | 2018 |
|---|---|---|---|
| **工业合计** | **Total** | **558.51** | **571.46** |
| **采矿业** | **Mining** | **191.15** | **184.32** |
| 煤炭开采和洗选业 | Mining and Washing of Coal | 41.33 | 42.73 |
| 石油和天然气开采业 | Extraction of Petroleum and Natural Gas | 136.23 | 125.28 |
| 黑色金属矿采选业 | Mining of Ferrous Metal Ores | 0.50 | 0.69 |
| 有色金属矿采选业 | Mining of Non-ferrous Metal Ores | 8.73 | 10.86 |
| 非金属矿采选业 | Mining and Processing of Nonmetal Ores | 2.95 | 3.03 |
| 其他采矿业 | Mining of Other Ores | 1.42 | 1.73 |
| **制造业** | **Manufacturing** | **187.29** | **194.50** |
| 农副食品加工业 | Processing of Food from Agricultural Products | 18.58 | 21.16 |
| 食品制造业 | Manufacture of Foods | 9.27 | 8.14 |
| 酒、饮料和精制茶制造业 | Manufacture of Wine, soft drinks and refined tea | 5.54 | 5.77 |
| 烟草制品业 | Manufacture of Tobacco | 0.57 | 0.64 |
| 纺织业 | Manufacture of Textile | 1.96 | 2.23 |
| 纺织服装、服饰业 | Manufacture of Textile, Wearing Apparel and Accessories | 0.35 | 0.42 |
| 皮革毛皮羽毛及其制品和制鞋业 | Manufacture of Leather, Fur, feather and Its Products and Footwear | 0.14 | 0.14 |
| 木材加工和木竹藤棕草制品业 | Processing of Timbers, Manufacture of Wood, Bamboo, Rattan, | 3.91 | 4.09 |
| | Palm, and Straw Products | 1.15 | 1.15 |
| 家具制造业 | Manufacture of Furniture | 4.80 | 4.14 |
| 造纸及纸制品业 | Manufacture of Paper and Paper Products | 0.79 | 0.81 |
| 印刷和记录媒介的复制业 | Printing, Reproduction of Recording Media | 0.26 | 0.30 |
| 文教工美体育和娱乐用品制造业 | Manufacture of Culture, Art, Sports and Entertainment Goods | 25.16 | 24.76 |
| 石油加工、炼焦及核燃料加工业 | Processing of Petroleum, Coking, Processing of Nuclear Fuel | 24.76 | 25.31 |
| 化学原料及化学制品制造业 | Manufacture of Chemical Raw Material and Chemical Products | 4.86 | 4.94 |
| 医药制造业 | Manufacture of Medicines | 0.15 | 0.15 |
| 化学纤维制造业 | Manufacture of Chemical Fiber | 4.54 | 4.81 |
| 橡胶和塑料制品业 | Manufacture of Rubber and Plastic | 25.88 | 24.04 |
| 非金属矿物制品业 | Manufacture of Non-metallic Mineral Products | 22.05 | 29.65 |
| 黑色金属冶炼及压延加工业 | Manufacture and Processing of Ferrous Metals | 3.90 | 3.15 |
| 有色金属冶炼及压延加工业 | Manufacture & Processing of Non-ferrous Metals | 5.66 | 5.44 |
| 金属制品业 | Manufacture of Metal Products | 7.68 | 8.24 |
| 通用设备制造业 | Manufacture of General Purpose Machinery | 1.26 | 1.47 |
| 专用设备制造业 | Manufacture of Special Purpose Machinery | 0.19 | 1.14 |
| 汽车制造业 | Manufacture of Automobile | 5.70 | 4.39 |
| 铁路、船舶、航空航天和其他运输设备制造业 | Manufacture of Railroads, Ships, Aerospace and Other Transport Equipment | 1.99 | 2.19 |
| 电气机械及器材制造业 | Manufacture of Electrical Machinery & Equipment | 0.63 | 0.60 |
| 计算机、通信和其他电子设备制造业 | Manufacture of Computer, Communication and Other Electronic Equipment | 0.05 | 0.08 |
| 仪器仪表制造业 | Manufacture of Instrument | 4.85 | 4.39 |
| 其他制造业 | Other Manufacture | 0.36 | 0.52 |
| 废弃资源综合利用业 | Recycling and Disposal of Waste | 0.29 | 0.26 |
| 金属制品、机械和设备修理业 | Metal Products, Machinery and Equipment Repair | 180.07 | 192.64 |
| **电力、热力、燃气及水的生产和供应业** | **Production and Distribution of Electricity, Heat, Gas and Water** | | |
| 电力、热力的生产和供应业 | Production and Supply of Electric Power and Heat Power | 169.21 | 182.30 |
| 燃气生产和供应业 | Production and Distribution of Gas | 3.17 | 1.95 |
| 水的生产和供应业 | Production and Distribution of Water | 7.69 | 8.39 |

# 8-5 分地区单位地区生产总值电耗
# Electricity Consumption Per Unit of GDP by Region

单位：千瓦时/万元 (kw. h/10000yuan)

| 地区 | Region | 2012 | 2013 | 2014 | 2015 | 2016 | 2017 | 2018 |
|---|---|---|---|---|---|---|---|---|
| **全省** | **Total** | **646.6** | **611.2** | **588.5** | **563.1** | **560.5** | **542.5** | **543.7** |
| 哈尔滨 | Harbin | 422.9 | 400.7 | 380.4 | 356.3 | 348.8 | 336.8 | 344.8 |
| 齐齐哈尔 | Qiqihar | 670.8 | 633.7 | 605.3 | 612.3 | 602.0 | 580.6 | 587.5 |
| 鸡西 | Jixi | 841.3 | 844.4 | 790.5 | 737.0 | 767.4 | 759.7 | 782.6 |
| 鹤岗 | Hegang | 1130.9 | 1269.1 | 1362.6 | 1383.8 | 1525.0 | 1464.2 | 1515.4 |
| 双鸭山 | Shuangyashan | 873.9 | 884.6 | 991.9 | 1087.4 | 1037.9 | 1017.8 | 1002.6 |
| 大庆 | Daqing | 636.6 | 601.6 | 579.4 | 585.3 | 779.7 | 762.0 | 704.3 |
| 伊春 | Yichun | 935.5 | 839.3 | 827.0 | 964.2 | 875.7 | 864.8 | 1183.9 |
| 佳木斯 | Jiamusi | 520.7 | 546.4 | 504.9 | 481.1 | 467.0 | 404.5 | 435.8 |
| 七台河 | Qitaihe | 888.9 | 984.2 | 956.4 | 876.5 | 1142.6 | 1131.1 | 1108.3 |
| 牡丹江 | Mudanjiang | 497.4 | 441.9 | 399.5 | 362.8 | 346.9 | 342.4 | 336.5 |
| 黑河 | Heihe | 973.9 | 990.5 | 961.1 | 831.2 | 611.0 | 581.4 | 602.3 |
| 绥化 | Suihua | 455.0 | 463.5 | 479.9 | 486.3 | 462.1 | 419.2 | 417.7 |
| 大兴安岭 | Daxinganling | 406.4 | 423.8 | 376.8 | 405.9 | 321.8 | 303.5 | 302.7 |
| 绥芬河 | Suifenhe | 342.5 | 302.4 | 278.0 | 243.8 | 235.8 | 228.6 | |
| 抚远 | Fuyuan | 233.5 | 274.9 | 297.6 | 316.3 | 285.1 | 285.9 | |

# 8-6 工业企业水消费(2018年)
# Water Consumption of Industry Enterprise (2018)

单位：万立方米 (10000 cu.m)

| 项目 | Item | 取水量 Quantity of Water | 外供水量 External Water Supply | 用水量 Water Consumption |
|---|---|---|---|---|
| **总计** | **Total** | **165821.8** | **97628.2** | **68193.6** |
| 地表淡水 | Surface Water | 101315.6 | 15085.7 | 86229.9 |
| 地下淡水 | Ground Water | 37413.8 | 5984.9 | 31428.9 |
| 自来水 | Tap Water | 23632.2 | 75638.8 | -52006.6 |
| 陆地苦咸水 | Land Brackish | 0.1 | | 0.1 |
| 矿井水 | Mine Water | 153.1 | | 153.1 |
| 雨水 | Rainwater | 3.6 | | 3.6 |
| 再生水(中水) | Recycled Water | 1683.7 | | 1683.7 |
| 其他水 | Other Water | 1619.7 | 918.9 | 700.9 |
| 外排水量 | External Displacement | 45705.9 | | |
| 重复用水量 | Duplicated Use | 1015849.6 | | |
| 直流冷却水量(河湖水) | DC Cooling Water (river water) | 79391.4 | | |
| 污水处理企业污水处理量 | Treatment Capacity Of Sewage Treatment Enterprises | 27172.5 | | |

# 8-7　分地区规模以上工业企业综合能源消费量
# Energy Consumption of Industry Enterprise above Designated Size by Region

单位：万吨标准煤　(10000 tons of SCE)

| 地　区 | Region | 2012 | 2013 | 2014 | 2015 | 2016 | 2017 | 2018 |
|---|---|---|---|---|---|---|---|---|
| **全　省** | **Total** | **5883.2** | **5575.9** | **5272.5** | **4975.0** | **5051.3** | **5094.3** | **5202.2** |
| 哈尔滨 | Harbin | 850.7 | 829.8 | 713.8 | 715.3 | 715.6 | 609.8 | 680.0 |
| 齐齐哈尔 | Qiqihar | 568.8 | 515.6 | 503.7 | 469.9 | 384.7 | 390.3 | 463.5 |
| 鸡　西 | Jixi | 495.6 | 410.0 | 305.6 | 282.3 | 245.9 | 250.6 | 250.4 |
| 鹤　岗 | Hegang | 339.6 | 265.7 | 199.0 | 190.6 | 272.1 | 290.1 | 323.7 |
| 双鸭山 | Shuangyashan | 461.8 | 436.2 | 392.8 | 372.3 | 402.2 | 377.0 | 422.1 |
| 大　庆 | Daqing | 1536.4 | 1600.6 | 1749.5 | 1593.6 | 1658.1 | 1714.4 | 1637.2 |
| 伊　春 | Yichun | 175.4 | 211.5 | 134.2 | 124.7 | 161.9 | 217.5 | 242.9 |
| 佳木斯 | Jiamusi | 183.0 | 166.6 | 153.1 | 144.1 | 138.7 | 146.2 | 155.1 |
| 七台河 | Qitaihe | 534.5 | 427.1 | 442.8 | 427.3 | 411.9 | 416.4 | 448.1 |
| 牡丹江 | Mudanjiang | 298.7 | 260.2 | 203.2 | 191.1 | 189.5 | 172.1 | 161.9 |
| 黑　河 | Heihe | 86.7 | 89.5 | 87.6 | 90.3 | 81.1 | 78.4 | 75.9 |
| 绥　化 | Suihua | 159.6 | 181.9 | 191.1 | 217.0 | 234.7 | 239.8 | 264.4 |
| 大兴安岭 | Daxinganling | 28.5 | 25.7 | 21.6 | 20.9 | 19.3 | 16.5 | 12.5 |
| 农垦总局 | ARB | 152.4 | 144.4 | 99.8 | 126.7 | 127.2 | 100.3 | |
| 绥芬河 | Suifenhe | 8.8 | 9.1 | 9.3 | 6.7 | 6.2 | 7.0 | |
| 抚　远 | Fuyuan | 2.5 | 2.1 | 2.1 | 2.1 | 2.1 | 2.1 | |

# 8-8　分地区单位地区生产总值能耗上升或下降
# Rise or Fall Rate of Energy Consumption Per Unit of GDP by Region

单位：%　(%)

| 地　区 | Region | 2012 | 2013 | 2014 | 2015 | 2016 | 2017 | 2018 |
|---|---|---|---|---|---|---|---|---|
| **全　省** | **Total** | **-4.25** | **-4.31** | **-4.50** | **-4.01** | **-4.50** | **-4.02** | **-2.76** |
| 哈尔滨 | Harbin | -3.69 | -4.60 | -4.84 | -3.11 | -3.31 | -4.86 | -0.31 |
| 齐齐哈尔 | Qiqihar | -4.17 | -6.07 | -8.78 | -10.08 | -7.29 | -3.63 | 0.77 |
| 鸡　西 | Jixi | -5.26 | -5.35 | -4.69 | -1.53 | -7.34 | -5.04 | -3.32 |
| 鹤　岗 | Hegang | -4.56 | -4.21 | -4.36 | -4.18 | -3.85 | -3.63 | -2.53 |
| 双鸭山 | Shuangyashan | -5.23 | -4.52 | -4.06 | -2.51 | -4.03 | -4.01 | -3.11 |
| 大　庆 | Daqing | -3.90 | -3.52 | -3.30 | -2.51 | -3.20 | -3.20 | -3.32 |
| 伊　春 | Yichun | -3.67 | -3.25 | -3.95 | -2.19 | -3.55 | 8.30 | 2.57 |
| 佳木斯 | Jiamusi | -4.24 | -3.83 | -3.52 | -3.11 | -5.30 | -5.11 | -3.67 |
| 七台河 | Qitaihe | -4.75 | -4.50 | -4.30 | -4.34 | -4.51 | -4.05 | -3.13 |
| 牡丹江 | Mudanjiang | -3.82 | -3.81 | -3.79 | -4.01 | -3.63 | -3.64 | -2.75 |
| 黑　河 | Heihe | -4.35 | -3.42 | -3.42 | -3.09 | -8.99 | -2.88 | -3.31 |
| 绥　化 | Suihua | -3.23 | -3.23 | -3.45 | -3.42 | -3.31 | -3.40 | 1.36 |
| 大兴安岭 | Daxinganling | -3.31 | -3.51 | -3.21 | -2.53 | -3.24 | -3.13 | -3.19 |
| 绥芬河 | Suifenhe | -3.60 | -3.62 | -4.19 | -4.30 | -1.02 | -3.64 | |
| 抚　远 | Fuyuan | -3.02 | -3.25 | -3.56 | -3.12 | -3.24 | -2.51 | |

# 主要统计指标解释

**能源生产总量** 指一定时期内，全国一次能源生产量的总和。该指标是观察全国能源生产水平、规模、构成和发展速度的总量指标。一次能源生产量包括原煤、原油、天然气、水电、核能及其他动力能(如风能、地热能等)发电量，不包括低热值燃料生产量、太阳热能等的利用和由一次能源加工转换而成的二次能源产量。

**能源消费总量** 是指一定地域内，国民经济各行业和居民家庭在一定时间消费的各种能源的总和。包括：原煤、原油、天然气、水能、核能、风能、太阳能、地热能、生物质能等一次能源；一次能源通过加工转换产生的洗煤、焦炭、煤气、电力、热力、成品油等二次能源和同时产生的其他产品；其他化石能源、可再生能源和新能源。其中水能、风能、太阳能、地热能、生物质能等可再生能源，是指人们通过一定技术手段获得的，并作为商品能源使用的部分。在核算过程中，一次能源、二次能源消费不能重复计算。能源消费总量分为终端能源消费量、能源加工转换损失量和能源损失量三部分。

(1)终端能源消费量：指一定时期内，全国生产和生活消费的各种能源在扣除了用于加工转换二次能源消费量和损失量以后的数量。

(2)能源加工转换损失量：指一定时期内，全国投入加工转换的各种能源数量之和与产出各种能源产品之和的差额。该指标是观察能源在加工转换过程中损失量变化的指标。

(3)能源损失量：指一定时期内，能源在输送、分配、储存过程中发生的损失和由客观原因造成的各种损失量，不包括各种气体能源放空、放散量。

**能源生产弹性系数** 是研究能源生产增长速度与国民经济增长速度之间关系的指标。计算公式：

$$\text{能源生产弹性系数}=\frac{\text{能源生产量年平均增长速度}}{\text{国民经济年平均增长速度}}$$

国民经济年平均增长速度，可根据不同的目的或需要，用国民生产总值、国内生产总值等指标来计算，本年鉴是采用国内生产总值指标计算的。

**电力生产弹性系数** 是研究电力生产增长速度与国民经济增长速度之间关系的指标。一般来说，电力的发展应当快于国民经济的发展，也就是说电力应超前发展。计算公式为：

$$\text{电力生产弹性系数}=\frac{\text{电力生产量年平均增长速度}}{\text{国民经济年平均增长速度}}$$

**能源消费弹性系数** 反映能源消费增长速度与国民经济增长速度之间比例关系的指标。计算公式为：

$$\text{能源消费弹性系数}=\frac{\text{能源消费量年平均增长速度}}{\text{国民经济年平均增长速度}}$$

**电力消费弹性系数** 反映电力消费增长速度与国民经济增长速度之间比例关系的指标。计算公式为：

$$\text{电力消费弹性系数}=\frac{\text{电力消费量年平均增长速度}}{\text{国民经济年平均增长速度}}$$

**能源加工转换效率** 指一定时期内，能源经过加工、转换后，产出的各种能源产品的数量与同期内投入加工转换的各种能源数量的比率。该指标是观察能源加工转换装置和生产工艺先进与落后、管理水平高低等的重要指标。计算公式为：

$$\text{能源加工转换效率}=\frac{\text{能源加工转换产出量}}{\text{能源加工转换投入量}}\times 100\%$$

**单位国内生产总值能耗** 指一定时期内，一个国家或地区每生产一个单位的国内生产总值所消耗的能源。计算公式为：

$$\text{单位国内生产总值能耗}=\frac{\text{能源消费总量}}{\text{国内生产总值}}$$

**单位国内生产总值电耗** 指一定时期内，一个国家或地区每生产一个单位的国内生产总值所消耗的电力。计算公式为：

$$\text{单位国内生产总值电耗}=\frac{\text{全社会用电量}}{\text{国内生产总值}}$$

# Explanatory Notes on Main Statistical Indicators

**Total Energy Production** refers to the total production of primary energy by all energy producing enterprises in the country in a given period of time. It is a comprehensive indicator to show the level, scale, composition and pace of development of energy production of the country. The production of primary energy includes that of coal, crude oil, natural gas, hydro-power and electricity generated by nuclear energy and other means such as wind power and geothermal power. However, it does not include the production of fuels of low calorific value, solar thermal and secondary energy converted from primary energy.

**Total Energy Consumption** refers to the total consumption of energy of various kinds by the production sectors of the economy and the households in a given period of time. It includes the primary kinds of energy such as coal, crude oil, natural gas, hydro-power, nuclear power, wind power, solar power, geothermal power and bio-energy; the secondary kinds of energy and their products which are transformed from the primary energy such as washed coal, coke, coal gas, electricity, heating, and petroleum products; and other kinds of fossil energy, renewable energy and new energy. The renewable energy, including hydro-power, wind power, solar power, geothermal power and bio-energy, refers to the part attained with some given technical means and used for commercial purposes. Total energy consumption can be divided into three parts: end-use energy consumption; loss during the process of energy conversion; and energy loss.

(1) End-use Energy Consumption: It refers to the total energy consumption by the production sectors and the households in the country (region) in a given period of time. It does not include the consumption during the conversion of primary energy into secondary energy and the loss in the process of energy conversion.

(2) Loss During the Process of Energy Conversion: It refers to the total input of various kinds of energy for conversion, minus the total output of various kinds of energy in the country in a given period of time. It is an indicator to show the loss that occurs during the process of energy conversion.

(3) Energy Loss: It refers to the total of the loss of energy during the course of energy transport, distribution and storage and the loss caused by any objective reason in a given period of time. The loss of various kinds of gas due to gas discharges and stocktaking is not included.

**Elasticity Ratio of Energy Production** is an indicator to show the relationship between the growth rate of energy production and the growth rate of the national economy. The formula is:

$$\text{Elasticity Ratio of Energy Production} = \frac{\text{Average Annual Growth Rate of Energy Production}}{\text{Average Annual Growth Rate of National Economy}}$$

The average annual growth rate of the national economy can be measured by indicators such as the Gross National Product and the Gross Domestic Product, depending on the purposes or needs. The Gross Domestic Product has been used in the calculation of the ratio in this Yearbook.

**Elasticity Ratio of Electricity Production** is an indicator to show the relationship between the growth rate of electricity production and the growth rate of the national economy. Generally speaking, the growth rate of electricity production should be higher than that of the national economy.

Its formula is:

$$\text{Elasticity Ratio of Electricity Production} = \frac{\text{Average Annual Growth Rate of Electricity Production}}{\text{Average Annual Growth Rate of National Economy}}$$

**Elasticity Ratio of Energy Consumption** is an indicator to show the relationship between the growth rate of energy consumption and the growth rate of the national economy. The formula is:

$$\text{Elasticity Ratio of Energy Consumption} = \frac{\text{Average Annual Growth Rate of Energy Consumption}}{\text{Average Annual Growth Rate of National Economy}}$$

**Elasticity Ratio of Electricity Consumption** is an indicator to show the relationship between the growth rate of electricity consumption and the growth rate of the national economy. The formula is:

$$\text{Elasticity Ratio of Electricity Consumption} = \frac{\text{Average Annual Growth Rate of Electricity Consumption}}{\text{Average Annual Growth Rate of National Economy}}$$

**Efficiency of Energy Processing and Conversion** refers to the ratio of the total output of energy products of various kinds after processing and conversion to the total input of energy of various kinds for processing and conversion in the same reference period. It is an important indicator to show the current conditions of energy processing and conversion equipment, production technique and management. The formula is:

$$\text{Efficiency of Energy Processing \& Conversion} = \frac{\text{Output of Energy After Processing \& Conversion}}{\text{Input of Energy for Processing \& Conversion}} \times 100\%$$

**Energy Consumption per Unit of GDP** refers to the energy consumption per unit of Gross Domestic Product in a country or the Gross Regional Product in a region in the same reference period. The formula is:

$$\text{Energy Consumption per Unit of GDP} = \frac{\text{Total Energy Consumption}}{\text{Gross Domestic Product}}$$

**Electricity Consumption per Unit of GDP** refers to the electricity consumption per unit of Gross Domestic Product in a country or the Gross Regional Product in a region in the same reference period. The formula is:

$$\text{Electricity Consumption per Unit of GDP} = \frac{\text{Total Electricity Consumption}}{\text{Gross Domestic Product}}$$

# 第九篇　固定资产投资

CHAPTER 9　INVESTMENT IN FIXED ASSETS

资料整理：李明武　王晓静

# 9-1　固定资产投资比上年增长情况
# Growth Rate of Investment in Fixed Assets Over Preceding Year

单位：% (%)

| 指　　标 | Item | 2018 |
|---|---|---|
| **全社会固定资产投资总额** | **Total Investment** | **-4.3** |
| **固定资产投资总额（不含农户）** | **Total Investment(Excluding Rural Households)** | **-4.7** |
| **按登记注册类型分** | **Grouped by Registration Status** | |
| 内　　资 | Domestic Capital | -4.2 |
| 国　　有 | State-Owned Units | -29.3 |
| 集　　体 | Collective-Owned Units | -53.6 |
| 股份合作 | Cooperative | -73.3 |
| 联　　营 | Joint | -25.5 |
| 国有独资公司 | State-owned Companies | -21.4 |
| 其他有限责任公司 | Other Limited Liability | -11.0 |
| 股份有限公司 | Share-holding | 23.3 |
| 私　　营 | Private | 56.0 |
| 其　　他 | Others | -13.7 |
| 港澳台商投资 | Funds from Hong Kong, Macao and Taiwan | -28.0 |
| 外商投资 | Foreign Funded | -29.8 |
| 个体经营 | Self-employed | 25.2 |
| **按隶属关系分** | **Grouped By Jurisdiction of Management** | |
| 中　　央 | Central Investment | -22.2 |
| 地　　方 | Local Investment | 0.1 |
| **按控股情况分** | **By Situation of Holdings** | |
| 国有控股 | State-holding | -19.2 |
| 集体控股 | Collective-holding | -53.1 |
| 私人控股 | Private-holding | 11.7 |
| 港澳台商控股 | Hong Kong, Macao and Taiwan-holding | 26.1 |
| 外商控股 | Foreign-holding | 0.3 |
| 其　　他 | Others | 15.2 |
| **按构成分** | **Grouped by Compositipon of Funds** | |
| 建筑安装工程 | Construction and Installation | -9.1 |
| 设备工器具购置 | Purchase of Equipment and Instruments | 10.7 |
| 其他费用 | Others | 10.3 |
| **按产业分** | **Grouped by Sector** | |
| 第一产业 | Primary Industry | -27.6 |
| 第二产业 | Secondary Industry | 9.4 |
| #工　业 | #Industry | 9.3 |
| 第三产业 | Tertiary Industry | -9.4 |
| **按建设性质分** | **Grouped by Type of Construction** | |
| #新　　建 | #New Construction | -6.4 |
| 扩　　建 | Expansion | -20.8 |
| 改建和技术改造 | Reconstruction | -31.8 |
| **房屋施工面积** | **Floor Space of Buildings under Construction** | **-0.8** |
| #住　　宅 | #Residential Buildings | 4.3 |
| **房屋竣工面积** | **Floor Space of Buildings Completed** | **-24.5** |
| #住　　宅 | #Residential Buildings | -16.7 |
| **房屋竣工价值** | **Cost of Buildings Completed** | **-25.1** |
| #住　　宅 | #Residential Buildings | -13.3 |
| **到位资金** | **Funds Available** | **-0.3** |
| 施工项目个数 | Number of Projects Under Construction | -27.6 |
| #本年新开工 | #Started This Year | -36.1 |

# 9-2 各行业按建设性质和构成分固定资产投资及施工、投产项目比上年增长情况(不含农户)(2018)

单位：%

| 指标 | Item | 投资额 Investment | #新建 New Construction | #扩建 Expansion |
|---|---|---|---|---|
| **总计** | **Total** | **-4.7** | **-6.4** | **-20.8** |
| **农、林、牧、渔业** | **Agriculture, Forestry, Animal Husbandry and Fishery** | **-18.3** | **-7.8** | **-37.8** |
| 农业 | Farming | -42.1 | -31.6 | -43.9 |
| 林业 | Forestry | 12.1 | 6.9 | 70.1 |
| 畜牧业 | Animal Husbandry | -3.6 | -5 | -4.4 |
| 渔业 | Fishery | -64.3 | -92.8 | 2505 |
| 农、林、牧、渔服务业 | Services in Support of Agriculture | 23.3 | 61.1 | -63.3 |
| **采矿业** | **Mining and Quarrying** | **-6.6** | **-8.8** | **97.3** |
| 煤炭开采和洗选业 | Mining and Washing of Coal | 32.7 | 50 | 124.1 |
| 石油和天然气开采业 | Extraction of Petroleum and Natural Gas | -19.2 | -19.2 | |
| 黑色金属矿采选业 | Mining and Processing of Ferrous Metals Ores | 732.6 | 882.5 | -100 |
| 有色金属矿采选业 | Mining and Processing of Non-ferrous Metal Ores | 190.6 | 284.3 | -100 |
| 非金属矿采选业 | Mining and Processing of Nonmetal Ores | -50.8 | -48 | -100 |
| 开采辅助活动 | Mining Auxiliary Activities | 97.2 | 37.8 | |
| 其他采矿业 | Mining of Other Ores | | | |
| **制造业** | **Manufacturing** | **15.6** | **19** | **45.3** |
| 农副食品加工业 | Processing of Food from Agricultural Products | 26.2 | 8.4 | 201.4 |
| 食品制造业 | Manufacture of Foods | 90.2 | 118.7 | -49.2 |
| 酒、饮料和精制茶制造业 | Manufacture of Wine, soft drinks and refined tea | 19 | 96.7 | -38.6 |
| 烟草制品业 | Manufacture of Tobacco | 272.2 | 272.2 | |
| 纺织业 | Manufacture of Textile | 10.6 | 56.9 | -100 |
| 纺织服装和服饰业 | Manufacture of Textile and Apparel | 65.1 | 65.1 | |
| 皮革毛皮羽毛(绒)及其制品业 | Manufacture of Leather, Furs, Feather and Related Products and Footwear | 33.2 | -17.6 | *** |
| 木材加工及木竹藤棕草制品业 | Processing of Timber, Manufacture of Wood,Bamboo,Rattan, Palm and Straw Products | -18.4 | -17.7 | -77.9 |
| 家具制造业 | Manufacture of Furniture | -51.1 | -15.7 | -100 |
| 造纸及纸制品业 | Manufacture of Paper and Paper Products | -76.2 | -80.4 | -11.9 |
| 印刷业和记录媒介的复制 | Manufacture of Printing and Record Medium Reproduction | -33.5 | -0.3 | -97.8 |
| 文教体育用品制造业 | Manufacture of Articles for Culture, Education and Sports Activities | 85.1 | 82 | *** |
| 石油加工、炼焦及核燃料加工业 | Processing of Petoleum,Coking,Processing of Nuclear Fuel | 193.5 | 278 | *** |
| 化学原料及化学制品制造业 | Manufacture of Raw Chemical Materials and Chemical Products | -37.1 | -40.4 | -13.6 |
| 医药制造业 | Manufacture of Medicines | 6.2 | 22.8 | -55.7 |
| 化学纤维制造业 | Manufacture of Chemical Fibers | 496 | 496 | |
| 橡胶和塑料制品业 | Manufacture of Rubber and Plastics | -47.3 | -36.4 | -94.5 |
| 非金属矿物制品业 | Manufacture of Non-metallic Mineral Products | 15.5 | 5.7 | 151.9 |
| 黑色金属冶炼及压延加工业 | Smelting and Pressing of Ferrous Metals | 425.4 | 385.6 | *** |
| 有色金属冶炼及压延加工业 | Smelting and Pressing of Non-ferrous Metals | 68.5 | 82.6 | |
| 金属制品业 | Manufacture of Metal Products | -45.1 | -13.6 | -72.5 |
| 通用设备制造业 | Manufacture of General Purpose Machinery | -28 | 17.8 | -89.9 |
| 专用设备制造业 | Manufacture of Special Purpose Machinery | 29.3 | 31.1 | -73.1 |
| 汽车制造业 | Manufacture of Automotive | -34.3 | 175.7 | 20.8 |
| 铁路、船舶、航空航天等制造业 | Manufacture of Railroad, Marine, Aerospace and Other Transportation Equipment | -62.4 | -68.9 | -55.1 |
| 电气机械及器材制造业 | Manufacture of Electrical Machinery and Equipment | 172.7 | 105 | -7.6 |
| 计算机、通信和其他电子设备制造业 | Manufacture of Computers, Communication and Other Electronic Equipment | 29.5 | 25.1 | 10888 |
| 仪器仪表制造业 | Manufacture of Measuring Instruments | 143.5 | 280.7 | -100 |
| 其他制造业 | Other Manufacturing | -52.4 | -26.1 | -100 |
| 废弃资源综合利用业 | Comprehensive Utilization of Waste Resources Industry | -19.3 | -24.9 | 257.7 |
| 金属制品、机械和设备修理业 | Metal Products, Machinery and Equipment Repair Industry | -97.5 | -96.5 | |
| **电力、热力、燃气及水的生产和供应业** | **Production and Supply of Electric Power,heat,Gas and Water** | **13.3** | **30** | **-63** |
| 电力、热力的生产和供应业 | Production and Supply of Electric Power and Heat Power | 14 | 33.2 | -68 |
| 燃气生产和供应业 | Production and Supply of Gas | -7.9 | 19.2 | -78.7 |
| 水的生产和供应业 | Production and Supply of Water | 19.1 | 6.3 | 31.6 |
| **建筑业** | **Construction** | | | |
| 房屋建筑业 | Housing Building Construction | | | |
| 土木工程建筑业 | Civil Engineering Construction | | | |
| 建筑安装业 | Construction Installation | | | |
| 建筑装饰和其他建筑业 | Construction Decoration and Other Construction | | | |

# Growth Rate of Investment in Fixed Assets over Preceding Year by Sector, Type of Construction and Composition of Funds Number of Construction Projects and under Construction and Put into Use (Excluding Rural Households)(2018)

(%)

| | | | | 施工项目 | |
|---|---|---|---|---|---|
| #改 建 Recons-truction | 建筑安装工程投资 Construction and Installation | 设备工器具购置 Purchase of Equipment and Instruments | 其 他 费 用 Others | Number of Projects under Construction | #新开工 Number of Projects Started This Year |
| **-31.8** | **-9.1** | **10.7** | **10.3** | **-27.6** | **-36.1** |
| **9.1** | **-16.0** | **-34.2** | **-5.4** | **-40.8** | **-46.7** |
| -48.9 | -39.5 | -49.2 | -60.3 | -52.8 | -63.0 |
| 833.8 | -21.0 | 652.0 | 68.0 | -12.9 | -8.3 |
| 6130.0 | -7.1 | 20.0 | 14.3 | -45.1 | -49.3 |
| | -66.4 | 583.3 | -100.0 | -42.9 | -42.9 |
| 7.2 | 35.5 | -29.0 | 52.5 | -11.5 | -7.5 |
| **-27.7** | **-13.6** | **15.3** | **38.1** | **-33.9** | **-46.7** |
| -30.7 | 18.4 | 49.2 | 43.5 | -31.9 | -48.5 |
| | -18.9 | -36.1 | 7.7 | | |
| | 601.0 | 1814.1 | | 250.0 | 400.0 |
| -100.0 | -12.3 | 311.8 | 181.9 | -75.0 | -60.0 |
| -54.4 | -31.5 | -75.7 | -30.0 | -45.5 | -71.4 |
| 143.4 | 7.3 | 397.3 | *** | -50.0 | -60.0 |
| | | | | | |
| **-7.1** | **4.6** | **32.7** | **81.0** | **-18.9** | **-26.2** |
| -70.3 | 12.2 | 69.9 | 136.9 | -27.7 | -35.3 |
| 59.4 | 48.9 | 157.8 | 436.8 | 1.1 | -8.1 |
| -82.4 | 7.9 | 44.2 | 129.1 | -22.2 | -32.6 |
| | 258.2 | *** | *** | | -100.0 |
| | 37.8 | -45.0 | | -27.3 | 20.0 |
| | 203.0 | -93.3 | *** | | -50.0 |
| | -0.6 | *** | *** | -42.9 | -25.0 |
| | | | | | |
| 18900.0 | -28.6 | 120.6 | 331.0 | -26.8 | -4.0 |
| | | | | | |
| -74.9 | -14.0 | -74.7 | -100.0 | | -20.0 |
| 954.9 | -84.3 | -67.1 | -83.2 | -30.0 | -46.2 |
| *** | 46.4 | -82.2 | *** | 14.3 | 33.3 |
| | -41.2 | 400.4 | | -41.7 | -55.6 |
| | | | | | |
| -47.2 | 150.9 | 199.9 | 500.8 | 41.8 | 59.0 |
| 27.2 | -39.8 | -36.5 | 61.4 | -4.0 | -8.2 |
| -49.0 | -7.0 | 56.4 | -23.9 | -35.0 | -63.5 |
| | 418.5 | *** | | | |
| -21.9 | -56.1 | -22.6 | -91.6 | -38.2 | -34.8 |
| 60.7 | -2.6 | 90.0 | -1.5 | 4.3 | 18.2 |
| 547.2 | 157.5 | 1068.2 | *** | 83.3 | 266.7 |
| -53.2 | 12.0 | 112.7 | 277.6 | 14.3 | 33.3 |
| -79.7 | -43.9 | -59.9 | 501.5 | -58.1 | -74.3 |
| -65.7 | 73.6 | -78.2 | 19.9 | -39.7 | -53.5 |
| 126.7 | 16.0 | 61.2 | 268.5 | 8.3 | -5.7 |
| -86.6 | 205.9 | -53.3 | -93.4 | 22.7 | 50.0 |
| -1.5 | -68.0 | -59.4 | 29.3 | -71.4 | -85.0 |
| | | | | | |
| 693.7 | | 450.2 | 844.3 | -34.1 | -84.0 |
| -97.2 | 11.4 | 185.8 | -49.7 | -7.7 | -50.0 |
| | | | | | |
| -100.0 | 177.3 | -100.0 | | -50.0 | -100.0 |
| -100.0 | -9.6 | -97.9 | | -81.8 | -100.0 |
| | -13.4 | -34.2 | -71.8 | -5.6 | |
| -100.0 | -97.0 | -100.0 | -100.0 | -80.0 | -100.0 |
| **24.7** | **10.2** | **29.9** | **-8.7** | **-5.4** | **-20.8** |
| 9.1 | 12.0 | 28.5 | -12.9 | -12.5 | -25.9 |
| | -19.6 | 70.8 | -60.2 | 19.4 | 26.3 |
| 173.5 | 12.1 | 26.5 | 377.5 | 10.1 | -17.6 |

## 9-2 续表

单位：%

| 指 标 | Item | 投资额 Investment | #新 建 New Construction |
|---|---|---|---|
| **批发和零售业** | **Wholesale and Retail Trades** | **-18.4** | **-7.7** |
| 批发业 | Wholesale Trade | -14.3 | 11.6 |
| 零售业 | Retail Trade | -20.3 | -15.3 |
| **交通运输、仓储和邮政业** | **Traffic, Transport, Storage and Post** | **-24.0** | **-19.3** |
| 铁路运输业 | Transport Via Railway | -34.3 | -22.8 |
| 道路运输业 | Transport Via Road | 4.4 | -7.6 |
| 水上运输业 | Water Transport | -25.1 | -25.1 |
| 航空运输业 | Air Transport | -32.9 | 42.8 |
| 管道运输业 | Transport Via Pipeline | 6.6 | 6.6 |
| 装卸搬运和运输代理业 | Loading, Unloading, Portage and Other Transport Services | 121.3 | 121.3 |
| 仓储业 | Storage | -50.1 | -43.6 |
| 邮政业 | Post | -50.4 | -50.4 |
| **住宿和餐饮业** | **Hotels and Catering Services** | **-40.8** | **-47.5** |
| 住宿业 | Hotels | -48.8 | -55.0 |
| 餐饮业 | Catering Services | 30.5 | 38.9 |
| **信息传输、软件和信息技术服务业** | **Information Transmission, Software and Information Technology** | **-1.2** | **4.8** |
| 电信、广播电视和卫星传输服务业 | Telecom & Other Information Transmission Services | -15.0 | -7.4 |
| 互联网和相关服务业 | Computer Services | 8.9 | 5.8 |
| 软件和信息技术服务业 | Software Industry | 102.8 | 93.3 |
| **金融业** | **Financial Intermediation** | **-17.0** | **-7.7** |
| 货币金融业 | Monetary and Financial Industry | 10.6 | 7.1 |
| 资本市场业 | Capital Markets Industry | -100.0 | -100.0 |
| 保险业 | Insurance | *** | |
| 其他金融业 | Others | | |
| **房地产业** | **Real Estate** | **8.6** | **-38.8** |
| **租赁和商务服务业** | **Leasing and Business Services** | **-43.0** | **-43.2** |
| 租赁业 | Leasing | -100.0 | |
| 商务服务业 | Business Services | -42.8 | -43.2 |
| **科学研究和技术服务业** | **Scientific Research and Technical Services** | **51.9** | **49.1** |
| 研究与试验发展 | Research and Experimental Development | 135.8 | 251.1 |
| 专业技术服务业 | Professional Technical Services | 1.5 | -1.9 |
| 科技交流和推广服务业 | Services of Science and Technology Exchanges and Promotion | 30.4 | -32.9 |
| **水利、环境和公共设施管理业** | **Management of Water Conservancy, Environment and Public Facilities** | **-19.5** | **-12.4** |
| 水利管理业 | Management of Water Conservancy | -39.1 | -36.9 |
| 生态保护和环境治理业 | Ecological Protection and Environmental Management Industry | -4.9 | 25.1 |
| 公共设施管理业 | Management of Public Facilities | -10.3 | -0.1 |
| **居民服务和其他服务业** | **Services to Households and Other Services** | **16.7** | **259.8** |
| 居民服务业 | Services to Households | -10.2 | 53.1 |
| 机动车、电子产品和日用产品修理业 | Motor Vehicles, Electronics and Household Goods Repair Industry | -6.6 | 84.1 |
| 其他服务业 | Other Services | -21.5 | -15.6 |
| **教 育** | **Education** | **-21.5** | **-15.6** |
| **卫生和社会工作** | **Health and Social Work** | **-23.9** | **-10.5** |
| 卫 生 | Health | 14.8 | 16.5 |
| 社会工作 | Social Work | 32.4 | 42.0 |
| **文化、体育和娱乐业** | **Culture, Sports and Entertainment** | **-24.1** | **-31.0** |
| 新闻出版业 | Journalism and Publishing Activities | -52.4 | -59.4 |
| 广播、电视、电影和影视录音制作业 | Broadcasting, Movies, Television and Video Recording Production | -100.0 | |
| | Industry | -5.8 | 29.4 |
| 文化艺术业 | Cultural and Art Activities | | |
| 体 育 | Sports Activities | | |
| 娱乐业 | Entertainment | | |
| **公共管理和社会组织** | **Public Management and Social Organization** | **-63.8** | **-66.4** |
| 中国共产党机关 | Organs of Communist Party of China | -53.3 | -64.3 |
| 国家机构 | Government Agencies | | |
| 人民政协和民主党派 | People's Political Consultative Conference and Democratic Parties | -51.4 | -64.0 |
| 社会保障 | Social Security | | |
| 群众团体、社会团体和其他成员组织 | Non-Governmental Organizations, Social Organizations | -100.0 | -100.0 |
| | and Other Members Organizations | -73.0 | -65.9 |
| 基层群众自治组织 | Grass Roots Self-governing Organizations | | |
| **国际组织** | **International Organizations** | **-59.9** | **-59.9** |

Continued

(%)

| #扩 建 Expansion | #改 建 Reconstruction | 建筑安装工程投资 Construction and Installation | 设备工器具购置 Purchase of Equipment and Instruments | 其 他 费 用 Others | 施工项目 Number of Projects under Construction | #新开工 Number of Projects Started This Year |
|---|---|---|---|---|---|---|
| **-88.2** | **-38.8** | **-10.9** | **-64.3** | **-46.1** | **-53.9** | **-63.2** |
| -94.4 | 219.4 | 9.2 | -66.0 | -62.5 | -65.6 | -71.4 |
| -37.4 | -47.3 | -17.7 | -62.1 | 72.8 | -44.7 | -57.3 |
| **-19.1** | **-53.8** | **-20.9** | **8.5** | **-46.5** | **-40.1** | **-41.3** |
| -100.0 | -61.7 | -17.1 | -41.7 | -75.9 | -26.2 | -53.8 |
| 34.0 | 89.0 | -5.3 | 71.8 | 50.1 | -31.6 | -31.1 |
|  |  | -9.2 | -100.0 | -100.0 |  | 300.0 |
| -77.2 |  | -28.7 | -85.1 | 67.8 | 100.0 | *** |
|  |  | -50.5 | 163.4 | -38.3 | -85.2 | -96.0 |
|  |  | 161.8 | -100.0 | -100.0 | -41.7 | -85.7 |
| -83.1 | -100.0 | -58.3 | -12.0 | 2.2 | -53.5 | -52.8 |
|  |  | -38.2 | -100.0 | -100.0 | -25.0 | -100.0 |
| **328.7** | **45.0** | **-40.5** | **-42.9** | **-25.0** | **-20.0** | **-36.4** |
| 355.6 | 214.6 | -48.8 | -48.5 | -52.8 | -21.8 | -30.3 |
| 300.0 | -57.5 | 11.3 | *** | 489.0 | -16.0 | -45.5 |
| **-77.4** | **-48.0** | **-7.2** | **2.8** | **336.9** | **-28.2** | **-47.1** |
|  |  |  |  |  |  |  |
| -100.0 | -66.2 | -32.6 | 0.5 | -96.9 | -67.9 | -77.3 |
|  | 143.3 | -23.7 | 113.2 | *** | -10.7 |  |
| *** | 242.1 | 118.9 | -18.4 | 244.9 |  | -58.3 |
| *** | *** | **-5.1** | **-96.8** | **1.6** |  | **25.0** |
| *** | *** | 10.1 | *** | 1.6 | 20.0 | 100.0 |
|  |  | -100.0 | -100.0 |  | -100.0 | -100.0 |
|  | *** | *** |  |  | *** | *** |
|  |  |  |  |  |  |  |
| **-63.5** | **-73.3** | **-0.2** | **-22.6** | **67.7** | **-46.2** | **-43.9** |
| **-29.2** | **-62.1** | **-63.7** | **-56.6** | **300.0** | **-60.8** | **-82.4** |
|  |  |  | -100.0 |  |  |  |
| -29.2 | -62.1 | -63.7 | -54.6 | 300.0 | -60.8 | -82.4 |
| **704.0** | **13.0** | **-14.6** | **385.7** | **3400.6** | **-10.9** | **-22.2** |
|  | -54.7 | -15.3 | 543.4 | 1860.8 | -14.3 | -50.0 |
| *** | 278.3 | -9.8 | 220.4 | 1375.0 | 18.8 | 44.4 |
| 664.0 | -100.0 | -19.2 | 206.4 | 4348.0 | -37.5 | -58.3 |
| **-57.8** | **-29.3** | **-18.3** | **24.0** | **-43.3** | **-19.3** | **-31.3** |
|  |  |  |  |  |  |  |
| -64.2 | -3.7 | -38.9 | 201.5 | -46.3 | 4.9 | 4.7 |
| 20.6 | -97.7 | -26.7 | 162.8 | -6.8 | -23.4 | -12.0 |
| -58.2 | -19.7 | -8.7 | -12.5 | -38.9 | -25.7 | -40.9 |
| *** | **-100.0** | **11.3** |  | *** | **50.0** | **200.0** |
| -86.0 | -100.0 | -2.6 | 40.8 | -94.2 | -48.7 | -69.0 |
| -86.1 | -100.0 | 6.5 | 19.8 | -98.9 | -49.1 | -65.3 |
|  | -100.0 | -30.9 | 563.5 | -100.0 | -45.5 | -72.7 |
|  | **-100.0** | **-30.9** | **563.5** | **-100.0** | **-45.5** | **-72.7** |
| **-28.7** | **-62.8** | **-20.1** | **-55.9** | **-20.0** | **-8.2** | **-16.3** |
| 13.4 | 67.6 | 20.1 | -21.3 | 1466.4 | -9.8 | -23.8 |
| -11.0 | 192.5 | 37.6 | -2.4 | 784.8 | 2.3 | -13.6 |
| **72.0** | **-59.8** | **-20.5** | **-55.2** | **8371.0** | **-30.7** | **-40.8** |
| 109.9 | 136.0 | -51.1 | -58.8 | 14.8 | -4.6 | -4.5 |
|  | -100.0 | -100.0 |  |  | -100.0 | -100.0 |
| -62.6 | -100.0 | -8.2 | 108.5 |  | -53.8 | -66.7 |
|  |  |  |  |  |  |  |
| **-68.5** | **211.2** | **-62.1** | **-69.8** | **5.1** | **31.8** | **51.7** |
| 151.9 | -29.2 | -47.6 | -73.5 | -95.7 | -57.3 | -62.5 |
|  |  |  |  |  |  |  |
| 483.4 | -27.4 | -46.0 | -73.1 | -94.3 | -52.5 | -57.7 |
|  |  |  |  |  |  |  |
|  | -100.0 | -100.0 | -100.0 |  | -100.0 | -100.0 |
| -82.0 |  | -62.1 | -100.0 | -100.0 | -78.3 | -85.0 |
|  |  |  |  |  |  |  |
|  |  | **-59.9** |  |  | **-33.3** | **-50.0** |

# 9-3 固定资产投资资金来源比上年增长情况(不含农户)(2018)
# Growth Rate of Funds Sources for Investment in Fixed Assets Over Preceding Year (Excluding Rural Households)(2018)

单位：% (%)

| 年份<br>地区 | Year<br>Region | 合计<br>Total | 按资金来源分 By Sources of Funds | | | | | |
|---|---|---|---|---|---|---|---|---|
| | | | 国家预算内资金<br>State Budget | 国内贷款<br>Domestic Loans | 债券<br>Bond | 利用外资<br>Foreign Investment | 自筹资金<br>Self-raising Funds | 其他资金<br>Others |
| **总计** | **Total** | **1.3** | **-5.2** | **-6.9** | **42.9** | **-56.4** | **-3.4** | **13.7** |
| 哈尔滨 | Harbin | -0.2 | 39.6 | -11.9 | 154.3 | 1253.4 | -25.7 | 23.1 |
| 齐齐哈尔 | Qiqihar | -6.7 | 313.2 | -34.4 | -83.9 | -100.0 | 7.5 | -40.0 |
| 鸡西 | Jixi | -7.7 | -40.3 | -53.4 | | | 20.9 | -29.6 |
| 鹤岗 | Hegang | -5.5 | -26.6 | 39.8 | -100.0 | -100.0 | 4.6 | 31.7 |
| 双鸭山 | Shuangyashan | -1.6 | -45.5 | -73.5 | | | 29.7 | -70.4 |
| 大庆 | Daqing | 8.5 | -21.7 | 438.8 | 244.9 | | 7.5 | -9.3 |
| 伊春 | Yichun | 41.7 | 32.9 | 122.8 | *** | *** | 26.1 | 31.2 |
| 佳木斯 | Jiamusi | -3.4 | 190.5 | 43.8 | 74.4 | 803.1 | -10.4 | -22.8 |
| 七台河 | Qitaihe | 5.8 | 384.9 | -36.6 | | *** | 5.8 | -31.5 |
| 牡丹江 | Mudanjiang | -2.2 | 19.3 | -47.4 | *** | *** | 7.8 | -6.5 |
| 黑河 | Heihe | 58.4 | -6.0 | 78.9 | *** | | 85.0 | -17.2 |
| 绥化 | Suihua | 28.6 | 67.9 | 530.9 | | -100.0 | 15.3 | 133.9 |
| 大兴安岭 | Daxinganling | -12.9 | 26.1 | -90.0 | *** | | -15.3 | 528.6 |
| 不分地区 | Not Classified by Region | -17.3 | -54.4 | -16.8 | 36.7 | -78.0 | -25.3 | 69126.0 |

# 9-4　分地区按构成和建设性质分固定资产投资比上年增长情况(不含农户)(2018)

# Growth Rate of Investment in Fixed Assets over Preceding Year by Region, Composition of Funds and Type of Construction (Excluding Rural Households)(2018)

单位：%　　(%)

| 年份 地区 | Year Region | 投资额 Total Investment | 按构成分 By Composition of Funds | | | 按建设性质分 By Type of Construction | | |
|---|---|---|---|---|---|---|---|---|
| | | | 建筑安装工程 Construction and Installation | 设备、工器具购置 Purchase of Equipment and Instruments | 其他费用 Others | #新建 New Construction | #扩建 Expansion | #改建 Reconstruction |
| **总计** | **Total** | **-4.7** | **-9.1** | **10.7** | **10.3** | **-6.4** | **-20.8** | **-31.8** |
| 哈尔滨 | Harbin | -7.3 | -14.7 | -40.0 | 51.2 | -22.5 | -59.0 | -42.6 |
| 齐齐哈尔 | Qiqihar | 5.5 | -3.7 | 26.2 | 201.9 | 7.8 | -43.0 | -17.4 |
| 鸡西 | Jixi | -6.5 | -4.3 | -6.0 | -50.1 | 4.1 | -4.1 | -11.6 |
| 鹤岗 | Hegang | -5.5 | -18.3 | 62.6 | 71.0 | -4.8 | 18.8 | -27.7 |
| 双鸭山 | Shuangyashan | -2.0 | -16.7 | 96.5 | 74.2 | -7.0 | -15.3 | 13.5 |
| 大庆 | Daqing | 7.0 | 4.0 | 33.2 | -5.0 | 9.6 | -67.1 | -9.5 |
| 伊春 | Yichun | 8.0 | 14.5 | -7.4 | -59.1 | 7.9 | 15.4 | -48.1 |
| 佳木斯 | Jiamusi | -5.0 | -1.1 | -47.0 | 103.1 | -1.0 | -27.5 | -7.8 |
| 七台河 | Qitaihe | 5.9 | 13.2 | -21.5 | 313.4 | -7.3 | -36.1 | 116.7 |
| 牡丹江 | Mudanjiang | 4.5 | -5.3 | 94.9 | 81.1 | 3.5 | 15.3 | -59.3 |
| 黑河 | Heihe | 4.8 | 4.0 | 28.6 | -28.1 | -2.1 | 45.1 | -40.7 |
| 绥化 | Suihua | 5.5 | -18.3 | 151.4 | 65.0 | 16.8 | 0.8 | -29.3 |
| 大兴安岭 | Daxinganling | 4.7 | 22.7 | -36.5 | -39.1 | -25.9 | 170.0 | 542.2 |
| 不分地区 | Not Classified by Region | -35.1 | -26.8 | -10.5 | -72.4 | -29.5 | *** | -65.2 |

# 9-5 分地区按行业分固定资产投资比上年增长情况(不含农户)(2018)

# Growth Rate of Investment in Fixed Assets over Preceding Year by Region and Sector(Excluding Rural Households)(2018)

单位：% (%)

| 年份<br>地区 | Year<br>Region | 总计<br>Total | 农、林、牧、渔业<br>Agriculture, Forestry, Animal Husbandry and Fishery | 采矿业<br>Mining | 制造业<br>Manufacturing | 电力、热力、燃气及水的生产和供应业<br>Production and Supply of Electric, heat, Gas and Water | 建筑业<br>Construction | 批发和零售业<br>Wholesale and Retail Trades |
|---|---|---|---|---|---|---|---|---|
| **总计** | **Total** | **-4.7** | **-18.3** | **-6.6** | **15.6** | **13.3** | | **-18.4** |
| 哈尔滨 | Harbin | -7.3 | -16.2 | -88.9 | -4.3 | -14.1 | | -63.2 |
| 齐齐哈尔 | Qiqihar | 5.5 | -24.6 | *** | 11 | 161 | | -27.2 |
| 鸡西 | Jixi | -6.5 | -4.4 | 58.3 | 46.4 | -4.8 | | -96.4 |
| 鹤岗 | Hegang | -5.5 | -49.3 | -13.3 | -0.7 | 230 | | -60.7 |
| 双鸭山 | Shuangyashan | -2 | -54.4 | 41.4 | 111.2 | -9.1 | | 46.7 |
| 大庆 | Daqing | 7 | 7.6 | -18.7 | 36.6 | 84.3 | | 86.6 |
| 伊春 | Yichun | 8 | -17.3 | 255.5 | 32.8 | -10.8 | | 161.1 |
| 佳木斯 | Jiamusi | -5 | -35.1 | -100 | -20.5 | -0.5 | | 19.2 |
| 七台河 | Qitaihe | 5.9 | -1.1 | 134.7 | -42.2 | 165.1 | | -100 |
| 牡丹江 | Mudanjiang | 4.5 | 51.6 | 172.2 | 33.4 | 35.9 | | 58.4 |
| 黑河 | Heihe | 4.8 | -41.8 | 321.6 | -57.4 | 117.4 | | 64.5 |
| 绥化 | Suihua | 5.5 | 36.7 | 9300 | 106.2 | -29.2 | | -60.1 |
| 大兴安岭 | Daxinganling | 4.7 | 19 | 12.7 | -27.4 | 1505.3 | | -100 |
| 不分地区 | Not Classified by Region | -35.1 | | | | -43.9 | | |

## 9-5　续表1 Continued

单位：%　　(%)

| 年　份 地　区 | Year Region | 交通运输仓储和邮政业 Transport, Storage and Post | 住宿和餐饮业 Hotels and Catering Services | 信息传输、软件和信息技术服务业 Information Transmission, Software and Information Technology | 金融业 Financial Intermediation | 房地产业 Real Estate | 租赁和商务服务业 Leasing and Business Services | 科学研究和技术服务业 Scientific Research and Technical Service |
|---|---|---|---|---|---|---|---|---|
| **总　计** | **Total** | **-24** | **-47.7** | **-1.2** | **-17** | **8.6** | **-43** | **51.9** |
| 哈尔滨 | Harbin | -20.7 | -71.1 | 73.2 | -26 | 12.9 | -43.2 | 80.4 |
| 齐齐哈尔 | Qiqihar | -51.8 | 139.2 | 104.3 | -11.6 | 21.3 | 22.2 | 136.3 |
| 鸡　西 | Jixi | -48.8 | 219.5 | | | -49.1 | -100 | *** |
| 鹤　岗 | Hegang | 10.3 | | -15.3 | | -33.4 | | 26.6 |
| 双鸭山 | Shuangyashan | 4.4 | 10.5 | 7.2 | | -35.7 | -44.8 | -82 |
| 大　庆 | Daqing | -3.3 | -32.3 | 20.6 | 6543 | 37.1 | -100 | 782.9 |
| 伊　春 | Yichun | 35.2 | 4.3 | | | 18 | -76.8 | |
| 佳木斯 | Jiamusi | -22.7 | -43.6 | -67.3 | | 25.2 | -95.1 | -82 |
| 七台河 | Qitaihe | 26.4 | | -100 | | -5.5 | | *** |
| 牡丹江 | Mudanjiang | -24 | -70.3 | 29.3 | *** | 10.1 | -81.6 | 126 |
| 黑　河 | Heihe | 37.5 | -90.5 | -65.1 | -100 | 90.2 | 610.8 | -100 |
| 绥　化 | Suihua | -29.7 | 58.5 | -70.6 | -29 | -6.4 | -100 | -45 |
| 大兴安岭 | Daxinganling | -25.3 | -100 | -67.5 | | -82 | *** | 133.8 |
| 不分地区 | Not Classified by Region | -32.3 | | -6.1 | | | | |

# 9-5 续表 2 Continued

单位：% (%)

| 年份<br>地区 | Year<br>Region | 水利、环境和公共设施管理业<br>Management of Water Conservancy, Environment and Public Facilities | 居民服务、修理和其他服务业<br>Services to Households Repair and Other Services | 教育<br>Education | 卫生和社会工作<br>Health and Social Work | 文化、体育和娱乐业<br>Culture, Sports and Entertainment | 公共管理、社会保障和社会组织<br>Public Management Social Securities and Social Organization |
|---|---|---|---|---|---|---|---|
| **总计** | **Total** | **-19.5** | **-10.2** | **-23.9** | **14.8** | **-52.4** | **-53.3** |
| 哈尔滨 | Harbin | -31.8 | 29 | -38.2 | 42.2 | -87.7 | -80.7 |
| 齐齐哈尔 | Qiqihar | -8.8 | 19.3 | -24.7 | -12.4 | 128.4 | -64.4 |
| 鸡西 | Jixi | 20.6 | 657.7 | 0.2 | 103.4 | -66.7 | 1705.4 |
| 鹤岗 | Hegang | 12.6 | -14.9 | 44.1 | -23.2 | 93.7 | 24 |
| 双鸭山 | Shuangyashan | 23.4 | 242.9 | -16.9 | -29.5 | -9.3 | -77.7 |
| 大庆 | Daqing | 0.3 | -76.2 | 18.2 | 410 | -11.9 | -24.9 |
| 伊春 | Yichun | 8.9 | -93.2 | -47.7 | -37.7 | 45.5 | 134.2 |
| 佳木斯 | Jiamusi | 8.1 | 207.6 | 115.7 | 26.2 | 212.8 | -52.2 |
| 七台河 | Qitaihe | 707.8 | 250 | -44.5 | 36.8 | 76.8 | -9.2 |
| 牡丹江 | Mudanjiang | -29.2 | -100 | -84.2 | 126.1 | 18.6 | -75.3 |
| 黑河 | Heihe | -49.7 | 1082.6 | 73.6 | 13.3 | -45.2 | -34.8 |
| 绥化 | Suihua | 33 | -86.9 | 88.8 | -53.1 | -81.1 | -71.2 |
| 大兴安岭 | Daxinganling | 77.8 | | 92.3 | 73.7 | 224.3 | -55.1 |
| 不分地区 | Not Classified by Region | -98.0 | | | | | |

# 9-6　分地区固定资产投资(不含农户)房屋施工、竣工面积比上年增长情况(2018)

# Growth Rate of Investment in Fixed Assets over Preceding Year by Floor Space of Buildings under Construction and Buildings Completed (Excluding Rural Households) by Region (2018)

单位：%　　(%)

| 年份<br>地区 | Year<br>Region | 房屋施工面积<br>Floor Space of Buildings under Construction | #住宅<br>Residential Buildings | 房屋竣工面积<br>Floor Space of Buildings Completed | #住宅<br>Residential Buildings |
|---|---|---|---|---|---|
| **总计** | **Total** | **-0.8** | **4.3** | **-24.5** | **-16.7** |
| 哈尔滨 | Harbin | 6.1 | 3.9 | -33.2 | -36.4 |
| 齐齐哈尔 | Qiqihar | -4.0 | 18.3 | -48.3 | -34.8 |
| 鸡西 | Jixi | -2.3 | 6.1 | -15.7 | -17.9 |
| 鹤岗 | Hegang | -33.3 | -37.8 | -52.2 | -67.1 |
| 双鸭山 | Shuangyashan | -26.3 | -20.9 | -24.0 | -13.2 |
| 大庆 | Daqing | 1.5 | 4.8 | -27.7 | 26.0 |
| 伊春 | Yichun | -11.6 | 30.9 | -14.2 | 1.8 |
| 佳木斯 | Jiamusi | -5.0 | 20.9 | -27.2 | -6.4 |
| 七台河 | Qitaihe | -20.2 | -7.9 | 12.9 | 5.1 |
| 牡丹江 | Mudanjiang | -3.3 | -4.7 | -34.6 | -35.8 |
| 黑河 | Heihe | 19.2 | 45.3 | 27.2 | 36.4 |
| 绥化 | Suihua | 0.2 | 8.1 | 55.1 | 65.2 |
| 大兴安岭 | Daxinganling | -20.2 | -9.8 | -100.0 | -100.0 |
| 不分地区 | Not Classified by Region | -100.0 | | | |

# 9-7 国有单位固定资产投资比上年增长情况(2018)
# Growth Rate of Investment in Fixed Assets over Preceding Year of State-Owned Units (2018)

单位：% (%)

| 指 标 | Item | 2018 |
|---|---|---|
| **投资总额** | **Total Investment** | **-29.3** |
| **按构成分** | **Grouped by Composition of Funds** | |
| 建筑安装工程 | Construction and Installation | -23.6 |
| 设备、工器具购置 | Purchase of Equipment and Instruments | -56.5 |
| 其他费用 | Others | -51.5 |
| **按隶属关系分** | **Grouped By Jurisdiction of Management** | |
| 中 央 | Central Investment | -38.6 |
| 地 方 | Local Investment | -24.8 |
| **按建设性质分** | **Grouped by Type of Construction** | |
| #新 建 | # New Construction | -20.2 |
| 扩 建 | Expansion | -38.4 |
| 改 建 | Reconstruction | -61.0 |
| **按行业分** | **Grouped by Sector** | |
| 农、林、牧、渔业 | Agriculture, Forestry, Animal Husbandry and Fishery | -43.2 |
| 采矿业 | Mining | 68.9 |
| 制造业 | Manufacturing | -4.7 |
| 电力、热力、燃气及水的生产和供应业 | Production and Supply of Electric,heat,Gas and Water | -42.3 |
| 建筑业 | Construction | |
| 批发和零售业 | Wholesale and Retail Trade | -95.5 |
| 交通运输、仓储及邮政业 | Transport, Storage and Post | -27.7 |
| 住宿和餐饮业 | Hotels and Catering Services | -71.0 |
| 信息传输、软件和信息技术服务业 | Information Transmission, Software and Information Technology | -42.9 |
| 金融业 | Financial Intermediation | 215.9 |
| 房地产业 | Real Estate | -61.7 |
| 租赁和商务服务业 | Leasing and Business Services | -80.1 |
| 科学研究和技术服务业 | Scientific Research and Technical Services | 47.4 |
| 水利、环境和公共设施管理业 | Management of Water Conservancy, Environment and Public Facilities | -15.0 |
| 居民服务、修理和其他服务业 | Services to Households, Repair and Other Services | -91.8 |
| 教 育 | Education | -3.7 |
| 卫生、社会工作 | Health and Social Work | 8.9 |
| 文化、体育和娱乐业 | Culture, Sports and Entertainment | 21.7 |
| 公共管理、社会保障和社会组织 | Public Management, Social Securities and Social Organization | -52.1 |
| 国际组织 | International Organizations | |
| **房屋建筑面积** | **Floor Space of Buildings** | |
| 施工面积 | Floor Space under Construction | -27.5 |
| 竣工面积 | Floor Space Completed | -19.1 |
| #住 宅 | #Residential Buildings | 32.1 |

# 9-8　按构成和建设性质分的国有单位固定资产投资比上年增长情况(2018)

## Growth Rate of Investment in Fixed Assets over Preceding Year of State-Owned Units by Composition of Funds and Type of Construction(2018)

单位：%　　(%)

| 年份 Year / 地区 Region | 投资总额 Total Investment | 按构成分 By Composition of Funds: 建筑安装工程 Construction and Installation | 设备、工器具购置 Purchase of Equipment and Instruments | 其他费用 Others | 按建设性质分 By Type of Construction: #新建 New Construction | #扩建 Expansion | #改建 Recon-struction |
|---|---|---|---|---|---|---|---|
| **总计 Total** | **-29.3** | **-23.6** | **-56.5** | **-51.5** | **-20.2** | **-38.4** | **-61.0** |
| 哈尔滨 Harbin | -21.3 | -19.1 | -47.5 | -15.5 | -4.4 | -52.8 | -46.0 |
| 齐齐哈尔 Qiqihar | -23.6 | -23.7 | -54.8 | 140.5 | -23.4 | 32.5 | -68.1 |
| 鸡西 Jixi | -30.3 | -22.8 | -81.9 | -27.3 | -23.6 | -36.8 | -40.0 |
| 鹤岗 Hegang | -21.0 | -22.6 | -48.3 | 651.2 | -26.4 | 23.5 | -22.4 |
| 双鸭山 Shuangyashan | -18.3 | -15.4 | -72.9 | 35.2 | -15.9 | -4.5 | -31.8 |
| 大庆 Daqing | -21.1 | -12.7 | -22.9 | -76.4 | -8.1 | -80.9 | -54.6 |
| 伊春 Yichun | -22.6 | -16.6 | 109.9 | -95.7 | -30.9 | 16.3 | -47.0 |
| 佳木斯 Jiamusi | -31.7 | -30.0 | -91.1 | 159.9 | -22.0 | -46.4 | -2.5 |
| 七台河 Qitaihe | 14.3 | 4.5 | 157.6 | *** | 14.6 | -56.2 | 232.6 |
| 牡丹江 Mudanjiang | -27.3 | -33.0 | 29.9 | 1794.4 | -27.0 | 0.7 | -54.8 |
| 黑河 Heihe | -37.9 | -27.7 | -77.6 | -63.9 | -38.0 | 155.5 | -79.7 |
| 绥化 Suihua | -38.1 | -40.0 | 30.4 | 9.6 | 31.2 | -74.6 | 84.2 |
| 大兴安岭 Daxinganling | 57.5 | 81.8 | 52.4 | -50.7 | 3.8 | 160.8 | 478.7 |
| 不分地区 Not Classified by Region | -44.0 | -29.4 | -80.4 | -80.6 | -31.2 | *** | -91.5 |

# 主要统计指标解释

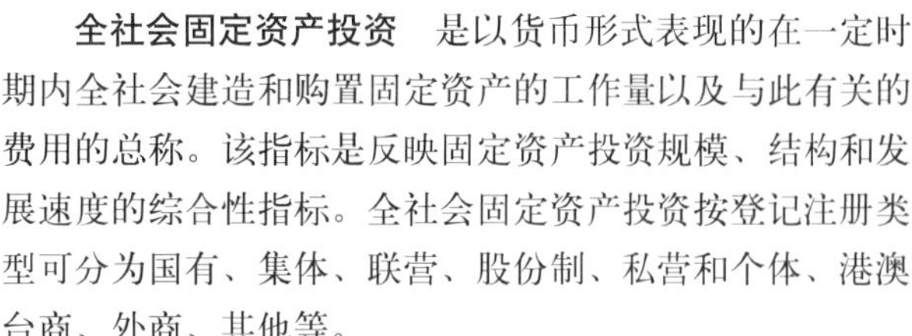

**全社会固定资产投资** 是以货币形式表现的在一定时期内全社会建造和购置固定资产的工作量以及与此有关的费用的总称。该指标是反映固定资产投资规模、结构和发展速度的综合性指标。全社会固定资产投资按登记注册类型可分为国有、集体、联营、股份制、私营和个体、港澳台商、外商、其他等。

**固定资产投资（不含农户）** 指城镇和农村各种登记注册类型的企业、事业、行政单位及城镇个体户进行的计划总投资500万元及以上的建设项目投资和房地产开发投资，包括原口径的城镇固定资产投资加上农村企事业组织项目投资，该口径自2011年起开始使用。

**房地产开发投资** 指各种登记注册类型的房地产开发法人单位统一开发的包括统代建、拆迁还建的住宅、厂房、仓库、饭店、宾馆、度假村、写字楼、办公楼等房屋建筑物，配套的服务设施，土地开发工程（如道路、给水、排水、供电、供热、通讯、平整场地等基础设施工程）和土地购置的投资；不包括单纯的土地开发和交易活动。

**实际到位资金** 指用于固定资产投资的各种货币资金。包括国家预算资金、国内贷款、利用外资、自筹资金和其他资金。

**国家预算资金** 国家预算包括一般预算、政府性基金预算、国有资本经营预算和社保基金预算。各类预算中用于固定资产投资的资金全部作为国家预算资金填报，其中一般预算中用于固定资产投资的部分包括基建投资、车购税、灾后恢复重建基金和其他财政投资。各级政府债券也应归入国家预算资金。

**国内贷款** 指报告期固定资产投资项目单位向银行及非银行金融机构借入用于固定资产投资的各种国内借款，包括银行利用自有资金及吸收存款发放的贷款、上级拨入的国内贷款、国家专项贷款（包括煤代油贷款、劳改煤矿专项贷款等），地方财政专项资金安排的贷款、国内储备贷款、周转贷款等。

**利用外资** 指报告期收到的境外（包括外国及港澳台地区）资金(包括设备、材料、技术在内)。包括对外借款(外国政府贷款、国际金融组织贷款、出口信贷、外国银行商业贷款、对外发行债券和股票)、外商直接投资、外商其他投资(包括利用外商投资收益在国内进行固定资产再投资活动的资金)。不包括我国自有外汇资金(国家外汇、地方外汇、留成外汇、调济外汇和国内银行自有资金发放的外汇贷款等)。各类外资按报告期的外汇牌价（中间价）折成人民币计算。

**自筹资金** 指固定资产投资单位在报告期收到的，由各企、事业单位筹集用于固定资产投资的资金，包括各类企事业单位的自有资金和从其他单位筹集的用于固定资产投资的资金，但不包括各类财政性资金、从各类金融机构借入资金和国外资金。

**其他资金来源** 指在报告期收到的除以上各种资金之外的用于固定资产投资的资金。包括社会集资、个人资金、无偿捐赠的资金及其他单位拨入的资金等。

**固定资产投资按国民经济行业分** 指根据其从事的社会经济活动性质对各类单位进行的分类。应根据建设项目建成投产后的主要产品种类或主要用途及社会经济活动种类来划分，不能根据项目单位本身的行业类别来划分。如果项目投产后有几种产品，应根据主要产品来确定行业类别。一般情况下，一个建设项目只能属于一种国民经济行业。

**固定资产投资按隶属关系分** 是按建设单位或企业、事业、行政单位的主管上级机关确定的。

(1)中央 是指中共中央、人大常委会和国务院各部、委、局、总公司以及直属机构直接领导的建设项目和企业、事业、行政单位。这些单位的固定资产投资计划由国务院各部门直接编制和下达，统一组织或委托下级实施。包括有中央垂直管理的部门（如国家统计局各级调查队）和中央直属企业、事业单位（如工商银行、中国电信、中国石油）等。

(2)地方 是由省（自治区、直辖市）、地（区、市、州、盟）、县（区、市、旗）三级政府及业务主管部门直接领导和管理的建设项目、企业、事业、行政单位。地方项目还包括不隶属以上各级政府及主管部门的建设项目和企业、事业单位，如外商投资企业和无主管部门的企业等。

**固定资产投资按建设性质分** 按整个建设项目情况来确定。建设项目的性质一般分为新建、扩建、改建和技术改造、单纯建造生活设施、迁建、恢复、单纯购置。农户投资不划分建设性质。

(1)新建 指从无到有"平地起家"开始建设的项目。现有企业、事业、行政单位投资的项目一般不属于新建。但如有的单位原有基础很小，经过建设后新增的固定资产价值超过该企业、事业、行政单位原有固定资产价值（原值）三倍以上的，也应作为新建。

(2)扩建 指在厂内或其他地点，为扩大原有产品的生产能力(或效益)或增加新的产品生产能力，而增建的生产车间(或主要工程)、分厂、独立的生产线等项目。行政、事业单位在原单位增建业务性用房(如学校增建教学用房、医院增建门诊部、病房等)也作为扩建。

现有企、事业单位为扩大原有主要产品生产能力或增加新的产品生产能力，增建一个或几个主要生产车间(或主要工程)、分厂，同时进行一些更新改造工程的，也应作为扩建。

(3)改建和技术改造 指现有企业、事业单位对原有设施进行技术改造或更新(包括相应配套的辅助性生产、生活福利设施) 的建设项目。改建项目包括现有企业、事业单位为适应市场变化的需要，而改变企业的主要产品种类(如军

工企业转民产品等）的建设项目，原有产品生产作业线由于各工序(车间)之间能力不平衡，为填平补齐充分发挥原有生产能力而增建但不增加主要产品设计能力的建设项目。技术改造是指企业、事业单位在现有基础上用先进的技术代替落后的技术，用先进的工艺和装备代替落后的工艺和装备，以改变企业落后的技术经济面貌，实现以内涵为主的扩大再生产，达到提高产品质量、促进产品更新换代、节约能源、降低消耗、扩大生产规模、全面提高社会经济效益的目的。技术改造具体包括以下内容：机器设备和工具的更新改造；生产工艺改革、节约能源和原材料的改造；厂房建筑和公共设施的改造；保护环境进行的“三废”治理改造；劳动条件和生产环境的改造等。

**固定资产投资按构成分**

(1)建筑工程　指各种房屋、建筑物的建造工程。这部分投资额必须兴工动料，通过施工活动才能实现，是固定资产投资额的重要组成部分。

(2)安装工程　指各种设备、装置的安装工程。

在安装工程中，不包括被安装设备本身价值。

(3)设备工具器具购置　指报告期内购置或自制的，达到固定资产标准的设备、工具、器具的价值。新建单位及扩建单位的新建车间，按照设计或计划要求购置或自制的全部设备、工具、器具，不论是否达到固定资产标准均计入“设备工具器具购置”中。

(4)其他费用　指在固定资产建造和购置过程中发生的，除建筑安装工程和设备、工器具购置投资完成额以外的应当分摊计入固定资产投资的费用，不指经营中财务上的其他费用。

**施工项目个数**　是指本年正式进行过建筑或安装施工活动的建设项目个数。包括本年新开工项目，以前年度开工跨入本年继续施工项目，本年全部建成投产项目、以前年度全部停缓建在本年恢复施工的项目，本年进行过施工又在本年内全部停缓建的项目。施工项目个数可以反映一定时期固定资产投资的实际规模，与同期全部建成投产项目个数相比，可以从建设速度的角度反映固定资产投资的效果。

**本年投产项目个数**　指报告期内按设计文件规定建成主体工程和相应配套的辅助设施，形成生产能力或工程效益，经过验收合格，并且已正式投入生产或交付使用的建设项目。

**新增生产能力（或工程效益）**　指通过固定资产投资活动而增加的设计能力(或工程效益)。主要指标包括建设规模、本年施工规模、自开始建设累计新增生产能力(或工程效益)、本年新增生产能力(或工程效益)等。

**建设规模**　指建设项目或工程设计文件中规定的全部设计能力(或工程效益)。包括已经建成投产和尚未建成投产的工程的生产能力(或工程效益)。

**本年施工规模**　指报告期内施工的单项工程（或更新改造项目）的设计能力(或工程效益)，包括报告期以前已开工跨入本年继续施工的工程的设计能力和报告期新开工工程的设计能力。也包括报告期内建成投产或报告期施工后又停缓建的单项工程设计能力。不包括在报告期以前建成投产或已经停、缓建的工程，以及报告期内尚未正式开工的工程的设计能力。

**自开始建设累计新增生产能力（或工程效益）**　指自开始建设至本年底止建成投产的全部单项工程累计新增生产能力(或工程效益)。

**本年新增生产能力（或工程效益）**　指在本年度内按照新增生产能力(或工程效益)的计算条件和标准，实际建成投入生产或交付使用的生产能力(或工程效益)。

**新增固定资产**　是指已经完成建造和购置过程，并已交付生产或使用单位的固定资产的价值，包括已经建成投入生产或交付使用的工程投资和达到固定资产标准的设备、工具、器具的投资及有关应摊入的费用。该指标是表示固定资产投资成果的价值指标，也是反映建设进度，计算固定资产投资效果的重要指标。

**项目建成投产率**　指一定时期内全部建成投产项目个数与同期施工项目个数的比率。该指标从建设单位建设速度的角度反映投资效果。

**固定资产交付使用率**　指一定时期新增固定资产与同期完成投资额的比率。该指标是反映固定资产动用速度，衡量建设过程中宏观投资效果的综合指标。由于新增固定资产是较长时期内形成的结果，而投资额则是当年完成的，因此，该指标一般适宜于反映较长时期内固定资产的动用情况。

# Explanatory Notes on Main Statistical Indicators

**Total Investment in Fixed Assets in the Whole Country** refers to the volume of activities in construction and purchases of fixed assets of the whole country and related fees, expressed in monetary terms during the reference period. It is a comprehensive indicator which shows the size, structure and growth of the investment in fixed assets. Total investment in fixed assets in the whole country includes, by type of ownership, the investment by State-owned units, collective-owned units, joint ownership units, share-holding units, private units, individuals as well as investments by entrepreneurs from Hong Kong, Macao and Taiwan, foreign investors and others.

**Investment in Fixed Assets (Excluding Rural Households)** refers to the investment in construction projects with a total planned investment of 5 million yuan and over by enterprises of various ownerships, institutions, administrative units and urban self-employed individuals, and the investment in real estate development in both urban and rural areas. Since 2011, it covers the urban investment in fixed assets under the previous statistical coverage plus project investments by rural enterprises and institutions.

**Investment in Real Estate Development** refers to investment by real estate development companies, commercialized buildings construction companies and other real estate development units of various types of ownership in the construction of buildings, such as residential buildings, factory buildings, warehouses, hotels, guesthouses, holiday villages, office buildings, the complementary service facilities and land development projects, such as roads, water supply, water drainage, power supply, heating supply, telecommunications, land leveling and other infrastructural projects. It does not include activities in pure land transactions.

**Actual Funds for Investment** refer to all kinds of monetary funds used for fixed assets investment. It includes state budget funds, domestic loans, foreign capital utilization, self-raising funds and other funds.

**Fund from the State Budget** State budget consists of general budget, government fund budget, operation budget of state-owned assets and social security fund budget. Funds for investment in fixed assets from various budgets are reported as fund from the state budget, of which, the general budget utilized on fixed assets investment includes investment on infrastructure construction, vehicle purchase tax, post-disaster restoration and reconstruction funds and other financial investment. Government bonds at all levels should also be included.

**Domestic Loans** refer to loans of various forms borrowed by investing units from banks and non-bank financial institutions during the reference period for the purpose of investment in fixed assets, including loans issued by banks from their self-owned funds and deposit, loans appropriated by higher responsible authorities, special loans by government (including loan for substituting petroleum with coal, special loans for reform-through-labour coal mines), loans arranged by local government from special funds, domestic reserve loan, and revolving loan, etc.

**Foreign Investment** refers to overseas (including foreign countries, Hongkong, Macao and Taiwan) funds received during the reference period (covering equipment, materials and technology), including foreign borrowings (loans from foreign governments and international financial institutions, export credit, commercial loans from foreign banks, issue of bonds and stocks overseas), foreign direct investment and other foreign investments (including funds from foreign direct investment income that are reinvested in fixed assets domestically). Excluded from this category is capital in foreign exchanges owned by China (foreign exchanges owned by the central and local governments, foreign exchanges retained by enterprises, foreign exchanges by enterprises through the regulating mechanism, loans in foreign exchanges issued by the Bank of China with its own fund, etc.). In calculating the utilization of foreign capital, foreign currencies are converted into Chinese Renminbi applying the exchange rate (central parity rate) at the end of the reference period.

**Self-raised Funds** refer to funds for investment in fixed assets received during the reference period by investing units, including investment in fixed assets using own funds of various enterprises and institutions or funds raised from other units other than financial funds, funds borrowed from financial institutions and overseas funds.

**Other Funds** refer to funds for investment in fixed assets received from sources other than those listed above, including funds raised from individuals and through donations, and funds transferred from other units.

**Investment in Fixed Assets by Sector** refers to the classification of investment by the nature of social economic activities the investing units are engaged in. The classification of construction projects by sector is determined by the major products or the purpose of the projects when they are put into production or use, and by the nature of their social economic activities, instead of being determined by industrial classification of the project enterprises. The project will be classified according to major product if there are several kinds of products yielded. In general, one project can only be classified into one sector.

**Investment in Fixed Assets by Jurisdiction of Management** refers to the classification of investment by the

competent authorities under which investment is made by construction units, enterprises, institutions or administrative units.

(1) Central investment refers to the investment in projects or by enterprises, institutions or administrative units which are under the direct leadership and management of the State Council and of the national commissions, ministries, agencies and State-owned large corporations. Various ministries and departments of the State Council prepare and implement plans through unified organization or lower-level commissions, which include departments direct under central government (i.e. survey offices at all level of the National Bureau of Statistics) and enterprises and institutions directly under central government (like the Industrial and Commercial Bank of China, China Telecom and China National Petroleum Corporation)..

(2) Local investment refers to the investment in projects or by enterprises, institutions or administrative units which are under the direct leadership and management of competent departments and governments at the level of province (autonomous regions and municipalities directly under the Central Government), prefecture （prefectures, cities and leagues） and county (districts, cities and banners). Also included are projects by foreign-invested enterprises and enterprises without competent managing authorities.

**Investment in Fixed Assets by Type of Construction** Construction projects in general can be classified, by the type of construction, into new construction, expansion, reconstruction and technical transformation, purely construction of living facilities, moving, restoration and purely purchasing. However, investment by type of construction is not applied to investment by and investment by rural households.

(1) New construction in general refers to construction projects, which start from scratch. The existing projects invested by enterprises, institutions and administrative agencies cannot be classified as new construction. In case the size of the existing unit is quite small, and the value of newly added fixed assets is more than three times of the original value, the expansion will be considered as new construction.

(2) Expansion refers to construction of new production workshop, branch factory or independent production line within a factory or in other locations, for the purpose of increasing the production capacity (or improving efficiency) or adding new production capacity by enterprises and institutions. Newly constructed accommodation for the operation of institutions and administrative organizations (such as newly constructed buildings for teaching in schools, buildings for clinics or wards in hospitals, etc.) are also classified as expansion.

Also included in expansion are investments by existing enterprises or institutions in building major production line(s) or branch factory (ies) along with some work on innovation, for the purpose of expanding the production capacity of original products or producing new products.

(3) Reconstruction and technical transformation refers to construction projects by existing enterprises or institutions in innovation or technical transformation of the old facilities (including auxiliary production equipment and welfare facilities). Also considered as reconstruction is the construction of new workshops by the existing enterprises or institutions to change the variety of products to meet the market demand (such as the production of civil products by defence industries), or to bring the designed production capacity into full play through a more balanced production process on production lines. Technical transformation refers to replacement of old technology or equipment by new technology or equipment, in order to expand the reproduction through improvement of technology contents in production, to improve product quality, to promote new products, to save energy, to reduce consumption, to expand the production scale and to improve overall social-economic efficiency. Contents of technical transformation include: updating of machinery, equipment and tools; reforming production process by using energy or materials saving technology; construction of factory workshops and transformation of public facilities; treatment transformation of “three wastes” (waste gas, waste water and industrial residue) aiming at environmental protection; improvement of working conditions and environment, etc.

**Investment in Fixed Assets by Structure**

(1) Construction refers to the construction of houses and buildings. This part of investment can only be achieved through construction activities, it is the major component of the total investment in fixed assets.

(2) Installation refers to the installation of various kinds of equipment and instruments.

The value of equipment installed itself is not included in the value of installation projects.

(3) Purchase of equipment and instruments refers to the total value of equipment, tools, and instruments purchased or self-produced which come up to the cut-off point for fixed assets during the reference period. Equipment, tools and instruments purchased or self-produced for new workshops by newly established or expanded units are categorized as “purchase of equipment and instruments” no matter whether they come up to the cut-off point for fixed assets.

(4) Other expenses refer to expenses arising during the construction or purchase of fixed assets other than those expenses on construction, installation and purchase of equipment and instruments. Other financial expenses arising in operation are not included.

**Number of Projects under Construction** refers to number of all projects with actual construction or installation activities in current year, including newly started projects, projects started previously and extended into the current year, projects completed and put into operation in current year, projects suspended previously and resumed in current year, and projects started this year but suspended or postponed in current year. The number of projects under construction can reflect the actual size of investment in fixed assets during a given period, and when compared with the number of projects completed and put into use during the same period, it demonstrates the results of investment in fixed assets from the angle of the speed of the construction.

**Number of Projects Put into Use This Year** refer to

projects have completed the main construction and correspondent auxiliary facilities in accordance with the design documents, resulting in forming production capacity (efficiency) and have been checked and accepted after relevant tests, and have been formally delivered for use.

**Newly Increased Production Capacity (or Project Efficiency)** refers to the increase in design capacity (or project efficiency) through investment in fixed assets. The main indicators include: construction scale, scale of projects under construction in current year, the accumulated newly increased production capacity (project efficiency) since the start of the projects and the newly increased production capacity (project efficiency) of current year.

**Construction Scale** refers to the total designed production capacity (project efficiency) of the construction projects in accordance with the design document, including those have been put into operation and those that have not been completed.

**Scale of Projects under Construction in Current Year** refers to the designed production capacity (project efficiency) of a single project (or renovation project) under construction in the reference period, including the designed production capacity of projects that have been started previously and still under construction in the current year, the newly started projects, and projects that have been completed and put into operation in the reference period or those have been started but suspended or postponed in the reference period. Projects that have been completed and put into operation, suspended or postponed before the reference period, and projects that have not been officially started in the reference period are not included.

**The Accumulated Newly Increased Production Capacity (project efficiency) since the Start of the Projects** refers to the accumulated newly increased production capacity of all the single projects which have been put into use from the beginning of the projects till the end of current year.

**The Newly Increased Production Capacity (project efficiency) of Current Year** refers to the production capacity (project efficiency) that has been completed and put into operation in current year according to the calculation conditions and standards on newly increased production capacity (project efficiency).

**Newly Increased Fixed Assets** refer to the value of fixed assets that has completed the construction and purchase, and has been delivered to the production or owner units, including investment in projects that have been completed and put into operation in current year and the investment in equipment, tools and appliance that meet the standard of fixed assets and fees that should be apportioned. This is an indicator that demonstrates the results of investment in fixed assets in monetary terms, and an important indicator to reflect the speed of construction and to calculate the efficiency of investment.

**Rate of Construction Projects Completed and Put into Use** refers to the ratio of the number of construction projects completed and put into use in a certain period of time to the number of projects under construction in the same period. This reflects the investment efficiency from the perspective of the speed of projects construction.

**Rate of Projects of Fixed Assets Completed and Put into Operation** refers to the ratio of the newly increased fixed assets to the total investment made in the same period. This is a comprehensive indicator reflecting the speed of the employment of fixed assets and the investment efficiency at the macro-level. As the newly increase fixed assets is the result of a long period while the investment is completed in the current year, this indicator is expected to be used to reflect the employment of fixed assets over a long period of time.

# 第十篇　对外经济贸易

CHAPTER 10 FOREIGN TRADE AND ECONOMIC COOPERATION

资料整理：刘　妍

# 10-1　对外经济贸易基本情况
# Foreign Trade and Economic Cooperation

| 指　　标 | Item | 2014 | 2015 | 2016 | 2017 | 2018 |
|---|---|---|---|---|---|---|
| **货物进出口总额(人民币亿元)** | **Total Value of Imports and Exports (RMB 100 million yuan)** | **2389.5** | **1307.3** | **1093.7** | **1280.7** | **1747.7** |
| 出口总额 | Total Exports | 1065.2 | 500.1 | 332.5 | 356.3 | 294.0 |
| 初级产品 | Primary Goods | 9.7 | 8.6 | 7.4 | 8.3 | 54.5 |
| 工业制成品 | Manufactured Goods | 163.7 | 71.7 | 43.1 | 44.3 | 239.5 |
| 进口总额 | Total Imports | 1324.4 | 807.2 | 761.2 | 924.5 | 1453.7 |
| 初级产品 | Primary Goods | 175.4 | 99.0 | 85.3 | 96.0 | 1226.1 |
| 工业制成品 | Manufactured Goods | 40.2 | 30.6 | 29.7 | 40.7 | 227.6 |
| 进出口差额 | Balance | -259.2 | -306.4 | -428.8 | -568.2 | -1159.8 |
| **货物进出口总额(亿美元)** | **Total Value of Imports and Exports (USD 100 million)** | **389.0** | **209.9** | **165.4** | **189.4** | **264.1** |
| 出口总额 | Total Exports | 173.4 | 80.3 | 50.4 | 52.6 | 44.5 |
| 进口总额 | Total Imports | 215.6 | 129.6 | 114.9 | 136.8 | 219.6 |
| 进出口差额 | Balance | 42.2 | -49.2 | -64.5 | -84.2 | -175.1 |
| **实际使用外资额(亿美元)** | **Total Amount of Foreign Investment Actually Utilized (USD 100 million)** | **51.6** | **55.5** | **59.0** | **58.6** | **59.5** |
| #对外借款 | #Foreign Loans | 0.7 | 1.0 | 0.8 | 0.2 | 0.8 |
| 外商直接投资 | Foreign Direct Investments | 50.9 | 54.5 | 58.2 | 58.4 | 58.7 |
| **外商直接投资合同项目(个)** | **Number of Projects for Contracted Foreign Direct Investment (unit)** | **102** | **91** | **117** | **105** | **127** |
| **外商直接投资合同金额(亿美元)** | **Contract Value of Projects for Contracted Foreign Direct Investment (USD 100 million)** | **61.4** | **58.4** | **77.2** | **97.6** | **84.9** |
| **外资企业基本情况** | **Registered Foreign-funded Enterprises** | | | | | |
| 年底登记户数(户) | Number of Registered Enterprises (household) | 5016 | 4149 | 4227 | 4444 | 5028 |
| 投资总额(亿美元) | Total Investment (USD 100 million) | 239.8 | 223.0 | 282.8 | 336.7 | 427.5 |
| 注册资本(亿美元) | Registered Capital (USD 100 million) | 143.4 | 126.9 | 149.1 | 200.4 | 259.1 |
| #外方 | #Capital from Foreign Investors | 109.5 | 96.5 | 110.4 | 148.3 | 177.0 |

注：进出口总额1993年以前为对外贸易经济合作厅数据，1993年起为哈尔滨海关数据，未包括石油出口业务(下同)。

a) The data of total value of imports and exports were provided by Department of Foreign Trade and Economic Cooperation prior to 1993.Since 1994,the data were provided by Harbin CIQ expecting exports of petroleum. The same as following tables.

# 10-2 货物进出口总额
# Total Value of Imports and Exports of Goods

| 年 份 Year | 人民币(亿元) (RMB 100 million yuan) | | | | 美元(亿元) (USD 100 million) | | | |
|---|---|---|---|---|---|---|---|---|
| | 进出口总额 Total Value of Imports and Exports | 出口总额 Total Exports | 进口总额 Total Imports | 进出口差额 Balance | 进出口总额 Total Value of Imports and Exports | 出口总额 Total Exports | 进口总额 Total Imports | 进出口差额 Balance |
| 1957 | 2.6 | 2.6 | | | 0.8 | 0.8 | | |
| 1965 | 0.6 | 0.6 | | | 0.2 | 0.2 | | |
| 1970 | 0.5 | 0.5 | | | 0.2 | 0.2 | | |
| 1975 | 1.3 | 1.3 | | | 0.7 | 0.7 | | |
| 1978 | 0.8 | 0.8 | | | 0.5 | 0.5 | | |
| 1979 | 1.2 | 1.2 | | | 0.7 | 0.7 | | |
| 1980 | 1.9 | 1.5 | 0.5 | 1.0 | 1.3 | 1.0 | 0.3 | 0.7 |
| 1981 | 2.7 | 2.3 | 0.4 | 1.8 | 1.6 | 1.3 | 0.3 | 1.1 |
| 1982 | 3.8 | 3.3 | 0.5 | 2.9 | 2.0 | 1.7 | 0.2 | 1.5 |
| 1983 | 6.5 | 5.4 | 1.1 | 4.3 | 3.3 | 2.7 | 0.5 | 2.2 |
| 1984 | 10.0 | 7.9 | 2.1 | 5.8 | 4.3 | 3.4 | 0.9 | 2.5 |
| 1985 | 15.0 | 12.1 | 2.9 | 9.3 | 5.1 | 4.1 | 1.0 | 3.2 |
| 1986 | 28.0 | 21.2 | 6.7 | 14.5 | 8.1 | 6.2 | 2.0 | 4.2 |
| 1987 | 35.8 | 30.2 | 5.6 | 24.6 | 9.6 | 8.1 | 1.5 | 6.6 |
| 1988 | 46.2 | 34.9 | 11.3 | 23.6 | 12.4 | 9.4 | 3.0 | 6.3 |
| 1989 | 53.2 | 38.7 | 14.5 | 24.2 | 14.1 | 10.3 | 3.9 | 6.4 |
| 1990 | 71.4 | 52.0 | 19.4 | 32.6 | 14.9 | 10.9 | 4.1 | 6.8 |
| 1991 | 107.4 | 73.3 | 34.1 | 39.2 | 20.2 | 13.8 | 6.4 | 7.4 |
| 1992 | 158.9 | 101.0 | 57.9 | 43.1 | 28.8 | 18.3 | 10.5 | 7.8 |
| 1993 | 190.1 | 97.2 | 92.9 | 4.3 | 33.0 | 16.9 | 16.1 | 0.7 |
| 1994 | 209.1 | 107.0 | 102.1 | 4.9 | 24.3 | 12.4 | 11.8 | 0.6 |
| 1995 | 199.3 | 97.4 | 101.9 | -4.5 | 23.9 | 11.7 | 12.2 | -0.5 |
| 1996 | 203.6 | 90.0 | 113.7 | -23.7 | 24.5 | 10.8 | 13.7 | -2.9 |
| 1997 | 204.2 | 108.4 | 95.8 | 12.6 | 24.6 | 13.1 | 11.6 | 1.5 |
| 1998 | 166.4 | 75.0 | 91.4 | -16.4 | 20.1 | 9.1 | 11.0 | -2.0 |
| 1999 | 181.4 | 78.7 | 102.7 | -24.1 | 21.9 | 9.5 | 12.4 | -2.9 |
| 2000 | 247.2 | 120.1 | 127.1 | -7.0 | 29.9 | 14.5 | 15.4 | -0.8 |
| 2001 | 280.2 | 133.4 | 146.7 | -13.2 | 33.9 | 16.1 | 17.7 | -1.6 |
| 2002 | 360.1 | 164.7 | 195.3 | -30.6 | 43.5 | 19.9 | 23.6 | -3.7 |
| 2003 | 441.2 | 237.5 | 203.6 | 33.9 | 53.3 | 28.7 | 24.6 | 4.1 |
| 2004 | 562.0 | 304.6 | 257.4 | 47.2 | 67.9 | 36.8 | 31.1 | 5.7 |
| 2005 | 783.9 | 497.2 | 286.7 | 210.5 | 95.7 | 60.7 | 35.0 | 25.7 |
| 2006 | 1025.2 | 672.8 | 352.4 | 320.5 | 128.6 | 84.4 | 44.2 | 40.2 |
| 2007 | 1315.5 | 933.0 | 382.5 | 550.5 | 173.0 | 122.7 | 50.3 | 72.4 |
| 2008 | 1590.4 | 1150.8 | 438.9 | 711.9 | 229.0 | 165.7 | 63.2 | 102.5 |
| 2009 | 1108.0 | 688.6 | 419.4 | 268.5 | 162.2 | 100.8 | 61.4 | 39.3 |
| 2010 | 1726.2 | 1102.1 | 624.1 | 477.9 | 255.0 | 162.8 | 92.2 | 70.6 |
| 2011 | 2487.3 | 1141.3 | 1346.0 | -204.7 | 385.1 | 176.7 | 208.4 | -31.7 |
| 2012 | 2387.4 | 911.5 | 1476.5 | -565.0 | 378.2 | 144.4 | 233.9 | -89.5 |
| 2013 | 2407.9 | 1005.2 | 1402.8 | -397.0 | 388.8 | 162.3 | 226.5 | -64.1 |
| 2014 | 2389.5 | 1065.2 | 1324.4 | -259.2 | 389.0 | 173.4 | 215.6 | -42.2 |
| 2015 | 1307.3 | 500.1 | 807.2 | -306.4 | 209.9 | 80.3 | 129.6 | -49.2 |
| 2016 | 1093.7 | 332.5 | 761.2 | -428.8 | 165.4 | 50.4 | 114.9 | -64.5 |
| 2017 | 1280.7 | 356.3 | 924.5 | -568.2 | 189.4 | 52.6 | 136.8 | -84.2 |
| 2018 | 1747.7 | 294.0 | 1453.7 | -1159.8 | 264.1 | 44.5 | 219.6 | -175.1 |

# 10-3　海关货物进出口总额

## Total Value of Imports and Exports by Country and Region(Customs Statistics)

单位：万美元　　(USD 10000)

| 类　别 | Category | 进出口总额 Total Value of Imports and Exports | | | | |
|---|---|---|---|---|---|---|
| | | 2014 | 2015 | 2016 | 2017 | 2018 |
| **总　额** | **Total** | **3890037** | **2098599** | **1653789** | **1893574** | **17477261** |
| 一般贸易 | General Trade | 2813390 | 1440287 | 1123261 | 1266303 | 13891134 |
| 国家间、国际组织无偿援助和赠送的物资 | Donation of Countries and International | 123 | | 277 | | 1869 |
| 进出口捐赠物资 | Others Donation of Overseas Chinese | | 1 | 22 | 1 | |
| 来料加工 | Processing and Assembling with Customer's Materials | 28306 | 104018 | 85338 | 37947 | 68707 |
| 进料加工 | Processing and Assembling with Import Materials | 57050 | 46443 | 33519 | 187128 | 872877 |
| 边境小额贸易 | Little Amount Trade on the Borders | 733550 | 348615 | 265337 | 310924 | 1868991 |
| 对外承包工程出口货物 | Export Goods of Contracted Projects with Foreign Countries or Territories | 46632 | 101449 | 72508 | 45523 | 213819 |
| 外商投资企业作为投资进口的设备、物品 | Import Equipment's and Goods of Foreign-Funded Enterprises | 858 | | 575 | 13 | 49 |
| 保税监管场所进出境货物 | Inbound and Outbound Goods in Bonded Supervision Places | 23578 | 6679 | 6055 | 13972 | 473614 |
| 其　他 | Others | 186550 | 51107 | 66897 | 31763 | 86200 |

注：2018年数据单位为万元人民币。(下同)

a)The data unit in 2018 is RMB 10000. (same below)

## 10-3　续表 Continued

单位：万美元　　(USD 10000)

| 类　别 | Category | 出口总额 Total Exports | | | | |
|---|---|---|---|---|---|---|
| | | 2014 | 2015 | 2016 | 2017 | 2018 |
| **总　额** | **Total** | **1734041** | **803072** | **504386** | **525751** | **2939826** |
| 一般贸易 | Ordinary Trade | 961859 | 432750 | 224766 | 209731 | 1580638 |
| 国家间、国际组织无偿援助和赠送的物资 | Donation of Countries and International | 119 | | 5 | | 1869 |
| 进出口捐赠物资 | Others Donation of Overseas Chinese | | 1 | | | |
| 来料加工 | Processing and Assembling with Customer's Materials | 12431 | 46584 | 39619 | 19076 | 47417 |
| 进料加工 | Processing and Assembling with Import Materials | 43796 | 35662 | 21793 | 118496 | 533566 |
| 边境小额贸易 | Little Amount Trade on the Borders | 479782 | 142431 | 93022 | 116074 | 554429 |
| 对外承包工程出口货物 | Export Goods of Contracted Projects with Foreign Countries or Territories | 46632 | 101449 | 72508 | 45523 | 213819 |
| 保税监管场所进出境货物 | Inbound and Outbound Goods in Bonded Supervision Places | 4843 | 1740 | 96 | 101 | 7 |
| 其　他 | Others | 184579 | 42455 | 52577 | 16750 | 8081 |

# 10-4 海关分国家(地区)货物进出口总额
# Total Value of Imports and Exports by Countries and Territories (Customs Statistics)

单位：万美元 (USD 10000)

| 国家(地区) | Countries(Territories) | 进出口总额 Total Value of Imports and Exports | | 出口总额 Total Exports | | 进口总额 Total Imports | |
|---|---|---|---|---|---|---|---|
| | | 2017 | 2018 | 2017 | 2018 | 2017 | 2018 |
| **总 额** | **Total** | **1893574** | **17477261** | **525751** | **2939826** | **1367824** | **14537435** |
| **亚 洲** | **Asia** | **281007** | **2338626** | **161078** | **1047220** | **119929** | **1291406** |
| 阿富汗 | Afghanistan | | 21 | | **21** | | |
| 巴 林 | Bahrain | 1354 | 3291 | 1354 | 3291 | | |
| 孟加拉国 | Bangladesh | 5496 | 17385 | 5496 | 17385 | | |
| 文 莱 | Brunei | 9 | 4854 | 9 | 4854 | | |
| 缅 甸 | Myanmar | 437 | 5167 | 437 | 5167 | | |
| 柬埔寨 | Cambodia | 203 | 2450 | 203 | 2348 | | 102 |
| 塞浦路斯 | Cyprus | 19 | 190 | 19 | 189 | | 1 |
| 中国香港 | Hong Kong, China | 11671 | 60890 | 10693 | 59386 | 978 | 1503 |
| 印 度 | India | 17646 | 175223 | 16642 | 161914 | 1004 | 13309 |
| 印度尼西亚 | Indonesia | 19084 | 82642 | 5905 | 41172 | 13179 | 41470 |
| 伊 朗 | Iran | 2430 | 18107 | 2331 | 18086 | 100 | 21 |
| 伊拉克 | Iraq | 32389 | 314453 | 3243 | 37715 | 29146 | 276738 |
| 以色列 | Israel | 3698 | 16887 | 1486 | 5408 | 2212 | 11479 |
| 日 本 | Japan | 43246 | 242170 | 15781 | 112860 | 27465 | 129310 |
| 约 旦 | Jordan | 276 | 1801 | 276 | 1801 | | |
| 科威特 | Kuwait | 390 | 6883 | 299 | 1246 | 91 | 5637 |
| 老 挝 | Lao People's Democratic Republic | 35 | 6 | 35 | 6 | | |
| 黎巴嫩 | Lebanon | 172 | 831 | 172 | 831 | | |
| 中国澳门 | Macao, China | 1153 | 138 | 1153 | 138 | 1 | |
| 马来西亚 | Malaysia | 7842 | 41574 | 3409 | 17538 | 4434 | 24036 |
| 马尔代夫 | Maldives | 13 | 547 | 13 | 547 | | |
| 蒙 古 | Mongolia | 9279 | 96374 | 6225 | 20322 | 3055 | 76052 |
| 尼泊尔 | Nepal | 758 | 31 | 758 | 31 | | |
| 阿 曼 | Oman | 77 | 215977 | 77 | 676 | | 215301 |
| 巴基斯坦 | Pakistan | 18402 | 34782 | 18380 | 34607 | 22 | 175 |
| 菲律宾 | Philippines | 5070 | 40838 | 3882 | 20496 | 1188 | 20342 |
| 卡塔尔 | Qatar | 273 | 8524 | 273 | 2651 | | 5872 |
| 沙特阿拉伯 | Saudi Arabia | 8091 | 364612 | 684 | 4307 | 7407 | 360305 |
| 新加坡 | Singapore | 10657 | 29143 | 7096 | 10198 | 3561 | 18945 |
| 韩 国 | Republic of Korea | 19345 | 156616 | 11901 | 109413 | 7444 | 47203 |
| 斯里兰卡 | Sri Lanka | 352 | 2272 | 352 | 2272 | | |
| 叙利亚 | Syria | 36 | 904 | 36 | 904 | | |
| 泰 国 | Thailand | 5110 | 31038 | 3481 | 23917 | 1629 | 7122 |
| 土耳其 | Turkey | 18416 | 48230 | 17866 | 46240 | 550 | 1991 |
| 阿拉伯联合酋长国 | United Arab Emirates | 17020 | 181933 | 5181 | 180589 | 11838 | 1345 |
| 也门共和国 | Arab Republic of Yemen | 108 | 428 | 108 | 428 | | |
| 越 南 | Viet Nam | 3825 | 24370 | 2795 | 19791 | 1030 | 4579 |
| 中国台湾 | Taiwan China | 5335 | 48757 | 3966 | 27140 | 1369 | 21617 |
| 东帝汶 | Democratic Republic of Timor-Leste | 1 | | 1 | | | |
| 哈萨克斯坦 | Kazakhstan | 2386 | 10569 | 2263 | 10241 | 123 | 328 |
| 吉尔吉斯斯坦 | Kirghizia | 108 | 1081 | 108 | 1081 | | |
| 塔吉克斯坦 | Tadzhikistan | | 624 | | 624 | | |
| 土库曼斯坦 | Turkmenistan | 5419 | 31605 | 4673 | 28851 | 746 | 2754 |
| 乌兹别克斯坦 | Uzbekistan | 757 | 10679 | 715 | 10448 | 42 | 231 |

注：亚洲差额部分为政策性进出口。
a) The part balance of Asian is policy imports and exports.

## 10-4　续表1 Continued

单位：万美元　　(USD 10000)

| 国家(地区) | Countries(Territories) | 进出口总额 Total Value of Imports and Exports | | 出口总额 Total Exports | | 进出口总额 Total Imports | |
|---|---|---|---|---|---|---|---|
| | | 2017 | 2018 | 2017 | 2018 | 2017 | 2018 |
| **非　洲** | **Africa** | **27752** | **190106** | **10639** | **60131** | **17113** | **129975** |
| 阿尔及利亚 | Algeria | 171 | 525 | 171 | 525 | | |
| 安哥拉 | Angola | 14428 | 46586 | 19 | 718 | 14409 | 45868 |
| 贝　宁 | Benin | 1 | 20 | 1 | 20 | | |
| 博茨瓦纳 | Botswana | 13 | 301 | 13 | 301 | | |
| 布隆迪 | Burundi | 1 | | 1 | | | |
| 喀麦隆 | Cameroon | 98 | 51 | 98 | 51 | | |
| 乍　得 | Chad | 1099 | 7583 | 1099 | 7583 | | |
| 科摩罗 | Comoro | 2 | | 2 | | | |
| 刚　果 | Congo | 40 | 47049 | 40 | 22 | | 47027 |
| 吉布提 | Djibouti | 217 | 863 | 217 | 863 | | |
| 埃　及 | Egypt | 333 | 2502 | 299 | 2396 | 33 | 106 |
| 赤道几内亚 | Eq. Guinea | 6 | | 6 | | | |
| 埃塞俄比亚 | Ethiopia | 281 | 1145 | 147 | 344 | 134 | 801 |
| 加　蓬 | Gabon | 34 | | 34 | | | |
| 冈比亚 | Gambian | 1 | 1757 | 1 | 1438 | | 318 |
| 加　纳 | Ghana | 189 | 1275 | 189 | 1275 | | |
| 几内亚 | Guinea | 14 | 238 | 14 | 238 | | |
| 科特迪瓦 | Cote Diver | 15 | 252 | 15 | 252 | | |
| 肯尼亚 | Kenya | 124 | 2296 | 117 | 2097 | 7 | 199 |
| 利比里亚 | Liberia | 3 | 60 | 3 | 60 | | |
| 利比亚 | Libya | 10 | 86 | 10 | 86 | | |
| 马达加斯加 | Madagascar | 96 | 2325 | 14 | 155 | 82 | 2170 |
| 马拉维 | Malawi | 188 | 2 | 188 | 2 | | |
| 马　里 | Mali | 3 | 5 | 3 | 5 | | |
| 毛里塔尼亚 | Mauritania | | 197 | | 197 | | |
| 毛里求斯 | Mauritius | 28 | 238 | 28 | 238 | | |
| 摩洛哥 | Morocco | 828 | 3085 | 410 | 2965 | 418 | 120 |
| 莫桑比克 | Mozambique | 143 | 8648 | 143 | 5644 | | 3004 |
| 纳米比亚 | Namibia | 7 | 7 | 7 | 1 | | 7 |
| 尼日尔 | Niger | | 403 | | 128 | | 276 |
| 尼日利亚 | Nigeria | 734 | 2696 | 649 | 2178 | 85 | 517 |
| 留尼汪 | Reunion | | 1 | | 1 | | |
| 卢旺达 | Rwanda | | 1 | | 1 | | |
| 塞内加尔 | Senegal | 18 | 821 | 18 | 611 | | 210 |
| 塞拉利昂 | Sierra Leone | 7 | 19 | 5 | 10 | 2 | 9 |
| 索马里 | Somalia | 5 | | 5 | | | |
| 南　非 | South Africa | 3294 | 38095 | 1873 | 13151 | 1421 | 24944 |
| 苏　丹 | Sudan | 3890 | 7279 | 3592 | 5581 | 297 | 1698 |
| 坦桑尼亚 | Tanzania | 332 | 1979 | 318 | 1853 | 14 | 126 |
| 多　哥 | Togo | 63 | 489 | 25 | 333 | 38 | 156 |
| 突尼斯 | Tunisia | 260 | 2475 | 89 | 507 | 172 | 1968 |
| 乌干达 | Uganda | 1 | 488 | 1 | 35 | | 452 |
| 布基纳法索 | Burkina Faso | 4 | 88 | 4 | 88 | | |
| 刚果(金) | Congo | 2 | 205 | 2 | 205 | | |
| 赞比亚 | Zambia | 631 | 1875 | 631 | 1875 | | |
| 津巴布韦 | Zimbabwe | 61 | 295 | 61 | 295 | | |
| 梅利利亚 | Melilla | 6 | | 6 | | | |
| 马约特岛 | Mayotte | 9 | | 9 | | | |
| 莱索托 | Lesotho | | 221 | | 221 | | |
| 南苏丹共和国 | The Republic of South Sudan | 64 | 5580 | 64 | 5580 | | |

## 10-4 续表2 Continued

单位：万美元 (USD 10000)

| 国家(地区) | Countries(Territories) | 进出口总额 Total Value of Imports and Exports | | 出口总额 Total Exports | | 进口总额 Total Imports | |
|---|---|---|---|---|---|---|---|
| | | 2017 | 2018 | 2017 | 2018 | 2017 | 2018 |
| **欧 洲** | **Europe** | **1308261** | **13429942** | **251212** | **1349813** | **1057049** | **12080129** |
| 比利时 | Belgium | 39935 | 132148 | 35750 | 111743 | 4186 | 20405 |
| 丹 麦 | Denmark | 5702 | 49448 | 3687 | 29680 | 2016 | 19768 |
| 英 国 | United Kingdom | 12462 | 153769 | 4610 | 66045 | 7852 | 87725 |
| 德 国 | Germany | 34004 | 183271 | 14271 | 94325 | 19733 | 88946 |
| 法 国 | France | 25921 | 97118 | 2548 | 21218 | 23374 | 75899 |
| 爱尔兰 | Ireland | 448 | 11977 | 56 | 9601 | 392 | 2377 |
| 意大利 | Italy | 12668 | 67197 | 2548 | 24200 | 10121 | 42997 |
| 卢森堡 | Luxemburg | 33 | 614 | | 184 | 33 | 430 |
| 荷 兰 | Netherlands | 8119 | 62890 | 6720 | 50171 | 1399 | 12719 |
| 希 腊 | Greece | 300 | 2288 | 292 | 2261 | 8 | 28 |
| 葡萄牙 | Portugal | 1039 | 9442 | 268 | 6764 | 771 | 2678 |
| 西班牙 | Spain | 13169 | 113166 | 5856 | 67894 | 7313 | 45272 |
| 阿尔巴尼亚 | Albania | 5 | 2308 | 5 | 2308 | | |
| 奥地利 | Austria | 4447 | 40737 | 223 | 1654 | 4224 | 39082 |
| 保加利亚 | Bulgaria | 519 | 1786 | 336 | 1112 | 184 | 673 |
| 芬 兰 | Finland | 2995 | 20265 | 239 | 6111 | 2756 | 14154 |
| 匈牙利 | Hungary | 4630 | 22046 | 159 | 1805 | 4470 | 20242 |
| 冰 岛 | Iceland | 1 | 77 | 1 | 77 | | |
| 马耳他 | Malta | 1 | 25 | 1 | 14 | | 11 |
| 摩纳哥 | Monaco | 1 | | | | 1 | |
| 挪 威 | Norway | 976 | 12082 | 324 | 6659 | 652 | 5422 |
| 波 兰 | Poland | 5756 | 42912 | 3023 | 27494 | 2733 | 15418 |
| 罗马尼亚 | Romania | 1018 | 8994 | 179 | 5445 | 840 | 3549 |
| 瑞 典 | Sweden | 19111 | 89707 | 1278 | 9165 | 17832 | 80542 |
| 瑞 士 | Switzerland | 2361 | 12122 | 109 | 684 | 2251 | 11437 |
| 爱沙尼亚 | Estonia | 90 | 477 | 26 | 251 | 64 | 226 |
| 拉脱维亚 | Latvia | 381 | 3403 | 151 | 1317 | 231 | 2086 |
| 立陶宛 | Lithuania | 351 | 2327 | 279 | 2088 | 72 | 239 |
| 格鲁吉亚 | Georgia | 141 | 481 | 39 | 173 | 103 | 308 |
| 亚美尼亚 | Armenia | 11 | 171 | 8 | 93 | 3 | 78 |
| 阿塞拜疆 | Azerbaijan | 3295 | 10582 | 3243 | 10349 | 52 | 233 |
| 白俄罗斯 | Byelorussia | 1115 | 1800 | 918 | 244 | 197 | 1556 |
| 摩尔多瓦 | Moldova | 52 | 502 | | 274 | 52 | 227 |
| 俄罗斯联邦 | Russia | 1098818 | 12205935 | 161070 | 745525 | 937748 | 11460410 |
| 乌克兰 | Ukraine | 1696 | 28369 | 1252 | 25952 | 444 | 2416 |
| 斯洛文尼亚共和国 | Republic of Slovenia | 1455 | 14291 | 1421 | 13886 | 34 | 405 |
| 克罗地亚共和国 | Republic of Croatia | 171 | 1332 | 126 | 788 | 45 | 544 |
| 捷克共和国 | Republic of Czech | 3684 | 15142 | 83 | 1867 | 3601 | 13275 |
| 斯洛伐克共和国 | Republic of Slovakia | 835 | 4765 | 21 | 160 | 814 | 4606 |
| 前南马其顿 | Macedonia | 4 | 183 | 4 | 24 | | 159 |
| 波斯尼亚--黑塞哥维那 | Bosnia and Herzegovina | | 363 | | 29 | | 333 |
| 塞尔维亚 | Serbia | 542 | 3424 | 90 | 179 | 452 | 3245 |

## 10-4　续表3　Continued

单位：万美元　　　　(USD 10000)

| 国家(地区) | Countries(Territories) | 进出口总额 Total Value of Imports and Exports | | 出口总额 Total Exports | | 进口总额 Total Imports | |
|---|---|---|---|---|---|---|---|
| | | 2017 | 2018 | 2017 | 2018 | 2017 | 2018 |
| **拉丁美洲** | **Latin America** | **97605** | **430086** | **14131** | **105416** | **83474** | **324671** |
| 安提瓜和巴布达 | Antigua and Barbuda | 1 | | 1 | | | |
| 阿根廷 | Argentina | 701 | 4936 | 545 | 3248 | 156 | 1688 |
| 阿鲁巴岛 | Aruba Island | 15 | | 15 | | | |
| 巴哈马 | Bahamas | 1 | 14 | 1 | 14 | | |
| 巴巴多斯 | Barbados | 1 | 3 | 1 | 3 | | |
| 伯利兹 | Belize | 5 | 38 | 5 | 38 | | |
| 多民族玻利维亚国 | Bolivia | 7 | 54 | 7 | 54 | | |
| 巴　西 | Brazil | 76928 | 315316 | 2561 | 23562 | 74367 | 291754 |
| 智　利 | Chile | 3554 | 29152 | 1869 | 15526 | 1685 | 13626 |
| 哥伦比亚 | Colombia | 949 | 9389 | 929 | 8666 | 20 | 724 |
| 多米尼克 | The Commonwealth of Dominica | 3 | | 3 | | | |
| 哥斯达黎加 | Costa Rica | 502 | 2180 | 502 | 1771 | | 409 |
| 古　巴 | Cuba | 27 | 2 | 27 | 2 | | |
| 库腊索岛 | Curacao | | 14 | | 14 | | |
| 多米尼加共和国 | Dominican Republic | 84 | 640 | 61 | 584 | 22 | 56 |
| 厄瓜多尔 | Ecuador | 2182 | 3997 | 2178 | 3766 | 4 | 231 |
| 法属圭亚那 | French Guiana | | 51 | | 51 | | |
| 危地马拉 | Guatemala | 207 | 800 | 207 | 800 | | |
| 圭亚那 | Guyana | 7 | 70 | 7 | 70 | | |
| 海　地 | Haiti | | 41 | | 41 | | |
| 洪都拉斯 | Honduras | 39 | 1920 | 39 | 1920 | | |
| 牙买加 | Jamaica | 4 | 299 | 4 | 299 | | |
| 墨西哥 | Mexico | 2734 | 18140 | 2401 | 16533 | 332 | 1607 |
| 尼加拉瓜 | Nicaragua | 498 | 15 | 498 | 15 | | |
| 巴拿马 | Panama | 129 | 923 | 129 | 923 | | |
| 巴拉圭 | Paraguay | 244 | 1606 | 244 | 1606 | | |
| 秘　鲁 | Peru | 1473 | 20922 | 1469 | 20894 | 4 | 27 |
| 波多黎各 | Puerto Rico | 106 | 1429 | 106 | 1429 | | |
| 萨尔瓦多 | El Salvador | 103 | 1200 | 103 | 1198 | | 1 |
| 苏里南 | Surinam | | 2 | | 2 | | |
| 特立尼达和多巴哥 | Trinidad and Tobago | 12 | 210 | 12 | 210 | | |
| 乌拉圭 | Uruguay | 1920 | 15859 | 133 | 1313 | 1786 | 14546 |
| 委内瑞拉 | Venezuela | 5169 | 866 | 73 | 866 | 5097 | |
| **北美洲** | **North America** | **156973** | **612223** | **83138** | **305408** | **73835** | **306816** |
| 加拿大 | Canada | 15611 | 100003 | 4983 | 49557 | 10629 | 50446 |
| 美　国 | United States | 141361 | 512220 | 78155 | 255850 | 63206 | 256370 |
| **大洋洲** | **Oceania** | **21740** | **475689** | **5553** | **71839** | **16187** | **403850** |
| 澳大利亚 | Australia | 10153 | 253140 | 4994 | 68574 | 5159 | 184567 |
| 斐　济 | Fiji | 111 | 133 | 111 | 133 | | |
| 新喀里多尼亚 | New Caledonia | 10 | 160 | 10 | 160 | | |
| 瓦努阿图 | Vanuatu | 6 | | 6 | | | |
| 新西兰 | New Zealand | 10498 | 222197 | 401 | 2914 | 10097 | 219283 |
| 巴布亚新几内亚 | Papua New Guinea | 581 | 23 | 16 | 23 | 566 | |
| 所罗门群岛 | Solomon Islands | 368 | | 3 | | 365 | |
| 汤　加 | Tonga | 4 | 26 | 4 | 26 | | |
| 基里巴斯 | Kiribati | 9 | 9 | 9 | 9 | | |

# 10-5 海关主要商品出口数量和金额

## Main Export Goods in Volume and Value(Customs Statistics)

| 品 名 | Item | 数 量 Volume | | 金额(万美元) Value (USD 10000) | |
|---|---|---|---|---|---|
| | | 2017 | 2018 | 2017 | 2018 |
| 肉及杂碎(吨) | Meat and Offal (ton) | 4622 | 4824 | 5378 | 41083 |
| 猪肉(吨) | Pork(ton) | 886 | | 583 | |
| 水海产品(吨) | Aquatic Products(ton) | 209 | 403 | 188 | 2307 |
| 谷物及谷物粉(万吨) | Cereals and Cereals Flour(10000 tons) | 2 | 2 | 1587 | 7379 |
| #稻谷和大米 | #Paddy and Rice | 2 | 2 | 1521 | 7215 |
| 蔬菜(万吨) | Vegetables(10000 tons) | 26 | 24 | 21087 | 138572 |
| 鲜、干水果及坚果(万吨) | Fruits and Nuts(10000 tons) | 11 | 11 | 13989 | 95959 |
| 食用油籽(万吨) | Seeds of Edible Oil(10000 tons) | 1 | 2 | 1137 | 10542 |
| 食用植物油(吨) | Edible Vegetable Oil(ton) | 15 | 250 | 3 | 494 |
| 烘焙花生(吨) | Baked Peanuts(ton) | 355 | 243 | 60 | 266 |
| 辣椒干(吨) | Dried Capsicum(ton) | 2 | 20 | | 28 |
| 番茄酱(吨) | Ketchup(ton) | 34 | 18 | 7 | 23 |
| 蘑菇罐头(吨) | Canned Mushroom(ton) | 1819 | 2134 | 1045 | 7559 |
| 啤酒(万升) | Beer(10000 liters) | 702 | 769 | 434 | 3349 |
| 肠衣(吨) | Casings(ton) | 3655 | 4824 | 4742 | 41083 |
| 填充用羽毛、羽绒(吨) | Feathers and Dawn for Stuffing(ton) | 5 | 6 | 29 | 277 |
| 中药材及中式成药(吨) | Medical Materials(ton) | 442 | 425 | 664 | 4913 |
| 烤烟(吨) | Flue-cured Tobacco(ton) | 6824 | 1258 | 2291 | 2728 |
| 肥料 (吨) | Chemical Fertilizers, Manufactured (Actual Weight)(ton) | 437020 | 279968 | 11635 | 63701 |
| 锯材(立方米) | Wood Sawn(cu.m) | 11800 | 8494 | 704 | 3196 |
| 胶合板及类似多层板(立方米) | Plywood and Similar Products(cu.m) | 32690 | 35213 | 4178 | 28042 |
| 印刷品(吨) | Printed Matter(ton) | 927 | 783 | 451 | 2606 |
| 生丝(吨) | Raw Silk(ton) | 12 | 1 | 15 | 50 |
| 黏土及其他耐火矿物(吨) | Clay and Other Fire-resistant Mineral(ton) | 10273 | 2514 | 949 | 1301 |
| 煤及褐煤(吨) | Coal and Lignite(ton) | | | | |
| 成品油(吨) | Refined Oil(ton) | 183406 | 1 | 11710 | 4 |
| 石蜡(吨) | Paraffin Wax(ton) | 17422 | 11996 | 1799 | 8305 |
| 医药品(吨) | Medical and Pharmaceutical Products(ton) | 1310 | 970 | 3133 | 18415 |
| 新的充气橡胶轮胎(万条) | Rubber Tyres (10000 units) | 29 | 44 | 1014 | 8351 |
| 家用或装饰用木制品(吨) | Wood for Household Use or Decorate(ton) | 16730 | 18092 | 4125 | 24565 |
| 纸及纸板(吨) | Paper and Paperboard(ton) | 9268 | 9662 | 1353 | 10011 |
| 纺织纱线、织物及制品 | Yarns, Fabrics and Products | | | 20204 | 136550 |
| 棉纱线(吨) | Cotton Yarn(ton) | 594 | 722 | 63 | 583 |
| 毛纺机织物 | Wool Textile | | | 2 | |
| 棉机织物(万米) | Cotton Textile(10000 meters) | | | 211 | 742 |
| 亚麻及苎麻机织物(万米) | Textile of Flax and Ramee(10000 meters) | 2559 | 3052 | 6038 | 51609 |
| 地 毯(万平方米) | Carpets(10000 sq.m) | 12 | 18 | 62 | 588 |
| 塑料编织袋(万条) | Bags of PP or PE Strip(10000 items) | 43984 | 39716 | 5355 | 29525 |
| 水泥及水泥熟料(吨) | Cement and Cement Clinker(ton) | 6069 | 700 | 58 | 25 |
| 花岗岩石材及制品(吨) | Granite Material and Products(ton) | 10047 | 4968 | 303 | 1334 |
| 平板玻璃(万平方米) | Plate Glass(10000 sq.m) | 310 | 80 | 880 | 1358 |
| 玻璃制品(吨) | Glass Products(ton) | 1409 | 1184 | 396 | 2068 |
| 钢材(吨) | Rolled Steel(ton) | 66787 | 184899 | 6593 | 110004 |
| 未锻轧的铜及铜材(吨) | Unwrought Copper and Copper(ton) | 31 | 28 | 42 | 211 |
| 未锻轧的铝及铝材(吨) | Unwrought Aluminum and Aluminous Material(ton) | 10540 | 10957 | 3007 | 21291 |
| 钢铁或铜制标准紧固件(吨) | Iron and Steel Nails, Bolts, etc.(ton) | 1206 | 849 | 323 | 2184 |
| 不锈钢厨具、餐具等家用器皿(吨) | Household Utensils Made of Stainless Steel(ton) | 154 | 78 | 71 | 162 |

10-5　续表 Continued

| 品　　名 | Item | 数　量 Volume | | 金额(万美元) Value (USD 10000) | |
|---|---|---|---|---|---|
| | | 2017 | 2018 | 2017 | 2018 |
| 餐桌、厨房及其他家用搪瓷(吨) | Enamelware(Table, Kitchen, etc.)(ton) | 18 | 19 | 6 | 112 |
| 手用或机用工具(吨) | Hand Tools and Tools for Machines(ton) | 1853 | 1671 | 1601 | 11276 |
| 电扇(万台) | Fans(10000 sets) | 10 | 6 | 561 | 2189 |
| 纺织机械及零件 | Textile Machinery | | | 92 | 426 |
| 电子计算器(万台) | Electric Calculator(10000 sets) | 11 | 9 | 63 | 148 |
| 自动数据处理设备及其部件(万台) | ADP Equipment's (10000 units) | 32 | 10 | 402 | 3399 |
| 自动数据处理设备的零件(吨) | Hardware's of ADP Equipment's (ton) | 4 | 9 | 3 | 158 |
| 轴承(万套) | Axletrees(10000 units) | 523 | 442 | 848 | 5466 |
| 电动机及发电机(万台) | Electric Motors and Generators (10000 sets) | 6 | 4 | 1286 | 5220 |
| 静止式变流器(万个) | Static Converters(10000 units) | 156 | 167 | 1632 | 16335 |
| 蓄电池(万个) | Electric Accumulators(10000 units) | 54 | 88 | 4062 | 82987 |
| 扬声器(万个) | Loudspeakers(10000 units) | 30 | 19 | 168 | 1184 |
| 录、放像机(万台) | Video Tape Recorders(10000 sets) | 1 | 1 | 78 | 539 |
| 声音录制或重放设备(万台) | Sound Recording Apparatus(10000 sets) | 1 | 1 | 3 | 35 |
| 收音设备(万台) | Radio Equipment(10000 sets) | 17 | 4 | 119 | 252 |
| 录放音、像机及唱机的零附件(吨) | Parts of Tape Recorders and Phonograph(ton) | | | 12 | 13 |
| 印刷电路(万块) | Printed Circuits(10000 sets) | 444 | 437 | 139 | 1091 |
| 通断保护电路装置及零件(吨) | Electrical Apparatus for Switching or Protecting Electrical Circuits(ton) | | | 3503 | 20253 |
| 二极管及类似半导体器件(万个) | Diodes and Hardware's Resembled Semiconductors(10000 units) | 728 | 351 | 70 | 1262 |
| 集成电路(万个) | Integrated Circuits(10000 sets) | 2558 | 2766 | 306 | 2189 |
| 电线和电缆(吨) | Electrical wires and Cables(ton) | 3929 | 3224 | 6092 | 54664 |
| 汽车(包括整套散件)(辆) | Vehicles (including complete Spare Parts)(cars) | 24998 | 14040 | 93453 | 284435 |
| 汽车零件 | Parts of Motor Vehicles | | | 6070 | 41430 |
| 摩托车及自行车的零件 | Parts of Motorcycles and Bicycles | | | 560 | 4534 |
| 手表(万只) | Wrist Watches(10000 units) | 2 | 1 | 67 | 96 |
| 医疗仪器及器械 | Medical Instruments and Appliances | | | 46 | 866 |
| 日用钟(万只) | Clocks(10000 units) | 57 | 45 | 312 | 1240 |
| 家具及其零件 | Furniture | | | 12565 | 90088 |
| 床垫、寝具及类似品 | Mattresses, Bed clothing and Similar Articles | | | 297 | 3344 |
| 灯具、照明装置及类似品 | Lamps and Lanterns, Lighting Sets and Similar Articles | | | 1193 | 17881 |
| 箱包及类似容器 | Bags and similar containers | | | 2529 | 12019 |
| 服装及衣着附件 | Garments and Affix of Clothing | | | 26856 | 74675 |
| #织物制服装 | #Knitted and Crocheted Garments | | | 21210 | 51388 |
| 皮革服装(万件) | Leather Garments(10000 pairs) | 1 | 3 | 49 | 154 |
| 裘皮服装(吨) | Furry Garments(ton) | 23 | 12 | 926 | 1590 |
| 皮革手套(万双) | Leather Gloves(10000 pairs) | 134 | 88 | 251 | 161 |
| 织物制手套(万双) | Knitted and Crocheted Gloves(10000 pairs) | 978 | 1082 | 401 | 3769 |
| 织物制袜子(万双) | Knitted and Crocheted Stockings(10000 pairs) | 1429 | 2685 | 872 | 11129 |
| 帽类(万个) | Headgear(10000 units) | 249 | 169 | 830 | 2062 |
| 鞋类 | Footwear | | | 37633 | 145313 |
| #鞋(万双) | #Shoes(10000 pairs) | 3202 | 2265 | 30766 | 122978 |
| 塑料制品(吨) | Plastic Articles(ton) | 8845 | 9096 | 2969 | 20287 |
| 玩具 | Toys | | | 5985 | 13174 |
| 游戏机及零件(吨) | Game Machines and Parts(ton) | 14 | 9 | 9 | 23 |
| 圣诞用品(吨) | Articles for Christmas Day(ton) | 891 | 953 | 520 | 4561 |
| 足球、篮球、排球(万个) | Footballs, Basketballs and Volleyballs(10000 units) | 56 | 57 | 335 | 1503 |
| 伞(万把) | Umbrellas (10000 units) | 58 | 24 | 971 | 1647 |
| 柳编结品(吨) | Wickerwork(ton) | 197 | 165 | 67 | 408 |
| 农产品 | Farm Produce | | | 86409 | 605009 |
| 机电产品 | Mechanical and Electrical Products | | | 230635 | 1249781 |
| 高新技术产品 | High and New-tech Products | | | 16903 | 178890 |

# 10-6 海关主要商品进口数量和金额
# Main Import Goods in Volume and Value(Customs Statistics)

| 品 名 | Item | 数 量 Volume | | 金额(万美元) Value (USD 10000) | |
|---|---|---|---|---|---|
| | | 2017 | 2018 | 2017 | 2018 |
| 冻鱼(吨) | Frozen Fishes (ton) | 2775 | 2192 | 352 | 2537 |
| 鲜、干水果及坚果(吨) | Fresh, Dried Fruit and Nuts (ton) | 7005 | 2251 | 2130 | 5189 |
| 粮食(万吨) | Grain(10000 tons) | 197 | 171 | 76558 | 402788 |
| 谷物及谷物粉(吨) | Cereals and Cereal Powder (ton) | 26831 | 109066 | 1187 | 15258 |
| 大豆(吨) | Soybean (ton) | 1939894 | 1602347 | 75130 | 386880 |
| 酒类(万升) | Alcohol (10000 liters) | 2055 | 3046 | 1872 | 17555 |
| 啤酒(万升) | Beer (10000 liters) | 1833 | 2873 | 1214 | 13180 |
| 葡萄酒(万升) | Wine (10000 liters) | 180 | 129 | 551 | 3344 |
| 天然橡胶(包括胶乳)(吨) | Caoutchouc (ton) | 1210 | 827 | 217 | 791 |
| 合成橡胶(包括胶乳)(吨) | Synthetic Rubber (ton) | 34556 | 26171 | 6578 | 28560 |
| 原木(万立方米) | Logs (10000 cu.m) | 696 | 629 | 89436 | 528401 |
| 锯材(万立方米) | Wood Sawn (10000 cu.m) | 326 | 354 | 68222 | 487430 |
| 纸浆(吨) | Paper Pulp (ton) | 275073 | 434245 | 17138 | 231325 |
| 铁矿砂及其精矿(万吨) | Iron Ore and Concentrates (10000 tons) | 337 | 459 | 24222 | 198739 |
| 煤及褐煤(万吨) | Coal and Lignite(10000 tons) | 633 | 990 | 35842 | 462434 |
| 原油(万吨) | Crude Oil (10000 tons) | 1978 | 2952 | 789159 | 10501198 |
| 成品油(万吨) | Petroleum Products Refined (10000 tons) | 3 | 1 | 1816 | 5975 |
| 医药品(吨) | Pharmaceutical Products (ton) | 20 | 19 | 64 | 531 |
| 肥料(万吨) | Manufactured Fertilizers (10000 tons) | 43 | 48 | 9524 | 74583 |
| 聚合物油漆及清漆(吨) | Polymer Paint or Varnish (ton) | 629 | 722 | 218 | 1710 |
| 初级形状的塑料(吨) | Plastic in Primary Form (ton) | 8092 | 7717 | 1058 | 7228 |
| 纸及纸板(吨) | Paper and Paperboard (ton) | 33972 | 36040 | 2153 | 19074 |
| 涂布纸(吨) | Coated paper (ton) | 139 | 219 | 64 | 728 |
| 棉机织物 | Cotton Textiles | | | 4 | 40 |
| 合成纤维长丝机织物(万米) | Synthetic Fibers Silk Knit Goods (10000 meters) | 72 | 97 | 137 | 1675 |
| 服装及衣着附件 | Apparel and Clothing Accessories | | | 294 | 867 |
| 玻璃纤维及其制品(吨) | Fiberglass (ton) | 7 | 4 | 76 | 58 |
| 钢材(吨) | Rolled Steel (ton) | 16260 | 9994 | 9782 | 34257 |
| 钢铁制标准坚固件(吨) | Steely Nails, Bolts, etc. (ton) | 1097 | 840 | 1117 | 6294 |
| 未锻轧的铜及铜材(吨) | Unwrought Copper and Copper(ton) | 224 | 465 | 288 | 4688 |
| 铜材(吨) | Rolled Copper (ton) | 224 | 465 | 288 | 4688 |

## 10-6　续表 Continued

| 品　　名 | Item | 数　量 Volume | | 金额(万美元) Value (USD 10000) | |
|---|---|---|---|---|---|
| | | 2017 | 2018 | 2017 | 2018 |
| 未锻轧的铝及铝材(吨) | Unwrought Aluminum and Aluminum(ton) | 172 | 134 | 87 | 623 |
| 铝材(吨) | Aluminum(ton) | 117 | 134 | 78 | 623 |
| 钢铁或铝制结构及其部件(吨) | Steel and Aluminum Structure or Parts(ton) | 18 | 14 | 26 | 83 |
| 活塞式内燃机的零件(吨) | Parts of Gas Engine with Piston (ton) | 267 | 215 | 613 | 4516 |
| 液泵及液体提升机(台) | Liquid Pumps and Machines with Liquid Exaltation(set) | 31580 | 16670 | 2230 | 25425 |
| 非家用型水的过滤、净化机(台) | Depurative Machineries or Filters for Water (set) | 1401 | 409 | 48 | 152 |
| 机械提升搬运设备及零件 | Portage, Load and Unload Equipment and Accessories with Machine Exaltation | | | 433 | 885 |
| 建筑及采矿用机械及零件 | Construction and Mining Machinery and Parts | | | 61 | 483 |
| 食品加工机械及零件 | Food Processing Machinery and Parts | | | 252 | 1710 |
| 制造纸及制品用机械及零件 | Paper and Related Products Manufacturing Machinery and Parts | | | 452 | 1617 |
| 印刷、装订机械及零件 | Printing, Bookbinding Machinery and Parts | | | 1160 | 683 |
| 纺织机械及零件 | Textile Machinery and Parts | | | 309 | 1150 |
| 金属加工机床(台) | Machine Tools for Processing Metals(set) | 131 | 67 | 6601 | 11173 |
| 金属轧机及零件 | Metal Rolling Mill and Accessories | | | 35 | 372 |
| 橡胶或塑料加工机械及零件 | Rubber or Plastic Processing Machinery and Parts | | | 153 | 1973 |
| 型模及金属铸造用型箱(吨) | Models and Patterns(ton) | | | 842 | 2796 |
| 阀门(万套) | Valves(10000 sets) | 85 | 118 | 7431 | 36239 |
| 自动数据处理设备及其部件(台) | ADP Equipment(set) | 104 | 176 | 81 | 261 |
| 电动机及发电机(台) | Electric Motors and Generators(set) | 3568 | 5364 | 453 | 3323 |
| 变压、整流、电感器及零件 | Transformers, Rectifiers, Inductances and Accessories | | | 1017 | 6493 |
| 无线电导航雷达及遥控设备(台) | Radio Navigation Radar and Remote Control Equipment(set) | 113497 | 107874 | 2752 | 16969 |
| 电容器(吨) | Capacitors(ton) | 5 | 4 | 18 | 127 |
| 电阻器(吨) | Resistors(ton) | 0.4 | 2 | 7 | 83 |
| 印刷电路(块) | Printed Circuit(unit) | 1 | 24321660 | | 248 |
| 通断保护电路装置及零件(吨) | On-off Protection Circuit Devices and Components(ton) | | | 1672 | 9104 |
| 二极管及类似半导体器件(万个) | Diode and Similar Semiconductor Devices(10000 units) | 48 | 39 | 209 | 1891 |
| 集成电路(万个) | Integrated Circuit(10000 units) | 12 | 85 | 592 | 4354 |
| 电缆和电线(吨) | Electrical wires and Cables(ton) | 298 | 55 | 1036 | 2191 |
| 汽车(包括整套散件)(辆) | Vehicles (including the package parts)(car) | 176 | 83 | 1590 | 5322 |
| 汽车零件 | Parts of Motor Vehicles | | | 44653 | 222979 |
| 航空器零件(吨) | Parts of Aircraft(ton) | 61 | 74 | 1920 | 14406 |
| 医疗仪器及器械 | Medical Instruments and Equipment | | | 3045 | 15032 |
| 计量检测分析自控仪器具 | Detection and Analysis of the Measurement Apparatus with Automatic Control | | | 11324 | 65901 |
| 塑料制品(吨) | Plastic Articles(ton) | 432 | 377 | 711 | 3130 |
| 农产品 | Farm Produce | | | 114452 | 910432 |
| 机电产品 | Mechanical and Electrical Products | | | 151135 | 722505 |
| 高新技术产品 | High and New-tech Products | | | 46970 | 158277 |

## 10-7 分地区进出口总额
## Total Value of Import and Export by Region

单位：万美元 (USD 10000)

| 地 区 | Region | 进出口总额 Total Value of Imports and Exports | | 出口总额 Total Exports | | 进口总额 Total Imports | | 进出口差额 Balance | |
|---|---|---|---|---|---|---|---|---|---|
| | | 2017 | 2018 | 2017 | 2018 | 2017 | 2018 | 2017 | 2018 |
| **全 省** | **Total** | **1893574** | **17477261** | **525751** | **2939826** | **1367824** | **14537435** | **-842073** | **-11597609** |
| 哈尔滨 | Haerbin | 328280 | 2045771 | 137713 | 983836 | 190567 | 1061935 | -52854 | -78099 |
| 齐齐哈尔 | Qiqihar | 15654 | 259831 | 8857 | 205178 | 6797 | 54653 | 2060 | 150525 |
| 鸡 西 | Jixi | 22170 | 172006 | 18963 | 132601 | 3207 | 39405 | 15755 | 93196 |
| 鹤 岗 | Hegang | 15354 | 75801 | 1795 | 5654 | 13559 | 70146 | -11764 | -64492 |
| 双鸭山 | Shuangyashan | 14447 | 102120 | 5548 | 36416 | 8899 | 65705 | -3351 | -29289 |
| 大 庆 | Daqing | 834811 | 9751907 | 121228 | 392912 | 713584 | 9358995 | -592356 | -8966082 |
| 伊 春 | Yichun | 6861 | 52550 | 5430 | 44227 | 1431 | 8323 | 3999 | 35904 |
| 佳木斯 | Jiamusi | 77960 | 429667 | 41247 | 157887 | 36714 | 271779 | 4533 | -113892 |
| 七台河 | Qitaihe | 557 | 4881 | 429 | 1398 | 129 | 3483 | 300 | -2086 |
| 牡丹江 | Mudanjiang | 492927 | 3760003 | 150716 | 728114 | 342211 | 3031889 | -191495 | -2303775 |
| 黑 河 | Heihe | 57612 | 444745 | 17515 | 115887 | 40097 | 328858 | -22582 | -212971 |
| 绥 化 | Suihua | 25110 | 354208 | 14927 | 117932 | 10183 | 236276 | 4744 | -118344 |
| 大兴安岭 | Daxinganling | 1829 | 23770 | 1384 | 17783 | 445 | 5987 | 939 | 11795 |

## 10-8 分地区外商直接投资情况
## Foreign Direct Investment Actually Utilized by Region

| 地 区 | Region | 项 目(个) Number of Projects(unit) | | | 合同外资(万美元) Contract Value (USD 10000) | | | 实际使用额(万美元) Used Value (USD 10000) | | |
|---|---|---|---|---|---|---|---|---|---|---|
| | | 2016 | 2017 | 2018 | 2016 | 2017 | 2018 | 2016 | 2017 | 2018 |
| **全 省** | **Total** | **116** | **103** | **126** | **769585** | **969041** | **817915** | **581833** | **583643** | **587026** |
| 哈尔滨 | Harbin | 69 | 52 | 76 | 353630 | 374644 | 433335 | 310730 | 344218 | 365310 |
| 齐齐哈尔 | Qiqihar | 2 | 6 | 6 | 78581 | 64265 | 97508 | 50788 | 50859 | 53679 |
| 鸡 西 | Jixi | 2 | 4 | 1 | 15475 | 19538 | 16558 | 14842 | 15733 | 16520 |
| 鹤 岗 | Hegang | 1 | 1 | | 9199 | 3732 | 101 | 7482 | 3730 | 101 |
| 双鸭山 | Shuangyashan | | 1 | 3 | 3000 | 3327 | 2857 | 3000 | 3182 | 3347 |
| 大 庆 | Daqing | 6 | 4 | 8 | 143992 | 42515 | 66156 | 68943 | 37596 | 39551 |
| 伊 春 | Yichun | 1 | | 1 | 57 | 4714 | 922 | 459 | 500 | 587 |
| 佳木斯 | Jiamusi | 7 | 4 | 2 | 51450 | 29656 | 3676 | 25468 | 26999 | 3592 |
| 七台河 | Qitaihe | | | 1 | 5985 | 262 | 882 | 5985 | 262 | 511 |
| 牡丹江 | Mudanjiang | 24 | 14 | 18 | 59964 | 67908 | 147179 | 54092 | 57352 | 60589 |
| 黑 河 | Heihe | 4 | 10 | 8 | 21500 | 12951 | 14609 | 11879 | 12650 | 13537 |
| 绥 化 | Suihua | | 6 | 2 | 26663 | 345304 | 34021 | 28067 | 30457 | 29591 |
| 大兴安岭 | Daxinganling | | 1 | | 90 | 225 | 111 | 98 | 105 | 111 |

# 10-9　利用外资概况
# Utilization of Foreign Capital

单位：个、万美元 (unit, USD 10000)

| 年　份 Year | 总　计 Total | | | 对外借款 Foreign Loans | | |
|---|---|---|---|---|---|---|
| | 项　目 Number of Projects | 合同金额 Contracted Value | 实际使用额 Used Value | 项　目 Number of Projects | 合同金额 Contracted Value | 实际使用额 Used Value |
| 1984 | 21 | 2505 | 8317 | 3 | 1288 | 8000 |
| 1985 | 53 | 9169 | 1747 | 8 | 4951 | 249 |
| 1986 | 52 | 4389 | 4987 | 5 | 2641 | 2409 |
| 1987 | 46 | 11291 | 4558 | 5 | 3332 | 2597 |
| 1988 | 97 | 15949 | 9860 | 11 | 5328 | 3553 |
| 1989 | 90 | 9952 | 15347 | 4 | 861 | 11050 |
| 1990 | 89 | 4100 | 11777 | 2 | 788 | 7102 |
| 1991 | 256 | 16517 | 6462 | 6 | 3484 | 4148 |
| 1992 | 928 | 56177 | 10516 | 5 | 1655 | 99 |
| 1993 | 1729 | 123291 | 29969 | 13 | 22317 | 7007 |
| 1994 | 726 | 106265 | 49054 | 13 | 47281 | 14241 |
| 1995 | 868 | 161269 | 74994 | 18 | 54693 | 23458 |
| 1996 | 545 | 77627 | 78725 | 12 | 5988 | 22034 |
| 1997 | 407 | 88757 | 103537 | 27 | 30052 | 30052 |
| 1998 | 278 | 96398 | 87009 | 28 | 34370 | 34370 |
| 1999 | 331 | 122651 | 111309 | 18 | 29414 | 29414 |
| 2000 | 281 | 108557 | 110359 | 21 | 27274 | 27274 |
| 2001 | 269 | 118800 | 115114 | 27 | 29000 | 29000 |
| 2002 | 199 | 141404 | 123656 | | 29100 | 29100 |
| 2003 | 258 | 165283 | 128772 | 28 | 25800 | 25800 |
| 2004 | 286 | 197366 | 144546 | 6 | 20907 | 20907 |
| 2005 | 272 | 215776 | 152203 | 6 | 18252 | 7512 |
| 2006 | 251 | 261030 | 174901 | 11 | 39800 | 4100 |
| 2007 | 242 | 295757 | 216908 | 2 | 22800 | 8400 |
| 2008 | 170 | 402686 | 265642 | 10 | 66700 | 10900 |
| 2009 | 169 | 331852 | 250900 | 11 | 76700 | 14700 |
| 2010 | 149 | 307439 | 275851 | 2 | 20329 | 9700 |
| 2011 | 131 | 352006 | 345694 | | | 20890 |
| 2012 | 98 | 390017 | 399140 | | | 9144 |
| 2013 | 86 | 514829 | 464231 | 1 | 15000 | 2901 |
| 2014 | 102 | 614462 | 515551 | 4 | 28135 | 6760 |
| 2015 | 91 | 583934 | 554509 | 11 | 15096 | 9634 |
| 2016 | 117 | 772249 | 589647 | 1 | 2664 | 7814 |
| 2017 | 105 | 975847 | 585717 | 2 | 6806 | 2074 |
| 2018 | 127 | 848915 | 594792 | 1 | 31000 | 7766 |

# 10-10 按行业分外商直接投资情况(2018年)
# Foreign Direct Investment by Sector(2018)

单位：万美元 (USD 10000)

| 行 业 | Sector | 项目数(个) Number of Projects (unit) | 外商直接投资额 Direct Foreign Investment | #合资经营 Joint Ventures Enterprises | #合作经营 Cooperative Operation Enterprises | #外资企业 Foreign Investment Enterprises | #外资股份制 Share-holding |
|---|---|---|---|---|---|---|---|
| **总 计** | **Total** | **126** | **587026** | **4580** | | **24893** | **14471** |
| 农、林、牧、渔业 | Farming, Forestry, Animal Husbandry and Fishery | 8 | 49946 | | | 489 | |
| 采矿业 | Mining | | 8363 | | | | |
| 制造业 | Manufacturing | 24 | 212269 | 809 | | 20097 | 14471 |
| 电力、燃气及水的生产和供应业 | Production and Distribution of Electricity, Gas and Water | 6 | 27558 | 3481 | | 1230 | |
| 建筑业 | Construction | 1 | | | | | |
| 交通运输、仓储和邮政业 | Traffic, Transport, Storage and Post | 1 | 4765 | | | 1297 | |
| 信息传输、计算机服务和软件业 | Information Transfer, Computer Services and Software | 7 | 54448 | 14 | | | |
| 批发零售业 | Wholesale and Retail Trade | 39 | 34664 | | | 1619 | |
| 住宿和餐饮业 | Accommodation and Restaurants | 1 | 198 | | | | |
| 金融业 | Banking business | 1 | 36900 | | | | |
| 房地产业 | Real Estate | 5 | 142752 | | | | |
| 租赁和商务服务业 | Tenancy and Business Services | 14 | 11942 | 73 | | 3 | |
| 科学研究、技术服务和地质勘查业 | Scientific Research, Technical Service and Geologic Perambulation | 14 | 818 | 203 | | 1 | |
| 水利、环境和公共设施管理业 | Management of Water Conservancy, Environment and Public Establishment | | 498 | | | | |
| 居民服务和其他服务业 | Resident Services and Other Services | 2 | 151 | | | 151 | |
| 卫生、社会保障和社会福利业 | Health, Social Security and Social Welfare | | 698 | | | | |
| 文化、体育和娱乐业 | Culture, Sports and Entertainment | 3 | 1055 | | | 6 | |

# 10-11 按国别(地区)分外商直接投资额(2018年)

## Overseas Direct Investment by Country (Territory)(2018)

单位：个、万美元 (unit, USD 10000)

| 国 别 (地区) | Country (Territory) | 外商直接投资 Direct Foreign Investment | | #合资经营 Joint Ventures Enterprises | | #合作经营 Cooperative Operation Enterprises | | #外资企业 Foreign Investment Enterprises | |
|---|---|---|---|---|---|---|---|---|---|
| | | 项 目 Number of Projects | 投资额 Investment | 项 目 Number of Projects | 投资额 Investment | 项 目 Number of Projects | 投资额 Investment | 项 目 Number of Projects | 投资额 Investment |
| **总 计** | **Total** | **126** | **587026** | **54** | **4580** | **1** | | **71** | **24893** |
| **亚 洲** | **Asia** | **68** | **459052** | **28** | **826** | | | **40** | **14849** |
| 中国香港 | Hong Kong, China | 34 | 358065 | 12 | 408 | | | 22 | 14131 |
| 中国澳门 | Macao, China | 1 | | | | | | 1 | |
| 中国台湾 | Taiwan, China | 16 | 11735 | 6 | | | | 10 | |
| 菲律宾 | Philippines | | 3000 | | | | | | |
| 马来西亚 | Malaysia | 1 | | 1 | | | | | |
| 新加坡 | Singapore | 5 | 62109 | 3 | 193 | | | 2 | 708 |
| 蒙 古 | Mongolia | 1 | | | | | | 1 | |
| 日 本 | Japan | 1 | 308 | 1 | | | | | |
| 韩 国 | Korea | 9 | 23834 | 5 | 225 | | | 4 | 10 |
| **非 洲** | **Africa** | **1** | **4827** | | **8** | | | **1** | **5** |
| 塞舌尔 | Seychelles | | 4827 | | 8 | | | | 5 |
| 安哥拉 | Angola | 1 | | | | | | 1 | |
| **欧 洲** | **Europe** | **39** | **51221** | **18** | **10** | **1** | | **20** | **7737** |
| 英 国 | United Kingdom | | 5489 | | | | | | |
| 德 国 | Germany | | 2546 | | | | | | 215 |
| 法 国 | France | 1 | 3360 | 1 | | | | | |
| 意大利 | Italy | 2 | 698 | 2 | | | | | |
| 比利时 | Belgium | | 9871 | | | | | | 7500 |
| 丹 麦 | Denmark | | 527 | | | | | | |
| 卢森堡 | Luxembourg | | 14693 | | | | | | |
| 荷 兰 | Holland | | 580 | | | | | | |
| 瑞 典 | Sweden | | 6773 | | | | | | |
| 瑞 士 | Switzerland | | 5401 | | | | | | |
| 俄罗斯 | Russia | 36 | 1282 | 15 | 10 | 1 | | 20 | 22 |
| **拉丁美洲** | **Latin America** | **2** | **32072** | | **251** | | | **2** | |
| 开曼群岛 | Cayman Islands | 1 | 839 | | | | | 1 | |
| 维尔京群岛 | Virgin Is. | 1 | 31234 | | 251 | | | 1 | |
| **北美洲** | **North America** | **8** | **22636** | **3** | **145** | | | **5** | |
| 加拿大 | Canada | 4 | 708 | 1 | | | | 3 | |
| 美 国 | United States | 4 | 21928 | 2 | 145 | | | 2 | |
| **大洋洲** | **Oceania** | **5** | **9798** | **3** | **6** | | | **2** | **1324** |
| 澳大利亚 | Australia | 5 | 2837 | 3 | 6 | | | 2 | 2 |
| 新西兰 | New Zealand | | 5639 | | | | | | |
| 萨摩亚 | Samoa | | 1322 | | | | | | 1322 |
| **投资性公司投资** | **Investment Company** | **4** | **7420** | **2** | **3334** | | | **2** | **978** |

# 10-12 外商投资企业户数和投资额(2018年)
# Number of Enterprise and Investment of Foreign-Funded Enterprises(2018)

单位：户、万美元 (unit,USD 10000)

| 项 目 | Item | 户数 Number of Enterprise | 投资总额 Total Investment | 注册资本 Registered Capital | #外方 Foreign |
|---|---|---|---|---|---|
| **全 省** | **Total** | **5028** | **4274738** | **2590620** | **1770071** |
| **按企业类别分组** | **Grouped by Status** | | | | |
| 中外合资 | Equity Joint Venture | 610 | 2240135 | 1285749 | 571016 |
| 中外合作(法人) | Contractual Joint Venture | 66 | 292159 | 120780 | 85206 |
| 外资企业 | Foreign Companies | 907 | 1620700 | 1068710 | 1068710 |
| 外商投资股份有限公司 | Foreign Investment Co., Ltd. | 19 | 121734 | 115377 | 45138 |
| 其他外商投资企业 | Other Foreign-invested Enterprises | 5 | 10 | 4 | 2 |
| 外商投资企业分支机构 | Branches of Foreign-invested Enterprises | 3421 | | | |
| **按行业分组** | **Grouped by Sector** | | | | |
| 农林牧渔业 | Agriculture, Forestry, Animal Husbandry and Fishery | 71 | 470730 | 425651 | 390273 |
| 采矿业 | Mining | 7 | 7779 | 5666 | 5378 |
| 制造业 | Manufacturing | 647 | 1366236 | 805265 | 600699 |
| 电力、燃气及水的生产和供应业 | Production and Supply of Electricity, Gas and Water | 92 | 372115 | 139205 | 83472 |
| 建筑业 | Construction | 43 | 9163 | 7631 | 6619 |
| 交通运输、仓储和邮政业 | Transport, Storage and Post | 51 | 40114 | 21447 | 18541 |
| 信息传输、计算机服务和软件业 | Information Transmission, Computer Services and Software | 1649 | 13550 | 8513 | 5872 |
| 批发和零售业 | Wholesale and Retail Trades | 1028 | 481229 | 440248 | 183278 |
| 住宿和餐饮业 | Hotels and Catering Services | 433 | 66112 | 29992 | 24853 |
| 金融业 | Financial Intermediation | 223 | 241107 | 93749 | 16215 |
| 房地产业 | Real Estate | 73 | 195630 | 108237 | 73734 |
| 租赁和商务服务业 | Leasing and Business Services | 369 | 418082 | 185351 | 120184 |
| 科学研究和技术服务业 | Scientific Research, Technical Services and Geologic Prospecting | 157 | 426246 | 215938 | 167656 |
| 水利、环境和公共设施管理业 | Management of Water Conservancy, Environment and Public Facilities | 16 | 14085 | 6775 | 6176 |
| 居民服务和其他服务业 | Services to Households and Other Services | 44 | 5383 | 3713 | 2991 |
| 教 育 | Education | 1 | | | |
| 卫生、社会保障和社会福利业 | Health, Social Security and Social Welfare | 7 | 12835 | 5424 | 3491 |
| 文化、体育和娱乐业 | Culture, Sports and Entertainment | 42 | 39987 | 19365 | 18981 |
| 其 他 | Others | 75 | 94354 | 68450 | 41658 |

# 主要统计指标解释

**货物进出口总额**　指实际进出我国国境的货物总金额。包括对外贸易实际进出口货物，来料加工装配进出口货物，国家间、联合国及国际组织无偿援助物资和赠送品，华侨、港澳台同胞和外籍华人捐赠品，租赁期满归承租人所有的租赁货物，进料加工进出口货物，边境地方贸易及边境地区小额贸易进出口货物，中外合资企业、中外合作经营企业、外商独资经营企业进出口货物和公用物品，到、离岸价格在规定限额以上的进出口货样和广告品(无商业价值、无使用价值和免费提供出口的除外)，从保税仓库提取在中国境内销售的进口货物，以及其他进出口货物。该指标可以观察一个国家在对外贸易方面的总规模。我国规定出口货物按离岸价格统计，进口货物按到岸价格统计。

**商品收发货人所在地进、出口额**　指在所在地海关注册登记的有进出口经营权的企业实际进、出口额。

**商品目的地进口额和商品货源地出口额**　目的地进口额指进口货物的消费、使用或最终抵运地的实际进口额;货源地出口额指出口货物的产地或原始发货地的实际出口额。

**服务进出口**　指常住单位与非常住单位之间相互提供的服务。包括运输，旅行，建筑，保险服务，金融服务，电信、计算机和信息服务，知识产权使用费，个人、文化和娱乐服务，维护和维修服务，加工服务，其他商业服务，政府服务。

**外商直接投资**　是指外国投资者在我国境内通过设立外商投资企业、合伙企业、与中方投资者共同进行石油资源的合作勘探开发以及设立外国公司分支机构等方式进行投资。外国投资者可以用现金、实物、无形资产、股权等投资，还可以用从外商投资企业获得的利润进行再投资。

**外商其他投资**　指除对外借款和外商直接投资以外的各种利用外资的形式。包括企业在境内外股票市场公开发行的以外币计价的股票发行价总额，国际租赁进口设备的应付款，补偿贸易中外商提供的进口设备、技术、物料的价款，加工装配贸易中外商提供的进口设备、物料的价款。

**对外直接投资**　指我国企业、团体等(简称境内投资主体) 在国外及港澳台地区以现金、实物、无形资产等方式投资，并以控制国(境)外企业的经营管理权为核心的经济活动。对外直接投资的内涵主要体现在一经济体通过投资于另一经济体而实现其持久利益的目标。

**对外承包工程**　根据《对外承包工程管理条例》，对外承包工程是指中国的企业或者其他单位承包境外建设工程项目的活动。

**对外劳务合作**　指组织劳务人员赴其他国家或地区为国外的企业或机构工作的经营性活动。

# Explanatory Notes on Main Statistical Indicators

**Total Import and Export of Goods** refer to the real value of commodities imported and exported across the border of China. They include the actual imports and exports through foreign trade, imported and exported goods under the processing and assembling trades and materials, supplies and gifts as aid given gratis between governments and by the United Nations and other international organizations, and contributions donated by overseas Chinese, compatriots in Hong Kong and Macao and Chinese with foreign citizenship, leasing commodities owned by tenant at the expiration of leasing period, the imported and exported commodities processed with imported materials, commodities trading in border areas, the imported and exported commodities and articles for public use of the Sino-foreign joint ventures, cooperative enterprises and ventures with sole foreign investment. Also included is import or export of samples and advertising goods for which CIF or FOB value are beyond the permitted ceiling (excluding goods of no trading or use value and free commodities for export), imported goods sold in China from bonded warehouses and other imported or exported goods. The indicator of the total imports and exports at customs can be used to observe the total size of external trade in a country. In accordance with the stipulation of the Chinese government, imports are calculated at CIF, while exports are calculated at FOB.

**Import or Export Value by Location of China's Foreign Trade Managing Units** refers to actual value of imports and exports carried out by corporations which have been registered by the local Customs house and are vested with right to run import export business.

**Import Value of Commodities by Place of Destination and Export Value of Commodities by Place of Origin in China** The former indicator refers to the value of import commodities of the places of their consumption, utilization or the places of their final destination. The latter indicator refers to the value of export commodities of the places of their origin or the places of the commodities dispatched.

**Import and Export of Services** refers to services provided between resident and non-resident units, including transportation, travel, construction, insurance, finance, telecommunications, computer and informations, professional and management consultancy, intellectual property fee, individual, culture and recreation, maintenance and repair, and other services, but excluding government services.

**Foreign Direct Investment** refers to foreign investment in China through the establishment of foreign invested enterprises, cooperative exploration and development of petroleum resources with domestic investors and the establishment of branch organizations of foreign enterprises. Foreign investment can be made in forms of cash, physical investment, intangible assets and equity, in addition with reinvestment of the foreign enterprises with the profits gained from the investment.

**Other Foreign Investment** refers to all forms of utilization of foreign capitals other than foreign borrowings and foreign direct investment. It includes the total value of stock shares in foreign currencies issued by enterprises at domestic or foreign stock exchanges, rent payable for the imported equipment through international leasing arrangement, cost of imported equipment, technology and materials provided by foreign counterparts in compensation trade and processing and assembly trade.

**Overseas Direct Investment** refers to investment made by domestic enterprises and organizations (referred to as domestic investors) in foreign countries and Hong Kong SAR, Macao SAR and Taiwan province in forms of cash, physical investment and intangible assets, and the economic activities centring on operation and management of those enterprises are under the control of domestic investors. The content of overseas direct investment mainly reflects one economic entity by investing in another economic entity to achieve its goal of lasting interest.

**Overseas Contracted Projects** refer to activities of contracting overseas construction projects by Chinese enterprises or any other units, which are stipulated in the Regulations on Administration of Foreign Contracted Project.

**Overseas Labour Services** refer to operational activities of organizing labour force to go abroad providing services to foreign enterprises or agencies.

# 第十一篇　农　业

CHAPTER 11　AGRICULTURE

资料整理：李红良　罗华军　赵秋梅　雷　丽
　　　　　高　杨　于海鹏　刘忠梁　刘　阳

# 11-1 农业生产条件
# Condition for Agricultural Production

| 项 目 | Item | 2014 | 2015 | 2016 | 2017 | 2018 |
|---|---|---|---|---|---|---|
| 农村基层单位(个) | Basic Unit in Rural(unit) | | | | | |
| 乡镇数 | Township and Towns | 893 | 886 | 886 | 885 | 888 |
| #镇数 | #Towns | 513 | 512 | 521 | 532 | 541 |
| 村民委员会 | Villagers Committee | 9011 | 9011 | 8967 | 8967 | 8967 |
| 化肥施用量(万吨) | Consumption of Chemical Fertilizers (10000 tons) | 251.9 | 255.3 | 252.8 | 251.2 | 245.6 |
| 氮 肥 | Nitrogenous Fertilizer | 89.0 | 88.5 | 87.1 | 85.4 | 83.6 |
| 磷 肥 | Phosphate Fertilizer | 52.4 | 52.1 | 50.7 | 52.6 | 49.5 |
| 钾 肥 | Potash Fertilizer | 37.9 | 37.3 | 36.4 | 35.6 | 34.7 |
| 复合肥 | Compound Fertilizer | 72.7 | 77.5 | 78.6 | 77.6 | 77.9 |
| 农村用电量(亿千瓦时) | Electricity Consumed in Rural Areas (100 million kwh) | 69.6 | 72.6 | 77.5 | 79.8 | 82.8 |
| 乡村办水电站(个) | Hydropower Station in Rural Areas (unit) | 13 | 13 | 14 | 13 | 12 |
| 装机容量(万千瓦) | Capacity of Power Generating Sets (10000 kw) | 1.6 | 1.6 | 2.2 | 2.2 | 1.9 |
| 发电量(万千瓦时) | Generating Capacity (10000 kwh) | 4970 | 4830 | 5932 | 5589 | 6813 |
| 农用塑料薄膜使用量(万吨) | Consumption of Agricultural Films (10000 tons) | 8.4 | 8.3 | 8.3 | 7.9 | 7.7 |
| #地膜使用量 | #Consumption of Ground Films | 3.4 | 3.3 | 3.3 | 3.1 | 2.9 |
| 地膜覆盖面积(千公顷) | Ground Film Covered Areas (1000 hectares) | 338.8 | 323.4 | 306.7 | 284.7 | 263.2 |
| 农用柴油使用量(万吨) | Consumption of Agricultural Diesel Oil (10000 tons) | 145.0 | 145.0 | 145.5 | 146.8 | 148.4 |
| 农药使用量(万吨) | Consumption of Pesticide (10000 tons) | 8.7 | 8.3 | 8.3 | 8.3 | 7.5 |
| 有效灌溉面积(万公顷) | Effective Irrigated Area(10000 hectares) | 530.5 | 553.1 | 595.3 | 603.1 | 612.0 |
| 666.7公顷(万亩)以上灌区(处) | Number of Irrigated region 666.7 hectares and over(unit) | 386 | 386 | 386 | 387 | 387 |
| 666.7公顷以上灌区 | Irrigated Area of Irrigated Region | | | | | |
| 有效灌溉面积(万公顷) | Region 666.7 hectares and over(10000 hectares) | 91.3 | 91.4 | 123.4 | 123.7 | 148.3 |
| 水库(座) | Number of Reservoirs (unit) | 1144 | 1144 | 1130 | 1070 | 1031 |
| 大型水库(1亿立方米以上) | Large (above 100 million cu.m) | 29 | 29 | 28 | 28 | 28 |
| 中型水库(1千万-1亿立方米) | Medium-sized (10 million-100 million cu.m) | 100 | 100 | 97 | 102 | 101 |
| 小型水库(10万-1千万立方米) | Small (100000-10 million cu.m) | 1015 | 1015 | 1005 | 940 | 902 |
| 水库库容量(亿立方米) | Capacity of Reservoirs (100 million cu.m) | 271.4 | 271.4 | 267.6 | 268.6 | 268.4 |
| 大型水库 | Large | 221.0 | 221.0 | 221.0 | 217.7 | 217.7 |
| 中型水库 | Medium-sized | 33.0 | 33.0 | 31.2 | 35.3 | 35.2 |
| 小型水库 | Small | 17.4 | 17.4 | 16.8 | 15.6 | 15.6 |
| 机电井数(万眼) | Number of Electrical and Mechanical Well(10000 unit) | 25.4 | 27.0 | 26.9 | 27.2 | 27.8 |
| 易涝面积(万公顷) | Area Liable to Flooding or Water Logging (10000 hectares) | 446.6 | 446.6 | 446.6 | 446.6 | 450.8 |
| 除涝面积(万公顷) | Area with Flood Prevention Measures (10000 hectares) | 338.2 | 338.5 | 420.7 | 339.7 | 340.0 |
| 占易涝面积比重(%) | Proportion to Flooding or Water Logging(%) | 75.7 | 75.8 | 76.0 | 76.1 | 75.4 |
| 水土流失面积(万公顷) | Area of Soil Erosion(10000 hectares) | 1085.0 | 1085.0 | 1085.0 | 1085.0 | 755.6 |
| 治理水土流失面积(万公顷) | Area of Soil Erosion under Control(10000 hectares) | 370.8 | 383.4 | 421.3 | 447.7 | 489.5 |
| 占流失面积比重(%) | Proportion to Area of Soil Erosion (%) | 34.2 | 35.3 | 38.8 | 41.3 | 64.8 |
| 堤防长度(公里) | Total Length of Dikes(km) | 14134 | 14347 | 14514 | 14733 | 15208 |
| 堤防保护面积(万公顷) | Area of Land Protected by Dikes (10000 hectares) | 361.8 | 362.5 | 383.9 | 329.5 | 346.0 |

# 11-2 乡村户数和从业人员
# Number of Rural Households and Employed Persons

单位：万人、人 (10000 persons, person)

| 年份 Year<br>地区 Region | | 乡村户数（万户、户）Number of Rural Households (10000 households, household) | 乡村从业人员 Rural Employees | 男 Male | 女 Female | #农业从业人员 Agriculture Employees |
|---|---|---|---|---|---|---|
| 2005 | | 493.5 | 950.1 | 545.1 | 405.1 | 696.7 |
| 2006 | | 498.3 | 944.3 | 541.3 | 403.0 | 689.6 |
| 2007 | | 493.9 | 949.4 | 543.1 | 406.3 | 675.1 |
| 2008 | | 504.9 | 966.3 | 554.0 | 412.4 | 678.0 |
| 2009 | | 509.5 | 978.2 | 557.7 | 420.5 | 684.1 |
| 2010 | | 509.1 | 989.4 | 564.2 | 425.3 | 677.5 |
| 2011 | | 512.5 | 989.2 | 553.4 | 435.8 | 677.7 |
| 2012 | | 514.1 | 988.5 | 552.1 | 436.4 | 667.3 |
| 2013 | | 517.7 | 992.8 | 554.6 | 438.2 | 666.7 |
| 2014 | | 520.5 | 982.8 | 548.9 | 433.9 | 647.9 |
| 2015 | | 524.5 | 976.0 | 545.2 | 430.8 | 642.5 |
| 2016 | | 521.3 | 955.3 | 535.8 | 419.5 | 632.5 |
| 2017 | | 523.5 | 930.5 | 520.6 | 409.9 | 619.9 |
| 2018 | | 530.8 | 906.5 | 507.5 | 399.0 | 603.5 |
| 哈尔滨 | Harbin | 1390176 | 2223948 | 1245894 | 978054 | 1326290 |
| 齐齐哈尔 | Qiqihar | 936234 | 1596185 | 886466 | 709719 | 1117675 |
| 鸡西 | Jixi | 200099 | 309301 | 172683 | 136618 | 205514 |
| 鹤岗 | Hegang | 68280 | 108343 | 62834 | 45509 | 85958 |
| 双鸭山 | Shuangyashan | 153309 | 248717 | 139490 | 109227 | 153453 |
| 大庆 | Daqing | 396418 | 666927 | 368249 | 298678 | 456611 |
| 伊春 | Yichun | 50691 | 87532 | 48394 | 39138 | 61040 |
| 佳木斯 | Jiamusi | 375724 | 687300 | 389541 | 297759 | 510139 |
| 七台河 | Qitaihe | 115665 | 154318 | 84251 | 70067 | 104527 |
| 牡丹江 | Mudanjiang | 316626 | 701273 | 378394 | 322879 | 401142 |
| 黑河 | Heihe | 222022 | 290650 | 160870 | 129780 | 202070 |
| 绥化 | Suihua | 1065192 | 1965979 | 1124033 | 841946 | 1395022 |
| 大兴安岭 | Daxinganling | 17863 | 24848 | 14181 | 10667 | 15941 |

# 11-3 农、林、牧、渔业总产值和指数
# Gross Output Value of Farming,Forestry,Animal Husbandry and Fishery and Related Indices

| 年 份<br>地 区 | Year<br>Region | 绝对数(亿元、万元) Gross Output Value of Farming, Forestry, Animal Husbandry and Fishery(100 million yuan, 10000 yuan) | | | | | 指数(上年=100) Indices (preceding year=100) | | | | |
|---|---|---|---|---|---|---|---|---|---|---|---|
| | | 总产值 Total | #农 业 Farming | #林 业 Forestry | #牧 业 Animal Husbandry | #渔 业 Fishery | 总产值 Total | #农 业 Farming | #林 业 Forestry | #牧 业 Animal Husbandry | #渔 业 Fishery |
| 1978 | | 60.9 | 51.0 | 2.6 | 7.2 | 0.1 | 120.2 | 126.3 | 81.3 | 99.0 | 90.0 |
| 1980 | | 85.6 | 69.6 | 3.5 | 12.2 | 0.3 | 108.6 | 110.5 | 113.6 | 94.8 | 119.0 |
| 1985 | | 114.3 | 84.6 | 7.0 | 21.5 | 1.2 | 92.7 | 91.1 | 89.0 | 110.4 | 137.3 |
| 1990 | | 245.4 | 183.7 | 7.6 | 49.3 | 4.7 | 125.1 | 127.6 | 101.2 | 121.1 | 106.5 |
| 1991 | | 244.3 | 175.0 | 8.2 | 55.9 | 5.2 | 99.5 | 93.6 | 100.7 | 122.0 | 110.9 |
| 1992 | | 278.0 | 204.3 | 10.3 | 57.1 | 6.3 | 105.6 | 108.6 | 107.8 | 95.2 | 108.8 |
| 1993 | | 318.0 | 235.4 | 10.2 | 64.5 | 7.9 | 102.2 | 100.9 | 98.0 | 106.5 | 103.9 |
| 1994 | | 509.6 | 381.5 | 12.4 | 106.0 | 9.7 | 112.5 | 109.7 | 113.8 | 121.7 | 115.2 |
| 1995 | | 623.6 | 462.2 | 14.7 | 134.3 | 12.4 | 106.3 | 100.7 | 118.9 | 125.0 | 124.1 |
| 1996 | | 740.8 | 558.7 | 16.8 | 151.5 | 13.8 | 110.6 | 111.0 | 110.0 | 109.3 | 115.8 |
| 1997 | | 772.3 | 571.1 | 17.1 | 168.7 | 15.4 | 107.1 | 107.9 | 101.9 | 105.3 | 111.6 |
| 1998 | | 736.3 | 517.6 | 17.7 | 184.5 | 16.5 | 100.1 | 96.1 | 97.8 | 109.9 | 115.7 |
| 1999 | | 660.5 | 459.9 | 18.3 | 165.9 | 16.4 | 103.0 | 102.6 | 107.0 | 103.0 | 106.3 |
| 2000 | | 625.1 | 414.4 | 18.3 | 175.7 | 16.8 | 99.3 | 95.3 | 100.0 | 108.2 | 103.2 |
| 2001 | | 711.0 | 450.6 | 15.7 | 224.6 | 20.1 | 106.5 | 106.5 | 97.9 | 109.9 | 105.0 |
| 2002 | | 776.7 | 487.5 | 16.2 | 252.1 | 20.9 | 108.1 | 107.5 | 102.2 | 110.5 | 104.0 |
| 2003 | | 903.3 | 502.9 | 59.1 | 294.2 | 23.1 | 103.0 | 96.5 | 102.5 | 115.4 | 106.0 |
| 2004 | | 1136.6 | 620.2 | 65.8 | 400.7 | 25.0 | 119.3 | 122.7 | 111.4 | 117.7 | 103.5 |
| 2005 | | 1294.4 | 718.6 | 67.3 | 461.2 | 27.4 | 110.2 | 109.0 | 100.6 | 115.8 | 105.6 |
| 2006 | | 1391.1 | 817.5 | 68.0 | 448.7 | 21.1 | 106.4 | 106.5 | 101.0 | 106.8 | 108.8 |
| 2007 | | 1591.7 | 873.4 | 76.7 | 577.3 | 19.3 | 105.7 | 103.3 | 104.7 | 108.3 | 115.9 |
| 2008 | | 2004.1 | 1051.7 | 84.5 | 792.1 | 21.7 | 110.5 | 112.7 | 106.6 | 108.0 | 107.0 |
| 2009 | | 2136.8 | 1136.5 | 78.0 | 836.7 | 28.8 | 106.3 | 105.1 | 99.3 | 108.6 | 119.1 |
| 2010 | | 2422.2 | 1320.1 | 84.9 | 916.5 | 34.9 | 106.5 | 108.9 | 108.7 | 102.7 | 108.8 |
| 2011 | | 3103.0 | 1778.5 | 95.1 | 1214.5 | 40.7 | 106.7 | 110.0 | 103.4 | 102.2 | 112.3 |
| 2012 | | 3842.0 | 2339.8 | 112.7 | 1308.6 | 53.5 | 105.8 | 107.5 | 105.3 | 103.2 | 107.8 |
| 2013 | | 4560.2 | 2954.7 | 146.9 | 1334.8 | 60.1 | 104.8 | 107.5 | 105.6 | 99.2 | 115.0 |
| 2014 | | 4865.8 | 3193.6 | 154.6 | 1338.3 | 72.3 | 105.6 | 107.7 | 98.9 | 101.5 | 111.1 |
| 2015 | | 5030.1 | 3156.9 | 156.6 | 1515.2 | 83.6 | 106.1 | 107.3 | 104.8 | 103.1 | 111.4 |
| 2016 | | 5202.9 | 3189.7 | 163.7 | 1627.1 | 92.0 | 105.5 | 105.4 | 108.7 | 104.7 | 112.0 |
| 2017 | | 5586.6 | 3471.3 | 175.2 | 1701.7 | 98.0 | 104.6 | 104.1 | 105.7 | 105.3 | 107.8 |
| 2018 | | 5624.3 | 3635.0 | 186.4 | 1542.4 | 105.7 | 103.5 | 104.5 | 105.8 | 100.6 | 107.4 |
| 哈尔滨 | Harbin | 9876819 | 6359447 | 317706 | 2608750 | 193419 | 100.3 | 99.2 | 102.8 | 100.8 | 108.9 |
| 齐齐哈尔 | Qiqihar | 5942493 | 3371786 | 86592 | 2306594 | 117199 | 104.9 | 105.6 | 105.9 | 103.7 | 112.1 |
| 鸡 西 | Jixi | 3305761 | 2564647 | 97143 | 513878 | 78590 | 106.5 | 106.8 | 106.4 | 105.8 | 105.1 |
| 鹤 岗 | Hegang | 1740290 | 1130895 | 24486 | 418234 | 25083 | 106.8 | 107.2 | 114.0 | 109.0 | 115.3 |
| 双鸭山 | Shuangyashan | 3144057 | 2423398 | 128959 | 472653 | 36209 | 103.7 | 102.9 | 105.9 | 106.6 | 104.2 |
| 大 庆 | Daqing | 4009282 | 1781502 | 71835 | 1925705 | 186911 | 105.8 | 102.3 | 107.0 | 106.2 | 133.5 |
| 伊 春 | Yichun | 1748132 | 1034639 | 309931 | 381840 | 7884 | 106.1 | 106.7 | 105.2 | 105.4 | 106.3 |
| 佳木斯 | Jiamusi | 5915061 | 4506898 | 113972 | 1083274 | 119601 | 106.3 | 110.3 | 103.5 | 91.8 | 117.4 |
| 七台河 | Qitaihe | 618487 | 346573 | 53608 | 160408 | 9022 | 104.7 | 106.8 | 108.9 | 99.2 | 106.6 |
| 牡丹江 | Mudanjiang | 2948292 | 2168900 | 41604 | 587580 | 29689 | 98.9 | 99.2 | 79.1 | 98.6 | 116.9 |
| 黑 河 | Heihe | 4255037 | 3122253 | 327704 | 512837 | 43098 | 107.6 | 108.7 | 109.9 | 100.3 | 108.5 |
| 绥 化 | Suihua | 8784104 | 5107387 | 83076 | 3299291 | 229613 | 103.6 | 106.7 | 101.3 | 99.1 | 107.2 |
| 大兴安岭 | Daxinganling | 962960 | 495416 | 275581 | 114263 | 2019 | 104.5 | 104.7 | 103.3 | 105.6 | 104.9 |

注：1.2003年起执行新的国民经济行业分类标准，农林牧渔业新增加了农林牧渔服务业，林业中新增加了林木采伐(下同)。

2.2007-2017年数据是与第三次农业普查衔接后数据。

a) Since 2003, the new category standard of national economy industry is implemented, the relative service industry is newly added to farming, forestry, animal husbandry and fishery, forest cutting is newly added to forestry .

b) Data from 2007 to 2007 on national accounts have been adjusted according to the results of the third national agricultural census.

# 11-4 主要农业机械拥有量(年底数)
# Major Agricultural Machinery at Year-End

| 年份 Year / 地区 Region | | 农业机械总动力(万千瓦) Total Power of Agriculture Machinery (10000 kw) | 农用大中型拖拉机 Large and Medium Agriculture Tractors | | 小型拖拉机 Mini-Tractors | | 拖拉机配套农机具 Tractor supporting agricultural machinery | 其中：58.8千瓦及以上拖拉机配套农机具 Including: 58.8kw and above tractor supporting agricultural machinery |
|---|---|---|---|---|---|---|---|---|
| | | | 台 unit | 万千瓦 10000 kw | 万台,台 10000 units, unit | 万千瓦 10000 kw | 万套、套 10000 sets, set | 万套、套 10000 sets, set |
| 1980 | | 709.3 | 68473 | 272.1 | 3.1 | 28.7 | | |
| 1981 | | 760.4 | 78268 | 316.5 | 4.2 | 38.5 | | |
| 1982 | | 814.1 | 82895 | 332.6 | 4.9 | 43.2 | | |
| 1983 | | 861.6 | 88485 | 349.9 | 7.9 | 70.0 | | |
| 1984 | | 901.7 | 92080 | 350.7 | 11.8 | 104.6 | | |
| 1985 | | 949.5 | 90306 | 354.0 | 15.0 | 134.0 | | |
| 1986 | | 935.2 | 91590 | 334.0 | 19.8 | 185.0 | | |
| 1987 | | 1093.5 | 82159 | 371.0 | 27.0 | 243.0 | | |
| 1988 | | 1105.2 | 90106 | 366.2 | 31.7 | 286.5 | | |
| 1989 | | 1162.8 | 91770 | 367.8 | 35.7 | 320.0 | | |
| 1990 | | 1173.4 | 88942 | 359.6 | 36.8 | 324.4 | | |
| 1991 | | 1179.5 | 88602 | 357.1 | 37.7 | 333.1 | | |
| 1992 | | 1172.6 | 87634 | 352.3 | 37.8 | 334.5 | | |
| 1993 | | 1185.3 | 84816 | 348.3 | 38.7 | 337.0 | | |
| 1994 | | 1190.0 | 82028 | 341.6 | 40.5 | 359.5 | | |
| 1995 | | 1226.1 | 79356 | 332.6 | 44.4 | 395.7 | | |
| 1996 | | 1254.8 | 73000 | 308.1 | 44.4 | 408.1 | | |
| 1997 | | 1285.4 | 71440 | 303.9 | 45.0 | 422.5 | | |
| 1998 | | 1454.5 | 69905 | 304.7 | 63.3 | 583.8 | | |
| 1999 | | 1559.7 | 74801 | 326.8 | 65.1 | 610.5 | | |
| 2000 | | 1613.8 | 75553 | 322.8 | 65.2 | 624.6 | | |
| 2001 | | 1648.3 | 78177 | 324.9 | 65.3 | 627.8 | | |
| 2002 | | 1741.8 | 85266 | 330.3 | 68.0 | 668.9 | | |
| 2003 | | 1807.7 | 99462 | 351.8 | 69.5 | 691.3 | | |
| 2004 | | 1952.2 | 127795 | 415.5 | 71.6 | 734.7 | | |
| 2005 | | 2234.0 | 217275 | 578.9 | 74.4 | 790.6 | | |
| 2006 | | 2570.6 | 323087 | 797.1 | 75.5 | 815.0 | | |
| 2007 | | 2785.3 | 381813 | 927.3 | 75.7 | 820.3 | | |
| 2008 | | 3018.4 | 481795 | 1145.9 | 71.4 | 771.4 | | |
| 2009 | | 3401.3 | 583015 | 1416.0 | 71.1 | 766.1 | | |
| 2010 | | 3736.3 | 654789 | 1623.3 | 69.3 | 740.9 | | |
| 2011 | | 4097.8 | 732577 | 1903.5 | 68.8 | 745.6 | | |
| 2012 | | 4549.3 | 808875 | 2135.4 | 66.5 | 721.2 | | |
| 2013 | | 4848.7 | 873322 | 2345.7 | 64.5 | 693.2 | | |
| 2014 | | 5155.5 | 922067 | 2516.4 | 62.4 | 667.8 | | |
| 2015 | | 5442.7 | 967653 | 2685.8 | 60.7 | 650.8 | | |
| 2016 | | 5634.3 | 1015630 | 2917.4 | 57.0 | 621.4 | | |
| 2017 | | 5813.8 | 1060645 | 3103.9 | 54.4 | 593.9 | | |
| 2018 | | 6082.4 | 1091745 | 3289.2 | 52.3 | 571.4 | 268.3 | 41.6 |
| 哈尔滨 | Harbin | 1099.0 | 171174 | 531.9 | 154618 | 165.4 | 451410 | 70322 |
| 齐齐哈尔 | Qiqihar | 857.6 | 202397 | 495.2 | 94207 | 101.7 | 657095 | 24965 |
| 鸡西 | Jixi | 264.5 | 41561 | 115.4 | 26952 | 26.9 | 140298 | 4830 |
| 鹤岗 | Hegang | 117.8 | 21051 | 69.6 | 4352 | 5.5 | 49325 | 5519 |
| 双鸭山 | Shuangyashan | 210.1 | 52317 | 138.1 | 10080 | 11.9 | 99849 | 4654 |
| 大庆 | Daqing | 368.3 | 93281 | 196.6 | 50993 | 53.8 | 143298 | 25574 |
| 伊春 | Yichun | 76.9 | 18273 | 59.0 | 6805 | 6.4 | 23220 | 2010 |
| 佳木斯 | Jiamusi | 566.2 | 109762 | 319.7 | 22653 | 26.8 | 163835 | 9051 |
| 七台河 | Qitaihe | 79.8 | 18133 | 59.0 | 5063 | 6.2 | 23665 | 4757 |
| 牡丹江 | Mudanjiang | 310.9 | 73313 | 201.3 | 41194 | 36.8 | 144918 | 24598 |
| 黑河 | Heihe | 313.5 | 58079 | 185.4 | 29613 | 36.1 | 169683 | 44253 |
| 绥化 | Suihua | 720.6 | 119912 | 371.4 | 69781 | 86.5 | 314295 | 101921 |
| 大兴安岭 | Daxinganling | 51.0 | 10182 | 36.2 | 1343 | 1.5 | 16416 | 3004 |

## 11-4 续表 Continued

| 年份 Year<br>地区 Region | 农用排灌动力机械 Draining Machinery for Agricultural Use<br>柴油机 Diesel Engines<br>台 unit | <br>柴油机 Diesel Engines<br>万千瓦 10000 kw | <br>电动机 Electromotor<br>台 unit | <br>电动机 Electromotor<br>万千瓦 10000 kw | <br>农用水泵 Pumps<br>万台 10000 units | <br>节水灌溉机械 Irrigation Equipment<br>台(套) unit | 联合收割机 Combine Harvester<br>台 unit | 联合收割机 Combine Harvester<br>万千瓦 10000 kw | 机动脱粒机(台) Motorized Threshing Machines (unit) |
|---|---|---|---|---|---|---|---|---|---|
| 1980 | 30523 | 37.7 | 32501 | 36.9 | 5.8 | | 14081 | 61.8 | 3807 |
| 1981 | 29337 | 36.8 | 30317 | 36.3 | 6.9 | | 17924 | 89.9 | |
| 1982 | 32011 | 41.2 | 31347 | 37.5 | 6.2 | | 19483 | 99.9 | 20346 |
| 1983 | 31711 | 44.7 | 33081 | 40.2 | 5.1 | | 20740 | 99.4 | 22776 |
| 1984 | 27421 | 40.4 | 35165 | 36.3 | 4.5 | | 21130 | 103.2 | 30257 |
| 1985 | 27067 | 36.8 | 28180 | 32.5 | 4.2 | | 20311 | 105.6 | 36802 |
| 1986 | 41562 | 47.7 | 28384 | 39.8 | 5.4 | | 16970 | 83.6 | 53367 |
| 1987 | 54629 | 55.9 | 27234 | 34.5 | 6.9 | | 18853 | 107.4 | 63057 |
| 1988 | 52232 | 51.8 | 33333 | 38.9 | 6.8 | | 17442 | 100.8 | 60045 |
| 1989 | 81375 | 71.3 | 34407 | 37.8 | 9.5 | | 16930 | 103.5 | 67189 |
| 1990 | 117600 | 100.3 | 33700 | 34.2 | 12.8 | | 15910 | 104.0 | 73581 |
| 1991 | 122000 | 105.4 | 33000 | 34.3 | 13.0 | | 15191 | 106.7 | 77447 |
| 1992 | 122400 | 94.8 | 38000 | 36.1 | 13.0 | | 14818 | 108.8 | 76417 |
| 1993 | 120305 | 100.0 | 32371 | 32.5 | 14.2 | | 14564 | 108.1 | 77440 |
| 1994 | 122805 | 102.7 | 31140 | 31.3 | 14.5 | | 13679 | 105.6 | 81273 |
| 1995 | 123370 | 103.7 | 31961 | 31.8 | 13.8 | | 13366 | 105.2 | 82268 |
| 1996 | 136712 | 111.2 | 33984 | 35.0 | 16.6 | | 12430 | 102.0 | 77604 |
| 1997 | 147558 | 123.3 | 43676 | 38.3 | 18.6 | | 11920 | 97.5 | 83052 |
| 1998 | 139453 | 116.7 | 37645 | 31.9 | 29.3 | | 15005 | 104.3 | 112459 |
| 1999 | 152488 | 136.3 | 41924 | 39.5 | 29.1 | | 12889 | 102.5 | 115579 |
| 2000 | 166961 | 149.1 | 44471 | 41.6 | 29.7 | | 13306 | 107.9 | 119231 |
| 2001 | 171142 | 156.4 | 49918 | 42.4 | 30.8 | | 12615 | 76.7 | 125170 |
| 2002 | 185881 | 170.5 | 51443 | 45.5 | 31.6 | | 16835 | 123.2 | 128232 |
| 2003 | 188788 | 171.6 | 51363 | 44.9 | 32.3 | 15307 | 17756 | 128.0 | 133809 |
| 2004 | 189953 | 171.5 | 53727 | 45.2 | 32.0 | 16733 | 20171 | 144.6 | 140969 |
| 2005 | 196996 | 174.3 | 57032 | 46.9 | 32.9 | 15722 | 25823 | 170.9 | 148068 |
| 2006 | 202461 | 189.5 | 62582 | 54.7 | 33.7 | 14871 | 31591 | 207.2 | 150713 |
| 2007 | 202567 | 193.2 | 70376 | 61.9 | 34.7 | 16082 | 36968 | 239.0 | 149530 |
| 2008 | 207032 | 195.3 | 77105 | 68.3 | 35.6 | 18010 | 42187 | 282.1 | 160221 |
| 2009 | 216162 | 219.4 | 84614 | 75.6 | 40.8 | 23818 | 48780 | 336.5 | 163616 |
| 2010 | 224920 | 237.9 | 97177 | 84.8 | 43.3 | 30065 | 60276 | 429.4 | 164679 |
| 2011 | 250990 | 250.7 | 114372 | 100.3 | 45.1 | 33272 | 61109 | 440.7 | 165082 |
| 2012 | 260349 | 264.8 | 122990 | 108.7 | 46.5 | 36221 | 76155 | 596.7 | 168804 |
| 2013 | 250817 | 253.8 | 131236 | 114.1 | 47.9 | 36912 | 91330 | 686.6 | 168739 |
| 2014 | 248787 | 256.0 | 141309 | 123.6 | 48.2 | 38443 | 108647 | 798.4 | 172509 |
| 2015 | 249546 | 256.4 | 143436 | 128.8 | 49.4 | 41608 | 117775 | 894.6 | 174072 |
| 2016 | 250670 | 238.3 | 149556 | 135.6 | 48.1 | 38966 | 129834 | 966.1 | 172811 |
| 2017 | 245655 | 233.6 | 150356 | 136.2 | 48.0 | 40088 | 140476 | 1034.4 | 162730 |
| 2018 | | | | | 48.3 | 53677 | 151431 | 1136.7 | |
| 哈尔滨 Harbin | | | | | 8.7 | 13989 | 23572 | 173.0 | |
| 齐齐哈尔 Qiqihar | | | | | 11.4 | 11182 | 16324 | 118.7 | |
| 鸡西 Jixi | | | | | 1.7 | 555 | 9686 | 58.8 | |
| 鹤岗 Hegang | | | | | 1.0 | 968 | 3806 | 29.1 | |
| 双鸭山 Shuangyashan | | | | | 0.7 | 392 | 4088 | 35.1 | |
| 大庆 Daqing | | | | | 3.9 | 3469 | 4336 | 37.8 | |
| 伊春 Yichun | | | | | 0.3 | 118 | 1041 | 5.9 | |
| 佳木斯 Jiamusi | | | | | 2.7 | 273 | 16402 | 124.1 | |
| 七台河 Qitaihe | | | | | 0.2 | 65 | 2292 | 16.8 | |
| 牡丹江 Mudanjiang | | | | | 1.7 | 3131 | 4017 | 27.2 | |
| 黑河 Heihe | | | | | 0.3 | 528 | 3741 | 45.1 | |
| 绥化 Suihua | | | | | 5.5 | 3280 | 14263 | 114.0 | |
| 大兴安岭 Daxinganling | | | | | 0.1 | 73 | 724 | 6.3 | |

# 11-5 分地区农用化肥施用量和农村用电量
# Consumption of Chemical Fertilizers and Electricity Consumption in Rural Areas by Region

| 地区 | Region | 化肥施用量(实物量,吨) Consumption of Chemical Fertilizers (ton) | 化肥施用折纯量(吨) Consumption of Chemical Fertilizers (ton Converting the Gross Weight into Weight Containing 100% Efficacious Component) | | | | | 农村用电量(万千瓦时) Electricity Consumed in Rural Areas (10000 kwh) |
|---|---|---|---|---|---|---|---|---|
| | | | 合计 Total | 氮肥 Nitrogenous Fertilizer | 磷肥 Phosphate Fertilizer | 钾肥 Potash Fertilizer | 复合肥 Compound Fertilizer | |
| 2010 | | 5138394 | 2148852 | 773541 | 474006 | 307803 | 593502 | 557278 |
| 2011 | | 5419483 | 2284366 | 819024 | 490730 | 340986 | 633626 | 701381 |
| 2012 | | 5601697 | 2402818 | 859790 | 510504 | 357068 | 675456 | 643269 |
| 2013 | | 5789762 | 2449560 | 867799 | 508478 | 369810 | 703473 | 669533 |
| 2014 | | 5901989 | 2519295 | 889463 | 524068 | 378520 | 727244 | 695625 |
| 2015 | | 5930227 | 2553071 | 884584 | 521106 | 372702 | 774679 | 725812 |
| 2016 | | 5879446 | 2527469 | 870974 | 507033 | 363665 | 785797 | 774675 |
| 2017 | | 5861176 | 2511953 | 854433 | 525849 | 356168 | 775503 | 797667 |
| 2018 | | 5745010 | 2456410 | 835561 | 494820 | 346814 | 779216 | 828042 |
| 哈尔滨 | Harbin | 1043014 | 433896 | 152014 | 52483 | 57932 | 171467 | 199438 |
| 齐齐哈尔 | Qiqihar | 815260 | 281285 | 91928 | 49575 | 31407 | 108375 | 88054 |
| 鸡西 | Jixi | 131938 | 55028 | 19277 | 12327 | 6688 | 16736 | 39782 |
| 鹤岗 | Hegang | 96365 | 43214 | 14628 | 9707 | 6745 | 12134 | 5832 |
| 双鸭山 | Shuangyashan | 147701 | 70154 | 20889 | 9944 | 8016 | 31305 | 25763 |
| 大庆 | Daqing | 332094 | 130070 | 48312 | 17349 | 10304 | 54106 | 48632 |
| 伊春 | Yichun | 63363 | 22571 | 5538 | 6112 | 3925 | 6995 | 7457 |
| 佳木斯 | Jiamusi | 517231 | 239120 | 88975 | 53771 | 33827 | 62547 | 92893 |
| 七台河 | Qitaihe | 84235 | 38719 | 17713 | 9527 | 6953 | 4526 | 18946 |
| 牡丹江 | Mudanjiang | 192148 | 87723 | 28822 | 11887 | 11803 | 35211 | 52564 |
| 黑河 | Heihe | 278339 | 131531 | 31918 | 36671 | 17904 | 45039 | 24888 |
| 绥化 | Suihua | 870577 | 343365 | 108541 | 83695 | 34444 | 116685 | 147397 |
| 大兴安岭 | Daxinganling | 15557 | 7882 | 2697 | 2183 | 1085 | 1917 | 2002 |

# 11-6　分地区有效灌溉面积、水库和除涝面积
# Effective Irrigated Area, Reservoirs and Area with Flood Prevention Measures by Region

| 地　区 | Region | 有效灌溉面　积（千公顷）Effective Irrigated Area (1000 hectares) | 水库数（座）Number of Reservoirs (unit) | 水库库容量（万立方米）Capacity of Reservoirs (10000 cu.m) | 除涝面积（万公顷）Area with Flood Prevention Measures (10000 hectares) |
|---|---|---|---|---|---|
| 2010 | | 3875.2 | 913 | 1787011 | 333.5 |
| 2011 | | 4332.7 | 922 | 1786435 | 335.0 |
| 2012 | | 4776.5 | 1148 | 2778967 | 336.6 |
| 2013 | | 5342.1 | 1144 | 2713743 | 337.8 |
| 2014 | | 5305.2 | 1144 | 2713743 | 338.2 |
| 2015 | | 5530.9 | 1144 | 2713743 | 338.5 |
| 2016 | | 5953.4 | 1130 | 2675982 | 420.7 |
| 2017 | | 6031.0 | 1070 | 2686144 | 339.7 |
| 2018 | | 6119.6 | 1031 | 2683999 | 340.0 |
| 哈尔滨 | Harbin | 804.6 | 266 | 232525 | 33.3 |
| 齐齐哈尔 | Qiqihar | 875.6 | 100 | 966237 | 34.0 |
| 鸡　西 | Jixi | 174.7 | 52 | 81293 | 3.5 |
| 鹤　岗 | Hegang | 135.1 | 15 | 15952 | 9.0 |
| 双鸭山 | Shuangyashan | 102.5 | 12 | 73860 | 14.9 |
| 大　庆 | Daqing | 539.3 | 17 | 86995 | 14.1 |
| 伊　春 | Yichun | 53.7 | 16 | 20382 | 2.7 |
| 佳木斯 | Jiamusi | 607.0 | 28 | 27686 | 26.0 |
| 七台河 | Qitaihe | 20.9 | 20 | 44239 | 1.9 |
| 牡丹江 | Mudanjiang | 116.2 | 61 | 653401 | 5.1 |
| 黑　河 | Heihe | 92.3 | 80 | 244674 | 9.2 |
| 绥　化 | Suihua | 603.1 | 118 | 104388 | 40.6 |
| 大兴安岭 | Daxinganling | 9.3 | 13 | 16124 | 1.1 |

# 11-7 主要农作物播种面积
# Sown Areas of Major Farm Crops

单位：万公顷、公顷 (10000 hectares, hectare)

| 年份 地区 | Year Region | 粮食作物播种面积 Total Sown Areas of Grain crops | 谷物 Cereal | #水稻 Rice | #小麦 Wheat | #玉米 Corn | #谷子 Millet | #高粱 Jowar |
|---|---|---|---|---|---|---|---|---|
| 1980 | | 731.8 | | 21.0 | 210.5 | 188.4 | 76.9 | 27.1 |
| 1981 | | 728.2 | | 22.4 | 219.0 | 157.7 | 76.9 | 29.5 |
| 1982 | | 708.9 | | 23.9 | 190.4 | 136.3 | 72.3 | 29.0 |
| 1983 | | 723.5 | | 24.6 | 209.6 | 164.2 | 74.8 | 31.4 |
| 1984 | | 735.5 | | 27.8 | 198.0 | 192.0 | 63.3 | 29.3 |
| 1985 | | 721.6 | | 39.0 | 203.8 | 157.7 | 49.3 | 14.5 |
| 1986 | | 571.5 | | 50.7 | 196.9 | 168.9 | 41.0 | 17.5 |
| 1987 | | 741.2 | | 58.1 | 158.7 | 197.6 | 30.8 | 17.3 |
| 1988 | | 688.6 | | 55.3 | 123.9 | 182.8 | 24.5 | 17.2 |
| 1989 | | 726.2 | | 60.4 | 168.2 | 190.4 | 21.3 | 17.5 |
| 1990 | | 742.0 | | 67.4 | 178.1 | 216.9 | 17.5 | 15.9 |
| 1991 | | 742.7 | 507.0 | 74.7 | 173.7 | 223.0 | 14.0 | 13.6 |
| 1992 | | 734.8 | 491.3 | 77.8 | 161.5 | 216.6 | 13.2 | 14.1 |
| 1993 | | 755.8 | 425.1 | 73.6 | 133.7 | 177.7 | 12.6 | 16.6 |
| 1994 | | 750.1 | 433.1 | 74.8 | 119.5 | 196.4 | 10.8 | 16.2 |
| 1995 | | 750.0 | 467.6 | 83.5 | 111.6 | 241.1 | 8.8 | 13.4 |
| 1996 | | 779.6 | 534.0 | 110.9 | 123.7 | 266.6 | 7.3 | 17.1 |
| 1997 | | 799.5 | 529.9 | 139.7 | 107.4 | 254.5 | 6.7 | 13.5 |
| 1998 | | 808.3 | 526.8 | 156.3 | 95.9 | 248.6 | 7.0 | 11.7 |
| 1999 | | 809.9 | 549.1 | 161.5 | 95.3 | 265.2 | 7.1 | 12.4 |
| 2000 | | 785.2 | 427.9 | 160.6 | 59.0 | 180.1 | 8.2 | 11.6 |
| 2001 | | 795.7 | 434.9 | 157.7 | 38.3 | 211.0 | 7.0 | 11.0 |
| 2002 | | 783.3 | 439.4 | 157.1 | 24.5 | 223.7 | 7.4 | 11.6 |
| 2003 | | 786.3 | 381.4 | 129.5 | 21.4 | 203.5 | 5.6 | 9.2 |
| 2004 | | 821.6 | 423.3 | 167.5 | 24.7 | 214.2 | 4.1 | 6.3 |
| 2005 | | 988.9 | 503.3 | 185.0 | 25.9 | 273.0 | 4.2 | 7.9 |
| 2006 | | 1052.6 | 577.2 | 199.2 | 24.4 | 330.5 | 3.5 | 7.3 |
| 2007 | | 1118.0 | 667.6 | 228.8 | 23.3 | 405.5 | 1.0 | 2.5 |
| 2008 | | 1147.4 | 683.5 | 262.9 | 23.8 | 384.9 | 2.4 | 3.4 |
| 2009 | | 1212.2 | 742.1 | 269.5 | 29.2 | 436.2 | 2.0 | 3.4 |
| 2010 | | 1244.5 | 823.7 | 313.9 | 27.8 | 475.6 | 1.6 | 4.1 |
| 2011 | | 1283.1 | 896.5 | 343.7 | 29.6 | 518.0 | 1.2 | 3.3 |
| 2012 | | 1321.2 | 998.1 | 363.1 | 20.8 | 610.1 | 0.7 | 2.9 |
| 2013 | | 1357.6 | 1059.6 | 386.1 | 13.2 | 657.1 | 0.6 | 2.5 |
| 2014 | | 1396.8 | 1086.4 | 396.8 | 14.4 | 670.8 | 0.8 | 3.5 |
| 2015 | | 1428.3 | 1138.4 | 391.8 | 7.0 | 736.1 | 0.7 | 2.6 |
| 2016 | | 1420.2 | 1063.5 | 392.5 | 7.9 | 652.8 | 2.4 | 4.5 |
| 2017 | | 1415.4 | 1000.6 | 394.9 | 10.2 | 586.3 | 1.8 | 5.4 |
| 2018 | | 1421.5 | 1031.2 | 378.3 | 10.9 | 631.8 | 2.1 | 5.8 |
| 哈尔滨 | Harbin | 1889636.5 | 1632324.0 | 474224.2 | 374.1 | 1154589.6 | 655.9 | 1993.5 |
| 齐齐哈尔 | Qiqihar | 2218975.8 | 1609254.1 | 340004.9 | 1680.5 | 1247750.5 | 6494.0 | 12034.0 |
| 鸡西 | Jixi | 477811.4 | 409879.9 | 192410.1 | 96.3 | 216996.5 | 162.0 | 215.0 |
| 鹤岗 | Hegang | 199376.5 | 161195.7 | 106700.5 | | 54056.2 | 3.0 | 436.0 |
| 双鸭山 | Shuangyashan | 394792.3 | 273298.8 | 78236.6 | 231.1 | 192016.5 | 174.8 | 2639.8 |
| 大庆 | Daqing | 658825.3 | 530453.8 | 74546.9 | 833.9 | 421157.4 | 6743.1 | 23768.2 |
| 伊春 | Yichun | 231991.7 | 92059.3 | 49614.8 | | 42444.5 | | |
| 佳木斯 | Jiamusi | 1194385.7 | 933208.0 | 509704.2 | 190.0 | 418549.3 | 50.6 | 4640.6 |
| 七台河 | Qitaihe | 164088.6 | 141460.5 | 21063.1 | | 120374.6 | 9.8 | 13.0 |
| 牡丹江 | Mudanjiang | 576879.5 | 367937.2 | 44988.2 | 580.0 | 320991.3 | 190.0 | 972.7 |
| 黑河 | Heihe | 1248091.4 | 405546.1 | 14132.8 | 97717.7 | 288091.0 | 29.1 | 4088.4 |
| 绥化 | Suihua | 1788984.2 | 1397713.3 | 321676.8 | 1582.4 | 1060066.4 | 8154.3 | 5639.3 |
| 大兴安岭 | Daxinganling | 173850.7 | 19989.1 | 4.0 | 12405.0 | 7578.1 | | 2.0 |
| 农垦总局 | ARB | 2862627.1 | 2291748.5 | 1554466.8 | 7609.8 | 707244.8 | 264.4 | 21797.9 |

注：1.2007-2017年数据是与第三次农业普查衔接后数据。
2.表中的粮食作物播种面积为抽样调查结果，由于抽样框不同，全省粮食作物不等于分市县.

a)Data from 2007 to 2017 on national accounts have been adjusted according to the results of the third national agricultural census.

b)The sown area of grain crops in the table is the result of sampling survey. Due to the different sampling frame, the grain crops of the whole province are not equal to the cities and counties .

## 11-7 续表1 Continued

单位：万公顷、公顷 (10000 hectares, hectare)

| 年份 地区 | Year Region | 豆类 Soybean | #大豆 Soja | 薯类 Tuber | 油料 Oil-bearing Crops | #油菜籽 Rapeseeds | #葵花籽 Helianthus | #白瓜籽 Pumpkin Seeds | 甜菜 Beetroots |
|---|---|---|---|---|---|---|---|---|---|
| 1980 | | 173.6 | 163.0 | 23.7 | 24.4 | 0.4 | 19.2 | | 24.3 |
| 1981 | | 190.4 | 180.0 | 21.9 | 31.5 | 0.2 | 26.7 | | 23.4 |
| 1982 | | 224.0 | 213.6 | 22.6 | 26.5 | 0.7 | 21.7 | | 24.4 |
| 1983 | | 181.1 | 169.3 | 26.1 | 22.5 | 0.8 | 19.0 | | 33.7 |
| 1984 | | 182.1 | 179.5 | 23.5 | 22.4 | 0.9 | 20.7 | | 30.5 |
| 1985 | | 226.0 | 216.7 | 22.2 | 39.2 | 2.0 | 33.8 | | 29.2 |
| 1986 | | 220.7 | 219.7 | 20.9 | 18.3 | 3.0 | 13.8 | | 30.6 |
| 1987 | | 240.9 | 240.0 | 21.4 | 16.9 | 5.4 | 10.6 | | 26.3 |
| 1988 | | 244.9 | 242.9 | 24.7 | 16.5 | 8.1 | 7.4 | | 42.7 |
| 1989 | | 229.1 | 226.4 | 23.3 | 13.4 | 5.8 | 6.2 | | 31.4 |
| 1990 | | 216.2 | 207.9 | 21.8 | 14.2 | 6.6 | 6.5 | | 35.8 |
| 1991 | | 215.4 | 209.4 | 20.3 | 13.7 | 6.5 | 6.5 | | 41.6 |
| 1992 | | 221.2 | 216.0 | 22.3 | 18.3 | 9.8 | 7.4 | | 33.2 |
| 1993 | | 307.2 | 297.9 | 23.5 | 15.5 | 6.6 | 7.3 | | 28.4 |
| 1994 | | 294.8 | 279.6 | 22.2 | 17.4 | 5.5 | 7.4 | | 34.4 |
| 1995 | | 258.9 | 251.3 | 23.5 | 14.7 | 4.5 | 6.8 | | 32.8 |
| 1996 | | 221.9 | 216.1 | 23.7 | 12.8 | 3.1 | 7.6 | | 29.1 |
| 1997 | | 245.4 | 239.4 | 24.2 | 14.2 | 2.1 | 8.8 | | 25.1 |
| 1998 | | 254.7 | 246.0 | 26.8 | 20.9 | 3.4 | 11.2 | | 23.1 |
| 1999 | | 229.2 | 215.3 | 31.6 | 29.3 | 7.2 | 13.9 | | 12.4 |
| 2000 | | 317.8 | 286.8 | 39.5 | 36.3 | 8.0 | 18.3 | | 14.6 |
| 2001 | | 319.6 | 287.4 | 41.2 | 30.2 | 1.3 | 18.0 | | 18.2 |
| 2002 | | 300.6 | 263.1 | 43.3 | 37.4 | 0.4 | 23.4 | 10.7 | 19.9 |
| 2003 | | 366.1 | 324.2 | 38.8 | 46.3 | 0.2 | 25.7 | 15.1 | 11.9 |
| 2004 | | 367.4 | 340.1 | 30.9 | 41.1 | 0.3 | 17.1 | 13.0 | 7.6 |
| 2005 | | 452.4 | 421.5 | 33.2 | 41.0 | 0.2 | 20.7 | 16.0 | 8.0 |
| 2006 | | 454.8 | 424.6 | 20.3 | 33.9 | 0.1 | 20.3 | 10.0 | 5.8 |
| 2007 | | 434.7 | 397.9 | 15.8 | 36.8 | 0.1 | 17.5 | 10.0 | 9.0 |
| 2008 | | 441.8 | 414.8 | 22.1 | 21.9 | 0.0 | 10.7 | 6.9 | 9.0 |
| 2009 | | 441.9 | 416.5 | 28.1 | 20.3 | 0.2 | 8.7 | 7.9 | 6.4 |
| 2010 | | 394.9 | 372.7 | 26.0 | 16.7 | 0.1 | 5.7 | 8.6 | 7.8 |
| 2011 | | 359.7 | 340.2 | 26.9 | 14.9 | 0.1 | 4.0 | 8.4 | 8.2 |
| 2012 | | 297.9 | 286.0 | 25.2 | 11.7 | 0.04 | 3.0 | 6.1 | 7.3 |
| 2013 | | 275.5 | 263.7 | 22.5 | 9.8 | 0.009 | 2.0 | 5.1 | 3.9 |
| 2014 | | 291.5 | 279.3 | 18.9 | 8.7 | 0.002 | 1.7 | 5.2 | 1.0 |
| 2015 | | 276.3 | 266.1 | 13.5 | 9.5 | | 6.7 | 6.7 | 0.2 |
| 2016 | | 341.2 | 322.3 | 15.5 | 12.4 | 0.005 | 1.3 | 7.6 | 0.3 |
| 2017 | | 398.2 | 373.5 | 16.6 | 7.6 | 0.03 | 0.9 | 5.6 | 0.9 |
| 2018 | | 374.2 | 356.8 | 16.0 | 5.2 | 0.2 | 0.5 | 2.6 | 1.2 |
| 哈尔滨 | Harbin | 228773.8 | 219564.4 | 28538.7 | 2541.0 | | 416.0 | 551.0 | 3.0 |
| 齐齐哈尔 | Qiqihar | 572178.5 | 522196.3 | 37543.2 | 4124.8 | 877.5 | 1410.7 | 556.5 | 10694.9 |
| 鸡西 | Jixi | 67281.3 | 64066.6 | 650.2 | 1850.5 | 61.2 | 8.4 | 1745.3 | |
| 鹤岗 | Hegang | 37983.8 | 36653.8 | 197.0 | 62.3 | 23.0 | 3.0 | 2.3 | |
| 双鸭山 | Shuangyashan | 120888.0 | 118867.1 | 605.4 | 1194.1 | 843.4 | 157.3 | 126.2 | 3.0 |
| 大庆 | Daqing | 127385.7 | 70795.4 | 985.8 | 16214.3 | | 1431.6 | 85.6 | 895.5 |
| 伊春 | Yichun | 139932.4 | 139932.4 | | 254.5 | | | 254.5 | 1.0 |
| 佳木斯 | Jiamusi | 254721.9 | 251741.9 | 6455.9 | 2035.9 | | 26.1 | 850.3 | |
| 七台河 | Qitaihe | 22414.9 | 21312.5 | 213.2 | 280.4 | | | 261.4 | |
| 牡丹江 | Mudanjiang | 191416.4 | 184231.7 | 17525.9 | 21207.1 | | 480.6 | 20690.1 | 1.0 |
| 黑河 | Heihe | 832211.7 | 797031.3 | 10333.7 | 1012.4 | | 105.2 | 807.5 | 62.0 |
| 绥化 | Shuihua | 355962.7 | 345022.9 | 35308.2 | 756.2 | | 477.0 | 158.3 | 375.3 |
| 大兴安岭 | Daxinganling | 152190.6 | 144371.6 | 1671.0 | 15.9 | 15.9 | | | |
| 农垦总局 | ARB | 557216.2 | 552635.8 | 13662.3 | | | | | |

注：表中的粮食作物播种面积为抽样调查结果，由于抽样框不同，全省粮食作物不等于分市县。

a)The sown area of grain crops in the table is the result of sampling survey. Due to the different sampling frames, the grain crops in the whole province are not equal to those in different cities and counties.

## 11-7 续表2 Continued

单位：万公顷、公顷 (10000 hectares, hectare)

| 年份 Year<br>地区 Region | 麻类<br>Fiber Crops | #亚麻<br>Flax | 药材<br>Herb | 烟叶<br>Tobacco | #烤烟<br>Flue-cured | 蔬菜、食用菌<br>Vegetables Mushroom | 瓜果类<br>Melon | 饲料作物<br>Feed Crops |
|---|---|---|---|---|---|---|---|---|
| 1980 | 13.7 | 8.9 | | 1.0 | | 33.0 | 6.6 | |
| 1981 | 11.4 | 8.0 | | | 1.7 | 29.5 | 7.8 | |
| 1982 | 7.8 | 5.3 | | | 4.0 | 31.0 | 5.8 | |
| 1983 | 6.2 | 5.3 | | 3.2 | 2.8 | 29.6 | 6.0 | |
| 1984 | 7.1 | 6.5 | | 3.4 | 3.1 | 27.3 | 5.9 | |
| 1985 | 7.8 | 7.4 | | 5.0 | 4.3 | 24.9 | 7.7 | |
| 1986 | 8.2 | 7.9 | | 5.0 | 4.2 | 25.1 | 7.7 | |
| 1987 | 12.3 | 12.1 | | 5.9 | 5.1 | 22.8 | 7.6 | |
| 1988 | 14.1 | 13.9 | | 8.3 | 7.6 | 24.8 | 7.1 | |
| 1989 | 8.9 | 8.8 | | 13.8 | 13.0 | 24.5 | 7.6 | |
| 1990 | 8.2 | 8.1 | | 12.5 | 11.6 | 23.0 | 3.4 | |
| 1991 | 9.8 | 9.7 | | 13.2 | 12.3 | 21.8 | 3.1 | |
| 1992 | 7.1 | 7.0 | | 9.7 | 9.2 | 23.4 | 3.8 | |
| 1993 | 6.5 | 6.4 | | 8.4 | 7.8 | 26.3 | 5.0 | |
| 1994 | 8.3 | 8.2 | | 7.1 | 6.6 | 26.3 | 5.0 | |
| 1995 | 10.1 | 10.0 | | 6.8 | 6.5 | 29.3 | 5.0 | |
| 1996 | 8.5 | 8.4 | | 10.2 | 9.8 | 29.4 | 5.0 | |
| 1997 | 5.5 | 5.4 | | 10.8 | 10.3 | 29.9 | 6.0 | |
| 1998 | 3.6 | 3.5 | | 5.9 | 5.4 | 35.4 | 7.8 | |
| 1999 | 5.0 | 4.9 | | 6.4 | 6.1 | 44.6 | 8.2 | |
| 2000 | 9.5 | 8.8 | | 4.9 | 4.5 | 44.6 | 12.6 | |
| 2001 | 12.9 | 12.4 | | 4.6 | 4.1 | 42.7 | 13.0 | |
| 2002 | 10.3 | 10.1 | 2.4 | 4.5 | 4.0 | 43.2 | 14.1 | 14.9 |
| 2003 | 11.3 | 11.1 | 3.3 | 3.7 | 3.3 | 40.0 | 13.4 | 29.7 |
| 2004 | 9.8 | 8.9 | 3.5 | 3.2 | 2.8 | 29.2 | 9.5 | 29.9 |
| 2005 | 8.5 | 8.2 | 4.8 | 4.2 | 4.0 | 33.3 | 11.0 | 22.6 |
| 2006 | 5.6 | 4.8 | 2.6 | 1.9 | 1.7 | 31.3 | 12.2 | 23.4 |
| 2007 | 5.1 | 4.1 | 5.5 | 3.2 | 2.8 | 29.1 | 7.4 | 18.9 |
| 2008 | 4.1 | 3.6 | 5.2 | 3.3 | 3.3 | 28.8 | 6.9 | 19.4 |
| 2009 | 1.2 | 1.1 | 3.1 | 3.7 | 3.2 | 18.8 | 6.9 | 10.3 |
| 2010 | 0.5 | 0.5 | 3.7 | 3.7 | 3.2 | 18.4 | 10.6 | 8.4 |
| 2011 | 0.3 | 0.3 | 5.1 | 3.5 | 3.2 | 22.3 | 10.1 | 7.8 |
| 2012 | 0.2 | 0.2 | 4.7 | 3.8 | 3.4 | 25.0 | 5.8 | 6.5 |
| 2013 | 0.1 | 0.1 | 3.9 | 3.6 | 3.2 | 26.6 | 6.4 | 5.6 |
| 2014 | 0.3 | 0.1 | 3.0 | 3.3 | 3.1 | 26.9 | 5.7 | 4.3 |
| 2015 | 0.3 | 0.1 | 2.1 | 2.5 | 2.3 | 24.5 | 4.5 | 3.1 |
| 2016 | 1.2 | 0.1 | 2.9 | 2.0 | 1.8 | 17.7 | 5.9 | 8.2 |
| 2017 | 1.9 | 0.1 | 3.3 | 1.5 | 1.5 | 20.5 | 5.5 | 5.1 |
| 2018 | 1.7 | 0.1 | 4.2 | 1.2 | 1.2 | 16.2 | 4.0 | 4.0 |
| 哈尔滨 Harbin | 25.0 | | 4879.0 | 1649.0 | 1649.0 | 33194.0 | 7017.0 | 3148.0 |
| 齐齐哈尔 Qiqihar | 2923.3 | 53.3 | 5831.3 | 30.7 | | 20490.3 | 4616.2 | 17256.6 |
| 鸡西 Jixi | 63.0 | 36.0 | 1514.7 | 266.3 | 266.3 | 2340.6 | 559.7 | 1748.5 |
| 鹤岗 Hegang | 9.0 | | 611.4 | 215.6 | 215.6 | 960.3 | 166.5 | 295.7 |
| 双鸭山 Shuangyashan | | | 1145.4 | 656.2 | 557.5 | 1611.5 | 2898.3 | 743.8 |
| 大庆 Daqing | 1334.9 | 1.2 | 7116.1 | 964.7 | 964.7 | 11877.4 | 6769.4 | 5014.4 |
| 伊春 Yichun | 31.0 | 31.0 | 2526.3 | | | 2505.0 | 398.6 | 99.3 |
| 佳木斯 Jiamusi | | | 1413.1 | 1518.7 | 1518.7 | 5044.8 | 3116.7 | 866.0 |
| 七台河 Qitaihe | | | 94.3 | 535.0 | 535.0 | 13839.7 | 2077.8 | |
| 牡丹江 Mudanjiang | 103.0 | 103.0 | 3679.0 | 4753.9 | 4611.9 | 21836.9 | 3931.3 | 1455.7 |
| 黑河 Heihe | 10554.8 | 738.0 | 7369.5 | 2.0 | 2.0 | 6120.4 | 389.2 | 5460.4 |
| 绥化 Suihua | 1639.2 | | 5193.7 | 1355.6 | 1355.6 | 40389.1 | 7798.3 | 3759.0 |
| 大兴安岭 Daxinganling | | | 191.3 | | | 1306.1 | 52.0 | 39.1 |

# 11-8 主要农产品产量
# Yield of Major Farm Products

单位：万吨、吨 (10000 tons, ton)

| 年份 Year<br>地区 Region | 粮食 Grain | 谷物 Cereal | #水稻 Rice | #小麦 Wheat | #玉米 Corn | #谷子 Millet | #高粱 Jowar |
|---|---|---|---|---|---|---|---|
| 1980 | 1462.4 | 1085.9 | 79.6 | 394.6 | 520.0 | 103.6 | 63.1 |
| 1981 | 1250.0 | 969.7 | 55.7 | 314.1 | 455.0 | 99.7 | 64.9 |
| 1982 | 1150.0 | 819.2 | 70.9 | 268.2 | 352.6 | 87.6 | 54.2 |
| 1983 | 1549.0 | 1228.8 | 91.5 | 451.0 | 463.5 | 125.7 | 76.9 |
| 1984 | 1757.5 | 1402.0 | 124.0 | 382.5 | 642.0 | 115.5 | 100.5 |
| 1985 | 1405.0 | 1035.6 | 162.9 | 376.8 | 386.8 | 63.2 | 34.0 |
| 1986 | 1776.3 | 1169.5 | 220.8 | 355.9 | 632.0 | 60.1 | 55.1 |
| 1987 | 1737.6 | 1373.3 | 225.7 | 299.8 | 646.1 | 40.2 | 48.0 |
| 1988 | 1768.0 | 1282.1 | 243.5 | 250.4 | 700.6 | 35.5 | 55.2 |
| 1989 | 1668.9 | 1292.2 | 231.7 | 367.3 | 615.2 | 22.7 | 43.8 |
| 1990 | 2312.5 | 1901.0 | 314.4 | 474.8 | 1008.3 | 31.3 | 53.3 |
| 1991 | 2164.3 | 1789.6 | 316.2 | 381.1 | 1007.5 | 23.7 | 45.8 |
| 1992 | 2366.3 | 1936.6 | 376.6 | 424.8 | 1042.8 | 24.3 | 51.4 |
| 1993 | 2390.8 | 1799.5 | 388.3 | 340.0 | 956.6 | 27.2 | 73.3 |
| 1994 | 2578.7 | 1971.3 | 410.4 | 275.3 | 1146.4 | 24.3 | 86.4 |
| 1995 | 2592.5 | 2062.8 | 469.9 | 293.4 | 1219.1 | 20.9 | 47.9 |
| 1996 | 3046.5 | 2512.4 | 636.0 | 329.5 | 1445.0 | 21.5 | 65.5 |
| 1997 | 3104.5 | 2434.9 | 860.9 | 328.4 | 1165.9 | 14.4 | 48.3 |
| 1998 | 3008.5 | 2483.4 | 925.8 | 285.2 | 1199.7 | 9.0 | 51.7 |
| 1999 | 3074.6 | 2524.8 | 944.3 | 284.2 | 1228.4 | 13.6 | 39.6 |
| 2000 | 2545.5 | 1974.1 | 1042.2 | 95.8 | 790.8 | 8.7 | 26.0 |
| 2001 | 2651.7 | 1989.1 | 1016.3 | 93.8 | 819.5 | 10.3 | 28.5 |
| 2002 | 2941.2 | 2195.5 | 921.0 | 89.4 | 1070.5 | 16.2 | 52.3 |
| 2003 | 2512.3 | 1792.0 | 842.8 | 39.7 | 830.9 | 12.9 | 39.8 |
| 2004 | 3135.0 | 2302.5 | 1120.0 | 83.0 | 1050.0 | 8.6 | 24.7 |
| 2005 | 3600.0 | 2714.0 | 1172.5 | 97.0 | 1379.5 | 7.4 | 25.6 |
| 2006 | 3780.0 | 2986.7 | 1360.0 | 93.0 | 1453.5 | 7.3 | 24.5 |
| 2007 | 3881.0 | 3346.7 | 1655.1 | 68.7 | 1590.1 | 1.7 | 7.5 |
| 2008 | 4627.3 | 3908.4 | 1851.4 | 89.2 | 1915.5 | 3.9 | 18.6 |
| 2009 | 4788.9 | 4060.4 | 1899.6 | 115.8 | 2012.6 | 4.1 | 20.4 |
| 2010 | 5632.9 | 4918.7 | 2277.5 | 92.0 | 2513.7 | 5.6 | 26.2 |
| 2011 | 6212.6 | 5491.1 | 2438.4 | 103.0 | 2927.6 | 4.2 | 15.0 |
| 2012 | 6598.6 | 5970.4 | 2600.2 | 69.4 | 3283.8 | 2.5 | 13.2 |
| 2013 | 7055.1 | 6498.6 | 2710.8 | 38.5 | 3734.8 | 2.1 | 12.0 |
| 2014 | 7403.8 | 6797.7 | 2797.2 | 46.1 | 3929.1 | 2.9 | 21.8 |
| 2015 | 7615.8 | 7037.9 | 2720.9 | 21.5 | 4280.2 | 2.9 | 12.0 |
| 2016 | 7416.1 | 6754.8 | 2763.6 | 28.6 | 3912.8 | 9.6 | 27.6 |
| 2017 | 7410.3 | 6609.7 | 2819.3 | 38.1 | 3703.1 | 7.3 | 33.9 |
| 2018 | 7506.8 | 6747.6 | 2685.5 | 36.2 | 3982.2 | 7.5 | 28.9 |
| 哈尔滨 Harbin | 12025478.0 | 11491374.7 | 3099838.4 | 1616.4 | 8373263.0 | 2694.5 | 12511.3 |
| 齐齐哈尔 Qiqihar | 11249017.1 | 10169766.1 | 2014540.6 | 7639.9 | 8036524.2 | 30149.7 | 77013.3 |
| 鸡西 Jixi | 2795471.5 | 2670786.3 | 1249345.3 | 407.0 | 1419243.3 | 586.9 | 1203.7 |
| 鹤岗 Hegang | 1007172.1 | 945419.7 | 604270.1 | | 338122.2 | 13.2 | 3014.1 |
| 双鸭山 Shuangyashan | 2144997.3 | 1934919.1 | 545191.7 | 1084.0 | 1370838.4 | 711.4 | 17093.6 |
| 大庆 Daqing | 4121610.6 | 3884045.1 | 518927.1 | 3700.9 | 3162348.9 | 28093.0 | 160427.9 |
| 伊春 Yichun | 780511.4 | 570732.2 | 312546.7 | | 258185.5 | | |
| 佳木斯 Jiamusi | 6837973.3 | 6335604.2 | 3381891.6 | 694.6 | 2924537.7 | 257.0 | 28113.5 |
| 七台河 Qitaihe | 852755.0 | 815945.3 | 125563.1 | | 690287.8 | 25.7 | 68.7 |
| 牡丹江 Mudanjiang | 2708852.5 | 2308248.9 | 277166.4 | 1717.3 | 2024131.9 | 591.4 | 4024.9 |
| 黑河 Heihe | 3668804.7 | 2266678.8 | 85148.1 | 363539.9 | 1788313.1 | 112.3 | 23336.7 |
| 绥化 Suihua | 10994522.8 | 10160888.2 | 2274744.9 | 5658.7 | 7816707.1 | 26742.3 | 35424.3 |
| 大兴安岭 Daxinganling | 278814.8 | 64961.2 | 17.4 | 34664.3 | 30265.4 | | 14.0 |
| 农垦总局 ARB | 19318349.2 | 17884169.9 | 12045640.4 | 27980.7 | 5664163.2 | 1510.2 | 143478.8 |

注：1.2007-2017年数据是与第三次农业普查衔接后数据。
2.表中的粮食作物播种面积为抽样调查结果，由于抽样框不同，全省粮食作物不等于分市县.

a) Data from 2007 to 2017 on national accounts have been adjusted according to the results of the third national agricultural census.

b) The sown area of grain crops in the table is the result of sampling survey. Due to the different sampling frame, the grain crops of the whole province are not equal to the cities and counties .

## 11-8 续表1 CONTINUED

单位：万吨、吨 (10000 tons, ton)

| 年份 Year 地区 Region | 豆类 Soybean | #大豆 Mung Bean | 薯类 Tuber | 油料 Oil-bearing Crops | #油菜籽 Rapeseeds | #葵花籽 Helianthus | #白瓜籽 Pumpkin Seeds |
|---|---|---|---|---|---|---|---|
| 1980 | 325.5 | 220.5 | 51.0 | 23.9 | | 22.6 | |
| 1981 | 235.4 | 188.3 | 44.9 | 37.4 | | 40.0 | |
| 1982 | 330.8 | 245.5 | 43.3 | 34.4 | | 41.3 | |
| 1983 | 258.7 | 238.5 | 61.5 | 32.2 | | 28.9 | |
| 1984 | 293.0 | 290.5 | 62.5 | 26.0 | | 24.6 | |
| 1985 | 325.6 | 313.7 | 43.8 | 28.4 | | 25.2 | |
| 1986 | 306.0 | 378.0 | 47.5 | 19.0 | | 16.4 | |
| 1987 | 397.1 | 383.5 | 67.2 | 12.6 | | 6.5 | |
| 1988 | 285.7 | 384.4 | 71.0 | 13.0 | | 7.0 | |
| 1989 | 303.3 | 291.8 | 73.4 | 13.1 | | 6.5 | |
| 1990 | 337.4 | 325.8 | 74.1 | 17.2 | 7.0 | 8.1 | |
| 1991 | 317.4 | 309.8 | 57.3 | 15.2 | 7.0 | 6.6 | |
| 1992 | 354.0 | 349.1 | 75.7 | 21.9 | 9.9 | 10.3 | |
| 1993 | 505.3 | 491.5 | 86.0 | 16.1 | 4.3 | 9.5 | |
| 1994 | 532.8 | 513.6 | 74.6 | 15.6 | 4.0 | 9.4 | |
| 1995 | 448.2 | 438.8 | 81.5 | 20.1 | 5.3 | 9.0 | |
| 1996 | 435.6 | 413.5 | 98.5 | 16.8 | 3.3 | 10.5 | |
| 1997 | 588.7 | 576.2 | 80.9 | 18.2 | 2.9 | 11.6 | |
| 1998 | 458.6 | 444.6 | 66.5 | 16.9 | 3.2 | 7.6 | |
| 1999 | 474.1 | 446.6 | 75.7 | 39.3 | 7.7 | 22.6 | |
| 2000 | 489.6 | 450.1 | 81.8 | 43.8 | 6.8 | 26.0 | |
| 2001 | 537.5 | 496.2 | 125.1 | 36.3 | 1.5 | 20.8 | |
| 2002 | 610.7 | 556.3 | 135.0 | 52.8 | 0.5 | 36.8 | 10.9 |
| 2003 | 616.1 | 560.8 | 104.1 | 44.7 | 0.3 | 21.0 | 15.2 |
| 2004 | 727.5 | 675.0 | 105.0 | 46.0 | 0.4 | 24.2 | 15.1 |
| 2005 | 800.7 | 748.0 | 85.3 | 60.6 | 0.3 | 33.2 | 20.0 |
| 2006 | 689.3 | 652.5 | 104.0 | 63.1 | 0.1 | 32.1 | 23.6 |
| 2007 | 483.7 | 452.7 | 50.6 | 50.1 | 0.1 | 24.4 | 18.3 |
| 2008 | 665.3 | 625.5 | 53.5 | 28.5 | 0.1 | 12.8 | 9.5 |
| 2009 | 640.5 | 612.1 | 87.9 | 28.2 | 0.3 | 11.8 | 9.8 |
| 2010 | 631.3 | 615.4 | 82.9 | 27.5 | 0.2 | 10.5 | 11.2 |
| 2011 | 634.5 | 598.5 | 86.9 | 23.3 | 0.1 | 6.9 | 10.5 |
| 2012 | 539.9 | 521.5 | 88.3 | 22.5 | 0.1 | 6.0 | 9.2 |
| 2013 | 470.0 | 454.2 | 86.5 | 19.0 | 0.1 | 4.3 | 7.4 |
| 2014 | 530.0 | 514.0 | 76.1 | 17.1 | 0.1 | 3.6 | 8.2 |
| 2015 | 508.1 | 498.8 | 69.8 | 18.3 | | 10.5 | 10.5 |
| 2016 | 586.3 | 562.8 | 75.1 | 20.7 | 0.1 | 3.1 | 12.6 |
| 2017 | 719.6 | 689.4 | 81.0 | 14.3 | 0.1 | 2.0 | 8.8 |
| 2018 | 678.5 | 657.8 | 80.7 | 11.2 | 0.2 | 1.5 | 4.1 |
| 哈尔滨 Harbin | 403725.0 | 386927.3 | 130378.4 | 8573.0 | | 1320.0 | 1315.0 |
| 齐齐哈尔 Qiqihar | 855060.8 | 768897.6 | 224190.1 | 8616.9 | 2032.2 | 2780.4 | 949.9 |
| 鸡西 Jixi | 120641.8 | 114269.8 | 4043.4 | 3124.6 | 170.2 | 18.7 | 2906.7 |
| 鹤岗 Hegang | 60918.4 | 58260.9 | 834.1 | 70.4 | 55.0 | 8.0 | 1.4 |
| 双鸭山 Shuangyashan | 207223.8 | 203409.6 | 2854.4 | 548.5 | 174.7 | 139.0 | 126.1 |
| 大庆 Daqing | 232119.4 | 127470.8 | 5446.1 | 47277.4 | | 4392.0 | 258.0 |
| 伊春 Yichun | 209779.2 | 209779.2 | | 405.0 | | | 405.0 |
| 佳木斯 Jiamusi | 459971.3 | 454715.8 | 42397.8 | 3390.1 | | 57.0 | 1090.1 |
| 七台河 Qitaihe | 35844.8 | 33864.6 | 964.9 | 270.0 | | | 253.0 |
| 牡丹江 Mudanjiang | 309864.8 | 297024.5 | 90738.8 | 32751.6 | | 936.9 | 31740.3 |
| 黑河 Heihe | 1351275.6 | 1286660.2 | 50850.4 | 1285.9 | | 102.4 | 1085.5 |
| 绥化 Suihua | 655329.5 | 633743.1 | 178305.2 | 5856.1 | | 4854.5 | 448.3 |
| 大兴安岭 Daxinganling | 207252.9 | 200449.6 | 6600.8 | 35.8 | 35.8 | | |
| 农垦总局 ARB | 1362345.4 | 1342479.7 | 71833.8 | | | | |

注：表中的粮食作物播种面积为抽样调查结果，由于抽样框不同，全省粮食作物不等于分市县。

a)The sown area of grain crops in the table is the result of sampling survey. Due to the different sampling frames, the grain crops in the whole province are not equal to those in different cities and counties.

# 11-8 续表2 Continued

单位：万吨、吨 (10000 tons, ton)

| 年份 地区 | Year Region | 麻类 Fiber Crops | #亚麻 Flax | 甜菜 Beetroots | 烟叶 Tobacco | #烤烟 Flue-cured Tobacco | 蔬菜、食用菌 Vegetables Mushroom | 瓜果类 Melon |
|---|---|---|---|---|---|---|---|---|
| 1980 | | 19.0 | 17.5 | 287.6 | 2.8 | 2.2 | 523.6 | |
| 1981 | | 19.2 | 18.3 | 312.7 | 4.4 | 3.4 | | |
| 1982 | | 6.5 | 5.9 | 274.3 | 8.0 | 6.9 | | |
| 1983 | | 13.5 | 13.1 | 515.2 | 5.7 | 4.4 | | |
| 1984 | | 19.0 | 18.6 | 422.8 | 7.1 | 6.1 | | |
| 1985 | | 15.0 | 14.8 | 315.2 | 8.9 | 7.0 | 485.1 | |
| 1986 | | 20.7 | 20.4 | 389.8 | 10.5 | 8.1 | 585.0 | |
| 1987 | | 31.2 | 31.1 | 330.4 | 10.4 | 8.8 | 463.9 | |
| 1988 | | 35.4 | 35.5 | 555.1 | 14.0 | 12.4 | 526.5 | |
| 1989 | | 22.4 | 22.3 | 397.5 | 23.1 | 12.4 | 526.1 | |
| 1990 | | 22.4 | 22.3 | 632.0 | 21.9 | 19.3 | 563.7 | 76.5 |
| 1991 | | 26.8 | 26.7 | 620.3 | 18.5 | 16.8 | 484.0 | 46.5 |
| 1992 | | 19.6 | 19.5 | 539.8 | 13.6 | 12.6 | 578.1 | 72.4 |
| 1993 | | 17.2 | 17.0 | 298.7 | 13.1 | 11.6 | 672.3 | 94.9 |
| 1994 | | 21.7 | 21.7 | 322.7 | 10.0 | 8.9 | 679.6 | 104.0 |
| 1995 | | 32.2 | 32.0 | 500.8 | 11.2 | 10.1 | 883.6 | 126.6 |
| 1996 | | 23.7 | 23.6 | 491.9 | 18.1 | 16.9 | 916.7 | 129.1 |
| 1997 | | 13.3 | 13.1 | 447.7 | 17.5 | 16.3 | 990.0 | 158.7 |
| 1998 | | 9.1 | 9.0 | 310.2 | 9.4 | 8.3 | 998.5 | 160.0 |
| 1999 | | 14.8 | 14.6 | 203.6 | 11.2 | 10.3 | 1187.3 | 221.9 |
| 2000 | | 18.7 | 18.0 | 254.8 | 9.6 | 8.1 | 1325.6 | 319.4 |
| 2001 | | 29.8 | 28.1 | 329.8 | 8.4 | 7.3 | 1250.2 | 335.9 |
| 2002 | | 36.2 | 35.7 | 437.6 | 7.4 | 6.3 | 1324.7 | 353.2 |
| 2003 | | 28.3 | 26.7 | 71.4 | 4.6 | 4.5 | 1198.3 | 316.5 |
| 2004 | | 39.3 | 31.0 | 96.0 | 5.6 | 5.6 | 1061.6 | 273.1 |
| 2005 | | 36.1 | 34.5 | 155.0 | 7.4 | 7.4 | 1153.5 | 306.4 |
| 2006 | | 29.4 | 20.5 | 205.0 | 5.6 | 5.6 | 1135.6 | 366.6 |
| 2007 | | 18.0 | 15.4 | 237.2 | 6.9 | 6.9 | 1058.5 | 218.3 |
| 2008 | | 16.5 | 15.0 | 260.0 | 7.8 | 7.8 | 1057.9 | 233.0 |
| 2009 | | 4.5 | 4.4 | 110.0 | 8.3 | 7.3 | 701.1 | 225.6 |
| 2010 | | 2.2 | 2.2 | 175.0 | 9.6 | 8.5 | 723.8 | 321.5 |
| 2011 | | 1.2 | 1.2 | 275.0 | 8.5 | 7.8 | 789.9 | 308.2 |
| 2012 | | 1.0 | 0.9 | 273.1 | 9.7 | 8.8 | 866.4 | 211.8 |
| 2013 | | 0.9 | 0.6 | 123.2 | 8.9 | 8.1 | 946.1 | 225.3 |
| 2014 | | 2.5 | 0.7 | 41.1 | 8.4 | 7.8 | 885.6 | 201.1 |
| 2015 | | 2.0 | 0.6 | 7.3 | 6.9 | 6.2 | 807.4 | 161.6 |
| 2016 | | 6.8 | 0.4 | 11.4 | 5.3 | 4.9 | 687.3 | 191.7 |
| 2017 | | 11.8 | 0.6 | 37.4 | 4.7 | 4.6 | 798.6 | 185.8 |
| 2018 | | 10.5 | 0.4 | 53.0 | 3.4 | 3.3 | 634.4 | 141.3 |
| 哈尔滨 | Harbin | 70.0 | | 110.0 | 5626.0 | 5626.0 | 1031076.0 | 166800.0 |
| 齐齐哈尔 | Qiqihar | 8997.1 | 164.0 | 480426.5 | 113.5 | | 900720.9 | 231024.6 |
| 鸡西 | Jixi | 248.0 | 126.0 | | 780.2 | 780.2 | 91915.1 | 18265.0 |
| 鹤岗 | Hegang | 90.0 | | | 465.0 | 465.0 | 42297.9 | 5000.4 |
| 双鸭山 | Shuangyashan | | | 90.0 | 1671.5 | 1414.5 | 61776.5 | 119996.3 |
| 大庆 | Daqing | 12592.4 | 3.6 | 38600.8 | 4014.0 | 4014.0 | 466988.6 | 284555.1 |
| 伊春 | Yichun | 71.0 | 71.0 | 40.0 | | | 125284.0 | 8925.0 |
| 佳木斯 | Jiamusi | | | | 3417.1 | 3417.1 | 150401.8 | 104272.9 |
| 七台河 | Qitaihe | | | | 1360.0 | 1360.0 | 468591.4 | 45328.9 |
| 牡丹江 | Mudanjiang | 651.0 | 651.0 | 52.4 | 12200.7 | 11905.7 | 1050394.2 | 145183.9 |
| 黑河 | Heihe | 72027.7 | 3170.8 | 1920.0 | 4.0 | 4.0 | 183478.4 | 12669.6 |
| 绥化 | Suihua | 10001.4 | | 8281.4 | 4067.0 | 4067.0 | 1715663.6 | 269596.8 |
| 大兴安岭 | Daxinganling | | | | | | 55393.2 | 1866.0 |

# 11-9 主要农产品单位面积产量
# Yield of Major Farm Products Per Hectare

单位：千克/公顷 (kg/hectare)

| 年份 地区 | Year Region | 粮食 Grain | 水稻 Rice | 小麦 Wheat | 玉米 Corn | 大豆 Soybean | 薯类 Tuber | 亚麻 Flax | 甜菜 Beetroots | 烤烟 Flue-cured Tobacco |
|---|---|---|---|---|---|---|---|---|---|---|
| 1980 | | 1998 | 3803 | 1868 | 2768 | 1350 | 2160 | 1980 | 11813 | 2678 |
| 1981 | | 1717 | 2498 | 1440 | 2453 | 1058 | 2048 | 2273 | 13343 | 2003 |
| 1982 | | 1622 | 2970 | 1418 | 2183 | 1148 | 1913 | | 11228 | 1755 |
| 1983 | | 2141 | 3713 | 2138 | 2835 | 1418 | 2363 | 2475 | 15278 | 1598 |
| 1984 | | 2390 | 4478 | 1935 | 2533 | 1620 | 2655 | 1148 | 13860 | 2025 |
| 1985 | | 1947 | 4185 | 1845 | 2610 | 1463 | 1980 | 2003 | 10800 | 1598 |
| 1986 | | 3108 | 4343 | 1823 | 3758 | 1733 | 2273 | 2565 | 12713 | 1913 |
| 1987 | | 2344 | 3893 | 1890 | 3780 | 1598 | 3128 | 2588 | 12578 | 1733 |
| 1988 | | 2568 | 4410 | 2025 | 3848 | 1643 | 2880 | 2543 | 13028 | 1643 |
| 1989 | | 2298 | 3825 | 2183 | 3218 | 1283 | 3150 | 2543 | 12668 | 1643 |
| 1990 | | 3117 | 4658 | 2678 | 4658 | 1575 | 3398 | 2745 | 17663 | 1665 |
| 1991 | | 2914 | 4230 | 2183 | 4523 | 1485 | 2835 | 2768 | 14918 | 1373 |
| 1992 | | 3220 | 4838 | 2631 | 4815 | 1616 | 3690 | 2790 | 16268 | 1373 |
| 1993 | | 3163 | 5279 | 2543 | 5384 | 1650 | 3646 | 2676 | 10512 | 1500 |
| 1994 | | 3438 | 5485 | 2304 | 5836 | 1837 | 3679 | 2634 | 9390 | 1354 |
| 1995 | | 3457 | 5626 | 2628 | 5056 | 1746 | 3468 | 3205 | 15246 | 1567 |
| 1996 | | 3908 | 5739 | 2665 | 5421 | 1914 | 4155 | 3557 | 16922 | 1735 |
| 1997 | | 3883 | 6163 | 3075 | 4581 | 2408 | 3345 | 2447 | 17808 | 1583 |
| 1998 | | 3722 | 5909 | 2967 | 4823 | 1808 | 2479 | 2558 | 13450 | 1550 |
| 1999 | | 3796 | 5851 | 2982 | 4632 | 2074 | 2396 | 3013 | 16421 | 1696 |
| 2000 | | 3242 | 6489 | 1623 | 4390 | 1569 | 2071 | 2039 | 17482 | 1810 |
| 2001 | | 3333 | 6444 | 2450 | 3884 | 1726 | 3039 | 2262 | 18112 | 1769 |
| 2002 | | 3755 | 5861 | 3643 | 4785 | 2115 | 3116 | 3516 | 21999 | 1585 |
| 2003 | | 3195 | 6510 | 1854 | 4083 | 1730 | 2685 | 2416 | 6011 | 1379 |
| 2004 | | 3816 | 6687 | 3360 | 4902 | 1985 | 3398 | 3478 | 12710 | 2019 |
| 2005 | | 3640 | 6338 | 3744 | 5053 | 1775 | 2567 | 4190 | 19264 | 1850 |
| 2006 | | 3714 | 6511 | 3750 | 4908 | 1657 | 3128 | 4852 | 18457 | 2201 |
| 2007 | | 3471 | 7234 | 2952 | 3921 | 1138 | 3205 | 3734 | 26359 | 2429 |
| 2008 | | 4033 | 7042 | 3748 | 4976 | 1508 | 2416 | 4120 | 28761 | 2388 |
| 2009 | | 3951 | 7048 | 3969 | 4614 | 1470 | 3127 | 3915 | 17222 | 2265 |
| 2010 | | 4526 | 7254 | 3303 | 5285 | 1651 | 3194 | 4139 | 22476 | 2622 |
| 2011 | | 4842 | 7094 | 3485 | 5652 | 1759 | 3232 | 4507 | 33526 | 2440 |
| 2012 | | 4994 | 7162 | 3333 | 5383 | 1823 | 3496 | 5807 | 37439 | 2623 |
| 2013 | | 5197 | 7021 | 2923 | 5684 | 1722 | 3841 | 6725 | 31932 | 2511 |
| 2014 | | 5300 | 7049 | 3199 | 5858 | 1840 | 4035 | 5118 | 40099 | 2541 |
| 2015 | | 5332 | 6944 | 3065 | 5815 | 1874 | 5168 | 4029 | 35541 | 2678 |
| 2016 | | 5222 | 7040 | 3639 | 5994 | 1746 | 4847 | 2861 | 34933 | 2666 |
| 2017 | | 5235 | 7140 | 3742 | 6316 | 1846 | 4888 | 4776 | 39958 | 3127 |
| 2018 | | 5281 | 7099 | 3307 | 6303 | 1844 | 5038 | 4349 | 43996 | 2831 |
| 哈尔滨 | Harbin | 6364 | 6537 | 4320 | 7252 | 1762 | 4568 | | 36667 | 3412 |
| 齐齐哈尔 | Qiqihar | 5069 | 5925 | 4546 | 6441 | 1472 | 5972 | 3076 | 44921 | |
| 鸡西 | Jixi | 5851 | 6493 | 4227 | 6540 | 1784 | 6219 | 3500 | | 2929 |
| 鹤岗 | Hegang | 5052 | 5663 | | 6255 | 1589 | 4234 | | | 2157 |
| 双鸭山 | Shuangyashan | 5433 | 6969 | 4691 | 7139 | 1711 | 4715 | | 30000 | 2537 |
| 大庆 | Daqing | 6256 | 6961 | 4438 | 7509 | 1801 | 5525 | 3000 | 43105 | 4161 |
| 伊春 | Yichun | 3364 | 6299 | | 6083 | 1499 | | 2290 | 40000 | |
| 佳木斯 | Jiamusi | 5725 | 6635 | 3656 | 6987 | 1806 | 6567 | | | 2250 |
| 七台河 | Qitaihe | 5197 | 5961 | | 5734 | 1589 | 4526 | | | 2542 |
| 牡丹江 | Mudanjiang | 4696 | 6161 | 2961 | 6306 | 1612 | 5177 | 6320 | 52400 | 2582 |
| 黑河 | Heihe | 2940 | 6025 | 3720 | 6207 | 1614 | 4921 | 4296 | 30968 | 2000 |
| 绥化 | Shuihua | 6146 | 7072 | 3576 | 7374 | 1837 | 5050 | | 22065 | 3000 |
| 大兴安岭 | Daxinganling | 1604 | 4354 | 2794 | 3994 | 1388 | 3950 | | | |
| 农垦总局 | ARB | 6748 | 7749 | 3677 | 8009 | 2429 | 5258 | | | |

注：表中的粮食作物单位面积产量为抽样调查结果。
a)The grain yield per hectare in the table is the result of sampling survey.

# 11-10 水果生产情况
## Yield of Fruits

| 年 份<br>地 区 | Year<br>Region | 果园面积(公顷)<br>Area of Orchards (hectare)<br>总 计<br>Total | <br><br>#苹果<br>Apples | <br><br>#梨<br>Pears | <br><br>#葡萄<br>Grapes | 水果产量(吨)<br>Yield of Fruits (ton)<br>总计<br>Total | <br><br>#苹果<br>Apples | <br><br>#梨<br>Pears | <br><br>#葡萄<br>Grapes |
|---|---|---|---|---|---|---|---|---|---|
| 2005 | | 39488 | 15488 | 5345 | 1708 | 461974 | 177432 | 48422 | 20720 |
| 2006 | | 37593 | 13334 | 4919 | 1632 | 471209 | 159759 | 49124 | 22728 |
| 2007 | | 40900 | 13170 | 5130 | 1780 | 517659 | 150534 | 46524 | 21847 |
| 2008 | | 40960 | 11950 | 5250 | 2730 | 593539 | 138330 | 47078 | 45062 |
| 2009 | | 35340 | 12000 | 4230 | 2480 | 493241 | 140670 | 41164 | 42206 |
| 2010 | | 36150 | 11420 | 4840 | 2990 | 466371 | 117019 | 37648 | 56732 |
| 2011 | | 34980 | 10850 | 4560 | 2970 | 542336 | 113984 | 40224 | 62120 |
| 2012 | | 35330 | 11640 | 3980 | 3960 | 567404 | 150661 | 37259 | 83443 |
| 2013 | | 34242 | 11648 | 3458 | 3869 | 491133 | 140649 | 28238 | 81441 |
| 2014 | | 34710 | 12198 | 3819 | 4867 | 576390 | 148900 | 33830 | 118016 |
| 2015 | | 33928 | 12378 | 3858 | 4608 | 518563 | 176181 | 34490 | 100042 |
| 2016 | | 32281 | 9146 | 2708 | 5411 | 530187 | 147118 | 36923 | 97721 |
| 2017 | | 27196 | 8646 | 2656 | 3991 | 510800 | 144496 | 36587 | 72848 |
| 2018 | | 20416 | 8667 | 2543 | 3812 | 294717 | 137532 | 42912 | 87180 |
| 哈尔滨 | Harbin | 1457 | 285 | 99 | 346 | 18519 | 4148 | 5807 | 4390 |
| 齐齐哈尔 | Qiqihar | 1119 | 277 | 62 | 218 | 14397 | 5136 | 850 | 4121 |
| 鸡 西 | Jixi | 2033 | 557 | 219 | 170 | 14496 | 8807 | 2464 | 3225 |
| 鹤 岗 | Hegang | 102 | 13 | 30 | 47 | 792 | 230 | 100 | 432 |
| 双鸭山 | Shuangyashan | 1022 | 442 | 258 | 118 | 17257 | 9557 | 4876 | 869 |
| 大 庆 | Daqing | 2660 | 262 | 286 | 1703 | 66369 | 4672 | 9324 | 51473 |
| 伊 春 | Yichun | 988 | | | 33 | 3143 | | | 532 |
| 佳木斯 | Jiamusi | 683 | 41 | 35 | 82 | 4434 | 1327 | 870 | 2087 |
| 七台河 | Qitaihe | 359 | 65 | 35 | 259 | 6760 | 1350 | 261 | 5149 |
| 牡丹江 | Mudanjiang | 9758 | 6720 | 1520 | 632 | 143973 | 102220 | 18360 | 10494 |
| 黑 河 | Heihe | 5 | | | | 2 | | | |
| 绥 化 | Suihua | 230 | 6 | | 204 | 4576 | 85 | | 4409 |
| 大兴安岭 | Daxinganling | | | | | | | | |

# 11-11 蔬菜、食用菌生产情况
# Yield of Vegetable and Mushroom

| 年份 Year / 地区 Region | | 播种面积(公顷) Sown Area (hectare) | | | | 产量(吨) Yield (ton) | | | |
|---|---|---|---|---|---|---|---|---|---|
| | | 总计 Total | #白菜 Chinese Cabbage | #黄瓜 Cucumber | #萝卜 Radish | 总计 Total | #白菜 Chinese Cabbage | #黄瓜 Cucumber | #萝卜 Radish |
| 2005 | | 333390 | 111305 | 23399 | 9078 | 11535465 | 4961917 | 777779 | 501397 |
| 2006 | | 331094 | 113435 | 21731 | 14886 | 11327103 | 4888475 | 695098 | 487233 |
| 2007 | | 291130 | 90210 | 20490 | 14041 | 10584756 | 3961792 | 698375 | 487481 |
| 2008 | | 287700 | 86730 | 20330 | 14490 | 10578998 | 4094636 | 714842 | 492696 |
| 2009 | | 187580 | 57040 | 15250 | 10590 | 7011518 | 2583124 | 589175 | 353666 |
| 2010 | | 184480 | 60562 | 14407 | 9531 | 7238271 | 2911454 | 566848 | 357713 |
| 2011 | | 223130 | 76560 | 17405 | 13742 | 7899314 | 3113831 | 618806 | 496705 |
| 2012 | | 249850 | 68919 | 19281 | 13946 | 8664146 | 3006789 | 666798 | 495756 |
| 2013 | | 265670 | 75352 | 20449 | 14077 | 9461458 | 3199246 | 783589 | 488111 |
| 2014 | | 268850 | 73824 | 21086 | 11277 | 9856073 | 3311552 | 867131 | 424008 |
| 2015 | | 245250 | 61468 | 15573 | 6420 | 9574374 | 3346748 | 683727 | 207829 |
| 2016 | | 177083 | 52294 | 14410 | 8228 | 6872710 | 2480675 | 570552 | 352625 |
| 2017 | | 205341 | 58946 | 15867 | 9828 | 7985902 | 2676598 | 650386 | 414174 |
| 2018 | | 161516 | 45142 | 11548 | 5784 | 6343982 | 2041657 | 484944 | 218449 |
| 哈尔滨 | Harbin | 33194 | 8853 | 2853 | 1502 | 1031076 | 315262 | 116338 | 43929 |
| 齐齐哈尔 | Qiqihar | 20490 | 7169 | 1013 | 379 | 900721 | 468838 | 30384 | 15192 |
| 鸡西 | Jixi | 2341 | 510 | 192 | 125 | 91915 | 24661 | 11508 | 4816 |
| 鹤岗 | Hegang | 960 | 160 | 95 | 41 | 42298 | 9915 | 8229 | 2041 |
| 双鸭山 | Shuangyashan | 1612 | 269 | 150 | 65 | 61777 | 13306 | 7848 | 3011 |
| 大庆 | Daqing | 11877 | 2768 | 1518 | 393 | 466989 | 166408 | 51015 | 21247 |
| 伊春 | Yichun | 2505 | 626 | 157 | 129 | 125284 | 34587 | 7274 | 5500 |
| 佳木斯 | Jiamusi | 5045 | 1204 | 414 | 418 | 150402 | 37070 | 14247 | 12226 |
| 七台河 | Qitaihe | 13840 | 5159 | 979 | 845 | 468591 | 191520 | 40833 | 26431 |
| 牡丹江 | Mudanjiang | 21837 | 1719 | 1474 | 435 | 1050394 | 89699 | 84048 | 20446 |
| 黑河 | Heihe | 6120 | 3750 | 227 | 270 | 183478 | 127713 | 6731 | 7418 |
| 绥化 | Suihua | 40389 | 12440 | 2440 | 1077 | 1715664 | 541965 | 105143 | 51303 |
| 大兴安岭 | Daxinganling | 1306 | 513 | 37 | 104 | 55393 | 20713 | 1345 | 4889 |

# 11-12 畜牧业生产情况
## Number of Livestock

单位：万头、头 (10000 heads, head )

| 年份 地区 | Year Region | 大牲畜数量 Large Animals | 黄牛及肉牛 Cattle and Beef Cattle | 奶牛 Milk Cow | 马 Horses | 驴 Donkeys | 骡 Mules |
|---|---|---|---|---|---|---|---|
| 1978 | | 286.9 | 105.1 | 6.2 | 164.5 | 4.8 | 6.3 |
| 1980 | | 257.8 | 95.6 | 7.8 | 143.6 | 4.6 | 6.2 |
| 1985 | | 305.5 | 149.9 | 25.8 | 117.9 | 6.4 | 5.5 |
| 1986 | | 314.0 | 156.7 | 31.9 | 113.3 | 6.5 | 5.6 |
| 1987 | | 314.6 | 155.9 | 40.3 | 106.5 | 6.4 | 5.5 |
| 1988 | | 318.1 | 157.7 | 47.0 | 101.3 | 6.6 | 5.5 |
| 1989 | | 324.1 | 165.0 | 49.2 | 98.0 | 6.2 | 5.7 |
| 1990 | | 348.2 | 182.8 | 54.0 | 99.2 | 6.3 | 5.9 |
| 1991 | | 358.7 | 192.4 | 57.9 | 95.7 | 6.4 | 6.3 |
| 1992 | | 365.3 | 200.6 | 61.1 | 90.1 | 7.0 | 6.5 |
| 1993 | | 376.4 | 221.2 | 55.1 | 86.7 | 7.2 | 6.3 |
| 1994 | | 420.2 | 265.9 | 56.4 | 83.4 | 8.2 | 6.5 |
| 1995 | | 485.7 | 326.6 | 61.7 | 81.9 | 8.9 | 6.8 |
| 1996 | | 540.6 | 376.7 | 65.8 | 81.2 | 9.8 | 7.1 |
| 1997 | | 545.3 | 383.1 | 67.2 | 78.7 | 9.3 | 6.9 |
| 1998 | | 549.5 | 388.1 | 68.5 | 77.8 | 8.9 | 6.3 |
| 1999 | | 549.0 | 389.6 | 68.6 | 76.6 | 8.3 | 5.9 |
| 2000 | | 547.7 | 391.5 | 69.8 | 72.8 | 7.9 | 5.6 |
| 2001 | | 558.3 | 400.4 | 77.8 | 66.6 | 8.1 | 5.3 |
| 2002 | | 598.3 | 432.3 | 93.3 | 60.0 | 7.6 | 5.1 |
| 2003 | | 690.3 | 506.8 | 117.6 | 53.0 | 7.7 | 5.1 |
| 2004 | | 773.0 | 573.9 | 141.0 | 45.5 | 7.7 | 4.8 |
| 2005 | | 840.2 | 622.3 | 164.3 | 41.2 | 7.6 | 4.8 |
| 2006 | | 548.4 | 378.6 | 126.2 | 32.2 | 7.5 | 3.9 |
| 2007 | | 563.5 | 394.1 | 131.8 | 28.5 | 6.0 | 3.0 |
| 2008 | | 560.2 | 392.3 | 131.4 | 28.2 | 5.8 | 2.5 |
| 2009 | | 575.1 | 361.9 | 178.8 | 26.8 | 5.2 | 2.4 |
| 2010 | | 578.2 | 363.2 | 180.6 | 27.6 | 4.5 | 2.4 |
| 2011 | | 564.9 | 367.0 | 164.0 | 26.7 | 4.6 | 2.6 |
| 2012 | | 567.1 | 367.9 | 166.6 | 25.9 | 4.2 | 2.5 |
| 2013 | | 542.3 | 358.8 | 153.0 | 24.6 | 4.0 | 2.0 |
| 2014 | | 550.0 | 368.8 | 152.4 | 23.6 | 3.8 | 1.4 |
| 2015 | | 557.3 | 387.7 | 144.7 | 19.9 | 3.7 | 1.2 |
| 2016 | | 540.7 | 389.7 | 128.1 | 18.2 | 3.5 | 1.2 |
| 2017 | | 509.3 | 365.2 | 124.1 | 15.5 | 3.3 | 1.1 |
| 2018 | | 476.2 | 351.5 | 105.0 | 13.42 | 5.2 | 1.0 |
| 哈尔滨 | Harbin | 719847 | 571134 | 126924 | 13792 | 5779 | 2218 |
| 齐齐哈尔 | Qiqihar | 890246 | 604387 | 244960 | 25775 | 13806 | 1318 |
| 鸡西 | Jixi | 121842 | 77316 | 43300 | 813 | 398 | 15 |
| 鹤岗 | Hegang | 30535 | 22995 | 7300 | 83 | 157 | |
| 双鸭山 | Shuangyashan | 67353 | 62757 | 4051 | 288 | 251 | 6 |
| 大庆 | Daqing | 529460 | 313434 | 187010 | 22471 | 6047 | 498 |
| 伊春 | Yichun | 57281 | 42067 | 13564 | 1299 | 339 | 12 |
| 佳木斯 | Jiamusi | 294278 | 257954 | 14702 | 4866 | 16467 | 289 |
| 七台河 | Qitaihe | 29851 | 28808 | 798 | 210 | 20 | 15 |
| 牡丹江 | Mudanjiang | 290803 | 268315 | 5064 | 10286 | 3014 | 4124 |
| 黑河 | Heihe | 528286 | 401406 | 108746 | 17250 | 685 | 199 |
| 绥化 | Suihua | 1069713 | 889956 | 138887 | 34007 | 5354 | 1509 |
| 大兴安岭 | Daxinganling | 24592 | 20773 | 682 | 3116 | 21 | |

注:1.2006—2017年数据是与第三次农业普查衔接后数据。

2.2018年分地市畜牧业数据包含农垦系统数据，(下同)。

a) Data from 2006 to 2017 on national accounts have been adjusted according to the results of the third national agricultural census.

b)In 2018, the data of animal husbandry in different cities include the data of farming system, (the same below).

## 11-12 续表 Continued

| 年份 地区 | Year Region | 肉猪出栏数量(万头、头) Slaughtered Fattened Hogs (10000 heads, head) | 猪年末数量(万头、头) Hogs (10000 heads, head) | 羊年末数量(万只、只) Sheep and Goats (10000 heads, head) | 山羊 Goats | 绵羊 Sheep | 家禽(万只) Poultry (10000 heads) |
|---|---|---|---|---|---|---|---|
| 1978 | | 403.7 | 835.0 | 218.7 | 11.7 | 207.0 | 1899.7 |
| 1980 | | 446.0 | 716.7 | 303.0 | 32.6 | 270.4 | 2238.7 |
| 1985 | | 383.5 | 592.9 | 229.6 | 30.8 | 198.8 | 5947.5 |
| 1986 | | 392.4 | 564.8 | 210.4 | 25.1 | 185.3 | 5081.9 |
| 1987 | | 371.6 | 438.4 | 218.5 | 23.5 | 195.0 | 5507.4 |
| 1988 | | 334.8 | 486.8 | 236.7 | 24.5 | 212.2 | 6531.4 |
| 1989 | | 350.5 | 548.7 | 264.3 | 28.1 | 236.2 | 7027.2 |
| 1990 | | 458.6 | 654.9 | 283.3 | 34.2 | 249.1 | 7791.1 |
| 1991 | | 511.7 | 683.7 | 291.0 | 35.8 | 255.2 | 9398.4 |
| 1992 | | 524.4 | 678.6 | 281.7 | 35.6 | 246.1 | 10280.4 |
| 1993 | | 509.4 | 665.0 | 279.8 | 45.0 | 234.8 | 11284.4 |
| 1994 | | 573.8 | 719.0 | 326.0 | 61.3 | 264.7 | 13302.5 |
| 1995 | | 672.4 | 855.9 | 389.2 | 94.7 | 294.5 | 16530.6 |
| 1996 | | 882.4 | 900.7 | 431.6 | 124.0 | 307.6 | 18297.3 |
| 1997 | | 936.5 | 932.2 | 440.5 | 122.1 | 318.4 | 18580.7 |
| 1998 | | 1063.1 | 958.1 | 462.8 | 121.5 | 341.3 | 12028.6 |
| 1999 | | 1123.2 | 1014.4 | 481.1 | 120.2 | 360.9 | 12878.2 |
| 2000 | | 1206.6 | 1085.4 | 507.4 | 123.8 | 383.6 | 13144.5 |
| 2001 | | 1300.2 | 1123.0 | 567.8 | 147.3 | 420.4 | 13739.4 |
| 2002 | | 1395.4 | 1163.0 | 749.1 | 228.7 | 520.4 | 14783.4 |
| 2003 | | 1599.6 | 1326.4 | 1029.5 | 403.0 | 626.5 | 15987.7 |
| 2004 | | 1905.4 | 1532.1 | 1153.6 | 448.2 | 705.4 | 16691.5 |
| 2005 | | 2238.0 | 1670.4 | 1180.3 | 408.9 | 771.4 | 16680.8 |
| 2006 | | 1330.8 | 1209.8 | 777.6 | 270.5 | 507.1 | 11926.5 |
| 2007 | | 1244.6 | 1228.7 | 821.8 | 287.7 | 534.1 | 12560.4 |
| 2008 | | 1369.5 | 1310.4 | 850.2 | 352.0 | 498.2 | 12975.0 |
| 2009 | | 1555.8 | 1395.4 | 899.3 | 338.9 | 560.4 | 13270.1 |
| 2010 | | 1663.1 | 1412.8 | 895.4 | 332.4 | 563.0 | 13601.5 |
| 2011 | | 1714.5 | 1433.7 | 918.5 | 338.3 | 580.1 | 14403.2 |
| 2012 | | 1867.4 | 1461.7 | 901.6 | 324.2 | 577.4 | 15544.7 |
| 2013 | | 1945.4 | 1448.9 | 821.2 | 248.1 | 573.1 | 15161.6 |
| 2014 | | 2070.8 | 1466.4 | 861.0 | 229.2 | 631.7 | 15074.4 |
| 2015 | | 2027.6 | 1429.9 | 900.6 | 197.3 | 703.3 | 15884.3 |
| 2016 | | 2026.3 | 1401.6 | 869.6 | 187.1 | 682.5 | 16634.8 |
| 2017 | | 2090.5 | 1433.9 | 835.2 | 175.9 | 659.3 | 16901.0 |
| 2018 | | 1964.4 | 1353.2 | 772.7 | 166.0 | 606.7 | 16124.7 |
| 哈尔滨 | Harbin | 3778962 | 2336300 | 361180 | 144829 | 216351 | 3207.6 |
| 齐齐哈尔 | Qiqihar | 3610192 | 2295500 | 2551491 | 343198 | 2208293 | 2063.0 |
| 鸡西 | Jixi | 746893 | 390429 | 236658 | 102893 | 133765 | 416.8 |
| 鹤岗 | Hegang | 1105276 | 556289 | 54101 | 13924 | 40177 | 803.9 |
| 双鸭山 | Shuangyashan | 719029 | 365726 | 199655 | 63440 | 136215 | 242.5 |
| 大庆 | Daqing | 1813782 | 1150697 | 1505596 | 77950 | 1427646 | 1258.2 |
| 伊春 | Yichun | 465693 | 253803 | 93973 | 69792 | 24181 | 484.4 |
| 佳木斯 | Jiamusi | 2175601 | 886244 | 423869 | 103110 | 320759 | 906.7 |
| 七台河 | Qitaihe | 301933 | 185215 | 90629 | 16654 | 73975 | 228.2 |
| 牡丹江 | Mudanjiang | 1140697 | 717498 | 386991 | 101503 | 285488 | 582.6 |
| 黑河 | Heihe | 839027 | 591878 | 773890 | 261589 | 512301 | 222.4 |
| 绥化 | Suihua | 5500125 | 3592716 | 1362247 | 191715 | 1170532 | 3381.8 |
| 大兴安岭 | Daxinganling | 106678 | 89016 | 79342 | 48263 | 31079 | 66.1 |

# 11-13 畜产品产量
## Output of Livestock Products

单位：万吨、吨 (10000 tons, ton)

| 年份 Year / 地区 Region | 肉类产量 Yield of Meat | #猪牛羊肉产量 Yield of Pork, Beef and Mutton | 猪肉 Pork | 牛肉 Beef | 羊肉 Mutton | #禽肉 Meat of Poultry | 奶类 Milk | #牛奶 Cow Milk |
|---|---|---|---|---|---|---|---|---|
| 1978 | | 31.9 | | | | | | |
| 1980 | | 37.1 | 34.8 | 1.6 | 0.7 | | 13.9 | 12.4 |
| 1985 | 34.9 | 31.5 | 29.7 | 1.0 | 0.8 | 3.4 | 45.5 | 43.0 |
| 1986 | 36.4 | 33.1 | 31.1 | 1.5 | 0.5 | 3.3 | 56.3 | 53.8 |
| 1987 | 36.3 | 32.1 | 29.1 | 2.4 | 0.6 | 4.2 | 68.1 | 66.3 |
| 1988 | 37.9 | 32.0 | 28.6 | 2.7 | 0.7 | 5.9 | 83.1 | 81.8 |
| 1989 | 40.9 | 33.2 | 29.5 | 2.9 | 0.7 | 7.4 | 88.2 | 87.1 |
| 1990 | 55.9 | 46.0 | 39.5 | 5.2 | 1.3 | 9.7 | 102.7 | 101.7 |
| 1991 | 62.7 | 50.9 | 43.4 | 6.1 | 1.4 | 11.3 | 114.2 | 112.6 |
| 1992 | 66.3 | 53.2 | 44.4 | 7.3 | 1.5 | 12.4 | 122.5 | 120.4 |
| 1993 | 65.4 | 52.4 | 42.6 | 8.4 | 1.4 | 12.3 | 113.3 | 111.6 |
| 1994 | 77.7 | 61.7 | 47.5 | 12.4 | 1.8 | 14.9 | 113.1 | 110.8 |
| 1995 | 90.3 | 70.3 | 53.4 | 15.0 | 1.9 | 18.8 | 121.2 | 121.2 |
| 1996 | 116.0 | 93.2 | 68.9 | 21.9 | 2.5 | 21.4 | 136.2 | 133.3 |
| 1997 | 125.9 | 100.1 | 74.1 | 23.5 | 2.6 | 25.9 | 143.0 | 140.5 |
| 1998 | 142.7 | 112.2 | 83.5 | 25.7 | 3.0 | 29.0 | 144.5 | 142.1 |
| 1999 | 150.9 | 119.5 | 89.0 | 27.3 | 3.2 | 30.0 | 145.0 | 142.8 |
| 2000 | 159.9 | 125.9 | 95.4 | 27.1 | 3.5 | 32.4 | 156.5 | 154.3 |
| 2001 | 171.2 | 134.4 | 101.4 | 29.0 | 3.9 | 34.5 | 192.4 | 189.0 |
| 2002 | 190.0 | 147.9 | 110.9 | 32.3 | 4.7 | 40.0 | 239.8 | 235.8 |
| 2003 | 217.2 | 167.5 | 125.0 | 35.8 | 6.7 | 47.7 | 304.0 | 300.5 |
| 2004 | 260.5 | 203.4 | 149.5 | 44.9 | 9.0 | 54.7 | 378.1 | 374.5 |
| 2005 | 306.3 | 242.5 | 177.1 | 54.1 | 11.3 | 61.4 | 444.2 | 440.2 |
| 2006 | 168.1 | 140.2 | 99.5 | 31.0 | 9.7 | 25.2 | 427.7 | 423.5 |
| 2007 | 165.9 | 136.6 | 93.0 | 33.2 | 10.4 | 27.0 | 441.7 | 438.3 |
| 2008 | 171.5 | 141.5 | 98.4 | 32.6 | 10.5 | 28.0 | 442.8 | 438.3 |
| 2009 | 191.2 | 159.7 | 111.3 | 36.8 | 11.6 | 29.8 | 461.9 | 455.9 |
| 2010 | 203.1 | 170.1 | 118.9 | 39.0 | 12.2 | 31.3 | 482.7 | 476.4 |
| 2011 | 207.9 | 173.6 | 122.5 | 39.3 | 11.8 | 32.5 | 475.6 | 468.3 |
| 2012 | 225.2 | 187.6 | 135.8 | 39.7 | 12.1 | 35.8 | 487.9 | 482.8 |
| 2013 | 232.4 | 194.0 | 142.4 | 39.7 | 11.9 | 36.5 | 451.1 | 446.8 |
| 2014 | 243.7 | 206.2 | 153.7 | 40.6 | 11.9 | 35.9 | 483.5 | 479.9 |
| 2015 | 243.6 | 204.6 | 150.6 | 41.6 | 12.4 | 37.6 | 495.8 | 491.9 |
| 2016 | 248.1 | 207.2 | 151.7 | 42.5 | 12.9 | 39.6 | 473.4 | 470.7 |
| 2017 | 260.3 | 216.1 | 159.3 | 43.9 | 12.9 | 42.8 | 468.4 | 465.2 |
| 2018 | 246.9 | 204.9 | 149.9 | 42.6 | 12.5 | 41.3 | 458.5 | 455.9 |
| 哈尔滨 Harbin | 508183 | 381236 | 288141 | 86578 | 6517 | 125092 | 601653 | 591745 |
| 齐齐哈尔 Qiqihar | 451056 | 389485 | 276894 | 76315 | 36276 | 59656 | 929952 | 927468 |
| 鸡西 Jixi | 86398 | 72550 | 57692 | 10880 | 3978 | 13011 | 147489 | 147137 |
| 鹤岗 Hegang | 207825 | 91194 | 85902 | 3916 | 1376 | 116584 | 18708 | 18708 |
| 双鸭山 Shuangyashan | 75815 | 68573 | 56548 | 6308 | 5717 | 7036 | 12299 | 12299 |
| 大庆 Daqing | 255095 | 213335 | 146743 | 45133 | 21459 | 39503 | 651258 | 648057 |
| 伊春 Yichun | 67624 | 45953 | 37853 | 6618 | 1482 | 20178 | 65420 | 62247 |
| 佳木斯 Jiamusi | 230053 | 202773 | 163004 | 31900 | 7869 | 26674 | 71647 | 70676 |
| 七台河 Qitaihe | 41689 | 30297 | 22972 | 4931 | 2394 | 11283 | 2456 | 255 |
| 牡丹江 Mudanjiang | 136755 | 118771 | 87095 | 24756 | 6920 | 16439 | 12849 | 12447 |
| 黑河 Heihe | 125695 | 116162 | 62883 | 42621 | 10658 | 9252 | 347267 | 346636 |
| 绥化 Suihua | 614817 | 522423 | 415853 | 86188 | 20382 | 90872 | 397783 | 395208 |
| 大兴安岭 Daxinganling | 13410 | 11304 | 8735 | 1550 | 1019 | 1790 | 1912 | 1912 |

注：1.2006—2017年数据是与第三次农业普查衔接后数据。
2.2018年畜产品数据包含农垦系统数据，（下同）。

a) Data from 2006 to 2017 on national accounts have been adjusted according to the results of the third national agricultural census.

b) In 2018, the data of animal husbandry in different cities include the data of farming system, (the same below).

## 11-13 续表 Continued

单位：吨 (ton)

| 年份<br>地区 | Year<br>Region | 绵羊毛<br>Sheep Wool | #细羊毛<br>Fine Wool | #半细羊毛<br>Semi-Fine Wool | 山羊毛<br>粗毛<br>Goat Wool | 羊绒<br>Cashmere | 禽蛋<br>(万吨)<br>Poultry Eggs<br>(10000 ton) | 蜂蜜<br>Honey | 蚕茧<br>Silkworm Cocoons |
|---|---|---|---|---|---|---|---|---|---|
| 1978 | | | | | | | | 4770 | 2079 |
| 1980 | | 9635 | 4409 | 5043 | 102 | 4 | | 5290 | 2469 |
| 1985 | | 7564 | 3476 | 3992 | 57 | 5 | 20.5 | 5458 | 1069 |
| 1986 | | 6542 | 2830 | 3593 | 30 | 11 | 18.6 | 3932 | 1197 |
| 1987 | | 7086 | 3019 | 4002 | 26 | 19 | 20.5 | 4933 | 683 |
| 1988 | | 7474 | 3295 | 4067 | 68 | 15 | 23.8 | 4529 | 779 |
| 1989 | | 8503 | 3390 | 4942 | 125 | 11 | 24.3 | 4012 | 1052 |
| 1990 | | 9614 | 3672 | 5852 | 93 | 4 | 30.9 | 3052 | 1451 |
| 1991 | | 9737 | 3980 | 5757 | 75 | 4 | 36.8 | 2640 | 1427 |
| 1992 | | 9330 | 3503 | 5827 | 92 | 2 | 37.8 | 2600 | 1069 |
| 1993 | | 8329 | 3192 | 5137 | 112 | 1 | 36.8 | 2899 | 1021 |
| 1994 | | 8817 | 3399 | 5418 | 99 | 2 | 40.8 | 2801 | 1052 |
| 1995 | | 9751 | 3114 | 6637 | 96 | 6 | 48.6 | 3038 | 863 |
| 1996 | | 11847 | 4004 | 7843 | 115 | 12 | 62.4 | 2964 | 879 |
| 1997 | | 13014 | 3820 | 9194 | 91 | 18 | 67.5 | 2934 | 843 |
| 1998 | | 12921 | 3956 | 8965 | 91 | 19 | 71.2 | 2678 | 1049 |
| 1999 | | 12793 | 3548 | 9245 | 108 | 17 | 74.9 | 2956 | 1395 |
| 2000 | | 13550 | 4365 | 9185 | 62 | 22 | 75.3 | 3765 | 1382 |
| 2001 | | 14540 | 4423 | 10117 | 182 | 58 | 80.3 | 7331 | 1923 |
| 2002 | | 17505 | 4576 | 12212 | 251 | 181 | 84.6 | 7781 | 2670 |
| 2003 | | 20606 | 6107 | 13154 | 713 | 393 | 90.3 | 7016 | 3112 |
| 2004 | | 24391 | 6297 | 16817 | 712 | 691 | 98.3 | 11884 | 3270 |
| 2005 | | 25734 | 5296 | 17769 | 874 | 793 | 102.7 | 11286 | 3370 |
| 2006 | | 25007 | 4254 | 15629 | 827 | 850 | 88.5 | 12716 | 3030 |
| 2007 | | 24929 | 4290 | 15837 | 624 | 856 | 92.3 | 10881 | 3365 |
| 2008 | | 23443 | 6111 | 17332 | 657 | 687 | 95.5 | 12242 | 3564 |
| 2009 | | 25309 | 4611 | 20698 | 382 | 770 | 104.9 | 15168 | 3018 |
| 2010 | | 28952 | 5532 | 21180 | 763 | 701 | 109.5 | 20370 | 5308 |
| 2011 | | 28952 | 5532 | 21180 | 763 | 701 | 110.7 | 20370 | 5308 |
| 2012 | | 31755 | 5453 | 23404 | 772 | 707 | 114.7 | 19691 | 5151 |
| 2013 | | 32129 | 5281 | 23790 | 1595 | 494 | 110.0 | 18023 | 5276 |
| 2014 | | 28375 | 5434 | 22941 | 1487 | 332 | 106.2 | 19004 | 5470 |
| 2015 | | 28959 | 4404 | 24294 | 1663 | 329 | 109.1 | 19995 | 5300 |
| 2016 | | 27417 | 3561 | 24294 | 1786 | 269 | 117.2 | 20574 | 4939 |
| 2017 | | 29741 | 3803 | 24294 | 1534 | 263 | 113.8 | 19236 | 4735 |
| 2018 | | 27196 | 3924 | 20879 | 1202 | 190 | 109 | 18816 | 4550 |
| 哈尔滨 | Harbin | 604 | 91 | 513 | 54 | 5 | 27 | 1227 | 10 |
| 齐齐哈尔 | Qiqihar | 9102 | 2672 | 6430 | 127 | 4 | 13 | 146 | 23 |
| 鸡西 | Jixi | 862 | | | 2 | 45 | 3 | 1526 | 133 |
| 鹤岗 | Hegang | 189 | 16 | 173 | 1 | 1 | 2 | 495 | |
| 双鸭山 | Shuangyashan | 632 | | 632 | | 27 | 1 | 3918 | 86 |
| 大庆 | Daqing | 6081 | 1050 | 5030 | 488 | 28 | 8 | 3 | |
| 伊春 | Yichun | 122 | 52 | 46 | 51 | 6 | 4 | 5431 | |
| 佳木斯 | Jiamusi | 882 | 3 | 879 | 646 | 35 | 6 | 187 | 652 |
| 七台河 | Qitaihe | 211 | | 190 | 47 | 6 | 1 | 7 | |
| 牡丹江 | Mudanjiang | 1526 | | 1526 | 204 | 7 | 4 | 4103 | 3405 |
| 黑河 | Heihe | 1815 | 19 | 1664 | 2 | 40 | 2 | 709 | 241 |
| 绥化 | Suihua | 3835 | 5 | 3830 | 65 | | 24 | 871 | |
| 大兴安岭 | Daxinganling | 56 | | 25 | 87 | 8 | 0 | 272 | |

# 11-14 水产品产量
# Output of Aquatic Products

单位：吨 (ton)

| 年份 Year<br>地区 Region | | 总产量 Total | #鱼类 Fish | #虾蟹类 Shrimps | #贝类 Shell-fish | #淡水捕捞 Fresh Water Fishing | #人工养殖 Artificially Cultured | #鱼类 Fish |
|---|---|---|---|---|---|---|---|---|
| 1980 | | 20172 | 20122 | 31 | 19 | 11219 | 8953 | 8953 |
| 1985 | | 66389 | 65527 | 759 | 103 | 28184 | 38205 | 38205 |
| 1990 | | 147869 | 146916 | 892 | 52 | 47940 | 99929 | 99929 |
| 1995 | | 252900 | 251536 | 1253 | 108 | 52212 | 200688 | 200676 |
| 1996 | | 290209 | 287973 | 2164 | 67 | 51896 | 238313 | 238281 |
| 1997 | | 323450 | 321708 | 1419 | 71 | 48572 | 274878 | 274588 |
| 1998 | | 357033 | 351773 | 5221 | 37 | 73111 | 283922 | 281916 |
| 1999 | | 364998 | 362808 | 2151 | 37 | 52245 | 312753 | 312418 |
| 2000 | | 382153 | 380586 | 1522 | 43 | 57637 | 324516 | 324230 |
| 2001 | | 401892 | 399823 | 2019 | 47 | 37010 | 364882 | 364586 |
| 2002 | | 417786 | 416256 | 1121 | 48 | 52197 | 365589 | 365031 |
| 2003 | | 418915 | 415578 | 3229 | 99 | 47810 | 371105 | 368678 |
| 2004 | | 430066 | 425003 | 4637 | 397 | 53568 | 376498 | 372885 |
| 2005 | | 445970 | 438486 | 5936 | 451 | 50762 | 395208 | 389532 |
| 2006 | | 330852 | 324237 | 5308 | 390 | 38802 | 292050 | 286638 |
| 2007 | | 342505 | 335676 | 5525 | 372 | 38736 | 303769 | 298143 |
| 2008 | | 355800 | 350628 | 4784 | 367 | 41795 | 314005 | 309927 |
| 2009 | | 380700 | 375354 | 4943 | 377 | 43149 | 337551 | 333096 |
| 2010 | | 399700 | 394052 | 5323 | 284 | 46885 | 352815 | 347952 |
| 2011 | | 356720 | 353781 | 2927 | 512 | 54203 | 314998 | 314998 |
| 2012 | | 452840 | 447524 | 4914 | 356 | 51946 | 400894 | 396431 |
| 2013 | | 488615 | 483859 | 4346 | 358 | 51560 | 437055 | 432997 |
| 2014 | | 513534 | 508805 | 4359 | 319 | 54138 | 459396 | 455313 |
| 2015 | | 542368 | 537152 | 4808 | 357 | 57169 | 485199 | 480595 |
| 2016 | | 572955 | 566398 | 6124 | 377 | 54551 | 518404 | 512395 |
| 2017 | | 587302 | 579819 | 6978 | 424 | 51640 | 535662 | 528723 |
| 2018 | | 624320 | 615619 | 8122 | 495 | 47100 | 577220 | 569687 |
| 哈尔滨 | Harbin | 120938 | 120153 | 685 | 45 | 4693 | 116245 | 115523 |
| 齐齐哈尔 | Qiqihar | 68114 | 67143 | 971 | | 15483 | 52631 | 51710 |
| 鸡西 | Jixi | 43886 | 43516 | 370 | | 2798 | 41088 | 40718 |
| 鹤岗 | Hegang | 9948 | 9917 | 30 | | 460 | 9488 | 9462 |
| 双鸭山 | Shuangyashan | 12285 | 12165 | 120 | | 783 | 11502 | 11382 |
| 大庆 | Daqing | 97550 | 92892 | 4200 | 450 | 12571 | 84979 | 81371 |
| 伊春 | Yichun | 4061 | 4061 | | | 397 | 3664 | 3664 |
| 佳木斯 | Jiamusi | 64632 | 64382 | 230 | | 3553 | 61079 | 60829 |
| 七台河 | Qitaihe | 5572 | 5561 | 11 | | | 5572 | 5561 |
| 牡丹江 | Mudanjiang | 17571 | 17562 | 9 | | 983 | 16588 | 16579 |
| 黑河 | Heihe | 17696 | 17506 | 190 | | 997 | 16699 | 16509 |
| 绥化 | Suihua | 160503 | 159197 | 1306 | | 3883 | 156620 | 155314 |
| 大兴安岭 | Daxinganling | 1564 | 1564 | | | 499 | 1065 | 1065 |

注:2006—2017年数据是与第三次农业普查衔接后数据。
a) Data from 2006 to 2017 on national accounts have been adjusted according to the results of the third national agricultural census.

# 11-15 特种作物生产情况
# Production of Special Products

| 指 标 | Item | 播种面积(公顷) Sown Area(hectare) | | | | 产量(吨) Yield(ton) | | | |
|---|---|---|---|---|---|---|---|---|---|
| | | 2015 | 2016 | 2017 | 2018 | 2015 | 2016 | 2017 | 2018 |
| 药 材 | Herb | 21484 | 28700 | 32887 | 41533 | | | | |
| #人 参 | #Panax | 1718 | 2014 | 3051 | 3105 | 3359 | 7652 | 11440 | 5329 |
| 甘 草 | Liquorice | 98 | 229 | 118 | 703 | 449 | 642 | 190 | 6697 |
| 枸 杞 | Meddler | 103 | 25 | 573 | 73 | 373 | 131 | 2085 | 176 |
| 龙胆草 | Gentian | | | 161 | 56 | | | 2705 | 236 |
| 月苋草 | Evening Primrose | 422 | 736 | 1181 | 4938 | 826 | 1417 | 2696 | 14479 |
| 白瓜籽 | Pumpkin seeds | 65011 | 80096 | 56301 | 26012 | 103201 | 125855 | 90358 | 40356 |
| 万寿菊 | Marigold | 1277 | 13001 | 4413 | 3039 | 29590 | 252133 | 76389 | 51641 |
| 甜叶菊 | Stevia Rebaudiana | 3577 | 4907 | 6218 | 666 | 11977 | 21436 | 26285 | 2310 |
| 甜葫芦 | Sweet Calabash | 863 | 1504 | 1675 | 482 | 2416 | 3897 | 4563 | 1484 |
| 花 卉 | Flower | 2910 | 914 | 2217 | 454 | | | | |

11-15 续表 Continued

| 指 标 | Item | 产 量 Yield | | | | |
|---|---|---|---|---|---|---|
| | | 2014 | 2015 | 2016 | 2017 | 2018 |
| 食用菌(吨) | Edible Mushroom (ton) | 547069 | 474120 | 346454 | 463713 | 523038 |
| 黑木耳(干品) | Jew's-ear (dry) | 266139 | 227045 | 175777 | 194462 | 312803 |
| 香菇(干品) | Lentinus Edodes (dry) | 12265 | 20296 | 9667 | 9514 | 60710 |
| 蘑菇类(鲜品) | Others(fresh) | 268665 | 226779 | 159286 | 258271 | 79044 |
| 鲜切花(万枝) | Fresh Flower and Ikebana (10000 branch) | 161 | 359 | 352 | 606 | 3705 |
| 盆栽观赏植物(包括盆景)(万盆) | Potted Ornamental (include bonsai)(10000 basin) | 998 | 972 | 922 | 1059 | 1039 |

# 11-16 特色养殖生产情况
# Production of Characteristic Breeding

| 指 标 | Item | 年末存栏 Stock at Year-end | | | 指 标 | Item | 出栏数量和产量 Output | | |
|---|---|---|---|---|---|---|---|---|---|
| | | 2016 | 2017 | 2018 | | | 2016 | 2017 | 2018 |
| 熊(只) | Beer (head) | 3355 | 3614 | 3671 | 熊胆汁(千克) | Beer Bile (kg) | 35413 | 30453 | 35974 |
| 鹿(只) | Deer (head) | 44020 | 42515 | 35976 | 鹿茸(千克) | Deer horn(kg) | 55713 | 56304 | 33241 |
| 鸵鸟(只) | Ostrich (head) | 1696 | 1461 | 2913 | 出栏山鸡(只) | Wild Chicken (head) | 138567 | 143648 | 136640 |
| 山鸡(只) | Wild Chicken (head) | 137184 | 133253 | 113567 | 出栏笨鸡(万只) | Domestic Chicken (10000 heads) | 2054 | 2105 | 1773 |
| 貉子(只) | Racoon Dog (head) | 1134644 | 875567 | 612378 | | | | | |
| 鹧鸪(只) | Francolin (head) | 36270 | 33873 | 17296 | 出栏肉犬(只) | Slaughtered Dog(head) | 284131 | 274022 | 247008 |
| 狐(只) | Fox (head) | 758326 | 565545 | 422231 | 林蛙(千克) | Rana Japonoca (kg) | 697760 | 640912 | 666941 |
| 笨鸡(万只) | Domestic Chicken (10000 heads) | 2168 | 2100 | 1674 | 蚕茧(吨) | Pod (ton) | 4939 | 4736 | 4550 |

# 11-17 绿色食品种植业和山特产品情况(2018年)
# Basic Statistics on Green Food and Special Mountain-Products(2018)

单位：万公顷、万吨 (10000 hectares，10000 tons)

| 指 标 | Item | 绿色食品 Green Food | | 有机食品 Organic Food | |
|---|---|---|---|---|---|
| | | 面积 | 产量 | 面积 | 产量 |
| **种植业合计** | **Total Crops** | **490.23** | **2386.8** | **37.56** | **153.5** |
| 水 稻 | Rice | 203.19 | 1185.75 | 14.25 | 62.87 |
| 小 麦 | Wheat | 7.57 | 13.58 | | |
| 玉 米 | Corn | 121.30 | 684.66 | 8.69 | 55.30 |
| 谷 子 | Millet | 5.73 | 20.73 | 2.98 | 6.39 |
| 大 豆 | Soja | 128.27 | 192.85 | 10.35 | 22.18 |
| 绿 豆 | Mung bean | 3.48 | 5.50 | 0.03 | 0.07 |
| 马铃薯 | Potatoes | 8.93 | 37.71 | 0.06 | 1.80 |
| 甜 菜 | Beetroots | | | | |
| 蔬 菜 | Vegetables | 1.73 | 51.73 | 0.63 | 4.73 |
| 其 它 | Others | 10.02 | 194.33 | 0.57 | 0.16 |
| **山特产品合计** | **Total Special Mountain-Product** | **2.83** | **17.07** | **5.82** | **4.13** |
| 山野菜 | Potherb | | | | |
| 食用菌 | Edible Mushroom | 2.83 | 17.07 | 1.08 | 0.18 |
| 其 它 | Others | | | 4.74 | 3.95 |

注：有机食品指由中绿华夏有机食品认证中心认证的产品数据。
a) Organic food data was provided by the Green China Organic Food Certification Center.

# 11-18 绿色食品养殖业情况
# Breed Aquatics of Green Food

| 指 标 | Item | 2014 | 2015 | 2016 | 2017 | 2018 |
|---|---|---|---|---|---|---|
| 牵动农户(户) | Number of Affected Households (household) | 156200 | 30419 | 30956 | 26511 | 26108 |
| 生猪存栏(头) | Hogs in Stock (head) | 60700 | 53107 | 62399 | 52299 | 220700 |
| 生猪出栏(头) | Slaughtered Fattened Hogs (head) | 62600 | 76420 | 77956 | 51289 | 164320 |
| 猪肉产量(吨) | Output of Pork (ton) | 4900 | 5542 | 5651 | 3212 | 10342 |
| 肉牛存栏(头) | Oxus in Stock (head) | 56300 | | | | |
| 肉牛出栏(头) | Slaughtered Fattened Oxus (head) | 58000 | | | | |
| 牛肉产量(吨) | Output of Beef (ton) | 9256 | | | | |
| 奶牛存栏(头) | Milk Cow in Stock (head) | 430000 | 380270 | 1700 | | |
| 牛奶产量(吨) | Output of Cow Milk (ton) | 1404297 | 1036791 | 1090 | | |
| 鹅存栏(只) | Goose in Stock (head) | 873200 | 754600 | 815000 | 175000 | 165000 |
| 鹅出栏(只) | Slaughtered Fattened Goose (head) | 1375000 | 1289400 | 1360000 | 686000 | 410000 |

# 11-19 绿色食品加工企业情况
# Basic Statistics on Green Food Processing

| 指 标 | Item | 2014 | 2015 | 2016 | 2017 | 2018 |
|---|---|---|---|---|---|---|
| 企业个数(个) | Number of Enterprises (unit) | 580 | 600 | 890 | 970 | 1005 |
| 职工人数(万人) | Number of Staff and Workers (10000 persons) | 20.5 | 21.9 | 24.5 | 24.9 | 23.6 |
| #技术人员 | #Technicians | 2.4 | 2.5 | 2.7 | 2.8 | 2.6 |
| #中级职称以上 | # The Secondary Title and Above | 0.9 | 0.9 | 1.1 | 1.1 | 1.0 |
| 资产总额(亿元) | Total Assets (100 million yuan) | 355.2 | 367.4 | 552.5 | 698.5 | 679.3 |
| 流动资产(亿元) | Circulating Funds (100 million yuan) | 166.1 | 167.5 | 239.9 | 273.7 | 257.4 |
| 固定资产净值(亿元) | Net Value of Fixed Assets(100 million yuan) | 173.6 | 199.9 | 312.6 | 330.0 | 351.9 |
| 投资额度(亿元) | Investment Amount (100 million yuan) | 150.7 | 195.4 | 255.2 | 306.6 | 286.7 |
| 国家预算内投资 | State Budgetary Appropriation | 0.2 | 3.2 | 22.9 | 21.6 | 23.1 |
| 国内贷款 | Domestic Loans | 40.5 | 38.1 | 56.5 | 65.7 | 63.4 |
| 利用外资 | Foreign Investment | 3.0 | 1.3 | 1.8 | 2.6 | 3.1 |
| 自筹资金 | Fundraising | 105.1 | 145.2 | 160.7 | 207.0 | 173.0 |
| 其他投资 | Others | 1.9 | 7.6 | 13.3 | 9.7 | 24.1 |
| 产品产量(万吨) | Yield of Products (10000 tons) | 1290.0 | 1350.0 | 1510.0 | 1740.0 | 1790.0 |
| 产值(亿元) | Output Value (100 million yuan) | 1120.0 | 1380.0 | 1480.0 | 1615.0 | 1650.0 |
| 利税(亿元) | Profit and Revenue (100 million yuan) | 85.7 | 89.6 | 97.1 | 98.5 | 98.9 |
| 定单数量(万吨) | Amount of Orders (10000 tons) | 592.6 | 603.4 | 930.6 | 950.3 | 965.0 |
| #省 内 | #Inside the Province | 168.2 | 144.7 | 194.7 | 201.2 | 211.7 |
| 省 外 | Outside the Province | 385.9 | 422.3 | 695.7 | 705.4 | 713.2 |
| 国 外 | at Abroad | 38.5 | 36.4 | 40.2 | 43.7 | 40.1 |

# 11-20 林业生产情况
# Basic Statistics on Forestry

| 指 标 | Item | 2016 | 2017 | 2018 |
|---|---|---|---|---|
| **营造林面积(公顷)** | **Total Area of Afforestation(hectare)** | **978051** | **121124** | **121705** |
| 人工造林面积 | Manual Planting | 47055 | 39246 | 51353 |
| 飞播造林面积 | Airplane Planting | | | |
| 当年新封山(沙)育林面积 | New Closing Hillsides for Afforestation | 36814 | 42250 | 30763 |
| 退化林修复面积 | Restoration of Degraded Forest | 14923 | 39555 | 39184 |
| 人工更新面积 | Artificial Regeneration | | 74 | 406 |
| 森林抚育面积 | Working Area of Forest | 879259 | 893993 | 886978 |
| **年末实有封山(沙)育林面积(公顷)** | **Closing Hillsides for Afforestation at Year-end** | | **764856** | **720140** |
| **四旁(零星)植树(株)** | **Oddly Tree Planting (root)** | **11363269** | **18677925** | **4720681** |
| **商品材采伐(立方米)** | **Forest Cutting (cu.m)** | **1163867** | **911841** | **690865** |

# 主要统计指标解释

**农林牧渔业总产值**　指以货币表现的农、林、牧、渔业全部产品和对农林牧渔业生产活动进行的各种支持性服务活动的价值总量，它反映一定时期内农林牧渔业生产总规模和总成果。1957 年以前的农林牧渔业总产值中包括了厩肥和农民自给性手工业(如农民自制衣服、鞋、袜，自己从事粮食初步加工等)。1958 年及以后，林业中增加了村及村以下竹木采伐产值；牧业中取消了厩肥产值；副业中取消了农民自给性手工业产值，增加了村及村以下办的工业产值；渔业中增加了海洋捕捞水产品产值。1980 年及以后，在副业中增加了农民家庭兼营工业商品部分的产值。从 1984 年起村及村以下工业产值划归工业。从 1993 年起取消副业，将野生动物的捕猎划入牧业，野生植物采集和农民家庭兼营商品性工业划归农业。从 2003 年起，执行新的国民经济行业分类标准，农林牧渔业总产值中包括了农林牧渔服务业产值，2018 年以后农林牧渔服务业产值改称农林牧渔专业及辅助性活动产值。林业中增加了森林采运业产值。农业中取消了家庭兼营商品性工业产值，将野生林产品的采集划归林业。第一、二、三次农业普查以后，根据农业普查结果，对农业、畜牧业、渔业年报数据和农业、畜牧业、渔业产值进行了修订。2010 年执行《统计用产品分类目录》，对 2009 年的农业、林业产值做了相应调整。

农林牧渔业总产值的计算方法通常是按农、林、牧、渔业产品及其副产品的产量分别乘以各自单位产品价格求得；少数生产周期较长，当年没有产品或产品产量不易统计的，则采用间接方法匡算其产值；然后将四业产品产值及农林牧渔服务业产值相加即为农林牧渔业总产值。

**粮食产量**　指农业生产经营者日历年度内生产的全部粮食数量。按收获季节包括夏收粮食、早稻和秋收粮食，按作物品种包括谷物、薯类和豆类。其产量计算方法：谷物按脱粒后的原粮计算，豆类按去豆荚后的干豆计算；薯类(包括甘薯和马铃薯，不包括芋头和木薯)1963 年以前按每 4 公斤鲜薯折 1 公斤粮食计算，从 1964 年开始改为按 5 公斤鲜薯折 1 公斤粮食计算；城市郊区作为蔬菜的薯类(如马铃薯等)按鲜品计算，并且不作粮食统计。1989 年以前全国粮食产量数据主要靠全面报表取得，1989 年开始使用抽样调查数据。

**棉花产量**　指全社会的产量。包括春播棉和夏播棉。产量按皮棉计算。不包括木棉。

**油料产量**　指全部油料作物的生产量。包括花生、油菜籽、芝麻、向日葵籽、胡麻籽（亚麻籽）和其他油料。不包括大豆、木本油料和野生油料。花生以带壳干花生计算。

**水产品产量**　指渔业（捕捞和养殖）生产活动的最终有效成果，包括全部海水和淡水鱼类、甲壳类（虾、蟹）、贝类、头足类、藻类和其他类渔业产品的最终产量。水产品产量是通过各级水产和统计部门逐级上报取得数据。1995 年及以前，贝类中牡蛎按鲜肉计算；蚶、蛤、蛙按 5 斤鲜品折 1 斤计算。1996 年以后则统一按鲜品计算。

**猪、牛、羊肉产量**　指当年出栏并已屠宰、除去头蹄下水后带骨肉(即胴体重)的重量。包括全社会范围内的产量。1996 年以前为全面统计并逐级上报数据。1996 年第一次农业普查以后，根据普查结果，对畜牧业主要年报数据进行了修正。1999 年以后，国家统计局在部分地区开展了猪、牛、羊、禽等主要畜禽品种的抽样调查，并用抽样数据作为国家定案数据使用。未开展抽样调查的地区和品种，仍使用各级统计部门逐级上报数据。2008 年，建立了主要畜禽监测调查制度，猪、牛、羊、禽等主要畜禽数据均以抽样调查数为法定数据。

**期初(末)畜禽存栏头(只)数**　指报告期初(末)农村各种合作经济组织和国营农场、农民个人、机关、团体、学校、工矿企业、部队等单位以及城镇居民饲养的大牲畜、猪、羊、家禽等畜禽的数量。数据上报方式及数据调整情况同猪、牛、羊肉产量。

**农作物播种面积**　指农业生产经营者应在日历年度内收获农作物在全部土地（耕地或非耕地）上的播种或移植面积。凡是本年内收获的农作物，无论是本年还是上年播种，都算为播种面积，但不包括本年播种，下年收获的农作物面积。

**耕地灌溉面积**　指具有一定的水源，地块比较平整，灌溉工程或设备已经配套，在一般年景下能够进行正常灌溉的耕地面积。在一般情况下，有效灌溉面积应等于灌溉工程或设备已经配套，能够进行正常灌溉的水田和水浇地面积之和。它是反映我国农田水利建设的重要指标。

**农用化肥施用量**　指本年内实际用于农业生产的化肥数量，包括氮肥、磷肥、钾肥和复合肥。化肥施用量要求按折纯量计算数量。折纯量是指把氮肥、磷肥、钾肥分别按含氮、含五氧化二磷、含氧化钾的百分之百成份进行折算后的数量。复合肥按其所含主要成分折算。公式为：

折纯量=实物量 × 某种化肥有效成份含量的百分比

**农业机械总动力**　指全部农业机械动力的额定功率之和。农业机械是指用于种植业、畜牧业、渔业、农产品初加工、农用运输和农田基本建设等活动的机械及设备。农机总动力按使用能源不同分为以下四部分：

柴油发动机动力：指全部柴油发动机额定功率之和；

汽油发动机动力：指全部汽油发动机额定功率之和；

电动机动力：指全部电动机（含潜水电泵的电动机）额定功率之和；

其他机械动力：指采用柴油、汽油、电力之外的其他能源，如水力、风力、煤炭、太阳能等动力机械功率之和。

这个指标的统计数据主要来源于农机部门。

**乡村户数** 指长期(一年以上)居住在乡镇(不包括城关镇)行政管理区域内的住户，还包括居住在城关镇所辖行政村范围内的农村住户。户口不在本地而在本地居住一年及以上的住户也包括在本地农村住户内；有本地户口，但举家外出谋生一年以上的住户，无论是否保留承包耕地都不包括在本地农村住户范围内。不包括乡村地区内的国有经济的机关、团体、学校、企业、事业单位的集体户。

**乡村人口** 指乡村地区常住居民户数中的常住人口数，即全年经常在家或在家居住 6 个月以上，而且经济和生活与本户连成一体的人口。外出从业人员在外居住时间虽然在 6 个月以上，但收入主要带回家中，经济与本户连为一体，仍视为家庭常住人口；在家居住，生活和本户连成一体的国家职工、退休人员也为家庭常住人口。但是现役军人、中专及以上(走读生除外)的在校学生、以及常年在外(不包括探亲、看病等)且已有稳定的职业与居住场所的外出从业人员，不应当作家庭常住人口。

**乡村从业人员** 指乡村人口中 16 周岁以上实际参加生产经营活动并取得实物或货币收入的人员，即包括劳动年龄内经常参加劳动的人员，也包括超过劳动年龄但经常参加劳动的人员，但不包括户口在家的在外学生、现役军人和丧失劳动能力的人，也不包括待业人员和家务劳动者。从业人员按从事主业时间最长（时间相同按收入）分为农林牧渔业从业人员、工业从业人员、建筑业从业人员、交通运输业、仓储及邮电通讯业从业人员、批零贸易及餐饮业从业人员、其他非农行业从业人员。

# Explanatory Notes on Main Statistical Indicators

**Gross Output Value of Agriculture, Forestry, Animal Husbandry and Fishery** refers to the total value of products of agriculture, forestry, animal husbandry and fishery, and total value of services in support of agriculture, forestry, animal husbandry and fishery activities. It reflects the total scale and results of agricultural production during a given period. Prior to 1957, China's gross agricultural output value included barnyard manure and handicraft products for self-consumption (clothes, shoes, stockings, and initial grain processing undertaken by peasants). Since 1958, cutting and felling of bamboo and trees by villages and other cooperative organizations under villages have been included in forestry; value of barnyard manure has been excluded from animal husbandry; self consumed handicrafts have not been included from sideline occupations, while the output value of industries run by villages and cooperative organizations under village has been included in sideline occupations; and the output value of fish catches by motor fishing boats has been added to fishery. Since 1980, the value of handicraft products made for sale by individuals in households has been added to sideline occupations. Since 1984, industries run by villages and under villages have been included in the sector of industry. Since 1993, the subdivision of sideline occupations has been cancelled, and the hunting of wild animals has been classified into animal husbandry, and the gathering of wild plants and commodity industry run by rural household have been included in farming. A new industrial classification of economic activities was introduced in 2003. Under the new classification, value of services to agriculture, forestry, animal husbandry and fishery is included in the gross output value of agriculture. In 2018, the output value of agriculture, forestry, animal husbandry and fishery services was renamed the output value of professional and auxiliary activities in support of agriculture, forestry, animal husbandry and fishery, value of wood felling and transport is included in forestry, value of industrial output by rural households is not included in agriculture. According to the result of the first, second, third Agriculture Census, efforts were made to adjust the annual reports of animal husbandry and fishery output and the output value of agriculture, animal husbandry and fishery output to make the figures from the annual reports consistent with the census data. "The Classification of Products for Statistical Purposes" implemented in 2010 made relevant revision on the output value of agriculture and forestry in 2009.

Gross output value of agriculture is obtained by multiplying the output of each product or by-product by its price, resulting in the output value of each single item. For a small number of products, annual output of which is not available or difficult to get due to the long production (growing) process involved, the output value is estimated through an indirect approach. The sum of output values of all products of agriculture, forestry, animal husbandry and fishery and services in support to those industries is then equal to the gross output value of agriculture.

**Grain Output** refers to the total output of grains produced by agricultural producers within a calendar year. It includes summer grain, early rice and autumn grain if classified by harvest seasons; it covers cereal, tubers and beans if classified by type of crops. Output of cereal should be limited to husked grain only. Output of beans refers to dry beans without pods. The output of tubers (sweet potatoes and potatoes, not including taros and cassava) are converted into that of grain at the ratio 4:1, i.e. 4 kilograms of fresh tubers were equivalent to 1 kilogram of grain up to 1963. Since 1964 the ratio for conversion has been 5:1, and Starting from 2014, the ratio for conversion has been 1:1. Tubers supplied as vegetables (such as potatoes) in cities and suburbs are calculated as fresh vegetables and their output is not included in the output of grain. Data on grain production before 1989 were obtained through the Comprehensive Statistical Reporting System. Since 1989, data from sample surveys are used.

**Cotton Output** refers to cotton production in the whole country including cotton planted in spring and in autumn. Output is measured as the weight of ginned cotton. Ceiba is not included.

**Output of Oil-bearing Crops** refers to the total production of oil-bearing crops of various kinds, including peanuts (dry, in shell), rapeseeds, sesame, sunflower seeds, flax seeds, and other oil-bearing crops. Soybeans, oil-bearing woody plants, and wild oil-bearing crops are not included.

**Output of Aquatic Products** refers to final output actually yielded from fishing production (fishery and breeding), including all output of marine and freshwater fish, crustaceans (shrimps, crabs), shellfish, cephalopod, seaweed and other fishery products. Data on output of aquatic products are reported by aquatic product and statistical agencies level by level. Before 1995, among the shellfish, oyster was counted as fresh meat; 5 kilograms of ark shell, clams and frogs are equivalent to 1 kilogram of fresh aquatic products; they have all been counted as fresh aquatic products since 1996.

**Output of Pork, Beef, and Mutton** refers to the meat of slaughtered hogs, cattle, sheep and goats with head, feet, and offal taken away. Data refers to the production of the whole country. Before 1996, it was a comprehensive reporting from the lower level to the upper one. The First Agricultural Census of China in 1996 revealed some discrepancy between the production of animal products from the annual reports and that from the census. Efforts were made to adjust the output value of animal husbandry to make the figures from the annual reports consistent with the census data. Since 1999, the NBS conducted sample surveys for the major animal husbandry products, such as hogs, cattle, sheep and goats and fowls, and the data from sample surveys are used as national finalized data. Those products, which are not covered by the sample survey, are still reported by statistical agencies level by level. In 2007, the data on animal husbandry from 2000 to 2006 were revised according to the results of the Second Agriculture Census of China. In 2008, A Monitoring and Survey Program was set up on main livestock, the data on the main livestock such as hog, cattle, sheep and poultry became the official data based on the sampling survey.

**Number of Livestock or Poultry in Stock at Beginning (or End) of Period** refers to the total number of large animals, pigs, sheep, fowls, etc. raised by rural cooperative organizations, State farms, rural individuals, government agencies, schools, industrial and mining enterprises, army, and urban residents at the beginning (or end) of the reference period. Data reporting system and data adjustment are the same as that in the output of pork, beef and mutton.

**Sown Area of Crops** refers to area of all land (cultivated or non-cultivated area) sown or transplanted with crops that are harvested within the calendar year by agricultural producers. All crops harvested within the year are counted as sown area, regardless of being sown in this year or the previous year. Crops sown this year but will be harvested in the coming year are excluded.

**Irrigated Area of Cultivated Land** refers to area of land that are effectively irrigated, i.e. relatively level land, where there are water sources or complete sets of irrigation facilities to lift and move adequate water for irrigation purpose under normal conditions. Under normal situations, irrigated area is the sum of watered fields and irrigated fields where irrigation systems or equipment have been installed for regular irrigation purpose. It is an important indicator to reflect the farmland water conservancy construction in China.

**Consumption of Chemical Fertilizers in Agriculture** refers to the quantity of chemical fertilizers applied in agriculture in the year, including nitrogenous fertilizer, phosphate fertilizer, potash fertilizer, and compound fertilizer. The consumption of chemical fertilizers is calculated in terms of volume of effective components by means of converting the gross weight of the respective fertilizers into weight containing effective component (e.g. nitrogen content in nitrogenous fertilizer, phosphorous pentoxide contents in phosphate fertilizer, and potassium oxide contents in potash fertilizer). Compound fertilizer is converted in regard to its major components. The formula is:

Volume of effective component = physical quantity× effective component of certain chemical fertilizer (%)

**Total Power of Agricultural Machinery** refers to the total rated capacity of all agricultural machinery. Agricultural machinery refers to the machineries and equipments which are used for activities of planting, animal husbandry, fishery, primary processing of agricultural products, agricultural transport and infrastructure construction of farmland. Total power of agricultural machinery is grouped into four parts according to the energy used:

Diesel engine power refers to the total rated capacity of all diesel engines.

Gasoline engine power refers to the total rated capacity of all gasoline engines.

Motor power refers to the total rated capacity of all motors (include submersible pump motors).

Other mechanical powers refer to the total mechanical capacity of the sources of energy besides diesel, gasoline and motor power, such as hydro power, wind power, coal and solar energy.

Data are mainly from agricultural machinery agencies.

**Number of Households in Villages** refers to households resident on a long term basis (i.e. 1 year or more) in administrative districts in townships (not including urban townships), including rural households resident in areas under the jurisdiction of urban townships. Households whose household registration is not in the locality yet resident for one year or more are included among the rural households. Households having local household registration yet the whole household having left for somewhere else for work for one year or more, whether still retaining contracted farmland, are not included among the local rural households. Also not included are collective households associated with institutions of the State economy, organizations, schools and enterprises.

**Number of Residents of Villages** refers to the number of usual residents in usual resident households in rural areas. These are persons who are regularly at home or are at home for 6 months or more and economically and socially integrated with the household. For persons who are away from home for employment for more than 6 months yet the main income is brought back home and thus economically integrated with the household, the person is still considered as a usual resident of the household. National employee and retired personnel who reside at home and whose living is integrated with the household are also considered as usual residents. However, serving military personnel, students at secondary technical level or above ( unless commuting between school and home), employed persons who are regularly elsewhere the year round ( except visiting relatives or receiving medical attention) and having a stable job and residence should not be considered as usual resident of the household.

**Rural Persons Engaged** refer to persons in the rural labour force aged over 16 years who are engaged in actual production and management activities and receive payment in kind or wages, including those covered within the labour force age bracket and regularly participating in production activities, and those who are out of the labour force age bracket yet also participating in production activities regularly. Students studying in other places with their permanent residence registered in local areas, servicemen and persons incapable of working are not included. Also not included are those who are waiting for jobs and those engaged in housework. Persons employed are classified as persons engaged in agriculture, forestry, animal husbandry or fishery activities; persons engaged

in industrial activities; persons engaged in construction activities; persons engaged in transport, storage and telecommunications activities; persons engaged in wholesale and retail trade and catering activities; and persons engaged in other non-agriculture activities. In case the person is engaged in more than one type of work, classification is according to the industry in which he works most of the time (where time is the same income would be the criterion).

# 第十二篇　工　业

CHAPTER 12　INDUSTRY

资料整理：燕慧军　杨　阳　张小璇

# 12-1 工业企业单位数
# Number of Industry Enterprises

单位：个 (unit)

| 类 别 | Category | 2014 | 2015 | 2016 | 2017 | 2018 |
|---|---|---|---|---|---|---|
| **总 计** | **Total** | **4305** | **4162** | **3946** | **3731** | **3251** |
| #亏损企业 | #Loss-making Enterprises | 760 | 835 | 705 | 1001 | 876 |
| #国有控股企业 | #State-holding Enterprises | 457 | 446 | 447 | 482 | 466 |
| **按登记注册类型分** | **Grouped by Status of Registration** | | | | | |
| 内资企业 | Domestic Funded | 4085 | 3964 | 3758 | 3549 | 3096 |
| 国有企业 | State-owned Enterprises | 134 | 135 | 120 | 119 | 109 |
| #中央企业 | #Central Industry | 23 | 25 | 15 | 14 | 20 |
| 集体企业 | Collective-owned Enterprises | 49 | 42 | 29 | 28 | 34 |
| 股份合作企业 | Cooperative Enterprises | 19 | 16 | 11 | 6 | 6 |
| 联营企业 | Joint Ownership Enterprises | 1 | 3 | 1 | | |
| 有限责任公司 | Limited Liability Corporations | 1565 | 1588 | 1612 | 1532 | 1283 |
| 股份有限公司 | Share Holding Enterprises | 218 | 211 | 214 | 191 | 169 |
| 私营企业 | Private Enterprises | 2080 | 1955 | 1759 | 1660 | 1488 |
| 私营独资企业 | Private-funded Enterprises | 82 | 66 | 42 | 32 | 23 |
| 私营合伙企业 | Private Partnership | 5 | 5 | 3 | 2 | 2 |
| 私营有限责任公司 | Private Limited Liability Corporations | 1874 | 1769 | 1604 | 1532 | 1383 |
| 私营股份有限公司 | Private Share-holding Enterprises | 119 | 115 | 110 | 94 | 80 |
| 其他企业 | Other Enterprises | 19 | 14 | 12 | 13 | 7 |
| 港、澳、台商投资企业 | Enterprises with Funds from Hong Kong, Macao and Taiwan | 67 | 60 | 61 | 65 | 49 |
| 外商投资企业 | Foreign Funded Enterprises | 153 | 138 | 127 | 117 | 106 |
| **按轻重工业分** | **Grouped by Light and Heavy Industry** | | | | | |
| 轻 工 业 | Light Industry | 1985 | 2001 | 1952 | 1793 | 1564 |
| 重 工 业 | Heavy Industry | 2320 | 2161 | 1994 | 1938 | 1687 |
| **按企业规模分** | **Grouped by Size of Enterprises** | | | | | |
| 大 型 | Large Enterprises | 117 | 102 | 87 | 79 | 81 |
| 中 型 | Medium-sized Enterprises | 511 | 490 | 465 | 389 | 339 |
| 小 型 | Small Enterprises | 3330 | 3204 | 3050 | 2601 | 2194 |
| 微 型 | Micro type | 347 | 366 | 344 | 662 | 637 |
| **按行业分** | **Grouped by Sector** | | | | | |
| 采矿业 | Mining and Quarrying | 246 | 212 | 175 | 206 | 198 |
| #煤炭开采和洗选业 | #Mining and Washing of Coal | 154 | 128 | 95 | 137 | 135 |
| 石油和天然气开采业 | Extraction of Petroleum and Natural Gas | 2 | 1 | 1 | 2 | 2 |
| 制造业 | Manufacturing | 3748 | 3609 | 3401 | 3107 | 2624 |
| 电力、热力、燃气及水的生产和供应业 | Production and Supply of Electric, heat, Gas and Water | 311 | 341 | 370 | 418 | 429 |

# 12-2 工业企业主要经济指标(2018年)

单位：个、万元

| 类 别 | Category | 单位数 Number of Enterprises | #亏损企业 Loss-making Enterprises |
|---|---|---|---|
| **总 计** | **Total** | **3251** | **876** |
| #亏损企业 | #Loss-making Enterprises | 876 | 876 |
| #国有控股企业 | #State-holding Enterprises | 466 | 195 |
| **按登记注册类型分** | **Grouped by Status of Registration** | | |
| 内资企业 | Domestic Funded | 3096 | 836 |
| 国有企业 | State-owned Enterprises | 109 | 83 |
| #中央企业 | #Central Industry | 20 | 16 |
| 集体企业 | Collective-owned Enterprises | 34 | 8 |
| 股份合作企业 | Cooperative Enterprises | 6 | |
| 联营企业 | Joint Ownership Enterprises | | |
| 有限责任公司 | Limited Liability Corporations | 1283 | 368 |
| 国有独资公司 | Sole State-funded Corporations | 68 | 26 |
| 其他有限责任公司 | Other Limited Liability Corporations | 1215 | 342 |
| 股份有限公司 | Share Holding Enterprises | 169 | 48 |
| 私营企业 | Private Enterprises | 1488 | 329 |
| 私营独资企业 | Private-funded Enterprises | 23 | 6 |
| 私营合伙企业 | Private Partnership | 2 | |
| 私营有限责任公司 | Private Limited Liability Corporations | 1383 | 300 |
| 私营股份有限公司 | Private Share-holding Enterprises | 80 | 23 |
| 其他企业 | Other Enterprises | 7 | |
| 港、澳、台商投资企业 | Enterprises with Funds from Hong Kong, Macao and Taiwan | 49 | 14 |
| 外商投资企业 | Foreign Funded Enterprises | 106 | 26 |
| **按经济组织类型分** | **Grouped by Medium-sized Enterprises** | | |
| 独资企业 | Proprietorship | 239 | 122 |
| 国有企业 | State-owned Enterprises | 109 | 83 |
| 集体企业 | Collective-owned Enterprises | 34 | 8 |
| 私营独资企业 | Private-funded Enterprises | 23 | 6 |
| 港澳台商独资经营企业 | Proprietorship from Hong Kong, Macao and Taiwan | 22 | 9 |
| 外资企业 | Foreign Funded Enterprises | 51 | 16 |
| 合作、合伙企业 | Cooperative Enterprises and Partnership | 22 | |
| 股份合作企业 | Cooperative Enterprises | 6 | |
| 国有联营企业 | State Joint Ownership Enterprises | | |
| 集体联营企业 | Collective Joint Ownership Enterprises | | |
| 国有与集体联营企业 | State and Collective Joint Ownership Enterprises | | |
| 其他联营企业 | Other Joint Ownership Enterprises | | |
| 私营合伙企业 | Private Partnership | 2 | |
| 港或澳、台资合作经营企业 | Cooperative Enterprises with Funds from Hong Kong, Macao and Taiwan | 2 | |
| 中外合作经营企业 | Sino-foreign Cooperative Enterprises | 2 | |
| 其他企业(内资) | Other Enterprises (Domestic Funded) | 7 | |
| 股份有限公司 | Share Holding Enterprises | 253 | 73 |
| 股份有限公司(内资) | Share Holding Enterprises (Domestic Funded) | 169 | 48 |
| 私营股份有限公司 | Private Share Holding Enterprises | 80 | 23 |
| 港澳台商投资股份有限公司 | Share Holding Enterprises with Funds from Hong Kong, Macao and Taiwan | 1 | |
| 外商投资股份有限公司 | Foreign Funded Share Holding Enterprises | 3 | 2 |
| 有限责任公司 | Limited Liability Corporations | 2737 | 681 |
| 国有独资公司 | Sole State-funded Corporations | 68 | 26 |
| 私营有限责任公司 | Private Limited Liability Corporations | 1383 | 300 |
| 港澳台合资经营企业 | Joint Venture Enterprises of Hong Kong, Macao and Taiwan | 23 | 5 |
| 中外合资经营企业 | Sino-foreign Cooperative joint venture Enterprises | 48 | 8 |
| 其他有限责任公司 | Other Limited Liability Corporations | 1215 | 342 |

# Major Indicators of Industrial Enterprises (2018)

(unit, 10000 yuan)

| 应收帐款 Receivables | 产成品 Finished Goods | 流动资产合计 Total Current Assets | 固定资产原价 Original Value of Fixed Assets | 非流动资产合计 Total of Non current Assets | 资产总计 Total Assets | 负债合计 Total Liabilities |
|---|---|---|---|---|---|---|
| **13986418** | **3704285** | **66726410** | **130768067** | **82376689** | **149111088** | **87528740** |
| 2801857 | 853972 | 12509000 | 29771382 | 22873462 | 35382470 | 30321377 |
| 6532713 | 1390740 | 34642717 | 105697778 | 55372186 | 90014907 | 51548718 |
| | | | | | | |
| 12069288 | 3211702 | 58014828 | 119889094 | 73981274 | 132004091 | 77456878 |
| 808779 | 198947 | 2748259 | 6955906 | 3809784 | 6558043 | 6720740 |
| 655737 | 71019 | 1687313 | 4322838 | 1807089 | 3494402 | 3746178 |
| 321912 | 15711 | 688342 | 307975 | 130815 | 819157 | 529736 |
| 19128 | 1491 | 34842 | 15783 | 6622 | 41464 | 10747 |
| | | | | | | |
| 7606691 | 1679808 | 39068688 | 94926562 | 54790300 | 93859051 | 53063289 |
| 1647696 | 190647 | 6157812 | 10624766 | 7752738 | 13910550 | 10663900 |
| 5958995 | 1489161 | 32910876 | 84301795 | 47037563 | 79948502 | 42399388 |
| 1065525 | 474012 | 6059444 | 9941489 | 7353411 | 13412857 | 6333312 |
| 2243464 | 840298 | 9402073 | 7732838 | 7882666 | 17292660 | 10789155 |
| 11944 | 2398 | 83482 | 56021 | 61239 | 144721 | 107492 |
| 7119 | 689 | 15437 | 5580 | 7304 | 22741 | 20540 |
| 2058879 | 762428 | 8573292 | 7094571 | 7149122 | 15730336 | 9925267 |
| 165522 | 74782 | 729861 | 576666 | 665001 | 1394862 | 735857 |
| 3789 | 1434 | 13182 | 8541 | 7676 | 20858 | 9900 |
| 416488 | 121719 | 2783866 | 2840756 | 2399920 | 5183787 | 2975366 |
| 1500642 | 370864 | 5927716 | 8038216 | 5995494 | 11923210 | 7096496 |
| | | | | | | |
| 1606937 | 472316 | 6915238 | 9919667 | 6386526 | 13301766 | 11052777 |
| 808779 | 198947 | 2748259 | 6955906 | 3809784 | 6558043 | 6720740 |
| 321912 | 15711 | 688342 | 307975 | 130815 | 819157 | 529736 |
| 11944 | 2398 | 83482 | 56021 | 61239 | 144721 | 107492 |
| 220004 | 76529 | 2029734 | 693989 | 939285 | 2969019 | 1870552 |
| 244298 | 178731 | 1365422 | 1905776 | 1445403 | 2810825 | 1824257 |
| 157710 | 4720 | 266876 | 1598942 | 964052 | 1230927 | 308247 |
| 19128 | 1491 | 34842 | 15783 | 6622 | 41464 | 10747 |
| | | | | | | |
| 7119 | 689 | 15437 | 5580 | 7304 | 22741 | 20540 |
| 115834 | 896 | 141823 | 1405235 | 813934 | 955757 | 173341 |
| | | | | | | |
| 2255 | | 33293 | 66105 | 64612 | 97905 | 35121 |
| 3789 | 1434 | 13182 | 8541 | 7676 | 20858 | 9900 |
| 1239987 | 597840 | 7012445 | 10703487 | 8280886 | 15293335 | 7215543 |
| 1065525 | 474012 | 6059444 | 9941489 | 7353411 | 13412857 | 6333312 |
| 165522 | 74782 | 729861 | 576666 | 665001 | 1394862 | 735857 |
| 1740 | 18933 | 32378 | 30045 | 26789 | 59167 | 35560 |
| | | | | | | |
| 7200 | 30112 | 190763 | 155286 | 235685 | 426449 | 110815 |
| 10981783 | 2629409 | 52531851 | 108545972 | 66745225 | 119285061 | 68952173 |
| 1647696 | 190647 | 6157812 | 10624766 | 7752738 | 13910550 | 10663900 |
| 2058879 | 762428 | 8573292 | 7094571 | 7149122 | 15730336 | 9925267 |
| 77306 | 25151 | 571554 | 705360 | 616595 | 1188149 | 887908 |
| 1238908 | 162022 | 4318317 | 5819479 | 4189208 | 8507525 | 5075711 |
| 5958995 | 1489161 | 32910876 | 84301795 | 47037563 | 79948502 | 42399388 |

## 12-2 续表1

单位：个、万元

| 类 别 | Category | 单位数 Number of Enterprises |
|---|---|---|
| **按轻重工业分** | **Grouped by Light and Heavy Industry** | |
| 轻工业 | Light Industry | 1564 |
| 重工业 | Heavy Industry | 1687 |
| **按行业分** | **Grouped by Industry** | |
| 采矿业 | Mining and Quarrying | 198 |
| 煤炭开采和洗选业 | Mining and Washing of Coal | 135 |
| 石油和天然气开采业 | Extraction of Petroleum and Natural Gas | 2 |
| 黑色金属矿采选业 | Mining and Processing of Ferrous Metal Ores | 5 |
| 有色金属矿采选业 | Mining and Processing of Non-ferrous Metal Ores | 11 |
| 非金属矿采选业 | Mining and Processing of Non-metal Ores | 29 |
| 开采专业及辅助性活动 | Professional and Support Activities For Mining | 16 |
| 其他采矿业 | Mining of Other Ores | |
| 制造业 | Manufacturing | 2624 |
| 农副食品加工业 | Processing of Food from Agricultural Products | 917 |
| 食品制造业 | Manufacture of Foods | 125 |
| 酒、饮料和精制茶制造业 | Manufacture of Liquor, Beverages and Refined Tea | 107 |
| 烟草制品业 | Manufacture of Tobacco | 2 |
| 纺织业 | Manufacture of Textile | 28 |
| 纺织服装、服饰业 | Manufacture of Textile, Wearing Apparel and Accessories | 8 |
| 皮革、毛皮、羽毛及其制品和制鞋业 | Manufacture of Leather, Fur, Feather and Related Products and Footwear | 56 |
| 木材加工和木、竹、藤、棕、草制品业 | Processing of Timber, Manufacture of Wood, Bamboo, Rattan, Palm and Straw Products | 90 |
| 家具制造业 | Manufacture of Furniture | 33 |
| 造纸和纸制品业 | Manufacture of Paper and Paper Products | 39 |
| 印刷和记录媒介复制业 | Printing and Reproduction of Recording Media | 29 |
| 文教、工美、体育和娱乐用品制造业 | Manufacture of Articles for Culture, Education, Arts and Crafts, Sport and Entertainment Activities | 11 |
| 石油、煤炭及其他燃料加工业 | Processing of Petroleum, Coal and Other Fuels | 45 |
| 化学原料和化学制品制造业 | Manufacture of Raw Chemical Materials and Chemical Products | 159 |
| 医药制造业 | Manufacture of Medicines | 103 |
| 化学纤维制造业 | Manufacture of Chemical Fibers | 3 |
| 橡胶和塑料制品业 | Manufacture of Rubber and Plastics Products | 67 |
| 非金属矿物制品业 | Manufacture of Non-metallic Mineral Products | 252 |
| 黑色金属冶炼及压延加工业 | Smelting and Pressing of Ferrous Metals | 12 |
| 有色金属冶炼及压延加工业 | Smelting and Pressing of Non-ferrous Metals | 11 |
| 金属制品业 | Manufacture of Metal Products | 74 |
| 通用设备制造业 | Manufacture of General Purpose Machinery | 129 |
| 专用设备制造业 | Manufacture of Special Purpose Machinery | 134 |
| 汽车制造业 | Manufacture of Automobiles | 35 |
| 铁路、船舶、航空航天和其他运输设备制造业 | Manufacture of Railway, Ship, Aerospace and Other Transport Equipment's | 33 |
| 电气机械及器材制造业 | Manufacture of Electrical Machinery and Apparatus | 65 |
| 计算机、通信和其他电子设备制造业 | Manufacture of Computers, Communication and Other Electronic Equipment | 15 |
| 仪器仪表制造业 | Manufacture of Measuring Instruments and Machinery | 26 |
| 其他制造业 | Other Manufacture | 4 |
| 废弃资源综合利用业 | Utilization of Waste Resources | 8 |
| 金属制品、机械和设备修理业 | Repair Industry of Metal Products, Machinery and Equipment | 4 |
| 电力、热力、燃气及水的生产和供应业 | Production and Supply of Electric Power, heat, Gas and Water | 429 |
| 电力、热力生产和供应业 | Production and Supply of Electric Power and Heat Power | 369 |
| 燃气生产和供应业 | Production and Supply of Gas | 35 |
| 水的生产和供应业 | Production and Supply of Water | 25 |

Continued

(unit, 10000 yuan)

| #亏损企业 Loss-making Enterprises | 应收帐款 Receivables | 产成品 Finished Goods | 流动资产合计 Total Current Assets | 固定资产原价 Original Value of Fixed Assets | 非流动资产合计 Total of Non current Assets | 资产总计 Total Assets | 负债合计 Total Liabilities |
|---|---|---|---|---|---|---|---|
| 358 | 3396512 | 1532702 | 17984445 | 12189540 | 11901164 | 29885617 | 16138889 |
| 518 | 10589906 | 2171583 | 48741965 | 118578527 | 70475525 | 119225471 | 71389851 |
| | | | | | | | |
| 43 | 2119588 | 608670 | 15780636 | 64996787 | 27451410 | 43232049 | 18726513 |
| 33 | 996794 | 185574 | 3228238 | 6980643 | 4940345 | 8168584 | 7000892 |
| | 279830 | 331722 | 10118413 | 52152009 | 19063188 | 29181601 | 7291443 |
| 1 | 11564 | 1812 | 83572 | 182152 | 312630 | 396202 | 281273 |
| 2 | 5112 | 7593 | 228717 | 711492 | 1055317 | 1284034 | 758768 |
| 6 | 52650 | 20517 | 217014 | 146807 | 158341 | 375356 | 208252 |
| 1 | 773637 | 61451 | 1904682 | 4823684 | 1921591 | 3826273 | 3185886 |
| | | | | | | | |
| 649 | 10463074 | 3059721 | 43723905 | 34687677 | 30529564 | 74261452 | 45974829 |
| 193 | 1045596 | 788914 | 7010865 | 4232021 | 4306781 | 11317651 | 7010399 |
| 28 | 709921 | 165693 | 2704561 | 1906375 | 1900782 | 4605344 | 2281251 |
| 34 | 107219 | 85334 | 1093472 | 1498459 | 1403409 | 2496881 | 1367984 |
| | 68154 | 21805 | 610399 | 572600 | 344481 | 954879 | 185807 |
| 10 | 41039 | 52381 | 203955 | 146217 | 105152 | 309108 | 186486 |
| 1 | 31359 | 4656 | 61260 | 15487 | 11470 | 72730 | 40675 |
| 2 | 65272 | 43106 | 194105 | 34689 | 28552 | 222657 | 132296 |
| 33 | 102903 | 41854 | 345619 | 161280 | 202176 | 547796 | 364886 |
| | | | | | | | |
| 11 | 80437 | 45045 | 296853 | 166257 | 151145 | 447998 | 278988 |
| 17 | 88804 | 30085 | 345022 | 453775 | 305314 | 650337 | 326723 |
| 7 | 46350 | 5806 | 139529 | 171108 | 108444 | 247973 | 149118 |
| 2 | 7252 | 5045 | 29994 | 23068 | 19782 | 49777 | 27439 |
| | | | | | | | |
| 14 | 267204 | 319963 | 3395548 | 7820686 | 3777200 | 7172803 | 4648893 |
| 37 | 353099 | 138887 | 2161597 | 2472798 | 2414047 | 4575644 | 3298247 |
| 23 | 753122 | 150146 | 3347428 | 2275240 | 2201123 | 5548552 | 2326665 |
| 2 | 1404 | 1437 | 9707 | 16780 | 17572 | 27279 | 5857 |
| 21 | 199878 | 55575 | 1269271 | 523235 | 610006 | 1879277 | 1237371 |
| 95 | 903310 | 129213 | 2530480 | 2535429 | 2240998 | 4771480 | 3222795 |
| 3 | 262050 | 156782 | 1379913 | 1192070 | 2062653 | 3442566 | 2893501 |
| 5 | 21604 | 22897 | 185775 | 564161 | 449327 | 635103 | 453455 |
| 9 | 199580 | 43196 | 617129 | 365970 | 323438 | 940568 | 552923 |
| 27 | 1316668 | 269024 | 4738497 | 1544453 | 1489754 | 6228252 | 4359095 |
| 30 | 1593415 | 198589 | 4362188 | 2154110 | 2076358 | 6438546 | 3904778 |
| 18 | 751066 | 51626 | 2255538 | 1916874 | 1457887 | 3713424 | 2883793 |
| 4 | 421464 | 23938 | 919478 | 660430 | 690717 | 1610196 | 877872 |
| | | | | | | | |
| 12 | 628413 | 129087 | 2533395 | 898163 | 1105556 | 3638952 | 1980763 |
| 3 | 196200 | 26227 | 457798 | 189962 | 482291 | 940089 | 502138 |
| 5 | 119207 | 38703 | 372310 | 123809 | 154454 | 534677 | 326389 |
| | 16241 | 6919 | 29918 | 14778 | 16870 | 46788 | 19743 |
| 3 | 52446 | 7770 | 91405 | 28466 | 68933 | 160338 | 104146 |
| | 12400 | 20 | 30898 | 8929 | 2893 | 33791 | 24356 |
| 184 | 1403755 | 35893 | 7221868 | 31083602 | 24395714 | 31617587 | 22827398 |
| 166 | 1281413 | 28764 | 5681660 | 29739275 | 22739972 | 28421637 | 20658207 |
| 8 | 80231 | 6914 | 444304 | 674195 | 555075 | 999380 | 607878 |
| 10 | 42112 | 216 | 1095903 | 670133 | 1100667 | 2196571 | 1561313 |

## 12-2 续表2

单位：万元

| 类 别 | Category |
|---|---|
| **总 计** | **Total** |
| #亏损企业 | #Loss-making Enterprises |
| #国有控股企业 | #State-holding Enterprises |
| **按登记注册类型分** | **Grouped by Status of Registration** |
| 内资企业 | Domestic Funded Enterprises |
| 国有企业 | State-owned Industry |
| #中央企业 | #Central Industry |
| 集体企业 | Collective-owned Enterprises |
| 股份合作企业 | Share Holding Enterprises |
| 联营企业 | Joint Ownership Enterprises |
| 有限责任公司 | Limited Liability Corporations |
| 国有独资公司 | Sole State-funded Corporations |
| 其他有限责任公司 | Other Limited Liability Corporations |
| 股份有限公司 | Share Holding Enterprises |
| 私营企业 | Private Enterprises |
| 私营独资企业 | Private Proprietorship |
| 私营合伙企业 | Private Partnership |
| 私营有限责任公司 | Private Limited Liability Enterprises |
| 私营股份有限公司 | Private Share Holding Enterprises |
| 其他企业 | Other Enterprises |
| 港、澳、台商投资企业 | Enterprises with Funds from Hong Kong, Macao and Taiwan |
| 外商投资企业 | Foreign Funded Enterprises |
| **按经济组织类型分** | **Grouped by Type of Economic Organizations** |
| 独资企业 | Proprietorship |
| 国有企业 | State-owned Industry |
| 集体企业 | Collective-owned Enterprises |
| 私营独资企业 | Private Proprietorship |
| 港澳台商独资经营企业 | Proprietorship from Hong Kong, Macao and Taiwan |
| 外资企业 | Foreign Funded Enterprises |
| 合作、合伙企业 | Cooperative Enterprises and Partnership |
| 股份合作企业 | Cooperative Enterprises |
| 国有联营企业 | State Joint Ownership Enterprises |
| 集体联营企业 | Collective Joint Ownership Enterprises |
| 国有与集体联营企业 | State and Collective Joint Ownership Enterprises |
| 其他联营企业 | Other Joint Ownership Enterprises |
| 私营合伙企业 | Private Partnership |
| 港或澳、台资合作经营企业 | Cooperative Enterprises with Funds from Hong Kong, Macao and Taiwan |
| 中外合作经营企业 | Sino-foreign Cooperative Enterprises |
| 其他企业(内资) | Other Enterprises (Domestic Funded) |
| 股份有限公司 | Share Holding Enterprises |
| 股份有限公司(内资) | Share Holding Enterprises (Domestic Funded) |
| 私营股份有限公司 | Private Share Holding Enterprises |
| 港澳台商投资股份有限公司 | Share Holding Enterprises with Funds from Hong Kong, Macao and Taiwan |
| 外商投资股份有限公司 | Foreign Funded Share Holding Enterprises |
| 有限责任公司 | Limited Liability Corporations |
| 国有独资公司 | Sole State-funded Corporations |
| 私营有限责任公司 | Private Limited Liability Corporations |
| 港澳台合资经营企业 | Joint venture Enterprises of Hong Kong, Macao and Taiwan |
| 中外合资经营企业 | Sino-foreign Cooperative joint venture Enterprises |
| 其他有限责任公司 | Other Limited Liability Corporations |

Continued

(10000 yuan)

| 销售费用<br>Selling Expenses | 管理费用<br>Overhead Expenses | 财务费用<br>Financial Expenses | 利息支出<br>Expenditure for Interests | 亏损企业亏损总额<br>Total Losses Made by Enterprises--in-red |
|---|---|---|---|---|
| **3177509** | **5266257** | **1256017** | **1300215** | **1518460** |
| 315168 | 814184 | 563657 | 447570 | 1518460 |
| 765721 | 3501720 | 659316 | 824712 | 981251 |
| 2190844 | 4710133 | 1075785 | 1139661 | 1383862 |
| 45627 | 147421 | 58852 | 53064 | 368432 |
| 31879 | 66672 | 22591 | 22293 | 244076 |
| 7326 | 34262 | 2631 | 2132 | 3736 |
| 513 | 1208 | 71 | 75 | |
| 1206109 | 3303939 | 710873 | 832596 | 745584 |
| 61594 | 498270 | 197159 | 201238 | 144734 |
| 1144514 | 2805670 | 513714 | 631358 | 600850 |
| 416532 | 662812 | 94958 | 91592 | 52179 |
| 514105 | 559633 | 208161 | 159849 | 213932 |
| 4455 | 8457 | 682 | 679 | 3321 |
| 14 | 669 | 23 | 35 | |
| 468391 | 486314 | 194387 | 145056 | 201961 |
| 41244 | 64193 | 13069 | 14080 | 8650 |
| 633 | 857 | 239 | 353 | |
| 525584 | 142892 | 67307 | 36559 | 32603 |
| 461082 | 413232 | 112925 | 123994 | 101995 |
| 620455 | 373477 | 110074 | 105311 | 409054 |
| 45627 | 147421 | 58852 | 53064 | 368432 |
| 7326 | 34262 | 2631 | 2132 | 3736 |
| 4455 | 8457 | 682 | 679 | 3321 |
| 432341 | 80750 | 12344 | 16537 | 3539 |
| 130707 | 102586 | 35566 | 32899 | 30026 |
| 5142 | 21526 | 7410 | 7649 | |
| 513 | 1208 | 71 | 75 | |
| 14 | 669 | 23 | 35 | |
| 3282 | 14831 | 4896 | 4891 | |
| 538 | 3630 | 2 | 13 | |
| 633 | 857 | 239 | 353 | |
| 511239 | 740109 | 108167 | 107186 | 67146 |
| 416532 | 662812 | 94958 | 91592 | 52179 |
| 41244 | 64193 | 13069 | 14080 | 8650 |
| 6854 | 1744 | 1319 | 1322 | |
| 46609 | 11360 | -1179 | 192 | 6316 |
| 2040673 | 4131145 | 1030366 | 1080069 | 1042261 |
| 61594 | 498270 | 197159 | 201238 | 144734 |
| 468391 | 486314 | 194387 | 145056 | 201961 |
| 82945 | 45236 | 48810 | 13810 | 29064 |
| 283228 | 295655 | 76296 | 88607 | 65652 |
| 1144514 | 2805670 | 513714 | 631358 | 600850 |

## 12-2 续表3

单位：万元

| 类 别 | Category |
|---|---|
| **按轻重工业分** | **Grouped by Light and Heavy Industry** |
| 轻工业 | Light Industry |
| 重工业 | Heavy Industry |
| **按行业分** | **Grouped by Industry** |
| 采矿业 | Mining and Quarrying |
| 煤炭开采和洗选业 | Mining and Washing of Coal |
| 石油和天然气开采业 | Extraction of Petroleum and Natural Gas |
| 黑色金属矿采选业 | Mining and Processing of Ferrous Metal Ores |
| 有色金属矿采选业 | Mining and Processing of Non-ferrous Metal Ores |
| 非金属矿采选业 | Mining and Processing of Non-metal Ores |
| 开采专业及辅助性活动 | Professional and Support Activities For Mining |
| 其他采矿业 | Mining of Other Ores |
| 制造业 | Manufacturing |
| 农副食品加工业 | Processing of Food from Agricultural Products |
| 食品制造业 | Manufacture of Foods |
| 酒、饮料和精制茶制造业 | Manufacture of Liquor, Beverages and Refined Tea |
| 烟草制品业 | Manufacture of Tobacco |
| 纺织业 | Manufacture of Textile |
| 纺织服装、服饰业 | Manufacture of Textile, Wearing Apparel and Accessories |
| 皮革、毛皮、羽毛及其制品和制鞋业 | Manufacture of Leather, Fur, Feather and Related Products and Footwear |
| 木材加工和木、竹、藤、棕、草制品业 | Processing of Timber, Manufacture of Wood, Bamboo, Rattan, Palm and Straw Products |
| 家具制造业 | Manufacture of Furniture |
| 造纸和纸制品业 | Manufacture of Paper and Paper Products |
| 印刷和记录媒介复制业 | Printing and Reproduction of Recording Media |
| 文教、工美、体育和娱乐用品制造业 | Manufacture of Articles for Culture, Education, Arts and Crafts, Sport and Entertainment Activities |
| 石油、煤炭及其他燃料加工业 | Processing of Petroleum, Coal and Other Fuels |
| 化学原料和化学制品制造业 | Manufacture of Raw Chemical Materials and Chemical Products |
| 医药制造业 | Manufacture of Medicines |
| 化学纤维制造业 | Manufacture of Chemical Fibers |
| 橡胶和塑料制品业 | Manufacture of Rubber and Plastics Products |
| 非金属矿物制品业 | Manufacture of Non-metallic Mineral Products |
| 黑色金属冶炼及压延加工业 | Smelting and Pressing of Ferrous Metals |
| 有色金属冶炼及压延加工业 | Smelting and Pressing of Non-ferrous Metals |
| 金属制品业 | Manufacture of Metal Products |
| 通用设备制造业 | Manufacture of General Purpose Machinery |
| 专用设备制造业 | Manufacture of Special Purpose Machinery |
| 汽车制造业 | Manufacture of Automobiles |
| 铁路、船舶、航空航天和其他运输设备制造业 | Manufacture of Railway, Ship, Aerospace and Other Transport Equipments |
| 电气机械及器材制造业 | Manufacture of Electrical Machinery and Apparatus |
| 计算机、通信和其他电子设备制造业 | Manufacture of Computers, Communication and Other Electronic Equipment |
| 仪器仪表制造业 | Manufacture of Measuring Instruments and Machinery |
| 其他制造业 | Other Manufacture |
| 废弃资源综合利用业 | Utilization of Waste Resources |
| 金属制品、机械和设备修理业 | Repair Industry of Metal Products, Machinery and Equipment |
| 电力、热力、燃气及水的生产和供应业 | Production and Supply of Electric Power, heat, Gas and Water |
| 电力、热力生产和供应业 | Production and Supply of Electric Power and Heat Power |
| 燃气生产和供应业 | Production and Supply of Gas |
| 水的生产和供应业 | Production and Supply of Water |

Continued

(10000 yuan)

| 销售费用 Selling Expenses | 管理费用 Overhead Expenses | 财务费用 Financial Expenses | 利息支出 Expenditure for Interests | 亏损企业亏损额 Total Losses Made by Enterprises--in-red |
|---|---|---|---|---|
| 2164606 | 1163708 | 236976 | 218778 | 246669 |
| 1012903 | 4102549 | 1019041 | 1081437 | 1271792 |
| | | | | |
| 188783 | 2037361 | 129946 | 280436 | 274002 |
| 49509 | 465234 | 95345 | 94457 | 81778 |
| 101529 | 1432702 | -5742 | 154456 | |
| 8763 | 17275 | 1400 | 1232 | 21.5 |
| 1387 | 29122 | 27605 | 20150 | 1133 |
| 12917 | 17477 | 1835 | 871 | 2345 |
| 14679 | 75551 | 9503 | 9271 | 188725 |
| | | | | |
| 2894545 | 2890787 | 669695 | 595297 | 651079 |
| 414634 | 265618 | 153835 | 124755 | 112630 |
| 710984 | 156622 | 6887 | 13585 | 17542 |
| 124668 | 98729 | 19923 | 21098 | 38239 |
| 16553 | 92191 | -2168 | 464 | |
| 4114 | 10400 | 2755 | 2477 | 6855 |
| 549 | 2322 | 45 | 48 | 126 |
| 2548 | 3048 | 36 | 51 | 879 |
| 12715 | 18382 | 3280 | 2691 | 11160 |
| | | | | |
| 11619 | 20785 | 3306 | 3382 | 10187 |
| 16372 | 24059 | 5357 | 3466 | 6470 |
| 4138 | 16121 | 3179 | 1925 | 5206 |
| 1034 | 1955 | 100 | 135 | 1249 |
| | | | | |
| 157216 | 424882 | 117943 | 58856 | 52458 |
| 66552 | 151031 | 76740 | 76145 | 89353 |
| 822252 | 382800 | 15495 | 22489 | 29605 |
| 199 | 807 | 5 | 5 | 53 |
| 24685 | 60773 | 15365 | 12025 | 9816 |
| 85279 | 148078 | 48991 | 43667 | 78778 |
| 113232 | 50890 | 43222 | 39938 | 513 |
| 7024 | 25253 | 15898 | 14976 | 1299 |
| 15699 | 39768 | 4522 | 4643 | 4258 |
| 78438 | 251325 | 21495 | 30458 | 56176 |
| 58699 | 200145 | 59209 | 64753 | 32556 |
| 28813 | 106271 | 6247 | 10082 | 27388 |
| 22141 | 128743 | 12968 | 13011 | 4928 |
| 58631 | 118473 | 15911 | 18074 | 10951 |
| 9954 | 37141 | 12892 | 3582 | 34803 |
| 16691 | 47890 | 4443 | 7079 | 7244 |
| 649 | 2887 | 382 | 426 | |
| 8405 | 2412 | 1406 | 982 | 358 |
| 61 | 991 | 27 | 29 | |
| 94181 | 338109 | 456377 | 424481 | 593379 |
| 19646 | 251084 | 426300 | 397924 | 562614 |
| 56721 | 38532 | 6134 | 2678 | 12091 |
| 17814 | 48493 | 23943 | 23880 | 18674 |

# 12-3　大中型工业企业主要经济指标(2018年)

单位：个、万元

| 类　别 | Category | 单位数 Number of Enterprises | #亏损企业 Loss-making Enterprises |
|---|---|---|---|
| **总　计** | **Total** | **420** | **131** |
| #亏损企业 | #Loss-making Enterprises | 131 | 131 |
| #国有及国有控股企业 | #State-owned and State-holding Enterprises | 179 | 83 |
| #大　型 | #Large-sized Enterprises | 81 | 22 |
| **按登记注册类型分** | **Grouped by Status of Registration** | | |
| 内资企业 | Domestic Funded | 365 | 121 |
| 国有企业 | State-owned Enterprises | 42 | 34 |
| #中央企业 | #Central Industry | 10 | 8 |
| 集体企业 | Collective-owned Enterprises | 18 | 2 |
| 股份合作企业 | Cooperative Enterprises | | |
| 联营企业 | Joint Ownership Enterprises | | |
| 有限责任公司 | Limited Liability Corporations | 203 | 62 |
| 国有独资公司 | Sole State-funded Corporations | 34 | 15 |
| 其他有限责任公司 | Other Limited Liability Corporations | 169 | 47 |
| 股份有限公司 | Share Holding Enterprises | 41 | 8 |
| 私营企业 | Private Enterprises | 61 | 15 |
| 私营独资企业 | Private-funded Enterprises | 2 | 1 |
| 私营合伙企业 | Private Partnership | | |
| 私营有限责任公司 | Private Limited Liability Corporations | 52 | 14 |
| 私营股份有限公司 | Private Share-holding Enterprises | 7 | |
| 其他企业 | Other Enterprises | | |
| 港、澳、台商投资企业 | Enterprises with Funds from Hong Kong, Macao and Taiwan | 18 | 3 |
| 外商投资企业 | Foreign Funded Enterprises | 37 | 7 |
| **按经济组织类型分** | **Grouped by Type of Economic Organizations** | | |
| 独资企业 | Proprietorship | 88 | 40 |
| 国有企业 | State-owned Enterprises | 42 | 34 |
| 集体企业 | Collective-owned Enterprises | 18 | 2 |
| 私营独资企业 | Private-funded Enterprises | 2 | 1 |
| 港澳台商独资经营企业 | Proprietorship from Hong Kong, Macao and Taiwan | 7 | 1 |
| 外资企业 | Foreign Funded Enterprises | 19 | 2 |
| 合作、合伙企业 | Cooperative Enterprises and Partnership | 3 | |
| 股份合作企业 | Cooperative Enterprises | | |
| 国有联营企业 | State Joint Ownership Enterprises | | |
| 集体联营企业 | Collective Joint Ownership Enterprises | | |
| 国有与集体联营企业 | State and Collective Joint Ownership Enterprises | | |
| 其他联营企业 | Other Joint Ownership Enterprises | | |
| 私营合伙企业 | Private Partnership | | |
| 港或澳、台资合作经营企业 | Cooperative Enterprises with Funds from Hong Kong, Macao and Taiwan | 2 | |
| 中外合作经营企业 | Sino-foreign Cooperative Enterprises | 1 | |
| 其他企业(内资) | Other Enterprises (Domestic Funded) | | |
| 股份有限公司 | Share Holding Enterprises | 50 | 9 |
| 股份有限公司(内资) | Share Holding Enterprises (Domestic Funded) | 41 | 8 |
| 私营股份有限公司 | Private Share Holding Enterprises | 7 | |
| 港澳台商投资股份有限公司 | Share Holding Enterprises with Funds from Hong Kong, Macao and Taiwan | | |
| 外商投资股份有限公司 | Foreign Funded Share Holding Enterprises | 2 | 1 |
| 有限责任公司 | Limited Liability Corporations | 279 | 82 |
| 国有独资公司 | Sole State-funded Corporations | 34 | 15 |
| 私营有限责任公司 | Private Limited Liability Corporations | 52 | 14 |
| 港澳台合资经营企业 | joint venture Enterprises of Hong Kong, Macao and Taiwan | 9 | 2 |
| 中外合资经营企业 | Sino-foreign Cooperative joint venture Enterprises | 15 | 4 |
| 其他有限责任公司 | Other Limited Liability Corporations | 169 | 47 |

# Major Indicators of Large and Medium-Sized Industrial Enterprises(2018)

(unit, 10000 yuan)

| 应收帐款<br>Receivables | 产成品<br>Finished Goods | 流动资产合计<br>Total Current Assets | 固定资产原价<br>Original Value of Fixed Assets | 非流动资产合计<br>Total of Non current Assets | 资产总计<br>Total Assets | 负债合计<br>Total Liabilities |
|---|---|---|---|---|---|---|
| **9100046** | **2294445** | **47867726** | **109237595** | **61323962** | **109191746** | **62603067** |
| 1638145 | 505929 | 7255697 | 22781656 | 16489516 | 23745214 | 21115702 |
| 5638761 | 1250589 | 31699069 | 96441453 | 46754561 | 78453632 | 44109106 |
| 6043270 | 1459533 | 32876769 | 91077746 | 45631590 | 78508359 | 42355908 |
| 7378100 | 1915786 | 40140575 | 100215450 | 54337118 | 94477749 | 54048515 |
| 784394 | 186396 | 2492747 | 5554810 | 2766094 | 5258841 | 5433234 |
| 640390 | 70375 | 1638057 | 4059090 | 1624381 | 3262438 | 3536619 |
| 246834 | 12918 | 541029 | 256883 | 99205 | 640234 | 372352 |
| 5173257 | 1111939 | 30110411 | 83218111 | 43922211 | 74032677 | 39849709 |
| 1515344 | 182989 | 5795410 | 8710691 | 6387004 | 12182414 | 9271851 |
| 3657913 | 928950 | 24315001 | 74507420 | 37535207 | 61850263 | 30577858 |
| 646493 | 378136 | 4310377 | 8526616 | 4400904 | 8711281 | 4350354 |
| 527123 | 226397 | 2686011 | 2659030 | 3148704 | 5834715 | 4042866 |
| 1163 | 14 | 13743 | 10746 | 8912 | 22656 | 2900 |
| 494007 | 214802 | 2452916 | 2528355 | 2934693 | 5387610 | 3825085 |
| 31952 | 11581 | 219352 | 119929 | 205098 | 424450 | 214881 |
| 359858 | 68313 | 2475010 | 2500221 | 2045344 | 4520354 | 2587767 |
| 1362089 | 310346 | 5252142 | 6521924 | 4941501 | 10193643 | 5966786 |
| 1395228 | 395295 | 5853819 | 7584938 | 4494746 | 10348566 | 8468416 |
| 784394 | 186396 | 2492747 | 5554810 | 2766094 | 5258841 | 5433234 |
| 246834 | 12918 | 541029 | 256883 | 99205 | 640234 | 372352 |
| 1163 | 14 | 13743 | 10746 | 8912 | 22656 | 2900 |
| 193126 | 53977 | 1869268 | 477804 | 716131 | 2585399 | 1603672 |
| 169711 | 141990 | 937032 | 1284695 | 904404 | 1841436 | 1056259 |
| 117794 | 896 | 169541 | 1460610 | 871667 | 1041208 | 207974 |
| 115834 | 896 | 141823 | 1405235 | 813934 | 955757 | 173341 |
| 1960 | | 27718 | 55375 | 57733 | 85450 | 34632 |
| 685554 | 419789 | 4709563 | 8787243 | 4830580 | 9540144 | 4657819 |
| 646493 | 378136 | 4310377 | 8526616 | 4400904 | 8711281 | 4350354 |
| 31952 | 11581 | 219352 | 119929 | 205098 | 424450 | 214881 |
| 7109 | 30072 | 179835 | 140698 | 224578 | 404413 | 92584 |
| 6901471 | 1478465 | 37134804 | 91404804 | 51126969 | 88261828 | 49268858 |
| 1515344 | 182989 | 5795410 | 8710691 | 6387004 | 12182414 | 9271851 |
| 494007 | 214802 | 2452916 | 2528355 | 2934693 | 5387610 | 3825085 |
| 50899 | 13440 | 463919 | 617181 | 515279 | 979198 | 810754 |
| 1183309 | 138284 | 4107557 | 5041157 | 3754786 | 7862343 | 4783311 |
| 3657913 | 928950 | 24315001 | 74507420 | 37535207 | 61850263 | 30577858 |

## 12-3 续表1

单位：个、万元

| 类别 | Category | 单位数 Number of Enterprises | #亏损企业 Loss-making Enterprises |
|---|---|---|---|
| **按轻重工业分** | **Grouped by Light and Heavy Industry** | | |
| 轻工业 | Light Industry | 138 | 25 |
| 重工业 | Heavy Industry | 282 | 106 |
| **按行业分** | **Grouped by Industry** | | |
| 采矿业 | Mining and Quarrying | 52 | 8 |
| 煤炭开采和洗选业 | Mining and Washing of Coal | 34 | 6 |
| 石油和天然气开采业 | Extraction of Petroleum and Natural Gas | 2 | |
| 黑色金属矿采选业 | Mining and Processing of Ferrous Metals Ores | 2 | |
| 有色金属矿采选业 | Mining and Processing of Non-ferrous Metal Ores | 5 | 1 |
| 非金属矿采选业 | Mining and Processing of Nonmetal Ores | 2 | |
| 开采专业及辅助性活动 | Professional and Support Activities For Mining | 7 | 1 |
| 其他采矿业 | Mining of Other Ores | | |
| 制造业 | Manufacturing | 267 | 59 |
| 农副食品加工业 | Processing of Food from Agricultural Products | 38 | 5 |
| 食品制造业 | Manufacture of Foods | 27 | 1 |
| 酒、饮料和精制茶制造业 | Manufacture of Wine, soft drinks and refined tea | 16 | 4 |
| 烟草制品业 | Manufacture of Tobacco | 2 | |
| 纺织业 | Manufacture of Textile | 12 | 4 |
| 纺织服装、服饰业 | Manufacture of Textile and Apparel | 1 | 1 |
| 皮革、毛皮、羽毛及其制品和制鞋业 | Manufacture of Leather, Furs, Feather and Related Products and Footwear | | |
| 木材加工和木、竹、藤、棕、草制品业 | Processing of Timber,Manufacture of Wood,Bamboo,Rattan,Palm and Straw Products | 3 | 1 |
| 家具制造业 | Manufacture of Furniture | 7 | 4 |
| 造纸和纸制品业 | Manufacture of Paper and Paper Products | 1 | |
| 印刷和记录媒介复制业 | Manufacture of Printing and Record Medium Reproduction | 3 | 1 |
| 文教、工美、体育和娱乐用品制造业 | Manufacture of Articles for Culture,Education and Sports Activities | 1 | 1 |
| 石油、煤炭及其他燃料加工业 | Processing of Petoleum,Coal and Other Fuels | 19 | 4 |
| 化学原料和化学制品制造业 | Manufacture of Raw Chemical Materials and Chemical Products | 22 | 9 |
| 医药制造业 | Manufacture of Medicines | 23 | 2 |
| 化学纤维制造业 | Manufacture of Chemical Fibers | | |
| 橡胶和塑料制品业 | Manufacture of Rubber and Plastics | 3 | 1 |
| 非金属矿物制品业 | Manufacture of Non-metallic Mineral Products | 16 | 4 |
| 黑色金属冶炼及压延加工业 | Smelting and Pressing of Ferrous Metals | 4 | |
| 有色金属冶炼及压延加工业 | Smelting and Pressing of Non-ferrous Metals | 1 | |
| 金属制品业 | Manufacture of Metal Products | 8 | 1 |
| 通用设备制造业 | Manufacture of General Purpose Machinery | 14 | 4 |
| 专用设备制造业 | Manufacture of Special Purpose Machinery | 16 | 4 |
| 汽车制造业 | Manufacture of Automotive | 5 | 3 |
| 铁路、船舶、航空航天和其他运输设备制造业 | Manufacture of Railroad, Marine, Aerospace and Other Transportation Equipment | 10 | 3 |
| 电气机械及器材制造业 | Manufacture of Electrical Machinery and Equipment | 8 | |
| 计算机、通信和其他电子设备制造业 | Manufacture of Computers,Communication and Other Electronic Equipment | 4 | 1 |
| 仪器仪表制造业 | Manufacture of Measuring Instruments | 2 | 1 |
| 其他制造业 | Other Manufacturing | | |
| 废弃资源综合利用业 | Comprehensive Utilization of Waste Resources Industry | 1 | |
| 金属制品、机械和设备修理业 | Metal Products, Machinery and Equipment Repair Industry | | |
| 电力、热力、燃气及水的生产和供应业 | Production and Supply of Electric Power,heat,Gas and Water | 101 | 64 |
| 电力、热力生产和供应业 | Production and Supply of Electric Power and Heat Power | 85 | 56 |
| 燃气生产和供应业 | Production and Supply of Gas | 4 | |
| 水的生产和供应业 | Production and Supply of Water | 12 | 8 |

(unit, 10000 yuan)

| 应收帐款 Receivables | 产成品 Finished Goods | 流动资产合计 Total Current Assets | 固定资产原价 Original Value of Fixed Assets | 非流动资产合计 Total of Non current Assets | 资产总计 Total Assets | 负债合计 Total Liabilities |
|---|---|---|---|---|---|---|
| 1940272 | 704890 | 10502300 | 6732667 | 6518203 | 17020504 | 8776789 |
| 7159774 | 1589554 | 37365426 | 102504928 | 54805759 | 92171242 | 53826278 |
| 1816224 | 475226 | 14284198 | 63780028 | 26227927 | 40512125 | 16666114 |
| 768231 | 71922 | 2171020 | 6403887 | 4336087 | 6507106 | 5599888 |
| 279830 | 331722 | 10118413 | 52152009 | 19063188 | 29181601 | 7291443 |
| 11099 | 86 | 73116 | 150359 | 290137 | 363253 | 265691 |
| 6119 | 6105 | 100040 | 306666 | 649325 | 749366 | 384402 |
| 18763 | 3987 | 37776 | 12119 | 14220 | 51996 | 13275 |
| 732182 | 61404 | 1783832 | 4754987 | 1874971 | 3658803 | 3111416 |
| 6692751 | 1805492 | 29480290 | 25481620 | 20806223 | 50286568 | 31758128 |
| 327365 | 269018 | 2426639 | 1635953 | 1545671 | 3972310 | 2844436 |
| 557073 | 113267 | 2159418 | 1220378 | 1313405 | 3472824 | 1666032 |
| 70900 | 35095 | 678284 | 820076 | 746831 | 1425115 | 652178 |
| 68154 | 21805 | 610399 | 572600 | 344481 | 954879 | 185807 |
| 20494 | 43127 | 149444 | 97717 | 70952 | 220396 | 123730 |
| 3153 | 165 | 6554 | 3957 | 5229 | 11783 | 3724 |
| 32813 | 13092 | 80827 | 42243 | 40598 | 121425 | 56631 |
| 30013 | 30268 | 162014 | 118712 | 100726 | 262740 | 158074 |
| 30869 | 16809 | 171069 | 298457 | 138793 | 309862 | 70158 |
| 15132 | 636 | 36138 | 72012 | 52143 | 88281 | 50639 |
| 657 | 2679 | 9800 | 7445 | 5691 | 15491 | 14910 |
| 242413 | 303456 | 3223279 | 7768889 | 3498450 | 6721783 | 4203110 |
| 205844 | 71136 | 1304524 | 1951160 | 1939270 | 3243793 | 2446306 |
| 594922 | 83478 | 2555960 | 1542417 | 1506795 | 4062755 | 1633112 |
| 113309 | 24699 | 996816 | 349094 | 445907 | 1442723 | 974212 |
| 186079 | 31040 | 670120 | 980781 | 878261 | 1548381 | 904490 |
| 247785 | 148168 | 1322079 | 1151190 | 2020605 | 3342684 | 2833763 |
| 8083 | 17562 | 136289 | 506519 | 397720 | 534009 | 409552 |
| 70121 | 26729 | 278362 | 114295 | 91182 | 369544 | 240628 |
| 1039837 | 214870 | 3755274 | 1104615 | 893192 | 4648465 | 3583297 |
| 1272742 | 148562 | 3571425 | 1853452 | 1709596 | 5281022 | 3260511 |
| 697427 | 37614 | 2021537 | 1752184 | 1271953 | 3293490 | 2594844 |
| 280248 | 18005 | 632833 | 564576 | 586335 | 1219168 | 688545 |
| 419400 | 101019 | 2097678 | 701871 | 731002 | 2828680 | 1613621 |
| 116457 | 16211 | 301388 | 155155 | 407218 | 708606 | 412945 |
| 15914 | 15482 | 88822 | 85927 | 56589 | 145410 | 112054 |
| 25550 | 1499 | 33321 | 9947 | 7629 | 40950 | 20819 |
| 591072 | 13727 | 4103239 | 19975947 | 14289813 | 18393052 | 14178825 |
| 548077 | 11232 | 2851824 | 19086766 | 13239745 | 16091570 | 12627382 |
| 19881 | 2495 | 202899 | 332116 | 222404 | 425303 | 199618 |
| 23114 | | 1048515 | 557065 | 827664 | 1876179 | 1351825 |

12-3 续表2

单位：万元

| 类别 | Category |
| --- | --- |
| **总计** | **Total** |
| #亏损企业 | #Loss-making Enterprises |
| #国有控股企业 | #State-holding Enterprises |
| #大型 | #Large-sized Enterprises |
| **按登记注册类型分** | **Grouped by Status of Registration** |
| 内资企业 | Domestic Funded |
| 国有企业 | State-owned Enterprises |
| #中央企业 | #Central Industry |
| 集体企业 | Collective-owned Enterprises |
| 股份合作企业 | Cooperative Enterprises |
| 联营企业 | Joint Ownership Enterprises |
| 有限责任公司 | Limited Liability Corporations |
| 国有独资公司 | Sole State-funded Corporations |
| 其他有限责任公司 | Other Limited Liability Corporations |
| 股份有限公司 | Share Holding Enterprises |
| 私营企业 | Private Enterprises |
| 私营独资企业 | Private-funded Enterprises |
| 私营合伙企业 | Private Partnership |
| 私营有限责任公司 | Private Limited Liability Corporations |
| 私营股份有限公司 | Private Share-holding Enterprises |
| 其他企业 | Other Enterprises |
| 港、澳、台商投资企业 | Enterprises with Funds from Hong Kong, Macao and Taiwan |
| 外商投资企业 | Foreign Funded Enterprises |
| **按经济组织类型分** | **Grouped by Type of Economic Organizations** |
| 独资企业 | Proprietorship |
| 国有企业 | State-owned Enterprises |
| 集体企业 | Collective-owned Enterprises |
| 私营独资企业 | Private-funded Enterprises |
| 港澳台商独资经营企业 | Proprietorship from Hong Kong, Macao and Taiwan |
| 外资企业 | Foreign Funded Enterprises |
| 合作、合伙企业 | Cooperative Enterprises and Partnership |
| 股份合作企业 | Cooperative Enterprises |
| 国有联营企业 | State Joint Ownership Enterprises |
| 集体联营企业 | Collective Joint Ownership Enterprises |
| 国有与集体联营企业 | State and Collective Joint Ownership Enterprises |
| 其他联营企业 | Other Joint Ownership Enterprises |
| 私营合伙企业 | Private Partnership |
| 港或澳、台资合作经营企业 | Cooperative Enterprises with Funds from Hong Kong, Macao and Taiwan |
| 中外合作经营企业 | Sino-foreign Cooperative Enterprises |
| 其他企业(内资) | Other Enterprises (Domestic Funded) |
| 股份有限公司 | Share Holding Enterprises |
| 股份有限公司(内资) | Share Holding Enterprises (Domestic Funded) |
| 私营股份有限公司 | Private Share Holding Enterprises |
| 港澳台商投资股份有限公司 | Share Holding Enterprises with Funds from Hong Kong, Macao and Taiwan |
| 外商投资股份有限公司 | Foreign Funded Share Holding Enterprises |
| 有限责任公司 | Limited Liability Corporations |
| 国有独资公司 | Sole State-funded Corporations |
| 私营有限责任公司 | Private Limited Liability Corporations |
| 港澳台合资经营企业 | joint venture Enterprises of Hong Kong, Macao and Taiwan |
| 中外合资经营企业 | Sino-foreign Cooperative joint venture Enterprises |
| 其他有限责任公司 | Other Limited Liability Corporations |

Continued

(10000 yuan)

| 销售费用<br>Selling Expenses | 管理费用<br>Overhead Expenses | 财务费用<br>Financial Expenses | 利息支出<br>Expenditure for Interests | 亏损企业亏损总额<br>Total Losses Made by Enterprises -in-red |
|---|---|---|---|---|
| **2393895** | **4138907** | **789616** | **906633** | **1027942** |
| 160998 | 458177 | 408523 | 319774 | 1027942 |
| 703945 | 3296058 | 474458 | 668589 | 815301 |
| 890030 | 3223666 | 422383 | 603245 | 603100 |
| 1493930 | 3647552 | 644735 | 780805 | 926727 |
| 39459 | 115697 | 43306 | 41420 | 309131 |
| 31762 | 63269 | 19488 | 19826 | 234763 |
| 5968 | 17518 | 2497 | 2006 | 2411 |
| 871177 | 2796122 | 431805 | 600068 | 506174 |
| 57726 | 465289 | 162029 | 173124 | 121411 |
| 813451 | 2330833 | 269776 | 426944 | 384763 |
| 357489 | 538850 | 55242 | 59669 | 19064 |
| 219839 | 179366 | 111885 | 77642 | 89947 |
| 1732 | 2018 | | | 104 |
| 211204 | 153162 | 111253 | 76488 | 89843 |
| 6903 | 24186 | 632 | 1154 | |
| 485792 | 120035 | 60561 | 29941 | 29521 |
| 414173 | 371321 | 84320 | 95888 | 71694 |
| 560224 | 281721 | 70035 | 68505 | 315570 |
| 39459 | 115697 | 43306 | 41420 | 309131 |
| 5968 | 17518 | 2497 | 2006 | 2411 |
| 1732 | 2018 | | | 104 |
| 414868 | 70280 | 8171 | 11917 | 1011 |
| 98197 | 76208 | 16062 | 13162 | 2914 |
| 3819 | 17873 | 4927 | 4904 | |
| 3282 | 14831 | 4896 | 4891 | |
| 538 | 3042 | 31 | 13 | |
| 406063 | 571855 | 54613 | 60921 | 22975 |
| 357489 | 538850 | 55242 | 59669 | 19064 |
| 6903 | 24186 | 632 | 1154 | |
| 41671 | 8819 | -1262 | 98 | 3911 |
| 1423789 | 3267460 | 660041 | 772302 | 689397 |
| 57726 | 465289 | 162029 | 173124 | 121411 |
| 211204 | 153162 | 111253 | 76488 | 89843 |
| 67642 | 34924 | 47494 | 13133 | 28510 |
| 273767 | 283252 | 69490 | 82614 | 64870 |
| 813451 | 2330833 | 269776 | 426944 | 384763 |

## 12-3 续表3

单位：万元

| 类　别 | Category | 营业成本 Business Cost |
|---|---|---|
| **按轻重工业分** | **Grouped by Light and Heavy Industry** | |
| 轻工业 | Light Industry | 9602209 |
| 重工业 | Heavy Industry | 43766983 |
| **按行业分** | **Grouped by Industry** | |
| 采矿业 | Mining and Quarrying | 13701832 |
| 煤炭开采和洗选业 | Mining and Washing of Coal | 2475613 |
| 石油和天然气开采业 | Extraction of Petroleum and Natural Gas | 7348076 |
| 黑色金属矿采选业 | Mining and Processing of Ferrous Metals Ores | 67862 |
| 有色金属矿采选业 | Mining and Processing of Non-ferrous Metal Ores | 120831 |
| 非金属矿采选业 | Mining and Processing of Nonmetal Ores | 42792 |
| 开采专业及辅助性活动 | Professional and Support Activities For Mining | 3646658 |
| 其他采矿业 | Mining of Other Ores | |
| 制造业 | Manufacturing | 31403912 |
| 农副食品加工业 | Processing of Food from Agricultural Products | 3544375 |
| 食品制造业 | Manufacture of Foods | 2437272 |
| 酒、饮料和精制茶制造业 | Manufacture of Wine, soft drinks and refined tea | 760705 |
| 烟草制品业 | Manufacture of Tobacco | 407723 |
| 纺织业 | Manufacture of Textile | 130684 |
| 纺织服装、服饰业 | Manufacture of Textile and Apparel | 12778 |
| 皮革、毛皮、羽毛及其制品和制鞋业 | Manufacture of Leather, Furs, Feather and Related Products and Footwear | |
| 木材加工和木、竹、藤、棕、草制品业 | Processing of Timber,Manufacture of Wood,Bamboo,Rattan, Palm and Straw Products | 45536 |
| 家具制造业 | Manufacture of Furniture | 135471 |
| 造纸和纸制品业 | Manufacture of Paper and Paper Products | 121838 |
| 印刷和记录媒介复制业 | Manufacture of Printing and Record Medium Reproduction | 49616 |
| 文教、工美、体育和娱乐用品制造业 | Manufacture of Articles for Culture,Education and Sports Activities | 2957 |
| 石油、煤炭及其他燃料加工业 | Processing of Petoleum,Coal and Other Fuels | 9246438 |
| 化学原料和化学制品制造业 | Manufacture of Raw Chemical Materials and Chemical Products | 1966487 |
| 医药制造业 | Manufacture of Medicines | 1069692 |
| 化学纤维制造业 | Manufacture of Chemical Fibers | |
| 橡胶和塑料制品业 | Manufacture of Rubber and Plastics | 817802 |
| 非金属矿物制品业 | Manufacture of Non-metallic Mineral Products | 338045 |
| 黑色金属冶炼及压延加工业 | Smelting and Pressing of Ferrous Metals | 2578536 |
| 有色金属冶炼及压延加工业 | Smelting and Pressing of Non-ferrous Metals | 267206 |
| 金属制品业 | Manufacture of Metal Products | 146290 |
| 通用设备制造业 | Manufacture of General Purpose Machinery | 1493629 |
| 专用设备制造业 | Manufacture of Special Purpose Machinery | 1558321 |
| 汽车制造业 | Manufacture of Automotive | 2630354 |
| 铁路、船舶、航空航天和其他运输设备制造业 | Manufacture of Railroad, Marine, Aerospace and Other Transportation Equipment | 649508 |
| 电气机械及器材制造业 | Manufacture of Electrical Machinery and Equipment | 792812 |
| 计算机、通信和其他电子设备制造业 | Manufacture of Computers,Communication and Other Electronic Equipment | 106615 |
| 仪器仪表制造业 | Manufacture of Measuring Instruments | 70434 |
| 其他制造业 | Other Manufacturing | |
| 废弃资源综合利用业 | Comprehensive Utilization of Waste Resources Industry | 22789 |
| 金属制品、机械和设备修理业 | Metal Products, Machinery and Equipment Repair Industry | |
| 电力、热力、燃气及水的生产和供应业 | Production and Supply of Electric Power,heat,Gas and Water | 8263449 |
| 电力、热力生产和供应业 | Production and Supply of Electric Power and Heat Power | 7912613 |
| 燃气生产和供应业 | Production and Supply of Gas | 216471 |
| 水的生产和供应业 | Production and Supply of Water | 134365 |

(10000 yuan)

| 销售费用 Selling Expenses | 管理费用 Overhead Expenses | 财务费用 Financial Expenses | 利息支出 Expenditure for Interests | 亏损企业亏损额 Total Losses Made by Enterprises--in-red |
|---|---|---|---|---|
| 1653495 | 749201 | 108706 | 105764 | 94253 |
| 740401 | 3389707 | 680910 | 800869 | 933689 |
| 143107 | 1920579 | 83483 | 243031 | 238189 |
| 19976 | 398586 | 71558 | 71907 | 49105 |
| 101529 | 1432702 | -5742 | 154456 | |
| 1995 | 4078 | 1394 | 1232 | |
| 816 | 16632 | 6921 | 6798 | 358 |
| 4446 | 3875 | 321 | 323 | |
| 14344 | 64706 | 9031 | 8317 | 188725 |
| 2187659 | 2025840 | 444806 | 400975 | 332789 |
| 187946 | 94232 | 75061 | 55587 | 43189 |
| 677649 | 110769 | -2142 | 6161 | 1011 |
| 95163 | 51989 | 4439 | 6675 | 9522 |
| 16553 | 92191 | -2168 | 464 | |
| 2760 | 6998 | 1737 | 1659 | 4029 |
| 25.7 | 494 | 26 | 26 | 126 |
| 3741 | 5462 | 678 | 763 | 46 |
| 4992 | 14826 | 1930 | 1971 | 9357 |
| 12236 | 12836 | 495 | 1276 | |
| 1322 | 5096 | 1300 | 146 | 3487 |
| 211 | 281 | 0.4 | | 497 |
| 150808 | 415996 | 111695 | 52824 | 51186 |
| 43487 | 95263 | 58052 | 58987 | 69550 |
| 633030 | 301613 | 6414 | 12957 | 15024 |
| 19337 | 42636 | 11932 | 9147 | 6746 |
| 20669 | 49460 | 12869 | 12733 | 5711 |
| 106743 | 45836 | 41838 | 39195 | |
| 5589 | 19361 | 14838 | 13911 | |
| 6189 | 19419 | 748 | 1292 | 1267 |
| 63391 | 186369 | 15120 | 24118 | 42337 |
| 40912 | 146100 | 52432 | 60827 | 13512 |
| 24939 | 87199 | 2015 | 7570 | 13159 |
| 15501 | 94955 | 12182 | 12398 | 4914 |
| 44807 | 85217 | 7828 | 13767 | |
| 3512 | 21746 | 12508 | 3536 | 34435 |
| 5987 | 18864 | 2332 | 2388 | 3685 |
| 161 | 632 | 646 | 600 | |
| 63130 | 192488 | 261326 | 262627 | 456964 |
| 4986 | 134183 | 243653 | 243143 | 438956 |
| 42600 | 18463 | -1386 | 543 | |
| 15544 | 39842 | 19060 | 18941 | 18008 |

# 12-4 国有控股工业企业主要经济指标(2018年)

单位：个、万元

| 类 别 | Category | 单位数 Number of Enterprises | #亏损企业 Loss-making Enterprises |
|---|---|---|---|
| **总 计** | **Total** | **466** | **195** |
| #亏损企业 | #Loss-making Enterprises | 195 | 195 |
| #大中型企业 | #Large and Medium-sized Enterprises | 179 | 83 |
| **按轻重工业分** | **Grouped by Light and Heavy Industry** | | |
| 轻工业 | Light Industry | 70 | 26 |
| 重工业 | Heavy Industry | 396 | 169 |
| **按行业分** | **Grouped by Sector** | | |
| 采矿业 | Mining and Quarrying | 21 | 4 |
| 煤炭开采和洗选业 | Mining and Washing of Coal | 13 | 3 |
| 石油和天然气开采业 | Extraction of Petroleum and Natural Gas | 2 | |
| 黑色金属矿采选业 | Mining and Processing of Ferrous Metals Ores | | |
| 有色金属矿采选业 | Mining and Processing of Non-ferrous Metal Ores | 1 | |
| 非金属矿采选业 | Mining and Processing of Nonmetal Ores | 3 | |
| 开采专业及辅助性活动 | Professional and Support Activities For Mining | 2 | 1 |
| 其他采矿业 | Mining of Other Ores | | |
| 制造业 | Manufacturing | 209 | 72 |
| 农副食品加工业 | Processing of Food from Agricultural Products | 31 | 10 |
| 食品制造业 | Manufacture of Foods | 12 | 3 |
| 酒、饮料和精制茶制造业 | Manufacture of Wine, soft drinks and refined tea | 5 | 4 |
| 烟草制品业 | Manufacture of Tobacco | 1 | |
| 纺织业 | Manufacture of Textile | | |
| 纺织服装、服饰业 | Manufacture of Textile and Apparel | | |
| 皮革、毛皮、羽毛及其制品和制鞋业 | Manufacture of Leather, Furs, Feather and Related Products and Footwear | | |
| 木材加工和木、竹、藤、棕、草制品业 | Processing of Timber, Manufacture of Wood, Bamboo, Rattan, Palm and Straw Products | 3 | 2 |
| 家具制造业 | Manufacture of Furniture | | |
| 造纸和纸制品业 | Manufacture of Paper and Paper Products | 2 | 1 |
| 印刷和记录媒介复制业 | Manufacture of Printing and Record Medium Reproduction | 5 | 1 |
| 文教、工美、体育和娱乐用品制造业 | Manufacture of Articles for Culture, Education and Sports Activities | 1 | |
| 石油、煤炭及其他燃料加工业 | Processing of Petroleum, Coal and Other Fuels | 7 | |
| 化学原料和化学制品制造业 | Manufacture of Raw Chemical Materials and Chemical Products | 17 | 7 |
| 医药制造业 | Manufacture of Medicines | 7 | 2 |
| 化学纤维制造业 | Manufacture of Chemical Fibers | | |
| 橡胶和塑料制品业 | Manufacture of Rubber and Plastics | 3 | 2 |
| 非金属矿物制品业 | Manufacture of Non-metallic Mineral Products | 32 | 17 |
| 黑色金属冶炼及压延加工业 | Smelting and Pressing of Ferrous Metals | 1 | |
| 有色金属冶炼及压延加工业 | Smelting and Pressing of Non-ferrous Metals | 3 | 1 |
| 金属制品业 | Manufacture of Metal Products | 7 | 2 |
| 通用设备制造业 | Manufacture of General Purpose Machinery | 21 | 4 |
| 专用设备制造业 | Manufacture of Special Purpose Machinery | 13 | 3 |
| 汽车制造业 | Manufacture of Automotive | 7 | 6 |
| 铁路、船舶、航空航天和其他运输设备制造业 | Manufacture of Railroad, Marine, Aerospace and Other Transportation Equipment | 15 | 3 |
| 电气机械及器材制造业 | Manufacture of Electrical Machinery and Equipment | 9 | 2 |
| 计算机、通信和其他电子设备制造业 | Manufacture of Computers, Communication and Other Electronic Equipment | 1 | |
| 仪器仪表制造业 | Manufacture of Measuring Instruments | 3 | 2 |
| 其他制造业 | Other Manufacturing | 1 | |
| 废弃资源综合利用业 | Comprehensive Utilization of Waste Resources Industry | 2 | |
| 金属制品、机械和设备修理业 | Metal Products, Machinery and Equipment Repair Industry | | |
| 电力、热力、燃气及水的生产和供应业 | Production and Supply of Electric Power, heat, Gas and Water | 236 | 119 |
| 电力、热力生产和供应业 | Production and Supply of Electric Power and Heat Power | 214 | 109 |
| 燃气生产和供应业 | Production and Supply of Gas | 4 | |
| 水的生产和供应业 | Production and Supply of Water | 18 | 10 |

# Major Indicators of State-Holding Industrial Enterprises (2018)

(unit, 10000 yuan)

| 应收帐款 Receivables | 产成品 Finished Goods | 流动资产合计 Total Current Assets | 固定资产原价 Original Value of Fixed Assets | 非流动资产合计 Total of Non current Assets | 资产总计 Total Assets | 负债合计 Total Liabilities |
|---|---|---|---|---|---|---|
| **6532713** | **1390740** | **34642717** | **105697778** | **55372186** | **90014907** | **51548718** |
| 1481417 | 372405 | 6165164 | 24216966 | 16173051 | 22338215 | 20056949 |
| 5638761 | 1250589 | 31699069 | 96441453 | 46754561 | 78453632 | 44109106 |
| 630235 | 252183 | 3296404 | 2963158 | 2324797 | 5621201 | 3054752 |
| 5902478 | 1138557 | 31346313 | 102734620 | 53047389 | 84393705 | 48493966 |
| 1632328 | 453908 | 13561589 | 61787565 | 24435136 | 37996725 | 15843927 |
| 710998 | 59818 | 1878093 | 6054431 | 3934381 | 5812474 | 5273458 |
| 279830 | 331722 | 10118413 | 52152009 | 19063188 | 29181601 | 7291443 |
|  | 42 | 29804 | 336890 | 342688 | 372492 | 336119 |
| 3008 | 1157 | 7002 | 6073 | 11224 | 18226 | 13324 |
| 638491 | 61169 | 1528276 | 3238162 | 1083655 | 2611932 | 2929585 |
| 3924580 | 929173 | 16056999 | 17627895 | 10818030 | 26875029 | 17692046 |
| 82232 | 102335 | 1083415 | 613649 | 575329 | 1658743 | 1494082 |
| 126226 | 38941 | 348961 | 329675 | 356388 | 705349 | 281883 |
| 5102 | 6708 | 31996 | 112524 | 88093 | 120089 | 166537 |
| 60975 | 14862 | 570713 | 545650 | 333681 | 904394 | 168034 |
| 7294 | 11221 | 23131 | 21809 | 31649 | 54780 | 30683 |
| 30508 | 17914 | 174705 | 301230 | 141867 | 316572 | 76438 |
| 8356 | 1036 | 24054 | 42233 | 21845 | 45899 | 16925 |
| 372 | 1295 | 4909 | 5490 | 5143 | 10051 | 2653 |
| 115595 | 182915 | 1464619 | 6887634 | 2330662 | 3795281 | 1932412 |
| 50188 | 31274 | 499259 | 1323361 | 744211 | 1243470 | 1000681 |
| 298399 | 48864 | 991077 | 942152 | 753947 | 1745023 | 755092 |
| 5748 | 6140 | 17899 | 20399 | 8561 | 26460 | 19605 |
| 170832 | 39012 | 665818 | 1065483 | 891434 | 1557252 | 1180533 |
| 4231 | 4784 | 16614 | 2249 | 1388 | 18002 | 4651 |
| 10804 | 19071 | 145734 | 511427 | 398501 | 544235 | 416704 |
| 39957 | 21100 | 216136 | 178321 | 169803 | 385939 | 218969 |
| 992545 | 157921 | 3573219 | 996857 | 930423 | 4503642 | 3557586 |
| 1139097 | 112708 | 3207110 | 1613028 | 1527913 | 4735023 | 2979568 |
| 60101 | 36993 | 520058 | 898463 | 412953 | 933011 | 1338676 |
| 298021 | 5103 | 695907 | 547811 | 576069 | 1271976 | 705026 |
| 320872 | 38426 | 1583408 | 565493 | 433328 | 2016736 | 1173467 |
| 26668 | 5937 | 44074 | 7867 | 6898 | 50972 | 25921 |
| 31199 | 16802 | 96504 | 74183 | 39440 | 135943 | 92639 |
| 11053 | 6313 | 14950 | 849 | 1714 | 16664 | 5326 |
| 28205 | 1499 | 42730 | 20061 | 36794 | 79525 | 47956 |
| 975805 | 7659 | 5024130 | 26282317 | 20119020 | 25143153 | 18012745 |
| 935935 | 7497 | 3780136 | 25371351 | 19017454 | 22797593 | 16421593 |
| 15973 | 162 | 193237 | 285390 | 197364 | 390601 | 177488 |
| 23898 |  | 1050757 | 625576 | 904202 | 1954959 | 1413664 |

## 12-4 续表

单位：万元

| 类　别 | Category |
|---|---|
| **总　计** | **Total** |
| #亏损企业 | #Loss-making Enterprises |
| #大中型企业 | #Large and Medium-sized Enterprises |
| **按轻重工业分** | **Grouped by Light and Heavy Industry** |
| 轻工业 | Light Industry |
| 重工业 | Heavy Industry |
| **按行业分** | **Grouped by Sector** |
| 采矿业 | Mining and Quarrying |
| 煤炭开采和洗选业 | Mining and Washing of Coal |
| 石油和天然气开采业 | Extraction of Petroleum and Natural Gas |
| 黑色金属矿采选业 | Mining and Processing of Ferrous Metals Ores |
| 有色金属矿采选业 | Mining and Processing of Non-ferrous Metal Ores |
| 非金属矿采选业 | Mining and Processing of Nonmetal Ores |
| 开采专业及辅助性活动 | Professional and Support Activities For Mining |
| 其他采矿业 | Mining of Other Ores |
| 制造业 | Manufacturing |
| 农副食品加工业 | Processing of Food from Agricultural Products |
| 食品制造业 | Manufacture of Foods |
| 酒、饮料和精制茶制造业 | Manufacture of Wine, soft drinks and refined tea |
| 烟草制品业 | Manufacture of Tobacco |
| 纺织业 | Manufacture of Textile |
| 纺织服装、服饰业 | Manufacture of Textile and Apparel |
| 皮革、毛皮、羽毛及其制品和制鞋业 | Manufacture of Leather, Furs, Feather and Related Products and Footwear |
| 木材加工和木、竹、藤、棕、草制品业 | Processing of Timber, Manufacture of Wood, Bamboo, Rattan, Palm and Straw Products |
| 家具制造业 | Manufacture of Furniture |
| 造纸和纸制品业 | Manufacture of Paper and Paper Products |
| 印刷和记录媒介复制业 | Manufacture of Printing and Record Medium Reproduction |
| 文教、工美、体育和娱乐用品制造业 | Manufacture of Articles for Culture, Education and Sports Activities |
| 石油、煤炭及其他燃料加工业 | Processing of Petroleum, Coal and Other Fuels |
| 化学原料和化学制品制造业 | Manufacture of Raw Chemical Materials and Chemical Products |
| 医药制造业 | Manufacture of Medicines |
| 化学纤维制造业 | Manufacture of Chemical Fibers |
| 橡胶和塑料制品业 | Manufacture of Rubber and Plastics |
| 非金属矿物制品业 | Manufacture of Non-metallic Mineral Products |
| 黑色金属冶炼及压延加工业 | Smelting and Pressing of Ferrous Metals |
| 有色金属冶炼及压延加工业 | Smelting and Pressing of Non-ferrous Metals |
| 金属制品业 | Manufacture of Metal Products |
| 通用设备制造业 | Manufacture of General Purpose Machinery |
| 专用设备制造业 | Manufacture of Special Purpose Machinery |
| 汽车制造业 | Manufacture of Automotive |
| 铁路、船舶、航空航天和其他运输设备制造业 | Manufacture of Railroad, Marine, Aerospace and Other Transportation Equipment |
| 电气机械及器材制造业 | Manufacture of Electrical Machinery and Equipment |
| 计算机、通信和其他电子设备制造业 | Manufacture of Computers, Communication and Other Electronic Equipment |
| 仪器仪表制造业 | Manufacture of Measuring Instruments |
| 其他制造业 | Other Manufacturing |
| 废弃资源综合利用业 | Comprehensive Utilization of Waste Resources Industry |
| 金属制品、机械和设备修理业 | Metal Products, Machinery and Equipment Repair Industry |
| 电力、热力、燃气及水的生产和供应业 | Production and Supply of Electric Power, heat, Gas and Water |
| 电力、热力生产和供应业 | Production and Supply of Electric Power and Heat Power |
| 燃气生产和供应业 | Production and Supply of Gas |
| 水的生产和供应业 | Production and Supply of Water |

Continued

(10000 yuan)

| 销售费用<br>Selling Expenses | 管理费用<br>Overhead Expenses | 财务费用<br>Financial Expenses | 利息支出<br>Expenditure for Interests | 亏损企业亏损额<br>Total Losses Made by Enterprises -in-red |
|---:|---:|---:|---:|---:|
| **765721** | **3501720** | **659316** | **824712** | **981251** |
| 129297 | 444163 | 329856 | 307676 | 981251 |
| 703945 | 3296058 | 474458 | 668589 | 815301 |
| 301000 | 370550 | 39289 | 36411 | 79283 |
| 464721 | 3131171 | 620027 | 788301 | 901968 |
| 129493 | 1863417 | 85130 | 237623 | 242316 |
| 13647 | 374399 | 65133 | 65183 | 53590 |
| 101529 | 1432702 | -5742 | 154456 | |
| 231 | 10250 | 19376 | 12081 | |
| 3 | 348 | -4.1 | | |
| 14083 | 45718 | 6368 | 5904 | 188725 |
| 575446 | 1426074 | 203831 | 236081 | 214938 |
| 86752 | 34939 | 35502 | 21846 | 42450 |
| 55470 | 15973 | 525 | 1701 | 3617 |
| 2125 | 7105 | 3436 | 3615 | 7579 |
| 12821 | 87739 | -2635 | | |
| 277 | 2137 | 66 | 54 | 888 |
| 12253 | 13052 | 513 | 1292 | 440 |
| 353 | 4402 | 168 | 151 | 170 |
| 108 | 960 | 10 | 13 | |
| 61280 | 374002 | 13436 | 18536 | |
| 27059 | 59921 | 32446 | 32563 | 22104 |
| 127954 | 196964 | 968 | 7115 | 14968 |
| 2511 | 6474 | 261 | 261 | 6822 |
| 17799 | 55384 | 25784 | 25359 | 41416 |
| 1069 | 1893 | 1 | 5 | |
| 5844 | 20827 | 15048 | 14127 | 817 |
| 3701 | 13687 | 1302 | 1624 | 2442 |
| 51152 | 174085 | 16639 | 25864 | 37855 |
| 30391 | 119341 | 47690 | 56339 | 6586 |
| 10344 | 49617 | 335 | 7569 | 15362 |
| 17938 | 94597 | 11527 | 11812 | 4791 |
| 41126 | 69923 | -1692 | 3647 | 1989 |
| 1300 | 4349 | 113 | 114 | |
| 5118 | 16737 | 1583 | 1681 | 4641 |
| 210 | 576 | 165 | 194 | |
| 492 | 1390 | 639 | 600 | |
| 60782 | 212229 | 370355 | 351008 | 523997 |
| 6055 | 153201 | 352316 | 331090 | 505323 |
| 39342 | 14430 | -1771 | 209 | |
| 15385 | 44598 | 19810 | 19709 | 18674 |

# 12-5 集体工业企业主要经济指标(2018年)

单位：个、万元

| 类　　别 | Category | 单位数 Number of Enterprises | #亏损企业 Loss-making Enterprises |
|---|---|---|---|
| **总　　计** | **Total** | **34** | **8** |
| #亏损企业 | #Loss-making Enterprises | 8 | 8 |
| #大中型企业 | #Large and Medium-sized Enterprises | 18 | 2 |
| **按轻重工业分** | **Grouped by Light and Heavy Industry** | | |
| 轻工业 | Light Industry | 5 | 2 |
| 重工业 | Heavy Industry | 29 | 6 |
| **按行业分** | **Grouped by Sector** | | |
| 采矿业 | Mining and Quarrying | 18 | 3 |
| 煤炭开采和洗选业 | Mining and Washing of Coal | 13 | 3 |
| 石油和天然气开采业 | Extraction of Petroleum and Natural Gas | | |
| 黑色金属矿采选业 | Mining and Processing of Ferrous Metals Ores | | |
| 有色金属矿采选业 | Mining and Processing of Non-ferrous Metal Ores | | |
| 非金属矿采选业 | Mining and Processing of Nonmetal Ores | | |
| 开采专业及辅助性活动 | Professional and Support Activities For Mining | 5 | |
| 其他采矿业 | Mining of Other Ores | | |
| 制造业 | Manufacturing | 15 | 4 |
| 农副食品加工业 | Processing of Food from Agricultural Products | 1 | |
| 食品制造业 | Manufacture of Foods | | |
| 酒、饮料和精制茶制造业 | Manufacture of Wine, soft drinks and refined tea | | |
| 烟草制品业 | Manufacture of Tobacco | | |
| 纺织业 | Manufacture of Textile | | |
| 纺织服装、服饰业 | Manufacture of Textile and Apparel | 1 | |
| 皮革、毛皮、羽毛及其制品和制鞋业 | Manufacture of Leather, Furs, Feather and Related Products and Footwear | | |
| 木材加工和木、竹、藤、棕、草制品业 | Processing of Timber, Manufacture of Wood, Bamboo, Rattan, Palm and Straw Products | | |
| 家具制造业 | Manufacture of Furniture | | |
| 造纸和纸制品业 | Manufacture of Paper and Paper Products | 3 | 2 |
| 印刷和记录媒介复制业 | Manufacture of Printing and Record Medium Reproduction | | |
| 文教、工美、体育和娱乐用品制造业 | Manufacture of Articles for Culture, Education and Sports Activities | | |
| 石油、煤炭及其他燃料加工业 | Processing of Petroleum, Coal and Other Fuels | | |
| 化学原料和化学制品制造业 | Manufacture of Raw Chemical Materials and Chemical Products | 5 | 1 |
| 医药制造业 | Manufacture of Medicines | | |
| 化学纤维制造业 | Manufacture of Chemical Fibers | | |
| 橡胶和塑料制品业 | Manufacture of Rubber and Plastics | | |
| 非金属矿物制品业 | Manufacture of Non-metallic Mineral Products | 1 | 1 |
| 黑色金属冶炼及压延加工业 | Smelting and Pressing of Ferrous Metals | | |
| 有色金属冶炼及压延加工业 | Smelting and Pressing of Non-ferrous Metals | | |
| 金属制品业 | Manufacture of Metal Products | 1 | |
| 通用设备制造业 | Manufacture of General Purpose Machinery | | |
| 专用设备制造业 | Manufacture of Special Purpose Machinery | 2 | |
| 汽车制造业 | Manufacture of Automotive | | |
| 铁路、船舶、航空航天和其他运输设备制造业 | Manufacture of Railroad, Marine, Aerospace and Other Transportation Equipment | | |
| 电气机械及器材制造业 | Manufacture of Electrical Machinery and Equipment | | |
| 计算机、通信和其他电子设备制造业 | Manufacture of Computers, Communication and Other Electronic Equipment | | |
| 仪器仪表制造业 | Manufacture of Measuring Instruments | | |
| 其他制造业 | Other Manufacturing | | |
| 废弃资源综合利用业 | Comprehensive Utilization of Waste Resources Industry | | |
| 金属制品、机械和设备修理业 | Metal Products, Machinery and Equipment Repair Industry | 1 | |
| 电力、热力、燃气及水的生产和供应业 | Production and Supply of Electric Power, heat, Gas and Water | 1 | 1 |
| 电力、热力生产和供应业 | Production and Supply of Electric Power and Heat Power | 1 | 1 |
| 燃气生产和供应业 | Production and Supply of Gas | | |
| 水的生产和供应业 | Production and Supply of Water | | |

# Major Indicators of Collective-Owned Industrial Enterprises(2018)

(unit, 10000 yuan)

| 应收帐款<br>Receivables | 产成品<br>Finished Goods | 流动资产合计<br>Total Current Assets | 固定资产原价<br>Original Value of Fixed Assets | 非流动资产合计<br>Total of Non current Assets | 资产总计<br>Total Assets | 负债合计<br>Total Liabilities |
|---|---|---|---|---|---|---|
| **321912** | **15711** | **688342** | **307975** | **130815** | **819157** | **529736** |
| 32499 | 5755 | 56860 | 44051 | 50167 | 107027 | 68161 |
| 246834 | 12918 | 541029 | 256883 | 99205 | 640234 | 372352 |
| 48291 | 867 | 98852 | 27556 | 10578 | 109430 | 32906 |
| 273621 | 14844 | 589490 | 280420 | 120238 | 709727 | 496829 |
| 102660 | 2658 | 297704 | 178601 | 73070 | 370775 | 223355 |
| 10933 | 2423 | 56801 | 26088 | 44967 | 101769 | 56884 |
| 91727 | 234 | 240903 | 152513 | 28103 | 269006 | 166471 |
| 219252 | 13053 | 387458 | 116910 | 46373 | 433831 | 292578 |
| 22482 | 867 | 58466 | 16444 | 5635 | 64101 | 8938 |
| 21142 | | 32612 | 7521 | 3467 | 36080 | 21470 |
| 4667 | | 7773 | 3590 | 1476 | 9249 | 2498 |
| 138214 | 10118 | 236632 | 77478 | 32240 | 268871 | 203531 |
| 3915 | 2027 | 5942 | 859 | 600 | 6542 | 5797 |
| 896 | | 1990 | 2102 | 556 | 2545 | 562 |
| 18928 | 22 | 20730 | 3228 | 1076 | 21806 | 28419 |
| 9007 | 20 | 23313 | 5688 | 1323 | 24636 | 21364 |
| | | 3180 | 12464 | 11372 | 14552 | 13802 |
| | | 3180 | 12464 | 11372 | 14552 | 13802 |

# 12-6 按行业分私营工业企业主要指标(2018年)

单位：个、万元

| 行业 | Sector |
|---|---|
| **总计** | **Total** |
| 采矿业 | Mining and Quarrying |
| 煤炭开采和洗选业 | Mining and Washing of Coal |
| 石油和天然气开采业 | Extraction of Petroleum and Natural Gas |
| 黑色金属矿采选业 | Mining and Processing of Ferrous Metals Ores |
| 有色金属矿采选业 | Mining and Processing of Non-ferrous Metal Ores |
| 非金属矿采选业 | Mining and Processing of Nonmetal Ores |
| 开采专业及辅助性活动 | Professional and Support Activities For Mining |
| 其他采矿业 | Mining of Other Ores |
| 制造业 | Manufacturing |
| 农副食品加工业 | Processing of Food from Agricultural Products |
| 食品制造业 | Manufacture of Foods |
| 酒、饮料和精制茶制造业 | Manufacture of Wine, soft drinks and refined tea |
| 烟草制品业 | Manufacture of Tobacco |
| 纺织业 | Manufacture of Textile |
| 纺织服装、服饰业 | Manufacture of Textile and Apparel |
| 皮革、毛皮、羽毛及其制品和制鞋业 | Manufacture of Leather, Furs, Feather and Related Products and Footwear |
| 木材加工和木、竹、藤、棕、草制品业 | Processing of Timber, Manufacture of Wood, Bamboo, Rattan, Palm and Straw Products |
| 家具制造业 | Manufacture of Furniture |
| 造纸和纸制品业 | Manufacture of Paper and Paper Products |
| 印刷和记录媒介复制业 | Manufacture of Printing and Record Medium Reproduction |
| 文教、工美、体育和娱乐用品制造业 | Manufacture of Articles for Culture, Education and Sports Activities |
| 石油、煤炭及其他燃料加工业 | Processing of Petroleum, Coal and Other Fuels |
| 化学原料和化学制品制造业 | Manufacture of Raw Chemical Materials and Chemical Products |
| 医药制造业 | Manufacture of Medicines |
| 化学纤维制造业 | Manufacture of Chemical Fibers |
| 橡胶和塑料制品业 | Manufacture of Rubber and Plastics |
| 非金属矿物制品业 | Manufacture of Non-metallic Mineral Products |
| 黑色金属冶炼及压延加工业 | Smelting and Pressing of Ferrous Metals |
| 有色金属冶炼及压延加工业 | Smelting and Pressing of Non-ferrous Metals |
| 金属制品业 | Manufacture of Metal Products |
| 通用设备制造业 | Manufacture of General Purpose Machinery |
| 专用设备制造业 | Manufacture of Special Purpose Machinery |
| 汽车制造业 | Manufacture of Automotive |
| 铁路、船舶、航空航天和其他运输设备制造业 | Manufacture of Railroad, Marine, Aerospace and Other Transportation Equipment |
| 电气机械及器材制造业 | Manufacture of Electrical Machinery and Equipment |
| 计算机、通信和其他电子设备制造业 | Manufacture of Computers, Communication and Other Electronic Equipment |
| 仪器仪表制造业 | Manufacture of Measuring Instruments |
| 其他制造业 | Other Manufacturing |
| 废弃资源综合利用业 | Comprehensive Utilization of Waste Resources Industry |
| 金属制品、机械和设备修理业 | Metal Products, Machinery and Equipment Repair Industry |
| 电力、热力、燃气及水的生产和供应业 | Production and Supply of Electric Power, heat, Gas and Water |
| 电力、热力生产和供应业 | Production and Supply of Electric Power and Heat Power |
| 燃气生产和供应业 | Production and Supply of Gas |
| 水的生产和供应业 | Production and Supply of Water |

# Main Indicators of Private Enterprises by Industrial Sector (2018)

(unit, 10000 yuan)

| 企业单位数 Number of Enterprises | 资产总计 Total Assets | 流动资产合计 Total Current Assets | 固定资产原价 Original Value of Fixed Assets | 非流动资产合计 Total of Non current Assets | 负债合计 Total Liabilities | 流动负债合计 Total Working Liabilities | 所有者权益 Owners' Equities |
|---|---|---|---|---|---|---|---|
| **1488** | **17292660** | **9402073** | **7732838** | **7882666** | **10789155** | **9406012** | **6503495** |
| 86 | 1286915 | 666736 | 653506 | 620179 | 938409 | 840954 | 348507 |
| 60 | 883785 | 503279 | 391035 | 380505 | 692863 | 668809 | 190922 |
| 2 | 178092 | 21815 | 149138 | 156277 | 123927 | 53175 | 54165 |
| 2 | 31245 | 27162 | 21931 | 4083 | 24480 | 22901 | 6766 |
| 17 | 153846 | 81446 | 79811 | 72399 | 78712 | 77642 | 75134 |
| 5 | 39948 | 33034 | 11591 | 6914 | 18427 | 18427 | 21521 |
| 1323 | 13915643 | 7881028 | 5597650 | 6026695 | 8329988 | 7450119 | 5585645 |
| 507 | 3671074 | 2288019 | 1336167 | 1383052 | 1870452 | 1699580 | 1800620 |
| 55 | 732004 | 317821 | 417314 | 414182 | 390187 | 342667 | 341817 |
| 42 | 452234 | 197012 | 207649 | 255222 | 215942 | 196229 | 236292 |
| 15 | 124388 | 89879 | 52956 | 34510 | 83953 | 72326 | 40435 |
| 5 | 20359 | 18283 | 2001 | 2077 | 13738 | 13738 | 6621 |
| 33 | 109369 | 102215 | 8779 | 7154 | 52879 | 52879 | 56490 |
| 64 | 206917 | 130142 | 60043 | 76774 | 140338 | 128830 | 66579 |
| 21 | 210669 | 148165 | 82562 | 62504 | 133357 | 129310 | 77312 |
| 25 | 269921 | 140543 | 120026 | 129378 | 209420 | 192218 | 60502 |
| 15 | 134932 | 65208 | 92058 | 69723 | 92097 | 89934 | 42835 |
| 5 | 11527 | 5028 | 6042 | 6500 | 3067 | 3067 | 8460 |
| 24 | 1520821 | 753669 | 554674 | 767152 | 1343626 | 1224984 | 177195 |
| 64 | 948358 | 517065 | 381161 | 431293 | 775286 | 650847 | 173072 |
| 38 | 781370 | 429396 | 365738 | 351974 | 330607 | 289601 | 450763 |
| 3 | 27279 | 9707 | 16780 | 17572 | 5857 | 5504 | 21423 |
| 32 | 178799 | 105715 | 67900 | 73083 | 105309 | 89039 | 73490 |
| 120 | 1030792 | 625536 | 522649 | 405255 | 760119 | 690604 | 270673 |
| 5 | 1168487 | 345796 | 589297 | 822691 | 662136 | 538471 | 506351 |
| 3 | 17192 | 8847 | 6773 | 8345 | 8524 | 8524 | 8668 |
| 38 | 187194 | 147403 | 51292 | 39790 | 113998 | 113997 | 73194 |
| 63 | 604269 | 350593 | 263060 | 253675 | 296312 | 280079 | 307956 |
| 84 | 844656 | 613047 | 214057 | 231609 | 377160 | 364478 | 467494 |
| 6 | 50204 | 34248 | 25092 | 15957 | 28686 | 25153 | 21518 |
| 4 | 91192 | 66627 | 38960 | 24564 | 68794 | 53945 | 22398 |
| 30 | 202896 | 137911 | 62627 | 64985 | 83665 | 82132 | 119230 |
| 6 | 199876 | 141747 | 33165 | 58129 | 106368 | 55616 | 93508 |
| 10 | 102332 | 79262 | 13397 | 15158 | 50495 | 49452 | 51837 |
| 1 | 1444 | 1431 | 53 | 12 | 1316 | 1316 | 127 |
| 2 | 5933 | 3128 | 2139 | 2805 | 3312 | 3312 | 2621 |
| 3 | 9155 | 7585 | 3241 | 1569 | 2991 | 2289 | 6163 |
| 79 | 2090102 | 854308 | 1481682 | 1235793 | 1520758 | 1114938 | 569343 |
| 65 | 1769273 | 743236 | 1313971 | 1026036 | 1334240 | 989749 | 435033 |
| 12 | 234035 | 99074 | 149262 | 134960 | 117527 | 101551 | 116508 |
| 2 | 86794 | 11998 | 18450 | 74797 | 68992 | 23639 | 17802 |

# 12-7 按行业分“三资”工业企业主要指标(2018年)

单位：个、万元

| 行业 | Sector |
|---|---|
| **总　计** | **Total** |
| 采矿业 | Mining and Quarrying |
| 煤炭开采和洗选业 | Mining and Washing of Coal |
| 石油和天然气开采业 | Extraction of Petroleum and Natural Gas |
| 黑色金属矿采选业 | Mining and Processing of Ferrous Metals Ores |
| 有色金属矿采选业 | Mining and Processing of Non-ferrous Metal Ores |
| 非金属矿采选业 | Mining and Processing of Nonmetal Ores |
| 开采专业及辅助性活动 | Professional and Support Activities For Mining |
| 其他采矿业 | Mining of Other Ores |
| 制造业 | Manufacturing |
| 农副食品加工业 | Processing of Food from Agricultural Products |
| 食品制造业 | Manufacture of Foods |
| 酒、饮料和精制茶制造业 | Manufacture of Wine, soft drinks and refined tea |
| 烟草制品业 | Manufacture of Tobacco |
| 纺织业 | Manufacture of Textile |
| 纺织服装、服饰业 | Manufacture of Textile and Apparel |
| 皮革、毛皮、羽毛及其制品和制鞋业 | Manufacture of Leather, Furs, Feather and Related Products and Footwear |
| 木材加工和木、竹、藤、棕、草制品业 | Processing of Timber, Manufacture of Wood, Bamboo, Rattan, Palm and Straw Products |
| 家具制造业 | Manufacture of Furniture |
| 造纸和纸制品业 | Manufacture of Paper and Paper Products |
| 印刷和记录媒介复制业 | Manufacture of Printing and Record Medium Reproduction |
| 文教、工美、体育和娱乐用品制造业 | Manufacture of Articles for Culture, Education and Sports Activities |
| 石油、煤炭及其他燃料加工业 | Processing of Petroleum, Coal and Other Fuels |
| 化学原料和化学制品制造业 | Manufacture of Raw Chemical Materials and Chemical Products |
| 医药制造业 | Manufacture of Medicines |
| 化学纤维制造业 | Manufacture of Chemical Fibers |
| 橡胶和塑料制品业 | Manufacture of Rubber and Plastics |
| 非金属矿物制品业 | Manufacture of Non-metallic Mineral Products |
| 黑色金属冶炼及压延加工业 | Smelting and Pressing of Ferrous Metals |
| 有色金属冶炼及压延加工业 | Smelting and Pressing of Non-ferrous Metals |
| 金属制品业 | Manufacture of Metal Products |
| 通用设备制造业 | Manufacture of General Purpose Machinery |
| 专用设备制造业 | Manufacture of Special Purpose Machinery |
| 汽车制造业 | Manufacture of Automotive |
| 铁路、船舶、航空航天和其他运输设备制造业 | Manufacture of Railroad, Marine, Aerospace and Other Transportation Equipment |
| 电气机械及器材制造业 | Manufacture of Electrical Machinery and Equipment |
| 计算机、通信和其他电子设备制造业 | Manufacture of Computers, Communication and Other Electronic Equipment |
| 仪器仪表制造业 | Manufacture of Measuring Instruments |
| 其他制造业 | Other Manufacturing |
| 废弃资源综合利用业 | Comprehensive Utilization of Waste Resources Industry |
| 金属制品、机械和设备修理业 | Metal Products, Machinery and Equipment Repair Industry |
| 电力、热力、燃气及水的生产和供应业 | Production and Supply of Electric Power, heat, Gas and Water |
| 电力、热力生产和供应业 | Production and Supply of Electric Power and Heat Power |
| 燃气生产和供应业 | Production and Supply of Gas |
| 水的生产和供应业 | Production and Supply of Water |

# Main Indicators of Industrial Enterprises with Hongkong,Macao,Taiwan and Foreign Funds by Industrial Sector(2018)

(unit, 10000 yuan)

| 企业单位数 Number of Enterprises | 资产总计 Total Assets | 流动资产合计 Total Current Assets | 固定资产原价 Original Value of Fixed Assets | 非流动资产合计 Total of Non current Assets | 负债合计 Total Liabilities | 流动负债合计 Total Working Liabilities | 所有者权益 Owners' Equities |
|---|---|---|---|---|---|---|---|
| **155** | **17106997** | **8711582** | **10878972** | **8395415** | **10071862** | **8444595** | **7035133** |
| 5 | 1024058 | 90141 | 1473039 | 933917 | 159946 | 129468 | 864113 |
| 1 | 10120 | 6912 | 6090 | 3208 | 8239 | 5539 | 1881 |
| | | | | | | | |
| 1 | 131861 | 11381 | 53662 | 120480 | 71565 | 70267 | 60296 |
| 2 | 94279 | 50934 | 38078 | 43344 | 43662 | 43662 | 50617 |
| 1 | 787799 | 20913 | 1375209 | 766886 | 36480 | 10000 | 751319 |
| | | | | | | | |
| 121 | 12929128 | 7907598 | 5552458 | 5021530 | 7372356 | 6812553 | 5556770 |
| 31 | 1613658 | 919187 | 836051 | 694471 | 1089964 | 1050591 | 523694 |
| 15 | 2277998 | 1556299 | 614567 | 721699 | 1058763 | 1009430 | 1219235 |
| 22 | 946524 | 332326 | 827746 | 614198 | 507792 | 485535 | 438732 |
| | | | | | | | |
| 2 | 34386 | 28130 | 17095 | 6256 | 24709 | 24701 | 9676 |
| | | | | | | | |
| 1 | 1669 | 714 | 2530 | 955 | 69 | 69 | 1599 |
| 4 | 25377 | 17065 | 11729 | 8312 | 18989 | 18989 | 6388 |
| 2 | 42372 | 37598 | 5813 | 4774 | 19829 | 19829 | 22543 |
| 1 | 14960 | 5324 | 15211 | 9636 | 12107 | 11075 | 2853 |
| | | | | | | | |
| 1 | 3664 | 2825 | 2665 | 839 | 593 | 593 | 3070 |
| 1 | 253133 | 197188 | 50755 | 55946 | 360344 | 360344 | -107210 |
| 5 | 306725 | 182481 | 268569 | 124245 | 130678 | 123756 | 176047 |
| 7 | 1649460 | 898395 | 930730 | 751064 | 758318 | 699910 | 891142 |
| | | | | | | | |
| 3 | 1435200 | 990663 | 342744 | 444537 | 965818 | 891329 | 469382 |
| 6 | 88274 | 53062 | 50395 | 35213 | 42171 | 36954 | 46104 |
| | | | | | | | |
| 5 | 63818 | 42798 | 27697 | 21021 | 32257 | 30457 | 31562 |
| 1 | 21289 | 18459 | 7665 | 2831 | 5044 | 5044 | 16245 |
| 4 | 218222 | 120119 | 129231 | 98103 | 96792 | 87635 | 121430 |
| 5 | 2921716 | 1870771 | 1212228 | 1050946 | 1640035 | 1453928 | 1281681 |
| 2 | 138550 | 92198 | 75542 | 46352 | 92963 | 15287 | 45587 |
| 2 | 816052 | 533415 | 121377 | 282637 | 460566 | 432542 | 355486 |
| | | | | | | | |
| 1 | 56081 | 8585 | 2120 | 47496 | 54556 | 54556 | 1525 |
| | | | | | | | |
| 29 | 3153811 | 713843 | 3853475 | 2439968 | 2539560 | 1502574 | 614251 |
| 23 | 2343250 | 366834 | 3583326 | 1976416 | 1912667 | 1285615 | 430583 |
| 3 | 246114 | 89610 | 244475 | 156504 | 144242 | 140557 | 101872 |
| 3 | 564447 | 257399 | 25674 | 307048 | 482651 | 76403 | 81796 |

# 12-8 工业企业主要经济效益指标(2018年)

单位:%

| 类　别 | Category |
|---|---|
| **总　计** | **Total** |
| **按轻重工业分** | **Grouped by Light and Heavy Industry** |
| 轻工业 | Light Industry |
| 重工业 | Heavy Industry |
| **按行业分** | **Grouped by Sector** |
| 采矿业 | Mining and Quarrying |
| 煤炭开采和洗选业 | Mining and Washing of Coal |
| 石油和天然气开采业 | Extraction of Petroleum and Natural Gas |
| 黑色金属矿采选业 | Mining and Processing of Ferrous Metals Ores |
| 有色金属矿采选业 | Mining and Processing of Non-ferrous Metal Ores |
| 非金属矿采选业 | Mining and Processing of Nonmetal Ores |
| 开采专业及辅助性活动 | Professional and Support Activities For Mining |
| 其他采矿业 | Mining of Other Ores |
| 制造业 | Manufacturing |
| 农副食品加工业 | Processing of Food from Agricultural Products |
| 食品制造业 | Manufacture of Foods |
| 酒、饮料和精制茶制造业 | Manufacture of Wine, soft drinks and refined tea |
| 烟草制品业 | Manufacture of Tobacco |
| 纺织业 | Manufacture of Textile |
| 纺织服装、服饰业 | Manufacture of Textile and Apparel |
| 皮革、毛皮、羽毛及其制品和制鞋业 | Manufacture of Leather, Furs, Feather and Related Products and Footwear |
| 木材加工和木、竹、藤、棕、草制品业 | Processing of Timber, Manufacture of Wood, Bamboo, Rattan,Palm and Straw Products |
| 家具制造业 | Manufacture of Furniture |
| 造纸和纸制品业 | Manufacture of Paper and Paper Products |
| 印刷和记录媒介复制业 | Manufacture of Printing and Record Medium Reproduction |
| 文教、工美、体育和娱乐用品制造业 | Manufacture of Articles for Culture, Education and Sports Activities |
| 石油、煤炭及其他燃料加工业 | Processing of Petroleum, Coal and Other Fuels |
| 化学原料和化学制品制造业 | Manufacture of Raw Chemical Materials and Chemical Products |
| 医药制造业 | Manufacture of Medicines |
| 化学纤维制造业 | Manufacture of Chemical Fibers |
| 橡胶和塑料制品业 | Manufacture of Rubber and Plastics |
| 非金属矿物制品业 | Manufacture of Non-metallic Mineral Products |
| 黑色金属冶炼及压延加工业 | Smelting and Pressing of Ferrous Metals |
| 有色金属冶炼及压延加工业 | Smelting and Pressing of Non-ferrous Metals |
| 金属制品业 | Manufacture of Metal Products |
| 通用设备制造业 | Manufacture of General Purpose Machinery |
| 专用设备制造业 | Manufacture of Special Purpose Machinery |
| 汽车制造业 | Manufacture of Automotive |
| 铁路、船舶、航空航天和其他运输设备制造业 | Manufacture of Railroad, Marine, Aerospace and Other Transportation Equipment |
| 电气机械及器材制造业 | Manufacture of Electrical Machinery and Equipment |
| 计算机、通信和其他电子设备制造业 | Manufacture of Computers, Communication and Other Electronic Equipment |
| 仪器仪表制造业 | Manufacture of Measuring Instruments |
| 其他制造业 | Other Manufacturing |
| 废弃资源综合利用业 | Comprehensive Utilization of Waste Resources Industry |
| 金属制品、机械和设备修理业 | Metal Products, Machinery and Equipment Repair Industry |
| 电力、热力、燃气及水的生产和供应业 | Production and Supply of Electric Power, heat, Gas and Water |
| 电力、热力生产和供应业 | Production and Supply of Electric Power and Heat Power |
| 燃气生产和供应业 | Production and Supply of Gas |
| 水的生产和供应业 | Production and Supply of Water |

# Major Indicators on Economic Benefit of Industrial Enterprises (2018)

(%)

| 总资产<br>贡献率<br>Ratio of Total Assets to Industrial Output Value | 资　产<br>负债率<br>Assets-Liability Ratio | 成本费用<br>利润率<br>Ratio of Profits to Industrial Cost | 产　品<br>销售率<br>Proportion of Products |
|---|---|---|---|
| **9.1** | **58.7** | **5.7** | **99.7** |
| | | | |
| 9.8 | 54.0 | 5.8 | 99.8 |
| 9.0 | 59.9 | 5.7 | 99.7 |
| | | | |
| 11.8 | 43.3 | 11.1 | 99.6 |
| 12.7 | 85.7 | 9.9 | 100.1 |
| 12.6 | 25.0 | 16.1 | 99.9 |
| 4.0 | 71.0 | 1.9 | 99.0 |
| 20.1 | 59.1 | 59.5 | 94.6 |
| 14.2 | 55.5 | 14.5 | 94.7 |
| 1.4 | 83.3 | -2.6 | 99.3 |
| | | | |
| 11.1 | 61.9 | 5.5 | 99.8 |
| 4.9 | 61.9 | 2.8 | 101.8 |
| 14.1 | 49.5 | 11.1 | 97.7 |
| 9.6 | 54.8 | 4.7 | 96.9 |
| 60.0 | 19.5 | 8.7 | 100.0 |
| 4.2 | 60.3 | 1.2 | 102.1 |
| 4.9 | 55.9 | 3.8 | 100.4 |
| 15.2 | 59.4 | 7.3 | 99.3 |
| 1.8 | 66.6 | 0.7 | 98.2 |
| 5.7 | 62.3 | 3.4 | 98.7 |
| 5.1 | 50.2 | 4.0 | 99.0 |
| 1.7 | 60.1 | -1.0 | 100.3 |
| 1.6 | 55.1 | -1.2 | 98.7 |
| 44.3 | 64.8 | 5.9 | 97.4 |
| 4.5 | 72.1 | 1.1 | 99.5 |
| 12.7 | 41.9 | 14.2 | 98.1 |
| 2.0 | 21.5 | 4.4 | 89.3 |
| 3.5 | 65.8 | 3.4 | 98.8 |
| 3.2 | 67.5 | 0.6 | 98.3 |
| 6.7 | 84.1 | 4.0 | 103.6 |
| 5.2 | 71.4 | 1.1 | 100.3 |
| 5.4 | 58.8 | 4.8 | 100.9 |
| 3.6 | 70.0 | 3.3 | 97.2 |
| 3.3 | 60.6 | 2.9 | 112.6 |
| 19.4 | 77.7 | 18.0 | 100.2 |
| 5.9 | 54.5 | 4.0 | 99.2 |
| 4.1 | 54.4 | 4.3 | 100.1 |
| -0.3 | 53.4 | -6.0 | 84.0 |
| 7.2 | 61.0 | 6.1 | 100.9 |
| 9.5 | 42.2 | 14.7 | 92.7 |
| 23.9 | 65.0 | 5.0 | 97.3 |
| 4.3 | 72.1 | 2.2 | 100.3 |
| 1.7 | 72.2 | -1.09 | 99.6 |
| 1.6 | 72.7 | -1.4 | 99.6 |
| 5.2 | 60.8 | 5.9 | 100.0 |
| 1.1 | 71.1 | -3.5 | 99.8 |

# 12-9 大中型工业企业主要经济效益指标(2018年)

单位:%

| 类 别 | Category |
|---|---|
| **总 计** | **Total** |
| **按轻重工业分** | **Grouped by Light and Heavy Industry** |
| 轻工业 | Light Industry |
| 重工业 | Heavy Industry |
| **按行业分** | **Grouped by Sector** |
| 采矿业 | Mining and Quarrying |
| 煤炭开采和洗选业 | Mining and Washing of Coal |
| 石油和天然气开采业 | Extraction of Petroleum and Natural Gas |
| 黑色金属矿采选业 | Mining and Processing of Ferrous Metals Ores |
| 有色金属矿采选业 | Mining and Processing of Non-ferrous Metal Ores |
| 非金属矿采选业 | Mining and Processing of Nonmetal Ores |
| 开采专业及辅助性活动 | Professional and Support Activities For Mining |
| 其他采矿业 | Mining of Other Ores |
| 制造业 | Manufacturing |
| 农副食品加工业 | Processing of Food from Agricultural Products |
| 食品制造业 | Manufacture of Foods |
| 酒、饮料和精制茶制造业 | Manufacture of Wine, soft drinks and refined tea |
| 烟草制品业 | Manufacture of Tobacco |
| 纺织业 | Manufacture of Textile |
| 纺织服装、服饰业 | Manufacture of Textile and Apparel |
| 皮革、毛皮、羽毛及其制品和制鞋业 | Manufacture of Leather, Furs, Feather and Related Products and Footwear |
| 木材加工和木、竹、藤、棕、草制品业 | Processing of Timber,Manufacture of Wood, Bamboo, Rattan, Palm and Straw Products |
| 家具制造业 | Manufacture of Furniture |
| 造纸和纸制品业 | Manufacture of Paper and Paper Products |
| 印刷和记录媒介复制业 | Manufacture of Printing and Record Medium Reproduction |
| 文教、工美、体育和娱乐用品制造业 | Manufacture of Articles for Culture, Education and Sports Activities |
| 石油、煤炭及其他燃料加工业 | Processing of Petroleum, Coal and Other Fuels |
| 化学原料和化学制品制造业 | Manufacture of Raw Chemical Materials and Chemical Products |
| 医药制造业 | Manufacture of Medicines |
| 化学纤维制造业 | Manufacture of Chemical Fibers |
| 橡胶和塑料制品业 | Manufacture of Rubber and Plastics |
| 非金属矿物制品业 | Manufacture of Non-metallic Mineral Products |
| 黑色金属冶炼及压延加工业 | Smelting and Pressing of Ferrous Metals |
| 有色金属冶炼及压延加工业 | Smelting and Pressing of Non-ferrous Metals |
| 金属制品业 | Manufacture of Metal Products |
| 通用设备制造业 | Manufacture of General Purpose Machinery |
| 专用设备制造业 | Manufacture of Special Purpose Machinery |
| 汽车制造业 | Manufacture of Automotive |
| 铁路、船舶、航空航天和其他运输设备制造业 | Manufacture of Railroad, Marine, Aerospace and Other Transportation Equipment |
| 电气机械及器材制造业 | Manufacture of Electrical Machinery and Equipment |
| 计算机、通信和其他电子设备制造业 | Manufacture of Computers, Communication and Other Electronic Equipment |
| 仪器仪表制造业 | Manufacture of Measuring Instruments |
| 其他制造业 | Other Manufacturing |
| 废弃资源综合利用业 | Comprehensive Utilization of Waste Resources Industry |
| 金属制品、机械和设备修理业 | Metal Products, Machinery and Equipment Repair Industry |
| 电力、热力、燃气及水的生产和供应业 | Production and Supply of Electric Power, heat, Gas and Water |
| 电力、热力生产和供应业 | Production and Supply of Electric Power and Heat Power |
| 燃气生产和供应业 | Production and Supply of Gas |
| 水的生产和供应业 | Production and Supply of Water |

# Major Indicators on Economic Benefit of Large and Medium-Sized Industrial Enterprises(2018)

(%)

| 总资产<br>贡献率<br>Ratio of Total Assets to Industrial Output Value | 资 产<br>负债率<br>Assets-Liability Ratio | 成本费用<br>利 润 率<br>Ratio of Profits to Industrial Cost | 产 品<br>销售率<br>Proportion of Products |
|---|---|---|---|
| **10.8** | **57.3** | **6.7** | **99.5** |
| | | | |
| 13.3 | 51.6 | 9.0 | 99.2 |
| 10.3 | 58.4 | 6.1 | 99.6 |
| | | | |
| 11.6 | 41.1 | 11.3 | 99.3 |
| 12.6 | 86.1 | 12.0 | 97.0 |
| 12.6 | 25.0 | 16.1 | 99.9 |
| 1.9 | 73.1 | 1.6 | 98.0 |
| 16.8 | 51.3 | 68.4 | 99.1 |
| 32.7 | 25.5 | 14.5 | 95.2 |
| 1.1 | 85.0 | -2.9 | 99.2 |
| | | | |
| 14.2 | 63.2 | 7.0 | 99.6 |
| 5.7 | 71.6 | 3.3 | 101.9 |
| 16.5 | 48.0 | 13.1 | 97.5 |
| 13.2 | 45.8 | 8.5 | 97.4 |
| 60.0 | 19.5 | 8.7 | 100.0 |
| 5.8 | 56.1 | 2.8 | 99.8 |
| -0.8 | 31.6 | -0.9 | 98.5 |
| | | | |
| 6.2 | 46.6 | 10.2 | 99.3 |
| 8.0 | 60.2 | 5.0 | 101.7 |
| 6.8 | 22.6 | 8.2 | 98.6 |
| -2.2 | 57.4 | -5.2 | 99.3 |
| -1.2 | 96.2 | -14.4 | 83.5 |
| 47.0 | 62.5 | 6.1 | 97.3 |
| 3.8 | 75.4 | -0.1 | 98.7 |
| 13.8 | 40.2 | 16.6 | 99.5 |
| | | | |
| 3.9 | 67.5 | 4.1 | 99.1 |
| 6.0 | 58.4 | 9.7 | 96.8 |
| 6.7 | 84.8 | 4.0 | 103.9 |
| 5.6 | 76.7 | 1.2 | 100.6 |
| 5.6 | 65.1 | 6.9 | 98.5 |
| 3.5 | 77.1 | 2.4 | 98.2 |
| 3.3 | 61.7 | 3.3 | 117.1 |
| 21.9 | 78.8 | 19.8 | 100.2 |
| 4.8 | 56.5 | 1.9 | 98.5 |
| | | | |
| 4.6 | 57.0 | 6.0 | 100.8 |
| -2.0 | 58.3 | -15.0 | 73.7 |
| 2.3 | 77.1 | -3.5 | 98.2 |
| | | | |
| 14.1 | 50.8 | 16.1 | 72.4 |
| | | | |
| 0.8 | 77.1 | -3.3 | 99.5 |
| 0.6 | 78.5 | -3.55 | 99.4 |
| 9.0 | 46.9 | 8.7 | 100.0 |
| 0.5 | 72.1 | -7.7 | 99.8 |

# 12-10 国有控股工业企业主要经济效益指标(2018年)

单位:%

| 类 别 | Category |
|---|---|
| **总 计** | **Total** |
| **按轻重工业分** | **Grouped by Light and Heavy Industry** |
| 轻工业 | Light Industry |
| 重工业 | Heavy Industry |
| **按行业分** | **Grouped by Sector** |
| 采矿业 | Mining and Quarrying |
| 煤炭开采和洗选业 | Mining and Washing of Coal |
| 石油和天然气开采业 | Extraction of Petroleum and Natural Gas |
| 黑色金属矿采选业 | Mining and Processing of Ferrous Metals Ores |
| 有色金属矿采选业 | Mining and Processing of Non-ferrous Metal Ores |
| 非金属矿采选业 | Mining and Processing of Nonmetal Ores |
| 开采专业及辅助性活动 | Professional and Support Activities For Mining |
| 其他采矿业 | Mining of Other Ores |
| 制造业 | Manufacturing |
| 农副食品加工业 | Processing of Food from Agricultural Products |
| 食品制造业 | Manufacture of Foods |
| 酒、饮料和精制茶制造业 | Manufacture of Wine, soft drinks and refined tea |
| 烟草制品业 | Manufacture of Tobacco |
| 纺织业 | Manufacture of Textile |
| 纺织服装、服饰业 | Manufacture of Textile and Apparel |
| 皮革、毛皮、羽毛及其制品和制鞋业 | Manufacture of Leather, Furs, Feather and Related Products and Footwear |
| 木材加工和木、竹、藤、棕、草制品业 | Processing of Timber,Manufacture of Wood, Bamboo, Rattan, Palm and Straw Products |
| 家具制造业 | Manufacture of Furniture |
| 造纸和纸制品业 | Manufacture of Paper and Paper Products |
| 印刷和记录媒介复制业 | Manufacture of Printing and Record Medium Reproduction |
| 文教、工美、体育和娱乐用品制造业 | Manufacture of Articles for Culture, Education and Sports Activities |
| 石油、煤炭及其他燃料加工业 | Processing of Petroleum, Coal and Other Fuels |
| 化学原料和化学制品制造业 | Manufacture of Raw Chemical Materials and Chemical Products |
| 医药制造业 | Manufacture of Medicines |
| 化学纤维制造业 | Manufacture of Chemical Fibers |
| 橡胶和塑料制品业 | Manufacture of Rubber and Plastics |
| 非金属矿物制品业 | Manufacture of Non-metallic Mineral Products |
| 黑色金属冶炼及压延加工业 | Smelting and Pressing of Ferrous Metals |
| 有色金属冶炼及压延加工业 | Smelting and Pressing of Non-ferrous Metals |
| 金属制品业 | Manufacture of Metal Products |
| 通用设备制造业 | Manufacture of General Purpose Machinery |
| 专用设备制造业 | Manufacture of Special Purpose Machinery |
| 汽车制造业 | Manufacture of Automotive |
| 铁路、船舶、航空航天和其他运输设备制造业 | Manufacture of Railroad, Marine, Aerospace and Other Transportation Equipment |
| 电气机械及器材制造业 | Manufacture of Electrical Machinery and Equipment |
| 计算机、通信和其他电子设备制造业 | Manufacture of Computers, Communication and Other Electronic Equipment |
| 仪器仪表制造业 | Manufacture of Measuring Instruments |
| 其他制造业 | Other Manufacturing |
| 废弃资源综合利用业 | Comprehensive Utilization of Waste Resources Industry |
| 金属制品、机械和设备修理业 | Metal Products, Machinery and Equipment Repair Industry |
| 电力、热力、燃气及水的生产和供应业 | Production and Supply of Electric Power, heat, Gas and Water |
| 电力、热力生产和供应业 | Production and Supply of Electric Power and Heat Power |
| 燃气生产和供应业 | Production and Supply of Gas |
| 水的生产和供应业 | Production and Supply of Water |

# Major Indicators on Economic Benefit of State-Holding Industrial Enterprises (2018)

(%)

| 总资产贡献率 Ratio of Total Assets to Industrial Output Value | 资产负债率 Assets Liability Ratio | 成本费用利润率 Ratio of Profits to Industrial Cost | 产品销售率 Proportion of Products |
|---|---|---|---|
| **9.8** | **57.3** | **4.7** | **99.9** |
| | | | |
| 14.7 | 54.3 | 3.9 | 100.1 |
| 9.5 | 57.5 | 4.8 | 99.9 |
| | | | |
| 11.5 | 41.7 | 10.4 | 99.1 |
| 11.0 | 90.7 | 8.9 | 96.4 |
| 12.1 | 25.0 | 16.1 | 99.9 |
| | | | |
| 32.7 | 90.2 | 52.2 | 89.2 |
| 10.2 | 73.1 | 13.8 | 101.9 |
| -2.8 | 112.2 | -5.9 | 99.1 |
| | | | |
| 16.2 | 65.8 | 3.8 | 100.7 |
| 1.5 | 90.1 | -0.6 | 102.4 |
| 11.6 | 40.0 | 11.4 | 102.9 |
| 2.4 | 138.7 | -17.1 | 101.2 |
| 61.7 | 18.6 | 8.1 | 100.2 |
| | | | |
| 0.2 | 56.0 | -6.2 | 99.6 |
| | | | |
| 6.6 | 24.2 | 7.6 | 98.4 |
| 5.2 | 36.9 | 1.8 | 98.7 |
| 5.0 | 26.4 | 2.2 | 87.3 |
| 77.0 | 50.9 | 6.2 | 98.5 |
| 5.1 | 80.5 | -0.2 | 100.0 |
| 8.0 | 43.3 | 5.2 | 93.8 |
| | | | |
| -14.9 | 74.1 | -18.2 | 113.2 |
| 2.5 | 75.8 | -3.5 | 99.0 |
| 14.7 | 25.8 | 6.9 | 98.1 |
| 5.5 | 76.6 | 1.0 | 100.4 |
| 1.6 | 56.7 | 1.5 | 101.8 |
| 2.9 | 79.0 | 1.9 | 99.6 |
| 2.8 | 62.9 | 1.9 | 120.8 |
| -1.1 | 143.5 | -3.7 | 102.6 |
| 4.2 | 55.4 | 1.6 | 99.2 |
| 4.46 | 58.2 | 5.2 | 103.6 |
| 11.7 | 50.9 | 25.2 | 110.3 |
| 0.5 | 68.1 | -6.0 | 104.4 |
| 10.4 | 32.0 | 12.0 | 100.0 |
| 10.9 | 60.3 | 23.4 | 84.3 |
| | | | |
| 1.4 | 71.6 | -2.1 | 99.6 |
| 1.3 | 72.0 | -2.3 | 99.6 |
| 8.9 | 45.4 | 9.5 | 100.0 |
| 0.6 | 72.3 | -7.2 | 100.0 |

# 12-11 集体工业企业主要经济效益指标(2018年)

单位:%

| 类 别 | Category |
|---|---|
| **总 计** | **Total** |
| **按轻重工业分** | **Grouped by Light and Heavy Industry** |
| 轻工业 | Light Industry |
| 重工业 | Heavy Industry |
| **按行业分** | **Grouped by Sector** |
| 采矿业 | Mining and Quarrying |
| 煤炭开采和洗选业 | Mining and Washing of Coal |
| 石油和天然气开采业 | Extraction of Petroleum and Natural Gas |
| 黑色金属矿采选业 | Mining and Processing of Ferrous Metals Ores |
| 有色金属矿采选业 | Mining and Processing of Non-ferrous Metal Ores |
| 非金属矿采选业 | Mining and Processing of Nonmetal Ores |
| 开采专业及辅助性活动 | Professional and Support Activities For Mining |
| 其他采矿业 | Mining of Other Ores |
| 制造业 | Manufacturing |
| 农副食品加工业 | Processing of Food from Agricultural Products |
| 食品制造业 | Manufacture of Foods |
| 酒、饮料和精制茶制造业 | Manufacture of Wine, soft drinks and refined tea |
| 烟草制品业 | Manufacture of Tobacco |
| 纺织业 | Manufacture of Textile |
| 纺织服装、服饰业 | Manufacture of Textile and Apparel |
| 皮革、毛皮、羽毛及其制品和制鞋业 | Manufacture of Leather, Furs, Feather and Related Products and Footwear |
| 木材加工和木、竹、藤、棕、草制品业 | Processing of Timber, Manufacture of Wood, Bamboo, Rattan, Palm and Straw Products |
| 家具制造业 | Manufacture of Furniture |
| 造纸和纸制品业 | Manufacture of Paper and Paper Products |
| 印刷和记录媒介复制业 | Manufacture of Printing and Record Medium Reproduction |
| 文教、工美、体育和娱乐用品制造业 | Manufacture of Articles for Culture, Education and Sports Activities |
| 石油、煤炭及其他燃料加工业 | Processing of Petroleum, Coal and Other Fuels |
| 化学原料和化学制品制造业 | Manufacture of Raw Chemical Materials and Chemical Products |
| 医药制造业 | Manufacture of Medicines |
| 化学纤维制造业 | Manufacture of Chemical Fibers |
| 橡胶和塑料制品业 | Manufacture of Rubber and Plastics |
| 非金属矿物制品业 | Manufacture of Non-metallic Mineral Products |
| 黑色金属冶炼及压延加工业 | Smelting and Pressing of Ferrous Metals |
| 有色金属冶炼及压延加工业 | Smelting and Pressing of Non-ferrous Metals |
| 金属制品业 | Manufacture of Metal Products |
| 通用设备制造业 | Manufacture of General Purpose Machinery |
| 专用设备制造业 | Manufacture of Special Purpose Machinery |
| 汽车制造业 | Manufacture of Automotive |
| 铁路、船舶、航空航天和其他运输设备制造业 | Manufacture of Railroad, Marine, Aerospace and Other Transportation Equipment |
| 电气机械及器材制造业 | Manufacture of Electrical Machinery and Equipment |
| 计算机、通信和其他电子设备制造业 | Manufacture of Computers, Communication and Other Electronic Equipment |
| 仪器仪表制造业 | Manufacture of Measuring Instruments |
| 其他制造业 | Other Manufacturing |
| 废弃资源综合利用业 | Comprehensive Utilization of Waste Resources Industry |
| 金属制品、机械和设备修理业 | Metal Products, Machinery and Equipment Repair Industry |
| 电力、热力、燃气及水的生产和供应业 | Production and Supply of Electric Power, heat, Gas and Water |
| 电力、热力生产和供应业 | Production and Supply of Electric Power and Heat Power |
| 燃气生产和供应业 | Production and Supply of Gas |
| 水的生产和供应业 | Production and Supply of Water |

# Major Indicators on Economic Benefit of Collective-Owned Industrial Enterprises(2018)

(%)

| 总资产<br>贡献率<br>Ratio of<br>Total Assets to<br>Industrial Output | 资 产<br>负债率<br>Assets-<br>Liability<br>Ratio | 成本费用<br>利 润 率<br>Ratio of<br>Profits to<br>Industrial | 产 品<br>销售率<br>Proportion<br>of Products |
|---|---|---|---|
| **8.1** | **64.7** | **6.0** | **105.4** |
| 4.6 | 30.1 | 5.5 | 103.9 |
| 8.7 | 70.0 | 6.0 | 105.6 |
| 8.1 | 60.2 | 8.6 | 114.9 |
| 17.9 | 55.9 | 10.8 | 135.3 |
| 4.4 | 61.9 | 6.7 | 98.4 |
| 8.6 | 67.4 | 5.3 | 100.8 |
| 4.4 | 13.9 | 8.1 | 100.4 |
| 5.7 | 59.5 | 6.8 | 91.1 |
| 1.6 | 27.0 | -1.2 | 136.6 |
| 10.9 | 75.7 | 5.69 | 100.27 |
| 0.6 | 88.6 | -0.7 | 100.0 |
| 32.9 | 22.1 | 18.4 | 108.9 |
| 4.4 | 130.3 | 2.2 | 101.3 |
| 2.8 | 86.7 | 0.7 | 100.0 |
| -3.2 | 94.8 | -4.5 | 100.0 |
| -3.2 | 94.9 | -4.5 | 100.0 |

# 12-12 按行业分私营工业企业主要经济效益指标（2018年）

单位:%

| 行 业 | Sector |
|---|---|
| **总 计** | **Total** |
| 采矿业 | Mining and Quarrying |
| 煤炭开采和洗选业 | Mining and Washing of Coal |
| 石油和天然气开采业 | Extraction of Petroleum and Natural Gas |
| 黑色金属矿采选业 | Mining and Processing of Ferrous Metals Ores |
| 有色金属矿采选业 | Mining and Processing of Non-ferrous Metal Ores |
| 非金属矿采选业 | Mining and Processing of Nonmetal Ores |
| 开采专业及辅助性活动 | Professional and Support Activities For Mining |
| 其他采矿业 | Mining of Other Ores |
| 制造业 | Manufacturing |
| 农副食品加工业 | Processing of Food from Agricultural Products |
| 食品制造业 | Manufacture of Foods |
| 酒、饮料和精制茶制造业 | Manufacture of Wine, soft drinks and refined tea |
| 烟草制品业 | Manufacture of Tobacco |
| 纺织业 | Manufacture of Textile |
| 纺织服装、服饰业 | Manufacture of Textile and Apparel |
| 皮革、毛皮、羽毛及其制品和制鞋业 | Manufacture of Leather, Furs, Feather and Related Products and Footwear |
| 木材加工和木、竹、藤、棕、草制品业 | Processing of Timber, Manufacture of Wood, Bamboo, Rattan, Palm and Straw Products |
| 家具制造业 | Manufacture of Furniture |
| 造纸和纸制品业 | Manufacture of Paper and Paper Products |
| 印刷和记录媒介复制业 | Manufacture of Printing and Record Medium Reproduction |
| 文教、工美、体育和娱乐用品制造业 | Manufacture of Articles for Culture, Education and Sports Activities |
| 石油、煤炭及其他燃料加工业 | Processing of Petroleum, Coal and Other Fuels |
| 化学原料和化学制品制造业 | Manufacture of Raw Chemical Materials and Chemical Products |
| 医药制造业 | Manufacture of Medicines |
| 化学纤维制造业 | Manufacture of Chemical Fibers |
| 橡胶和塑料制品业 | Manufacture of Rubber and Plastics |
| 非金属矿物制品业 | Manufacture of Non-metallic Mineral Products |
| 黑色金属冶炼及压延加工业 | Smelting and Pressing of Ferrous Metals |
| 有色金属冶炼及压延加工业 | Smelting and Pressing of Non-ferrous Metals |
| 金属制品业 | Manufacture of Metal Products |
| 通用设备制造业 | Manufacture of General Purpose Machinery |
| 专用设备制造业 | Manufacture of Special Purpose Machinery |
| 汽车制造业 | Manufacture of Automotive |
| 铁路、船舶、航空航天和其他运输设备制造业 | Manufacture of Railroad, Marine, Aerospace and Other Transportation Equipment |
| 电气机械及器材制造业 | Manufacture of Electrical Machinery and Equipment |
| 计算机、通信和其他电子设备制造业 | Manufacture of Computers, Communication and Other Electronic Equipment |
| 仪器仪表制造业 | Manufacture of Measuring Instruments |
| 其他制造业 | Other Manufacturing |
| 废弃资源综合利用业 | Comprehensive Utilization of Waste Resources Industry |
| 金属制品、机械和设备修理业 | Metal Products, Machinery and Equipment Repair Industry |
| 电力、热力、燃气及水的生产和供应业 | Production and Supply of Electric Power, heat, Gas and Water |
| 电力、热力生产和供应业 | Production and Supply of Electric Power and Heat Power |
| 燃气生产和供应业 | Production and Supply of Gas |
| 水的生产和供应业 | Production and Supply of Water |

# Main Indicators on Economic Benefit of Private Industrial Enterprises by Industrial Sector (2018)

(%)

| 总资产贡献率<br>Ratio of Total Assets to Industrial Output Value | 资产负债率<br>Assets Liability Ratio | 成本费用利润率<br>Ratio of Profits to Industrial Cost | 产品销售率<br>Proportion of Products |
|---|---|---|---|
| **5.7** | **62.4** | **3.3** | **100.9** |
| 13.9 | 72.9 | 8.5 | 103.3 |
| 16.5 | 78.4 | 9.3 | 105.7 |
| | | | |
| 3.6 | 69.6 | 2.6 | 97.4 |
| 6.9 | 78.4 | 3.2 | 100.0 |
| 14.6 | 51.2 | 9.9 | 93.3 |
| 3.6 | 46.1 | 2.3 | 100.0 |
| | | | |
| 5.6 | 59.9 | 3.0 | 100.9 |
| 4.3 | 51.0 | 2.2 | 100.9 |
| 8.9 | 53.3 | 5.0 | 98.5 |
| 6.1 | 47.8 | 5.1 | 98.4 |
| | | | |
| 4.0 | 67.5 | 1.2 | 104.8 |
| 6.2 | 67.5 | 4.2 | 99.6 |
| 19.0 | 48.4 | 7.4 | 100.0 |
| 0.4 | 67.8 | -0.9 | 97.6 |
| 4.1 | 63.3 | 2.0 | 96.1 |
| 3.2 | 77.6 | 1.1 | 97.8 |
| -0.2 | 68.3 | -2.1 | 99.9 |
| 5.1 | 26.6 | 2.8 | 94.7 |
| 3.3 | 88.4 | -0.4 | 99.0 |
| 2.6 | 81.8 | -3.0 | 99.1 |
| 15.6 | 42.3 | 19.0 | 95.4 |
| 2.0 | 21.5 | 4.4 | 89.3 |
| 2.2 | 58.9 | 1.0 | 98.3 |
| 3.7 | 73.7 | 1.4 | 98.7 |
| 7.9 | 56.7 | 3.0 | 116.8 |
| 9.7 | 49.6 | 6.5 | 100.0 |
| 5.1 | 60.9 | 3.0 | 102.3 |
| 6.3 | 49.0 | 8.1 | 101.0 |
| 4.8 | 44.7 | 6.1 | 98.8 |
| 9.0 | 57.1 | 9.2 | 100.0 |
| 11.4 | 75.4 | 13.3 | 98.0 |
| 5.4 | 41.2 | 1.5 | 99.0 |
| 7.4 | 53.2 | 17.6 | 98.4 |
| 15.1 | 49.3 | 15.5 | 101.0 |
| 0.1 | 91.2 | 1.9 | 100.0 |
| 27.0 | 55.8 | 1.8 | 98.4 |
| 8.5 | 32.7 | 7.2 | 101.2 |
| 1.6 | 72.8 | 2.2 | 99.3 |
| 0.9 | 75.4 | 0.1 | 99.0 |
| 7.2 | 50.2 | 10.7 | 100.4 |
| 2.5 | 79.5 | 42.8 | 100.0 |

# 12-13 按行业分“三资”工业企业主要经济效益指标（2018年）

单位:%

| 行 业 | Sector |
| --- | --- |
| **总 计** | **Total** |
| 采矿业 | Mining and Quarrying |
| 煤炭开采和洗选业 | Mining and Washing of Coal |
| 石油和天然气开采业 | Extraction of Petroleum and Natural Gas |
| 黑色金属矿采选业 | Mining and Processing of Ferrous Metals Ores |
| 有色金属矿采选业 | Mining and Processing of Non-ferrous Metal Ores |
| 非金属矿采选业 | Mining and Processing of Nonmetal Ores |
| 开采专业及辅助性活动 | Professional and Support Activities For Mining |
| 其他采矿业 | Mining of Other Ores |
| 制造业 | Manufacturing |
| 农副食品加工业 | Processing of Food from Agricultural Products |
| 食品制造业 | Manufacture of Foods |
| 酒、饮料和精制茶制造业 | Manufacture of Wine, soft drinks and refined tea |
| 烟草制品业 | Manufacture of Tobacco |
| 纺织业 | Manufacture of Textile |
| 纺织服装、服饰业 | Manufacture of Textile and Apparel |
| 皮革、毛皮、羽毛及其制品和制鞋业 | Manufacture of Leather, Furs, Feather and Related Products and Footwear |
| 木材加工和木、竹、藤、棕、草制品业 | Processing of Timber, Manufacture of Wood, Bamboo, Rattan, Palm and Straw Products |
| 家具制造业 | Manufacture of Furniture |
| 造纸和纸制品业 | Manufacture of Paper and Paper Products |
| 印刷和记录媒介复制业 | Manufacture of Printing and Record Medium Reproduction |
| 文教、工美、体育和娱乐用品制造业 | Manufacture of Articles for Culture, Education and Sports Activities |
| 石油、煤炭及其他燃料加工业 | Processing of Petroleum, Coal and Other Fuels |
| 化学原料和化学制品制造业 | Manufacture of Raw Chemical Materials and Chemical Products |
| 医药制造业 | Manufacture of Medicines |
| 化学纤维制造业 | Manufacture of Chemical Fibers |
| 橡胶和塑料制品业 | Manufacture of Rubber and Plastics |
| 非金属矿物制品业 | Manufacture of Non-metallic Mineral Products |
| 黑色金属冶炼及压延加工业 | Smelting and Pressing of Ferrous Metals |
| 有色金属冶炼及压延加工业 | Smelting and Pressing of Non-ferrous Metals |
| 金属制品业 | Manufacture of Metal Products |
| 通用设备制造业 | Manufacture of General Purpose Machinery |
| 专用设备制造业 | Manufacture of Special Purpose Machinery |
| 汽车制造业 | Manufacture of Automotive |
| 铁路、船舶、航空航天和其他运输设备制造业 | Manufacture of Railroad, Marine, Aerospace and Other Transportation Equipment |
| 电气机械及器材制造业 | Manufacture of Electrical Machinery and Equipment |
| 计算机、通信和其他电子设备制造业 | Manufacture of Computers, Communication and Other Electronic Equipment |
| 仪器仪表制造业 | Manufacture of Measuring Instruments |
| 其他制造业 | Other Manufacturing |
| 废弃资源综合利用业 | Comprehensive Utilization of Waste Resources Industry |
| 金属制品、机械和设备修理业 | Metal Products, Machinery and Equipment Repair Industry |
| 电力、热力、燃气及水的生产和供应业 | Production and Supply of Electric Power, heat, Gas and Water |
| 电力、热力生产和供应业 | Production and Supply of Electric Power and Heat Power |
| 燃气生产和供应业 | Production and Supply of Gas |
| 水的生产和供应业 | Production and Supply of Water |

# Main Indicators on Economic Benefit of Industrial Enterprises with Hongkong, Macao,Taiwan and Foreign Funds by Industrial Sector(2018)

(%)

| 总资产贡献率<br>Ratio of Total Assets to Industrial Output Value | 资产负债率<br>Assets Liability Ratio | 成本费用利润率<br>Ratio of Profits to Industrial Cost | 产品销售率<br>Proportion of Products |
|---|---|---|---|
| **11.1** | **58.9** | **10.3** | **100.5** |
| 15.6 | 15.6 | 23.0 | 99.6 |
| 6.1 | 81.4 | 7.5 | 100.0 |
| | | | |
| 44.0 | 54.3 | 297.5 | 100.0 |
| 1.1 | 46.3 | 3.8 | 87.2 |
| 12.7 | 4.6 | 14.4 | 100.0 |
| | | | |
| 12.4 | 57.0 | 10.5 | 100.6 |
| 5.5 | 67.6 | 2.7 | 106.1 |
| 15.1 | 46.5 | 11.6 | 101.7 |
| 12.5 | 53.7 | 7.5 | 98.8 |
| | | | |
| 5.2 | 71.9 | 3.3 | 113.0 |
| | | | |
| -5.4 | 4.2 | -7.5 | 48.1 |
| -1.2 | 74.8 | -1.2 | 100.9 |
| 44.8 | 46.8 | 24.6 | 99.6 |
| 15.7 | 80.9 | 9.9 | 100.0 |
| | | | |
| 7.3 | 16.2 | 12.8 | 98.4 |
| -8.4 | 142.4 | -16.6 | 100.0 |
| 14.3 | 42.6 | 10.5 | 96.6 |
| 8.9 | 46.0 | 6.9 | 94.8 |
| | | | |
| 4.4 | 67.3 | 5.0 | 98.7 |
| 3.0 | 47.8 | 1.0 | 95.7 |
| | | | |
| 13.4 | 50.5 | 14.0 | 110.2 |
| 5.4 | 23.7 | 3.5 | 100.2 |
| 8.0 | 44.4 | 11.5 | 101.6 |
| 24.8 | 56.1 | 21.8 | 100.0 |
| 4.6 | 67.1 | 3.0 | 100.0 |
| 4.3 | 56.4 | 9.6 | 89.7 |
| | | | |
| -1.9 | 97.3 | -17.6 | 106.0 |
| | | | |
| 4.5 | 80.5 | 0.8 | 99.9 |
| 4.5 | 81.6 | -0.8 | 99.9 |
| 11.3 | 58.6 | 9.8 | 100.0 |
| 1.3 | 85.5 | -13.5 | 100.0 |

## 12-14 分地区工业企业单位数(2018年)
## Number of Industrial Enterprises by Region(2018)

单位：个 (unit)

| 地区 | Region | 总计 Total | #国有控股 State-holding | #集体 Collective-owned | 大型 Large | 中型 Medium | 小型 Small | 微型 Micro type | 轻工业 Light Industry | 重工业 Heavy Industry |
|---|---|---|---|---|---|---|---|---|---|---|
| 哈尔滨 | Harbin | 1035 | 158 | 4 | 30 | 103 | 740 | 162 | 507 | 528 |
| 齐齐哈尔 | Qiqihar | 314 | 46 | 1 | 8 | 38 | 219 | 49 | 165 | 149 |
| 鸡西 | Jixi | 177 | 30 | 2 | 3 | 23 | 110 | 41 | 84 | 93 |
| 鹤岗 | Hegang | 120 | 18 | 12 | 4 | 20 | 78 | 18 | 39 | 81 |
| 双鸭山 | Shuangyashan | 144 | 23 | | 4 | 14 | 91 | 35 | 65 | 79 |
| 大庆 | Daqing | 423 | 47 | 13 | 12 | 35 | 274 | 102 | 183 | 240 |
| 伊春 | Yichun | 64 | 12 | | 1 | 6 | 49 | 8 | 37 | 27 |
| 佳木斯 | Jiamusi | 246 | 38 | 1 | 2 | 19 | 150 | 75 | 145 | 101 |
| 七台河 | Qitaihe | 78 | 10 | | 5 | 15 | 47 | 11 | 13 | 65 |
| 牡丹江 | Mudanjiang | 212 | 25 | 1 | 4 | 18 | 150 | 40 | 82 | 130 |
| 黑河 | Heihe | 106 | 26 | | 1 | 12 | 76 | 17 | 46 | 60 |
| 绥化 | Suihua | 315 | 28 | | 6 | 33 | 199 | 77 | 193 | 122 |
| 大兴安岭 | Daxinganling | 16 | 4 | | | 3 | 11 | 2 | 5 | 11 |

## 12-15 分地区工业企业主要经济指标(2018年)
## Major Indicators of Industrial Enterprises by Region(2018)

单位：万元 (10000 yuan)

| 地区 | Region | 应收帐款 Receivables | 产成品 Finished Goods | 流动资产合计 Total Current Assets | 非流动资产合计 Total of Non current Assets | 资产总计 Total Assets | 负债总计 Total Liabilities |
|---|---|---|---|---|---|---|---|
| 哈尔滨 | Harbin | 4798555 | 1256997 | 21644793 | 17513487 | 39166202 | 24777236 |
| 齐齐哈尔 | Qiqihar | 2164596 | 327477 | 7714663 | 6913458 | 14628123 | 9166919 |
| 鸡西 | Jixi | 799862 | 167688 | 2826721 | 3133737 | 5960459 | 4252354 |
| 鹤岗 | Hegang | 293426 | 93984 | 1521010 | 2304635 | 3825701 | 3201796 |
| 双鸭山 | Shuangyashan | 330421 | 120280 | 2180280 | 3455945 | 5636226 | 4227524 |
| 大庆 | Daqing | 3151079 | 808526 | 19000995 | 27504608 | 46505605 | 18425796 |
| 伊春 | Yichun | 270009 | 120826 | 1239545 | 1774636 | 3014181 | 2799010 |
| 佳木斯 | Jiamusi | 398824 | 151738 | 2056004 | 3248130 | 5304135 | 3451586 |
| 七台河 | Qitaihe | 378958 | 191387 | 2335488 | 2770195 | 5105683 | 3698886 |
| 牡丹江 | Mudanjiang | 584767 | 143330 | 1843982 | 2388738 | 4232722 | 2714155 |
| 黑河 | Heihe | 106093 | 57593 | 1060769 | 1877567 | 2938337 | 2059237 |
| 绥化 | Suihua | 519697 | 239441 | 2659634 | 3151083 | 5810718 | 4009044 |
| 大兴安岭 | Daxinganling | 79142 | 25020 | 338759 | 216244 | 555003 | 409164 |

## 12-15 续表 Continued

单位：万元 (10000 yuan)

| 地 区 | Region | 销售费用 Selling Expenses | 管理费用 Overhead Expenses | 财务费用 Financial Expenses | 利息支出 Expenditure for Interests | 亏损企业亏损总额 Total Losses Made by Enterprises--in-red |
|---|---|---|---|---|---|---|
| 哈尔滨 | Harbin | 1436395 | 1534896 | 310456 | 313999 | 416031 |
| 齐齐哈尔 | Qiqihar | 584970 | 412526 | 167040 | 165492 | 139990 |
| 鸡 西 | Jixi | 103354 | 208777 | 68581 | 62455 | 52517 |
| 鹤 岗 | Hegang | 59647 | 145152 | 58210 | 56728 | 53679 |
| 双鸭山 | Shuangyashan | 83021 | 161122 | 121879 | 74564 | 138068 |
| 大 庆 | Daqing | 313682 | 2100271 | 105739 | 254008 | 252012 |
| 伊 春 | Yichun | 54165 | 39705 | 52715 | 43350 | 5568 |
| 佳木斯 | Jiamusi | 134077 | 122065 | 53864 | 49404 | 57822 |
| 七台河 | Qitaihe | 60839 | 169068 | 87621 | 64092 | 83816 |
| 牡丹江 | Mudanjiang | 85330 | 111805 | 53362 | 52733 | 83536 |
| 黑 河 | Heihe | 41367 | 77893 | 37945 | 37045 | 26401 |
| 绥 化 | Suihua | 207374 | 172391 | 93078 | 80685 | 90012 |
| 大兴安岭 | Daxinganling | 13289 | 10586 | 4327 | 4321 | 8828 |

## 12-16 分地区大中型工业企业主要经济指标(2018年)

## Major Indicators of Large and Medium-Sized Industrial Enterprises by Region(2018)

单位：万元 (10000 yuan)

| 地 区 | Region | 应收帐款 Receivables | 产成品 Finished Goods | 流动资产合计 Total Current Assets | 非流动资产合计 Total of Non current Assets | 资产总计 Total Assets | 负债总计 Total Liabilities |
|---|---|---|---|---|---|---|---|
| 哈尔滨 | Harbin | 2789481 | 776592 | 14757583 | 10557372 | 25314955 | 17118625 |
| 齐齐哈尔 | Qiqihar | 1816239 | 206352 | 6183334 | 4390617 | 10573950 | 6713976 |
| 鸡 西 | Jixi | 556305 | 40934 | 1729487 | 2222875 | 3952363 | 2861228 |
| 鹤 岗 | Hegang | 140972 | 53237 | 715993 | 1764516 | 2480563 | 2267774 |
| 双鸭山 | Shuangyashan | 210218 | 60396 | 1600024 | 2671111 | 4271135 | 3256876 |
| 大 庆 | Daqing | 2324718 | 635695 | 16271148 | 24538032 | 40809181 | 14779536 |
| 伊 春 | Yichun | 192798 | 96212 | 899989 | 778549 | 1678537 | 1841410 |
| 佳木斯 | Jiamusi | 158034 | 72115 | 981005 | 1677655 | 2658660 | 1808305 |
| 七台河 | Qitaihe | 254927 | 138422 | 1790081 | 2184673 | 3974753 | 2925929 |
| 牡丹江 | Mudanjiang | 237237 | 69951 | 864679 | 1365651 | 2230330 | 1387998 |
| 黑 河 | Heihe | 23054 | 13544 | 382758 | 1178438 | 1561196 | 969663 |
| 绥 化 | Suihua | 236506 | 114932 | 1238480 | 1775677 | 3014158 | 2133558 |
| 大兴安岭 | Daxinganling | 48567 | 16063 | 149399 | 94570 | 243969 | 202155 |

12-16 续表 Continued

单位：万元 (10000 yuan)

| 地 区 | Region | 销售费用 Selling Expenses | 管理费用 Overhead Expenses | 财务费用 Financial Expenses | 利息支出 Expenditure for Interests | 亏损企业亏损总额 Total Losses Made by Enterprises--in-red |
|---|---|---|---|---|---|---|
| 哈尔滨 | Harbin | 1111476 | 1043134 | 200784 | 211868 | 248214 |
| 齐齐哈尔 | Qiqihar | 516399 | 296255 | 109722 | 122758 | 77275 |
| 鸡 西 | Jixi | 49552 | 166616 | 41989 | 38016 | 31060 |
| 鹤 岗 | Hegang | 31410 | 112079 | 42387 | 42933 | 36375 |
| 双鸭山 | Shuangyashan | 63391 | 118268 | 101746 | 60753 | 93642 |
| 大 庆 | Daqing | 244690 | 1978863 | 32068 | 193889 | 218722 |
| 伊 春 | Yichun | 45460 | 18056 | 16316 | 16308 | 2075 |
| 佳木斯 | Jiamusi | 81243 | 61763 | 21213 | 20656 | 23963 |
| 七台河 | Qitaihe | 44648 | 143006 | 67313 | 47555 | 62320 |
| 牡丹江 | Mudanjiang | 47829 | 62764 | 31545 | 33026 | 55011 |
| 黑 河 | Heihe | 26655 | 34382 | 19926 | 20022 | 9399 |
| 绥 化 | Suihua | 130614 | 98698 | 62536 | 56472 | 55791 |
| 大兴安岭 | Daxinganling | 530 | 5024 | 868 | 1038 | 3914 |

## 12-17 分地区国有控股工业企业主要经济指标(2018年)
## Major Indicators of State-Owned and State-Holding Industrial Enterprises by Region(2018)

单位：万元 (10000 yuan)

| 地 区 | Region | 应收帐款 Receivables | 产成品 Finished Goods | 流动资产合计 Total Current Assets | 非流动资产合计 Total of Non current Assets | 资产总计 Total Assets | 负债总计 Total Liabilities |
|---|---|---|---|---|---|---|---|
| 哈尔滨 | Harbin | 2141120 | 467608 | 11039750 | 9865838 | 20905587 | 14374718 |
| 齐齐哈尔 | Qiqihar | 1359256 | 89757 | 3881179 | 3727975 | 7609155 | 5066100 |
| 鸡 西 | Jixi | 479721 | 30447 | 1120102 | 2197616 | 3317718 | 2686728 |
| 鹤 岗 | Hegang | 131900 | 30801 | 557114 | 1747288 | 2304402 | 2250799 |
| 双鸭山 | Shuangyashan | 133304 | 4345 | 841174 | 1503217 | 2344391 | 1972593 |
| 大 庆 | Daqing | 1448758 | 600062 | 14281780 | 23570796 | 37852575 | 13978335 |
| 伊 春 | Yichun | 93901 | 3109 | 215331 | 966242 | 1181573 | 879538 |
| 佳木斯 | Jiamusi | 198903 | 45095 | 721565 | 1643155 | 2364721 | 1632716 |
| 七台河 | Qitaihe | 175397 | 32764 | 489486 | 1317504 | 1806991 | 1421673 |
| 牡丹江 | Mudanjiang | 93608 | 25350 | 444682 | 1088475 | 1533158 | 1023698 |
| 黑 河 | Heihe | 34964 | 31155 | 268321 | 582877 | 851198 | 688415 |
| 绥 化 | Suihua | 81583 | 14152 | 318648 | 941684 | 1260333 | 1028678 |
| 大兴安岭 | Daxinganling | 49308 | 16096 | 159817 | 95294 | 255110 | 208694 |

# 12-17 续表 Continued

单位：万元 (10000 yuan)

| 地 区 | Region | 销售费用 Selling Expenses | 管理费用 Overhead Expenses | 财务费用 Financial Expenses | 利息支出 Expenditure for Interests | 亏损企业亏损总额 Total Losses Made by Enterprises-in-red |
|---|---|---|---|---|---|---|
| 哈尔滨 | Harbin | 362083 | 837870 | 168252 | 192158 | 258031 |
| 齐齐哈尔 | Qiqihar | 60903 | 206145 | 113353 | 117376 | 78568 |
| 鸡 西 | Jixi | 10563 | 146818 | 34207 | 32836 | 18384 |
| 鹤 岗 | Hegang | 5906 | 105574 | 42005 | 41842 | 31912 |
| 双鸭山 | Shuangyashan | 4888 | 71873 | 34810 | 32301 | 84450 |
| 大 庆 | Daqing | 203600 | 1895895 | 53038 | 205699 | 227939 |
| 伊 春 | Yichun | 1387 | 16596 | 38811 | 29432 | 696 |
| 佳木斯 | Jiamusi | 59005 | 42451 | 34468 | 33475 | 27877 |
| 七台河 | Qitaihe | 3578 | 90124 | 26443 | 27306 | 48908 |
| 牡丹江 | Mudanjiang | 15868 | 30088 | 32275 | 32185 | 46383 |
| 黑 河 | Heihe | 26940 | 27432 | 19227 | 19142 | 13080 |
| 绥 化 | Suihua | 10293 | 25525 | 20389 | 18583 | 30928 |
| 大兴安岭 | Daxinganling | 710 | 5331 | 838 | 1038 | 3914 |

# 12-18 分地区集体工业企业主要经济指标(2018年)

# Major Indicators of Collective-Owned Industrial Enterprises by Region(2018)

单位：万元 (10000 yuan)

| 地 区 | Region | 应收帐款<br>Receivables | 产成品<br>Finished Goods | 流动资产合 计<br>Total Current Assets | 非流动资产合 计<br>Total of Non current Assets | 资产总计<br>Total Assets | 负债总计<br>Total Liabilities |
|---|---|---|---|---|---|---|---|
| 哈尔滨 | Harbin | 7428 | 2027 | 12255 | 2271 | 14526 | 8801 |
| 齐齐哈尔 | Qiqihar | 22482 | 867 | 58466 | 5635 | 64101 | 8938 |
| 鸡 西 | Jixi | 5711 | 22 | 7221 | 776 | 7996 | 3405 |
| 鹤 岗 | Hegang | 10356 | 2423 | 56163 | 44380 | 100543 | 59302 |
| 双鸭山 | Shuangyashan | | | | | | |
| 大 庆 | Daqing | 275358 | 10372 | 550419 | 65795 | 616214 | 437905 |
| 伊 春 | Yichun | | | | | | |
| 佳木斯 | Jiamusi | | | 3180 | 11372 | 14552 | 13802 |
| 七台河 | Qitaihe | | | | | | |
| 牡丹江 | Mudanjiang | 578 | | 638 | 587 | 1225 | -2418 |
| 黑 河 | Heihe | | | | | | |
| 绥 化 | Suihua | | | | | | |
| 大兴安岭 | Daxinganling | | | | | | |

12-18 续表 Continued

单位：万元 (10000 yuan)

| 地 区 | Region | 销售费用<br>Selling Expenses | 管理费用<br>Overhead Expenses | 财务费用<br>Financial Expenses | 利息支出<br>Expenditure for Interests | 亏损企业亏损总额<br>Total Losses Made by Enterprises-in-red |
|---|---|---|---|---|---|---|
| 哈尔滨 | Harbin | 95 | 2494 | -7 | 1.2 | 169 |
| 齐齐哈尔 | Qiqihar | 239 | 259 | 237 | 238 | |
| 鸡 西 | Jixi | 183 | 375 | 12.3 | 12.4 | 105 |
| 鹤 岗 | Hegang | 1072 | 3423 | 415 | 354 | 2047 |
| 双鸭山 | Shuangyashan | | | | | |
| 大 庆 | Daqing | 5665 | 21958 | 1861 | 1414 | 569 |
| 伊 春 | Yichun | | | | | |
| 佳木斯 | Jiamusi | | 5700 | 113 | 113 | 847 |
| 七台河 | Qitaihe | | | | | |
| 牡丹江 | Mudanjiang | 72 | 55 | | | |
| 黑 河 | Heihe | | | | | |
| 绥 化 | Suihua | | | | | |
| 大兴安岭 | Daxinganling | | | | | |

# 12-19 主要工业产品产量
# Output of Major Industrial Products

| 品 名 | Item | 2014 | 2015 | 2016 | 2017 | 2018 |
|---|---|---|---|---|---|---|
| 原煤(万吨) | Crude Coal(10000 tons) | | | 5623.2 | 5440.4 | 5791.6 |
| 原油(万吨) | Crude Oil(10000 tons) | 4000.0 | 3838.6 | 3656.0 | 3420.3 | 3224.2 |
| 天然气(亿立方米) | Natural Gas(100 million cu.m) | 35.1 | 35.6 | 38.0 | 40.5 | 43.5 |
| 大米(万吨) | Rice(10000 tons) | 1504.1 | 1462.7 | 1462.7 | 1170.5 | 983.3 |
| 铁矿石原矿量(万吨) | Original Ironstone Reserves(10000 tons) | 539.9 | 444.9 | 437.5 | 537.6 | 337.1 |
| 精制食用植物油(万吨) | Purifier Edible Vegetable Oil(10000 tons) | 313.0 | 253.5 | 256.9 | 214.5 | 64.3 |
| 成品糖(万吨) | Finished Product Sugar(10000 tons) | 5.4 | 3.8 | 0.4 | 5.7 | 7.2 |
| 乳制品(万吨) | Dairy Products(10000 tons) | 195.4 | 191.4 | 196.1 | 158.6 | 155.3 |
| #液体乳(万吨) | #Liquid Milk(10000 tons) | 141.1 | 140.7 | 140.3 | 114.1 | 118.0 |
| 白酒(万千升) | Liquor(10000 kiloliter ) | 57.0 | 57.4 | 60.9 | 57.8 | 13.7 |
| 啤酒(万千升) | Beer(10000 kiloliter ) | 203.7 | 208.1 | 200.7 | 185.2 | 185.0 |
| 卷烟(亿支) | Cigarettes(100 million pieces) | 450.0 | 426.0 | 404.5 | 364.3 | 379.5 |
| 亚麻布(万米) | Linen(10000 m) | 6401.6 | 6666.5 | 6686.0 | 2334.0 | 2036.0 |
| 人造板(万立方米) | Man-made Board(10000 cu.m) | 460.8 | 397.4 | 401.5 | 334.3 | 88.0 |
| 机制纸及纸板(万吨) | Machine-made Paper and Paperboards(10000 tons) | 59.5 | 51.7 | 34.4 | 44.1 | 45.3 |
| 原油加工量(万吨) | Crude Oil Processed(10000 tons) | 1579.6 | 1555.5 | 1631.0 | 1622.7 | 1507.7 |
| 汽油(万吨) | Gasoline(10000 tons) | 429.5 | 480.4 | 501.9 | 519.2 | 512.4 |
| 柴油(万吨) | Diesel oil(10000 tons) | 530.5 | 534.4 | 482.3 | 425.9 | 412.5 |
| 焦炭(万吨) | Coke(10000 tons) | 802.8 | 687.5 | 674.5 | 761.3 | 875.8 |
| 硫酸(折100%，万吨) | Sulfuric Acid(convert into 100%, 10000 tons) | 2.8 | 1.9 | 7.7 | 7.4 | 5.0 |
| 盐酸(万吨) | Muriatic Acid(10000 tons) | 8.7 | 10.9 | 16.7 | 12.5 | 14.3 |
| 烧碱(万吨) | Caustic Soda(10000 tons) | 11.4 | 15.8 | 18.0 | 20.5 | 21.3 |
| 合成氨(万吨) | Synthetic Ammonia(10000 tons) | 68.9 | 62.7 | 48.5 | 49.0 | 39.5 |
| 农用化肥(折100%，万吨) | Chemical Fertilizer for Agricultural Use (convert into 100%,10000 tons) | 49.0 | 49.2 | 63.4 | 51.8 | 38.4 |
| 化学农药原药(折有效成分100%，吨) | Chemical Pesticides(convert into100%,ton) | 3164 | 1338 | 964 | 901 | 3623 |
| 乙烯(万吨) | Ethylene(10000 tons) | 103.9 | 84.0 | 110.8 | 115.8 | 105.8 |
| 化学药品原药(吨) | Chemical Medicines(ton) | 10679.4 | 11212.9 | 11184.7 | 9784.5 | 2961.0 |
| 中成药(万吨) | Proprietary Chinese Medicine(10000 tons) | 4.2 | 2.7 | 2.5 | 2.2 | 3.7 |
| 化学纤维(万吨) | Chemical Fiber(10000 tons) | 7.7 | 8.0 | 7.7 | 7.5 | 5.2 |
| 橡胶轮胎外胎(万条) | Tires(10000 units) | 496.3 | 493.5 | 541.6 | 506.3 | 460.2 |
| 塑料制品(万吨) | Plastic Products(10000 tons) | 41.3 | 38.0 | 37.7 | 32.9 | 20.4 |
| 水泥(万吨) | Cement(10000 tons) | 3672.1 | 3264.5 | 3544.7 | 2634.5 | 2039.5 |
| 平板玻璃(万重量箱) | Plate Glass(10000 weight cases) | 415.5 | 386.1 | 400.7 | 402.9 | 394.5 |
| 石墨及碳素制品(吨) | Graphite and Related Products(ton) | 88781 | 158813 | 180448 | 286218 | 337199 |
| 生铁(万吨) | Pig Iron(10000 tons) | 456.7 | 408.9 | 354.0 | 438.8 | 695.7 |
| 粗钢(万吨) | Crude Steel(10000 tons) | 476.3 | 418.5 | 372.3 | 503.0 | 774.3 |
| 钢材(万吨) | Rolled Steel(10000 tons) | 483.5 | 403.8 | 332.7 | 410.6 | 561.4 |
| 铝材(万吨) | Aluminous Material(10000 tons) | 9.1 | 8.8 | 12.3 | 14.8 | 14.5 |
| 电站锅炉(蒸发量吨) | Power Plant Boiler(vaporing ton) | 161107 | 144847 | 153249 | 86323 | 82484 |
| 电站用汽轮机(万千瓦) | Steam turbine for power station(10000 kw) | 1757.9 | 1383.6 | 1551.4 | 983.2 | 1002.7 |
| 金属切削机床(台) | Metal-cutting Machine Tools(unit) | 990.0 | 505.0 | 358.0 | 446.0 | 374.0 |
| 发电机组(发电设备,万千瓦) | Power Generating Equipment(10000 kw) | 2181.0 | 2040.6 | 2394.4 | 1417.4 | 1435.3 |
| 矿山专用设备(吨) | Special Equipment for Mine(ton) | 70502 | 37673 | 17517 | 9986 | 12586 |
| 冶炼设备(吨) | Smelting Equipment(ton) | 6671 | 88 | | | |
| 金属轧制设备(吨) | Metal-rolling Equipment(ton) | 58573 | 44330 | 40116 | 107156 | 115610 |
| 大中型拖拉机(台) | Large and Medium Tractors(unit) | 9854 | 9716 | 7929 | 1412 | 6483 |
| 小型拖拉机(台) | Small-sized Tractors(unit) | 527 | 362 | 53 | 1278 | |
| 铁路货车(辆) | Railway Passenger Engines(unit) | 7940 | 6176 | 3803 | 9945 | 10322 |
| 汽车(辆) | Motor Vehicles(unit) | 116003 | 80483 | 75761 | 122219 | 162914 |
| 改装汽车(辆) | Special Automobile(unit) | 1686 | 1344 | 1720 | 372 | 240 |
| 发电量(亿千瓦时) | Electricity(100 million kwh) | 874.1 | 870.0 | 897.9 | 912.48 | 1015.49 |
| 微型电子计算机(台) | Mini-computers(unit) | 34984 | 17016 | 11068 | 5533 | |

# 12-20 分地区主要工业产品产量(2018年)
# Output of Major Industrial Products by Region(2018)

| 地 区 | Region | 原 煤 (万吨) Crude Coal (10000 tons) | 原 油 (万吨) Crude Oil (10000 tons) | 大 米 (万吨) Rice (10000 tons) | 精制食用植物油 (万吨) Purifier Edible Vegetable Oil (10000 tons) | 成品糖 (吨) Finished Product Sugar (ton) | 乳制品 (吨) Dairy Products (ton) |
|---|---|---|---|---|---|---|---|
| **全 省** | **Total** | **5791.6** | **3224.2** | **983.3** | **64.3** | **71519** | **1553437** |
| 哈尔滨 | Harbin | 127.2 | | 230.8 | 49.6 | | 315428 |
| 齐齐哈尔 | Qiqihar | | | 59.5 | 2.3 | 71519 | 554758 |
| 鸡 西 | Jixi | 1322.7 | | 159.8 | 0.3 | | 36 |
| 鹤 岗 | Hegang | 1187.1 | | 68.0 | 0.0 | | 927 |
| 双鸭山 | Shuangyashan | 1275.2 | | 57.4 | 2.0 | | |
| 大 庆 | Daqing | | 3204.4 | 22.9 | | | 289350 |
| 伊 春 | Yichun | | | 0.8 | 0.0 | | 718 |
| 佳木斯 | Jiamusi | | | 206.7 | 1.1 | | 12504 |
| 七台河 | Qitaihe | 983.5 | | 0.1 | | | |
| 牡丹江 | Mudanjiang | 162.7 | 19.8 | 0.3 | 0.3 | | 5948 |
| 黑 河 | Heihe | 319.0 | | | 0.9 | | 23188 |
| 绥 化 | Suihua | | | 177.0 | 7.7 | | 350581 |
| 大兴安岭 | Daxinganling | 414.2 | | | | | |

12-20 续表1 Continued

| 地 区 | Region | 卷 烟 (万支) Cigarettes (10000 pieces) | 白 酒 (千升) Liquor (1000 liter) | 啤 酒 (千升) Beer (1000 liter) | 亚麻布 (万米) Linen (10000 m) | 机制纸及纸板 (吨) Machine-made Paper and Paperboards ( ton) | 汽 油 (万吨) Gasoline (10000 tons) |
|---|---|---|---|---|---|---|---|
| **全 省** | **Total** | **3795000** | **153142** | **1850083** | **2036** | **453212** | **512.4** |
| 哈尔滨 | Harbin | 3795000 | 113491 | 1158456 | 346 | 176828 | 137.7 |
| 齐齐哈尔 | Qiqihar | | 15135 | 57958 | 501 | 1855 | |
| 鸡 西 | Jixi | | 387 | 32622 | | 8900 | |
| 鹤 岗 | Hegang | | 6153 | 10765 | | 3330 | |
| 双鸭山 | Shuangyashan | | 670 | | | | |
| 大 庆 | Daqing | | 1304 | 355648 | | 18717 | 373.6 |
| 伊 春 | Yichun | | | | | 4101 | |
| 佳木斯 | Jiamusi | | 11266 | 90436 | | 33773 | |
| 七台河 | Qitaihe | | | | | | |
| 牡丹江 | Mudanjiang | | 1951 | 128983 | | 143194 | 1.2 |
| 黑 河 | Heihe | | | 15215 | | | |
| 绥 化 | Suihua | | 2785 | | 1189 | 62513 | |
| 大兴安岭 | Daxinganling | | | | | | |

## 12-20 续表2 Continued

| 地 区 | Region | 柴 油 (万吨) Diesel Oil (10000 tons) | 农用化肥 (吨) Chemical Fertilizer for Agricultural Use (10000 tons) | 化学农药原药 (吨) Chemical Pesticides (ton) | 化学药品原药 (吨) Chemical Medicines (ton) | 水 泥 (万吨) Cement (10000 tons) | 平板玻璃 (万重量箱) Plate Glass (10000 weight cases) |
|---|---|---|---|---|---|---|---|
| **全 省** | **Total** | **412.5** | **383699** | **3623** | **2961** | **2039.5** | **394.5** |
| 哈尔滨 | Harbin | 124.3 | 24582 | 2010 | 2189 | 746.4 | |
| 齐齐哈尔 | Qiqihar | | 2069 | | | 312.2 | |
| 鸡 西 | Jixi | | | | 17 | 91.6 | |
| 鹤 岗 | Hegang | | 276806 | 701 | | 73.2 | |
| 双鸭山 | Shuangyashan | | | | | 82.0 | |
| 大 庆 | Daqing | 287.7 | 57459 | | | 144.4 | |
| 伊 春 | Yichun | | | | 185 | 39.7 | |
| 佳木斯 | Jiamusi | | | 912 | 8 | 133.5 | 394.5 |
| 七台河 | Qitaihe | | | | | 19.4 | |
| 牡丹江 | Mudanjiang | | | | 145 | 134.0 | |
| 黑 河 | Heihe | | | | | 80.6 | |
| 绥 化 | Suihua | | 22783 | | 417 | 146.1 | |
| 大兴安岭 | Daxinganling | | | | | 36.4 | |

## 12-20 续表3 Continued

| 地 区 | Region | 汽 车 (辆) Motor Vehicles (unit) | 粗钢 (万吨) Crude Steel (10000 tons) | 金属切削机床 (台) Metal-cutting Machine Tools (unit) | 金属轧制设备 (吨) Metal-rolling Equipment (ton) | 小型拖拉机 (台) Small-sized Tractors (unit) | 发电量 (亿千瓦小时) Electricity (100 million kwh) |
|---|---|---|---|---|---|---|---|
| **全 省** | **Total** | **162914** | **774** | **374** | **115610** | | **1015.5** |
| 哈尔滨 | Harbin | | 142 | 8 | 6333 | | 198.3 |
| 齐齐哈尔 | Qiqihar | | 129 | 366 | 109277 | | 124.4 |
| 鸡 西 | Jixi | | | | | | 56.9 |
| 鹤 岗 | Hegang | | | | | | 60.8 |
| 双鸭山 | Shuangyashan | | 214 | | | | 83.4 |
| 大 庆 | Daqing | 162914 | | | | | 147.6 |
| 伊 春 | Yichun | | 289 | | | | 40.3 |
| 佳木斯 | Jiamusi | | | | | | 65.3 |
| 七台河 | Qitaihe | | | | | | 91.9 |
| 牡丹江 | Mudanjiang | | | | | | 70.4 |
| 黑 河 | Heihe | | | | | | 19.3 |
| 绥 化 | Suihua | | | | | | 54.9 |
| 大兴安岭 | Daxinganling | | | | | | 2.3 |

# 12-21 四大主导产业主要经济指标(2018年)

单位：亿元

| 指 标 | Item |
| --- | --- |
| **总 计** | **Total** |
| 装备工业 | Equipment Industry |
| 金属制品业 | Manufacture of Metal Products |
| 金属制品、机械和设备修理业 | Metal Products, Machinery and Equipment Repair Industry |
| 通用设备制造业 | Manufacture of General Purpose Machinery |
| 专用设备制造业 | Manufacture of Special Purpose Machinery |
| 汽车制造业 | Manufacture of Automotive |
| 铁路、船舶、航空航天和其他运输设备制造业 | Manufacture of Railroad, Marine, Aerospace and Other Transportation Equipment |
| 电气机械及器材制造业 | Manufacture of Electrical Machinery and Equipment |
| 计算机、通信和其他电子设备制造业 | Manufacture of Computers, Communication and Other Electronic Equipment |
| 仪器仪表制造业 | Manufacture of Measuring Instrument |
| 石化工业 | Petrochemical Industry |
| 石油、煤炭及其他燃料加工业 | Processing of Petroleum, Coal and Other Fuels |
| 化学原料和化学制品制造业 | Manufacture of Chemical Raw Material and Chemical Products |
| 化学纤维制造业 | Manufacture of Chemical Fiber |
| 橡胶和塑料制品业 | Manufacture of Rubber and Plastics |
| 能源工业 | Energy Industry |
| 煤炭开采和洗选业 | Mining and Washing of Coal |
| 石油和天然气开采业 | Extraction of Petroleum and Natural Gas |
| 电力、热力生产和供应业 | Production and Supply of Electric Power and Heat Power |
| 燃气生产和供应业 | Production and Distribution of Gas |
| 开采专业及辅助性活动 | Professional and Support Activities For Mining |
| 食品工业 | Food Industry |
| 农副食品加工业 | Processing of Food from Agricultural Products |
| 食品制造业 | Manufacture of Foods |
| 酒、饮料和精制茶制造业 | Manufacture of Beverage |

# Main Economic Indicators of Four Leading Industry(2018)

(100 million yuan)

| 资产合计 Total Assets | 负债合计 Total Liabilities | 销售费用 Selling Expenses | 管理费用 Overhead Expenses | 财务费用 Financial Expenses |
|---|---|---|---|---|
| **12675.1** | **7400.6** | **203.0** | **435.2** | **106.0** |
| 2407.8 | 1541.2 | 28.9 | 93.1 | 13.8 |
| 94.1 | 55.3 | 1.6 | 4.0 | 0.5 |
| 3.4 | 2.4 | 0.0 | 0.1 | 0.0 |
| 622.8 | 435.9 | 7.8 | 25.1 | 2.1 |
| 643.9 | 390.5 | 5.9 | 20.0 | 5.9 |
| 371.3 | 288.4 | 2.9 | 10.6 | 0.6 |
| 161.0 | 87.8 | 2.2 | 12.9 | 1.3 |
| 363.9 | 198.1 | 5.9 | 11.8 | 1.6 |
| 94.0 | 50.2 | 1.0 | 3.7 | 1.3 |
| 53.5 | 32.6 | 1.7 | 4.8 | 0.4 |
| 1365.5 | 919.0 | 24.9 | 63.7 | 21.0 |
| 717.3 | 464.9 | 15.7 | 42.5 | 11.8 |
| 457.6 | 329.8 | 6.7 | 15.1 | 7.7 |
| 2.7 | 0.6 | 0.0 | 0.1 | 0.0 |
| 187.9 | 123.7 | 2.5 | 6.1 | 1.5 |
| 7059.7 | 3874.4 | 24.2 | 226.3 | 53.2 |
| 816.9 | 700.1 | 5.0 | 46.5 | 9.5 |
| 2918.2 | 729.1 | 10.2 | 143.3 | -0.6 |
| 2842.2 | 2065.8 | 2.0 | 25.1 | 42.6 |
| 99.9 | 60.8 | 5.7 | 3.9 | 0.6 |
| 382.6 | 318.6 | 1.5 | 7.6 | 1.0 |
| 1842.0 | 1066.0 | 125.0 | 52.1 | 18.1 |
| 1131.8 | 701.0 | 41.5 | 26.6 | 15.4 |
| 460.5 | 228.1 | 71.1 | 15.7 | 0.7 |
| 249.7 | 136.8 | 12.5 | 9.9 | 2.0 |

# 主要统计指标解释

**工业** 指从事自然资源的开采，对采掘品和农产品进行加工和再加工的物质生产部门。具体包括：(1)对自然资源的开采，如采矿、晒盐等(但不包括禽兽捕猎和水产捕捞)；(2)对农副产品的加工、再加工，如粮油加工、食品加工、缫丝、纺织、制革等；(3)对采掘品的加工、再加工，如炼铁、炼钢、化工生产、石油加工、机器制造、木材加工等，以及电力、燃气及水的生产和供应等；(4)对工业品的修理、翻新，如机器设备的修理等。

工业统计调查单位为工业法人单位。

工业法人单位指从事工业生产经营活动的法人单位。工业法人单位应同时具备以下条件：①依法成立，有自己的名称、组织机构和场所，能够独立承担民事责任；②独立拥有（或授权）使用资产，承担负债，有权与其他单位签订合同；③具有包括资产负债表在内的帐户，或者能够根据需要编制帐户。

**国有控股企业** 即原来的国有及国有控股企业，根据企业实收资本中国有经济成分的出资人的实际投资情况，或国有经济成分的出资人对企业资产的实际控制、支配程度进行分类。以下情况为国有控股：(1)在企业的全部实收资本中，国有经济成分的出资人拥有的实收资本（股本）所占企业全部实收资本（股本）的比例大于50%的国有绝对控股。(2)在企业的全部实收资本中，国有经济成分的出资人拥有的实收资本（股本）所占比例虽未大于50%，但相对大于其他任何一方经济成分的出资人所占比例的国有相对控股；或者虽不大于其他经济成分，但根据协议规定拥有企业实际控制权的国有协议控股。(3)投资双方各占50%，且未明确由谁绝对控股的企业，若其中一方为国有经济成分的，一律按国有控股处理。

本篇涉及的企业登记注册类型的解释详见综合篇。

**资产总计** 指企业过去的交易或者事项形成的、由企业拥有或者控制的、预期会给企业带来经济利益的资源。资产一般按流动性分为流动资产和非流动资产。其中流动资产可分为货币资金、交易性金融资产、应收票据、应收账款、预付款项、其他应收款、存货等；非流动资产可分为长期股权投资、固定资产、无形资产及其他非流动资产等。来源于会计“资产负债表”中“资产总计”项目的期末余额数。

**流动资产合计** 资产满足以下条件之一应归为流动资产：(1)预计在一个正常营业周期中变现、出售或耗用，主要包括存货、应收账款等；(2)主要为交易目的而持有；(3)预计在资产负债表日起一年内（含一年）变现；(4)自资产负债日起一年内，交换其他资产或清偿负债的能力不受限制的现金或现金等价物。包括货币资金、应收票据、应收账款、存货等项目。来源于会计“资产负债表”中“流动资产合计”项目的期末余额数。

**负债合计** 指企业过去的交易或者事项形成的，预期会导致经济利益流出企业的现时义务。负债一般按偿还期长短分为流动负债和非流动负债。来源于会计“资产负债表”中“负债合计”项目的期末余额数。

**应收账款** 指企业因销售商品、提供劳务等经营活动所形成的债权，包括应向客户收取的货款、增值税款和为客户代垫的运杂费等。来源于会计“资产负债表”中“应收账款”项目的期末余额数。

**产成品** 指企业已经完成全部生产过程并验收入库，可以按照合同规定的条件送交订货单位，或者可以作为商品对外销售的产品。来源于会计“产成品”科目的借方余额。

**主营业务收入** 指企业确认的销售商品、提供劳务等主营业务的收入。来源于会计“主营业务收入”科目的期末贷方余额（结转前）。

**主营业务成本** 指企业经营主要业务所发生的成本总额。来源于会计“主营业务成本”科目的期末借方余额（结转前）。

**销售费用** 指企业在销售商品和材料、提供劳务的过程中发生的各种费用，包括保险费、包装费、展览费和广告费、商品维修费、预计产品质量保证损失、运输费、装卸费等以及为销售本企业商品而专设的销售机构（含销售网点、售后服务网点等）的职工薪酬、业务费、折旧费等经营费用。

**管理费用** 指企业为组织和管理企业生产经营所发生的费用，包括企业在筹建期间内发生的开办费、董事会和行政管理部门在企业经营管理中发生的，或者应当由企业统一负担的公司经费等。来源于会计“利润表”中“管理费用”项目的本期金额数。

**财务费用** 指企业为筹集生产经营所需资金等而发生的筹资费用，包括企业生产经营期间发生的利息支出（减利息收入）、汇兑损失（减汇兑收益）以及相关的手续费等。来源于会计“利润表”中“财务费用”项目的本期金额数。

**利润总额** 指企业在一定会计期间的经营成果，是生产经营过程中各种收入扣除各种耗费后的盈余，反映企业在报告期内实现的盈亏总额。来源于会计“利润表”中“利润总额”项目的本期金额数。

**总资产贡献率** 反映企业全部资产的获利能力，是企业经营业绩和管理水平的集中体现，是评价和考核企业盈利能力的核心指标。计算公式为：

$$\text{总资产贡献率} = \frac{\text{利润总额} + \text{税金总额} + \text{利息支出}}{\text{平均资产总额}} \times 100\%$$

公式中：税金总额为主营业务税金及附加与应交增值税之和；平均资产总额为期初期末资产之和的算术平均值。

**资产负债率** 该指标既反映企业经营风险的大小，也反映企业利用债权人提供的资金从事经营活动的能力。计算公

式为:

$$资产负债率(\%)=\frac{负债总额}{资产总额}\times100\%$$

资产与负债均为报告期期末数。

**流动资产周转次数** 指一定时期内流动资产完成的周转次数，反映投入工业企业流动资金的周转速度。计算公式为:

$$流动资产周转次数=\frac{主营业务收入}{全部流动资产平均余额}$$

公式中: 全部流动资产平均余额为期初和期末的流动资产之和的算术平均值。

**成本费用利润率** 反映企业投入的生产成本及费用的经济效益，同时也反映企业降低成本所取得的经济效益。计算公式为:

$$成本费用利润率(\%)=\frac{利润总额}{成本费用总额}\times100\%$$

公式中: 成本费用总额为主营业务成本、销售费用、管理费用、财务费用之和。

# Explanatory Notes on Main Statistical Indicators

**Industry** refers to the material production sector which is engaged in the extraction of natural resources and processing and reprocessing of minerals and agricultural products, including (1) extraction of natural resources, such as mining, salt production (but not including hunting and fishing); (2) processing and reprocessing of farm and sideline produces, such as grain and oil processing, food processing, silk reeling, spinning and weaving and leather making; (3) processing and reprocessing of mineral products, such as steel making, iron smelting, chemicals manufacturing, petroleum processing, machine building, timber processing, and production and supply of electricity, gas and water; (4) repairing and renovating of industrial products such as the machinery.

In industrial surveys, the units of enquiry are industrial corporate units.

Industrial corporate units refer to corporate units engaging in industrial production and operation activities, which meet the following requirements: (1) They are established legally, having their own names, organizations, location, and are able to take civil liability independently; (2) They possess (or are authorized to use) assets independently, assume liabilities and are entitled to sign contracts with other units; (3) They have accounts including the balance sheets or can compile the accounts according to the need.

**State-holding Enterprises** cover the original state-owned enterprises and state-holding enterprises. They are classified according to the actual investment made by the contribor of state-owned part in the paid-in capital of the enterprises, or the degree of control or dominance of the contributor on the assets of the enterprises. The following cases are regarded as state-holding: (1) Absolute state-holding in which the contribors of state-owned parts possess more than 50% of all the paid-in capital (stocks) of the enterprises; (2) Relative state-holding in which the contribors of state-owned parts possess no more than 50% of the paid-in capital (stocks) of the enterprises, but more than that of any other contributors; or Agreed state-holding in which the contribors of state-owned parts possess no more than other contributors but have actual control over the enterprises according to agreements; (3) In the case both contributors possess 50% and it is not clear which one is in absolute holding position, the enterprise is regarded as state-holding enterprise if one of the contributor has state-owned elements.

For explanation of types of registration covered in this chapter, please refer to General Survey.

**Total Assets** refer to all resources that are owned or controlled by enterprises through previous trades or transactions with expectation of making economic profits. Classified by the degree of liquidity, total assets include current assets and non-current assets. Current assets can be classified into monetary capital, trading financial assets, notes receivable, accounts receivable, advanced payments, other receivables and inventories. Non-current assets can be divided into long-term equity investment, fixed assets, intangible assets and other non-current assets. Data on this indicator can be obtained from the year-end figures of total assets in the Balance Sheet of accounting records.

**Total Current Assets** refer to the assets that meet one of the following requirements: (1) expected to be cashed, sold or used in a normal operation cycle, mainly including inventory and accounts receivable; (2) be owned for trading purpose mainly; (3) expected to be cashed in one year (including one year) from the day of the Balance Sheet; (4) unlimited cash or cash equivalents that can be exchanged with other assets or being capable of settling debts during one year since the day of the Balance Sheet. Included are monetary capital, notes receivable, accounts receivable and inventories. Data on this indicator can be obtained from the year-end figures of total current assets in the Balance Sheet of accounting records.

**Total Liabilities** refer to payable liabilities of enterprises that accumulated from previous trades or transactions with expectation of economic profits leaking out. In terms of payment, it can be divided into liquid liabilities and long-term liabilities. Data on this indicator can be obtained from the year-end figures of total liabilities in the Balance Sheet of accounting records.

**Accounts Receivable** refers to creditor's rights formed by business activities such as selling goods, providing labor, which include payment for goods that should be charged to the customer, value-added tax and advance freight for the clients. It comes from the ending balance of accounts receivable in balance sheet.

**Finished Goods** refers to the products that the enterprises have completed all of the production process and accepted and put in storage, and can be sent to the ordering units in accordance with the contract stipulations, or can be on sale. It come from the debit balance of Finished Products of accounting.

**Revenue from Principal Business** refers to the income confirmed of an enterprise from the principal business of selling products and providing labor services. Data on this indicator can be obtained from the year-end credit balance of “revenue from principal business” in the accounting record of enterprise (before carryover).

**Cost of Principal Business** refers to the total cost occurred from the principal business of the enterprise. Data can be obtained from the year-end debit balance of “cost of principal business” in the accounting record of enterprise (before carryover).

**Selling Expense** refers to the cost during the sale of goods and materials, providing labour services, including insurance, packing, exhibition fees and advertising fees, merchandise maintenance costs, expected product quality guarantee loss, transportation fees, handling fees, and operating expenses for the sales of the company's products such as employee compensation, business expenses, depreciation costs for dedicated sales offices (including sales outlets, after-sales service outlets, etc.).

**Administrative Expense** refers to the expenses for the organization and management of enterprise operating, including the start-up costs during the construction of enterprises, funds occurred during enterprises operating by board of directors and executive management in the enterprise management, or burden by enterprises. It comes from current amount of management cost in income statement.

**Financial Expenses** refers to cost of raising fund for enterprises to raise funds for production and operation, including interest payments (a reduction in interest income), exchange loss (less exchange gains) and related fees during the period of production. It comes from current amount of financial expenses in income statement.

**Total Profits** refers to the operation results in a certain accounting period, and it is the balance of various incomes minus various spendings in the course of operation, reflecting the total profits and losses of enterprises in reference period. Data are obtained from the amount of total profits in the profit statement of the accounting record of enterprise.

**Ratio of Profits, Taxes and Interests to Average Assets** reflects the profit-making capability of all assets, manifests the performance and management of the enterprise, and is a key indicator for evaluating the profit-making potential of the enterprise. It is calculated as follows:

$$\begin{array}{c}\text{Ratio of Profits,}\\ \text{Taxes and Interests}\\ \text{to Average Assets}\end{array} = \frac{\begin{array}{c}\text{total profits} + \\ \text{total taxes} + \\ \text{interest payment}\end{array}}{\text{average assets}} \times 100\%$$

In the above formula, total taxes is the sum of tax and extra charges on the principal business and value-added tax payable; and average assets is the arithmetic mean of the sum of beginning assets and ending assets.

**Ratio of Debts to Assets** reflects both the operation risk and the capability of the enterprise in making use of the capital from the creditors. It is calculated as follows:

$$\begin{array}{c}\text{Ratio of Debts}\\ \text{to Assets(\%)}\end{array} = \frac{\text{total debts}}{\text{total assets}} \times 100\%$$

Both assets and debts are figures at the end of the reference period.

**Turnover of Current Assets** refers to the number of times of turnover of current assets in a given period of time, which reflects the speed of the turnover of current assets of industrial enterprises, and is calculated as follows:

$$\begin{array}{c}\text{Turnover of}\\ \text{Current Assets}\end{array} = \frac{\text{revenue from principal business}}{\text{average balance of total current assets}}$$

In the above formula, average balance of total current assets refers to the arithmetic mean of the sum of current assets at the beginning and at the end of the reference period.

**Ratio of Profits to Total Industrial Costs** reflects the economic efficiency of input cost and cost reduction. It is calculated as follows:

$$\begin{array}{c}\text{Ratio of Profits to}\\ \text{Total Industrial Cost (\%)}\end{array} = \frac{\text{total profits}}{\text{total costs}} \times 100\%$$

Total costs in the above formula are the sum of cost of principal business, marketing cost, management cost and financial cost.

# 第十三篇　建筑业

CHAPTER 13　CONSTRUCTION

资料整理：戚　萍

# 13-1 建筑业企业基本情况
# Basic Conditions of Construction Enterprises

| 指　　标 | Item | 2014 | 2015 | 2016 | 2017 | 2018 |
|---|---|---|---|---|---|---|
| 施工企业单位数(个) | Number of Construction Enterprises (unit) | 1825 | 1599 | 1566 | 1614 | 1671 |
| 年平均人数(万人) | Average Number of Employed Persons (10000 persons) | 85.7 | 73.3 | 67.0 | 59.9 | 45.2 |
| 固定资产原价(亿元) | Original Value of Fixed Assets (100 million yuan) | 300.2 | 287.9 | 289.9 | 286.4 | 284.0 |
| 固定资产净值(亿元) | Net Value of Fixed Assets (100 million yuan) | 174.5 | 165.0 | 161.1 | 153.2 | 147.7 |
| 自有机械设备台数(万台) | Number of Machinery and Equipment Owned (10000 units) | 15.3 | 12.4 | 12.3 | 12.0 | 10.6 |
| 自有机械设备净值(亿元) | Net Value of Machinery and Equipment Owned (100 million yuan) | 85.4 | 76.4 | 75.6 | 75.5 | 79.7 |
| 自有机械设备总功率(万千瓦) | Total Power of Machinery and Equipment Owned (10000 kw) | 330.0 | 306.6 | 324.1 | 293.2 | 253.7 |
| 总产值(亿元) | Gross Output Value of Construction(100 million yuan) | 2150.7 | 1675.1 | 1716.6 | 1560.1 | 1194.3 |
| #建筑工程 | # Construction Projects | 1739.9 | 1312.0 | 1368.9 | 1287.9 | 921.0 |
| 安装工程 | Installation Projects | 358.8 | 312.8 | 287.0 | 226.3 | 212.1 |
| 竣工产值(亿元) | Output Value of Buildings Completed (100 million yuan) | 1037.4 | 1008.3 | 1076.4 | 802.1 | 669.4 |
| 产值竣工率(%) | Ratio of Output Value of Buildings Completed to Gross Output Value (%) | 48.2 | 60.2 | 62.7 | 51.4 | 56.0 |
| 签订的合同金额(亿元) | Contracted Fund (100 million yuan) | 3245.7 | 2512.8 | 2592.3 | 2615.8 | 2357.1 |
| #本年新签合同金额 | # New singed Contracted Fund at Current year | 2035.2 | 1628.3 | 1682.8 | 1695.4 | 1404.8 |
| 房屋建筑施工面积(万平方米) | Floor Space of Buildings under Construction (10000 sq.m) | 7034.6 | 5617.1 | 5014.1 | 4768.7 | 3765.4 |
| 房屋建筑竣工面积(万平方米) | Floor Space of Buildings Completed (10000 sq.m) | 3884.6 | 2966.8 | 2746.9 | 2127.0 | 1789.3 |
| 房屋建筑面积竣工率(%) | Rate of Floor Space of Buildings Completed (%) | 55.2 | 52.8 | 50.8 | 44.6 | 38.2 |
| 利润总额(亿元) | Total Profits(100 million yuan) | 50.9 | 46.6 | 52.5 | 37.5 | 23.4 |
| 利税总额(亿元) | Total Tax (100 million yuan) | 113.9 | 101.1 | 105.3 | 100.7 | 88.6 |
| 按总产值计算全员劳动生产率(元/人) | Overall Labor Productivity In Terms of Gross Output Value (yuan/person) | 251080 | 228445 | 256076 | 260553 | 263940 |
| 技术装备率(元/人) | Value of Machines per Laborer (yuan/person) | 9968 | 10425 | 11281 | 12614 | 17618 |
| 动力装备率(千瓦/人) | Power of Machines per Laborer (kw/person) | 3.9 | 4.2 | 4.8 | 4.9 | 5.6 |
| 产值利润率(%) | Ratio of Profit to Gross Output Value (%) | 2.4 | 2.8 | 3.1 | 2.4 | 1.9 |
| 产值利税率(%) | Ratio of Pre-tax Profit to Gross Output Value (%) | 5.3 | 6.0 | 6.1 | 6.5 | 5.4 |

# 13-2 建筑业企业生产情况(2018年)

| 类 别 | Category | 企业单位数(个) Number of Enterprises (unit) | 签定的合同额(万元) Value of Newly Signed Contracts (10000 yuan) |
|---|---|---|---|
| **总 计** | **Total** | **1671** | **23570712** |
| #国有及国有控股 | #State-owned and State-holding Enterprises | 203 | 12663373 |
| **按登记注册类型分组** | **Grouped by Status of Registration** | | |
| 内资企业 | Domestic Funded Enterprises | 1667 | 23541643 |
| 国有企业 | State-owned Enterprises | 66 | 371613 |
| 集体企业 | Collective-owned Enterprises | 70 | 671658 |
| 股份合作企业 | Cooperative Enterprises | 2 | 4760 |
| 联营企业 | Joint Ownership Enterprises | 1 | 861 |
| 有限责任公司 | Limited Liability Corporations | 479 | 15138037 |
| 股份有限公司 | Share Holding Enterprises | 62 | 1201464 |
| 私营企业 | Private Enterprises | 987 | 6153250 |
| 港、澳、台商投资企业 | Enterprises with Funds from Hong Kong, Macao and Taiwan | 2 | 3254 |
| 外商投资企业 | Foreign Funded Enterprises | 2 | 25815 |
| **按经济组织类型分组** | **Grouped by Type of Economic Organizations** | | |
| 独资企业 | Proprietorship | 138 | 1084299 |
| 合作、合伙企业 | Cooperative Enterprises and Partnership | 3 | 5621 |
| 股份有限公司 | Share Holding Enterprises | 93 | 1729657 |
| 有限责任公司 | Limited Liability Corporations | 1437 | 20751135 |
| **按国民经济行业分组** | **Grouped by Sector** | | |
| 房屋建筑业 | Housing Building Construction | 793 | 9426145 |
| 住宅房屋建筑 | Residential building | 711 | 8709555 |
| 体育场馆建筑 | Stadium building | 3 | 156637 |
| 其他房屋建筑业 | Other housing construction industry | 79 | 559953 |
| 土木工程建筑业 | Civil Engineering Construction | 409 | 11263309 |
| 铁路、道路、隧道和桥梁 | Railway, Road, Tunnel and Bridge | 244 | 5963659 |
| 铁路工程建筑 | Railway Engineering | 6 | 813491 |
| 公路工程建筑 | Highway Engineering | 67 | 2409951 |
| 市政道路工程建筑 | Municipal Road Engineering | 141 | 2015216 |
| 城市轨道交通工程建筑 | Urban rail transit engineering construction | 1 | 5891 |
| 其他道路、隧道和桥梁工程建筑 | Other road, tunnel and bridge engineering construction | 29 | 719110 |
| 水利和内河港口工程建筑 | Water conservancy and inland port engineering construction | 52 | 1745810 |
| 水源及供水设施工程建筑 | Water Supply and Water Supply Facilities | 33 | 1540474 |
| 河湖治理及防洪设施工程建筑 | Governance of Lakes and Flood Control Facilities | 15 | 177166 |
| 港口及航运设施工程建筑 | Port and Shipping Facilities | 4 | 28170 |
| 工矿工程 | Mining Engineering | 9 | 1669229 |
| 架线和管道工程建筑 | Line Putting-up and Pipeline Engineering | 60 | 346911 |

# Production of Construction Enterprises(2018)

| #本年新签定 This Year | 总产值 (万元) Gross Output Value (10000 yuan) | 建筑工程 Construction Projects | 安装工程 Installation Projects | 其 他 Others | 在总产值中(万元) in Gross Output Value (10000 yuan) | |
|---|---|---|---|---|---|---|
| | | | | | 在外省完成的产值 Completed outside the Province | 装修装饰产 值 Building Decoration |
| **14048485** | **11942839** | **9210276** | **2120585** | **611977** | **2550306** | **345097** |
| 7068790 | 5168603 | 3785500 | 1273679 | 109424 | 1730584 | 18692 |
| | | | | | | |
| 14039231 | 11923284 | 9190875 | 2120431 | 611977 | 2550306 | 344497 |
| 318487 | 302943 | 268690 | 31491 | 2762 | 1122 | 3450 |
| 481425 | 574348 | 435631 | 123358 | 15359 | 6788 | 9686 |
| 2500 | 4721 | 4461 | 260 | | | |
| 861 | 861 | 861 | | | | |
| 8903983 | 6554507 | 4960397 | 1386649 | 207461 | 1626835 | 106841 |
| 744789 | 919411 | 688947 | 228957 | 1507 | 339672 | 18776 |
| 3587186 | 3566492 | 2831888 | 349715 | 384889 | 575889 | 205744 |
| 3254 | 754 | 600 | 154 | | | 600 |
| 6000 | 18801 | 18801 | | | | |
| | | | | | | |
| 840940 | 916304 | 743334 | 154849 | 18121 | 7911 | 13164 |
| 3361 | 5582 | 5322 | 260 | | | |
| 1153804 | 1335435 | 810489 | 255301 | 269645 | 614832 | 23776 |
| 12050380 | 9685518 | 7651131 | 1710175 | 324211 | 1927563 | 308157 |
| | | | | | | |
| 5780320 | 5539004 | 4930821 | 209384 | 398800 | 856572 | 113262 |
| 5300819 | 5043913 | 4524034 | 152341 | 367538 | 843671 | 98731 |
| 62090 | 88266 | 57160 | 26068 | 5037 | | 2503 |
| 417411 | 406825 | 349627 | 30974 | 26224 | 12901 | 12028 |
| 6511022 | 4859737 | 3554013 | 1126119 | 179604 | 1439489 | 23194 |
| 3140830 | 2721530 | 2634514 | 26387 | 60629 | 935058 | 20972 |
| 149911 | 360117 | 359011 | | 1107 | 113014 | |
| 1162926 | 1168425 | 1143509 | 2885 | 22031 | 539435 | 3125 |
| 1307255 | 847854 | 788485 | 22578 | 36790 | 232174 | 17847 |
| 1745 | 3046 | 3046 | | | | |
| 518994 | 342089 | 340464 | 924 | 702 | 50435 | |
| 1297042 | 527744 | 450458 | 12997 | 64289 | 66597 | 200 |
| 1183017 | 414528 | 340418 | 12997 | 61113 | 58180 | 200 |
| 92642 | 102476 | 99649 | | 2827 | 8068 | |
| 21383 | 10740 | 10391 | | 349 | 349 | |
| 1175094 | 793007 | 154050 | 609618 | 29339 | 139788 | |
| 237058 | 255285 | 96431 | 141060 | 17794 | 25966 | 24 |

13-2 续表1

| 类 别 | Category | 企业单位数(个) Number of Enterprises (unit) | 签定的合同额(万元) Value of Newly Signed Contracts (10000 yuan) |
|---|---|---|---|
| 架线及设备工程建筑 | Wiring and Equipment Engineering | 39 | 271789 |
| 管道工程建筑 | Pipeline Engineering | 21 | 75122 |
| 节能环保工程施工 | Energy conservation and environmental protection engineering construction | 3 | 9455 |
| 节能工程施工 | Energy saving engineering construction | 1 | 856 |
| 环保工程施工 | Environmental protection engineering construction | 2 | 8599 |
| 电力工程施工 | Power engineering construction | 15 | 1473760 |
| 火力发电工程施工 | Thermal power engineering construction | 4 | 1164710 |
| 水力发电工程施工 | Construction of hydropower project | 3 | 180468 |
| 风能发电工程施工 | Construction of wind power generation project | 1 | 2644 |
| 其他电力工程施工 | Other power engineering construction | 7 | 125939 |
| 其他土木工程建筑 | Other Civil Engineering | 26 | 54485 |
| 建筑安装业 | Construction Installation | 263 | 2388895 |
| 电气安装 | Electrical Installation | 86 | 669894 |
| 管道和设备安装 | Piping and Equipment Installation | 52 | 121615 |
| 其他建筑安装业 | Other | 125 | 1597386 |
| 建筑装饰、装修和其他建筑业 | Building decoration, decoration and other construction industries | 205 | 487709 |
| 建筑装饰和装修业 | Building decoration and decoration industry | 162 | 349097 |
| 建筑物拆除和场地准备活动 | Building demolition and site preparation activities | 12 | 32926 |
| 提供施工设备服务 | Provide Construction Equipment Service | 5 | 3533 |
| 其他未列明建筑业 | Other Construction Not listed | 26 | 102153 |
| **按隶属关系分组** | **Grouped by Administration** | | |
| #中 央 | #Central | 12 | 3499166 |
| 地 方 | Local | 616 | 13402850 |
| 其 他 | Other | 1043 | 6668696 |
| **按企业资质等级分组(新标)** | **Grouped by Quality and Grade** | | |
| 施工总承包 | Overall Contracted Construction | 1189 | 22046606 |
| 特 级 | Special Grade | 3 | 3673985 |
| 一 级 | First Grade | 116 | 11521870 |
| 二 级 | Second Grade | 490 | 4724976 |
| 三 级 | Third Grade | 580 | 2125776 |
| 专业承包 | Specialized Contraction | 482 | 1524106 |
| 一 级 | First Grade | 79 | 599736 |
| 二 级 | Second Grade | 241 | 637615 |
| 三 级 | Third Grade | 162 | 286756 |

Continued

| #本年新签定 This Year | 总产值 (万元) Gross Output Value (10000 yuan) | | | | 在总产值中(万元) in Gross Output Value (10000 yuan) | |
|---|---|---|---|---|---|---|
| | | 建筑工程 Construction Projects | 安装工程 Installation Projects | 其 他 Others | 在外省完成的产值 Completed outside the Province | 装修装饰产 值 Building Decoration |
| 170982 | 180386 | 48557 | 120334 | 11494 | 24085 | 24 |
| 66076 | 74899 | 47874 | 20726 | 6300 | 1882 | |
| 3849 | 3534 | 467 | 3068 | | 1323 | |
| | | | | | | |
| 856 | 856 | | 856 | | 856 | |
| 2993 | 2678 | 467 | 2212 | | 467 | |
| 608075 | 517658 | 183975 | 328050 | 5633 | 270758 | 22 |
| 429837 | 327821 | 80294 | 245138 | 2389 | 249933 | |
| 99642 | 101495 | 98250 | | 3245 | 20800 | 22 |
| 2124 | 672 | | 672 | | | |
| 76473 | 87671 | 5431 | 82240 | | 24 | |
| 49074 | 40978 | 34119 | 4939 | 1920 | | 1977 |
| 1445590 | 1207498 | 460365 | 732335 | 14797 | 167564 | 10224 |
| 186161 | 198184 | 45329 | 149746 | 3109 | 12131 | 346 |
| 107981 | 112630 | 11328 | 96808 | 4494 | 18809 | 3490 |
| 1151449 | 896684 | 403708 | 485782 | 7195 | 136624 | 6389 |
| 308814 | 333779 | 262256 | 52747 | 18777 | 86681 | 198416 |
| 229977 | 244430 | 206673 | 23632 | 14126 | 71892 | 198158 |
| 23946 | 28514 | 26354 | 1977 | 183 | 794 | |
| 3033 | 3533 | | 1733 | 1800 | 1800 | |
| 51858 | 57301 | 29229 | 25405 | 2668 | 12196 | 258 |
| | | | | | | |
| 1540349 | 1339820 | 534901 | 790314 | 14605 | 521021 | 4035 |
| 8107987 | 6675599 | 5398529 | 830513 | 446556 | 1555742 | 97825 |
| 4400150 | 3927420 | 3276846 | 499759 | 150816 | 473543 | 243236 |
| | | | | | | |
| 12887224 | 10779536 | 8762327 | 1727571 | 289638 | 2159222 | 133669 |
| 2065373 | 1367332 | 967037 | 400295 | | 757891 | |
| 6171181 | 4784077 | 3636578 | 1053482 | 94016 | 1279947 | 17360 |
| 3003190 | 2869052 | 2549323 | 183727 | 136003 | 92735 | 63939 |
| 1647481 | 1759075 | 1609389 | 90068 | 59619 | 28648 | 52371 |
| 1161261 | 1163303 | 447950 | 393014 | 322340 | 391084 | 211427 |
| 493072 | 455903 | 114190 | 63421 | 278292 | 284029 | 80408 |
| 455860 | 493426 | 264489 | 217469 | 11467 | 81972 | 123412 |
| 212329 | 213975 | 69270 | 112124 | 32581 | 25083 | 7608 |

## 13-2 续表2

| 类　别 | Category | 竣工产值 (万元) Output Value of Buildings Completed (10000 yuan) |
|---|---|---|
| **总　计** | **Total** | **6693560** |
| #国有及国有控股 | #State-owned and State-holding Enterprises | 2102526 |
| **按登记注册类型分组** | **Grouped by Status of Registration** | |
| 内资企业 | Domestic Funded Enterprises | 6682285 |
| 国有企业 | State-owned Enterprises | 226840 |
| 集体企业 | Collective-owned Enterprises | 410026 |
| 股份合作企业 | Cooperative Enterprises | 4018 |
| 联营企业 | Joint Ownership Enterprises | 861 |
| 有限责任公司 | Limited Liability Corporations | 3330725 |
| 股份有限公司 | Share Holding Enterprises | 663566 |
| 私营企业 | Private Enterprises | 2046249 |
| 港、澳、台商投资企业 | Enterprises with Funds from Hong Kong, Macao and Taiwan | |
| 外商投资企业 | Foreign Funded Enterprises | 11275 |
| **按经济组织类型分组** | **Grouped by Type of Economic Organizations** | |
| 独资企业 | Proprietorship | 668552 |
| 合作、合伙企业 | Cooperative Enterprises and Partnership | 4879 |
| 股份有限公司 | Share Holding Enterprises | 867349 |
| 有限责任公司 | Limited Liability Corporations | 5152780 |
| **按国民经济行业分组** | **Grouped by Sector** | |
| 房屋建筑业 | Housing Building Construction | 3130732 |
| 住宅房屋建筑 | Residential building | 2798422 |
| 体育场馆建筑 | Stadium building | 38872 |
| 其他房屋建筑业 | Other housing construction industry | 293438 |
| 土木工程建筑业 | Civil Engineering Construction | 2575146 |
| 铁路、道路、隧道和桥梁 | Railway, Road, Tunnel and Bridge | 1498938 |
| 铁路工程建筑 | Railway Engineering | 56949 |
| 公路工程建筑 | Highway Engineering | 600894 |
| 市政道路工程建筑 | Municipal Road Engineering | 782198 |
| 城市轨道交通工程建筑 | Urban rail transit engineering construction | 4048 |
| 其他道路、隧道和桥梁工程建筑 | Other road, tunnel and bridge engineering construction | 54850 |
| 水利和内河港口工程建筑 | Water conservancy and inland port engineering construction | 126756 |
| 水源及供水设施工程建筑 | Water Supply and Water Supply Facilities | 81678 |
| 河湖治理及防洪设施工程建筑 | Governance of Lakes and Flood Control Facilities | 41222 |
| 港口及航运设施工程建筑 | Port and Shipping Facilities | 3856 |
| 工矿工程 | Mining Engineering | 526208 |
| 架线和管道工程建筑 | Line Putting-up and Pipeline Engineering | 231821 |

Continued

| 产值竣工率<br>(%)<br>Ratio of Output Value of Buildings Completed to Gross Output Value (%) | 房屋建筑施工面积<br>(万平方米)<br>Floor Space of Buildings under Construction (10000 sq.m) | #本年新开工<br>Starting Working at Current Year | 房屋建筑竣工面积<br>(万平方米)<br>Floor Space of Buildings Completed (10000 sq.m) | #住宅<br>Residence | 房屋建筑面积竣工率<br>(%)<br>Rate of Floor Space of Buildings (%) |
|---|---|---|---|---|---|
| **56.0** | **3765.4** | **1789.3** | **1438.5** | **1014.8** | **38.2** |
| 40.7 | 1420.0 | 468.2 | 270.1 | 179.1 | 19.0 |
| | | | | | |
| 56.0 | 3765.4 | 1789.3 | 1438.5 | 1014.8 | 38.2 |
| 74.9 | 91.1 | 44.2 | 46.7 | 39.7 | 51.2 |
| 71.4 | 202.5 | 108.9 | 142.9 | 91.9 | 70.6 |
| 85.1 | | | | | |
| 100.0 | | | | | |
| 50.8 | 1771.4 | 824.8 | 578.4 | 409.6 | 32.7 |
| 72.2 | 154.8 | 70.8 | 91.4 | 85.7 | 59.0 |
| 57.4 | 1545.6 | 740.6 | 579.2 | 387.8 | 37.5 |
| | | | | | |
| 60.0 | | | | | |
| | | | | | |
| 73.0 | 323.5 | 183.0 | 219.0 | 131.6 | 67.7 |
| 87.4 | | | | | |
| 64.9 | 228.8 | 82.8 | 116.4 | 97.2 | 50.8 |
| 53.2 | 3213.1 | 1523.5 | 1103.1 | 786.0 | 34.3 |
| | | | | | |
| 56.5 | 3456.8 | 1605.1 | 1357.6 | 975.0 | 39.3 |
| 55.5 | 3340.9 | 1549.7 | 1306.8 | 950.0 | 39.1 |
| 44.0 | 57.2 | 19.6 | 17.3 | 17.3 | 30.3 |
| 72.1 | 58.7 | 35.7 | 33.5 | 7.6 | 57.1 |
| 53.0 | 87.3 | 57.0 | 44.1 | 20.6 | 50.5 |
| 55.1 | 63.6 | 34.0 | 29.2 | 18.1 | 46.0 |
| 15.8 | 23.1 | 3.0 | 8.2 | | 35.5 |
| 51.4 | 27.9 | 19.4 | 13.1 | 12.9 | 46.9 |
| 92.3 | 6.3 | 5.6 | 5.1 | 3.3 | 81.2 |
| 132.9 | | | | | |
| 16.0 | 6.3 | 6.0 | 2.8 | 2.0 | 45.0 |
| 24.0 | 5.4 | 4.6 | 4.6 | 2.4 | 86.1 |
| 19.7 | 4.6 | 4.6 | 4.6 | 2.4 | 99.8 |
| 40.2 | | | | | |
| 35.9 | 0.7 | | | | |
| 66.4 | 8.2 | 8.2 | 7.7 | | 93.2 |
| 90.8 | | | | | 95.1 |

13-2 续表3

| 类 别 | Category | 竣工产值 (万元) Output Value of Buildings Completed (10000 yuan) |
|---|---|---|
| 架线及设备工程建筑 | Wiring and Equipment Engineering | 174295 |
| 管道工程建筑 | Pipeline Engineering | 57525 |
| 节能环保工程施工 | Energy conservation and environmental protection engineering construction | 2165 |
| 节能工程施工 | Energy saving engineering construction | 800 |
| 环保工程施工 | Environmental protection engineering construction | 1365 |
| 电力工程施工 | Power engineering construction | 161212 |
| 火力发电工程施工 | Thermal power engineering construction | 81536 |
| 水力发电工程施工 | Construction of hydropower project | 10480 |
| 风能发电工程施工 | Construction of wind power generation project | **1956** |
| 其他电力工程施工 | Other power engineering construction | 67240 |
| 其他土木工程建筑 | Other Civil Engineering | 28046 |
| 建筑安装业 | Construction Installation | 738372 |
| 电气安装 | Electrical Installation | 135519 |
| 管道和设备安装 | Piping and Equipment Installation | 70595 |
| 其他建筑安装业 | Other | 532258 |
| 建筑装饰、装修和其他建筑业 | Building decoration, decoration and other construction industries | 246799 |
| 建筑装饰和装修业 | Building decoration and decoration industry | 204313 |
| 建筑物拆除和场地准备活动 | Building demolition and site preparation activities | 10276 |
| 提供施工设备服务 | Provide Construction Equipment Service | 1518 |
| 其他未列明建筑业 | Other Construction Not listed | 30692 |
| **按隶属关系分组** | **Grouped by Administration** | |
| #中 央 | #Central | 676489 |
| 地 方 | Local | 3192998 |
| 其 他 | Other | 2824073 |
| **按企业资质等级分组(新标)** | **Grouped by Quality and Grade** | |
| 施工总承包 | Overall Contracted Construction | 5979984 |
| 特 级 | Special Grade | 769962 |
| 一 级 | First Grade | 2080931 |
| 二 级 | Second Grade | 1838206 |
| 三 级 | Third Grade | 1290884 |
| 专业承包 | Specialized Contraction | 713576 |
| 一 级 | First Grade | 190691 |
| 二 级 | Second Grade | 358176 |
| 三 级 | Third Grade | 164709 |

Continued

| 产值竣工率 (%) Ratio of Output Value of Buildings Completed to Gross Output Value (%) | 房屋建筑施工面积 (万平方米) Floor Space of Buildings under Construction (10000 sq.m) | #本年新开工 Starting Working at Current Year | 房屋建筑竣工面积 (万平方米) Floor Space of Buildings Completed (10000 sq.m) | #住宅 Residence | 房屋建筑面积竣工率 (%) Rate of Floor Space of Buildings (%) |
|---|---|---|---|---|---|
| 96.6 | | | | | 95.1 |
| 76.8 | | | | | |
| 61.3 | | | | | |
| | | | | | |
| 93.5 | | | | | |
| 51.0 | | | | | |
| 31.1 | 2.0 | 2.0 | | | |
| 24.9 | 2.0 | 2.0 | | | |
| 10.3 | | | | | |
| **291.1** | | | | | |
| 76.7 | | | | | |
| 68.4 | 7.9 | 7.9 | 2.4 | | 30.5 |
| 61.1 | 189.6 | 99.9 | 33.9 | 18.8 | 17.9 |
| 68.4 | | | | | |
| 62.7 | 1.1 | | 0.3 | | 27.4 |
| 59.4 | 188.5 | 99.9 | 33.6 | 18.8 | 17.8 |
| 73.9 | 31.7 | 27.3 | 2.9 | 0.4 | 9.0 |
| 83.6 | 14.7 | 10.3 | 2.9 | 0.4 | 19.4 |
| 36.0 | | | | | |
| 43.0 | | | | | |
| 53.6 | 17.0 | 17.0 | | | |
| | | | | | |
| 50.5 | 33.4 | 13.2 | 15.9 | | 47.5 |
| 47.8 | 2394.8 | 1027.2 | 846.6 | 608.0 | 35.4 |
| 71.9 | 1337.2 | 748.8 | 576.0 | 406.8 | 43.1 |
| | | | | | |
| 55.5 | 3683.3 | 1760.6 | 1421.8 | 1011.6 | 38.6 |
| 56.3 | 540.0 | 149.3 | 44.3 | 25.2 | 8.2 |
| 43.5 | 1534.0 | 589.0 | 425.4 | 319.3 | 27.7 |
| 64.1 | 892.3 | 511.7 | 448.6 | 312.2 | 50.3 |
| 73.4 | 717.0 | 510.6 | 503.5 | 354.8 | 70.2 |
| 61.3 | 82.1 | 28.6 | 16.7 | 3.2 | 20.3 |
| 41.8 | 9.2 | 3.8 | 5.6 | 0.6 | 60.8 |
| 72.6 | 62.0 | 17.5 | 3.7 | 1.1 | 6.0 |
| 77.0 | 10.9 | 7.3 | 7.4 | 1.5 | 67.6 |

# 13-3 建筑业企业财务状况(2018年)

单位：万元

| 类 别 | Category | 资产合计 Total Assets | #流动资产 Circulating Funds | #在建工程 Progress Under Construction |
|---|---|---|---|---|
| **总 计** | **Total** | **20615459** | **17089349** | **128412** |
| #国有及国有控股 | #State-owned and State-holding Enterprises | 9667196 | 8298833 | 35035 |
| **按登记注册类型分组** | **Grouped by Status of Registration** | | | |
| 内资企业 | Domestic Funded Enterprises | 20580825 | 17059918 | 127112 |
| 国有企业 | State-owned Enterprises | 832559 | 673985 | 16442 |
| 集体企业 | Collective-owned Enterprises | 493867 | 413383 | 6032 |
| 股份合作企业 | Cooperative Enterprises | 1060 | 547 | |
| 联营企业 | Joint Ownership Enterprises | | | |
| 有限责任公司 | Limited Liability Corporations | 12979255 | 11065858 | 64098 |
| 股份有限公司 | Share Holding Enterprises | 2531032 | 1921764 | 5356 |
| 私营企业 | Private Enterprises | 3743052 | 2984381 | 35185 |
| 港、澳、台商投资企业 | Enterprises with Funds from Hong Kong, Macao and Taiwan | 9346 | 6758 | 1300 |
| 外商投资企业 | Foreign Funded Enterprises | 25287 | 22674 | |
| **按经济组织类型分组** | **Grouped by Type of Economic Organizations** | | | |
| 独资企业 | Proprietorship | 1330786 | 1088405 | 22474 |
| 合作、合伙企业 | Cooperative Enterprises and Partnership | 1060 | 547 | |
| 股份有限公司 | Share Holding Enterprises | 2772858 | 2125312 | 5599 |
| 有限责任公司 | Limited Liability Corporations | 16510754 | 13875086 | 100340 |
| **按国民经济行业分组** | **Grouped by Sector** | | | |
| 房屋建筑业 | Housing Building Construction | 8495086 | 7045370 | 65927 |
| 住宅房屋建筑 | Residential building | 7616741 | 6294190 | 63044 |
| 体育场馆建筑 | Stadium building | 72392 | 44955 | 2114 |
| 其他房屋建筑业 | Other housing construction industry | 805953 | 706225 | 768 |
| 土木工程建筑业 | Civil Engineering Construction | 9129232 | 7530884 | 50156 |
| 铁路、道路、隧道和桥梁 | Railway, Road, Tunnel and Bridge | 5112064 | 4082726 | 30614 |
| 铁路工程建筑 | Railway Engineering | 525654 | 470939 | 41 |
| 公路工程建筑 | Highway Engineering | 2166702 | 1624164 | 18093 |
| 市政道路工程建筑 | Municipal Road Engineering | 1828366 | 1542366 | 10731 |
| 城市轨道交通工程建筑 | Urban rail transit engineering construction | 12047 | 7746 | |
| 其他道路、隧道和桥梁工程建筑 | Other road, tunnel and bridge engineering construction | 579294 | 437511 | 1749 |
| 水利和内河港口工程建筑 | Water conservancy and inland port engineering construction | 785741 | 595288 | 6053 |
| 水源及供水设施工程建筑 | Water Supply and Water Supply Facilities | 625287 | 469528 | 3552 |
| 河湖治理及防洪设施工程建筑 | Governance of Lakes and Flood Control Facilities | 122571 | 94054 | 2501 |
| 港口及航运设施工程建筑 | Port and Shipping Facilities | 37883 | 31706 | |
| 工矿工程 | Mining Engineering | 2016589 | 1821409 | 12180 |
| 架线和管道工程建筑 | Line Putting-up and Pipeline Engineering | 402548 | 310274 | 802 |

# Financial Status of Construction Enterprises(2018)

(10000 yuan)

| #固定资产 Fixed Assets | #固定资产累计折旧 Accumulated Depreciation of Fixed Assets | 负债合计 Total Liabilities | #流动负债 Circulating Liabilities | #非流动负债 Non-current Liabilities | 所有者权益 Total Owners Rights and Interests | #实收资本 Actual Received Capital | #国家资本 State Capital |
|---|---|---|---|---|---|---|---|
| **2840082** | **1362020** | **14397763** | **13159786** | **885230** | **6217700** | **4988869** | **1259442** |
| 1004666 | 563044 | 8234997 | 7766008 | 442856 | 1432199 | 1496420 | 1139606 |
| | | | | | | | |
| 2837870 | 1360906 | 14367984 | 13130007 | 885230 | 6212845 | 4985354 | 1258490 |
| 194294 | 98544 | 621897 | 604778 | 8389 | 210662 | 299274 | 288946 |
| 98503 | 40092 | 310879 | 295637 | 349 | 182988 | 110509 | |
| 407 | 48 | 60 | 60 | | 1000 | 1000 | 100 |
| | | | | | | | |
| 1744807 | 863450 | 9655267 | 8965092 | 437574 | 3323992 | 2789881 | 918484 |
| 198820 | 80242 | 1991922 | 1577686 | 408623 | 539111 | 318248 | 49161 |
| 601039 | 278530 | 1787960 | 1686754 | 30295 | 1955092 | 1466442 | 1800 |
| 1348 | 443 | 6888 | 6888 | | 2459 | 1660 | |
| 864 | 671 | 22891 | 22891 | | 2396 | 1855 | 951 |
| | | | | | | | |
| 296385 | 139753 | 933400 | 900713 | 9065 | 397386 | 411900 | 288946 |
| 407 | 48 | 60 | 60 | | 1000 | 1000 | 100 |
| 232794 | 98260 | 2112503 | 1696011 | 407193 | 660355 | 401863 | 49161 |
| 2310497 | 1123959 | 11351800 | 10563001 | 468972 | 5158958 | 4174106 | 921235 |
| | | | | | | | |
| 1058046 | 407357 | 5527048 | 5059805 | 323808 | 2968038 | 2278962 | 367021 |
| 944474 | 355214 | 4986750 | 4544015 | 308762 | 2629991 | 2009541 | 321855 |
| 7899 | 2830 | 29853 | 27895 | 2 | 42539 | 42426 | 29164 |
| 105673 | 49313 | 510445 | 487895 | 15043 | 295508 | 226995 | 16002 |
| 1497180 | 822129 | 6998704 | 6657850 | 215510 | 2130528 | 1921481 | 762817 |
| 659209 | 326542 | 3722571 | 3449140 | 167638 | 1389493 | 991896 | 305503 |
| 71377 | 33209 | 442816 | 435601 | 7215 | 82839 | 61558 | 4567 |
| 212340 | 93960 | 1639372 | 1494494 | 132706 | 527330 | 342126 | 110528 |
| 277396 | 148663 | 1236704 | 1208692 | 21030 | 591663 | 432311 | 140277 |
| 5013 | 1246 | 8102 | 8102 | | 3946 | 3313 | |
| 93084 | 49465 | 395579 | 302252 | 6687 | 183715 | 152589 | 50132 |
| 131782 | 51552 | 481541 | 476789 | 2146 | 304200 | 279923 | 181177 |
| 97079 | 40207 | 384522 | 379802 | 2145 | 240765 | 217457 | 147018 |
| 24011 | 6761 | 71815 | 71784 | 1 | 50756 | 48866 | 23869 |
| 10692 | 4584 | 25204 | 25204 | | 12679 | 13600 | 10291 |
| 490961 | 328534 | 1968913 | 1955459 | 13062 | 47676 | 358277 | 158522 |
| 104708 | 47673 | 234823 | 214264 | 4414 | 167725 | 128809 | 25478 |

## 13-3 续表1

单位：万元

| 类别 | Category | 资产合计 Total Assets | #流动资产 Circulating Funds | #在建工程 Progress Under Construction |
|---|---|---|---|---|
| 架线及设备工程建筑 | Wiring and Equipment Engineering | 273281 | 207355 | 770 |
| 管道工程建筑 | Pipeline Engineering | 129267 | 102919 | 32 |
| 节能环保工程施工 | Energy conservation and environmental protection engineering construction | 10057 | 4906 | |
| 节能工程施工 | Energy saving engineering construction | 964 | 964 | |
| 环保工程施工 | Environmental protection engineering construction | 9093 | 3942 | |
| 电力工程施工 | Power engineering construction | 747019 | 671278 | 112 |
| 火力发电工程施工 | Thermal power engineering construction | 490725 | 451309 | |
| 水力发电工程施工 | Construction of hydropower project | 91414 | 88211 | |
| 风能发电工程施工 | Construction of wind power generation project | 5832 | 3412 | |
| 其他电力工程施工 | Other power engineering construction | 159049 | 128346 | 112 |
| 其他土木工程建筑 | Other Civil Engineering | 55214 | 45003 | 395 |
| 建筑安装业 | Construction Installation | 1751675 | 1546345 | 3311 |
| 电气安装 | Electrical Installation | 411380 | 326285 | 1404 |
| 管道和设备安装 | Piping and Equipment Installation | 245315 | 214365 | 230 |
| 其他建筑安装业 | Other | 1094980 | 1005695 | 1676 |
| 建筑装饰、装修和其他建筑业 | Building decoration, decoration and other construction industries | 1239467 | 966750 | 9019 |
| 建筑装饰和装修业 | Building decoration and decoration industry | 657796 | 502767 | 1647 |
| 建筑物拆除和场地准备活动 | Building demolition and site preparation activities | 49643 | 47678 | |
| 提供施工设备服务 | Provide Construction Equipment Service | 5883 | 3681 | |
| 其他未列明建筑业 | Other Construction Not listed | 526145 | 412624 | 7372 |
| **按隶属关系分组** | **Grouped by Administration** | | | |
| #中　央 | #Central | 2742023 | 2485206 | 12180 |
| 地　方 | Local | 7550389 | 6186142 | 22240 |
| 其　他 | Other | 10323047 | 8418001 | 93992 |
| **按企业资质等级分组(新标)** | **Grouped by Quality and Grade** | | | |
| 施工总承包 | Overall Contracted Construction | 18178301 | 15076571 | 116726 |
| 特　级 | Special Grade | 4210559 | 3538074 | 12180 |
| 一　级 | First Grade | 7160213 | 6206686 | 43743 |
| 二　级 | Second Grade | 4668825 | 3765218 | 40646 |
| 三　级 | Third Grade | 2138704 | 1566593 | 20156 |
| 专业承包 | Specialized Contraction | 2437157 | 2012779 | 11685 |
| 一　级 | First Grade | 575791 | 512139 | 2642 |
| 二　级 | Second Grade | 1099929 | 867834 | 4905 |
| 三　级 | Third Grade | 761437 | 632806 | 4138 |

Continued

(10000 yuan)

| #固定资产 Fixed Assets | #固定资产累计折旧 Accumulated Depreciation of Fixed Assets | 负债合计 Total Liabilities | #流动负债 Circulating Liabilities | #非流动负债 Non-current Liabilities | 所有者权益 Total Owners Rights and Interests | #实收资本 Actual Received Capital | #国家资本 State Capital |
|---|---|---|---|---|---|---|---|
| 75291 | 36587 | 152043 | 139053 | 4271 | 121238 | 94235 | 12522 |
| 29417 | 11086 | 82780 | 75211 | 143 | 46487 | 34574 | 12955 |
| 2474 | 1494 | 2841 | 2831 | 11 | 7216 | 6772 | 147 |
| | | | | | | | |
| | | 158 | 158 | | 806 | 698 | |
| 2474 | 1494 | 2683 | 2672 | 11 | 6410 | 6074 | 147 |
| 93535 | 59654 | 568804 | 540202 | 28240 | 178215 | 132275 | 87495 |
| 57044 | 40171 | 434490 | 408726 | 25764 | 56235 | 60343 | 49683 |
| 5897 | 2723 | 52958 | 52958 | | 38456 | 33279 | 20079 |
| 5164 | 2748 | 3718 | 1395 | 2323 | 2113 | 2000 | |
| 25431 | 14012 | 77638 | 77123 | 154 | 81411 | 36652 | 17733 |
| 14511 | 6680 | 19210 | 19164 | | 36004 | 23530 | 4496 |
| 180329 | 89654 | 1114877 | 1021131 | 15343 | 636802 | 469859 | 122569 |
| 59809 | 33534 | 271856 | 199765 | 674 | 139524 | 112223 | 1963 |
| 34279 | 15729 | 135136 | 134031 | 1071 | 110179 | 73642 | 7007 |
| 86241 | 40391 | 707885 | 687335 | 13599 | 387099 | 283993 | 113599 |
| 104528 | 42881 | 757135 | 420999 | 330569 | 482332 | 318568 | 7035 |
| | | | | | | | |
| 31538 | 15065 | 379075 | 320656 | 53322 | 278721 | 187954 | 1622 |
| 6188 | 4224 | 27301 | 27127 | 174 | 22342 | 16109 | 5100 |
| 1150 | 566 | 2741 | 2741 | | 3142 | 3175 | 100 |
| 65652 | 23025 | 348018 | 70475 | 277073 | 178128 | 111330 | 213 |
| | | | | | | | |
| 555623 | 360055 | 2555672 | 2518423 | 37249 | 186351 | 456923 | 220302 |
| 720234 | 290216 | 5702340 | 5204835 | 447349 | 1848049 | 1466371 | 779461 |
| 1564225 | 711750 | 6139752 | 5436528 | 400632 | 4183300 | 3065576 | 259679 |
| | | | | | | | |
| 2579387 | 1243101 | 12917791 | 12031333 | 551393 | 5260510 | 4353729 | 1214923 |
| 476139 | 308755 | 3764933 | 3380891 | 384042 | 445627 | 497217 | 281238 |
| 864262 | 468010 | 5496874 | 5177500 | 118525 | 1663339 | 1443926 | 741870 |
| 890338 | 351015 | 2529093 | 2404513 | 47953 | 2139732 | 1618976 | 139097 |
| 348648 | 115320 | 1126892 | 1068429 | 873 | 1011812 | 793611 | 52718 |
| 260695 | 118919 | 1479972 | 1128452 | 333837 | 957190 | 635140 | 44519 |
| 51443 | 27410 | 367993 | 360979 | 6972 | 207798 | 145160 | 14045 |
| 106285 | 50821 | 605062 | 547229 | 47226 | 494872 | 310918 | 14919 |
| 102967 | 40689 | 506917 | 220244 | 279639 | 254520 | 179063 | 15555 |

## 13-3 续表2

单位：万元

| 类别 | Category | #集体资本 Collective-Owned Capital | #法人资本 Corporation Capital | 总收入 Total Income |
|---|---|---|---|---|
| **总计** | **Total** | **262921** | **1481349** | **13308813** |
| #国有及国有控股 | #State-owned and State-holding Enterprises | 4670 | 302726 | 5761621 |
| **按登记注册类型分组** | **Grouped by Status of Registration** | | | |
| 内资企业 | Domestic Funded Enterprises | 262921 | 1480685 | 13298496 |
| 国有企业 | State-owned Enterprises | 2354 | 4772 | 642961 |
| 集体企业 | Collective-owned Enterprises | 98434 | 7475 | 541406 |
| 股份合作企业 | Cooperative Enterprises | 200 | 600 | 226 |
| 联营企业 | Joint Ownership Enterprises | | | |
| 有限责任公司 | Limited Liability Corporations | 141665 | 908744 | 8065034 |
| 股份有限公司 | Share Holding Enterprises | 20268 | 58495 | 1541096 |
| 私营企业 | Private Enterprises | | 500600 | 2507773 |
| 港、澳、台商投资企业 | Enterprises with Funds from Hong Kong,Macao and Taiwan | | 664 | 2375 |
| 外商投资企业 | Foreign Funded Enterprises | | | 7942 |
| **按经济组织类型分组** | **Grouped by Type of Economic Organizations** | | | |
| 独资企业 | Proprietorship | 100788 | 12247 | 1239492 |
| 合作、合伙企业 | Cooperative Enterprises and Partnership | 200 | 600 | 226 |
| 股份有限公司 | Share Holding Enterprises | 20268 | 67739 | 1688306 |
| 有限责任公司 | Limited Liability Corporations | 141665 | 1400764 | 10380789 |
| **按国民经济行业分组** | **Grouped by Sector** | | | |
| 房屋建筑业 | Housing Building Construction | 166877 | 651993 | 5930340 |
| 住宅房屋建筑 | Residential building | 156060 | 586964 | 5460905 |
| 体育场馆建筑 | Stadium building | | | 91770 |
| 其他房屋建筑业 | Other housing construction industry | 10817 | 65029 | 377665 |
| 土木工程建筑业 | Civil Engineering Construction | 56815 | 576174 | 5497057 |
| 铁路、道路、隧道和桥梁 | Railway,Road, Tunnel and Bridge | 20434 | 304746 | 2821773 |
| 铁路工程建筑 | Railway Engineering | 679 | 55964 | 346043 |
| 公路工程建筑 | Highway Engineering | 5258 | 91889 | 1328256 |
| 市政道路工程建筑 | Municipal Road Engineering | 13961 | 127494 | 886433 |
| 城市轨道交通工程建筑 | Urban rail transit engineering construction | | | 4212 |
| 其他道路、隧道和桥梁工程建筑 | Other road, tunnel and bridge engineering construction | 536 | 29399 | 256831 |
| 水利和内河港口工程建筑 | Water conservancy and inland port engineering construction | 200 | 32633 | 549829 |
| 水源及供水设施工程建筑 | Water Supply and Water Supply Facilities | 200 | 26371 | 431550 |
| 河湖治理及防洪设施工程建筑 | Governance of Lakes and Flood Control Facilities | | 4952 | 98776 |
| 港口及航运设施工程建筑 | Port and Shipping Facilities | | 1309 | 19502 |
| 工矿工程 | Mining Engineering | 305 | 197280 | 1239971 |
| 架线和管道工程建筑 | Line Putting-up and Pipeline Engineering | 23694 | 18692 | 324761 |

Continued

(10000 yuan)

| 主营业务收入 Revenue from Principal Business | #主营业务成本 Cost of Principal Business | #主营业务税金及附加 Taxes and Extra Charges of Principal Business | 营业外收入 Other Revenue from Business | 管理费用 Management Expenses | 财务费用 Financial Expenses | 营业利润 operating profit | 利润总额 Total Profits | 利税总额 Total Pre-tax Profits |
|---|---|---|---|---|---|---|---|---|
| **13175209** | **12030267** | **134428** | **38300** | **536411** | **71938** | **334979** | **233972** | **886137** |
| 5702064 | 5396532 | 28795 | 27788 | 207433 | 30180 | -65161 | -50386 | 163825 |
| | | | | | | | | |
| 13164949 | 12021874 | 134405 | 38292 | 534704 | 72033 | 334865 | 233850 | 885319 |
| 628570 | 580207 | 7811 | 2877 | 37118 | -304 | 5939 | 7591 | 43147 |
| 538568 | 479012 | 11758 | 179 | 28719 | -109 | 16857 | 16822 | 58353 |
| 226 | 181 | 1 | | 40 | | 4 | 4 | 16 |
| | | | | | | | | |
| 7996336 | 7409312 | 63372 | 27528 | 302236 | 44022 | 11390 | 23190 | 366449 |
| 1528785 | 1316917 | 14494 | 4017 | 68785 | 21477 | 225456 | 107748 | 188898 |
| 2472464 | 2236245 | 36970 | 3691 | 97806 | 6948 | 75219 | 78495 | 228455 |
| 2375 | 2365 | 2 | | 28 | | -20 | -20 | -17 |
| 7885 | 6028 | 21 | 8 | 1680 | -96 | 134 | 142 | 835 |
| | | | | | | | | |
| 1222262 | 1099015 | 25081 | 3056 | 67871 | -286 | 28318 | 29934 | 118351 |
| 226 | 181 | 1 | | 40 | | 4 | 4 | 16 |
| 1676145 | 1448920 | 15950 | 4019 | 73852 | 21806 | 228365 | 110461 | 198076 |
| 10276576 | 9482151 | 93396 | 31225 | 394648 | 50418 | 78293 | 93572 | 569694 |
| | | | | | | | | |
| 5882815 | 5400828 | 88495 | 8414 | 196892 | 29526 | 285780 | 285877 | 628196 |
| 5414057 | 4967762 | 83617 | 7764 | 174467 | 29021 | 278247 | 277863 | 600214 |
| 91753 | 86386 | 472 | 17 | 4293 | 9 | 560 | 525 | 3273 |
| 377005 | 346680 | 4406 | 633 | 18132 | 496 | 6973 | 7488 | 24709 |
| 5437381 | 5051528 | 33343 | 24147 | 229968 | 29151 | -33723 | -23470 | 196030 |
| 2797931 | 2568460 | 20645 | 4866 | 94759 | 22904 | 69630 | 70668 | 207732 |
| 338817 | 310586 | 1208 | 3105 | 12165 | 1433 | 9832 | 10568 | 17649 |
| 1321621 | 1230066 | 11599 | 1133 | 33768 | 11498 | 33264 | 33469 | 87030 |
| 879311 | 799099 | 4990 | 496 | 33567 | 7219 | 18318 | 18406 | 68695 |
| 4125 | 2275 | 254 | 87 | 1147 | 159 | 291 | 367 | 866 |
| 254057 | 226433 | 2595 | 45 | 14114 | 2596 | 7925 | 7858 | 33493 |
| 544991 | 500365 | 5066 | 349 | 26568 | 1614 | 11829 | 11892 | 50602 |
| 426905 | 391167 | 3950 | 339 | 21144 | 1603 | 9328 | 9519 | 41041 |
| 98592 | 92379 | 1032 | 5 | 3594 | -2 | 1771 | 1737 | 8204 |
| 19493 | 16818 | 85 | 5 | 1830 | 13 | 730 | 636 | 1356 |
| 1220748 | 1194510 | 1033 | 14675 | 41172 | 1137 | -124901 | -119035 | -105694 |
| 316913 | 279606 | 3302 | 767 | 28778 | 823 | 4557 | 4651 | 21264 |

## 13-3 续表3

单位：万元

| 类别 | Category | #集体资本 Collective-Owned Capital | #法人资本 Corporation Capital | 总收入 Total Income |
|---|---|---|---|---|
| 架线及设备工程建筑 | Wiring and Equipment Engineering | 20627 | 11587 | 251265 |
| 管道工程建筑 | Pipeline Engineering | 3067 | 7105 | 73496 |
| 节能环保工程施工 | Energy conservation and environmental protection engineering construction | 248 | 2872 | 5251 |
| 节能工程施工 | Energy saving engineering construction | | 698 | 739 |
| 环保工程施工 | Environmental protection engineering construction | 248 | 2174 | 4512 |
| 电力工程施工 | Power engineering construction | 11934 | 7345 | 511099 |
| 火力发电工程施工 | Thermal power engineering construction | | 3660 | 343253 |
| 水力发电工程施工 | Construction of hydropower project | | | 97676 |
| 风能发电工程施工 | Construction of wind power generation project | | | **1575** |
| 其他电力工程施工 | Other power engineering construction | 11934 | 3685 | 68595 |
| 其他土木工程建筑 | Other Civil Engineering | | 12607 | 44374 |
| 建筑安装业 | Construction Installation | 35276 | 146360 | 1306576 |
| 电气安装 | Electrical Installation | 20231 | 37620 | 208108 |
| 管道和设备安装 | Piping and Equipment Installation | 4135 | 27322 | 141706 |
| 其他建筑安装业 | Other | 10911 | 81418 | 956763 |
| 建筑装饰、装修和其他建筑业 | Building decoration, decoration and other construction industries | 3953 | 106822 | 574841 |
| 建筑装饰和装修业 | Building decoration and decoration industry | 3353 | 73124 | 380925 |
| 建筑物拆除和场地准备活动 | Building demolition and site preparation activities | 600 | 5997 | 40468 |
| 提供施工设备服务 | Provide Construction Equipment Service | | 2900 | 3804 |
| 其他未列明建筑业 | Other Construction Not listed | | 24801 | 149644 |
| **按隶属关系分组** | **Grouped by Administration** | | | |
| #中　央 | #Central | 5934 | 230687 | 1776337 |
| 地　方 | Local | 83619 | 235793 | 4991943 |
| 其　他 | Other | 173368 | 1014869 | 6540534 |
| **按企业资质等级分组(新标)** | **Grouped by Quality and Grade** | | | |
| 施工总承包 | Overall Contracted Construction | 225936 | 1295778 | 11843507 |
| 特　级 | Special Grade | | 180800 | 2272564 |
| 一　级 | First Grade | 61683 | 263592 | 4575529 |
| 二　级 | Second Grade | 108397 | 566058 | 3198453 |
| 三　级 | Third Grade | 55857 | 285329 | 1796961 |
| 专业承包 | Specialized Contraction | 36985 | 185571 | 1465306 |
| 一　级 | First Grade | 4129 | 55821 | 564741 |
| 二　级 | Second Grade | 24176 | 89691 | 585543 |
| 三　级 | Third Grade | 8680 | 40060 | 315023 |

Continued

(10000 yuan)

| 主营业务收入 Revenue from Principal Business | #主营业务成本 Cost of Principal Business | #主营业务税金及附加 Taxes and Extra Charges of Principal Business | 营业外收入 Other Revenue from Business | 管理费用 Management Expenses | 财务费用 Financial Expenses | 营业利润 operating profit | 利润总额 Total Profits | 利税总额 Total Pre-tax Profits |
|---|---|---|---|---|---|---|---|---|
| 246080 | 217797 | 1898 | 761 | 22195 | 528 | 2884 | 3266 | 15080 |
| 70833 | 61810 | 1404 | 5 | 6583 | 295 | 1674 | 1385 | 6184 |
| 5147 | 4284 | 30 | | 777 | 24 | -92 | -92 | 18 |
| | | | | | | | | |
| 739 | 619 | | | | | 87 | 87 | 125 |
| 4407 | 3666 | 30 | | 777 | 24 | -179 | -179 | -108 |
| 507296 | 462674 | 2383 | 3475 | 36915 | 2557 | 4258 | 7446 | 18400 |
| 339634 | 321716 | 647 | 3249 | 16680 | 2833 | -677 | 2494 | 3848 |
| 97669 | 91728 | 633 | 7 | 3264 | -68 | 2112 | 2118 | 7242 |
| **1575** | **1973** | **3** | | **71** | **35** | **-506** | **-506** | **-503** |
| 68417 | 47258 | 1100 | 219 | 16901 | -243 | 3328 | 3341 | 7813 |
| 44358 | 41628 | 884 | 16 | 1000 | 94 | 995 | 1000 | 3709 |
| 1287784 | 1152847 | 8149 | 3839 | 67118 | 10253 | 36500 | 42690 | 105868 |
| 203549 | 176021 | 2619 | 1814 | 17863 | 8353 | -5075 | -5112 | 5648 |
| 140912 | 123234 | 755 | 537 | 8481 | 571 | 6926 | 6980 | 13067 |
| 943323 | 853592 | 4776 | 1488 | 40774 | 1329 | 34648 | 40822 | 87154 |
| 567230 | 425065 | 4440 | 1901 | 42432 | 3007 | 46422 | -71125 | -43957 |
| 378330 | 306235 | 3005 | 281 | 15899 | 2737 | 14413 | 14538 | 35856 |
| 40454 | 37959 | 202 | 8 | 1237 | -8 | 1010 | 950 | 2695 |
| 2499 | 2164 | 7 | 5 | 417 | 34 | -8 | -3 | 252 |
| 145948 | 78707 | 1226 | 1607 | 24880 | 244 | 31007 | -86609 | -82761 |
| | | | | | | | | |
| 1747894 | 1683020 | 2474 | 18821 | 66837 | 4332 | -116200 | -106298 | -90692 |
| 4963558 | 4577619 | 43444 | 11864 | 179552 | 37088 | 247900 | 254542 | 522803 |
| 6463757 | 5769629 | 88510 | 7616 | 290022 | 30517 | 203279 | 85728 | 454026 |
| | | | | | | | | |
| 11721723 | 10866690 | 122491 | 34095 | 414469 | 56267 | 122053 | 132892 | 722218 |
| 2257405 | 2164640 | 6292 | 13064 | 43492 | 17960 | -97937 | -91731 | -36334 |
| 4503643 | 4215580 | 23586 | 12893 | 170030 | 31512 | 70385 | 72295 | 275403 |
| 3168632 | 2891794 | 48742 | 6049 | 133690 | 4898 | 79258 | 80656 | 282393 |
| 1792043 | 1594677 | 43871 | 2090 | 67257 | 1898 | 70346 | 71672 | 200757 |
| 1453486 | 1163577 | 11936 | 4205 | 121942 | 15670 | 212926 | 101080 | 163919 |
| 562773 | 488428 | 4034 | 1176 | 32263 | 12537 | 158419 | 159170 | 180976 |
| 578895 | 459240 | 4016 | 1425 | 51280 | 3102 | 17981 | 23845 | 51695 |
| 311818 | 215909 | 3885 | 1604 | 38399 | 31 | 36526 | -81935 | -68751 |

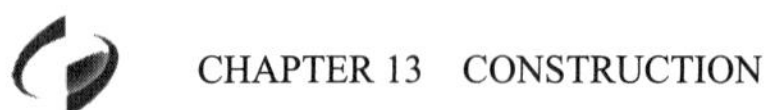


# 13-4 分地区建筑业企业基本情况

| 年份 Year<br>地区 Region | | 企业单位数(个) Number of Enterprises (unit) | 年末从业人员(人) Number of Persons Employed (person) | 自有机械设备数量(台) Number of Machinery and Equipment Owned (unit) | 自有机械设备功率(万千瓦) Total Power of Machinery and Equipment Owned (10000 kw) |
|---|---|---|---|---|---|
| 2005 | | 1948 | 430971 | 165903 | 341.9 |
| 2006 | | 1781 | 432016 | 157684 | 334.1 |
| 2007 | | 1733 | 471335 | 157949 | 366.3 |
| 2008 | | 1971 | 479114 | 161174 | 372.3 |
| 2009 | | 1919 | 674884 | 159810 | 358.9 |
| 2010 | | 1945 | 561857 | 143340 | 327.8 |
| 2011 | | 2020 | 490761 | 156112 | 364.4 |
| 2012 | | 2038 | 490884 | 134579 | 312.5 |
| 2013 | | 2008 | 440100 | 134516 | 283.5 |
| 2014 | | 1825 | 363016 | 153448 | 330.0 |
| 2015 | | 1599 | 466601 | 123778 | 306.6 |
| 2016 | | 1566 | 373570 | 123106 | 324.1 |
| 2017 | | 1614 | 357783 | 120339 | 293.2 |
| 2018 | | 1761 | 299354 | 106176 | 253.7 |
| 哈尔滨 | Harbin | 758 | 145102 | 37839 | 89.4 |
| 齐齐哈尔 | Qiqihar | 83 | 11450 | 4434 | 10.1 |
| 鸡西 | Jixi | 73 | 12757 | 3416 | 8.0 |
| 鹤岗 | Hegang | 52 | 6605 | 3149 | 6.5 |
| 双鸭山 | Shuangyashan | 79 | 6360 | 4110 | 7.5 |
| 大庆 | Daqing | 182 | 43998 | 33175 | 69.6 |
| 伊春 | Yichun | 48 | 6171 | 1020 | 3.9 |
| 佳木斯 | Jiamusi | 66 | 26335 | 5561 | 12.1 |
| 七台河 | Qitaihe | 35 | 4070 | 594 | 2.4 |
| 牡丹江 | Mudanjiang | 122 | 13081 | 3290 | 13.3 |
| 黑河 | Heihe | 53 | 7028 | 3020 | 5.9 |
| 绥化 | Suihua | 94 | 13764 | 5210 | 16.9 |
| 大兴安岭 | Daxinganling | 26 | 2633 | 1358 | 8.3 |

# Basic Conditions of Construction Enterprises by Region

| 自有机械设备净值(万元) Net Value of Machinery and Equipment Owned (10000 yuan) | 劳动生产率(元/人,按总产值计算) Overall Labor Productivity (yuan/person) | 产值竣工率(%) Ratio of Output Value of Buildings Completed to Gross Output Value (%) | 房屋建筑面积竣工率(%) Rate of Floor Space of Buildings Completed (%) | 技术装备率(元/人) Value of Machinery per Laborer (yuan/person) | 动力装备率(千瓦/人) Power of Machinery per Laborer (kw/person) |
|---|---|---|---|---|---|
| 679666 | 91345 | 78.1 | 50.4 | 10837 | 5.5 |
| 711059 | 109543 | 70.7 | 49.1 | 11130 | 5.2 |
| 748550 | 139136 | 58.2 | 54.7 | 11891 | 5.8 |
| 798106 | 127267 | 60.8 | 44.1 | 9797 | 4.6 |
| 762805 | 146124 | 57.1 | 68.4 | 8303 | 3.9 |
| 749900 | 183395 | 50.2 | 50.5 | 7771 | 3.4 |
| 783975 | 220377 | 56.4 | 49.8 | 8514 | 4.0 |
| 804716 | 272229 | 51.6 | 50.7 | 9228 | 3.6 |
| 770020 | 242528 | 51.0 | 53.7 | 7555 | 2.8 |
| 853835 | 251080 | 48.2 | 55.2 | 9968 | 3.9 |
| 764419 | 228445 | 60.2 | 52.8 | 10425 | 4.2 |
| 756200 | 256076 | 62.7 | 50.8 | 11281 | 4.8 |
| 755259 | 260553 | 51.4 | 44.6 | 12614 | 4.9 |
| 797198 | 263940 | 56.0 | 38.2 | 17618 | 5.6 |
| 375682.1 | 281921 | 49.9 | 25.2 | 14601 | 3.5 |
| 32540.3 | 229086 | 58.5 | 36.7 | 19436 | 6.0 |
| 19687.3 | 224421 | 48.0 | 57.9 | 14520 | 5.9 |
| 13396.2 | 302812 | 48.2 | 22.9 | 16138 | 7.8 |
| 11925.5 | 179090 | 63.8 | 20.2 | 14380 | 9.0 |
| 178449.3 | 248965 | 70.2 | 53.6 | 38625 | 15.1 |
| 13034.7 | 221945 | 74.1 | 62.9 | 19288 | 5.8 |
| 21242.8 | 256085 | 65.2 | 78.5 | 5950 | 3.4 |
| 11580.5 | 184684 | 65.3 | 60.3 | 22752 | 4.6 |
| 24720.9 | 241495 | 56.5 | 38.4 | 11625.2 | 6.2 |
| 12955.1 | 214763 | 85.5 | 76.8 | 12475 | 5.7 |
| 70175.1 | 231763 | 81.7 | 84.1 | 36479 | 8.8 |
| 11807.8 | 302369 | 57.8 | 61.8 | 32341 | 22.8 |

13-4 续表

| 年份 Year<br>地区 Region | 资产合计(万元) Total Assets (10000 yuan) | 负债合计(万元) Total Liabilities (10000 yuan) | 所有者权益(万元) owner's equity (10000 yuan) | 实收资本 Paid-up capital | 总收入(万元) Total Income (10000 yuan) | 利润总额(万元) Total Profits (10000 yuan) |
|---|---|---|---|---|---|---|
| 2005 | 7038066 | 4261973 | 2776123 | 2585760 | 5664967 | 52342 |
| 2006 | 8203440 | 5278702 | 2924738 | 2700632 | 6840358 | 76641 |
| 2007 | 9142571 | 6054731 | 3087840 | 2699169 | 8508795 | 98029 |
| 2008 | 10397027 | 6964890 | 3432138 | 3132750 | 10913499 | 457660 |
| 2009 | 10829222 | 7133558 | 3695664 | 3232330 | 13078488 | 558203 |
| 2010 | 11951907 | 8195121 | 3756786 | 3289940 | 16082766 | 564931 |
| 2011 | 14595943 | 10040174 | 4555769 | 3587785 | 19446063 | 589187 |
| 2012 | 16398329 | 11079601 | 5293964 | 4010791 | 21053609 | 617830 |
| 2013 | 18019776 | 12563726 | 5456050 | 4061503 | 18358995 | 670536 |
| 2014 | 17958140 | 12499104 | 5459037 | 4745830 | 17365202 | 508883 |
| 2015 | 17275931 | 11736030 | 5539901 | 4022879 | 14578309 | 466005 |
| 2016 | 19565969 | 13538096 | 6027872 | 4269043 | 15301588 | 525244 |
| 2017 | 20177153 | 13908371 | 6268782 | 4815968 | 14663018 | 375135 |
| 2018 | 20615459 | 14397763 | 6217700 | 4988869 | 13308813 | 233972 |
| 哈尔滨 Harbin | 12321283 | 8869266 | 3452021 | 2592782 | 7980369 | 244856 |
| 齐齐哈尔 Qiqihar | 627612 | 323386 | 304226 | 259029 | 405510 | 11931 |
| 鸡西 Jixi | 415139 | 255725 | 159414 | 140209 | 310232 | -1583 |
| 鹤岗 Hegang | 318656 | 184383 | 134273 | 88210 | 236332 | 5381 |
| 双鸭山 Shuangyashan | 334105 | 190827 | 143278 | 123897 | 164684 | 5064 |
| 大庆 Daqing | 3191597 | 2643080 | 548517 | 709738 | 1707401 | -104854 |
| 伊春 Yichun | 323833 | 213796 | 110038 | 94242 | 161263 | -6550 |
| 佳木斯 Jiamusi | 735254 | 446735 | 288519 | 223155 | 879438 | 29391 |
| 七台河 Qitaihe | 210051 | 115814 | 94238 | 70238 | 97466 | 3074 |
| 牡丹江 Mudanjiang | 1132534 | 694077 | 438457 | 286603 | 564677 | 20641 |
| 黑河 Heihe | 216309 | 91001 | 125308 | 102053 | 223127 | -77 |
| 绥化 Suihua | 626368 | 301153 | 325215 | 215191 | 475580 | 24749 |
| 大兴安岭 Daxinganling | 162719 | 68522 | 94197 | 83522 | 102736 | 1950 |

Continued

| 利税总额 (万元) Total Pre-tax Profits (10000 yuan) | 产值利润率 (%) Profit Rate Value (%) | 产值利税率 (%) Gross Output Value (%) | 资本利润率 (%) profit ratio of capital (%) | 资本利税率 (%) Profits to Assets (%) | 人均利润 (元/人) per capita profit (yuan/person) | 人均利税 (元/人) Per capita taxes (yuan/person) | 资产负债率 (%) Assets-Liability Ratio (%) |
|---|---|---|---|---|---|---|---|
| 245187 | 0.9 | 4.3 | 2.0 | 10.5 | 835 | 3909 | 60.6 |
| 305123 | 1.1 | 4.4 | 2.0 | 8.9 | 1200 | 4776 | 64.3 |
| 343990 | 1.1 | 3.9 | 3.6 | 7.8 | 1557 | 5464 | 66.2 |
| 1520636 | 2.5 | 14.7 | 14.6 | 2.1 | 5618 | 18667 | 67.0 |
| 1332707 | 4.2 | 9.9 | 17.3 | 2.4 | 6076 | 14507 | 65.9 |
| 1781420 | 3.2 | 10.1 | 17.2 | 1.8 | 5854 | 18461 | 68.6 |
| 1321917 | 2.9 | 6.5 | 16.4 | 2.7 | 6399 | 14357 | 68.8 |
| 1338823 | 2.6 | 5.6 | 15.4 | 3.0 | 7085 | 15353 | 67.6 |
| 1321228 | 2.7 | 5.3 | 16.5 | 3.1 | 6579 | 12963 | 69.7 |
| 1139144 | 2.4 | 5.3 | 10.7 | 24.0 | 5941 | 13298 | 69.6 |
| 1011231 | 2.8 | 6.0 | 11.6 | 25.1 | 6355 | 13791 | 67.9 |
| 1053488 | 3.1 | 6.1 | 12.3 | 24.7 | 7835 | 15716 | 69.2 |
| 1006681 | 2.4 | 6.5 | 7.8 | 20.9 | 6265 | 16813 | 68.9 |
| 886137 | 1.9 | 5.4 | 4.7 | 13.1 | 5707 | 15908 | 69.8 |
| 594101 | 3.3 | 4.8 | 9.4 | 13.5 | 10744 | 15325 | 72.0 |
| 33467 | 2.9 | 5.3 | 4.6 | 8.3 | 7078 | 12776 | 51.5 |
| 20380 | -0.5 | 7.0 | -1.1 | 15.7 | -1272 | 17652 | 61.6 |
| 18513 | 2.1 | 5.2 | 6.1 | 14.9 | 6594 | 16093 | 57.9 |
| 15781 | 3.1 | 6.7 | 4.1 | 8.6 | 6395 | 13533 | 57.1 |
| -65910 | -8.8 | 3.3 | -14.8 | 5.5 | -22851 | 8487 | 82.8 |
| 7329 | -4.2 | 8.8 | -7.0 | 14.7 | -9661 | 20471 | 66.0 |
| 93493 | 3.1 | 6.8 | 13.2 | 28.7 | 9066 | 19772 | 60.8 |
| 9384 | 3.3 | 6.7 | 4.4 | 9.0 | 9776 | 20072 | 55.1 |
| 58477 | 3.8 | 6.9 | 7.2 | 13.2 | 10944 | 20062 | 61.3 |
| 18971 |  | 8.7 | -0.1 | 18.7 | -96 | 23721 | 42.1 |
| 68714 | 5.4 | 9.6 | 11.5 | 20.4 | 13838 | 24582 | 48.1 |
| 13437 | 1.8 | 10.4 | 2.3 | 13.8 | 5310 | 31282 | 42.1 |

# 主要统计指标解释

**建筑业统计单位** 指从事房屋、构筑物建造和设备安装活动的法人企业。建筑业法人企业应具有建筑业资质并能够独立核算，同时还应具备以下条件：①依法成立，有自己的名称、组织机构和场所，能够承担民事责任；②独立拥有和使用资产，承担负债，有权与其他单位签订合同；③独立核算盈亏，能够编制资产负债表。

**建筑业总产值** 是以货币形式表现的建筑业企业在一定时期内生产的建筑业产品和提供服务的总和。建筑业总产值包括：

⑴建筑工程产值：指列入建筑工程预算内的各种工程价值。

⑵安装工程产值：指设备安装工程价值，不包括被安装设备本身的价值。

⑶其他产值：建筑业总产值中除建筑工程、安装工程以外的产值。包括房屋构筑物修理产值、非标准设备制造产值、总包企业向分包企业收取的管理费以及不能明确划分的施工活动所完成的产值。

a.房屋构筑物修理产值：指房屋和构筑物修理所完成的产值，但不包括被修理房屋、构筑物本身价值和生产设备的修理价值。

b.非标准设备制造产值：指加工制造没有定型的非标准生产设备的加工费和原材料价值(如化工厂、炼油厂用的各种罐、槽，矿井生产统一使用的各种漏斗、三角槽、阀门等)以及附属加工厂为本企业承建工程制作的非标准设备的价值。

**建筑业增加值** 指建筑业企业在报告期内以货币形式表现的建筑业生产经营活动的最终成果。

从 2004 年第一次全国经济普查开始，建筑业现价增加值按生产法和分配法(收入法)两种方法计算，以收入法的计算结果为准，即从收入的角度出发，根据生产要素在生产过程中应得的收入份额计算。具体计算方法：经济普查年度建筑业增加值按照《经济普查年度 GDP 核算方案》计算，非经济普查年度建筑业增加值按照《非经济普查年度 GDP 核算方案》计算。

**房屋施工面积** 指报告期内施工的全部房屋建筑面积，包括本期新开工的房屋建筑面积、上期跨入本期继续施工的房屋建筑面积、上期停缓建在本期恢复施工的房屋建筑面积、本期竣工的房屋建筑面积及本期施工后又停缓建的房屋建筑面积。

**房屋竣工面积** 指报告期内房屋建筑按照设计要求已全部完工，达到住人和使用条件，经验收鉴定合格或达到竣工验收标准，可正式移交使用的各栋房屋建筑面积的总和。

# Explanatory Notes on Main Statistical Indicators

**Statistical Unit in the Construction Industry** refers to a corporate enterprise engaged in the construction of buildings and structures and in the installation of equipment. A corporate construction enterprise should have qualification certificates with independent accounting system, and should meet the following 3 requirements: a) being set up in line with relevant legal basis, having its full name, organization and location, and capable of taking civil liabilities; b) independently possessing and using its assets and assuming its liabilities, and entitled to sign contracts with other institutions; and c) making independent accounts of its profits and losses, and capable of compiling its own balance sheet.

**Gross Output Value of Construction** refers to total of construction products and services, expressed in money terms, produced or rendered by construction and installation enterprises during a given period of time. It includes:

(1) Output value of construction projects: the value of projects covered by the project budgets;

(2) Output value of installation projects: the value of the installation of equipment, (excluding the value of the equipment to be installed);

(3) Other output values: the output value of construction industry apart from that of construction projects and installation projects. It includes: output value of repair of buildings and structures; output value of non-standard equipment manufacturing; overhead expenses received by contracted enterprises from the sub-contracted enterprises and the completed output value of construction activities for which there is no clear definition.

a. Output value of repair of buildings and structures: the value created through the repairs of buildings or structures. It does not include the value of buildings or structures being repaired and the value of the repair of production equipment;

b. Output value of manufactured non-standard equipment: the value of non-standard production equipment, including raw materials and manufacturing cost, made for the construction project (i.e., chemical plant; kettles or tanks used by refineries; various fillers, triangle tanks, valves used by mines). It also includes the output value of equipment manufactured by subsidiary workshops.

**Value-added of Construction** refers to the final result of the activities of production and operation of enterprises of the construction industry in monetary terms during the reference period.

Starting from the 2004 economic census, value-added of construction is calculated by both production approach and income approach, with the figures from the income approach as the final figures. Under the income approach, calculation starts from the perspective of income and is based on the share of income derived from the production process by the relevant factors of production. Specifically, value-added of construction for the Census years is calculated in accordance with the Programme of Compilation of GDP and National Accounts for the Year of Economic Census, and value-added of construction for other years is calculated in accordance with the Programme of Compilation of GDP and National Accounts for the Non Economic Census Years.

**Floor Space of Buildings** refers to floor space of buildings under construction in the reference period, including the space of buildings for which construction has newly started; buildings for which construction has started earlier and is continuing during the reference period; and buildings for which construction has been suspended earlier but has restarted during the reference period; buildings completed during the reference period; and buildings under construction but construction has subsequently been during the reference period.

**Floor Space of Buildings Completed** refers to the total floor space of each building that has been completed in the reference period in accordance with the requirements of the design, up to the standard for being resided in and put into use, or has been checked and accepted by departments concerned as qualified ones or up to the standard of buildings completed and can be handed over for putting into use.

# 第十四篇　住房和房地产

CHAPTER 14　HOUSING AND REAL ESTATE

资料整理：冯　瑞　付　爽

# 14-1　房地产开发企业主要指标
# Main Indicators of Enterprises for Real Estate Development

| 指　标 | Item | 2014 | 2015 | 2016 | 2017 | 2018 |
|---|---|---|---|---|---|---|
| **企业个数(个)** | **Number of Enterprises (unit)** | **2154** | **2041** | **1956** | **1968** | **1853** |
| 内　资 | Domestic Funded | 2119 | 2012 | 1931 | 1941 | 1828 |
| #国　有 | #State-owned Enterprises | 47 | 39 | 31 | 27 | 27 |
| 集　体 | Collective-owned Enterprises | 1 | 1 | 1 | 1 | 1 |
| 港、澳、台投资 | Enterprises with Funds from Hong Kong, Macao and Taiwan | 24 | 19 | 15 | 18 | 14 |
| 外商投资 | Foreign Funded | 11 | 10 | 10 | 9 | 11 |
| **从业人员期末人数(万人)** | **Final Number of Employed Persons (10000 persons)** | **4.43** | **4.08** | **3.80** | **3.77** | **3.25** |
| 内资企业 | Domestic Funded | 4.34 | 4.00 | 3.75 | 3.68 | 3.16 |
| #国　有 | #State-owned Enterprises | 0.11 | 0.09 | 0.07 | 0.07 | 0.06 |
| 集　体 | Collective-owned Enterprises | | | 0.02 | 0.02 | 0.02 |
| 港、澳、台投资企业 | Enterprises with Funds from Hong Kong, Macao and Taiwan | 0.07 | 0.05 | 0.04 | 0.08 | 0.08 |
| 外商投资企业 | Foreign Funded | 0.02 | 0.02 | 0.01 | 0.01 | 0.02 |
| **本年土地购置面积(万平方米)** | **Land Space Purchased This Year(10000 sq.m)** | **416.6** | **270.4** | **161.2** | **246.2** | **246.1** |
| **本年完成投资(亿元)** | **Investment Completed This Year(100 million yuan)** | **1324.1** | **992.1** | **864.8** | **815.6** | **944.4** |
| #住　宅 | #Residential Buildings | 946.0 | 681.2 | 598.0 | 554.7 | 647.8 |
| **资金来源小计(亿元)** | **Sources of Funds(100 million yuan)** | **1408.4** | **1221.0** | **1061.6** | **1199.1** | **1286.9** |
| #国内贷款 | # Domestic Loans | 97.8 | 126.5 | 90.5 | 103.8 | 124.6 |
| 自筹资金 | Self-raising Fund | 909.9 | 730.7 | 552.2 | 585.4 | 551.9 |
| 其他资金 | Others | 397.9 | 362.5 | 418.0 | 510.0 | 58.6 |
| **房屋建筑面积(万平方米)** | **Floor Space of Buildings(10000 sq.m)** | | | | | |
| 施工面积 | Floor Space under Construction | 14218.1 | 12410.4 | 10865.7 | 10328.5 | 10588.2 |
| #住　宅 | #Residential Buildings | 10424.1 | 8785.0 | 7746.0 | 7432.1 | 7684.0 |
| #本年新开工 | #Floor Space Started This Year | 3281.4 | 2181.8 | 2006.3 | 2219.7 | 2494.7 |
| 竣工面积 | Floor Space Completed | 3000.9 | 2924.2 | 2375.6 | 1651.2 | 1203.5 |
| **商品房销售面积(万平方米)** | **Floor Space of Commercialized Buildings Sold (10000 sq.m)** | **2475.7** | **1996.6** | **2117.3** | **2255.8** | **1913.3** |
| #住　宅 | #Residential Buildings | 2131.5 | 1710.6 | 1797.0 | 1868.1 | 1665.6 |
| **实收资本合计(亿元)** | **Total Capital Held(100 million yuan)** | **1025.1** | **1262.3** | **1047.3** | **1025.0** | **1056.8** |
| **资产负债率(%)** | **Ratio of Liabilities to Assets(%)** | **60.7** | **69.4** | **67.6** | **70.7** | **70.2** |
| **主营业务收入(亿元)** | **Revenue from Principle Business(100 million yuan)** | **891.9** | **816.4** | **1217.4** | **958.8** | **1075.2** |

# 14-2 房地产开发企业个数
# Number of Enterprises for Real Estate Development

单位：个 (unit)

| 年份 地区 | Year Region | 合计 Total | 国有 State-owned Enterprises | 集体 Collective-owned Enterprises | 股份有限公司 Share-holding Corporations Ltd. | 港澳台商投资 Enterprises with Funds from Hong Kong, Macao and Taiwan | 外商投资 Foreign Funded Enterprises | 其他 Others |
|---|---|---|---|---|---|---|---|---|
| 1995 | | 295 | 183 | 24 | 44 | 30 | 9 | 5 |
| 2000 | | 439 | 170 | 32 | 71 | 25 | 9 | 132 |
| 2001 | | 483 | 152 | 32 | 79 | 23 | 8 | 189 |
| 2002 | | 606 | 142 | 24 | 111 | 23 | 18 | 288 |
| 2003 | | 776 | 144 | 21 | 131 | 25 | 17 | 438 |
| 2004 | | 1009 | 118 | 15 | 137 | 23 | 12 | 704 |
| 2005 | | 1050 | 124 | 7 | 170 | 21 | 17 | 711 |
| 2006 | | 1214 | 127 | 6 | 144 | 24 | 18 | 895 |
| 2007 | | 1320 | 117 | 7 | 137 | 25 | 18 | 1016 |
| 2008 | | 1589 | 102 | 11 | 145 | 23 | 19 | 1289 |
| 2009 | | 1576 | 101 | 7 | 133 | 25 | 17 | 1293 |
| 2010 | | 1890 | 97 | 9 | 164 | 23 | 19 | 1578 |
| 2011 | | 2157 | 88 | 6 | 165 | 25 | 19 | 1854 |
| 2012 | | 2134 | 78 | 4 | 144 | 23 | 17 | 1868 |
| 2013 | | 2118 | 49 | 1 | 137 | 24 | 13 | 1894 |
| 2014 | | 2154 | 47 | 1 | 124 | 24 | 11 | 1947 |
| 2015 | | 2041 | 39 | 1 | 116 | 19 | 10 | 1856 |
| 2016 | | 1956 | 31 | 1 | 115 | 15 | 10 | 1784 |
| 2017 | | 1968 | 27 | 1 | 100 | 18 | 9 | 1813 |
| 2018 | | 1853 | 27 | 1 | 90 | 14 | 11 | 1710 |
| 哈尔滨 | Harbin | 773 | 19 | 1 | 22 | 12 | 7 | 712 |
| 齐齐哈尔 | Qiqihar | 140 | 1 | | 7 | 1 | | 131 |
| 鸡西 | Jixi | 105 | 3 | | 6 | | | 96 |
| 鹤岗 | Hegang | 47 | 1 | | 1 | | | 45 |
| 双鸭山 | Shuangyashan | 41 | | | 1 | | | 40 |
| 大庆 | Daqing | 129 | | | 4 | | 2 | 123 |
| 伊春 | Yichun | 40 | | | 3 | | | 37 |
| 佳木斯 | Jiamusi | 83 | 1 | | 1 | | 1 | 80 |
| 七台河 | Qitaihe | 33 | | | 1 | | | 32 |
| 牡丹江 | Mudanjiang | 198 | 1 | | 21 | 1 | 1 | 174 |
| 黑河 | Heihe | 72 | | | 3 | | | 69 |
| 绥化 | Suihua | 177 | 1 | | 19 | | | 157 |
| 大兴安岭 | Daxinganling | 15 | | | 1 | | | 14 |

# 14-3 房地产开发企业从业人员数

## Number of Employed Persons in Enterprises for Real Estate Development

单位：人 (person)

| 年 份 地 区 | Year Region | 合计 Total | 国 有 State-owned Enterprises | 集 体 Collective-owned Enterprises | 股 份 有限公司 Share-holding Corporations Ltd. | 港澳台商 投 资 Enterprises with Funds from Hong Kong, Macao and Taiwan | 外商投资 Foreign Funded Enterprises | 其 他 Others |
|---|---|---|---|---|---|---|---|---|
| 1995 | | 15473 | 11541 | 724 | 1005 | 785 | 320 | 1098 |
| 2000 | | 23058 | 10756 | 858 | 5055 | 504 | 229 | 5656 |
| 2001 | | 23792 | 9752 | 997 | 3624 | 521 | 198 | 8700 |
| 2002 | | 25486 | 4710 | 623 | 5085 | 568 | 457 | 14043 |
| 2003 | | 27465 | 4029 | 679 | 4302 | 307 | 385 | 17763 |
| 2004 | | 33076 | 4199 | 403 | 5489 | 379 | 472 | 22134 |
| 2005 | | 30169 | 4253 | 90 | 4278 | 318 | 611 | 20619 |
| 2006 | | 29933 | 3554 | 151 | 3323 | 389 | 597 | 21919 |
| 2007 | | 33353 | 3258 | 153 | 3097 | 414 | 562 | 25869 |
| 2008 | | 35664 | 3195 | 211 | 3098 | 313 | 533 | 28314 |
| 2009 | | 33929 | 2932 | 354 | 3402 | 366 | 388 | 26487 |
| 2010 | | 40308 | 3420 | 398 | 3223 | 359 | 463 | 32445 |
| 2011 | | 47678 | 4588 | 137 | 4633 | 490 | 434 | 37396 |
| 2012 | | 46396 | 2639 | 325 | 2840 | 466 | 308 | 39818 |
| 2013 | | 45004 | 1278 | 5 | 3043 | 566 | 257 | 39855 |
| 2014 | | 44332 | 1077 | 5 | 2613 | 666 | 192 | 39779 |
| 2015 | | 40786 | 869 | 5 | 2659 | 471 | 152 | 36630 |
| 2016 | | 38015 | 726 | 153 | 2615 | 424 | 133 | 33964 |
| 2017 | | 37748 | 680 | 240 | 1934 | 795 | 118 | 33981 |
| 2018 | | 32507 | 596 | 240 | 1548 | 752 | 191 | 29180 |
| 哈尔滨 | Harbin | 15883 | 488 | 240 | 432 | 693 | 76 | 13954 |
| 齐齐哈尔 | Qiqihar | 2472 | 2 | | 397 | 44 | | 2029 |
| 鸡 西 | Jixi | 822 | 25 | | 33 | | | 764 |
| 鹤 岗 | Hegang | 513 | 39 | | 4 | | | 470 |
| 双鸭山 | Shuangyashan | 526 | | | 10 | | | 516 |
| 大 庆 | Daqing | 3671 | | | 89 | | 85 | 3497 |
| 伊 春 | Yichun | 539 | | | 24 | | | 515 |
| 佳木斯 | Jiamusi | 1436 | 15 | | 15 | | 4 | 1402 |
| 七台河 | Qitaihe | 430 | | | 75 | | | 355 |
| 牡丹江 | Mudanjiang | 2470 | 22 | | 201 | 15 | 26 | 2206 |
| 黑 河 | Heihe | 855 | | | 20 | | | 835 |
| 绥 化 | Suihua | 2790 | 5 | | 247 | | | 2538 |
| 大兴安岭 | Daxinganling | 100 | | | 1 | | | 99 |

# 14-4 房地产开发企业的土地开发、购置及投资规模
# Land Development, Purchase and Investment Scale of Enterprises for Real Estate Development

单位：平方米、万元 (sq.m, 10000 yuan)

| 年份 地区 | Year Region | 本年购置土地面积 Land Space Purchased This Year | 实际需要的总投资 Total Investment Actually Needed | 开始建设累计完成投资 Accumulative Investment Actually Completed Since Starting of Construction | 全部建成尚需投资 Further Investment Required for the Completion of Construction |
|---|---|---|---|---|---|
| 1995 | | 2064 | 1366222 | 754008 | 612214 |
| 2000 | | 2564674 | 2202002 | 1575893 | 626109 |
| 2001 | | 2177103 | 2861880 | 2024592 | 837288 |
| 2002 | | 3892116 | 3543170 | 2102119 | 1441051 |
| 2003 | | 4943627 | 3903147 | 2447840 | 1455307 |
| 2004 | | 5691027 | 5892072 | 3350300 | 2541772 |
| 2005 | | 6925485 | 6823703 | 4089993 | 2733710 |
| 2006 | | 6197941 | 8014573 | 5415257 | 2599316 |
| 2007 | | 7043255 | 9580358 | 6590127 | 2990231 |
| 2008 | | 8709744 | 11266041 | 7434679 | 3831362 |
| 2009 | | 8333122 | 15162888 | 10451311 | 4711577 |
| 2010 | | 11743040 | 23411233 | 14348207 | 9063026 |
| 2011 | | 18606548 | 40598254 | 21536691 | 19061563 |
| 2012 | | 9299142 | 51698029 | 31809107 | 19888922 |
| 2013 | | 6556746 | 57810218 | 39909895 | 17900323 |
| 2014 | | 4165769 | 64563657 | 45766253 | 18797404 |
| 2015 | | 2703960 | 60605240 | 42875259 | 17729981 |
| 2016 | | 1612034 | 59834332 | 41176141 | 18658191 |
| 2017 | | 2462255 | 62747604 | 43135345 | 19612259 |
| 2018 | | 2460593 | 64158417 | 44622504 | 19535913 |
| 哈尔滨 | Harbin | 1175115 | 39991585 | 28584629 | 11406956 |
| 齐齐哈尔 | Qiqihar | 138339 | 3791766 | 2764955 | 1026811 |
| 鸡西 | Jixi | 45337 | 1345292 | 1095125 | 250167 |
| 鹤岗 | Hegang | 3588 | 570239 | 351393 | 218846 |
| 双鸭山 | Shuangyashan | 172475 | 981080 | 493547 | 487533 |
| 大庆 | Daqing | 446559 | 4038934 | 2482512 | 1556422 |
| 伊春 | Yichun | | 732747 | 360397 | 372350 |
| 佳木斯 | Jiamusi | 28602 | 2444368 | 1990210 | 454158 |
| 七台河 | Qitaihe | 172779 | 707437 | 469452 | 237985 |
| 牡丹江 | Mudanjiang | 268611 | 6890434 | 4016326 | 2874108 |
| 黑河 | Heihe | 7882 | 707355 | 589275 | 118080 |
| 绥化 | Suihua | 1306 | 1838370 | 1346480 | 491890 |
| 大兴安岭 | Daxinganling | | 118810 | 78203 | 40607 |

# 14-5　房地产开发完成投资额
# Actually Completed Investment of Enterprises for Real Estate

单位：万元 (10000 yuan)

| 年份 地区 | Year Region | 本年完成投资额 Investment Completed This Year | 按构成分 By Use of Funds 建筑安装工程 Construction and Installation | 设备、工器具购置 Purchase of Equipment and Instrument | 其他费用 Others | 土地购置 Land Purchase |
|---|---|---|---|---|---|---|
| 1995 | | 473651 | 417508 | 8318 | 47825 | 30988 |
| 2000 | | 1040979 | 782764 | 14412 | 243803 | 83939 |
| 2001 | | 1470839 | 1173669 | 25869 | 271301 | 109197 |
| 2002 | | 1457937 | 1021700 | 23967 | 412270 | 238993 |
| 2003 | | 1632806 | 1140727 | | 461438 | 265734 |
| 2004 | | 2140702 | 1589430 | 66980 | 484292 | 302887 |
| 2005 | | 2676332 | 2106481 | 47981 | 521870 | 324360 |
| 2006 | | 3213152 | 2607672 | 32091 | 573389 | 220157 |
| 2007 | | 3823651 | 2838824 | 56278 | 928549 | 466463 |
| 2008 | | 4398563 | 3041451 | 57241 | 1299871 | 896126 |
| 2009 | | 5639170 | 4272536 | 63859 | 1302775 | 743112 |
| 2010 | | 8431198 | 6752877 | 88864 | 1589457 | 906816 |
| 2011 | | 12275672 | 10060375 | 106728 | 2108569 | 1530448 |
| 2012 | | 15358438 | 12635375 | 124052 | 2599011 | 1509508 |
| 2013 | | 16048330 | 13418518 | 214380 | 2415432 | 1253332 |
| 2014 | | 13240875 | 11013966 | 249453 | 1977456 | 1671406 |
| 2015 | | 9921453 | 8569430 | 114075 | 1237948 | 994961 |
| 2016 | | 8648391 | 7548991 | 98393 | 1001007 | 832675 |
| 2017 | | 8155957 | 6925813 | 101660 | 1128484 | 875052 |
| 2018 | | 9444049 | 7272759 | 99717 | 2071573 | 1595565 |
| 哈尔滨 | Harbin | 5849996 | 3955251 | 76225 | 1818520 | 1405406 |
| 齐齐哈尔 | Qiqihar | 608106 | 547176 | 1412 | 59518 | 51717 |
| 鸡西 | Jixi | 102322 | 100098 | 904 | 1320 | 1230 |
| 鹤岗 | Hegang | 72175 | 71932 | 41 | 202 | 202 |
| 双鸭山 | Shuangyashan | 172403 | 157698 | 3860 | 10845 | 10405 |
| 大庆 | Daqing | 640645 | 552614 | 11071 | 76960 | 68542 |
| 伊春 | Yichun | 111353 | 101780 | | 9573 | 677 |
| 佳木斯 | Jiamusi | 448340 | 436089 | 80 | 12171 | 2209 |
| 七台河 | Qitaihe | 35677 | 24625 | 287 | 10765 | 9949 |
| 牡丹江 | Mudanjiang | 589308 | 521622 | 2978 | 64708 | 40155 |
| 黑河 | Heihe | 261512 | 256903 | 1799 | 2810 | 2292 |
| 绥化 | Suihua | 552212 | 546971 | 1060 | 4181 | 2781 |
| 大兴安岭 | Daxinganling | | | | | |

# 14-6 房地产开发建设按工程用途分的投资和新增固定资产
# Actually Completed Investment of Enterprises for Real Estate by Use and Newly Increased Fixed Assets

单位：万元 (10000 yuan)

| 年份<br>地区 | Year<br>Region | 按工程用途分的投资额 by Use of Projects | | | | 新增固定资产 Newly Increased Fixed Assets |
|---|---|---|---|---|---|---|
| | | 住宅 Residential Buildings | 办公楼 Office Buildings | 商品营业用房 House for Business Use | 其他 Others | |
| | 1999 | 532679 | 49827 | 145167 | 91880 | 679863 |
| | 2000 | 712644 | 35691 | 162186 | 130458 | 961671 |
| | 2001 | 1016457 | 42330 | 254384 | 157668 | 1274384 |
| | 2002 | 771661 | 76021 | 276203 | 334052 | 904095 |
| | 2003 | 886210 | 63710 | 351126 | 331760 | 1067546 |
| | 2004 | 1397332 | 80734 | 451728 | 262031 | 1351368 |
| | 2005 | 1748422 | 82290 | 461665 | 383955 | 1572296 |
| | 2006 | 2476493 | 59546 | 472631 | 204482 | 1907823 |
| | 2007 | 2796442 | 64450 | 505361 | 457398 | 2426086 |
| | 2008 | 3065870 | 35325 | 566332 | 731036 | 2052819 |
| | 2009 | 4425157 | 91569 | 699868 | 422576 | 3657239 |
| | 2010 | 6575367 | 109197 | 1053409 | 693225 | 5517655 |
| | 2011 | 9478981 | 166726 | 1446218 | 1183747 | 6769528 |
| | 2012 | 11225245 | 269161 | 2183563 | 1680469 | 8246658 |
| | 2013 | 11247187 | 311156 | 2763097 | 1726890 | 8353877 |
| | 2014 | 9460270 | 252529 | 2368761 | 1159315 | 9527092 |
| | 2015 | 6811541 | 253191 | 2102305 | 754416 | 11476701 |
| | 2016 | 5979597 | 243593 | 1714812 | 710389 | 7075620 |
| | 2017 | 5546977 | 273815 | 1562982 | 772183 | 4994852 |
| | 2018 | 6477699 | 311563 | 1607454 | 1047333 | 3476045 |
| 哈尔滨 | Harbin | 3721060 | 277040 | 1052443 | 799453 | 1571153 |
| 齐齐哈尔 | Qiqihar | 485338 | 11168 | 75058 | 36542 | 141853 |
| 鸡西 | Jixi | 79753 | 100 | 14231 | 8238 | 6000 |
| 鹤岗 | Hegang | 63783 | 340 | 4527 | 3525 | 69517 |
| 双鸭山 | Shuangyashan | 119350 | 1858 | 44127 | 7068 | 117895 |
| 大庆 | Daqing | 428874 | 12300 | 138917 | 60554 | 255637 |
| 伊春 | Yichun | 87532 | | 20711 | 3110 | 32241 |
| 佳木斯 | Jiamusi | 386078 | 2801 | 47008 | 12453 | 322421 |
| 七台河 | Qitaihe | 17823 | | 17685 | 169 | 29713 |
| 牡丹江 | Mudanjiang | 452360 | 2824 | 73106 | 61018 | 519472 |
| 黑河 | Heihe | 201813 | 2232 | 31048 | 26419 | 108680 |
| 绥化 | Suihua | 433935 | 900 | 88593 | 28784 | 301463 |
| 大兴安岭 | Daxinganling | | | | | |

# 14-7 房地产开发企业的资金来源
## Capital Source of Enterprises for Real Estate Development

单位：万元 (10000 yuan)

| 年份<br>地区 | Year<br>Region | 本年资金来源合计<br>Total Funds the Year | 上年末结余资金<br>A Balance at End of Previous Year | 本年资金来源小计<br>Sources of Funds | 国家预算内资金<br>State Budget | 国内贷款<br>Domestic Loans | 利用外资<br>Foreign Investment | 自筹资金<br>Self-raising Fund | 其他资金<br>Others |
|---|---|---|---|---|---|---|---|---|---|
| 1999 | | 752630 | 39319 | 713311 | 4021 | 147930 | 3010 | 276685 | 281665 |
| 2000 | | 957753 | 38734 | 919019 | 1000 | 182528 | 10543 | 362915 | 362033 |
| 2001 | | 1385794 | 60016 | 1325778 | | 159546 | 420 | 566232 | 599580 |
| 2002 | | 1415734 | 97988 | 1317746 | 4570 | 236117 | 6233 | 618710 | 452116 |
| 2003 | | 1721670 | 113689 | 1607981 | 350 | 260166 | 4050 | 870635 | 472780 |
| 2004 | | 2246559 | 151780 | 2094779 | 2300 | 183776 | 54912 | 1092193 | 761598 |
| 2005 | | 2844133 | 163416 | 2680717 | | 178057 | 35300 | 1362272 | 1105088 |
| 2006 | | 3585481 | 148891 | 3436590 | | 331881 | 39073 | 1859085 | 1206551 |
| 2007 | | 4288367 | 220609 | 4067758 | | 261860 | 18718 | 2436261 | 1350919 |
| 2008 | | 5009858 | 385031 | 4624827 | | 294758 | 13771 | 3145679 | 1170619 |
| 2009 | | 7271208 | 480773 | 6790435 | | 737899 | 25877 | 3605959 | 2420700 |
| 2010 | | 11430442 | 926816 | 10503626 | | 488956 | 15000 | 6513529 | 3486141 |
| 2011 | | 17685735 | 1675059 | 16010676 | | 619884 | 33500 | 10870814 | 4486478 |
| 2012 | | 19633386 | 2522968 | 17110418 | | 876365 | 165 | 11040675 | 5193213 |
| 2013 | | 20920924 | 2584488 | 18336436 | | 1301852 | | 11026235 | 6008349 |
| 2014 | | 16956270 | 2872261 | 14084009 | | 978225 | 27000 | 9099429 | 3979355 |
| 2015 | | 14903067 | 2693467 | 12209600 | | 1264556 | 13228 | 7306680 | 3625136 |
| 2016 | | 13307892 | 2691520 | 10616372 | | 905389 | 9000 | 5521943 | 4180040 |
| 2017 | | 14513375 | 2522141 | 11991234 | | 1037696 | | 5853731 | 5099807 |
| 2018 | | 16311611 | 3442813 | 12868798 | | 1246260 | | 5518653 | 586263 |
| 哈尔滨 | Harbin | 12041843 | 2798281 | 9243562 | | 782040 | | 3006483 | 510942 |
| 齐齐哈尔 | Qiqihar | 751524 | 96798 | 654726 | | 144517 | | 383132 | 4687 |
| 鸡西 | Jixi | 146311 | 25734 | 120577 | | 17879 | | 83828 | 11939 |
| 鹤岗 | Hegang | 56479 | 11052 | 45427 | | 9286 | | 28770 | 2700 |
| 双鸭山 | Shuangyashan | 166914 | 29312 | 137602 | | 4000 | | 119507 | 3068 |
| 大庆 | Daqing | 783727 | 197190 | 586537 | | 78283 | | 382485 | 14280 |
| 伊春 | Yichun | 134580 | 16125 | 118455 | | 26356 | | 82099 | 10000 |
| 佳木斯 | Jiamusi | 450965 | 39727 | 411238 | | | | 383279 | 3530 |
| 七台河 | Qitaihe | 54064 | 1985 | 52079 | | | | 40707 | |
| 牡丹江 | Mudanjiang | 876096 | 207693 | 668403 | | 24543 | | 367357 | 21333 |
| 黑河 | Heihe | 271898 | 13630 | 258268 | | 6040 | | 224682 | 1500 |
| 绥化 | Suihua | 577210 | 5286 | 571924 | | 153316 | | 416324 | 2284 |
| 大兴安岭 | Daxinganling | | | | | | | | |

# 14-8 房地产开发建设房屋施工面积

# Floor Space of Buildings under Construction of Real Estate Development

单位：平方米 (sq.m)

| 年 份<br>地 区 | Year<br>Region | 施工房屋建筑面积<br>Floor Space of Buildings Under Construction | #新开工<br>Started This Year | 住 宅<br>Residential Buildings | 办公楼<br>Office Buildings | 商业营业用房<br>House for Business Use | 其 他<br>Others |
|---|---|---|---|---|---|---|---|
| 1999 | | 11187155 | 7273868 | 8268285 | 630728 | 2065737 | 222405 |
| 2000 | | 14513563 | 8473110 | 10995283 | 535182 | 2640151 | 342947 |
| 2001 | | 17685892 | 9172691 | 13612689 | 611730 | 3164906 | 296567 |
| 2002 | | 15895856 | 8685336 | 11647486 | 812504 | 2924268 | 511598 |
| 2003 | | 19000320 | 11104078 | 13111334 | 792962 | 4154636 | 941388 |
| 2004 | | 22550629 | 11931656 | 15830527 | 800083 | 5014827 | 905192 |
| 2005 | | 26304651 | 14851141 | 19226052 | 934958 | 4894991 | 1248650 |
| 2006 | | 31064526 | 17477365 | 24271325 | 711888 | 4622027 | 1459286 |
| 2007 | | 33017345 | 18340732 | 26363154 | 437141 | 4780785 | 1436265 |
| 2008 | | 36111387 | 22410734 | 29066535 | 401381 | 4528881 | 2114590 |
| 2009 | | 45213490 | 29955500 | 36926884 | 586070 | 5078374 | 2622162 |
| 2010 | | 75328812 | 50214326 | 61074452 | 752647 | 8622671 | 4879042 |
| 2011 | | 121229416 | 72742236 | 96628625 | 1220343 | 13710366 | 9670082 |
| 2012 | | 134849706 | 50743456 | 104719594 | 1776618 | 15699880 | 12653614 |
| 2013 | | 135673668 | 40304430 | 102413971 | 1993260 | 18778597 | 12487840 |
| 2014 | | 142180884 | 32813806 | 104241125 | 2505387 | 20862869 | 14571503 |
| 2015 | | 124103540 | 21817937 | 87849756 | 2491408 | 21131449 | 12630927 |
| 2016 | | 108657453 | 20063137 | 77460456 | 2367085 | 17129958 | 11699954 |
| 2017 | | 103284678 | 22197164 | 74321067 | 2383871 | 15690998 | 10888742 |
| 2018 | | 105882476 | 24947375 | 76839540 | 2309375 | 16081582 | 10651979 |
| 哈尔滨 | Harbin | 46774392 | 10995465 | 31122826 | 1887173 | 8235765 | 5528628 |
| 齐齐哈尔 | Qiqihar | 9736816 | 2426470 | 7944272 | 58827 | 1024499 | 709218 |
| 鸡 西 | Jixi | 5614502 | 566225 | 4690315 | 24647 | 496834 | 402706 |
| 鹤 岗 | Hegang | 1312516 | 239762 | 1119851 | 23023 | 118879 | 50763 |
| 双鸭山 | Shuangyashan | 2348342 | 726696 | 1761962 | 19657 | 355210 | 211513 |
| 大 庆 | Daqing | 7393593 | 2476986 | 5325968 | 47121 | 1495176 | 525328 |
| 伊 春 | Yichun | 1201078 | 490349 | 939176 | 267 | 209346 | 52289 |
| 佳木斯 | Jiamusi | 4078271 | 1470853 | 3267247 | 118788 | 496946 | 195290 |
| 七台河 | Qitaihe | 1112675 | 145429 | 771023 | | 282149 | 59503 |
| 牡丹江 | Mudanjiang | 16336186 | 2075725 | 11992750 | 87685 | 1980396 | 2275355 |
| 黑 河 | Heihe | 2523555 | 1161637 | 1990075 | 32289 | 309886 | 191305 |
| 绥 化 | Suihua | 7335944 | 2171778 | 5836722 | 9898 | 1042770 | 446554 |
| 大兴安岭 | Daxinganling | 114606 | | 77353 | | 33726 | 3527 |

# 14-9 房地产开发建设房屋竣工面积和造价

# Floor Space of Buildings Completed and Their Cost in Real Estate Development

| 年份<br>地区 | Year<br>Region | 竣工房屋建筑面积(平方米)<br>Floor Space of Buildings Completed (sq.m) | 住宅<br>Residential Buildings | 办公楼<br>Office Buildings | 商业营业用房<br>House for Business Use | 其他<br>Others | 竣工房屋造价(元/平方米)<br>Cost of Buildings Completed (yuan/sq.m) | 住宅<br>Residential Buildings |
|---|---|---|---|---|---|---|---|---|
| 1999 | | 5474196 | 4288778 | 195416 | 889600 | 100402 | 897 | 820 |
| 2000 | | 8278630 | 6293041 | 365015 | 1428150 | 192424 | 905 | 819 |
| 2001 | | 10138189 | 8283706 | 218061 | 1472774 | 163648 | 944 | 914 |
| 2002 | | 8035908 | 6398979 | 229070 | 1209003 | 198856 | 929 | 873 |
| 2003 | | 8834762 | 6590471 | 257897 | 1573139 | 413255 | 984 | 906 |
| 2004 | | 11132574 | 8323312 | 231200 | 2222841 | 355221 | 1051 | 956 |
| 2005 | | 13050250 | 10394472 | 272514 | 1847289 | 535975 | 1089 | 1044 |
| 2006 | | 13981158 | 11535031 | 305411 | 1619101 | 521615 | 1230 | 1184 |
| 2007 | | 15956174 | 12448764 | 272726 | 2540478 | 694206 | 1404 | 1034 |
| 2008 | | 14047031 | 11600798 | 126015 | 1773934 | 546284 | 1195 | 1122 |
| 2009 | | 18882802 | 15754595 | 181325 | 1942761 | 1004121 | 1548 | 1495 |
| 2010 | | 26458267 | 21989911 | 242769 | 3032968 | 1192619 | 1718 | 1677 |
| 2011 | | 32313443 | 25979788 | 219545 | 4344276 | 1769834 | 1661 | 1650 |
| 2012 | | 32457265 | 26462053 | 285203 | 3402487 | 2307522 | 1977 | 1942 |
| 2013 | | 29327010 | 23444092 | 320683 | 3398376 | 2163859 | 2190 | 2160 |
| 2014 | | 30009026 | 22957015 | 534876 | 3607919 | 2909216 | 2433 | 2287 |
| 2015 | | 29242070 | 21268196 | 262082 | 5327396 | 2384396 | 2309 | 2256 |
| 2016 | | 23756095 | 17570854 | 408494 | 3454339 | 2322408 | 2525 | 2426 |
| 2017 | | 16511720 | 12059412 | 389934 | 2569967 | 1492407 | 2400 | 2252 |
| 2018 | | 12034634 | 9205271 | 508615 | 1468124 | 852624 | 2391 | 2357 |
| 哈尔滨 | Harbin | 4489718 | 3016843 | 495752 | 612209 | 364914 | 3063 | 3162 |
| 齐齐哈尔 | Qiqihar | 652060 | 481242 | 490 | 107219 | 63109 | 1973 | 1884 |
| 鸡西 | Jixi | 26615 | 24065 | | | 2550 | 2254 | 2177 |
| 鹤岗 | Hegang | 152470 | 129754 | 140 | 15877 | 6699 | 3293 | 3278 |
| 双鸭山 | Shuangyashan | 516373 | 394696 | | 104319 | 17358 | 1985 | 1963 |
| 大庆 | Daqing | 600937 | 568000 | | 13973 | 18964 | 2621 | 2612 |
| 伊春 | Yichun | 157301 | 123927 | 267 | 31144 | 1963 | 2050 | 2010 |
| 佳木斯 | Jiamusi | 1265065 | 1117601 | | 80569 | 66895 | 1991 | 1944 |
| 七台河 | Qitaihe | 198298 | 174373 | | 15746 | 8179 | 1479 | 1470 |
| 牡丹江 | Mudanjiang | 1256362 | 983935 | 400 | 142414 | 129613 | 2721 | 2749 |
| 黑河 | Heihe | 620322 | 457124 | 7208 | 92317 | 63673 | 1699 | 1631 |
| 绥化 | Suihua | 2099113 | 1733711 | 4358 | 252337 | 108707 | 1411 | 1378 |
| 大兴安岭 | Daxinganling | | | | | | | |

# 14-10 按用途分商品房屋销售面积
# Floor Space of Commercialized Buildings Sold by Use

单位：平方米 (sq.m)

| 年份 地区 | Year Region | 商品房屋销售面积 Floor Space of Commercialized Buildings Sold | 住宅 Residential Buildings | 别墅、高档公寓 Villas, High-grade Apartments | 办公楼 Office Buildings | 商业营业用房 Houses for Business Use | 其他 Others |
|---|---|---|---|---|---|---|---|
| 1999 | | 3513834 | 2946888 | 11621 | 94633 | 430949 | 41364 |
| 2000 | | 4998452 | 4244271 | 156915 | 106813 | 585997 | 61371 |
| 2001 | | 5946410 | 4906264 | 84552 | 182549 | 763290 | 94307 |
| 2002 | | 6924691 | 5743325 | 99919 | 131366 | 968783 | 81217 |
| 2003 | | 8146447 | 6731129 | 22275 | 146593 | 1154425 | 114300 |
| 2004 | | 9846508 | 7900508 | 46261 | 127929 | 1562776 | 255295 |
| 2005 | | 12428124 | 10482603 | 72356 | 290082 | 1382206 | 273233 |
| 2006 | | 14827148 | 12985068 | 180519 | 204711 | 1411379 | 225990 |
| 2007 | | 17092455 | 15185671 | 837951 | 114405 | 1436368 | 356011 |
| 2008 | | 14865665 | 12866198 | 258154 | 89502 | 1593543 | 316422 |
| 2009 | | 20169765 | 17512157 | 575101 | 194221 | 1922128 | 541259 |
| 2010 | | 27209459 | 23856799 | 518243 | 83786 | 2347388 | 921486 |
| 2011 | | 33977745 | 29191147 | 198249 | 79085 | 3603816 | 1103697 |
| 2012 | | 38068231 | 32262165 | 229540 | 242575 | 4108684 | 1454807 |
| 2013 | | 33399501 | 29442296 | 158394 | 248432 | 2562090 | 1146683 |
| 2014 | | 24757412 | 21314633 | 212268 | 153360 | 2395608 | 893811 |
| 2015 | | 19966142 | 17106037 | 150395 | 181983 | 1982818 | 695304 |
| 2016 | | 21172915 | 17970213 | 319860 | 263493 | 2219650 | 719559 |
| 2017 | | 22558104 | 18681422 | 277607 | 455829 | 2527381 | 893472 |
| 2018 | | 19132548 | 16655768 | 217147 | 148835 | 1823878 | 504067 |
| 哈尔滨 | Harbin | 10505767 | 9200014 | 175377 | 146968 | 966950 | 191835 |
| 齐齐哈尔 | Qiqihar | 1397567 | 1250402 | 7488 | 673 | 104576 | 41916 |
| 鸡西 | Jixi | 297801 | 277781 | | | 10223 | 9797 |
| 鹤岗 | Hegang | 119629 | 108604 | | | 6786 | 4239 |
| 双鸭山 | Shuangyashan | 458125 | 402645 | | | 41026 | 14454 |
| 大庆 | Daqing | 1305042 | 1199125 | 23402 | 1194 | 81919 | 22804 |
| 伊春 | Yichun | 153147 | 145715 | | | 6352 | 1080 |
| 佳木斯 | Jiamusi | 708677 | 673776 | | | 31373 | 3528 |
| 七台河 | Qitaihe | 136879 | 122871 | | | 10925 | 3083 |
| 牡丹江 | Mudanjiang | 1802900 | 1563312 | 9080 | | 178761 | 60827 |
| 黑河 | Heihe | 598360 | 470318 | 1800 | | 82966 | 45076 |
| 绥化 | Suihua | 1628482 | 1223802 | | | 299718 | 104962 |
| 大兴安岭 | Daxinganling | 20172 | 17403 | | | 2303 | 466 |

# 14-11 按用途分商品房屋销售额
## Total Sale of Commercialized Buildings by Use

单位：万元 (10000 yuan)

| 年份 地区 | Year Region | 商品房屋销售额 Total Sale of Commercialized Buildings | 住宅 Residential Buildings | 别墅、高档公寓 Villas, High-grade Apartments | 办公楼 Office Buildings | 商业营业用房 Houses for Business Use | 其他 Others |
|---|---|---|---|---|---|---|---|
| | 2004 | 1873625 | 1315782 | 12204 | 36577 | 450912 | 70354 |
| | 2005 | 2608815 | 1963185 | 30667 | 119489 | 452856 | 73285 |
| | 2006 | 3255377 | 2642682 | 58552 | 70609 | 473964 | 68122 |
| | 2007 | 4224086 | 3575076 | 143480 | 29895 | 511022 | 108093 |
| | 2008 | 4209652 | 3399086 | 139762 | 25092 | 689934 | 95540 |
| | 2009 | 6536890 | 5370482 | 323094 | 80446 | 875396 | 210566 |
| | 2010 | 10119482 | 8330469 | 318940 | 35809 | 1367963 | 385241 |
| | 2011 | 13573379 | 10819917 | 162007 | 38358 | 2238139 | 476965 |
| | 2012 | 15482979 | 12019303 | 214318 | 138229 | 2645351 | 680096 |
| | 2013 | 15823382 | 13059034 | 104195 | 176126 | 1968866 | 619356 |
| | 2014 | 12085441 | 9626924 | 252725 | 119604 | 1919667 | 419246 |
| | 2015 | 10271369 | 8242147 | 121055 | 134932 | 1529970 | 364320 |
| | 2016 | 11210446 | 9036646 | 302833 | 213931 | 1550636 | 409233 |
| | 2017 | 14597226 | 11344722 | 334698 | 521644 | 2203937 | 526923 |
| | 2018 | 13203133 | 11122816 | 280294 | 174461 | 1588735 | 317121 |
| 哈尔滨 | Harbin | 9674023 | 8217383 | 245616 | 172867 | 1105940 | 177833 |
| 齐齐哈尔 | Qiqihar | 663945 | 582317 | 9784 | 400 | 63293 | 17935 |
| 鸡西 | Jixi | 95529 | 82049 | | | 8753 | 4727 |
| 鹤岗 | Hegang | 35181 | 31336 | | | 2207 | 1638 |
| 双鸭山 | Shuangyashan | 126123 | 103877 | | | 16052 | 6194 |
| 大庆 | Daqing | 687266 | 605141 | 17675 | 1194 | 67433 | 13498 |
| 伊春 | Yichun | 35727 | 33401 | | | 2126 | 200 |
| 佳木斯 | Jiamusi | 282117 | 259795 | | | 20220 | 2102 |
| 七台河 | Qitaihe | 45889 | 38868 | | | 6538 | 483 |
| 牡丹江 | Mudanjiang | 770076 | 639259 | 6589 | | 104429 | 26388 |
| 黑河 | Heihe | 219274 | 151647 | 630 | | 47180 | 20447 |
| 绥化 | Suihua | 561998 | 373193 | | | 143392 | 45413 |
| 大兴安岭 | Daxinganling | 5985 | 4550 | | | 1172 | 263 |

# 14-12 按不同分组分房地产开发企业投资完成情况(2018年)

单位：万元

| 项 目 | Item | 计 划<br>总投资<br>Total Investment Planed | 累计完成<br>投 资<br>Accumulated Investment Completed | 本年完成<br>投 资<br>Investment Completed This Year |
|---|---|---|---|---|
| **总 计** | **Total** | **64158417** | **44622504** | **9444049** |
| **按登记注册类型分组** | **By Status of Registration** | | | |
| 内资企业 | Domestic Funded | 62721957 | 43707035 | 9174594 |
| #国有企业 | #State-owned Enterprises | 383433 | 364101 | 121884 |
| 集体企业 | Collective-owned Enterprises | | | |
| 股份合作企业 | Cooperative Enterprises | | | |
| 国有联营企业 | State Joint Ownership Enterprises | | | |
| 国有独资公司 | State Sole funded Corporations | 2471151 | 1425162 | 467616 |
| 其他有限责任公司 | Other Limited Liability Corporations | 40885338 | 28642708 | 5520695 |
| 股份有限公司 | Share-holding Corporations Limited | 1884464 | 1398025 | 275194 |
| 私营独资企业 | Private-funded Enterprises | 120000 | 120901 | 31300 |
| 私营合伙企业 | Private Partnership Enterprises | | | |
| 私营有限责任公司 | Private Limited Liability Corporations | 15856904 | 11057683 | 2621175 |
| 私营股份有限公司 | Private Share-holding Corporations Limited | 1120667 | 698455 | 136730 |
| 其他企业 | Other Enterprises | | | |
| 港澳台商投资企业 | Enterprises with Funds from Hong Kong, Macao and Taiwan | 995715 | 646004 | 197182 |
| 与港澳台商合资经营企业 | Joint-ventures Enterprises | 105638 | 53039 | 42139 |
| 与港澳台商合资合作经营企业 | Cooperative Enterprises | 60000 | 119173 | |
| 港澳台商独资经营企业 | Enterprises with Sole Investment | 830077 | 473792 | 155043 |
| 港澳台商投资股份有限公司 | Share-holding Corporations Ltd. | | | |
| 外商投资企业 | Foreign Funded Enterprises | 440745 | 269465 | 72273 |
| 中外合资经营企业 | Joint-venture Enterprises | 385245 | 237614 | 60522 |
| 中外合作经营企业 | Cooperation Enterprises | | | |
| 外资企业 | Enterprises with Sole Funds | 55500 | 31851 | 11751 |
| 外商投资股份有限公司 | Share-holding Corporations Ltd. | | | |
| **按控股情况分组** | **By Share-holding** | | | |
| 国有控股 | State-owned Enterprises | 13793701 | 9008161 | 1824755 |
| 集体控股 | Collective-owned Enterprises | 1095866 | 794425 | 98482 |
| 私人控股 | Private Share-holding | 34130604 | 23874715 | 5643647 |
| 港澳台商控股 | Enterprise with Funds from Hong Kong, Macao and Taiwan | 995715 | 646004 | 197182 |
| 外商控股 | Foreign Funded Enterprises | 335500 | 407216 | 11751 |
| 其 他 | Others | 13807031 | 9891983 | 1668232 |
| **按资质等级分组** | **By Qualification Grade** | | | |
| 一 级 | First Grade | 1572473 | 988483 | 74012 |
| 二 级 | Second Grade | 13586553 | 9459499 | 1255686 |
| 三 级 | Third Grade | 27916638 | 21704324 | 3874392 |
| 四 级 | Fourth Grade | 1111714 | 773701 | 230653 |
| 暂 定 | Interim | 15165352 | 9175639 | 2797408 |
| 其 他 | Others | 4805687 | 2520858 | 1211898 |
| **按隶属关系分组** | **By Jurisdiction of Management** | | | |
| 中 央 | Central | 1548414 | 1139576 | 318614 |
| 地 方 | Region | 11062713 | 6977311 | 1811040 |
| 其 他 | Others | 51547290 | 36505617 | 7314395 |

# Investment Actually Completed by Enterprises for Real Estate Development by Different Grouping(2018)

(10000 yuan)

| 住　宅 Residential Buildings | | 办公楼 Office Buildings | 商业营业用房 Houses for Business Use | 其　他 Others | 本年新增固定资产 Newly Increased Fixed Assets This Year | 本年资金来源小计 Sources of Funds |
|---|---|---|---|---|---|---|
| | 别墅、高档公寓 Villas, High-grade Apartments | | | | | |
| **6477699** | **103048** | **311563** | **1607454** | **1047333** | **3476045** | **12868798** |
| 6272236 | 74468 | 311563 | 1558346 | 1032449 | 3237702 | 12405256 |
| 96172 | 15000 | 2700 | 6936 | 16076 | 2288 | 139886 |
| 401747 | | 1235 | 39562 | 25072 | 152601 | 389890 |
| 3652500 | 35645 | 200932 | 958593 | 708670 | 2016467 | 8437318 |
| 210220 | 721 | 773 | 41950 | 22251 | 136289 | 250588 |
| 31300 | | | | | | 94036 |
| 1771961 | 17390 | 105791 | 487862 | 255561 | 874367 | 2973504 |
| 108336 | 5712 | 132 | 23443 | 4819 | 55690 | 120034 |
| 147159 | 3319 | | 42851 | 7172 | 87613 | 310568 |
| 40973 | | | 1166 | | 28850 | 101002 |
| | | | | | | 23256 |
| 106186 | 3319 | | 41685 | 7172 | 58763 | 186310 |
| 58304 | 25261 | | 6257 | 7712 | 150730 | 152974 |
| 47713 | 25261 | | 6103 | 6706 | 150730 | 113841 |
| 10591 | | | 154 | 1006 | | 39133 |
| 1228184 | 20131 | 67498 | 278412 | 250661 | 694314 | 2650941 |
| 55372 | 20 | 892 | 22595 | 19623 | 85231 | 174245 |
| 4004723 | 65493 | 138675 | 984882 | 515367 | 2292650 | 6193070 |
| 147159 | 3319 | | 42851 | 7172 | 87613 | 310568 |
| 10591 | | | 154 | 1006 | | 39133 |
| 1031670 | 14085 | 104498 | 278560 | 253504 | 316237 | 3500841 |
| 63012 | 507 | | 4380 | 6620 | 3500 | 130442 |
| 952086 | 29343 | 36408 | 179247 | 87945 | 787968 | 1507558 |
| 2396904 | 55902 | 219882 | 880230 | 377376 | 1449254 | 5523685 |
| 185484 | 17 | 534 | 34263 | 10372 | 136336 | 221757 |
| 1958872 | 13849 | 51150 | 354380 | 433006 | 836273 | 3910765 |
| 921341 | 3430 | 3589 | 154954 | 132014 | 262714 | 1574591 |
| 165210 | 5131 | 2850 | 99317 | 51237 | 117630 | 491063 |
| 1344716 | 25946 | 23008 | 214649 | 228667 | 539551 | 2280014 |
| 4967773 | 71971 | 285705 | 1293488 | 767429 | 2818864 | 10097721 |

# 14-13 按不同分组分房地产开发企业商品房销售情况(2018年)

| 项 目 | Item | 商品房销售面积(平方米) Floor Space of Commercialized Buildings Sold (sq.m) | 住 宅 Residential Buildings |
|---|---|---|---|
| **总 计** | **Total** | **19132548** | **16655768** |
| **按登记注册类型分组** | **By Status of Registration** | | |
| 内资企业 | Domestic Funded | 18137535 | 15896978 |
| #国有企业 | #State-owned Enterprises | 81149 | 73689 |
| 集体企业 | Collective-owned Enterprises | | |
| 股份合作企业 | Cooperative Enterprises | | |
| 国有联营企业 | State Joint Ownership Enterprises | | |
| 国有独资公司 | State Sole funded Corporations | 162185 | 142155 |
| 其他有限责任公司 | Other Limited Liability Corporations | 10127812 | 8977273 |
| 股份有限公司 | Share-holding Corporations Limited | 848528 | 756375 |
| 私营独资企业 | Private-funded Enterprises | 34980 | 34980 |
| 私营合伙企业 | Private Partnership Enterprises | | |
| 私营有限责任公司 | Private Limited Liability Corporations | 6478163 | 5555952 |
| 私营股份有限公司 | Private Share-holding Corporations Limited | 404718 | 356554 |
| 其他企业 | Other Enterprises | | |
| 港澳台商投资企业 | Enterprises with Funds from Hong Kong, Macao and Taiwan | 810354 | 577901 |
| 与港澳台商合资经营企业 | Joint-ventures Enterprises | 112372 | 87267 |
| 与港澳台商合资合作经营企业 | Cooperative Enterprises | 39912 | 38542 |
| 港澳台商独资经营企业 | Enterprises with Sole Investment | 658070 | 452092 |
| 港澳台商投资股份有限公司 | Share-holding Corporations Ltd. | | |
| 外商投资企业 | Foreign Funded Enterprises | 184659 | 180889 |
| 中外合资经营企业 | Joint-venture Enterprises | 109409 | 106874 |
| 中外合作经营企业 | Cooperation Enterprises | | |
| 外资企业 | Enterprises with Sole Funds | 75250 | 74015 |
| 外商投资股份有限公司 | Share-holding Corporations Ltd. | | |
| **按控股情况分组** | **By Share-holding** | | |
| 国有控股 | State-owned Enterprises | 1793828 | 1555029 |
| 集体控股 | Collective-owned Enterprises | 483181 | 429131 |
| 私人控股 | Private Share-holding | 13013447 | 11348557 |
| 港澳台商控股 | Enterprise with Funds from Hong Kong, Macao and Taiwan | 810354 | 577901 |
| 外商控股 | Foreign Funded Enterprises | 75393 | 74158 |
| 其 他 | Others | 2956345 | 2670992 |
| **按资质等级分组** | **By Qualification Grade** | | |
| 一 级 | First Grade | 362471 | 310193 |
| 二 级 | Second Grade | 3520038 | 3176595 |
| 三 级 | Third Grade | 7592468 | 6559341 |
| 四 级 | Fourth Grade | 960974 | 823801 |
| 暂 定 | Interim | 4715910 | 4144600 |
| 其 他 | Others | 1980687 | 1641238 |
| **按隶属关系分组** | **By Jurisdiction of Management** | | |
| 中 央 | Central | 341498 | 258076 |
| 地 方 | Region | 2946763 | 2620669 |
| 其 他 | Others | 15844287 | 13777023 |

# Sale of Commercialized Buildings by Enterprises for Real Estate Development by Different Grouping(2018)

| 办公楼<br>Office Buildings | 商业营业用房<br>Houses for Business Use | 其他<br>Others | 商品房销售额（万元）<br>Total Sale of Commercialized Buildings Sold (10000 yuan) | 住宅<br>Residential Buildings | 办公楼<br>Office Buildings | 商业营业用房<br>Houses for Business Use | 其他<br>Others |
|---|---|---|---|---|---|---|---|
| **148835** | **1823878** | **504067** | **13203133** | **11122816** | **174461** | **1588735** | **317121** |
| 138275 | 1611694 | 490588 | 12531515 | 10630324 | 161783 | 1433867 | 305541 |
| | 2500 | 4960 | 67099 | 63366 | | 1280 | 2453 |
| | | | | | | | |
| | | | | | | | |
| | | | | | | | |
| | 11687 | 8343 | 148599 | 125776 | | 18643 | 4180 |
| 84453 | 802872 | 263214 | 7850569 | 6762286 | 103820 | 799706 | 184757 |
| | 68654 | 23499 | 389716 | 347323 | | 31382 | 11011 |
| | | | 46264 | 46264 | | | |
| | | | | | | | |
| 53822 | 681944 | 186445 | 3823575 | 3106779 | 57963 | 558920 | 99913 |
| | 44037 | 4127 | 205693 | 178530 | | 23936 | 3227 |
| | | | | | | | |
| 10560 | 208657 | 13236 | 507310 | 332614 | 12678 | 150559 | 11459 |
| | | | | | | | |
| 10560 | 1449 | 13096 | 88837 | 62367 | 12678 | 2400 | 11392 |
| | 1370 | | 28545 | 26599 | | 1946 | |
| | 205838 | 140 | 389928 | 243648 | | 146213 | 67 |
| | | | | | | | |
| | 3527 | 243 | 164308 | 159878 | | 4309 | 121 |
| | 2535 | | 121552 | 117610 | | 3942 | |
| | | | | | | | |
| | 992 | 243 | 42756 | 42268 | | 367 | 121 |
| | | | | | | | |
| | | | | | | | |
| 5234 | 173222 | 60343 | 1853087 | 1537250 | 5487 | 254179 | 56171 |
| | 43295 | 10755 | 259083 | 221305 | | 32712 | 5066 |
| 83702 | 1204684 | 376504 | 7827722 | 6558279 | 88943 | 960418 | 220082 |
| 10560 | 208657 | 13236 | 507310 | 332614 | 12678 | 150559 | 11459 |
| | | | | | | | |
| | 992 | 243 | 42810 | 42322 | | 367 | 121 |
| 49339 | 193028 | 42986 | 2713121 | 2431046 | 67353 | 190500 | 24222 |
| | | | | | | | |
| | 50254 | 2024 | 308675 | 230367 | | 77012 | 1296 |
| 40908 | 233618 | 68917 | 2285224 | 1990386 | 38279 | 197038 | 59521 |
| 64743 | 696848 | 271536 | 5293602 | 4383313 | 92219 | 652938 | 165132 |
| | 97562 | 39611 | 310347 | 246945 | | 45578 | 17824 |
| 39156 | 435647 | 96507 | 3573184 | 3060725 | 39935 | 412156 | 60368 |
| 4028 | 309949 | 25472 | 1432101 | 1211080 | 4028 | 204013 | 12980 |
| | | | | | | | |
| | 82635 | 787 | 528112 | 400844 | | 126492 | 776 |
| 18770 | 190409 | 116915 | 1762115 | 1553548 | 17590 | 138384 | 52593 |
| 130065 | 1550834 | 386365 | 10912906 | 9168424 | 156871 | 1323859 | 263752 |

# 14-14 按不同分组分房地产开发企业主要财务指标(2018年)

单位：万元

| 项 目 | Item | 资产总计 Total Assets | 流动资产合计 Total Working Capitals | 固定资产原价 Original Value of Fixed Assets | 累计折旧 Accumulated depreciation |
|---|---|---|---|---|---|
| **总 计** | **Total** | **99377014** | **77630011** | **3914044** | **739154** |
| **按登记注册类型分组** | **By Status of Registration** | | | | |
| 内资企业 | Domestic Funded | 97427525 | 75755808 | 3847028 | 701257 |
| #国有企业 | #State-owned Enterprises | 1435613 | 1079699 | 251835 | 37252 |
| 集体企业 | Collective-owned Enterprises | 5959 | 4410 | 951 | 951 |
| 股份合作企业 | Cooperative Enterprises | 2943 | 2938 | 5 | |
| 国有联营企业 | State Joint Ownership Enterprises | | | | |
| 国有独资公司 | State Sole funded Corporations | 12813863 | 9875804 | 662247 | 50057 |
| 其他有限责任公司 | Other Limited Liability Corporations | 57593499 | 42602284 | 1940502 | 295771 |
| 股份有限公司 | Share-holding Corporations Limited | 3257617 | 2684565 | 72501 | 23726 |
| 私营独资企业 | Private-funded Enterprises | 147643 | 147623 | 29 | 11 |
| 私营合伙企业 | Private Partnership Enterprises | | | | |
| 私营有限责任公司 | Private Limited Liability Corporations | 21349405 | 18660718 | 895722 | 285801 |
| 私营股份有限公司 | Private Share-holding Corporations Limited | 820982 | 697767 | 23236 | 7688 |
| 其他企业 | Other Enterprises | | | | |
| 港澳台商投资企业 | Enterprises with Funds from Hong Kong, Macao and Taiwan | 1463643 | 1414177 | 48718 | 28680 |
| 与港澳台商合资经营企业 | Joint-ventures Enterprises | 491083 | 456019 | 42085 | 24575 |
| 与港澳台商合资合作经营企业 | Cooperative Enterprises | 31935 | 31914 | 87 | 77 |
| 港澳台商独资经营企业 | Enterprises with Sole Investment | 940624 | 926244 | 6546 | 4028 |
| 港澳台商投资股份有限公司 | Share-holding Corporations Ltd. | | | | |
| 外商投资企业 | Foreign Funded Enterprises | 485847 | 460026 | 18298 | 9217 |
| 中外合资经营企业 | Joint-venture Enterprises | 306578 | 304474 | 1002 | 887 |
| 中外合作经营企业 | Cooperation Enterprises | 12465 | | 513 | 205 |
| 外资企业 | Enterprises with Sole Funds | 166803 | 155551 | 16784 | 8125 |
| 外商投资股份有限公司 | Share-holding Corporations Ltd. | | | | |
| **按控股情况分组** | **By Share-holding** | | | | |
| 国有控股 | State-owned Enterprises | 40070825 | 26995770 | 1616823 | 161010 |
| 集体控股 | Collective-owned Enterprises | 2337496 | 1591680 | 79498 | 9184 |
| 私人控股 | Private Share-holding | 39800171 | 34917411 | 1450591 | 422578 |
| 港澳台商控股 | Enterprise with Funds from Hong Kong, Macao and Taiwan | 1463643 | 1414177 | 48718 | 28680 |
| 外商控股 | Foreign Funded Enterprises | 1118987 | 1092876 | 18775 | 9551 |
| 其 他 | Others | 14585892 | 11618096 | 699638 | 108151 |
| **按资质等级分组** | **By Qualification Grade** | | | | |
| 一 级 | First Grade | 2974937 | 2639670 | 152633 | 33693 |
| 二 级 | Second Grade | 26908057 | 23243539 | 806336 | 207566 |
| 三 级 | Third Grade | 43858674 | 30039473 | 1998055 | 386876 |
| 四 级 | Fourth Grade | 834204 | 653328 | 38529 | 9301 |
| 暂 定 | Interim | 14065972 | 11551119 | 486358 | 73141 |
| 其 他 | Others | 10735171 | 9502882 | 432134 | 28578 |
| **按隶属关系分组** | **By Jurisdiction of Management** | | | | |
| 中 央 | Central | 2608413 | 2445988 | 24081 | 13763 |
| 地 方 | Region | 32843407 | 20703886 | 1109825 | 134643 |
| 其 他 | Others | 63925194 | 54480137 | 2780137 | 590748 |

# Main Financial Indicators by Enterprises of Real Estate Development by Different Grouping(2018)

(10000 yuan)

| 负债合计<br>Total Liabilities | 实收资本<br>Paid in Capital | 主营业务收入<br>Revenue from Principal Business | 土地转让收入<br>Land Transferred Revenue | 商品房屋销售收入<br>Sales Revenue of Commercial Houses | 房屋出租收入<br>Revenue from Houses Leasing | 其他收入<br>Other Revenue | 主营业务成本<br>Cost of Principal Business | 主营业务税金及附加<br>Taxes and Other Charges on Principal Business | 主营业务利润<br>Profits of Principal Business | 利润总额<br>Total Profits |
|---|---|---|---|---|---|---|---|---|---|---|
| **69790559** | **10567537** | **10751505** | **172264** | **9995913** | **68414** | **464089** | **7880188** | **703367** | **1021212** | **1815188** |
| | | | | | | | | | | |
| 68382175 | 10126723 | 10555252 | 172264 | 9802992 | 65405 | 463766 | 7728967 | 685516 | 989444 | 1757530 |
| 1076350 | 97666 | 52246 | | 21637 | 71 | 30538 | 104656 | 4962 | -28735 | -15907 |
| 4410 | 200 | | | | | | | | -12 | -13 |
| 3 | 3000 | | | | | | | | -57 | -57 |
| | | | | | | | | | | |
| 8474369 | 1119764 | 664320 | | 605474 | 744 | 13729 | 515959 | 24345 | 60149 | 69239 |
| 38120789 | 5587971 | 5979410 | 22612 | 5790609 | 34257 | 128894 | 4174700 | 417870 | 565033 | 1319392 |
| 2842183 | 529501 | 564911 | 10079 | 353242 | 307 | 201282 | 476502 | 23251 | 14212 | 23696 |
| 125416 | 22228 | | | | | | | | | -1188 |
| | | | | | | | | | | |
| 17110784 | 2665499 | 3142148 | 136996 | 2882624 | 29852 | 89264 | 2334806 | 203431 | 373558 | 358560 |
| 627872 | 100895 | 152217 | 2578 | 149406 | 175 | 59 | 122344 | 11658 | 5296 | 3810 |
| | | | | | | | | | | |
| 1074798 | 323773 | 130297 | | 130054 | 243 | | 106604 | 10032 | 24578 | 54885 |
| | | | | | | | | | | |
| 287143 | 189450 | 68028 | | 67786 | 243 | | 48707 | 4971 | 6458 | 4159 |
| 12003 | 6000 | 20064 | | 20064 | | | 16101 | 1136 | 1681 | 1687 |
| 775652 | 128323 | 42205 | | 42205 | | | 41796 | 3926 | 16439 | 49039 |
| | | | | | | | | | | |
| 333586 | 117041 | 65957 | | 62867 | 2766 | 324 | 44617 | 7819 | 7190 | 2773 |
| 234871 | 60000 | 58042 | | 57787 | | 255 | 40014 | 6093 | 4566 | 4662 |
| 114 | 5000 | 184 | | | 184 | | 41 | | 22 | 22 |
| 98601 | 52041 | 7731 | | 5081 | 2582 | 68 | 4562 | 1726 | 2603 | -1911 |
| | | | | | | | | | | |
| 21514373 | 3253682 | 2560274 | 2912 | 2360352 | 1967 | 149757 | 1903970 | 125128 | 323987 | 460395 |
| 2146841 | 240289 | 156194 | 22647 | 129305 | 1889 | 2353 | 129508 | 11584 | -34047 | -31323 |
| 32202369 | 4955404 | 5694404 | 144891 | 5200011 | 44119 | 301254 | 4270917 | 359321 | 600542 | 1153586 |
| 1074798 | 323773 | 130297 | | 130054 | 243 | | 106604 | 10032 | 24578 | 54885 |
| | | | | | | | | | | |
| 956117 | 116983 | 12584 | | 8278 | 2766 | 1540 | 8285 | 1952 | -3800 | -8024 |
| 11896060 | 1677406 | 2197753 | 1814 | 2167912 | 17430 | 9186 | 1460904 | 195350 | 109953 | 185668 |
| | | | | | | | | | | |
| 2930006 | 326125 | 345760 | 108478 | 224036 | 1094 | 12152 | 250494 | 19284 | 13856 | 13682 |
| 19619035 | 2836471 | 2453496 | 2126 | 2135137 | 20633 | 295525 | 1783366 | 193339 | 231291 | 222704 |
| 28387746 | 4344306 | 4560255 | 52301 | 4280911 | 31287 | 145207 | 3382537 | 275468 | 344632 | 1042292 |
| 598653 | 149954 | 216121 | | 214423 | 7 | 1669 | 197801 | 11846 | -8340 | -8254 |
| 11294095 | 1648566 | 2546020 | 7194 | 2520302 | 10731 | 7789 | 1837320 | 148265 | 299142 | 412220 |
| 6961025 | 1262115 | 629854 | 2165 | 621104 | 4662 | 1748 | 428671 | 55166 | 140633 | 132545 |
| | | | | | | | | | | |
| 2440502 | 192354 | 586626 | | 572046 | 4 | 14576 | 402833 | 38855 | 166914 | 170579 |
| 15807026 | 2793427 | 1311290 | 348 | 1226205 | 3236 | 36946 | 1035188 | 64969 | 77514 | 77876 |
| 51543031 | 7581756 | 8853589 | 171916 | 8197662 | 65174 | 412567 | 6442167 | 599543 | 776784 | 1566733 |

# 14-15 按不同分组分房地产开发企业土地购置及建设房屋面积(2018年)

单位：平方米

| 项目 | Item | 企业数(个) Number of Enterprises (unit) | 本年购置土地面积 Land Space Pending Development |
|---|---|---|---|
| **总计** | **Total** | **1853** | **2460593** |
| **按登记注册类型分组** | **By Status of Registration** | | |
| 内资企业 | Domestic Funded | 1828 | 2460593 |
| #国有企业 | State-owned Enterprises | 27 | 66064 |
| 集体企业 | Collective-owned Enterprises | 1 | |
| 股份合作企业 | Cooperative Enterprises | 1 | |
| 国有联营企业 | State Joint Ownership Enterprises | | |
| 国有独资公司 | State Sole funded Corporations | 52 | 36000 |
| 其他有限责任公司 | Other Limited Liability Corporations | 894 | 1569983 |
| 股份有限公司 | Share-holding Corporations Limited | 90 | 26253 |
| 私营独资企业 | Private-funded Enterprises | 1 | |
| 私营合伙企业 | Private Partnership Enterprises | | |
| 私营有限责任公司 | Private Limited Liability Corporations | 710 | 745684 |
| 私营股份有限公司 | Private Share-holding Corporations Limited | 52 | 16609 |
| 其他企业 | Other Enterprises | | |
| 港澳台商投资企业 | Enterprises with Funds from Hong Kong, Macao and Taiwan | 14 | |
| 与港澳台商合资经营企业 | Joint-ventures Enterprises | 7 | |
| 与港澳台商合资合作经营企业 | Cooperative Enterprises | 1 | |
| 港澳台商独资经营企业 | Enterprises with Sole Investment | 6 | |
| 港澳台商投资股份有限公司 | Share-holding Corporations Ltd. | | |
| 外商投资企业 | Foreign Funded Enterprises | 11 | |
| 中外合资经营企业 | Joint-venture Enterprises | 5 | |
| 中外合作经营企业 | Cooperation Enterprises | 1 | |
| 外资企业 | Enterprises with Sole Funds | 5 | |
| 外商投资股份有限公司 | Share-holding Corporations Ltd. | | |
| **按控股情况分组** | **By Share-holding** | | |
| 国有控股 | State-owned Enterprises | 170 | 346034 |
| 集体控股 | Collective-owned Enterprises | 40 | |
| 私人控股 | Private Share-holding | 1429 | 1625083 |
| 港澳台商控股 | Enterprise with Funds from Hong Kong, Macao and Taiwan | 14 | |
| 外商控股 | Foreign Funded Enterprises | 12 | |
| 其他 | Others | 188 | 489476 |
| **按资质等级分组** | **By Qualification Grade** | | |
| 一级 | First Grade | 13 | |
| 二级 | Second Grade | 267 | 364801 |
| 三级 | Third Grade | 970 | 467076 |
| 四级 | Fourth Grade | 151 | 97177 |
| 暂定 | Interim | 151 | 1064992 |
| 其他 | Others | 99 | 466547 |
| **按隶属关系分组** | **By Jurisdiction of Management** | | |
| 中央 | Central | 19 | 67206 |
| 地方 | Region | 283 | 630824 |
| 其他 | Others | 1551 | 1762563 |

# Land Purchase and Floor Space o Buildings Developed by Enterprises for Real Estate Development by Different Grouping(2018)

(sq.m)

| 施工房屋面积 Floor Space of Buildings under Construction | 本年新开工面积 Floor Space Started This Year | 竣工房屋面积 Floor Space of Buildings Completed | 竣工房屋价值(万元) Value of Buildings Completed (10000 yuan) | 从业人员期末人数(人) Final Number of Employed Persons ( person) |
|---|---|---|---|---|
| **105882476** | **24947375** | **12034634** | **2877116** | **32543** |
| | | | | |
| 102742965 | 23428969 | 11655880 | 2731281 | 31600 |
| 1048737 | 263736 | 18300 | 2288 | 596 |
| | | | | 240 |
| | | | | 4 |
| | | | | |
| 3431454 | 761621 | 595288 | 133773 | 2574 |
| 59227750 | 12237456 | 6459990 | 1625604 | 15546 |
| 5541017 | 882523 | 732984 | 116277 | 1548 |
| 88484 | | | | 81 |
| | | | | |
| 30863941 | 8732959 | 3618377 | 797659 | 10301 |
| 2541582 | 550674 | 230941 | 55680 | 710 |
| | | | | |
| 2294270 | 1345522 | 174125 | 86493 | 752 |
| | | | | |
| 218778 | 84947 | 70636 | 28850 | 112 |
| | | | | 42 |
| 2075492 | 1260575 | 103489 | 57643 | 598 |
| | | | | |
| 845241 | 172884 | 204629 | 59342 | 191 |
| 577529 | 136069 | 204629 | 59342 | 90 |
| | | | | 5 |
| 267712 | 36815 | | | 96 |
| | | | | |
| 18703523 | 3769355 | 1486119 | 603308 | 6063 |
| 2476643 | 276866 | 601377 | 85231 | 950 |
| 68056506 | 16298526 | 8204239 | 1820013 | 20559 |
| 2294270 | 1345522 | 174125 | 86493 | 752 |
| | | | | |
| 267712 | 36815 | | | 192 |
| 14083822 | 3220291 | 1568774 | 282071 | 4027 |
| | | | | |
| 1814050 | 177830 | 7216 | 2164 | 1123 |
| 20156040 | 3152136 | 3057037 | 637558 | 6734 |
| 47287881 | 9307283 | 5123015 | 1283198 | 15684 |
| 3889702 | 1231535 | 800381 | 132749 | 1453 |
| 22397019 | 6244698 | 2290975 | 571747 | 5518 |
| 10337784 | 4833893 | 756010 | 249700 | 2031 |
| | | | | |
| 2092067 | 364510 | 128969 | 117630 | 1110 |
| 19163368 | 5234708 | 2591326 | 497669 | 6456 |
| 84627041 | 19348157 | 9314339 | 2261817 | 24977 |

# 14-16 分地区房地产开发企业主要经济指标
# Main Indicators of Real Estate Development by Region

单位：万元 (10000 yuan)

| 年 份<br>地 区 | Year<br>Region | 资产总计<br>Total Assets | 负债合计<br>Total Liabilities | 所有者权益合计<br>Owners' Equity | 主营业务收入<br>Revenue from Principal Business | 主营业务成本<br>Cost of Principal Business | 利润总额<br>Total Profits |
|---|---|---|---|---|---|---|---|
| 2005 | | 7638744 | 5708433 | 1930311 | 1935485 | 1653916 | 31628 |
| 2006 | | 9346277 | 6663943 | 2682334 | 2519647 | 2013278 | 320243 |
| 2007 | | 11532354 | 8641649 | 2890705 | 3224432 | 2563256 | 259949 |
| 2008 | | 14624206 | 9494495 | 5129711 | 3439803 | 2739794 | 258924 |
| 2009 | | 18613889 | 12677221 | 5936668 | 5149500 | 4093066 | 453941 |
| 2010 | | 25874201 | 18398317 | 7475884 | 6755674 | 5322608 | 649961 |
| 2011 | | 43470000 | 31489751 | 11980249 | 8419015 | 6287589 | 890654 |
| 2012 | | 71072452 | 43317095 | 27755357 | 9863946 | 7787222 | 610619 |
| 2013 | | 84893771 | 52968613 | 31925157 | 9953489 | 7603988 | 623345 |
| 2014 | | 101241094 | 61424461 | 39816633 | 8919262 | 6929111 | 257089 |
| 2015 | | 85246840 | 59150715 | 26096125 | 8163520 | 6173682 | 420611 |
| 2016 | | 90336865 | 61038885 | 29297981 | 12174158 | 9406995 | 857077 |
| 2017 | | 97664033 | 69019301 | 28644731 | 9588283 | 7280251 | 346938 |
| 2018 | | 99377014 | 69790559 | 29586455 | 10751505 | 7880188 | 1815188 |
| 哈尔滨 | Harbin | 66255404 | 47419659 | 18835745 | 7838806 | 5564401 | 1708816 |
| 齐齐哈尔 | Qiqihar | 9275685 | 5738271 | 3537414 | 561657 | 419639 | 73020 |
| 鸡 西 | Jixi | 1517984 | 1181822 | 336162 | 100286 | 93842 | -9781 |
| 鹤 岗 | Hegang | 815594 | 598914 | 216680 | 28819 | 23953 | -503 |
| 双鸭山 | Shuangyashan | 522151 | 403188 | 118963 | 83415 | 73958 | -2508 |
| 大 庆 | Daqing | 11510327 | 7395998 | 4114329 | 510556 | 417764 | -44944 |
| 伊 春 | Yichun | 436274 | 327394 | 108881 | 36579 | 31305 | -553 |
| 佳木斯 | Jiamusi | 1514342 | 1175867 | 338476 | 370095 | 280978 | 13879 |
| 七台河 | Qitaihe | 514536 | 389404 | 125132 | 68478 | 65895 | -4827 |
| 牡丹江 | Mudanjiang | 4621560 | 3682513 | 939047 | 478601 | 386577 | 18680 |
| 黑 河 | Heihe | 752534 | 491733 | 260801 | 140725 | 103574 | 7315 |
| 绥 化 | Suihua | 1596587 | 962919 | 633668 | 526960 | 412632 | 57220 |
| 大兴安岭 | Daxinganling | 44038 | 22879 | 21159 | 6528 | 5669 | -628 |

# 主要统计指标解释

**本年土地购置面积**　指房地产开发企业本年通过各种方式获得土地使用权的土地面积。

**土地购置费**　指房地产开发企业通过各种方式取得土地使用权而支付的费用。土地购置费按本年实际发生额计入投资。土地购置费为分期付款的，分期计入房地产开发投资。

**计划总投资**　指房地产开发企业在建的建设工程按照总体设计（或按设计概算或预算）规定的内容全部建成计划需要的总投资。

**自开始建设累计完成投资**　指房地产开发企业在建的房屋建设工程或正在开发的土地开发工程从开始建设到本年末止累计完成的全部投资。

**房地产开发投资**　指房地产开发企业本年完成的全部用于房屋建设工程、土地开发工程的投资额以及公益性建筑和土地购置费等的投资。

**本年实际到位资金**　指房地产开发企业本年实际到位，可用于房地产开发的各种货币资金及来源渠道。具体细分为国内贷款、利用外资、自筹资金和其他资金。

**房屋施工面积**　指房地产开发企业本年施工的全部房屋建筑面积。包括本年新开工的房屋建筑面积、上年跨入本年继续施工的房屋建筑面积、上年停缓建在本年恢复施工的房屋建筑面积、本年竣工的房屋建筑面积以及本年施工后又停缓建的房屋建筑面积。多层建筑应填各层建筑面积之和。

**房屋新开工面积**　指房地产开发企业本年新开工建设的房屋建筑面积，以单位工程为核算对象。不包括在上年开工跨入本年继续施工的房屋建筑面积和上年停缓建而在本年恢复施工的房屋建筑面积。房屋的开工应以房屋正式开始破土刨槽（地基处理或打永久桩）的日期为准。房屋新开工面积指整栋房屋的全部建筑面积，不能分割计算。

**房屋竣工面积**　指房地产开发企业本年按照设计要求已全部完工，达到住人和使用条件，经验收鉴定合格或达到竣工验收标准，可正式移交使用的各栋房屋建筑面积的总和。

**商品房销售面积**　指房地产开发企业本年出售商品房屋的合同总面积(即双方签署的正式买卖合同中所确定的建筑面积)。

**商品房销售额**　指房地产开发企业本年出售商品房屋的合同总价款(即双方签署的正式买卖合同中所确定的合同总价)。该指标与商品房销售面积同口径。

## Explanatory Notes on Main Statistical Indicators

**Land Space Purchased in the Year** refers to the area of land with its use rights already obtained in the year by real estate development companies.

**Value of Land Purchased** refers to the payment made by real estate development companies for land use rights. The actual payment incurred in the year is included in the investment. The payment by installment when occurring is included in the investment.

**Total Investment Planned** refers to the total amount required for the completion of the activities according to the planned design or budget for the project under construction by real estate development companies.

**Accumulative Investment Actually** Completed Since Starting of Construction refers to all the investment accompalished by real estate development companies in the construction of building or the development of land from the beginning to the end of the year.

**Investment in Real Estate Development** refers to the investment made by real estate development companies in the construction of housing, development of land, nonprofit buildings and value of land purchased.

**Total Actual Funds in Place This Year** refers to the total amount available for real estate development regardless of kinds of currencies or sources of the funds which are further classified as domestic loans, foreign investment, self-raising funds and others.

**Floor Space of Buildings under Construction** refers to the total space area of the buildings under construction in the year by real estate development companies. It includes buildings started in the year, continued from the previous year, suspended in earlier years but restarted in the year, completed in the year, and started in the year but suspended in the year as well. The floor space of a multi-storied building should be the sum of floor space of all the stories.

**Floor Space of Buildings Started This Year** refers to the total floor space area of the buildings started in the year by real estate development companies. It excludes the buildings started in previous years and continued in the year, and the buildings suspended in previous years but restarted in the year. The start of a construction is defined by the date of ground breaking or pile driving. The floor space of the building includes that of the entire building.

**Floor Space of Buildings Completed** refers to the total floor space area of the buildings completed in the year by real estate development companies, which meet the requirements as designed, reach the criteria set for people to live in or use, have passed the acceptance checks, and are ready for delivery or use.

**Area of Commercialized Housing Sold** refers to total contracted area of commercialized housing (i.e. area of floor space as designated in the formal contracts signed by both sides) sold by real estate development companies during the reference time. It constitutes floor space of completed housing and floor space of future housing.

**Value of Commercialized Housing Sold** refers to the total contracted value (i.e. value of sales/purchase for selling/purchase of commercialized housing as designated in the contract signed by both sides) received from the sales of the buildings by real estate development companies during the reference time. This indicator has the same coverage as the area of commercialized housing sold, which constitutes floor space of completed housing and floor space of housing yet to be completed.

# 第十五篇　国内贸易和旅游业

CHAPTER 15　DOMESTIC TRADE AND TOURISM

资料整理：刘　妍

# 15-1　旅游发展情况
# Development of Tourism

| 指　标 | Item | 2014 | 2015 | 2016 | 2017 | 2018 |
|---|---|---|---|---|---|---|
| 国际旅游人数总计(人次) | International Tourists(person-times) | 1417227 | 834716 | 957038 | 1038765 | 1091568 |
| 外国人 | Foreigners | 1322891 | 786811 | 908707 | 984643 | 1041315 |
| 港、澳、台合计 | Tourists form Hong Kong, Macao and Taiwan | 94336 | 47905 | 48331 | 54122 | 50253 |
| 香港同胞 | Chinese Compatriots From Hong Kong | 22413 | 7353 | 9961 | 13907 | 13839 |
| 澳门同胞 | Chinese Compatriots From Macao | 4575 | 316 | 555 | 1248 | 1338 |
| 台湾同胞 | Chinese Compatriots From Taiwan Province | 67348 | 40236 | 37815 | 38967 | 35076 |
| 国际旅游外汇收入总额(万美元) | Foreign Exchange Earnings from International Tourism (USD 10000) | 56356 | 39533 | 45805 | 47958 | 53706 |
| 国内旅游人数(万人次) | Number of Domestic Visitors (10000 person-times) | 10531 | 12926 | 14380 | 16304 | 18100 |
| 国内旅游收入(亿元) | Earnings from Domestic Tourism (100 million yuan) | 1031 | 1337 | 1573 | 1877 | 2208 |

注：2014年国内旅游人数及收入按照“住宿+景点”口径统计，与以前年份不可比。
a) Number of domestic tourism and Earnings from Domestic Tourism in accordance with the "accommodation +spots" caliber statistics.

# 15-2 按国别分外国入境游客
# Number of Oversea Visitor Arrivals by Country/Region

单位：人次 (person-times)

| 国　家 | Countries | 2010 | 2011 | 2012 | 2013 | 2014 | 2015 | 2016 | 2017 | 2018 |
|---|---|---|---|---|---|---|---|---|---|---|
| **总　计** | **Total** | **1648303** | **1978434** | **1947335** | **1450170** | **1322891** | **786811** | **908707** | **984643** | **1041315** |
| #日　本 | #Japan | 59237 | 116956 | 47969 | 23879 | 21536 | 23314 | 22918 | 28427 | 26792 |
| 菲律宾 | Philippines | 1384 | 7904 | 1475 | 2877 | 983 | 257 | 451 | 731 | 1076 |
| 新加坡 | Singapore | 9027 | 3261 | 9516 | 12880 | 7839 | 2139 | 3090 | 6531 | 11452 |
| 泰　国 | Thailand | 5932 | 11387 | 2052 | 2625 | 2594 | 777 | 1517 | 2679 | 3124 |
| 印度尼西亚 | Indonesia | 1424 | 161 | 1272 | 1581 | 1590 | 1237 | 1280 | 2096 | 3288 |
| 马来西亚 | Malaysia | 3643 | 2511 | 5987 | 3739 | 4871 | 2380 | 3960 | 6149 | 11375 |
| 韩　国 | Republic of Korea | 146172 | 210803 | 194201 | 185742 | 178980 | 122871 | 111199 | 82424 | 92093 |
| 蒙　古 | Mongolia | 625 | 15857 | 657 | 550 | 304 | 148 | 197 | 250 | 632 |
| 印　度 | India | 1701 | 4558 | 2517 | 1787 | 1593 | 549 | 751 | 931 | 1101 |
| 美　国 | United States | 22900 | 38673 | 43369 | 33010 | 33083 | 5498 | 5514 | 6454 | 7308 |
| 加拿大 | Canada | 4958 | 10263 | 9638 | 16713 | 10209 | 1400 | 1638 | 1789 | 2230 |
| 英　国 | United Kingdom | 4538 | 5966 | 9178 | 8780 | 7896 | 1211 | 1414 | 1669 | 1894 |
| 法　国 | France | 20461 | 17477 | 13639 | 14076 | 12291 | 1103 | 1597 | 1811 | 1677 |
| 德　国 | Germany | 5729 | 8035 | 6719 | 5987 | 5116 | 1577 | 2054 | 2258 | 2264 |
| 意大利 | Italy | 2304 | 4832 | 8973 | 10347 | 9354 | 838 | 1139 | 1116 | 985 |
| 瑞　士 | Switzerland | 522 | 758 | 1315 | 812 | 787 | 300 | 296 | 277 | 248 |
| 瑞　典 | Sweden | 797 | 2080 | 549 | 246 | 502 | 211 | 238 | 274 | 311 |
| 荷　兰 | Netherlands | 2 | 150 | 81 | 10 | 19 | 311 | 526 | 516 | 542 |
| 俄罗斯 | Russia | 1317308 | 1463368 | 1527864 | 972879 | 919053 | 609696 | 741779 | 824367 | 854447 |
| 西班牙 | Spain | 2261 | 12072 | 6321 | 12884 | 11288 | 470 | 502 | 521 | 497 |
| 澳大利亚 | Australia | 5525 | 7568 | 8524 | 9039 | 8637 | 1682 | 2120 | 2738 | 2974 |
| 新西兰 | New Zealand | 632 | 1295 | 1525 | 1008 | 1031 | 310 | 367 | 460 | 552 |

# 主要统计指标解释

**批发业** 指向其他批发或零售单位（含个体经营者）及其他企事业单位、机关团体等批量销售生活用品、生产资料的活动，以及从事进出口贸易和贸易经纪与代理的活动，包括拥有货物所有权，并以本单位(公司)的名义进行交易活动，也包括不拥有货物的所有权，收取佣金的商品代理、商品代售活动；还包括各类商品批发市场中固定摊位的批发活动，以及以销售为目的的收购活动。

**零售业** 指百货商店、超级市场、专门零售商店、品牌专卖店、售货摊等主要面向最终消费者（如居民等）的销售活动，以互联网、邮政、电话、售货机等方式的销售活动，还包括在同一地点，后面加工生产，前面销售的店铺（如面包房）；谷物、种子、饲料、牲畜、矿产品、生产用原料、化工原料、农用化工产品、机械设备（乘用车、计算机及通信设备除外）等生产资料的销售不作为零售活动；多数零售商对其销售的货物拥有所有权，但有些则是充当委托人的代理人，进行委托销售或以收取佣金的方式进行销售。

**批发和零售业商品购进、销售、库存额** 指各种登记注册类型的批发和零售业企业(单位)以本企业(单位)为总体的，从国内、国外市场购进的商品总量，销售和出口的商品总量，库存的商品总量等情况。该指标可以反映商品流转过程中商品的购进、销售、库存之间的比例关系和存在的问题。

**商品购进额** 指从本企业以外的单位和个人购进（包括从国外直接进口）作为转卖或加工后转卖的商品金额（含增值税）。商品购进包括：（1）从工农业生产者、批发和零售业企业、住宿和餐饮业企业、出版社或报社的出版发行部门和其他服务业企业购进的商品；（2）从机关团体、事业单位购进的商品；（3）从海关、市场管理部门购进的缉私和没收的商品；（4）从居民收购的废旧商品等。不包括：（1）企业为本单位自身经营用，不是作为转卖而购进的商品，如材料物资、包装物、低值易耗品、办公用品等；（2）未通过买卖行为而收入的商品，如接受其他部门移交的商品、借入的商品、收入代其他单位保管的商品、其他单位赠送的样品、加工回收的成品等；（3）经本单位介绍，由买卖双方直接结算，本单位只收取手续费的业务；（4）销售退回和买方拒付货款的商品；（5）商品溢余。

**商品销售额** 指对本单位以外的单位和个人出售的商品金额（包括售给本单位消费用的商品，含增值税）。商品销售包括（1）售给城乡居民和社会集团消费用的商品；（2）售给农业、工业、建筑业、服务业等国民经济各行业用于生产、经营用的商品，包括售予批发和零售业作为转卖或加工后转卖的商品；（3）对国（境）外直接出口的商品。不包括：（1）未通过买卖行为付出的商品，如随机构变动移交给其他企业单位的商品、借出的商品、归还受其他单位委托代保管的商品、付出的加工原料和赠送给其他单位的样品等；（2）经本单位介绍，由买卖双方直接结算，本单位只收取手续费的业务；（3）购货退回的商品；（4）商品损耗和损失；（5）出售本单位自用的废旧物资。

**商品库存额** 对于批发和零售业法人单位和个体经营户，是指报告期末取得所有权的全部商品金额（含增值税）；对于批发和零售业产业活动单位，是指报告期末实际在库且归属法人具有所有权的全部商品金额（含增值税）。库存商品包括：(1)存放在本单位(如门市部、批发站、采购站、经营处)的仓库、货场、货柜和货架中的商品；(2)挑选、整理、包装中的商品；(3)已记入购进而尚未运到本单位的商品，即发货单或银行承兑凭证已到而货未到的商品；(4)寄放他处的商品，如因购货方拒绝付款而暂时存在购货方的商品；(5)委托其他单位代销(未作销售或调出)尚未售出的商品；(6)代其他单位购进尚未交付的商品。不包括：所有权不属于本单位的商品；委托外单位加工的商品；外贸企业代理其他单位从国外进口，尚未付给订货单位的商品；代国家储备部门保管的商品。

**连锁总店（总部）** 指负责连锁企业资源（商号、商誉、经营模式、服务标准、管理模式等等）的开发、配置、控制或使用等功能的企业核心管理机构。连锁经营是指经营同类商品或服务，使用统一商号的若干店铺，在同一总店（总部）的管理下，采取统一采购或特许经营等方式，实现规模效益的组织形式，包括直营连锁、特许连锁和自愿连锁三种形式。其中，直营连锁是指连锁店铺由连锁公司全资或控股开设，在总部的直接控制下，开展统一经营的连锁经营形式；特许连锁是指拥有注册商标、企业标志、专利、专有技术等经营资源的企业（特许人），以合同形式将其拥有的经营资源许可其他经营者（被特许人）使用，被特许人按合同约定在统一的经营模式下开展经营，并向特许人支付特许经营费用的连锁经营形式；自愿连锁是指若干个店铺或企业自愿组合起来，在不改变各自资产所有权关系的情况下，以同一个品牌形象面对消费者，以共同进货为纽带开展的连锁经营形式。

**亿元以上商品交易市场** 指年成交额在亿元及以上的商品交易市场。商品交易市场是指经有关部门和组织批准设立，有固定场所、设施，有经营管理部门和监管人员，若干市场经营者入内，常年或实际开业三个月以上，集中、公开、独立地进行生活消费品、生产资料等现货商品交易以及提供相关服务的交易场所，包括各类消费品市场、生产资料市场等。

**社会消费品零售总额** 指企业（单位、个体户）通过交易直接售给个人、社会集团非生产、非经营用的实物商品金额，以及提供餐饮服务所取得的收入金额。个人包括城乡居民和入境人员，社会集团包括机关、社会团体、部队、学校、企事业单位、居委会或村委会等。

**住宿业** 指为旅行者提供短期留宿场所的活动，有些单位只提供住宿，也有些单位提供住宿、饮食、商务、娱乐一体的服务，不包括主要按月或按年长期出租房屋住所的活动。

**餐饮业** 指通过即时制作加工、商业销售和服务性劳动等，向消费者提供食品和消费场所及设施的服务。

**营业额** 指住宿和餐饮业单位在经营活动中，因提供服务或销售商品等取得的全部收入（含增值税），收入主要来源于提供客房、餐费服务、商品销售和其他服务，如商务服务。不包括多产业法人企业附营的其他行业产业活动单位的餐费收入、商品销售收入等各项收入。其中，客房收入指住宿和餐饮业单位在经营活动中因提供住宿服务取得的收入（含增值税）。不包括多产业法人企业附营的其他行业产业活动单位的客房收入。餐费收入指本单位为顾客提供就餐服务取得的收入（含增值税）。包括：经烹饪、调制加工后出售的各种食品，如主食、炒菜、凉拌菜等的收入。不包括多产业法人企业附营的其他行业产业活动单位的餐费收入。

**入境游客** 指报告期内来中国（大陆）观光、度假、探亲访友、就医疗养、购物、参加会议或从事经济、文化、体育、宗教活动的外国人、港澳台同胞等游客（即入境旅游人数）。统计时，入境游客按每入境一次统计 1 人次。入境旅游人数包括入境过夜游客和入境一日游游客。

**出境人数（出境游客）** 指中国（大陆）居民因公或因私出境前往其他国家、中国香港特别行政区、澳门特别行政区和台湾省观光、度假、探亲访友、就医疗养、购物、参加会议或从事经济、文化、体育、宗教活动的人数（即出境游客）。统计时，出境游客按每出境一次统计 1 人次。

**国内游客** 指报告期内在中国（大陆）观光游览、度假、探亲访友、就医疗养、购物、参加会议或从事经济、文化、体育、宗教活动的中国（大陆）居民人数，其出游的目的不是通过所从事的活动谋取报酬。统计时，国内游客按每出游一次统计 1 人次。

**国际旅游收入** 指入境游客在中国（大陆）境内旅行、游览过程中用于交通、参观游览、住宿、餐饮、购物、娱乐等全部花费。

**国内旅游收入（旅游总花费）** 指国内游客在国内旅行、游览过程中用于交通、参观游览、住宿、餐饮、购物、娱乐等全部花费。

**星级饭店** 指设备、设施、服务符合《旅游饭店星级的划分与评定》（GB/T14308-2010）标准，经过有关旅游管理权威部门评定（验收）后授予“星级”称号的饭店。

# Explanatory Notes on Main Statistical Indicators

**Wholesale Trade** refers to the activities of selling wholesale commodities for daily use and capital goods to enterprises of wholesale and retail trades (including self-employed individuals) and other enterprises, institutions and government organs and organizations, and the activities of engaging in import and export and acting as a trade agent. The wholesaler may have the ownership of the commodities for wholesale and trade in the name of its own (a company), and the wholesaler can act as commission agent or commodity broker without the ownership of commodities. Also included are the wholesale activities at the fixed stalls in wholesale market and the acquisition for sales purpose.

**Retail Trade** refers to the activities of department store, supermarket, franchised store, brand store, retail stall and on-the-spot-making-selling store selling commodities to the final consumers (residents) by any means including internet, post, telephone, sales machine. It also includes shops with sales and production localted in the same places (such as bakeries). Retail trade excludes the activities of sales of capital goods such as grain, seed, feed, livestock, mineral products, raw material for production, industrial chemicals, chemical products for agricultural use, machine and equipment (excluding vehicles, computers and communication equipment). Most retailers have the ownership of commodities to sell, but some are acting as agents or brokers to make transactions for a commission.

Purchase, Sales and Stock of Commodities by Wholesale and Retail Trades refer to the total volume of commodities purchased, total volume of sales and exports, and the stock of commodities by wholesale and retail enterprises (establishments) of different status of registration from domestic and overseas markets. This indicator reflects the relationship among purchase, sales and stock of commodities in the circulation of goods and reveals the existing problems.

**Total Purchases of Commodities** refer to the total value of purchases of commodities by enterprises (establishments) from other establishments or individuals (including direct import from abroad) for the purpose of re-selling, either with or without further processing of the commodities purchased. The commodities include: (1) commodities purchased from agricultural and industrial producer, wholesaler, retailer, publishing house and other service business; (2) commodities purchased from institutions and government departments; (3) confiscated goods purchased from the customs authorities or market management agencies; (4) second-hand goods and wastes purchased from residents; The commodities exclude (1) commodities purchased by enterprises (establishments) for use in their own business operation, commodities obtained without buyıng or sellıng procedures such as materials, consumable goods of low value, office appliance, etc. (2) received goods without trading, such as goods handed over from others, borrowed goods, preserved goods for others, donated goods from others, processed and retrieved goods, etc. (3) goods of direct settlement between buyer and seller with handling fees introduced by others, (4) goods returned or refused to pay by the buyer, (5) excessive goods.

**Total Sales of Commodities** refer to value of commodities sold by the establishments to other establishments and individuals (including goods sold for self consumption, including the value-added tax). The commodities include: (1) commodities sold to urban and rural residents and social groups for their consumption; (2) commodities sold to establishments in all industries for their production and operation, including agriculture, industry, construction, and catering services including commodities sold to wholesale and retail establishments for re-selling, with or without further processing; and (3) commodities for direct export to abroad. Excluded are (1) extended commodities without trading, such as goods handed over to other enterprises and institutions because of the change of organizations, lent goods, returned goods preserved for others, extended processing materials and samples donated to others, (2) goods of direct settlement between buyer and seller with handling fees introduced by others, (3) goods returned after purchase, (4) damaged and spoiled goods, (5) waste and used goods of self use,

**Total Stock of Commodities** For the legal entities and self-employed individuals engaged in wholesale and retail trade, it refers to total value (including VAT) of commodities possessed at the end of the reference period; and for wholesale and retail establishments, it refers to the value (including VAT) of all commodities actually in stock and owned by their legal persons at the end of reference period. The commodities in stock includes: (1) commodities located in storage, garages, counters, and shelves of operating places of wholesale and retail trades (such as sale stores, wholesale centres, procurement stations and operating offices); (2) commodities in the process of being selected, sorted, and packed; (3) commodities not arrived but recorded as purchase in the account, i.e. commodities not arrived but payment receipts for the commodities from the sellers or the banks arrived; (4) commodities deposited in other places rather than places mentioned above, for instance: commodities in the hold of purchasers temporarily due to the refusal of payment; (5) commodities entrusted to other units to sell but not sold yet; (6) commodities purchased for other units but not delivered yet. Commodities not included as stock are those not owned by the enterprises (units), commodities on commission for processing, imported commodities of agency of foreign trade enterprise but not yet delivered to ordering units and finally those put in stock on behalf of the state reserves units.

**Chain Head Stores (headquarter)** refer to the core leading stores responsible for development, allocation, administration and utilization of resources (name of stores, brand of stores, operation model, service standard, management way, etc.) of chain stores. Chain stores refers to the stores engaged in providing homogeneous commodities or services, with the central leadership of head store (headquarters) and guided by common policies, conduct centralized purchase and distributed selling of commodities, in order to gain better efficiency through standardized operation. The chain stores include regular chain stores, franchise chain stores and voluntary chain stores.

Regular Chain store refers to chain stores that are invested or controlled by the headquarters. They operate under direct and unified management from the headquarters.

Franchise chain store refers to the chain stores (franchisees) which are franchised with operation resources such as trade marks, names, patent and operation know-how by the franchisors in form of contract and pay the operation fees to the franchisors.

Voluntary chain store refers to the stores operate jointly on the voluntary bases while maintaining their status of independent legal entities with full ownership of their assets. They sell goods of same brand from same channel of resource to the consumers.

**Large Commodity Markets with Transaction Value over 100 Million Yuan** refers to the commodity markets with an annual transaction at and above 100 million. The commodity market refers to the markets approved and managed by related departments, where there are fixed sites, facilities, managers and administration offices, where there are a certain number of traders to operate for three month and above or all the year, where the commodities including the articles for daily consumption and capital goods and services are traded in a centralized, independent and open way. Such market includes markets of daily goods and market of capital goods, etc.

**Total Retail Sales of Consumer Goods** refer to the amount obtained by enterprises (units, self-employed individuals) through direct sales of non-production and non-business physical commodity to individuals, social institutions, and revenue from providing catering services. Individuals include rural and urban households, population from abroad, social institutions include government agencies, social organizations, military units, schools, institutions, neighbourhood (village) committees.

Hotel Services refer to the accommodation services provided to visitors. Some units may provide only accommodation while others provide a combination of accommodation, meals, business services and/or recreational facilities. It excludes activities related to the provision of long-term primary residences in facilities such as apartments typically leased on a monthly or annual basis.

Catering Services refer to the activities of providing foods, serving locations and facilities to customers through instant processing, commercial sales and service-type labor.

**Business Revenue** refers to total revenue (including VAT) of hotels and catering services received from providing services or selling commodities through business activities, income comes mainly from providing hotels, catering services, selling of commodities and other services, such as commodity services. It does not include revenue such as meal fees, selling of commodities of other industrial units affiliated with multi industrial legal entities. Income from hotels refers to income (including VAT) of hotels and catering services by providing lodging services through business activities. Income from catering services refers to income (including VAT) from providing catering services, including selling of cooked or prepared foods, such as staple food, cooked dishes, or cold dishes. It does not include meal fees of other industrial units affiliated with multi industrial legal entities.

**Overseas Visitor Arrivals** refer to the number of tourists of foreigners, Chinese compatriots from Hong Kong, Macao and Taiwan who come to China (mainland) within the reference period for sight-seeing, vacation, visiting relatives, medical treatment, shopping, attending conference, or to engage in economic, cultural, sports and religious activities (namely the number of overseas visitor arrivals). In compiling statistics, each arrival is counted as one person-time. The number of overseas visitor arrivals includes inbound overnight tourists and one-day tourists.

**Number of Chinese Residents Going Abroad (Chinese Outbound Visitors)** refers to the number of Chinese (mainland) residents going to other countries, Hong Kong Special Administrative region, Macao Special Administrative region and Taiwan for on official or private purposes, for sight-seeing, vacation, visiting relatives, medical treatment, shopping, attending conference, or to engage in economic, cultural, sports and religious activities (namely the Chinese outbound visitors). In compiling statistics, each time of leaving is counted as one person-time.

**Number of Domestic Tourists** refers to the number of Chinese (mainland) residents who travel within China (mainland) for sight-seeing, vacation, visiting relatives, medical treatment, shopping, attending conference, or to engage in economic, cultural, sports and religious activities. In compiling statistics, each time of travelling is counted as one person-time.

**Foreign Exchange Earnings from International Tourism** refer to the total expenditure of foreigners, overseas Chinese, Chinese compatriots from Hong Kong, Macao and Taiwan during their stay in the mainland of China on transportation, sighting, accommodation, food, shopping and entertainment.

**Income from Domestic Tourism** refer to expenditure of domestic tourists on transportation, sighting, accommodation, food, shopping and entertainment while they travel.

**Star-rated Hotels** refer to hotels rated with stars as evaluated (accepted) by the relevant tourism authorities according to GB/T14308-2010 standard with reference to their infrastructure, facilities and service levels.

# 第十六篇　运输和邮电

CHAPTER 16 TRANSPORT, POSTAL AND TELECOMMUNICATION SERVICES

资料整理：郭振威　李莹莹

# 16-1　交通运输业基本情况
# Basic Conditions of Transport

| 指　标 | Item | 2014 | 2015 | 2016 | 2017 | 2018 |
|---|---|---|---|---|---|---|
| **运输线路长度(公里)** | **Length of Transport Routes (km)** | | | | | |
| 铁路营业里程 | Railways in Operation | 5906 | 6120 | 6120 | 6122 | 6782 |
| #地方铁路 | #Local Railways | 748 | 748 | 748 | 751 | 751 |
| 铁路正线延展里程 | Extension Length of the Trunk Lines | 7882 | 8510 | 8568 | 8587 | 9934 |
| 公路线路里程 | Length of Highways | 162464 | 163233 | 164502 | 165989 | 167116 |
| 内河通航里程 | Length of Navigable Inland Waterways | 5495 | 5495 | 5495 | 5495 | 5495 |
| 定期航班航线里程 | Length of Civil Aviation Routes | 504510 | 524565 | 630482 | 756650 | 800021 |
| 管道输油(气)里程 | Petroleum and Gas Pipelines | 893 | 895 | 902 | 850 | 851 |
| **客运量(万人)** | **Total Passenger Traffic (10000 persons)** | **48258** | **44480** | **41254** | **36855** | **33983** |
| 铁　路 | Railways | 10041 | 9794 | 10454 | 10386 | 10493 |
| 公　路 | Highways | 36379 | 32632 | 28550 | 23917 | 20739 |
| 水　运 | Waterways | 366 | 372 | 355 | 341 | 307 |
| 民　航 | Civil Aviation | 1472 | 1682 | 1895 | 2211 | 2445 |
| **旅客周转量(亿人公里)** | **Total Passenger-Kilometers (100 million passenger-km)** | **736.4** | **762.5** | **805.5** | **845.5** | **867.3** |
| 铁　路 | Railways | 254.1 | 251.1 | 270.5 | 274.5 | 278.9 |
| 公　路 | Highways | 231.2 | 229.6 | 200.1 | 177.1 | 154.1 |
| 水　运 | Waterways | 0.4 | 0.4 | 0.4 | 0.4 | 0.4 |
| 民　航 | Civil Aviation | 250.7 | 281.4 | 334.5 | 393.5 | 433.9 |
| **货运量(万吨)** | **Total Freight Traffic (10000 tons)** | **65194** | **59591** | **58697** | **61135** | **62317** |
| 铁　路 | Railways | 11442 | 8866 | 9420 | 10889 | 11142 |
| 公　路 | Highways | 47173 | 44200 | 42897 | 44127 | 42943 |
| 水　运 | Waterways | 1262 | 1245 | 1130 | 1110 | 890 |
| 民　航 | Civil Aviation | 11.3 | 12.2 | 13.0 | 12.6 | 13.0 |
| 管　道 | Petroleum and Gas Pipelines | 5306 | 5268 | 5237 | 4996 | 7329 |
| **货物周转量(亿吨公里)** | **Total Freight Ton-kilometers (100 million ton-km)** | **1979.5** | **1725.4** | **1729.0** | **1849.8** | **1919.5** |
| 铁　路 | Railways | 775.4 | 593.6 | 620.0 | 736.2 | 783.8 |
| 公　路 | Highways | 1008.5 | 929.3 | 904.8 | 913.5 | 810.7 |
| 水　运 | Waterways | 7.9 | 8.1 | 7.3 | 7.0 | 6.1 |
| 民　航 | Civil Aviation | 2.2 | 2.3 | 2.6 | 2.6 | 2.7 |
| 管　道 | Petroleum and Gas Pipelines | 185.4 | 192.1 | 194.3 | 190.5 | 316.2 |
| **民用汽车拥有量(万辆)** | **Number of Civil Motor Vehicles (10000 units)** | **327.1** | **354.7** | **396.2** | **436.8** | **478.6** |
| #载客汽车 | #Number of Buses and Cars | 258.3 | 288.7 | 330.1 | 371.6 | 409.9 |
| 载货汽车 | Number of Trucks | 61.8 | 60.3 | 61.4 | 61.1 | 64.7 |
| #普通载货汽车 | #Ordinary Trucks | 33.9 | 33.3 | 34.2 | 34.0 | 35.9 |
| #私人汽车 | #Number of Private-owned Motor Vehicles | 269.0 | 301.7 | 346.0 | 387.3 | 426.8 |
| **民用运输船舶拥有量(艘)** | **Number of Civil Transport Vessels (unit)** | **1585** | **1569** | **1543** | **1506** | **1438** |
| 机动船 | Motor Vessels | 1234 | 1219 | 1208 | 1191 | 1148 |
| 驳　船 | Barges | 351 | 350 | 335 | 315 | 290 |
| **私人运输船舶拥有量(艘)** | **Number of Private-owned Transport Vessels (unit)** | **1016** | **1015** | **1004** | **970** | **947** |
| 机动船 | Motor Vessels | 855 | 855 | 846 | 820 | 801 |
| 驳　船 | Barges | 161 | 160 | 158 | 150 | 146 |

注：按国家统计局反馈年报，对2014–2018年管道数据进行了修订，与历史数据不可比(下同)。

a) According to the annual report fed back by the National Bureau of statistics, the pipeline data in 2014-2018 has been revised, which is incomparable with the historical data (the same below).

# 16-2 运输线路长度
# Length of Transportation Routes

单位：公里 (km)

| 年 份 Year | 铁路营业里程 Length of Railways in Operation | #地方铁路 Local Railways | 铁路正线延展里程 Extension Length of the Trunk Lines | 公路线路里程 Length of Highways | 内河通航里程 Length of Navigable Inland Waterways | 定期航班航线里程 Length of Civil Aviation Routes | 管道输油(气)里程 Petroleum and Gas Pipelines |
|---|---|---|---|---|---|---|---|
| 1952 | 3669 | | 4099 | 8919 | 3871 | | |
| 1957 | 3740 | | 4153 | 16892 | 4095 | | |
| 1965 | 3750 | | 4644 | 26256 | 5912 | | 20.9 |
| 1975 | 4595 | | 5506 | 40117 | 6810 | | 148.2 |
| 1978 | 4594 | | 5538 | 44797 | 6595 | 1261 | 182.2 |
| 1979 | 4796 | | 5693 | 42191 | 5137 | 1261 | 182.2 |
| 1980 | 4796 | | 5707 | 44590 | 5137 | 1261 | 240.2 |
| 1981 | 4819 | | 5771 | 44749 | 4776 | 1261 | 240.2 |
| 1982 | 4818 | | 5701 | 44965 | 4776 | 6693 | 240.2 |
| 1983 | 4861 | | 5825 | 45295 | 4776 | 6693 | 240.2 |
| 1984 | 4917 | | 6026 | 45396 | 4776 | 6705 | 240.2 |
| 1985 | 4681 | | 6096 | 45487 | 4776 | 6705 | 302.2 |
| 1986 | 4956 | | 6096 | 45659 | 4776 | 6705 | 302.2 |
| 1987 | 5020 | | 6096 | 46090 | 4776 | 6705 | 302.2 |
| 1988 | 5121 | | 6506 | 46617 | 4696 | 14274 | 302.2 |
| 1989 | 5124 | 187 | 6363 | 47045 | 4696 | 14274 | 302.2 |
| 1990 | 5316 | 428 | 6363 | 47203 | 4696 | 14274 | 422.5 |
| 1991 | 5316 | 428 | 6396 | 47188 | 4696 | 14274 | 474.2 |
| 1992 | 5307 | 428 | 6419 | 47882 | 4696 | 14274 | 737.4 |
| 1993 | 5262 | 428 | 6398 | 48023 | 4696 | 14274 | 746.6 |
| 1994 | 5262 | 428 | 6447 | 48356 | 5057 | 14274 | 746.6 |
| 1995 | 5262 | 428 | 6474 | 48819 | 5057 | 14274 | 749.4 |
| 1996 | 5295 | 428 | 6481 | 48986 | 5057 | 72000 | 749.4 |
| 1997 | 5336 | 428 | 6974 | 49631 | 5057 | 69000 | 802.4 |
| 1998 | 5336 | 428 | 7046 | 49766 | 5057 | 90000 | 802.4 |
| 1999 | 5464 | 490 | 7047 | 49928 | 5057 | 114000 | 985.4 |
| 2000 | 5465 | 491 | 7130 | 50284 | 5057 | 112000 | 985.4 |
| 2001 | 5464 | 490 | 7125 | 62979 | 5057 | 123416 | 985.4 |
| 2002 | 5464 | 490 | 7123 | 63046 | 5057 | 117406 | 985.4 |
| 2003 | 5373 | 490 | 7088 | 65123 | 5528 | 108716 | 985.4 |
| 2004 | 5432 | 650 | 7095 | 66821 | 5528 | 127486 | 985.4 |
| 2005 | 5499 | 718 | 7260 | 67077 | 5528 | 116624 | 985.4 |
| 2006 | 5503 | 723 | 7250 | 139335 | 5528 | 138845 | 985.4 |
| 2007 | 5563 | 723 | 7340 | 140909 | 5528 | 208119 | 985.4 |
| 2008 | 5563 | 723 | 7422 | 150846 | 5528 | 159587 | 985.4 |
| 2009 | 5644 | 724 | 7501 | 151470 | 5528 | 182243 | 6143.1 |
| 2010 | 5673 | 752 | 7535 | 151945 | 5495 | 203249 | 6938.0 |
| 2011 | 5832 | 751 | 7652 | 155592 | 5495 | 236674 | 7313.2 |
| 2012 | 6022 | 751 | 7881 | 159063 | 5495 | 267537 | 7674.6 |
| 2013 | 5906 | 748 | 7873 | 160206 | 5495 | 432115 | 8413.0 |
| 2014 | 5906 | 748 | 7055 | 162464 | 5495 | 504510 | 893.0 |
| 2015 | 6120 | 748 | 8510 | 163233 | 5495 | 524565 | 895.0 |
| 2016 | 6120 | 748 | 8568 | 164502 | 5495 | 630482 | 902.0 |
| 2017 | 6122 | 751 | 8587 | 165989 | 5495 | 756650 | 850.0 |
| 2018 | 6782 | 751 | 9934 | 167116 | 5495 | 800021 | 851.0 |

注：1.2009年起，输油(气)管道里程包括液化气、天然气、人工煤气和输油管道里程。
2.根据国家统计局《运输邮电软件业统计年报》，对2014年以后管道数据进行了修正。

a) Since 2009, Length of Petroleum and Gas Pipelines included length of liquefied gas, natural gas, artificial gas and oil pipeline mileage.

b) According to the annual statistical report of transportation, post and Telecommunications Software Industry issued by the National Bureau of statistics, the pipeline data since 2014 has been revised.

# 16-3　公路里程
# Length of Highways

单位：公里　(km)

| 年　份 Year | 总　计 Total | 等级公路 Expressway and Class I to Ⅳ Highway | 高　速 Expressway | 一　级 First Class | 二　级 Second Class | 三　级 Third Class | 四　级 Fourth Class | 等外公路 Highway Below Class Ⅳ |
|---|---|---|---|---|---|---|---|---|
| 1979 | 42191 | 39966 | | 14 | 490 | 8027 | 31435 | 2225 |
| 1980 | 44590 | 42567 | | 18 | 597 | 8494 | 33458 | 2023 |
| 1981 | 44749 | 42762 | | 18 | 623 | 8606 | 33515 | 1987 |
| 1982 | 44965 | 42989 | | 18 | 623 | 8746 | 33602 | 1976 |
| 1983 | 45295 | 43361 | | 18 | 652 | 9384 | 33307 | 1934 |
| 1984 | 45396 | 43558 | | 18 | 697 | 9859 | 32984 | 1838 |
| 1985 | 45487 | 43649 | | 18 | 716 | 9776 | 33139 | 1838 |
| 1986 | 45659 | 43821 | | 32 | 758 | 9964 | 33067 | 1838 |
| 1987 | 46090 | 44343 | | 162 | 780 | 10361 | 33040 | 1747 |
| 1988 | 46617 | 44715 | | 160 | 573 | 12485 | 31497 | 1902 |
| 1989 | 47045 | 45186 | | 189 | 806 | 13276 | 30915 | 1859 |
| 1990 | 47203 | 45495 | | 191 | 891 | 14158 | 30255 | 1708 |
| 1991 | 47188 | 45568 | | 192 | 939 | 14880 | 29557 | 1620 |
| 1992 | 47880 | 46264 | | 213 | 1124 | 15662 | 29265 | 1616 |
| 1993 | 48023 | 46527 | | 213 | 1302 | 16953 | 28059 | 1496 |
| 1994 | 48356 | 46919 | | 214 | 1466 | 17979 | 27260 | 1437 |
| 1995 | 48819 | 47626 | 36 | 230 | 1977 | 18574 | 26809 | 1193 |
| 1996 | 48986 | 47787 | 36 | 271 | 2503 | 18547 | 26430 | 1199 |
| 1997 | 49631 | 48956 | 147 | 345 | 3135 | 22811 | 22518 | 675 |
| 1998 | 49766 | 49098 | 176 | 356 | 3616 | 22572 | 22378 | 668 |
| 1999 | 49928 | 49263 | 176 | 356 | 4113 | 22630 | 21988 | 665 |
| 2000 | 50284 | 49623 | 285 | 387 | 4643 | 22757 | 21551 | 661 |
| 2001 | 62979 | 57762 | 414 | 548 | 5638 | 33320 | 17842 | 5217 |
| 2002 | 63046 | 57882 | 413 | 707 | 5821 | 33132 | 17809 | 5164 |
| 2003 | 65123 | 59599 | 413 | 925 | 6623 | 33083 | 18555 | 5524 |
| 2004 | 66821 | 61303 | 722 | 1040 | 7034 | 33169 | 19339 | 5518 |
| 2005 | 67077 | 61691 | 958 | 1118 | 7140 | 32806 | 19669 | 5386 |
| 2006 | 139335 | 83546 | 958 | 1325 | 7279 | 33611 | 40373 | 55789 |
| 2007 | 140909 | 93850 | 1044 | 1453 | 7443 | 33027 | 50883 | 47059 |
| 2008 | 150846 | 104102 | 1044 | 1534 | 7743 | 32621 | 61160 | 46744 |
| 2009 | 151470 | 114511 | 1219 | 1576 | 8599 | 32186 | 70931 | 36960 |
| 2010 | 151945 | 118918 | 1358 | 1451 | 9063 | 32128 | 74918 | 33028 |
| 2011 | 155592 | 124132 | 3708 | 1289 | 8849 | 32298 | 77989 | 31460 |
| 2012 | 159063 | 129260 | 4084 | 1521 | 9623 | 32182 | 81850 | 29803 |
| 2013 | 160206 | 131778 | 4084 | 1593 | 9853 | 33108 | 83140 | 28429 |
| 2014 | 162464 | 135033 | 4084 | 1771 | 10598 | 34030 | 84550 | 27431 |
| 2015 | 163233 | 136325 | 4346 | 1930 | 11308 | 33833 | 84908 | 26908 |
| 2016 | 164502 | 138512 | 4350 | 2393 | 11552 | 34321 | 85896 | 25990 |
| 2017 | 165989 | 140698 | 4512 | 2657 | 11797 | 34252 | 87480 | 25291 |
| 2018 | 167116 | 142959 | 4512 | 2729 | 11931 | 34345 | 89443 | 24156 |

注：2006年全省农村公路普查核实后，公路线路里程统计口径调整，增加了“农村公路里程”(下同)。

a) After the general survey of countryside road in April 2006,the item of length of highways add “length of countryside road”. (the same as following tables).

# 16-4 分地区运输线路长度(2018年)
# Length of Transport Routes at Year-End by Region (2018)

单位：公里 (km)

| 地区 | Region | 公路里程 Total Length of Highways | 等级公路 Expressway and Class I to IV Highways | #高速 Express way | #一级 First Class | #二级 Second Class | 等外公路 Highways Below Class IV |
|---|---|---|---|---|---|---|---|
| **全省** | **Total** | **167115.7** | **142959.4** | **4511.8** | **2729.2** | **11930.9** | **24156.3** |
| 哈尔滨 | Harbin | 25692.7 | 23605.9 | 877.2 | 437.8 | 1337.2 | 2086.8 |
| 齐齐哈尔 | Qiqihar | 24174.2 | 21856.6 | 600.4 | 309.4 | 1268.7 | 2317.7 |
| 鸡西 | Jixi | 9330.9 | 7646.4 | 361.7 | 126.9 | 638.8 | 1684.5 |
| 鹤岗 | Hegang | 6015.0 | 4311.1 | 10.3 | 124.4 | 324.6 | 1703.9 |
| 双鸭山 | Shuangyashan | 9090.5 | 6112.6 | 163.7 | 95.0 | 870.3 | 2977.9 |
| 大庆 | Daqing | 8936.0 | 7361.8 | 249.6 | 300.1 | 686.9 | 1574.2 |
| 伊春 | Yichun | 7241.1 | 6962.4 | 132.8 | 70.8 | 1033.4 | 278.7 |
| 佳木斯 | Jiamusi | 15879.2 | 11074.9 | 605.4 | 136.4 | 1190.7 | 4804.3 |
| 七台河 | Qitaihe | 2567.9 | 2109.5 | 98.7 | 57.2 | 212.1 | 458.4 |
| 牡丹江 | Mudanjiang | 12681.6 | 11792.5 | 447.9 | 308.6 | 1053.6 | 889.1 |
| 黑河 | Heihe | 16005.6 | 12801.0 | 526.4 | 118.5 | 1094.4 | 3204.6 |
| 绥化 | Suihua | 22239.3 | 20091.3 | 437.6 | 367.1 | 1129.0 | 2148.0 |
| 大兴安岭 | Daxinganling | 7261.8 | 7233.6 | | 277.1 | 1091.2 | 28.2 |

# 16-5 运输线路质量
# Quality of Transport Routes

| 指标 | Item | 2014 | 2015 | 2016 | 2017 | 2018 |
|---|---|---|---|---|---|---|
| **铁路营业里程(公里)** | **Length of Railways in Operation (km)** | **5158** | **5372** | **5372** | **5371** | **6031** |
| #复线里程(公里) | #Double-Tracking Length (km) | 1711 | 2098 | 2165 | 2163 | 2826 |
| 复线里程比重(%) | Proportion (%) | 33.2 | 39.1 | 40.3 | 40.3 | 46.9 |
| #自动闭塞里程(公里) | #Automatic Blocking Length (km) | 2199 | 2617 | 2617 | 2696 | 3360 |
| 自动闭塞里程比重(%) | Proportion (%) | 42.6 | 48.7 | 48.7 | 50.2 | 55.7 |
| **公路线路里程(公里)** | **Length of Highways (km)** | **162464** | **163233** | **164502** | **165989** | **167116** |
| #有路面里程(公里) | #Paved Highways (km) | 135096 | 137551 | 139658 | 141809 | 144024 |
| 有路面里程比重(%) | Proportion (%) | 83.2 | 84.3 | 84.9 | 85.4 | 86.2 |
| **内河航道里程(公里)** | **Length of Navigable Inland Waterways (km)** | **5562** | **5562** | **5562** | **5562** | **5562** |
| #水深一米以上(公里) | #Upwards of one meter (km) | 3347 | 3347 | 3347 | 3347 | 3347 |
| 水深一米以上比重(%) | Proportion (%) | 60.1 | 60.1 | 60.1 | 60.1 | 60.1 |

注：铁路里程为中国铁路哈尔滨局集团有限公司在黑龙江省境内数据。
a) Length of Railways in Operation is data of China Railway Harbin Group Co., Ltd. in churchyard of Heilongjiang Province.

# 16-6　客运量
# Passenger Traffic

单位：万人 (10000 persons)

| 年　份 Year | 合　计 Total | 铁　路 Railways | 公　路 Highways | 水　运 Waterways | 民　航 Civil Aviation |
|---|---|---|---|---|---|
| 1978 | 13368 | 7707 | 5560 | 99 | 2 |
| 1979 | 14172 | 8329 | 5756 | 84 | 3 |
| 1980 | 14947 | 8963 | 5896 | 84 | 4 |
| 1981 | 15997 | 9806 | 6076 | 111 | 4 |
| 1982 | 17503 | 10566 | 6843 | 89 | 5 |
| 1983 | 18826 | 11281 | 7411 | 130 | 4 |
| 1984 | 20605 | 12111 | 8362 | 126 | 6 |
| 1985 | 20347 | 11625 | 8562 | 142 | 18 |
| 1986 | 21132 | 11413 | 9566 | 124 | 29 |
| 1987 | 26262 | 11697 | 14404 | 130 | 31 |
| 1988 | 26128 | 12689 | 13268 | 133 | 38 |
| 1989 | 25164 | 11999 | 13021 | 103 | 41 |
| 1990 | 22822 | 9855 | 12840 | 81 | 46 |
| 1991 | 23823 | 9938 | 13754 | 66 | 65 |
| 1992 | 23786 | 10573 | 13058 | 58 | 97 |
| 1993 | 22852 | 11658 | 11026 | 51 | 117 |
| 1994 | 23211 | 12231 | 10819 | 34 | 127 |
| 1995 | 23586 | 11881 | 11506 | 37 | 162 |
| 1996 | 38731 | 9515 | 29000 | 41 | 175 |
| 1997 | 45824 | 9604 | 36008 | 45 | 167 |
| 1998 | 47721 | 10070 | 37439 | 45 | 167 |
| 1999 | 48599 | 9847 | 38562 | 41 | 149 |
| 2000 | 49897 | 9819 | 39864 | 45 | 169 |
| 2001 | 50813 | 9692 | 40900 | 39 | 182 |
| 2002 | 51027 | 9188 | 41490 | 137 | 212 |
| 2003 | 47961 | 8207 | 39347 | 176 | 231 |
| 2004 | 51425 | 8724 | 42170 | 233 | 298 |
| 2005 | 55649 | 8251 | 46808 | 240 | 350 |
| 2006 | 60470 | 8801 | 51023 | 253 | 393 |
| 2007 | 64820 | 9495 | 54592 | 257 | 476 |
| 2008 | 41969 | 9872 | 31379 | 176 | 542 |
| 2009 | 43961 | 10000 | 32947 | 285 | 729 |
| 2010 | 47612 | 10468 | 36001 | 292 | 851 |
| 2011 | 51262 | 10604 | 39424 | 312 | 923 |
| 2012 | 53353 | 10380 | 41551 | 329 | 1093 |
| 2013 | 46761 | 10056 | 35102 | 357 | 1246 |
| 2014 | 48258 | 10041 | 36379 | 366 | 1472 |
| 2015 | 44480 | 9794 | 32632 | 372 | 1682 |
| 2016 | 41254 | 10454 | 28550 | 355 | 1895 |
| 2017 | 36855 | 10386 | 23917 | 341 | 2211 |
| 2018 | 33983 | 10493 | 20739 | 307 | 2445 |

注：1.2008年，交通运输部组织开展了全国公路水路运输量专项调查。统计口径发生较大变化，公路、水运数据不宜进行历史对比(下同)。
2.根据交通部2013年专项调查，对2013年公路、水路客(货)运量进行了修订(下同)。
3.从1985至今,民航数据统计口径为旅客吞吐量,即进出港人数。

a) In 2008, the Department of Transportation organized special investigation on national highway and waterway traffic. Changes in statistical large-caliber, highways, waterways historical data should not be compared (the same below).
b) According to Ministry of Transportation special investigation in 2013,the 2013 highway and waterway passenger(cargo) traffic has been revised (the same below).
c) From 1985 to now, the statistical caliber of civil aviation data is passenger throughput, that is, the number of inbound and outbound passengers.

# 16-7 旅客周转量
# Passenger-Kilometers

单位：亿人公里 (100 million passenger-km)

| 年 份<br>Year | 合 计<br>Total | 铁 路<br>Railways | 公 路<br>Highways | 水 运<br>Waterways | 民 航<br>Civil Aviation |
|---|---|---|---|---|---|
| 1978 | 90.7 | 72.2 | 17.5 | 0.7 | 0.3 |
| 1979 | 97.5 | 78.7 | 17.9 | 0.6 | 0.2 |
| 1980 | 102.7 | 83.5 | 18.4 | 0.6 | 0.2 |
| 1981 | 110.7 | 90.8 | 18.9 | 0.9 | 0.1 |
| 1982 | 119.7 | 97.2 | 21.8 | 0.6 | 0.2 |
| 1983 | 130.8 | 106.1 | 23.8 | 0.9 | 0.1 |
| 1984 | 146.4 | 118.2 | 27.2 | 0.8 | 0.2 |
| 1985 | 162.6 | 132.0 | 29.5 | 0.9 | 0.2 |
| 1986 | 176.5 | 140.1 | 35.4 | 0.7 | 0.2 |
| 1987 | 209.2 | 151.8 | 56.3 | 0.7 | 0.4 |
| 1988 | 227.9 | 174.0 | 52.9 | 0.7 | 0.4 |
| 1989 | 215.5 | 162.4 | 52.1 | 0.5 | 0.5 |
| 1990 | 183.6 | 131.6 | 50.3 | 0.4 | 1.3 |
| 1991 | 195.5 | 138.5 | 54.7 | 0.4 | 1.9 |
| 1992 | 212.1 | 155.7 | 50.9 | 0.3 | 5.2 |
| 1993 | 225.6 | 169.3 | 43.0 | 0.3 | 13.0 |
| 1994 | 225.3 | 171.8 | 42.9 | 0.2 | 10.4 |
| 1995 | 228.8 | 169.2 | 47.8 | 0.2 | 11.6 |
| 1996 | 280.3 | 141.9 | 126.8 | 0.2 | 11.4 |
| 1997 | 336.7 | 151.9 | 173.0 | 0.2 | 11.6 |
| 1998 | 355.5 | 156.0 | 186.9 | 0.1 | 12.5 |
| 1999 | 376.3 | 158.5 | 206.7 | 0.1 | 11.0 |
| 2000 | 388.8 | 160.9 | 214.5 | 0.1 | 13.3 |
| 2001 | 396.2 | 163.3 | 219.0 | 0.1 | 13.8 |
| 2002 | 400.3 | 163.2 | 221.8 | 0.1 | 15.2 |
| 2003 | 389.7 | 149.2 | 203.3 | 0.3 | 36.9 |
| 2004 | 444.7 | 171.0 | 225.8 | 0.3 | 47.6 |
| 2005 | 483.2 | 175.2 | 254.3 | 0.3 | 53.4 |
| 2006 | 536.5 | 192.5 | 280.6 | 0.3 | 63.1 |
| 2007 | 603.8 | 210.6 | 313.9 | 0.3 | 79.0 |
| 2008 | 524.1 | 220.7 | 213.6 | 0.3 | 89.5 |
| 2009 | 575.5 | 232.3 | 226.9 | 0.3 | 116.0 |
| 2010 | 627.8 | 252.3 | 243.2 | 0.3 | 132.0 |
| 2011 | 678.3 | 259.7 | 273.9 | 0.4 | 144.3 |
| 2012 | 733.9 | 254.7 | 296.8 | 0.4 | 182.0 |
| 2013 | 679.2 | 250.2 | 216.1 | 0.4 | 212.5 |
| 2014 | 736.4 | 254.1 | 231.2 | 0.4 | 250.7 |
| 2015 | 762.5 | 251.1 | 229.6 | 0.4 | 281.4 |
| 2016 | 805.5 | 270.5 | 200.1 | 0.4 | 334.5 |
| 2017 | 845.5 | 274.5 | 177.1 | 0.4 | 393.5 |
| 2018 | 867.3 | 278.9 | 154.1 | 0.4 | 433.9 |

# 16-8 货运量
# Freight Traffic

单位：万吨

| 年 份<br>Year | 合 计<br>Total | 铁 路<br>Railways | 公 路<br>Highways | 水 运<br>Waterways | 民 航<br>Civil Aviation | 管 道<br>Pipelines |
|---|---|---|---|---|---|---|
| 1978 | 20659 | 8592 | 7888 | 314 | 0.1 | 3865 |
| 1979 | 20882 | 9101 | 7562 | 296 | 0.1 | 3923 |
| 1980 | 20600 | 9387 | 6897 | 287 | 0.1 | 4029 |
| 1981 | 20025 | 9321 | 6329 | 288 | 0.1 | 4087 |
| 1982 | 20096 | 9952 | 5720 | 314 | 0.1 | 4110 |
| 1983 | 19780 | 10436 | 4825 | 358 | 0.1 | 4161 |
| 1984 | 19185 | 10731 | 3752 | 383 | 0.2 | 4319 |
| 1985 | 23000 | 11341 | 6735 | 415 | 0.5 | 4508 |
| 1986 | 29927 | 11627 | 13386 | 442 | 0.6 | 4471 |
| 1987 | 33255 | 11722 | 16552 | 509 | 0.8 | 4471 |
| 1988 | 35900 | 11709 | 19180 | 539 | 1.0 | 4471 |
| 1989 | 37268 | 12389 | 20009 | 524 | 1.1 | 4345 |
| 1990 | 40062 | 12920 | 22239 | 516 | 1.3 | 4386 |
| 1991 | 38149 | 13108 | 20164 | 505 | 1.2 | 4371 |
| 1992 | 38393 | 13069 | 20416 | 556 | 1.6 | 4350 |
| 1993 | 37430 | 12947 | 19518 | 628 | 1.7 | 4335 |
| 1994 | 37222 | 13248 | 18857 | 699 | 2.2 | 4416 |
| 1995 | 37741 | 13607 | 19281 | 626 | 2.5 | 4224 |
| 1996 | 55570 | 13659 | 37000 | 650 | 3.0 | 4258 |
| 1997 | 59252 | 14290 | 40023 | 753 | 3.0 | 4183 |
| 1998 | 55338 | 12248 | 38291 | 651 | 2.8 | 4145 |
| 1999 | 56567 | 12877 | 38685 | 825 | 2.7 | 4177 |
| 2000 | 57214 | 12959 | 39685 | 788 | 3.2 | 3779 |
| 2001 | 58051 | 13671 | 39900 | 750 | 2.4 | 3728 |
| 2002 | 58005 | 13258 | 40317 | 708 | 2.9 | 3719 |
| 2003 | 57489 | 14118 | 39031 | 1052 | 3.2 | 3285 |
| 2004 | 59966 | 14975 | 40712 | 1156 | 3.6 | 3119 |
| 2005 | 64612 | 15959 | 44376 | 1301 | 4.2 | 2972 |
| 2006 | 68880 | 15859 | 48389 | 1389 | 4.6 | 3238 |
| 2007 | 73123 | 16599 | 51996 | 1250 | 5.4 | 3272 |
| 2008 | 56805 | 17511 | 35424 | 757 | 6.0 | 3107 |
| 2009 | 57046 | 16558 | 36486 | 978 | 6.8 | 3017 |
| 2010 | 61950 | 17463 | 40582 | 1015 | 7.6 | 2883 |
| 2011 | 66449 | 17378 | 44420 | 1118 | 8.2 | 3525 |
| 2012 | 68450 | 16170 | 47465 | 1175 | 9.2 | 3631 |
| 2013 | 64317 | 14101 | 45288 | 1245 | 9.9 | 3673 |
| 2014 | 65194 | 11442 | 47173 | 1262 | 11.3 | 5306 |
| 2015 | 59591 | 8866 | 44200 | 1245 | 12.2 | 5268 |
| 2016 | 58697 | 9420 | 42897 | 1130 | 13.0 | 5237 |
| 2017 | 61135 | 10889 | 44127 | 1110 | 12.6 | 4996 |
| 2018 | 62317 | 11142 | 42943 | 890 | 13.0 | 7329 |

注：2014年管道货运统计口径调整，与往年不可比。

a) Pipelines freight statistical standards of 2014 were adjusted, not comparable with previous years.

# 16-9　货物周转量
# Freight Ton-Kilometers

单位：亿吨公里　　　　(100 million ton-km)

| 年份 Year | 合计 Total | 铁路 Railways | 公路 Highways | 水运 Waterways | 民航 Civil Aviation | 管道 Pipelines |
|---|---|---|---|---|---|---|
| 1978 | 441.1 | 376.9 | 11.1 | 7.8 | | 45.3 |
| 1979 | 462.0 | 398.4 | 10.1 | 7.5 | | 46.0 |
| 1980 | 486.3 | 419.2 | 12.2 | 7.6 | | 47.3 |
| 1981 | 504.4 | 420.7 | 27.5 | 8.3 | | 47.9 |
| 1982 | 524.3 | 455.2 | 12.4 | 8.5 | | 48.2 |
| 1983 | 564.2 | 494.4 | 10.3 | 10.7 | | 48.8 |
| 1984 | 581.4 | 509.4 | 9.7 | 11.6 | | 50.7 |
| 1985 | 633.9 | 559.9 | 18.2 | 13.9 | | 41.9 |
| 1986 | 697.7 | 598.1 | 34.3 | 13.8 | | 51.5 |
| 1987 | 739.8 | 629.1 | 44.1 | 15.1 | | 51.5 |
| 1988 | 758.3 | 639.4 | 51.1 | 15.8 | | 52.0 |
| 1989 | 810.8 | 689.6 | 54.9 | 16.0 | | 50.3 |
| 1990 | 832.5 | 706.5 | 59.6 | 16.4 | | 50.0 |
| 1991 | 836.5 | 713.0 | 57.7 | 16.2 | | 49.6 |
| 1992 | 842.2 | 717.0 | 59.8 | 16.1 | | 49.3 |
| 1993 | 846.0 | 724.9 | 55.9 | 16.1 | | 49.1 |
| 1994 | 856.6 | 731.3 | 57.0 | 18.5 | | 49.8 |
| 1995 | 867.9 | 748.3 | 55.9 | 16.1 | | 47.6 |
| 1996 | 950.6 | 754.3 | 129.0 | 19.5 | 0.1 | 47.7 |
| 1997 | 1005.5 | 801.3 | 136.0 | 21.4 | 0.1 | 46.7 |
| 1998 | 889.5 | 684.7 | 140.4 | 18.5 | 0.1 | 45.8 |
| 1999 | 937.1 | 715.2 | 156.7 | 20.5 | 0.2 | 44.5 |
| 2000 | 943.0 | 718.5 | 161.9 | 19.5 | 0.3 | 42.8 |
| 2001 | 975.0 | 747.2 | 166.0 | 17.5 | 0.3 | 44.0 |
| 2002 | 976.2 | 748.3 | 167.5 | 16.2 | 0.3 | 43.9 |
| 2003 | 1015.1 | 788.6 | 163.1 | 19.3 | 1.0 | 43.1 |
| 2004 | 1122.0 | 856.9 | 203.8 | 18.9 | 1.1 | 41.3 |
| 2005 | 1180.6 | 898.7 | 227.6 | 20.0 | 0.8 | 33.5 |
| 2006 | 1228.6 | 917.8 | 252.1 | 21.2 | 1.0 | 36.5 |
| 2007 | 1297.7 | 956.1 | 289.9 | 13.6 | 1.1 | 37.0 |
| 2008 | 1704.3 | 1006.5 | 653.2 | 8.5 | 1.2 | 34.9 |
| 2009 | 1655.8 | 956.6 | 657.1 | 6.8 | 1.3 | 34.0 |
| 2010 | 1852.1 | 1032.9 | 762.4 | 7.0 | 1.4 | 48.4 |
| 2011 | 1984.8 | 1092.3 | 843.5 | 7.4 | 1.6 | 40.0 |
| 2012 | 2020.8 | 1041.1 | 929.0 | 7.6 | 1.8 | 41.3 |
| 2013 | 1952.7 | 928.3 | 972.9 | 7.9 | 2.0 | 41.6 |
| 2014 | 1979.5 | 775.4 | 1008.5 | 7.9 | 2.2 | 185.4 |
| 2015 | 1725.4 | 593.6 | 929.3 | 8.1 | 2.3 | 192.1 |
| 2016 | 1729.0 | 620.0 | 904.8 | 7.3 | 2.6 | 194.3 |
| 2017 | 1849.8 | 736.2 | 913.5 | 7.0 | 2.6 | 190.5 |
| 2018 | 1919.5 | 783.8 | 810.7 | 6.1 | 2.7 | 316.2 |

# 16-10 铁路按货物种类分的货运量和货物周转量
# Railway Freight Traffic and Freight Ton-Kilometers by Category of Cargo

| 类别 | Category | 货运量 (万吨) Freight Traffic (10000 tons) | | 货物周转量 (百万吨公里) Freight Ton-km (million ton-km) | | 平均运距 (公里) Average Transport Distance (km) | |
|---|---|---|---|---|---|---|---|
| | | 2017 | 2018 | 2017 | 2018 | 2017 | 2018 |
| **总 计** | **Total** | **20704** | **21347** | **102896** | **111213** | **497** | **521** |
| 煤 | Coal | 9666 | 10448 | 61201 | 68062 | 633 | 651 |
| 焦 炭 | Coke | 576 | 586 | 3617 | 3727 | 628 | 636 |
| 石 油 | Petroleum | 1124 | 1093 | 3741 | 3433 | 333 | 314 |
| 钢 铁 | Steel and Iron | 473 | 681 | 1906 | 2423 | 403 | 356 |
| 金属矿石 | Metal Ores | 747 | 781 | 4433 | 4473 | 593 | 573 |
| 非金属矿石 | Nonmetal Ores | 390 | 289 | 772 | 586 | 198 | 203 |
| 矿建材料 | Mineral Building Materials | 951 | 694 | 2504 | 1827 | 263 | 263 |
| 水 泥 | Cement | 195 | 186 | 344 | 306 | 177 | 165 |
| 木 材 | Timber | 1796 | 1506 | 3708 | 3030 | 206 | 201 |
| 化肥和农药 | Chemical Fertilizers and Pesticides | 668 | 512 | 3421 | 3081 | 512 | 602 |
| 粮 食 | Grain | 2294 | 2362 | 10010 | 11018 | 436 | 466 |
| 其 他 | Others | 1824 | 2209 | 7239 | 9247 | 397 | 419 |

注：本表为中国铁路哈尔滨局集团有限公司数据。
a) Figures in this table are the data of China Railway Harbin Group Co., Ltd..

# 16-11 信息传输基本情况
# Basic Conditions of Information Transfer

| 指 标 | Item | 2014 | 2015 | 2016 | 2017 | 2018 |
|---|---|---|---|---|---|---|
| 电信业务总量(亿元) | Business Volume of Telecommunications Service(100 million yuan) | 385.9 | 459.3 | 320.3 | 597.3 | 1129.5 |
| 固定电话用户(万户) | Number of Fixed Telephone Subscribers at Year-end(10000 subscribers) | 640.5 | 596.0 | 497.4 | 430.3 | 354.4 |
| 城市电话用户(万户) | Urban Fixed Telephones Subscribers(10000 subscribers) | 536.6 | 503.8 | 430.7 | 376.9 | 312.5 |
| 农村电话用户(万户) | Rural Fixed Telephones Subscribers | 103.9 | 92.2 | 66.8 | 53.4 | 41.9 |
| 移动电话用户(万户) | Number of Mobile Telephones Subscribers(10000 subscribers) | 3457.8 | 3329.8 | 3445.6 | 3657.1 | 3833.6 |
| #3G移动电话用户 | #3G Mobile Phone Subscribers | 1094.4 | 705.6 | 483.9 | 399.8 | 385.5 |
| #4G移动电话用户 | #4G Mobile Phone Subscribers | 165.1 | 845.7 | 1691.8 | 2299.8 | 2615.8 |
| 移动电话通话时长(亿分钟) | Time of Mobile Telephones Conversation(100 million minutes) | 1567 | 1516.3 | 1438.3 | 1314 | 1189 |
| 物联网用户(万户) | Number of The Internet of Things (10000 subscribers) | 47.2 | 64 | 118.13 | 319.3 | 832.1 |
| 固定互联网络用户(万户) | Number of Subscribers of Internet Service(10000 subscribers) | 484.6 | 519.5 | 575.1 | 664.6 | 810.7 |
| 长途光缆线路长度(公里) | Length of Long-distance Optical Cable Lines(km) | 45619 | 46513 | 50222 | 53800 | 56574 |

# 16-12 铁路运输技术经济主要指标
# Principle Economic and Technical Indicators of Railway Transport

| 指 标 | Item | 2014 | 2015 | 2016 | 2017 | 2018 |
|---|---|---|---|---|---|---|
| 货运机车日产量(万吨公里) | Average Daily Ton-kilometers of Freight Locomotives (10000 ton-km) | 153.6 | 152.6 | 155.9 | 159.3 | 165.2 |
| 内燃机车 | Diesel Locomotives | 146.8 | 147.0 | 151.9 | 153.4 | 121.3 |
| 电力机车 | Electric Locomotives | 270.2 | 249.9 | 193.7 | 187.3 | 249.0 |
| 货运机车平均牵引总重(吨) | Average Total Tonnage of Freight Locomotives (ton) | 3119 | 3101 | 3083 | 3072 | 3120 |
| 内燃机车 | Diesel Locomotives | 3053 | 3044 | 3044 | 3006 | 2899 |
| 电力机车 | Electric Locomotives | 3924 | 3855 | 3418 | 3371 | 3362 |
| 货运机车日车公里(公里) | Daily Distance per Freight Locomotive (km) | 554 | 554 | 566 | 575 | 592 |
| 客运机车日车公里(公里) | Daily Distance per Passenger Locomotive (km) | 785 | 791 | 827 | 858 | 860 |
| 内燃机车每万吨公里耗油(公斤) | Oil Consumption of Diesel Locomotives (kg/10000 ton-km) | 23.7 | 24.7 | 26.0 | 25.4 | 28.2 |
| 电力机车每万吨公里耗电(千瓦小时) | Electricity Consumption of Electric Locomotives (kwh/10000 ton-km) | 104.4 | 120.3 | 129.5 | 114.4 | 103.0 |
| 货物列车出发正点率(%) | Punctuality Rate of Freight Trains at Departure(%) | 99.5 | 99.5 | 99.5 | 99.4 | 99.4 |
| 货物列车运行正点率(%) | Punctuality Rate of Freight Trains in Running(%) | 99.5 | 99.5 | 99.4 | 99.2 | 99.2 |
| 旅客列车出发正点率(%) | Punctuality Rate of Passenger Trains at Departure(%) | 100.0 | 100.0 | 100.0 | 100.0 | 100.0 |
| 旅客列车运行正点率(%) | Punctuality Rate of Passenger Trains in Running(%) | 99.9 | 99.9 | 99.9 | 99.9 | 99.9 |
| 货物列车技术速度(公里/小时) | Technical Speed of Freight Trains(km/hour) | 50.6 | 51.0 | 51.7 | 52.9 | 56.1 |
| 货物列车运行速度(公里/小时) | Running Speed of Freight Trains(km/hour) | 40.2 | 41.5 | 40.7 | 41.7 | 44.8 |
| 货运密度(万吨/公里) | Density of Freight Transport(10000 tons/km) | 1545 | 1225 | 1245 | 1472 | 1591 |
| 旅客列车技术速度(公里/小时) | Technical Speed of Passenger Trains(km/hour) | 69.5 | 69.5 | 73.4 | 76.9 | 78.1 |
| 旅客列车运行速度(公里/小时) | Running Speed of Passenger Trains(km/hour) | 61.4 | 61.6 | 65.4 | 68.9 | 70.1 |
| 客运密度(万人/公里) | Density of Passenger Transport(10000 passengers/km) | 399.2 | 327.9 | 410.5 | 409.9 | 379.6 |
| 每万吨货运量拥有货车数(辆) | Number of Freight Cars per 10000 Tons(coach) | 1027.6 | 1115.8 | 947.4 | 1027.9 | 1035.9 |
| 每百万货物吨公里拥有货车数(辆) | Number of Freight Cars per million Ton-km(unit) | 179.9 | 203.4 | 180.6 | 185.6 | 180.7 |
| 货车周转时间(天) | Turning Around Time of Freight Cars(day) | 2.9 | 2.6 | 2.6 | 3.1 | 3.1 |
| 一次货物作业时间(小时) | Handling Time of Freight(hour) | 18.6 | 18.8 | 18.6 | 19.8 | 20.0 |
| 每车中转停留时间(小时) | Transfer Waiting Time per Car(hour) | 6.5 | 6.0 | 5.3 | 5.9 | 6.1 |
| 货车净载重(准轨)(吨) | Static Load of Freight Cars(Standard Gauge)(ton) | 63.2 | 62.4 | 59.8 | 59.5 | 60.4 |

注：本表为中国铁路哈尔滨局集团有限公司数据。
a) Figures in this table are the data of China Railway Harbin Group Co., Ltd..

# 16-13 主要交通运输工具拥有量
## Number of Major Means of Transportation

| 指　标 | Item | 2014 | 2015 | 2016 | 2017 | 2018 |
|---|---|---|---|---|---|---|
| **铁路机车(台)** | **Railway Locomotives (unit)** | **1130** | **1078** | **1089** | **1194** | **1135** |
| #内燃机车 | # Diesel Locomotives | 1128 | 1050 | 1018 | 985 | 888 |
| 电力机车 | Electric Locomotives | 2 | 28 | 71 | 209 | 247 |
| **铁路客车(辆)** | **Railway Passenger Coaches (coach)** | **4573** | **5178** | **5135** | **5040** | **5023** |
| #软卧车 | # Soft Berth Coaches | 373 | 417 | 435 | 579 | 439 |
| 硬卧车 | Hard Berth Coaches | 1640 | 1920 | 1979 | 1470 | 1925 |
| 软座车 | Soft Seat Coaches | 446 | 560 | 576 | 435 | 647 |
| 硬座车 | Hard Seat Coaches | 1511 | 1673 | 1491 | 1972 | 1439 |
| **载货汽车(辆)** | **Trucks (coach)** | **617730** | **603118** | **613708** | **610734** | **647419** |
| 普通载货汽车 | Ordinary Trucks | 339170 | 333240 | 341747 | 340329 | 358500 |
| 专用载货汽车 | Special Trucks | 278560 | 269878 | 271961 | 270405 | 288919 |
| #集装箱 | # Containers | 24 | 13 | 8 | 3 | 3 |
| #私　人 | # Private-owned | 416650 | 419209 | 436281 | 436944 | 462735 |
| **特种汽车(辆)** | **Special Motor Vehicles (unit)** | **24912** | **24094** | **22901** | **21437** | **20951** |
| **载客汽车(辆)** | **Passenger Vehicles (coach)** | **2583428** | **2886922** | **3301301** | **3715728** | **4098669** |
| #私　人 | # Private-owned | 2227067 | 2565008 | 2999521 | 3415401 | 3787443 |
| **民用轮驳船(艘)** | **Civil Transport Vessels (unit)** | **351** | **350** | **335** | **315** | **290** |
| **民用飞机(架)** | **Civil Aircrafts (unit)** | **170** | **180** | **220** | **258** | **268** |

# 16-14 民用车辆拥有量(2018年)
## Number of Civil Motor Vehicles Owned(2018)

单位：辆 (coach)

| 指　标 | Item | 总计 Total | #个人 Individual | 营运 Working | 非营运 non-Working | 校车 Schoolbus | #特种 Special |
|---|---|---|---|---|---|---|---|
| **合　计** | **Total** | **6856906** | **4648782** | **751183** | **4486171** | **5144** | **21462** |
| **汽　车** | **Automobile** | **4786040** | **4268339** | **630456** | **4150440** | **5144** | **20951** |
| 载客汽车 | Passenger Vehicles | 4098669 | 3787443 | 160747 | 3932778 | 5144 | 17595 |
| 大　型 | Large-sized | 49927 | 5163 | 35101 | 11100 | 3726 | 471 |
| 中　型 | Medium-sized | 21522 | 8159 | 2738 | 17374 | 1410 | 1126 |
| 小　型 | Small-sized | 3994284 | 3742812 | 122714 | 3871562 | 8 | 15949 |
| 微　型 | Mini-sized | 32936 | 31309 | 194 | 32742 |  | 49 |
| #轿　车 | # Car | 2646547 | 2489282 | 117848 | 2528699 |  | 9258 |
| 载货汽车 | Trucks | 647419 | 462735 | 452370 | 195049 |  | 2116 |
| 重　型 | Heavy-sized | 193900 | 90009 | 185657 | 8243 |  | 273 |
| 中　型 | Medium-sized | 44098 | 32732 | 39964 | 4134 |  | 264 |
| 轻　型 | Light-sized | 408736 | 339416 | 226544 | 182192 |  | 1579 |
| 微　型 | Mini-sized | 685 | 578 | 205 | 480 |  |  |
| #普通载货 | #Accommodation Trucks | 358500 | 298773 | 199146 | 159354 |  | 1861 |
| 其它汽车 | Others | 39952 | 18161 | 17339 | 22613 |  | 1240 |
| **摩托车** | **Motorcycle** | **356745** | **354443** | **23208** | **333537** |  | **478** |
| 普　通 | Ordinary | 349405 | 347129 | 23188 | 326217 |  | 478 |
| 轻　便 | Light | 7340 | 7314 | 20 | 7320 |  |  |
| **拖拉机** | **Tractor** | **1614408** |  |  |  |  |  |
| 大中型 | Large and Medium-sized | 557279 |  |  |  |  |  |
| 小　型 | Small-sized | 1057129 |  |  |  |  |  |
| **挂　车** | **Trailer** | **98020** |  |  |  |  | **9** |
| **其它类型车** | **Others** | **1693** |  |  |  |  | **24** |

# 16-15 邮电业务量

| 年份 Year / 地区 Region | | 邮电业务总量(亿元) Business Volume of Postal and Telecommunication Services (100 million yuan) | 邮政业务总量 Business Volume of Postal Services | 电信业务总量 Business Volume of Telecommunication Services | 函件(万件) Number of Letters (10000 pcs) | 包裹(万件) Package (10000 pcs) | 快递业务(万件) Pieces of Express Mail Services (10000 pcs) | 报刊期发数(万份) Issue of Newspapers and Magazines (10000 copies) |
|---|---|---|---|---|---|---|---|---|
| 2009 | | 697.8 | 40.2 | 657.6 | 8667.7 | 232.1 | 2052.9 | 377.0 |
| 2010 | | 823.4 | 47.0 | 776.4 | 9305.1 | 237.6 | 2308.2 | 367.7 |
| 2011 | | 307.7 | 30.1 | 277.6 | 7772.0 | 253.4 | 3066.0 | 446.3 |
| 2012 | | 329.2 | 32.4 | 296.8 | 7057.5 | 234.4 | 3623.5 | 607.0 |
| 2013 | | 377.0 | 39.2 | 337.8 | 8681.0 | 240.5 | 5393.9 | 323.8 |
| 2014 | | 430.5 | 44.6 | 385.9 | 6842.1 | 117.5 | 7014.6 | 312.3 |
| 2015 | | 511.5 | 52.2 | 459.3 | 4609.1 | 87.3 | 12636.8 | 297.3 |
| 2016 | | 389.0 | 68.7 | 320.3 | 3659.2 | 64.6 | 21769.8 | 255.2 |
| 2017 | | 676.7 | 79.4 | 597.3 | 3725.8 | 54.1 | 23185.6 | 240.0 |
| 2018 | | 1223.2 | 93.7 | 1129.5 | 2980.4 | 52.3 | 30177.2 | 237.0 |
| 哈尔滨 | Harbin | 530.1 | 48.4 | 481.7 | 2297.8 | 17.7 | 21684.8 | 69.3 |
| 齐齐哈尔 | Qiqihar | 113.7 | 6.3 | 107.4 | 50.0 | 5.1 | 1090.1 | 20.3 |
| 鸡西 | Jixi | 41.8 | 3.8 | 38.0 | 22.9 | 1.7 | 466.9 | 11.1 |
| 鹤岗 | Hegang | 30.5 | 2.0 | 28.5 | 4.0 | 0.1 | 257.2 | 7.0 |
| 双鸭山 | Shuangyashan | 33.8 | 2.3 | 31.5 | 29.0 | 0.3 | 362.4 | 8.2 |
| 大庆 | Daqing | 129.1 | 5.9 | 123.2 | 322.9 | 5.0 | 1156.4 | 33.6 |
| 伊春 | Yichun | 25.1 | 2.0 | 23.1 | 9.9 | 2.6 | 379.0 | 6.7 |
| 佳木斯 | Jiamusi | 77.0 | 4.6 | 72.4 | 20.7 | 2.4 | 817.0 | 15.8 |
| 七台河 | Qitaihe | 24.1 | 0.9 | 23.2 | 3.9 | 0.4 | 180.9 | 3.6 |
| 牡丹江 | Mudanjiang | 73.9 | 8.0 | 65.9 | 39.3 | 10.0 | 1903.7 | 27.7 |
| 黑河 | Heihe | 42.3 | 3.2 | 39.1 | 69.7 | 0.8 | 844.3 | 13.4 |
| 绥化 | Suihua | 90.7 | 5.4 | 85.3 | 93.9 | 2.4 | 883.0 | 16.2 |
| 大兴安岭 | Daxinganling | 11.3 | 1.0 | 10.3 | 16.6 | 3.8 | 151.4 | 4.1 |

# Business Volume of Postal and Telecommunication Services

| 汇 票 (万笔) Postal Order (10000 times) | 集 邮 业 务 (万枚) Stamps for Collection (10000 pieces) | 邮路总长度 (单程) (万公里) Length of Postal Routes (10000 km) | #农村投递线路长度 Rural Delivery Routes | 邮 政 各类经营网点数(处) Number of Offices (unit) | #设在农村 # in Rural | 移动电话用 户 (万户) Number of Mobile Telephone Subscribers at Year-end (10000 subscribers) | #3G移动电话用户 3G Mobile Phone Subscribers | #4G移动电话用户 4G Mobile Phone Subscribers | 固定电话用 户 (万户) Number of Fixed Telephone Subscribers at Year-end (10000 subscribers) | 宽带接入用户 (万户) ADSL Subscribers of Internet Service (10000 subscribers) |
|---|---|---|---|---|---|---|---|---|---|---|
| 502.9 | 3637.0 | | | 1513 | 979 | 1865.9 | 19.2 | | 870.2 | 277.2 |
| 534.1 | 3477.5 | | | 1552 | 925 | 2243.0 | 90.4 | | 813.5 | 326.6 |
| 487.5 | 4090.0 | | | 1963 | 976 | 2566.0 | 268.8 | | 793.5 | 386.7 |
| 411.6 | 3838.3 | | | 1963 | 976 | 2663.9 | 471.7 | | 776.1 | 435.8 |
| 307.1 | 4105.9 | | | 1978 | 962 | 3020.4 | 837.4 | | 747.8 | 459.6 |
| 186.9 | 5389.8 | | | 1626 | 1041 | 3457.8 | 1094.4 | 165.1 | 640.5 | 492.5 |
| 130.5 | 6306.2 | 5.9 | | 4348 | 1521 | 3329.8 | 705.6 | 845.7 | 596.0 | 519.5 |
| 84.8 | 5777.4 | 15.3 | | 4714 | 1769 | 3445.6 | 483.9 | 1691.8 | 497.4 | 575.0 |
| 41.9 | 5162.0 | 17.8 | 11.9 | 5752 | 2307 | 3657.1 | 399.8 | 2299.8 | 430.3 | 664.6 |
| 20.0 | 4939.9 | 16.2 | 11.9 | 6155 | 2532 | 3833.6 | 385.5 | 2615.8 | 354.4 | 810.7 |
| | | | | | | | | | | |
| 7.9 | 1532.9 | 12.7 | 2.8 | 1972 | 681 | 1229.7 | 119.8 | 933.1 | 142.6 | 239.2 |
| 1.5 | 402.7 | 0.7 | 2.2 | 663 | 295 | 412.9 | 44.0 | 285.9 | 30.4 | 94.2 |
| 0.8 | 388.8 | 0.3 | 0.8 | 360 | 158 | 185.6 | 20.3 | 119.0 | 14.6 | 44.3 |
| 0.7 | 179.9 | 0.1 | 0.4 | 198 | 55 | 126.4 | 13.5 | 74.7 | 6.1 | 24.1 |
| 0.6 | 463.9 | 0.2 | 0.3 | 228 | 107 | 150.4 | 14.7 | 95.8 | 12.8 | 33.7 |
| 2.5 | 559.4 | 0.3 | 0.8 | 484 | 173 | 381.3 | 38.3 | 266.3 | 20.4 | 71.1 |
| 0.4 | 175.0 | 0.1 | 0.1 | 185 | 60 | 103.7 | 10.4 | 75.2 | 9.6 | 28.7 |
| 0.8 | 304.0 | 0.5 | 0.8 | 426 | 191 | 294.7 | 26.9 | 182.1 | 22.5 | 65.0 |
| 0.2 | 96.0 | 0.1 | 0.2 | 147 | 67 | 86.9 | 10.2 | 58.7 | 4.6 | 20.2 |
| 2.0 | 315.2 | 0.4 | 0.9 | 498 | 134 | 263.6 | 30.9 | 180.2 | 24.4 | 67.5 |
| 0.5 | 152.5 | 0.4 | 0.8 | 290 | 196 | 146.3 | 15.5 | 100.1 | 17.9 | 34.8 |
| 1.6 | 270.9 | 0.3 | 1.8 | 559 | 370 | 408.2 | 35.6 | 215.6 | 43.2 | 73.2 |
| 0.5 | 95.2 | 0.2 | 0.0 | 145 | 45 | 43.9 | 5.3 | 29.1 | 5.3 | 14.7 |

# 16-16 民用运输船舶拥有量
## Number of Transport Vessels Owned

| 指标 | Item | 总计 Total | | | #私人 Private | | |
|---|---|---|---|---|---|---|---|
| | | 2016 | 2017 | 2018 | 2016 | 2017 | 2018 |
| **合 计** | **Total** | **1543** | **1506** | **1438** | **1004** | **970** | **947** |
| **机动船(艘)** | **Motor Vessels (unit)** | **1208** | **1191** | **1148** | **846** | **820** | **801** |
| 载客量(客位) | Passenger Capacity (seat) | 20809 | 22295 | 22953 | 9376 | 10259 | 9368 |
| 净载重量(吨位) | Dead Weight Tonnage (ton) | 107531 | 162763 | 177766 | 16487 | 16143 | 15295 |
| 总功率(千瓦) | Total Power (kw) | 144017 | 163107 | 166184 | 56304 | 54515 | 52832 |
| 客船(艘) | Passenger Vessels (unit) | 630 | 627 | 605 | 447 | 435 | 425 |
| 载客量(客位) | Passenger Capacity (seat) | 18448 | 19934 | 21392 | 7015 | 7898 | 7807 |
| 净载重量(吨位) | Dead Weight Tonnage (ton) | 3515 | 3921 | 4872 | 3025 | 2975 | 2959 |
| 功率(千瓦) | Power (kw) | 53452 | 55454 | 56211 | 20381 | 20012 | 19593 |
| 客货船(艘) | Passenger- Cargo Vessels (unit) | 65 | 65 | 60 | 65 | 65 | 60 |
| 载客量(客位) | Passenger Capacity (seat) | 2361 | 2361 | 1561 | 2361 | 2361 | 1561 |
| 净载重量(吨位) | Dead Weight Tonnage (ton) | 3047 | 3047 | 2715 | 3047 | 3047 | 2715 |
| 功率(千瓦) | Power (kw) | 7243 | 7243 | 6475 | 7243 | 7243 | 6475 |
| 货船(艘) | Cargo Vessels (unit) | 346 | 344 | 339 | 240 | 230 | 228 |
| 净载重量(吨位) | Dead Weight Tonnage (ton) | 100969 | 155795 | 170179 | 10415 | 10121 | 9621 |
| 功率(千瓦) | Power (kw) | 41257 | 60896 | 66288 | 10400 | 10100 | 10000 |
| 拖船(艘) | Towages (unit) | 167 | 155 | 144 | 94 | 90 | 88 |
| 功率(千瓦) | Power (kw) | 42065 | 39514 | 37210 | 18010 | 17160 | 16764 |
| **驳船(艘)** | **Barges (unit)** | **335** | **315** | **290** | **158** | **150** | **146** |
| 净载重量(吨位) | Dead Weight Tonnage (ton) | 203360 | 193400 | 183265 | 38648 | 34648 | 33448 |

# 16-17 民用航空航线和飞机数量
## Number of Civil Aviation Routes and Civil Aircrafts

| 指标 | Item | 2014 | 2015 | 2016 | 2017 | 2018 |
|---|---|---|---|---|---|---|
| **民用航空航线数量(条)** | **Number of Civil Aviation Routes (unit)** | **214** | **220** | **257** | **304** | **340** |
| 国际航线 | International Routes | 24 | 28 | 35 | 27 | 23 |
| 国内航线 | Domestic Routes | 187 | 189 | 218 | 272 | 315 |
| 地区航线 | Regional Routes | 3 | 3 | 4 | 5 | 2 |
| **民用航空航线里程(公里)** | **Length of Civil Aviation Routes (km)** | **504510** | **524565** | **630482** | **756650** | **800021** |
| 国际航线 | International Routes | 42564 | 58513 | 93278 | 74304 | 55690 |
| 国内航线 | Domestic Routes | 454124 | 457924 | 526653 | 668449 | 738658 |
| 地区航线 | Regional Routes | 7822 | 8128 | 10551 | 13897 | 5673 |
| **民用飞机数量(架)** | **Number of Civil Aircrafts (unit)** | **170** | **180** | **220** | **258** | **268** |
| 运输飞机 | Aerotransport | 40 | 42 | 48 | 60 | 71 |
| 通用飞机 | General Aircraft | 130 | 138 | 172 | 198 | 197 |
| **通用飞行时间(小时)** | **Flying Time of General Aviation (hour)** | **28001** | **26712** | **28144** | **29838** | **33202** |
| 农林业航空作业 | Flight for Agriculture and Forestry | 8590 | 8150 | 8412 | 11120 | 11166 |
| 航空护林 | Forest Protection Service | 1518 | 1819 | 2333 | 2843 | 2469 |
| 其 他 | Others | 17893 | 16743 | 17399 | 15875 | 19567 |

# 主要统计指标解释

**铁路营业里程**　又称营业长度，指投入客货运输营业或临时营业的线路长度。

**电气化里程**　指具备了电力机车牵引条件，并已交付运营的线路里程。

**公路里程**　指报告期末公路的实际长度。统计范围：包括城间、城乡间、乡（村）间能行驶汽车的公共道路，公路通过城镇街道的里程，公路桥梁长度、隧道长度、渡口宽度。不包括城市街道里程，断头路里程，农（林）业生产用道路里程，工（矿）企业等内部道路里程。统计原则：按已竣工验收或交付使用的实际里程计算；两条或多条公路共同经由同一路段的重复里程，只计算一次。

**内河航道里程**　指在一定时期内，能通航运输船舶及排筏的天然河流、湖泊水库、运河及通航渠道的长度。包括全年季节性通航累计三个月以上的航道，不包括仅供零散流放竹、木排的河道。两省以河为界的航道里程，双方均按一半计算，以免重复。

**定期航班航线里程**　指定期航班营运里程的总长度，以万公里为计算单位。航线里程的统计分为按重复距离计算和按不重复距离计算两种形式。“按重复距离计算”是指不同航线的相同航段距离可以重复累加；“按不重复距离计算”则不同航线相同航段只统计一次。

**管道输油(气)里程**　指油、气、成品油等各类介质实际输送距离，是反映运输管线长度的指标，也是计算周转量的依据。对于有复线和备用线的地段，原则上按单线计算管输里程。双线同时输送又不能分开计量的情况下，管输里程为双线长度之和除以 2。

**货(客)运量**　指在一定时期内，各种运输工具实际运送的货物重量(旅客数量)。货运按吨计算，客运按人计算。货物不论运输距离长短、货物类别，均按实际重量统计。旅客不论行程远近或票价多少，均按一人一次客运量统计；半价票、儿童票也按一人统计。

**货(客)运密度**　指在一定时期内某种运输方式在营运线路的某一区段平均每公里线路通过的货物(旅客)运输周转量。计算公式为：

$$\text{货(客)运密度}=\frac{\text{货物(旅客)周转量}}{\text{营业线路长度}}$$

该指标可以反映交通运输线路上的货物(旅客)运输量运输繁忙程度，是平衡运输线路运输能力和通过能力，规划线路建设及改造、配备技术设备，研究运输网布局的重要依据。

**货物(旅客)周转量**　指在一定时期内，由各种运输工具运送的货物(旅客)数量与其相应运输距离的乘积之总和。该指标可以反映运输业生产的总成果，也是编制和检查运输生产计划，计算运输效率、劳动生产率以及核算运输单位成本的主要基础资料。计算货物周转量通常按发出站与到达站之间的最短距离，也就是计费距离计算。计算公式为：

$$\text{货物（旅客）周转量}=\Sigma\text{（货物（旅客）运输量}\times\text{运输距离）}$$

**铁路货车平均静载重**　指货物在装车时的静止装载重量。计算公式为：

货车平均静载重(吨)=货物发送吨数／装车数

**铁路货运机车日产量**　指在一定时期内，平均每台货运机车在一昼夜内所完成的总重吨公里数，包括载运货物的重量和车辆本身的自重。该指标从时间和牵引能力两方面反映了机车运用效率。计算公式为：

$$\text{货运机车平均日产量}=\frac{\text{货运总重吨公里数}}{\text{货运机车台日数}}$$

**港口货物吞吐量**　指经由水路进、出港区范围，并经过装卸的货物数量。按货物流向分为进港吞吐量和出港吞吐量，按货物的贸易性质分为内贸和外贸吞吐量。货物类别根据现行的交通行业《运输货物分类和代码》标准分类。

**民用运输船舶拥有量**　指报告期末在水路运输管理部门注册登记的从事水上客、货运输活动的我国企业或私人拥有的营业性运输船舶（含我国企业或私人拥有的悬挂外国旗的船舶）数量。不包括非运输船舶及农业、渔业生产船舶。

**民用汽车拥有量**　指报告期末，在公安交通管理部门按照《机动车注册登记工作规范》，已注册登记领有民用车辆牌照的全部汽车数量。汽车拥有量统计的主要分类：根据汽车结构分为载客汽车、载货汽车及其他汽车；根据汽车所有者不同分为个人(私人)汽车、单位汽车；根据汽车的使用性质分为营运汽车、非营运汽车；根据汽车大小规格不同，载客汽车分为大型、中型、小型和微型，载货汽车分为重型、中型、轻型和微型。

**邮政、电信业务总量**　指以货币形式表示的邮政、电信通信企业为社会提供各类邮政、电信通信服务的总数量。计算方法为各类业务的实物量分别乘以相应的不变单价，求出各类业务的货币量加总求得。没有不变单价的业务按其业务收入直接相加。

**移动电话用户**　指在电信运营企业营业网点办理开户登记手续，通过移动电话交换机进入移动电话网，占用移动电话号码的各类电话用户。包括各类签约用户、智能网预付费用户、无线上网卡用户。

**互联网上网人数**　指过去半年内使用过互联网的 6 周岁及以上中国居民人数。

**固定电话用户**　指在电信企业营业网点办理开户登记手续并已接入固定电话网上的全部电话用户。包括普通电话用户、无线市话用户、公用电话用户、窄带综合业务数字网（N—ISDN）用户、智能网专用接入终端用户等。

**城市电话用户** 指按行政区划属于中央直辖市、省辖市、地级市、县级市的市区、市郊区及县城区范围内的电话用户数。包括分布在农村地区但以县团级以上建制的独立工矿区、林区、驻军的电话用户。

**农村电话用户** 指按行政区划属于城市范围以外的乡（镇）、村电话用户。

**住宅电话用户** 指私人付费或安装在居民住宅并按照私人或住宅电话用户登记注册和收费的各类电话用户。

**互联网宽带接入端口** 指用于接入互联网用户的各类实际安装运行的接入端口的数量，包括 xDSL 用户接入端口、LAN 接入端口、其他类型接入端口等，不包括窄带拨号接入端口。

# Explanatory Notes on Main Statistical Indicators

**Length of Railways in Operation** refers to the total length of the trunk line for passenger and freight transportation in full operation or temporary operation.

Length of Electrified Trunk Line refers to the length of the trunk line capable for the running of electrified locomotives and having been put into operation.

**Length of Highways** refers to the actual length of highways at the end of reference period. It covers public roads running vehicles among cities, city and rural areas, township (villages), highways passing through streets at small cities and towns, length of bridges and tunnels, width of ferry piers. It does not include the length of streets in cities, dead end highways, the length of streets built for agricultural (forest) production and inside factories (mines). It can only be calculated with the actual mileage having been completed, checked and accepted or put into operation. If two or more highways go the same section of the way, the length of the section is only calculated for once.

**Length of Navigable Inland Waterways** refers to the length of natural rivers, lakes, reservoirs and canals that are open to navigation for ships and rafts during a given period. It includes the channels with annual seasonal navigation for more than three months other than the waterways only for scattered bamboo and wooden rafts. If two provinces share one river as the border, the length of waterways will be half divided for each province to avoid duplication.

**Length of Routes with Scheduled Flights** refers to the total length of all routes for scheduled flights, which is calculated using million kilometres as the unit. There are usually two ways to calculate the route length: duplicated calculation and non-duplicated calculation. Duplicated calculation means that the same segment of different routes can be added duplicately, while the non-duplicated calculation allows the same segment of different routes be counted once only.

**Length of Oil (Gas) Pipelines** refers to the actual transport distance of oil, gas and oil products, an indicator reflecting the length of transportation routes and a reference to calculate the freight-kilometers. For those sections with double pipelines and alternate pipeline, the length will be calculated according to the length of single pipeline in principle. If the double pipelines perform the transportation at the same time and unable to be counted separately, the length of pipelines will be the length of double pipelines divided by 2.

**Freight (Passenger) Traffic** refers to the weight of freight (number of passenger) transported with various means within a specific period of time. Freight transport is calculated in tons and passenger traffic is calculated in terms of number of persons. Freight transport is calculated in terms of the actual weight of the goods and takes no account of the type of freight and distance of travel. Passenger traffic is calculated by the principle that one person can be counted only once in one trip and takes no account of the travelling distance and ticket price. The passengers who travel with a half price ticket or a child's ticket is also calculated as one person.

**Freight (Passenger) Traffic Density** refers to the freight (passenger) traffic volume carried by a particular means of transportation during a given period through one kilometre of a specific section of transportation route. The formula is as follows:

$$\text{Freight (Passenger) traffic density} = \frac{\text{freight ton-kilometres (passenger-kilometres)}}{\text{length of route in operation}}$$

Freight (passenger) traffic density reflects how busy freight (passenger) traffic is on transportation routes. It provides an important basis for balancing transport capability and throughput capability, planning construction and upgrading of transport routes, installing technical facilities and studying the distribution of transport networks.

**Freight Ton-kilometres (Passenger-kilometres)** refers to the sum of the product of the volume of transported cargo (passengers) multiplied by the transport distance. It is an important indicator to reflect the achievement of the transportation industry. This is an important indicator to show the total results of the transport industry; to prepare and examine the transport plan; and to serve as the main basic data for calculating the efficiency, labour productivity and unit cost of transport. Normally, the shortest distance between the departure station and the destination station (i.e., the payable distance) is the basis in calculating the freight ton-kilometres. The formula is as follows:

$$\text{Freight ton-kilometres (passenger-kilometres)} = \sum \text{freight (passenger)traffic} \times \text{distance of transportation}$$

**Average Static Load of Freight Cars** refers to the average cargo weight when loaded onto each freight car under the static condition. For its calculation, the following formula is applied:

$$\text{Average static load of freight cars (tons)} = \frac{\text{Tonnage of goods dispatched}}{\text{Number of freight cars loaded}}$$

**Average Daily Haul of Freight Locomotives** refers to the average total ton-kilometres accomplished by each freight transport locomotive over one day and night during a given period of time. It includes both the weight of the goods carried and the dead weight of the train itself. It is a comprehensive indicator reflecting the locomotive efficiency in terms of both time and the pulling force.

$$\text{Average daily haul of freight transport locomotive (ton-kilometre)} = \frac{\text{Total ton-kilometres of freight}}{\text{Daily number of freight transport locomotive}}$$

**Volume of Freight Handled in Coastal Ports above Designated Size** refers to the volume of cargo passing in and out of the harbour area of the major coastal ports and having been loaded and unloaded. The volume of freight handled may be classified by direction of cargo flow as in-port freight and out-port freight, or by nature of cargo as freight for domestic trade and freight for foreign trade. It can also be classified by type of freight based on the existing standard classification for transportation industry "Classification and Coding for Freight".

**Possession of Civil Transport Vessels** refers to the total number at the end of reference period of operating transport vessels owned by Chinese enterprises or privately that are registered in the water transportation management institutions and permitted to perform cargo transport activities (including vessels with foreign flags but owned by Chinese enterprises or citizens). Non-transport vessels and vessels used for agriculture and fishery are not included.

**Possession of Civil Motor Vehicles** refer to the total numbers of vehicles that are registered and received vehicles license tags according to the Work Standard for Motor Vehicles Registration formulated by the Transport Management Office under the department of public security at the end of the reference period. They are divided into categories. According to the structure of motor vehicles, they are divided into passenger vehicles, trucks and others; according to ownership into private vehicles and vehicles for the unit's use; according to kind of usage into working vehicles and non-working vehicles; and according to size of vehicles into large passenger vehicles, medium-sized passenger vehicles, small passenger vehicles and mini passenger vehicles, heavy trucks, light-heavy trucks, light trucks and mini-trucks.

**Business Volume of Post and Telecommunications** refers to the total amount of postal and telecommunication services, expressed in value terms, provided by the post and telecommunications departments for society. Business volume of post and telecommunications is the sum of each service in kind multiplying with its correspondent unit price (constant price). Business without constant price add their business revenue directly.

**Mobile Telephone Subscribers** refer to persons who have gone through registration procedures in the operation points of enterprises engaged in telecommunications and are hence connected with the mobile telephone communication network through the mobile telephone switchboards and occupy mobile phone numbers. Included are various types of subscriber, prepaid users for intelligent network and wireless network card users.

Internet Users refer to the number of Chinese citizens aged 6 and over who use the Internet in the past six months.

**Local Telephone Subscribers** refer to all subscribers who have gone through registration procedures in the operation points of enterprises engaged in telecommunications and are hence connected to the local telecommunications service provider through fixed line network. Included are general subscribers, wireless local telephone subscribers, public telephones subscribers, N-ISDN subscribers and intelligent network terminal subscribers.

**Urban Telephone Subscribers** refer to the number of telephone subscribers, located at the municipalities directly under the Central Government, cities under the jurisdiction of province, cities at prefecture level, downtown and suburb of city at county level town and county towns according to the administrative division, including subscribers in rural mineral area, forest area, military area that are at or above county level.

**Rural Telephone Subscribers** refer to telephone subscribers, located at the towns and villages outside the coverage of urban areas according to the administrative division.

**Household Telephone Subscribers** refer to all kinds of subscribers with telephone sets paid privately or installed in the dwelling units of residents, and registered as private subscribers or residence subscribers for payment.

**Broadband Connection Terminals** refer to the connection terminals to internet users actually installed and put into operation, including connection terminals for XDSL, connection terminals for LAN, and other types of connection terminals. N-ISDN connection terminals are not included.

# 第十七篇　教育与科技

CHAPTER 17　EDUCATION, SCIENCE AND TECHNOLOGY

资料整理：安　静　尹　波　王琳琳

# 17-1　教育事业基本情况
# Basic Statistics on Education

| 指　　标 | Item | 2014 | 2015 | 2016 | 2017 | 2018 |
|---|---|---|---|---|---|---|
| **学校数(所)** | **Number of Schools (unit)** | | | | | |
| 普通高等学校 | Regular Institutions of Higher Education | 80 | 81 | 82 | 81 | 81 |
| 成人高等学校 | Adult Institutions of Higher Education | 22 | 21 | 21 | 21 | 20 |
| 中等专业学校 | Specialized Secondary Schools | 74 | 72 | 77 | 82 | 80 |
| 成人中等专业学校 | Adult Specialized Secondary Schools | 154 | 44 | 41 | 40 | 36 |
| 普通中学 | Regular Secondary Schools | 1946 | 1940 | 1823 | 1800 | 1784 |
| #高　中 | #Senior Secondary Schools | 378 | 377 | 372 | 371 | 366 |
| 职业中学 | Vocational Secondary Schools | 134 | 127 | 119 | 115 | 113 |
| 技工学校 | Technical Schools | 133 | 131 | 127 | 127 | 129 |
| 小　学 | Primary Schools | 3115 | 2802 | 1979 | 1537 | 1469 |
| **专任教师数(万人)** | **Number of Full-time Teachers (10000 persons)** | | | | | |
| 普通高等学校 | Regular Institutions of Higher Education | 4.7 | 4.7 | 4.7 | 4.6 | 4.6 |
| 成人高等学校 | Adult Institutions of Higher Education | 0.2 | 0.1 | 0.1 | 0.1 | 0.1 |
| 中等专业学校 | Specialized Secondary Schools | 0.5 | 0.5 | 0.5 | 0.5 | 0.5 |
| 成人中等专业学校 | Adult Specialized Secondary Schools | 0.5 | 0.2 | 0.2 | 0.2 | 0.1 |
| 普通中学 | Regular Secondary Schools | 15.5 | 15.3 | 15.1 | 13.2 | 13.2 |
| #高　中 | #Senior Secondary Schools | 5.0 | 5.0 | 5.0 | 4.2 | 4.3 |
| 职业中学 | Vocational Secondary Schools | 0.8 | 0.8 | 0.7 | 0.7 | 0.7 |
| 技工学校 | Technical Schools | 0.8 | 0.8 | 0.8 | 0.7 | 0.7 |
| 小　学 | Primary Schools | 11.5 | 10.9 | 10.1 | 11.4 | 11.1 |
| **招生数(万人)** | **New Student Enrollment (10000 persons)** | | | | | |
| 普通高等学校 | Regular Institutions of Higher Education | 20.3 | 20.6 | 20.6 | 20.3 | 20.6 |
| 成人高等学校 | Adult Institutions of Higher Education | 1.1 | 0.7 | 0.5 | 0.5 | 0.9 |
| 中等专业学校 | Specialized Secondary Schools | 3.9 | 3.6 | 3.6 | 3.3 | 2.6 |
| 成人中等专业学校 | Secondary Schools for Adults | 1.7 | 1.7 | 1.2 | 1.1 | 1.1 |
| 普通中学 | Regular Secondary Schools | 44.5 | 43.2 | 46.1 | 46.5 | 44.6 |
| #高　中 | #Senior Secondary Schools | 18.2 | 18.1 | 18.6 | 18.9 | 17.3 |
| 职业中学 | Vocational Secondary Schools | 2.3 | 2.3 | 2.3 | 2.0 | 1.5 |
| 技工学校 | Vestibule Schools | 3.0 | 2.3 | 2.3 | 2.4 | 2.0 |
| 小　学 | Primary Schools | 22.7 | 24.9 | 24.6 | 22.1 | 22.2 |
| **在校学生数(万人)** | **Student Enrollment (10000 persons)** | | | | | |
| 普通高等学校 | Regular Institutions of Higher Education | 73.1 | 73.5 | 73.6 | 73.4 | 73.2 |
| 成人高等学校 | Adult Institutions of Higher Education | 2.6 | 2.0 | 1.4 | 1.1 | 1.3 |
| 中等专业学校 | Specialized Secondary Schools | 11.7 | 11.2 | 10.6 | 10.1 | 9.1 |
| 成人中等专业学校 | Adult Specialized Secondary Schools | 5.3 | 4.8 | 4.3 | 4.1 | 3.6 |
| 普通中学 | Regular Secondary Schools | 148.3 | 145.4 | 145.4 | 146.0 | 145.2 |
| #高　中 | #Senior Secondary Schools | 56.7 | 55.4 | 55.0 | 55.6 | 54.8 |
| 职业中学 | Vocational Secondary Schools | 7.3 | 7.0 | 6.6 | 6.2 | 5.3 |
| 技工学校 | Technical Schools | 9.6 | 6.3 | 5.6 | 5.6 | 5.5 |
| 小　学 | Primary Schools | 148.6 | 147.8 | 143.9 | 137.7 | 131.9 |
| **毕业生数(万人)** | **Graduates (10000 persons)** | | | | | |
| 普通高等学校 | Regular Institutions of Higher Education | 18.5 | 19.4 | 20.0 | 19.7 | 20.1 |
| 成人高等学校 | Adult Institutions of Higher Education | 1.0 | 1.1 | 1.0 | 0.7 | 0.5 |
| 中等专业学校 | Specialized Secondary Schools | 3.7 | 3.6 | 3.5 | 3.6 | 3.3 |
| 成人中等专业学校 | Adult Specialized Secondary Schools | 2.7 | 2.4 | 1.7 | 1.7 | 1.8 |
| 普通中学 | Regular Secondary Schools | 46.8 | 46.1 | 46.7 | 45.8 | 42.5 |
| #高　中 | #Senior Secondary Schools | 19.9 | 19.4 | 19.1 | 18.2 | 18.1 |
| 职业中学 | Vocational Secondary Schools | 3.6 | 2.4 | 2.2 | 2.1 | 1.8 |
| 技工学校 | Technical Schools | 7.2 | 4.9 | 2.8 | 2.1 | 1.8 |
| 小　学 | Primary Schools | 26.7 | 25.4 | 27.8 | 27.9 | 27.6 |
| **每一教师负担学生(人)** | **Student-teacher Ratio (person)** | | | | | |
| 普通高等学校 | Regular Institutions of Higher Education | 15.6 | 15.7 | 15.7 | 15.9 | 15.9 |
| 中等学校 | Secondary Schools | 10.0 | 9.9 | 10.0 | 11.3 | 11.2 |
| 小　学 | Primary Schools | 13.0 | 13.6 | 14.2 | 12.0 | 11.9 |

# 17-2 各级各类学校数
# Number of Schools by Level and Type

单位：所 (unit)

| 年份 Year | 普通高等学校 Regular Institutions of Higher Education | 中等学校 Secondary Schools | 中等专业学校 Specialized Secondary Schools | 中等技术学校 Technical Secondary Schools | 中等师范学校 Teacher Secondary Schools | 职业中学 Vocational Secondary Schools |
|---|---|---|---|---|---|---|
| 1978 | 24 | 4140 | 75 | 55 | 20 | |
| 1980 | 28 | 3522 | 93 | 68 | 25 | 89 |
| 1985 | 40 | 3403 | 99 | 71 | 28 | 400 |
| 1990 | 42 | 3338 | 107 | 77 | 30 | 413 |
| 1995 | 38 | 3190 | 111 | 81 | 30 | 398 |
| 1996 | 38 | 3199 | 113 | 83 | 30 | 361 |
| 1997 | 37 | 3202 | 114 | 84 | 30 | 336 |
| 1998 | 38 | 3123 | 114 | 84 | 30 | 297 |
| 1999 | 39 | 3080 | 112 | 83 | 29 | 269 |
| 2000 | 36 | 3023 | 109 | 83 | 26 | 240 |
| 2001 | 41 | 3034 | 96 | 74 | 22 | 163 |
| 2002 | 48 | 3003 | 75 | 58 | 17 | 182 |
| 2003 | 55 | 2937 | 51 | 40 | 11 | 167 |
| 2004 | 59 | 2907 | 44 | 35 | 9 | 166 |
| 2005 | 62 | 2799 | 56 | 47 | 9 | 156 |
| 2006 | 65 | 2758 | 63 | 55 | 8 | 179 |
| 2007 | 68 | 2677 | 66 | 60 | 6 | 197 |
| 2008 | 70 | 2617 | 66 | 62 | 4 | 196 |
| 2009 | 78 | 2504 | 70 | 66 | 4 | 186 |
| 2010 | 79 | 2426 | 72 | 68 | 4 | 180 |
| 2011 | 78 | 2328 | 75 | 71 | 4 | 161 |
| 2012 | 79 | 2270 | 73 | 69 | 4 | 154 |
| 2013 | 80 | 2183 | 73 | 70 | 3 | 145 |
| 2014 | 80 | 2154 | 74 | 71 | 3 | 134 |
| 2015 | 81 | 2139 | 72 | 70 | 2 | 127 |
| 2016 | 82 | 2019 | 77 | 75 | 2 | 119 |
| 2017 | 81 | 1997 | 82 | 80 | 2 | 115 |
| 2018 | 81 | 1977 | 80 | 78 | 2 | 113 |

## 17-2　续表 Continued

单位：人 (person)

| 年　份<br>Year | 普通中学<br>Regular Secondary Schools | 高　中<br>Senior Secondary Schools | 初　中<br>Junior Secondary Schools | 小　学<br>Primary Schools | 幼儿园<br>Kindergartens | 盲聋哑学校<br>Blind, Deaf, Deaf-mute Schools |
|---|---|---|---|---|---|---|
| 1978 | 4065 | 2119 | 1946 | 26425 | 1654 | 62 |
| 1980 | 3340 | 1480 | 1860 | 25879 | 2594 | 58 |
| 1985 | 2904 | 828 | 2076 | 18157 | 3216 | 61 |
| 1990 | 2818 | 600 | 2218 | 17092 | 1826 | 64 |
| 1995 | 2681 | 475 | 2206 | 16163 | 3918 | 68 |
| 1996 | 2725 | 470 | 2255 | 15902 | 3993 | 67 |
| 1997 | 2752 | 474 | 2278 | 15377 | 4168 | 67 |
| 1998 | 2712 | 461 | 2251 | 15193 | 4506 | 66 |
| 1999 | 2699 | 467 | 2232 | 14754 | 4830 | 70 |
| 2000 | 2674 | 463 | 2211 | 13995 | 4503 | 65 |
| 2001 | 2775 | 462 | 2313 | 12636 | 2089 | 72 |
| 2002 | 2746 | 447 | 2299 | 11990 | 2100 | 71 |
| 2003 | 2719 | 481 | 2238 | 11400 | 2181 | 71 |
| 2004 | 2697 | 479 | 2218 | 10791 | 3179 | 73 |
| 2005 | 2587 | 475 | 2112 | 9995 | 4156 | 72 |
| 2006 | 2516 | 475 | 2041 | 9288 | 4287 | 71 |
| 2007 | 2414 | 463 | 1951 | 8738 | 4135 | 71 |
| 2008 | 2355 | 445 | 1910 | 8142 | 4466 | 71 |
| 2009 | 2248 | 430 | 1818 | 7202 | 4092 | 72 |
| 2010 | 2174 | 416 | 1758 | 6490 | 3942 | 74 |
| 2011 | 2092 | 411 | 1681 | 5620 | 4504 | 73 |
| 2012 | 2043 | 398 | 1645 | 4834 | 4796 | 74 |
| 2013 | 1965 | 379 | 1586 | 3261 | 5571 | 74 |
| 2014 | 1946 | 378 | 1568 | 3115 | 5853 | 74 |
| 2015 | 1940 | 377 | 1563 | 2802 | 5770 | 73 |
| 2016 | 1823 | 372 | 1451 | 1979 | 5720 | 73 |
| 2017 | 1800 | 371 | 1429 | 1537 | 5888 | 73 |
| 2018 | 1784 | 366 | 1418 | 1469 | 5852 | 72 |

# 17-3 各级各类学校教职工数
# Number of Teachers and Staff by Level and Type

单位：人 (person)

| 年份<br>Year | 普通高等学校<br>Regular Institutions of Higher Education | 中等学校<br>Secondary Schools | 中等专业学校<br>Specialized Secondary Schools | 中等技术学校<br>Technical Secondary Schools | 中等师范学校<br>Teacher Secondary Schools |
|---|---|---|---|---|---|
| 1978 | 23867 | 188718 | 12062 | 9445 | 2617 |
| 1980 | 29070 | 192575 | 13057 | 10013 | 3044 |
| 1985 | 36949 | 194053 | 15991 | 13067 | 2924 |
| 1990 | 42418 | 214098 | 17483 | 13843 | 3640 |
| 1995 | 43324 | 208562 | 18075 | 14087 | 3988 |
| 1996 | 43204 | 208805 | 18387 | 14486 | 3901 |
| 1997 | 41212 | 209992 | 18282 | 14321 | 3961 |
| 1998 | 40564 | 211976 | 18013 | 14117 | 3896 |
| 1999 | 42608 | 213841 | 17440 | 13686 | 3754 |
| 2000 | 43120 | 210698 | 16443 | 12971 | 3472 |
| 2001 | 46163 | 210046 | 13433 | 10352 | 3081 |
| 2002 | 52140 | 207103 | 10221 | 7890 | 2331 |
| 2003 | 60609 | 203403 | 6592 | 4970 | 1622 |
| 2004 | 64831 | 201713 | 6055 | 4602 | 1453 |
| 2005 | 65640 | 193714 | 6648 | 5322 | 1326 |
| 2006 | 68252 | 193053 | 6969 | 5714 | 1255 |
| 2007 | 72316 | 192299 | 7519 | 6609 | 910 |
| 2008 | 74480 | 192253 | 7519 | 7002 | 517 |
| 2009 | 75062 | 192092 | 7880 | 7378 | 502 |
| 2010 | 75741 | 189957 | 7418 | 6810 | 608 |
| 2011 | 76205 | 204497 | 7462 | 6873 | 589 |
| 2012 | 77510 | 207351 | 7302 | 6935 | 367 |
| 2013 | 77234 | 201949 | 7263 | 6906 | 357 |
| 2014 | 77000 | 200828 | 7541 | 7361 | 180 |
| 2015 | 76086 | 197551 | 7551 | 7385 | 166 |
| 2016 | 74901 | 195656 | 7559 | 7403 | 156 |
| 2017 | 73918 | 195595 | 7956 | 7813 | 143 |
| 2018 | 73542 | 194615 | 7407 | 7269 | 138 |

## 17-3 续表 Continued

单位：人 (person)

| 年 份 Year | 普通中学 Regular Secondary Schools | 职业中学 Vocational Secondary Schools | 小 学 Primary Schools | 幼儿园 Kindergartens | 盲聋哑学 校 Blind, Deaf, Deaf-mute Schools |
|---|---|---|---|---|---|
| 1978 | 176656 | | 217179 | 13176 | 1064 |
| 1980 | 176247 | 3271 | 219967 | 23478 | 1197 |
| 1985 | 163216 | 14846 | 239660 | 32172 | 1562 |
| 1990 | 176687 | 19928 | 250064 | 40631 | 2164 |
| 1995 | 173311 | 17176 | 247894 | 42219 | 2779 |
| 1996 | 174556 | 15862 | 246032 | 40868 | 2577 |
| 1997 | 176878 | 14832 | 246444 | 39793 | 2524 |
| 1998 | 180066 | 13897 | 242001 | 37391 | 2598 |
| 1999 | 183112 | 13289 | 236864 | 34884 | 2550 |
| 2000 | 182246 | 12009 | 221859 | 32840 | 2466 |
| 2001 | 185718 | 10895 | 209888 | 19975 | 2598 |
| 2002 | 186394 | 10488 | 207924 | 19586 | 2628 |
| 2003 | 186384 | 10427 | 204820 | 20298 | 2546 |
| 2004 | 185184 | 10474 | 201911 | 24145 | 2484 |
| 2005 | 176524 | 10542 | 188256 | 25668 | 2290 |
| 2006 | 174745 | 11339 | 184214 | 27872 | 2295 |
| 2007 | 172633 | 12147 | 181778 | 27812 | 2281 |
| 2008 | 172718 | 12016 | 179467 | 29623 | 2295 |
| 2009 | 172299 | 11913 | 176830 | 28883 | 2285 |
| 2010 | 171212 | 11327 | 172707 | 29803 | 2312 |
| 2011 | 185966 | 11069 | 152915 | 39417 | 2308 |
| 2012 | 188935 | 11114 | 145978 | 44708 | 2312 |
| 2013 | 184377 | 10309 | 136461 | 51578 | 2253 |
| 2014 | 183497 | 9790 | 130444 | 55788 | 2281 |
| 2015 | 180505 | 9495 | 123574 | 59559 | 2222 |
| 2016 | 178757 | 9340 | 116470 | 62919 | 2260 |
| 2017 | 178931 | 8708 | 111146 | 66660 | 2261 |
| 2018 | 178631 | 8577 | 106572 | 68658 | 2248 |

# 17-4 各级各类学校教师数
# Number of Teachers by Level and Type

单位：人 (person)

| 年 份 Year | 普 通 高等学校 Regular Institutions of Higher Education | 中等学校 Secondary Schools | 中等专业学校 Specialized Secondary Schools | 中等技术学校 Technical Secondary Schools | 中等师范学校 Teacher Secondary Schools | 职业中学 Vocational Secondary Schools |
|---|---|---|---|---|---|---|
| 1978 | 8380 | 142761 | 4193 | 3094 | 1099 | |
| 1980 | 10365 | 144291 | 4946 | 3477 | 1469 | 2589 |
| 1985 | 13448 | 135366 | 5953 | 4610 | 1343 | 9306 |
| 1990 | 15915 | 149499 | 7253 | 5435 | 1818 | 12198 |
| 1995 | 16542 | 148057 | 7757 | 5726 | 2031 | 11028 |
| 1996 | 16403 | 149560 | 7917 | 5904 | 2013 | 10316 |
| 1997 | 15736 | 152402 | 7999 | 5938 | 2061 | 9883 |
| 1998 | 15505 | 156257 | 7958 | 5918 | 2040 | 9331 |
| 1999 | 15804 | 159855 | 7787 | 5762 | 2025 | 9032 |
| 2000 | 16169 | 160153 | 7358 | 5464 | 1894 | 8396 |
| 2001 | 18042 | 161133 | 6193 | 4389 | 1804 | 7617 |
| 2002 | 23179 | 161352 | 4925 | 3505 | 1420 | 7373 |
| 2003 | 28525 | 160108 | 3302 | 2267 | 1035 | 7177 |
| 2004 | 32119 | 159719 | 3039 | 2089 | 950 | 7208 |
| 2005 | 35105 | 153952 | 3247 | 2348 | 899 | 7517 |
| 2006 | 36866 | 154299 | 3647 | 2741 | 906 | 8124 |
| 2007 | 39792 | 154769 | 4017 | 3338 | 679 | 8830 |
| 2008 | 41727 | 156018 | 4069 | 3723 | 346 | 8932 |
| 2009 | 43057 | 156205 | 4353 | 4011 | 342 | 9020 |
| 2010 | 44198 | 155048 | 4198 | 3773 | 425 | 8694 |
| 2011 | 44821 | 168152 | 4349 | 3972 | 377 | 8371 |
| 2012 | 45448 | 170671 | 4211 | 3964 | 247 | 8441 |
| 2013 | 46215 | 167746 | 4279 | 4036 | 243 | 8005 |
| 2014 | 46870 | 167073 | 4523 | 4406 | 117 | 7626 |
| 2015 | 46806 | 165186 | 4587 | 4479 | 108 | 7630 |
| 2016 | 46829 | 162945 | 4678 | 4577 | 101 | 7497 |
| 2017 | 46278 | 144294 | 5068 | 4974 | 94 | 7102 |
| 2018 | 46027 | 143413 | 4736 | 4641 | 95 | 7013 |

## 17-4　续表 Continued

单位：人　　(person)

| 年　份 Year | 普通中学 Regular Secondary Schools | 高　中 Senior Secondary Schools | 初　中 Junior Secondary Schools | 小　学 Primary Schools | 幼儿园 Kindergartens | 盲聋哑学　校 Blind, Deaf, Deaf-mute Schools |
|---|---|---|---|---|---|---|
| 1978 | 138568 | 28151 | 110417 | 187061 | 9306 | 642 |
| 1980 | 136756 | 27606 | 109150 | 193787 | 13317 | 694 |
| 1985 | 120107 | 23099 | 97008 | 207256 | 21255 | 974 |
| 1990 | 130048 | 22785 | 107263 | 215735 | 24429 | 1367 |
| 1995 | 129272 | 21536 | 107736 | 214944 | 28890 | 1936 |
| 1996 | 131327 | 21722 | 109605 | 213124 | 27659 | 1741 |
| 1997 | 134520 | 22294 | 112226 | 214807 | 27717 | 1724 |
| 1998 | 138968 | 22845 | 116123 | 210954 | 26273 | 1869 |
| 1999 | 143036 | 23582 | 119454 | 206807 | 25962 | 1793 |
| 2000 | 144399 | 24172 | 120227 | 193113 | 24221 | 1751 |
| 2001 | 147323 | 25502 | 121821 | 182929 | 11733 | 1899 |
| 2002 | 149054 | 26695 | 122359 | 180900 | 11145 | 1931 |
| 2003 | 149629 | 29728 | 119901 | 178122 | 11779 | 1926 |
| 2004 | 149472 | 32648 | 116824 | 175274 | 13956 | 1910 |
| 2005 | 143188 | 34093 | 109095 | 163204 | 14534 | 1782 |
| 2006 | 142528 | 35788 | 106740 | 160511 | 15955 | 1799 |
| 2007 | 141922 | 37373 | 104549 | 158918 | 16313 | 1801 |
| 2008 | 143017 | 39386 | 103631 | 157436 | 17233 | 1843 |
| 2009 | 142832 | 40113 | 102719 | 155025 | 16768 | 1868 |
| 2010 | 142156 | 40726 | 101430 | 151344 | 17559 | 1873 |
| 2011 | 155432 | 49559 | 105873 | 134479 | 22696 | 1872 |
| 2012 | 158019 | 50245 | 107774 | 128792 | 25427 | 1879 |
| 2013 | 155462 | 49378 | 106084 | 120214 | 28747 | 1850 |
| 2014 | 154924 | 50029 | 104895 | 114606 | 30865 | 1899 |
| 2015 | 152969 | 49667 | 103302 | 109061 | 32328 | 1877 |
| 2016 | 150770 | 49673 | 101097 | 101401 | 34177 | 1926 |
| 2017 | 132124 | 42452 | 89672 | 114487 | 35541 | 1925 |
| 2018 | 131664 | 42686 | 88978 | 110544 | 35128 | 1920 |

# 17-5 各级各类学校在校学生数
# Number of Students Enrollment by Level and Type

单位：人 (person)

| 年份<br>Year | 普通高等学校<br>Regular Institutions of Higher Education | 中等学校<br>Secondary Schools | 中等专业学校<br>Specialized Secondary Schools | #中等技术学校<br>Technical Secondary Schools | #中等师范学校<br>Teacher Secondary Schools | 职业中学<br>Vocational Secondary Schools |
|---|---|---|---|---|---|---|
| 1978 | 33248 | 2622047 | 36051 | 19339 | 16712 | |
| 1980 | 43627 | 2509164 | 41177 | 23483 | 17694 | 47822 |
| 1985 | 65940 | 2218705 | 59686 | 34629 | 25057 | 141245 |
| 1990 | 79908 | 2003199 | 66235 | 45337 | 20898 | 135486 |
| 1995 | 113523 | 2012719 | 100003 | 71239 | 28764 | 121520 |
| 1996 | 116379 | 2114982 | 111502 | 81527 | 29975 | 117839 |
| 1997 | 115767 | 2213940 | 118429 | 89123 | 29306 | 114606 |
| 1998 | 125140 | 2395561 | 123854 | 95414 | 28440 | 120185 |
| 1999 | 157063 | 2601909 | 128485 | 103235 | 25250 | 116937 |
| 2000 | 200386 | 2707986 | 115489 | 94596 | 20893 | 105060 |
| 2001 | 271435 | 2717522 | 116315 | 99280 | 17035 | 80619 |
| 2002 | 334627 | 2767789 | 121718 | 106897 | 14821 | 84884 |
| 2003 | 392246 | 2674379 | 111540 | 43778 | 6263 | 88916 |
| 2004 | 465703 | 2613122 | 107997 | 41862 | 5134 | 94725 |
| 2005 | 540867 | 2480041 | 97559 | 44002 | 5847 | 103092 |
| 2006 | 584112 | 2378916 | 94547 | 55101 | 5088 | 116684 |
| 2007 | 634902 | 2313072 | 105562 | 72217 | 2856 | 137601 |
| 2008 | 678139 | 2263200 | 115559 | 91325 | 1791 | 143016 |
| 2009 | 708935 | 2219578 | 115624 | 96818 | 1612 | 156894 |
| 2010 | 719117 | 2159652 | 119002 | 94312 | 1751 | 132873 |
| 2011 | 711198 | 2088030 | 119458 | 95753 | 3699 | 123127 |
| 2012 | 704538 | 2046550 | 120694 | 88286 | 4340 | 109139 |
| 2013 | 717856 | 1734842 | 119341 | 84363 | 4331 | 93773 |
| 2014 | 730614 | 1673320 | 117012 | 84031 | 4416 | 73231 |
| 2015 | 735151 | 1635788 | 111562 | 81633 | 3199 | 70264 |
| 2016 | 735857 | 1626379 | 106308 | 79579 | 2317 | 66344 |
| 2017 | 734166 | 1623499 | 101317 | 85010 | 1448 | 61703 |
| 2018 | 732082 | 1605049 | 91254 | 68544 | 1626 | 53316 |

17-5　续表 Continued

单位：人　(person)

| 年　份 Year | 普通中学 Regular Secondary Schools | 高　中 Senior Secondary Schools | 初　中 Junior Secondary Schools | 小　学 Primary Schools | 幼儿园 Kindergartens | 盲聋哑学　校 Blind, Deaf, Deaf-mute Schools |
|---|---|---|---|---|---|---|
| 1978 | 2585996 | 493965 | 2092031 | 4958068 | 139791 | 4277 |
| 1980 | 2420165 | 455716 | 1964449 | 5002632 | 298740 | 4515 |
| 1985 | 2017774 | 335914 | 1681860 | 4677937 | 496132 | 5416 |
| 1990 | 1801478 | 267169 | 1534309 | 3977121 | 577053 | 5522 |
| 1995 | 1791196 | 252376 | 1538820 | 3729337 | 651655 | 5607 |
| 1996 | 1885641 | 260071 | 1625570 | 3713483 | 645365 | 4845 |
| 1997 | 1980905 | 270276 | 1710629 | 3705059 | 589276 | 4595 |
| 1998 | 2151522 | 292464 | 1859058 | 3448558 | 555898 | 4793 |
| 1999 | 2356487 | 309567 | 2046920 | 3101578 | 510631 | 4548 |
| 2000 | 2487437 | 328765 | 2158672 | 2830578 | 470317 | 4311 |
| 2001 | 2520588 | 362410 | 2158178 | 2587506 | 369821 | 7518 |
| 2002 | 2561187 | 413251 | 2147936 | 2437336 | 371120 | 7002 |
| 2003 | 2473923 | 486096 | 1987827 | 2401918 | 345116 | 6404 |
| 2004 | 2410400 | 546793 | 1863607 | 2315394 | 422998 | 6475 |
| 2005 | 2279390 | 583567 | 1695823 | 2204055 | 377242 | 6679 |
| 2006 | 2167685 | 607896 | 1559789 | 2103073 | 414227 | 6591 |
| 2007 | 2069909 | 607254 | 1462655 | 2040767 | 426913 | 6358 |
| 2008 | 2004625 | 611287 | 1393338 | 1982828 | 437284 | 8332 |
| 2009 | 1947060 | 608221 | 1338839 | 1903733 | 424717 | 9706 |
| 2010 | 1907777 | 616885 | 1290892 | 1879609 | 491647 | 8326 |
| 2011 | 1845445 | 622251 | 1223194 | 1874996 | 561714 | 6731 |
| 2012 | 1816717 | 612579 | 1204138 | 1867729 | 578793 | 6933 |
| 2013 | 1521728 | 589379 | 932349 | 1540035 | 540777 | 6482 |
| 2014 | 1483077 | 566805 | 916272 | 1486016 | 535854 | 6693 |
| 2015 | 1453962 | 554173 | 899789 | 1477992 | 532286 | 6903 |
| 2016 | 1453727 | 549844 | 903883 | 1439381 | 528090 | 7845 |
| 2017 | 1460479 | 556496 | 903983 | 1376526 | 559283 | 9268 |
| 2018 | 1452404 | 548421 | 932812 | 1318982 | 522076 | 9981 |

# 17-6 各级各类学校招生数
# Number of New Students Enrollment by Level and Type

单位：人 (person)

| 年份 Year | 普通高等学校 Regular Institutions of Higher Education | 中等学校 Secondary Schools | 中等专业学校 Specialized Secondary Schools | #中等技术学校 Technical Secondary Schools | #中等师范学校 Teacher Secondary Schools |
|---|---|---|---|---|---|
| 1978 | 13192 | 988741 | 19051 | 9907 | 9144 |
| 1980 | 11440 | 964834 | 19383 | 10304 | 9079 |
| 1985 | 24701 | 774608 | 24699 | 14729 | 9970 |
| 1990 | 24289 | 697999 | 19069 | 14176 | 4893 |
| 1995 | 35270 | 764356 | 35879 | 26806 | 9073 |
| 1996 | 36448 | 736548 | 39720 | 30156 | 9564 |
| 1997 | 36288 | 739193 | 41747 | 31605 | 10142 |
| 1998 | 39881 | 913767 | 44557 | 34779 | 9778 |
| 1999 | 62480 | 934441 | 46585 | 40237 | 6348 |
| 2000 | 76450 | 847161 | 35473 | 29187 | 6286 |
| 2001 | 98162 | 810737 | 31566 | 26573 | 4993 |
| 2002 | 115702 | 789643 | 40743 | 36057 | 4686 |
| 2003 | 125402 | 686475 | 36258 | 15540 | 2085 |
| 2004 | 149924 | 725222 | 33267 | 13253 | 1248 |
| 2005 | 172054 | 710305 | 31954 | 16629 | 1529 |
| 2006 | 180386 | 714447 | 35078 | 24506 | 1883 |
| 2007 | 195766 | 693270 | 40903 | 33282 | 999 |
| 2008 | 216022 | 690791 | 42038 | 35868 | 571 |
| 2009 | 210372 | 705121 | 42954 | 36594 | 418 |
| 2010 | 195365 | 650019 | 40329 | 32271 | 781 |
| 2011 | 199414 | 625026 | 42931 | 32830 | 1595 |
| 2012 | 203066 | 622583 | 42296 | 29130 | 2170 |
| 2013 | 202707 | 540110 | 40612 | 28258 | 1366 |
| 2014 | 203081 | 506653 | 39026 | 28905 | 1260 |
| 2015 | 205725 | 490720 | 35936 | 27604 | 605 |
| 2016 | 205903 | 520287 | 35575 | 26741 | 452 |
| 2017 | 202636 | 518848 | 33442 | 27177 | 417 |
| 2018 | 205726 | 511558 | 26152 | 20309 | 815 |

## 17-6 续表 Continued

单位：人 (person)

| 年 份 Year | 普通中学 Regular Secondary Schools | 高 中 Senior Secondary Schools | 初 中 Junior Secondary Schools | 职业中学 Vocational Secondary Schools | 小 学 Primary Schools | 盲聋哑学校 Blind, Deaf, Deaf-mute Schools |
|---|---|---|---|---|---|---|
| 1978 | 969690 | 244752 | 724938 | | 1189813 | 730 |
| 1980 | 901537 | 216203 | 685334 | 43914 | 1078553 | 792 |
| 1985 | 676789 | 116124 | 560665 | 73120 | 736004 | 1059 |
| 1990 | 619527 | 95016 | 524511 | 59403 | 636998 | 820 |
| 1995 | 678617 | 93860 | 584757 | 49860 | 639529 | 831 |
| 1996 | 652427 | 90282 | 562145 | 44401 | 633284 | 672 |
| 1997 | 655077 | 98005 | 557072 | 42369 | 599270 | 703 |
| 1998 | 816060 | 113234 | 702826 | 53150 | 510911 | 796 |
| 1999 | 852360 | 110095 | 742265 | 35496 | 464113 | 580 |
| 2000 | 780271 | 118418 | 661853 | 31417 | 442988 | 618 |
| 2001 | 751164 | 141132 | 610032 | 28007 | 414318 | 884 |
| 2002 | 716662 | 159228 | 557434 | 32238 | 406494 | 1024 |
| 2003 | 618877 | 187643 | 431234 | 31340 | 405337 | 830 |
| 2004 | 661363 | 203315 | 458048 | 30592 | 383832 | 760 |
| 2005 | 641065 | 205541 | 435524 | 37286 | 240241 | 778 |
| 2006 | 630939 | 208852 | 422087 | 48430 | 333206 | 800 |
| 2007 | 595430 | 198023 | 397407 | 56937 | 340170 | 783 |
| 2008 | 598813 | 209254 | 389559 | 49940 | 336919 | 1126 |
| 2009 | 597601 | 207927 | 389674 | 64566 | 312389 | 1511 |
| 2010 | 570688 | 207452 | 363236 | 39002 | 341438 | 1233 |
| 2011 | 542744 | 207742 | 335002 | 39351 | 333945 | 664 |
| 2012 | 547433 | 202090 | 345343 | 32854 | 328950 | 700 |
| 2013 | 472887 | 193979 | 278908 | 26611 | 274454 | 731 |
| 2014 | 444859 | 181627 | 263232 | 22768 | 227120 | 1154 |
| 2015 | 431869 | 180950 | 250919 | 22915 | 249113 | 977 |
| 2016 | 461494 | 186283 | 275211 | 23218 | 246422 | 1531 |
| 2017 | 465032 | 189010 | 276022 | 20374 | 221026 | 2071 |
| 2018 | 445889 | 173135 | 272754 | 14795 | 221795 | 1450 |

# 17-7 各级各类学校毕业生数
# Number of Graduates by Level and Type

单位：人 (person)

| 年份 Year | 普通高等学校 Regular Institutions of Higher | 中等学校 Secondary Schools | 中等专业学校 Specialized Secondary | #中等技术学校 Technical Secondary | #中等师范学校 Teacher Secondary |
|---|---|---|---|---|---|
| 1980 | 7828 | 704698 | 19911 | 11708 | 8203 |
| 1985 | 11772 | 583165 | 17347 | 10620 | 6727 |
| 1990 | 22972 | 584486 | 15986 | 10607 | 5379 |
| 1995 | 30622 | 576053 | 23369 | 16177 | 7192 |
| 1996 | 33439 | 569253 | 28852 | 19881 | 8971 |
| 1997 | 30589 | 594398 | 33861 | 22956 | 10905 |
| 1998 | 30055 | 669351 | 37397 | 26665 | 10732 |
| 1999 | 30218 | 655719 | 39353 | 29862 | 9491 |
| 2000 | 31737 | 661074 | 38157 | 27606 | 10551 |
| 2001 | 37359 | 710566 | 30327 | 23054 | 7273 |
| 2002 | 46401 | 684420 | 32431 | 27214 | 5217 |
| 2003 | 69050 | 729371 | 45279 | 18758 | 2636 |
| 2004 | 84964 | 751291 | 34596 | 12241 | 2150 |
| 2005 | 100791 | 792618 | 32449 | 12201 | 752 |
| 2006 | 129465 | 778185 | 24699 | 13062 | |
| 2007 | 148883 | 721246 | 19317 | 9399 | |
| 2008 | 169988 | 708092 | 20032 | 12344 | 56 |
| 2009 | 174380 | 716578 | 34407 | 26216 | 61 |
| 2010 | 180982 | 678382 | 30569 | 24070 | 13 |
| 2011 | 196075 | 679656 | 35264 | 31111 | 581 |
| 2012 | 203792 | 682859 | 37357 | 30082 | 392 |
| 2013 | 184085 | 656062 | 37314 | 30449 | 491 |
| 2014 | 185376 | 541426 | 37011 | 27722 | 971 |
| 2015 | 193980 | 521228 | 36425 | 28274 | 1822 |
| 2016 | 199598 | 524250 | 35370 | 26988 | 1334 |
| 2017 | 197183 | 514793 | 36222 | 29453 | 1260 |
| 2018 | 200701 | 511412 | 32841 | 24378 | 591 |

17-7 续表 Continued

单位：人 (person)

| 年 份 Year | 普通中学 Regular Secondary Schools | 高 中 Senior Secondary Schools | 初 中 Junior Secondary Schools | 职业中学 Vocational Secondary Schools | 小 学 Primary Schools | 盲聋哑学 校 Blind, Deaf, Deaf-mute Schools |
|---|---|---|---|---|---|---|
| 1980 | 684422 | 169152 | 515270 | 365 | 760548 | 441 |
| 1985 | 527026 | 102731 | 424295 | 38792 | 654517 | 432 |
| 1990 | 522845 | 89285 | 433560 | 45655 | 635770 | 554 |
| 1995 | 507909 | 73306 | 434603 | 44775 | 638456 | 585 |
| 1996 | 497697 | 74005 | 423692 | 42704 | 606170 | 569 |
| 1997 | 515521 | 79682 | 435839 | 45016 | 591032 | 476 |
| 1998 | 586482 | 86053 | 500429 | 45472 | 749160 | 549 |
| 1999 | 575538 | 82932 | 492606 | 40828 | 785711 | 508 |
| 2000 | 578390 | 91419 | 486971 | 44527 | 698124 | 632 |
| 2001 | 630624 | 102784 | 527840 | 49615 | 638339 | 950 |
| 2002 | 621709 | 105634 | 516075 | 30280 | 570422 | 670 |
| 2003 | 658977 | 115778 | 543199 | 25115 | 438218 | 536 |
| 2004 | 688863 | 139441 | 549422 | 27832 | 462923 | 566 |
| 2005 | 726516 | 161301 | 565215 | 33653 | 443962 | 669 |
| 2006 | 718229 | 181583 | 536646 | 35257 | 427035 | 724 |
| 2007 | 669849 | 193767 | 476082 | 32080 | 398638 | 639 |
| 2008 | 650950 | 203680 | 447270 | 37110 | 390554 | 879 |
| 2009 | 642951 | 206616 | 436335 | 39220 | 389841 | 1629 |
| 2010 | 600743 | 195518 | 405225 | 47070 | 363943 | 931 |
| 2011 | 602472 | 204287 | 398185 | 41920 | 336006 | 642 |
| 2012 | 600231 | 206310 | 393921 | 45271 | 346553 | 576 |
| 2013 | 579347 | 206088 | 373259 | 39401 | 330069 | 799 |
| 2014 | 468483 | 198990 | 269493 | 35932 | 267124 | 653 |
| 2015 | 460988 | 193938 | 267050 | 23815 | 254050 | 655 |
| 2016 | 466614 | 190714 | 275900 | 22266 | 278092 | 708 |
| 2017 | 457565 | 181619 | 275946 | 21006 | 278965 | 806 |
| 2018 | 425328 | 180948 | 244380 | 17929 | 276053 | 927 |

# 17-8 普通高等学校本专科分学科学生数(2018年)
# Number of Students Enrollment in Institutions of Higher Education by Field of Study(2018)

单位：人 (person)

| 学 科 | Subject | 本科毕业生数 Graduates of Regular College Course | 本科招生数 New Student Enrollment of Regular College Course | 本科在校生数 Student Enrollment of Regular College Course |
|---|---|---|---|---|
| **总 计** | **Total** | **124946** | **138839** | **527986** |
| #女 性 | #Female | 67005 | 73424 | 277877 |
| 哲 学 | Philosophy | 115 | 102 | 450 |
| 经济学 | Economics | 6170 | 7055 | 26330 |
| 法 学 | Law | 2799 | 3070 | 11816 |
| 教育学 | Education | 4579 | 4760 | 18539 |
| 文 学 | Literature | 11132 | 12980 | 47365 |
| 历史学 | History | 537 | 521 | 1983 |
| 理 学 | Science | 7219 | 8732 | 32750 |
| 工 学 | Engineering | 47915 | 54412 | 204620 |
| 农 学 | Agriculture | 2776 | 3427 | 12332 |
| 医 学 | Medicine | 9846 | 10979 | 45327 |
| 管理学 | Manage | 21985 | 22352 | 85957 |
| 艺术学 | Art | 9873 | 10449 | 40517 |

17-8 续表 Continued

单位：人 (person)

| 学 科 | Subject | 专科毕业生数 Graduates of Regular Specialized Subject | 专科招生数 New Student Enrollment of Regular Specialized Subject | 专科在校生数 Student Enrollment of Regular Specialized Subject |
|---|---|---|---|---|
| **总 计** | **Total** | **75755** | **66887** | **204096** |
| #女 性 | #Female | 37187 | 30661 | 94887 |
| 农林牧渔大类 | Agriculture, Forestry, Animal Husbandry & Fishery Categories | 2688 | 2520 | 7923 |
| 资源环境与安全大类 | Resource Environment and Security Categories | 1208 | 818 | 2696 |
| 能源动力与材料大类 | Energy Dynamics and Materials Categories | 1028 | 853 | 2634 |
| 土木建筑大类 | Civil Construction Categories | 6903 | 5514 | 16622 |
| 水利大类 | Hydraulic Engineering Categories | 128 | 58 | 218 |
| 装备制造大类 | Equipment Manufacturing Categories | 7912 | 5560 | 17641 |
| 生物与化工大类 | Biology and Chemistry Categories | 188 | 92 | 676 |
| 轻工纺织大类 | Light and Textile Industry Categories | 552 | 477 | 1586 |
| 食品药品与粮食大类 | Food, Medicine and Food Categories | 4642 | 2615 | 8538 |
| 交通运输大类 | Major Transportation Sectors Categories | 8016 | 8568 | 26069 |
| 电子信息大类 | Electronic Information Categories | 6010 | 7657 | 21530 |
| 医药卫生大类 | Medical and Health Categories | 9431 | 9384 | 26401 |
| 财经商贸大类 | Finance and Trade Categories | 12605 | 7674 | 28869 |
| 旅游大类 | Tourism Categories | 2135 | 2218 | 6612 |
| 文化艺术大类 | Cultural and Artistic Categories | 2605 | 2380 | 6675 |
| 新闻传播大类 | News Communication Categories | 613 | 415 | 1242 |
| 教育与体育大类 | Education and Sports Categories | 6846 | 8276 | 22796 |
| 公安与司法大类 | Public Security and Judicial Categories | 1919 | 1561 | 4707 |
| 公共管理与服务大类 | Public Administration and Services | 326 | 247 | 661 |

## 17-9　普通高等学校分科专任教师数(2018年)
## Number of Full-Time Teachers by Field of Study in Regular Higher Education Institutions(2018)

单位：人　　(person)

| 学　科 | Subject | 合　计<br>Total | 教　授<br>Professors | 副教授<br>A/Prof. | 讲　师<br>Lecturers | 助　教<br>Assistants | 教　员<br>Instructors |
|---|---|---|---|---|---|---|---|
| **总　计** | **Total** | **46027** | **7764** | **16049** | **17743** | **3225** | **1246** |
| #女　性 | #Female | 25389 | 3429 | 8753 | 10447 | 2008 | 752 |
| 哲　学 | Philosophy | 741 | 137 | 245 | 289 | 55 | 15 |
| 经济学 | Economics | 1845 | 315 | 671 | 653 | 146 | 60 |
| 法　学 | Law | 2061 | 269 | 667 | 878 | 189 | 58 |
| 教育学 | Education | 3370 | 420 | 1132 | 1369 | 340 | 109 |
| 文　学 | Literature | 6133 | 590 | 1984 | 2961 | 422 | 176 |
| 历史学 | History | 281 | 54 | 123 | 84 | 15 | 5 |
| 理　学 | Science | 4392 | 825 | 1669 | 1590 | 226 | 82 |
| 工　学 | Engineering | 14846 | 3039 | 5458 | 5158 | 844 | 347 |
| 农　学 | Agriculture | 1665 | 461 | 586 | 548 | 50 | 20 |
| 医　学 | Medicine | 3637 | 774 | 1163 | 1326 | 264 | 110 |
| 管理学 | Manage | 3681 | 535 | 1320 | 1387 | 315 | 124 |
| 艺术学 | Art | 3375 | 345 | 1031 | 1500 | 359 | 140 |

## 17-10　平均每万人口在校学生数和大中小学学生构成
## Number of Students Enrollment Per 10000 Population and Composition of Students Enrolled

| 年　份<br>Year | 大中小学校在校学生占全省人口(%)<br>Students as Percentage of Total Population (%) | 平均每万人口学生数(人)<br>Number of Students per 10000 Population (person) | | | 大中小学学生构成(%)<br>Student Structure of Different Level (%) | | |
|---|---|---|---|---|---|---|---|
| | | 大学生<br>University and College Students | 中学生<br>Secondary School Students | 小学生<br>Primary School Students | 大学生<br>University and College Students | 中学生<br>Secondary School Students | 小学生<br>Primary School Students |
| 1978 | 24.3 | 10.6 | 837.8 | 1584.2 | 0.4 | 34.4 | 65.1 |
| 1980 | 23.6 | 13.6 | 783.2 | 1561.5 | 0.6 | 33.2 | 66.2 |
| 1985 | 20.7 | 19.6 | 660.9 | 1393.5 | 0.9 | 31.9 | 67.2 |
| 1990 | 17.1 | 22.6 | 565.4 | 1122.5 | 1.3 | 33.1 | 65.6 |
| 1995 | 15.8 | 30.7 | 543.8 | 1007.7 | 1.9 | 34.4 | 63.7 |
| 1996 | 15.9 | 31.2 | 567.3 | 996.1 | 2.0 | 35.6 | 62.5 |
| 1997 | 16.1 | 30.9 | 590.2 | 987.8 | 1.9 | 36.7 | 61.4 |
| 1998 | 15.8 | 33.2 | 634.9 | 914.0 | 2.1 | 40.1 | 57.8 |
| 1999 | 15.5 | 41.4 | 686.2 | 817.9 | 2.7 | 44.4 | 52.9 |
| 2000 | 15.1 | 52.6 | 711.3 | 743.5 | 3.5 | 47.2 | 49.3 |
| 2001 | 14.6 | 71.2 | 713.1 | 679.0 | 4.9 | 48.7 | 46.4 |
| 2002 | 14.5 | 87.8 | 725.9 | 639.2 | 6.0 | 50.0 | 44.0 |
| 2003 | 14.3 | 102.8 | 698.0 | 629.8 | 7.2 | 48.9 | 43.9 |
| 2004 | 14.7 | 157.8 | 704.2 | 606.8 | 10.7 | 47.9 | 41.3 |
| 2005 | 14.4 | 192.3 | 673.0 | 577.0 | 13.3 | 46.7 | 40.0 |
| 2006 | 14.2 | 213.3 | 655.0 | 550.0 | 15.0 | 46.2 | 38.8 |
| 2007 | 14.0 | 220.7 | 641.9 | 533.7 | 15.8 | 46.0 | 38.2 |
| 2008 | 14.0 | 242.7 | 636.1 | 518.5 | 17.4 | 45.5 | 37.1 |
| 2009 | 13.9 | 253.0 | 637.7 | 497.6 | 18.2 | 45.9 | 35.9 |
| 2010 | 13.8 | 257.1 | 629.8 | 491.0 | 18.7 | 45.7 | 35.6 |
| 2011 | 13.6 | 255.4 | 616.6 | 489.1 | 18.8 | 45.3 | 35.9 |
| 2012 | 13.5 | 258.3 | 609.3 | 487.1 | 19.1 | 45.0 | 36.0 |
| 2013 | 11.7 | 266.3 | 506.0 | 401.6 | 22.7 | 43.1 | 34.2 |
| 2014 | 11.3 | 270.4 | 475.4 | 387.6 | 23.9 | 41.9 | 34.2 |
| 2015 | 11.1 | 267.6 | 456.9 | 386.7 | 24.1 | 41.1 | 34.8 |
| 2016 | 10.9 | 259.1 | 453.5 | 378.2 | 23.7 | 41.6 | 34.7 |
| 2017 | 10.7 | 256.5 | 453.4 | 362.8 | 23.9 | 42.3 | 33.8 |
| 2018 | 10.6 | 258.6 | 454.2 | 348.9 | 24.4 | 42.8 | 32.9 |

注:从2002起，大学生、中学生在校生中分别新增了网络生和成人生，与以前年份不可比。

a)Since 2002, network students and adult students have been added to college students and middle school students respectively, which is incomparable with the previous years.

# 17-11　中等专业学校分科学生数(2018年)
# Number of Students in Specialized Secondary Schools by Field of Study (2018)

单位：人　　　　　　　　(person)

| 学　科 | Subject | 毕业生数 Graduates | 招生数 New Student Enrollment | 在校学生数 Student Enrollment |
|---|---|---|---|---|
| **总　计** | **Total** | **69211** | **51549** | **180400** |
| 农林牧渔类 | Agriculture, Forestry, Animal Husbandry & Fishery | 16860 | 8906 | 33704 |
| 资源环境类 | Resource and Environment | 133 | 905 | 917 |
| 能源与新能源类 | Energy and New Energy | 24 | 53 | 122 |
| 土木水利类 | Civil Engineering class | 1631 | 771 | 3468 |
| 加工制造类 | Machining and Manufacture | 3042 | 1254 | 7493 |
| 石油化工类 | Petroleum Chemical | 20 | 10 | 10 |
| 轻纺食品类 | Textile Food | 602 | 353 | 1206 |
| 交通运输类 | Traffic and Transport | 9499 | 7123 | 25076 |
| 信息技术类 | Information Technology | 9957 | 9241 | 28744 |
| 医药卫生类 | Medicine and Sanitation | 10201 | 9995 | 33294 |
| 休闲保健类 | Leisure-care | 737 | 558 | 2125 |
| 财经商贸类 | Financial Business | 5751 | 3830 | 13830 |
| 旅游服务类 | Tourism Services | 2710 | 2561 | 8468 |
| 文化艺术类 | Culture and Art | 2789 | 1871 | 7459 |
| 体育与健身 | Sports and Fitness | 674 | 660 | 2019 |
| 教育类 | Educational | 3381 | 2718 | 10329 |
| 司法服务类 | Judicial Service | 454 | 454 | 1332 |
| 公共管理与服务类 | Public management and service | 746 | 260 | 759 |
| 其他 | Others | | 26 | 45 |

# 17-12　中等职业学校专任教师数(2018年)
# Number of Full-Time Teachers in Secondary Vocational Schools(2018)

单位：人　　　　　　　　(person)

| 项　目 | Item | 合　计 Total | 正高级 Senior | 副高级 Sub Senior | 中级 Middle | 初级 Junior | 未定职级 No rank |
|---|---|---|---|---|---|---|---|
| **总　计** | **Total** | **4736** | **37** | **1532** | **1405** | **1044** | **718** |
| #女　性 | #Female | 2890 | **18** | **884** | 825 | 641 | 522 |
| 文化基础课 | Culture Basic Course | 1627 | 8 | 541 | 480 | 348 | 250 |
| 专业课 | Professional Course | 2904 | 29 | 947 | 869 | 619 | 440 |
| 农林牧渔类 | Agriculture, Forestry, Animal Husbandry & Fishery | 150 | | 70 | 41 | 36 | 3 |
| 资源环境类 | Resource and Environment | 14 | | 2 | 6 | 6 | |
| 能源与新能源类 | Energy and New Energy | 6 | | 3 | 1 | 1 | 1 |
| 土木水利类 | Civil Engineering class | 118 | 2 | 23 | 45 | 31 | 17 |
| 加工制造类 | Machining and Manufacture | 249 | 2 | 93 | 82 | 45 | 27 |
| 石油化工类 | Petroleum Chemical | 4 | | | | 4 | |
| 轻纺食品类 | Textile Food | 17 | | 12 | 2 | 3 | |
| 交通运输类 | Traffic and Transport | 392 | 3 | 88 | 117 | 91 | 93 |
| 信息技术类 | Information Technology | 339 | 1 | 111 | 110 | 68 | 49 |
| 医药卫生类 | Medicine and Sanitation | 806 | 9 | 286 | 243 | 203 | 65 |
| 休闲保健类 | Leisure-care | 25 | | 10 | 11 | 3 | 1 |
| 财经商贸类 | Financial Business | 182 | 4 | 73 | 51 | 20 | 34 |
| 旅游服务类 | Tourism Services | 156 | 1 | 26 | 35 | 36 | 58 |
| 文化艺术类 | Culture and art | 192 | 2 | 48 | 46 | 34 | 62 |
| 体育与健身 | Sports and Fitness | 93 | 3 | 42 | 32 | 9 | 7 |
| 教育类 | Educational | 89 | | 38 | 25 | 17 | 9 |
| 司法服务类 | Judicial Service | 5 | | 2 | 2 | 1 | |
| 公共管理与服务类 | Public management and service | 24 | 1 | 7 | 7 | 1 | 8 |
| 其他 | Others | 43 | 1 | 13 | 13 | 10 | 6 |
| 实习指导课 | Practice and Direction Course | 205 | | 44 | 56 | 77 | 28 |

# 17-13　研究生数
# Number of Postgraduates

单位：人　(person)

| 年　份<br>Year | 在校学生数<br>Student Enrollment | 招生数<br>New Student Enrollment | 毕业生数<br>Graduates | 每十万人拥有研究生数 Number of Postgraduates per 100000 Population | | |
|---|---|---|---|---|---|---|
| | | | | 在校学生数<br>Student Enrollment | 招生数<br>New Student Enrollment | 毕业生数<br>Graduates |
| 1978 | 350 | 350 | | 1.1 | 1.1 | |
| 1980 | 437 | 115 | 202 | 1.4 | 0.4 | 0.6 |
| 1985 | 3572 | 1926 | 588 | 10.7 | 5.8 | 1.8 |
| 1990 | 4011 | 1285 | 1572 | 11.4 | 3.6 | 4.5 |
| 1995 | 5643 | 1914 | 1344 | 15.3 | 5.2 | 3.6 |
| 1996 | 6269 | 2249 | 1606 | 16.8 | 6.0 | 4.3 |
| 1997 | 6662 | 2326 | 1667 | 17.8 | 6.2 | 4.4 |
| 1998 | 7195 | 2345 | 1774 | 19.1 | 6.2 | 4.7 |
| 1999 | 8465 | 3116 | 1903 | 22.4 | 8.2 | 5.0 |
| 2000 | 10647 | 4494 | 2293 | 28.0 | 11.8 | 6.0 |
| 2001 | 13861 | 5741 | 2455 | 36.4 | 15.1 | 6.4 |
| 2002 | 17586 | 7091 | 2999 | 46.1 | 18.6 | 7.9 |
| 2003 | 23630 | 9906 | 3862 | 62.0 | 26.0 | 10.1 |
| 2004 | 30268 | 12023 | 5345 | 79.3 | 31.5 | 14.0 |
| 2005 | 37075 | 13653 | 6608 | 97.1 | 35.8 | 17.3 |
| 2006 | 42683 | 14863 | 9064 | 111.7 | 38.9 | 23.7 |
| 2007 | 46109 | 15125 | 11679 | 120.6 | 39.6 | 30.5 |
| 2008 | 48890 | 15533 | 12903 | 127.8 | 40.6 | 33.7 |
| 2009 | 51915 | 17580 | 14667 | 135.7 | 46.0 | 38.3 |
| 2010 | 54467 | 18369 | 15468 | 142.3 | 48.0 | 40.4 |
| 2011 | 57829 | 19432 | 15247 | 150.8 | 50.7 | 39.8 |
| 2012 | 60819 | 20286 | 16824 | 158.6 | 52.9 | 43.9 |
| 2013 | 62249 | 20824 | 18439 | 162.3 | 54.3 | 48.1 |
| 2014 | 61174 | 20471 | 20685 | 159.6 | 53.4 | 54.0 |
| 2015 | 62044 | 21172 | 19151 | 162.3 | 55.4 | 50.1 |
| 2016 | 63620 | 21889 | 19510 | 167.2 | 57.5 | 51.3 |
| 2017 | 68078 | 25076 | 19328 | 179.4 | 66.1 | 50.9 |
| 2018 | 72952 | 26626 | 19461 | 192.9 | 70.4 | 51.5 |

# 17-14　分学科研究生数(2018年)
# Number of Postgraduates by Subject(2018)

单位：人　(person)

| 学　科 | Subject | 毕业生数 Graduates | | 招生数 New Student Enrollment | | 在校生数 Student Enrollment | |
|---|---|---|---|---|---|---|---|
| | | 博士<br>doctor | 硕士<br>master | 博士<br>doctor | 硕士<br>master | 博士<br>doctor | 硕士<br>master |
| **总　计** | **Total** | **1765** | **17696** | **3334** | **23292** | **14428** | **58524** |
| #女　性 | #Female | 656 | 9426 | 1337 | 12023 | 5462 | 30341 |
| 哲　学 | Philosophy | 18 | 113 | 24 | 127 | 117 | 359 |
| 经济学 | Economics | 5 | 323 | 17 | 360 | 80 | 842 |
| 法　学 | Law | 40 | 992 | 62 | 1100 | 294 | 2947 |
| 教育学 | Education | 9 | 904 | 10 | 1066 | 30 | 2374 |
| 文　学 | Literature | 30 | 821 | 44 | 810 | 181 | 1972 |
| 历史学 | History | | 117 | | 84 | | 280 |
| 理　学 | Science | 113 | 1258 | 237 | 1726 | 922 | 4446 |
| 工　学 | Engineering | 1042 | 7641 | 2112 | 9927 | 9598 | 24145 |
| 农　学 | Agriculture | 89 | 868 | 194 | 1508 | 897 | 3576 |
| 医　学 | Medicine | 297 | 2415 | 440 | 3210 | 1278 | 8798 |
| 军事学 | Military | | | | | | |
| 管理学 | Manage | 103 | 1816 | 171 | 2891 | 955 | 7399 |
| 艺术学 | Art | 19 | 428 | 23 | 483 | 76 | 1386 |
| 学术型学位 | Academic Degree | 1761 | 9976 | 3117 | 11714 | 14088 | 32083 |
| 专业学位 | Professional Degree | 4 | 7720 | 217 | 11578 | 340 | 26441 |

# 17-15 各级各类学校女学生数和女教师数
# Number of Female Students and Teachers by Level and Type

| 项 目 | Item | 2014 | 2015 | 2016 | 2017 | 2018 |
|---|---|---|---|---|---|---|
| **女学生数(万人)** | **Number of Female Students (10000 persons)** | **192.4** | **190.1** | **187.2** | **183.7** | **110.9** |
| 普通高等学校 | Institutions of Higher Education | 37.6 | 37.9 | 37.8 | 37.5 | 37.3 |
| 中等专业学校 | Specialized Secondary Schools | 6.2 | 5.8 | 5.4 | 5.2 | 4.7 |
| 普通中学 | Regular Secondary Schools | 74.1 | 72.6 | 72.4 | 72.7 | 73.7 |
| 职业中学 | Vocational Secondary Schools | 3.1 | 2.9 | 2.6 | 2.2 | 1.9 |
| 小 学 | Primary Schools | 71.4 | 71.0 | 69.1 | 66.2 | 63.4 |
| **女学生占学生总数(%)** | **Percentage of Female Students to Total Students (%)** | **49.5** | **49.4** | **49.3** | **49.2** | **50.1** |
| 普通高等学校 | Institutions of Higher Education | 51.5 | 51.5 | 51.4 | 51.0 | 50.9 |
| 中等专业学校 | Specialized Secondary Schools | 53.2 | 51.8 | 50.9 | 51.1 | 51.4 |
| 普通中学 | Regular Secondary Schools | 49.9 | 49.9 | 49.8 | 49.7 | 49.7 |
| 职业中学 | Vocational Secondary Schools | 42.5 | 41.1 | 38.7 | 36.4 | 35.3 |
| 小 学 | Primary Schools | 48.0 | 48.1 | 48.0 | 48.1 | 48.1 |
| **女教师数(万人)** | **Number of Female Teachers (10000 persons)** | **20.6** | **20.3** | **20.0** | **19.9** | **19.7** |
| 普通高等学校 | Institutions of Higher Education | 2.5 | 2.5 | 2.5 | 2.5 | 2.5 |
| 中等专业学校 | Specialized Secondary Schools | 0.3 | 0.3 | 0.3 | 0.3 | 0.3 |
| 普通中学 | Regular Secondary Schools | 9.9 | 9.8 | 9.8 | 8.6 | 9 |
| 职业中学 | Vocational Secondary Schools | 0.5 | 0.5 | 0.4 | 0.4 | 0.4 |
| 小 学 | Primary Schools | 7.5 | 7.3 | 6.9 | 8.0 | 7.8 |
| **女教师占教师总数(%)** | **Percentage of Female Teachers to Total Teachers (%)** | **62.7** | **63.2** | **64.1** | **65.1** | **65.7** |
| 普通高等学校 | Institutions of Higher Education | 53.0 | 53.6 | 54.1 | 54.7 | 55.2 |
| 中等专业学校 | Specialized Secondary Schools | 59.5 | 59.4 | 59.7 | 60.0 | 61.0 |
| 普通中学 | Regular Secondary Schools | 63.7 | 64.1 | 64.8 | 64.9 | 65.3 |
| 职业中学 | Vocational Secondary Schools | 59.8 | 59.9 | 59.3 | 60.0 | 61.1 |
| 小 学 | Primary Schools | 65.6 | 66.5 | 68.3 | 70.2 | 71.0 |

# 17-16　各级学校教师负担学生数

## Student-Teacher Ratio by Level

单位：人 (person)

| 年　份<br>Year | 普通高等学校<br>Institutions of Higher Education | | 中等学校<br>Secondary Schools | | 小　学<br>Primary Schools | |
|---|---|---|---|---|---|---|
| | 教师数<br>Number of Teachers | 平均每个教师负担学生<br>Student-teacher Ratio | 教师数<br>Number of Teachers | 平均每个教师负担学生<br>Student-teacher Ratio | 教师数<br>Number of Teachers | 平均每个教师负担学生<br>Student-teacher Ratio |
| 1978 | 8380 | 4.0 | 142761 | 18.4 | 187061 | 26.5 |
| 1980 | 10365 | 4.2 | 144291 | 17.4 | 193787 | 25.8 |
| 1985 | 13448 | 4.9 | 135366 | 16.4 | 207256 | 22.6 |
| 1990 | 15915 | 5.0 | 149499 | 13.4 | 215735 | 18.4 |
| 1991 | 15823 | 5.0 | 149950 | 13.3 | 216342 | 17.9 |
| 1992 | 15641 | 5.4 | 149918 | 13.2 | 216377 | 17.5 |
| 1993 | 15604 | 6.2 | 147621 | 12.7 | 213823 | 17.5 |
| 1994 | 16097 | 6.8 | 147699 | 12.8 | 215222 | 17.5 |
| 1995 | 16542 | 6.9 | 148057 | 13.6 | 214944 | 17.4 |
| 1996 | 16403 | 7.1 | 149560 | 14.1 | 213124 | 17.4 |
| 1997 | 15736 | 7.4 | 152402 | 14.5 | 214807 | 17.2 |
| 1998 | 15505 | 8.1 | 156257 | 15.3 | 210954 | 16.3 |
| 1999 | 15804 | 9.9 | 159855 | 16.3 | 206807 | 15.0 |
| 2000 | 16169 | 12.4 | 160153 | 16.9 | 193113 | 14.7 |
| 2001 | 18042 | 15.0 | 161133 | 16.9 | 182929 | 14.1 |
| 2002 | 23179 | 14.6 | 160153 | 17.2 | 180900 | 13.5 |
| 2003 | 28525 | 13.5 | 160108 | 16.6 | 178122 | 13.5 |
| 2004 | 32119 | 14.6 | 159719 | 16.4 | 175274 | 13.2 |
| 2005 | 35105 | 15.4 | 153952 | 16.1 | 163204 | 13.5 |
| 2006 | 36866 | 16.7 | 154299 | 15.1 | 160511 | 13.1 |
| 2007 | 39792 | 16.0 | 154769 | 14.9 | 158918 | 12.8 |
| 2008 | 41727 | 16.3 | 156018 | 14.5 | 157436 | 12.6 |
| 2009 | 43057 | 16.5 | 156205 | 14.2 | 155025 | 12.3 |
| 2010 | 44198 | 16 | 155048 | 14 | 151344 | 12 |
| 2011 | 44821 | 15.9 | 168152 | 12.4 | 134479 | 13.9 |
| 2012 | 45448 | 15.5 | 170671 | 12.0 | 128792 | 14.5 |
| 2013 | 46215 | 15.5 | 167746 | 10.3 | 120214 | 12.8 |
| 2014 | 46870 | 15.6 | 167073 | 10.0 | 114606 | 13.0 |
| 2015 | 46806 | 15.7 | 165186 | 9.9 | 109061 | 13.6 |
| 2016 | 46829 | 15.7 | 162945 | 10.0 | 101401 | 14.2 |
| 2017 | 46278 | 15.9 | 144294 | 11.3 | 114487 | 12.0 |
| 2018 | 46027 | 15.9 | 143413 | 11.2 | 110544 | 11.9 |

# 17-17 中小学升学及学龄儿童入学情况

# Statistics of Junior Secondary Schools and Primary Schools Entering Higher Level Schools, Statistics of School-Age Children Enrolled

单位：万人、% (10000 persons,%)

| 年份 Year | 初中毕业生数 Graduates of Junior Secondary Schools | 高级中等学校招生数 Students Entering Senior Secondary Schools | 小学毕业生数 Graduates of Primary Schools | 初级中等学校招生数 Students Entering Junior Secondary Schools | 小学升学率 Percentage of Graduates of Primary Schools Entering Junior Secondary Schools | 学龄儿童数 School-age Children | 已入学学龄儿童数 School-age Children Enrolled in Schools | 学龄儿童入学率 Percentage of School-age Children Enrolled |
|---|---|---|---|---|---|---|---|---|
| 1978 | 46.9 | 24.5 | 77.4 | 72.5 | 93.7 | 406.7 | 386.9 | 95.1 |
| 1980 | 51.5 | 26.0 | 76.1 | 68.5 | 90.1 | 417.9 | 395.1 | 94.5 |
| 1985 | 42.5 | 21.7 | 65.5 | 56.2 | 85.8 | 341.5 | 333.8 | 97.7 |
| 1990 | 43.5 | 20.0 | 63.6 | 52.7 | 82.8 | 313.1 | 310.0 | 99.0 |
| 1995 | 43.5 | 19.3 | 63.8 | 59.4 | 93.1 | 347.9 | 343.9 | 98.9 |
| 1996 | 42.4 | 18.4 | 60.6 | 57.3 | 94.6 | 346.9 | 345.8 | 99.7 |
| 1997 | 43.6 | 20.5 | 59.1 | 55.7 | 94.2 | 355.9 | 351.2 | 98.8 |
| 1998 | 50.0 | 20.8 | 74.9 | 70.3 | 94.0 | 334.0 | 327.7 | 98.1 |
| 1999 | 49.3 | 20.3 | 78.6 | 74.2 | 94.4 | 296.6 | 292.0 | 98.4 |
| 2000 | 48.7 | 18.9 | 69.8 | 66.2 | 95.9 | 275.1 | 271.7 | 98.8 |
| 2001 | 52.8 | 20.6 | 63.8 | 61.0 | 96.1 | 248.4 | 240.6 | 96.9 |
| 2002 | 52.3 | 26.3 | 57.0 | 56.1 | 98.4 | 232.0 | 226.5 | 97.6 |
| 2003 | 55.1 | 28.3 | 43.8 | 43.3 | 98.9 | 247.2 | 225.1 | 91.1 |
| 2004 | 55.6 | 28.5 | 46.3 | 45.9 | 99.2 | 232.1 | 217.8 | 93.8 |
| 2005 | 57.3 | 32.6 | 44.4 | 43.6 | 98.2 | 211.2 | 207.9 | 98.4 |
| 2006 | 54.2 | 36.2 | 42.7 | 42.2 | 98.9 | 201.2 | 198.9 | 98.9 |
| 2007 | 47.7 | 36.7 | 40.0 | 39.8 | 99.5 | 196.3 | 193.7 | 98.7 |
| 2008 | 44.8 | 39.2 | 39.1 | 39.0 | 99.7 | 189.7 | 188.5 | 99.4 |
| 2009 | 43.7 | 41.9 | 39.0 | 39.0 | 99.9 | 183.1 | 182.2 | 99.5 |
| 2010 | 40.5 | 40.6 | 36.4 | 36.4 | 99.9 | 181.6 | 180.0 | 99.1 |
| 2011 | 39.9 | 41.8 | 33.6 | 33.5 | 99.8 | 182.1 | 181.7 | 99.8 |
| 2012 | 39.4 | 39.7 | 34.7 | 34.6 | 99.7 | 181.7 | 181.3 | 99.8 |
| 2013 | 37.3 | 32.2 | 33.0 | 27.9 | 84.6 | 145.6 | 145.5 | 99.9 |
| 2014 | 27.0 | 29.0 | 26.7 | 26.3 | 98.5 | 141.1 | 141.0 | 99.9 |
| 2015 | 26.7 | 28.0 | 25.4 | 25.1 | 98.8 | 139.6 | 139.6 | 99.9 |
| 2016 | 27.6 | 28.1 | 27.8 | 27.5 | 99.0 | 136.0 | 136.0 | 99.9 |
| 2017 | 27.6 | 27.8 | 27.9 | 27.6 | 98.9 | 130.8 | 130.8 | 99.9 |
| 2018 | 24.4 | 24.5 | 27.6 | 27.3 | 98.8 | 125.2 | 125.1 | 99.9 |

注：2002起年高级中等学校招生数中新增了成人中专招生数，使相关数据明显增大。
a) From 2002,the data of senior secondary schools include the data of specialized secondary schools for adults.

# 17-18　各类技工学校基本情况(2018年)
## Statistics on Various Technical Schools(2018)

单位：人　(person)

| 指　标 | Item | 合　计 Total | 地方劳动保障部门办 Local Labor Safeguard Ministries | 地方国有经济单位办 Launched by Local State-owned Economic Institution | | 其　他 Others |
|---|---|---|---|---|---|---|
| | | | | 行业办 Launched by Sector | 企业办 Launched by Enterprise | |
| 学校数(所) | Number of Schools (unit) | 129 | 63 | 32 | 19 | 13 | 34 |
| 在校学生数 | Number of Students | 55494 | 29759 | 7188 | 3029 | 4159 | 18547 |
| #女　性 | #Female | 18230 | | | | | |
| 招生数 | New Student Enrollment | 20379 | 10646 | 3169 | 1517 | 1652 | 6564 |
| 毕业生数 | Graduates | 18402 | 9638 | 2035 | 1105 | 930 | 6729 |
| 在职教职工数 | Teachers and Staff | 10307 | 7117 | 1487 | 658 | 829 | 1703 |
| #文化技术理论课教师 | #Classroom Teachers | 5283 | 3846 | 965 | 431 | 534 | 472 |
| 生产实习课指导教师 | Practical Training Teachers | 1827 | 1226 | 242 | 140 | 102 | 359 |

# 17-19　技工学校数、学生数和教职工数
## Number of Technical Schools, Students, Staff and Teachers

单位：所、人　(unit, person)

| 年　份 Year | 学校数 Schools | 在　校学生数 Student Enrollment | 毕业生数 Graduates | 招生数 New Student Enrollment | 教职工数 Staff and Teachers | #教师数 Teachers |
|---|---|---|---|---|---|---|
| 1978 | 128 | 25200 | 4523 | 19969 | 4887 | 1855 |
| 1980 | 217 | 50731 | 19969 | 25529 | 8941 | 3670 |
| 1985 | 202 | 50257 | 18949 | 25048 | 12902 | 5192 |
| 1990 | 220 | 95665 | 32103 | 33409 | 18271 | 7745 |
| 1995 | 220 | 85809 | 49100 | 29608 | 16179 | 8002 |
| 1996 | 195 | 64105 | 30884 | 20261 | 15245 | 7993 |
| 1997 | 192 | 62580 | 30898 | 22788 | 14990 | 7578 |
| 1998 | 168 | 44107 | 27155 | 13903 | 12595 | 6667 |
| 1999 | 170 | 35795 | 21884 | 10969 | 11962 | 7040 |
| 2000 | 172 | 28979 | 13126 | 9886 | 9375 | 5392 |
| 2001 | 166 | 24939 | 13379 | 9769 | 10429 | 7966 |
| 2002 | 150 | 28008 | 11567 | 13458 | 8892 | 5903 |
| 2003 | 147 | 31789 | 11135 | 17104 | 9454 | 7099 |
| 2004 | 135 | 41411 | 12318 | 21591 | 10833 | 7620 |
| 2005 | 128 | 60407 | 16429 | 28264 | 9417 | 6064 |
| 2006 | 124 | 68658 | 17167 | 32860 | 9256 | 6170 |
| 2007 | 121 | 88076 | 21775 | 46796 | 10457 | 7465 |
| 2008 | 130 | 91059 | 21063 | 40428 | 10261 | 7474 |
| 2009 | 130 | 101307 | 25158 | 44570 | 11101 | 8417 |
| 2010 | 133 | 142109 | 39697 | 82949 | 12316 | 7982 |
| 2011 | 133 | 194501 | 31131 | 100878 | 11539 | 8211 |
| 2012 | 134 | 225762 | 55013 | 94975 | 12338 | 8695 |
| 2013 | 134 | 144221 | 91463 | 44647 | 11671 | 7987 |
| 2014 | 133 | 95985 | 71838 | 30150 | 10789 | 7965 |
| 2015 | 131 | 63300 | 48680 | 22771 | 11274 | 8054 |
| 2016 | 127 | 56295 | 27561 | 23205 | 10893 | 8083 |
| 2017 | 127 | 55893 | 21235 | 24360 | 10999 | 7335 |
| 2018 | 129 | 55494 | 18402 | 20379 | 10307 | 7110 |

# 17-20 分地区普通高等学校基本情况(2018年)

# Basic Statistics on Regular Institutions of Higher Education by Region(2018)

单位：所、人 (unit, person)

| 地 区 | Region | 学校数 Schools | 教职工数 Staff and Teachers | #专任教师 Full-time Teachers | #教授 Professors | #副教授 A/Prof. | 招生数 New Enrollment | 在校生数 Total Enrollment | 毕业生数 Graduates | 授予学位数 Degrees Conferred |
|---|---|---|---|---|---|---|---|---|---|---|
| **全 省** | **Total** | **81** | **73542** | **46027** | **7764** | **16049** | **205726** | **732082** | **200423** | **123964** |
| 哈尔滨 | Harbin | 51 | 50768 | 31874 | 5802 | 11685 | 139562 | 504194 | 137464 | 87063 |
| 齐齐哈尔 | Qiqihar | 6 | 4835 | 3378 | 413 | 1046 | 16608 | 57633 | 14465 | 9138 |
| 鸡 西 | Jixi | 1 | 880 | 482 | 74 | 78 | 3012 | 8891 | 2457 | 964 |
| 鹤 岗 | Hegang | 1 | 364 | 202 | 22 | 114 | 799 | 2207 | 811 | |
| 双鸭山 | Shuangyashan | 1 | 295 | 144 | 9 | 53 | 832 | 1683 | 255 | |
| 大 庆 | Daqing | 5 | 5572 | 3285 | 576 | 1194 | 14705 | 51458 | 13703 | 9782 |
| 伊 春 | Yichun | 1 | 331 | 186 | 9 | 58 | 637 | 1813 | 608 | |
| 佳木斯 | Jiamusi | 4 | 4033 | 2367 | 310 | 656 | 8531 | 29879 | 8461 | 5662 |
| 七台河 | Qitaihe | 1 | 158 | 128 | 20 | 40 | 636 | 1516 | 680 | |
| 牡丹江 | Mudanjiang | 7 | 4375 | 2686 | 388 | 777 | 13545 | 48216 | 14959 | 6010 |
| 黑 河 | Heihe | 1 | 816 | 550 | 78 | 149 | 2711 | 10233 | 2504 | 2504 |
| 绥 化 | Suihua | 1 | 817 | 523 | 48 | 135 | 3087 | 11624 | 2847 | 2841 |
| 大兴安岭 | Daxinganling | 1 | 298 | 222 | 15 | 64 | 1061 | 2735 | 1209 | |

# 17-21 分地区中等专业学校基本情况(2018年)

# Basic Statistics on Secondary Vocational Schools by Region(2018)

单位：人 (person)

| 地 区 | Region | 学校数(所) Schools (unit) | 教职工数 Staff and Teachers | #专任教师 Full-time Teachers | #副高级以上 Deputy High above | 招生数 New Enrollment | #初中毕业 Graduate from Senior Secondary Schools | 在校生数 Total Enrollment | 毕业生数 Graduates |
|---|---|---|---|---|---|---|---|---|---|
| **全 省** | **Total** | **80** | **7567** | **4843** | **1615** | **27866** | **22053** | **98493** | **37753** |
| 哈尔滨 | Harbin | 35 | 2906 | 1908 | 487 | 13520 | 10229 | 44950 | 16928 |
| 齐齐哈尔 | Qiqihar | 7 | 725 | 507 | 197 | 1879 | 1687 | 8119 | 3699 |
| 鸡 西 | Jixi | 2 | 117 | 80 | 24 | 299 | 252 | 1360 | 497 |
| 鹤 岗 | Hegang | 3 | 527 | 281 | 158 | 1093 | 507 | 3379 | 2753 |
| 双鸭山 | Shuangyashan | 1 | 30 | 25 | | 400 | 400 | 1434 | 508 |
| 大 庆 | Daqing | 5 | 465 | 285 | 135 | 968 | 573 | 5422 | 1038 |
| 伊 春 | Yichun | 3 | 475 | 235 | 92 | 1518 | 1058 | 4307 | 1961 |
| 佳木斯 | Jiamusi | 6 | 799 | 532 | 149 | 2949 | 2604 | 12439 | 3790 |
| 七台河 | Qitaihe | | | | | 575 | 575 | 1788 | 463 |
| 牡丹江 | Mudanjiang | 8 | 390 | 271 | 60 | 1901 | 1459 | 6587 | 2261 |
| 黑 河 | Heihe | 4 | 437 | 276 | 131 | 764 | 764 | 2431 | 870 |
| 绥 化 | Suihua | 6 | 696 | 443 | 182 | 1791 | 1736 | 5079 | 2352 |
| 大兴安岭 | Daxinganling | | | | | 209 | 209 | 1198 | 633 |

# 17-22　分地区普通中学学校数(2018年)
# Number of Regular Secondary Schools by Region(2018)

单位：所　　(unit)

| 地　区 | Region | 合　计 Total | #高　中 Senior Secondary Schools | 城　区 Urban Areas | #高　中 Senior Secondary Schools | 镇　区 Counties and Towns | #高　中 Senior Secondary Schools | 乡　村 Rural Areas | #高　中 Senior Secondary Schools |
|---|---|---|---|---|---|---|---|---|---|
| **全　省** | **Total** | **1784** | **366** | **606** | **198** | **784** | **157** | **394** | **11** |
| 哈尔滨 | Harbin | 447 | 103 | 182 | 60 | 158 | 38 | 107 | 5 |
| 齐齐哈尔 | Qiqihar | 246 | 40 | 58 | 22 | 110 | 18 | 78 | |
| 鸡　西 | Jixi | 98 | 21 | 40 | 15 | 43 | 6 | 15 | |
| 鹤　岗 | Hegang | 50 | 13 | 23 | 5 | 26 | 8 | 1 | |
| 双鸭山 | Shuangyashan | 79 | 16 | 18 | 5 | 47 | 11 | 14 | |
| 大　庆 | Daqing | 145 | 27 | 67 | 16 | 47 | 11 | 31 | |
| 伊　春 | Yichun | 52 | 18 | 38 | 14 | 14 | 4 | | |
| 佳木斯 | Jiamusi | 126 | 27 | 38 | 13 | 64 | 10 | 24 | 4 |
| 七台河 | Qitaihe | 47 | 8 | 19 | 4 | 17 | 4 | 11 | |
| 牡丹江 | Mudanjiang | 116 | 35 | 45 | 17 | 56 | 18 | 15 | |
| 黑　河 | Heihe | 91 | 22 | 18 | 8 | 56 | 12 | 17 | 2 |
| 绥　化 | Suihua | 249 | 29 | 44 | 15 | 126 | 14 | 79 | |
| 大兴安岭 | Daxinganling | 38 | 7 | 16 | 4 | 20 | 3 | 2 | |

# 17-23　分地区普通中学在校学生数(2018年)
# Number of Students of Regular Secondary Schools by Region(2018)

单位：人　　(person)

| 地　区 | Region | 合　计 Total | #高　中 Senior Secondary Schools | 城　区 Urban Areas | #高　中 Senior Secondary Schools | 镇　区 Counties and Towns | #高　中 Senior Secondary Schools | 乡　村 Rural Areas | #高　中 Senior Secondary Schools |
|---|---|---|---|---|---|---|---|---|---|
| **全　省** | **Total** | **1481233** | **548421** | **726902** | **302359** | **636130** | **235196** | **118201** | **10866** |
| 哈尔滨 | Harbin | 397722 | 140545 | 240379 | 92402 | 131468 | 45953 | 25875 | 2190 |
| 齐齐哈尔 | Qiqihar | 182149 | 65948 | 59571 | 28643 | 103230 | 37305 | 19348 | |
| 鸡　西 | Jixi | 73027 | 28007 | 45981 | 20521 | 22669 | 7486 | 4377 | |
| 鹤　岗 | Hegang | 39192 | 17578 | 20013 | 9610 | 19053 | 7968 | 126 | |
| 双鸭山 | Shuangyashan | 58699 | 26236 | 15720 | 8038 | 40287 | 18198 | 2692 | |
| 大　庆 | Daqing | 156416 | 57518 | 85764 | 33073 | 58712 | 24445 | 11940 | |
| 伊　春 | Yichun | 32651 | 15997 | 26468 | 13734 | 6183 | 2263 | | |
| 佳木斯 | Jiamusi | 102923 | 41320 | 50231 | 21812 | 41991 | 14092 | 10701 | 5416 |
| 七台河 | Qitaihe | 38561 | 13737 | 22113 | 7413 | 13019 | 6324 | 3429 | |
| 牡丹江 | Mudanjiang | 97185 | 40917 | 46559 | 16652 | 44376 | 23859 | 6250 | 406 |
| 黑　河 | Heihe | 64243 | 25501 | 22740 | 10649 | 35148 | 11998 | 6355 | 2854 |
| 绥　化 | Suihua | 225142 | 68762 | 83499 | 35731 | 114729 | 33031 | 26914 | |
| 大兴安岭 | Daxinganling | 13323 | 6355 | 7864 | 4081 | 5265 | 2274 | 194 | |

# 17-24 分地区普通中学招生数(2018年)
# Number of New Enrollment Students of Regular Secondary Schools by Region(2018)

单位：人 (person)

| 地区 | Region | 合计 Total | #高中 Senior Secondary Schools | 城区 Urban Areas | #高中 Senior Secondary Schools | 镇区 Counties and Towns | #高中 Senior Secondary Schools | 乡村 Rural Areas | #高中 Senior Secondary Schools |
|---|---|---|---|---|---|---|---|---|---|
| **全省** | **Total** | **445889** | **173135** | **217902** | **93510** | **194918** | **76405** | **33069** | **3220** |
| 哈尔滨 | Harbin | 123310 | 43771 | 72604 | 28571 | 42545 | 14593 | 8161 | 607 |
| 齐齐哈尔 | Qiqihar | 57095 | 21608 | 19488 | 9288 | 31969 | 12320 | 5638 | |
| 鸡西 | Jixi | 20398 | 8486 | 12813 | 6289 | 6534 | 2197 | 1051 | |
| 鹤岗 | Hegang | 11698 | 5198 | 6139 | 2658 | 5521 | 2540 | 38 | |
| 双鸭山 | Shuangyashan | 18654 | 8367 | 4814 | 2314 | 13037 | 6053 | 803 | |
| 大庆 | Daqing | 44393 | 18710 | 23445 | 9966 | 17895 | 8744 | 3053 | |
| 伊春 | Yichun | 9621 | 4439 | 7823 | 3825 | 1798 | 614 | | |
| 佳木斯 | Jiamusi | 33805 | 13232 | 16543 | 7156 | 14034 | 4544 | 3228 | 1532 |
| 七台河 | Qitaihe | 11287 | 4198 | 6116 | 2184 | 4112 | 2014 | 1059 | |
| 牡丹江 | Mudanjiang | 31090 | 12286 | 15039 | 4923 | 13922 | 7234 | 2129 | 129 |
| 黑河 | Heihe | 20075 | 8297 | 7388 | 3456 | 10948 | 3889 | 1739 | 952 |
| 绥化 | Suihua | 60468 | 22735 | 23375 | 11718 | 30998 | 11017 | 6095 | |
| 大兴安岭 | Daxinganling | 3995 | 1808 | 2315 | 1162 | 1605 | 646 | 75 | |

# 17-25 分地区普通中学毕业生数(2018年)
# Number of Graduates of Regular Secondary Schools by Region(2018)

单位：人 (person)

| 地区 | Region | 合计 Total | #高中 Senior Secondary Schools | 城区 Urban Areas | #高中 Senior Secondary Schools | 镇区 Counties and Towns | #高中 Senior Secondary Schools | 乡村 Rural Areas | #高中 Senior Secondary Schools |
|---|---|---|---|---|---|---|---|---|---|
| **全省** | **Total** | **425328** | **180948** | **207376** | **101819** | **185606** | **76042** | **32346** | **3087** |
| 哈尔滨 | Harbin | 109671 | 46221 | 63593 | 30396 | 38555 | 15283 | 7523 | 542 |
| 齐齐哈尔 | Qiqihar | 56268 | 21029 | 18768 | 8983 | 31743 | 12046 | 5757 | |
| 鸡西 | Jixi | 20936 | 9697 | 12874 | 6886 | 6964 | 2811 | 1098 | |
| 鹤岗 | Hegang | 12681 | 6399 | 6793 | 3665 | 5852 | 2734 | 36 | |
| 双鸭山 | Shuangyashan | 18381 | 8639 | 5141 | 2769 | 12332 | 5870 | 908 | |
| 大庆 | Daqing | 41199 | 17710 | 23061 | 10919 | 15274 | 6791 | 2864 | |
| 伊春 | Yichun | 11726 | 6307 | 9573 | 5468 | 2153 | 839 | | |
| 佳木斯 | Jiamusi | 31468 | 13617 | 15538 | 7531 | 12969 | 4636 | 2961 | 1450 |
| 七台河 | Qitaihe | 10426 | 4765 | 5860 | 2768 | 3720 | 1997 | 846 | |
| 牡丹江 | Mudanjiang | 30238 | 14087 | 14486 | 6155 | 13940 | 7829 | 1812 | 103 |
| 黑河 | Heihe | 20016 | 8169 | 7099 | 3371 | 10894 | 3806 | 2023 | 992 |
| 绥化 | Suihua | 57577 | 21850 | 21785 | 11338 | 29342 | 10512 | 6450 | |
| 大兴安岭 | Daxinganling | 4741 | 2458 | 2805 | 1570 | 1868 | 888 | 68 | |

# 17-26　分地区普通中学教职工数(2018年)

# Number of Teachers and Staff of Regular Secondary Schools by Region(2018)

单位：人　　(person)

| 地　区 | Region | 合　计 Total | 按城乡分 By Urban and Rural Areas 城　区 Urban Areas | 镇　区 Counties and Towns | 乡　村 Rural Areas | 按主管部门分 By Department 教育部门办 Run by Educational Department | 其他部门办 Schools Run by Other Department | 民　办 Run by Private and Other Social Sources |
|---|---|---|---|---|---|---|---|---|
| **全　省** | **Total** | **178631** | **80129** | **74657** | **23845** | **151889** | **18227** | **8515** |
| 哈尔滨 | Harbin | 45287 | 25729 | 13812 | 5746 | 38686 | 845 | 5756 |
| 齐齐哈尔 | Qiqihar | 22322 | 6563 | 11155 | 4604 | 21281 | 722 | 319 |
| 鸡　西 | Jixi | 9786 | 5090 | 3775 | 921 | 7535 | 1985 | 266 |
| 鹤　岗 | Hegang | 6169 | 3183 | 2917 | 69 | 3932 | 1863 | 374 |
| 双鸭山 | Shuangyashan | 7786 | 2460 | 4702 | 624 | 5726 | 1925 | 135 |
| 大　庆 | Daqing | 17225 | 10404 | 4949 | 1872 | 16666 | 219 | 340 |
| 伊　春 | Yichun | 5398 | 4137 | 1261 | | 2260 | 3138 | |
| 佳木斯 | Jiamusi | 12892 | 4829 | 6263 | 1800 | 8979 | 3149 | 764 |
| 七台河 | Qitaihe | 3860 | 1861 | 1372 | 627 | 3730 | 130 | |
| 牡丹江 | Mudanjiang | 11075 | 5003 | 4998 | 1074 | 10341 | 508 | 226 |
| 黑　河 | Heihe | 9408 | 2337 | 5940 | 1131 | 5945 | 3463 | |
| 绥　化 | Suihua | 24717 | 7211 | 12183 | 5323 | 24102 | 280 | 335 |
| 大兴安岭 | Daxinganling | 2706 | 1322 | 1330 | 54 | 2706 | | |

# 17-27　分地区普通中学教师数(2018年)

# Number of Teachers of Regular Secondary Schools by Region(2018)

单位：人　　(person)

| 地　区 | Region | 合　计 Total | #高　中 Senior Secondary Schools | 按城乡分 By Urban and Rural Areas 城　区 Urban Areas | 镇　区 Counties and Towns | 乡　村 Rural Areas | 按主管部门分 By Department 教育部门办 Run by Educational Department | 其他部门办 Schools Run by Other Department | 民　办 Run by Private and Other Social Sources |
|---|---|---|---|---|---|---|---|---|---|
| **全　省** | **Total** | **150869** | **42686** | **69118** | **62145** | **19606** | **130527** | **13952** | **6390** |
| 哈尔滨 | Harbin | 38668 | 11493 | 22861 | 11459 | 4348 | 33531 | 709 | 4428 |
| 齐齐哈尔 | Qiqihar | 18894 | 4965 | 5496 | 9671 | 3727 | 18032 | 629 | 233 |
| 鸡　西 | Jixi | 8340 | 2115 | 4516 | 3033 | 791 | 6619 | 1493 | 228 |
| 鹤　岗 | Hegang | 4787 | 1486 | 2542 | 2205 | 40 | 3160 | 1407 | 220 |
| 双鸭山 | Shuangyashan | 6228 | 1883 | 2062 | 3615 | 551 | 4772 | 1358 | 98 |
| 大　庆 | Daqing | 14621 | 4453 | 8545 | 4395 | 1681 | 14186 | 178 | 257 |
| 伊　春 | Yichun | 4246 | 1520 | 3322 | 924 | | 1818 | 2428 | |
| 佳木斯 | Jiamusi | 10664 | 3210 | 4273 | 4956 | 1435 | 7703 | 2445 | 516 |
| 七台河 | Qitaihe | 3443 | 1018 | 1661 | 1225 | 557 | 3342 | 101 | |
| 牡丹江 | Mudanjiang | 9524 | 3127 | 4274 | 4345 | 905 | 8986 | 367 | 171 |
| 黑　河 | Heihe | 7494 | 2017 | 1991 | 4599 | 904 | 4886 | 2608 | |
| 绥　化 | Suihua | 21867 | 4859 | 6561 | 10680 | 4626 | 21399 | 229 | 239 |
| 大兴安岭 | Daxinganling | 2093 | 540 | 1014 | 1038 | 41 | 2093 | | |

# 17-28 分地区小学学校数和在校学生数(2018年)
# Statistics on Primary Schools and Students Enrollment by Region(2018)

单位：所、人 (unit, person)

| 地 区 | Region | 学校数 Number of Schools | 按城乡分 By Urban and Rural Areas 城区 Urban Areas | 镇区 Counties and Towns | 乡村 Rural Areas | 在校学生数 Student Enrollment | 按城乡分 By Urban and Rural Areas 城区 Urban Areas | 镇区 Counties and Towns | 乡村 Rural Areas |
|---|---|---|---|---|---|---|---|---|---|
| **全 省** | **Total** | **1469** | **564** | **589** | **316** | **1318982** | **619569** | **540787** | **158626** |
| 哈尔滨 | Harbin | 368 | 170 | 134 | 64 | 402937 | 227539 | 133418 | 41980 |
| 齐齐哈尔 | Qiqihar | 189 | 59 | 77 | 53 | 188585 | 54330 | 97499 | 36756 |
| 鸡 西 | Jixi | 65 | 32 | 22 | 11 | 50208 | 27312 | 18669 | 4227 |
| 鹤 岗 | Hegang | 36 | 20 | 13 | 3 | 30998 | 17501 | 12793 | 704 |
| 双鸭山 | Shuangyashan | 68 | 19 | 39 | 10 | 49801 | 12888 | 33247 | 3666 |
| 大 庆 | Daqing | 166 | 65 | 43 | 58 | 115880 | 61328 | 36799 | 17753 |
| 伊 春 | Yichun | 48 | 32 | 12 | 4 | 25754 | 19883 | 5569 | 302 |
| 佳木斯 | Jiamusi | 119 | 42 | 47 | 30 | 101387 | 48773 | 43981 | 8633 |
| 七台河 | Qitaihe | 33 | 15 | 13 | 5 | 31340 | 16785 | 10317 | 4238 |
| 牡丹江 | Mudanjiang | 115 | 46 | 51 | 18 | 101440 | 56623 | 33977 | 10840 |
| 黑 河 | Heihe | 70 | 19 | 36 | 15 | 56479 | 19305 | 33466 | 3708 |
| 绥 化 | Suihua | 169 | 36 | 89 | 44 | 153524 | 51499 | 76529 | 25496 |
| 大兴安岭 | Daxinganling | 23 | 9 | 13 | 1 | 10649 | 5803 | 4523 | 323 |

# 17-29 分地区小学招生数和毕业生数(2018年)
# Number of New Students Enrollment and Graduates of Primary Schools by Region(2018)

单位：人 (person)

| 地 区 | Region | 招生数 Number of New Students Enrollment | 按城乡分 By Urban and Rural Areas 城区 Urban Areas | 镇区 Counties and Towns | 乡村 Rural Areas | 毕业生数 Number of Graduates | 按城乡分 By Urban and Rural Areas 城区 Urban Areas | 镇区 Counties and Towns | 乡村 Rural Areas |
|---|---|---|---|---|---|---|---|---|---|
| **全 省** | **Total** | **221795** | **118053** | **82706** | **21036** | **276053** | **120140** | **115267** | **40646** |
| 哈尔滨 | Harbin | 72675 | 47311 | 19611 | 5753 | 80979 | 42245 | 27694 | 11040 |
| 齐齐哈尔 | Qiqihar | 26527 | 8961 | 13052 | 4514 | 35831 | 9642 | 18746 | 7443 |
| 鸡 西 | Jixi | 9098 | 5356 | 3077 | 665 | 12008 | 6533 | 4245 | 1230 |
| 鹤 岗 | Hegang | 5137 | 2972 | 2071 | 94 | 6681 | 3556 | 2780 | 345 |
| 双鸭山 | Shuangyashan | 7955 | 2201 | 5306 | 448 | 10405 | 2508 | 6801 | 1096 |
| 大 庆 | Daqing | 20867 | 12304 | 6297 | 2266 | 26024 | 12658 | 8419 | 4947 |
| 伊 春 | Yichun | 4325 | 3421 | 864 | 40 | 5251 | 3908 | 1232 | 111 |
| 佳木斯 | Jiamusi | 15721 | 8296 | 6469 | 956 | 20675 | 8973 | 9316 | 2386 |
| 七台河 | Qitaihe | 5308 | 3213 | 1578 | 517 | 7108 | 3920 | 2013 | 1175 |
| 牡丹江 | Mudanjiang | 16543 | 9872 | 5205 | 1466 | 18896 | 9776 | 6704 | 2416 |
| 黑 河 | Heihe | 8947 | 3313 | 5202 | 432 | 11877 | 3676 | 7196 | 1005 |
| 绥 化 | Suihua | 26977 | 9917 | 13214 | 3846 | 38160 | 11624 | 19168 | 7368 |
| 大兴安岭 | Daxinganling | 1715 | 916 | 760 | 39 | 2158 | 1121 | 953 | 84 |

# 17-30 分地区小学教职工数(2018年)
## Number of Teachers and Staff of Primary Schools by Region(2018)

单位：人 (person)

| 地 区 | Region | 合 计 Total | 按城乡分 By Urban and Rural Areas | | | 按主管部门分 By Department | | |
|---|---|---|---|---|---|---|---|---|
| | | | 城 区 Urban Areas | 镇 区 Counties and Towns | 乡 村 Rural Areas | 教育部门办 Run by Educational Department | 其他部门办 Schools Run by Other Department | 民 办 Run by Private and Other Social Sources |
| **全 省** | **Total** | **106572** | **42548** | **42076** | **21948** | **101162** | **5016** | **394** |
| 哈尔滨 | Harbin | 29620 | 13262 | 10506 | 5852 | 29030 | 282 | 308 |
| 齐齐哈尔 | Qiqihar | 11825 | 3484 | 5376 | 2965 | 11459 | 366 | |
| 鸡 西 | Jixi | 4315 | 2340 | 1403 | 572 | 4233 | 82 | |
| 鹤 岗 | Hegang | 2728 | 1406 | 998 | 324 | 2630 | 98 | |
| 双鸭山 | Shuangyashan | 4506 | 1283 | 2483 | 740 | 3848 | 637 | 21 |
| 大 庆 | Daqing | 9227 | 3741 | 2751 | 2735 | 9227 | | |
| 伊 春 | Yichun | 4114 | 2893 | 1048 | 173 | 1458 | 2656 | |
| 佳木斯 | Jiamusi | 8188 | 3421 | 3247 | 1520 | 8016 | 142 | 30 |
| 七台河 | Qitaihe | 1998 | 1090 | 620 | 288 | 1918 | 80 | |
| 牡丹江 | Mudanjiang | 8864 | 3628 | 3290 | 1946 | 8642 | 187 | 35 |
| 黑 河 | Heihe | 5305 | 1684 | 2583 | 1038 | 4845 | 460 | |
| 绥 化 | Suihua | 14320 | 3587 | 7086 | 3647 | 14294 | 26 | |
| 大兴安岭 | Daxinganling | 1562 | 729 | 685 | 148 | 1562 | | |

# 17-31 分地区小学专任教师数(2018年)
## Number of Full-Time Teachers of Primary Schools by Region (2018)

单位：人 (person)

| 地 区 | Region | 合 计 Total | 按城乡分 By Urban and Rural Areas | | | 按主管部门分 By Department | | |
|---|---|---|---|---|---|---|---|---|
| | | | 城 区 Urban Areas | 镇 区 Counties and Towns | 乡 村 Rural Areas | 教育部门办 Run by Educational Department | 其他部门办 Schools Run by Other Department | 民 办 Run by Private and Other Social Sources |
| **全 省** | **Total** | **91339** | **37757** | **35563** | **18019** | **87252** | **3777** | **310** |
| 哈尔滨 | Harbin | 25567 | 11870 | 8956 | 4741 | 25108 | 218 | 241 |
| 齐齐哈尔 | Qiqihar | 10153 | 3016 | 4846 | 2291 | 9823 | 330 | |
| 鸡 西 | Jixi | 3722 | 2144 | 1120 | 458 | 3660 | 62 | |
| 鹤 岗 | Hegang | 2203 | 1232 | 744 | 227 | 2120 | 83 | |
| 双鸭山 | Shuangyashan | 3783 | 1114 | 2050 | 619 | 3316 | 455 | 12 |
| 大 庆 | Daqing | 8152 | 3148 | 2475 | 2529 | 8152 | | |
| 伊 春 | Yichun | 3071 | 2243 | 728 | 100 | 1061 | 2010 | |
| 佳木斯 | Jiamusi | 6752 | 3213 | 2417 | 1122 | 6627 | 99 | 26 |
| 七台河 | Qitaihe | 1849 | 1001 | 567 | 281 | 1805 | 44 | |
| 牡丹江 | Mudanjiang | 8010 | 3346 | 2874 | 1790 | 7866 | 113 | 31 |
| 黑 河 | Heihe | 4475 | 1530 | 2174 | 771 | 4130 | 345 | |
| 绥 化 | Suihua | 12416 | 3348 | 6098 | 2970 | 12398 | 18 | |
| 大兴安岭 | Daxinganling | 1186 | 552 | 514 | 120 | 1186 | | |

# 17-32 分地区幼儿园基本情况(2018年)
# Basic Statistics on Kindergartens by Region (2018)

单位：个、人 (unit, person)

| 地区 | Region | 园数 Number of Kindergartens | 班数 Number of Classes | 幼儿数 Student Enrollment | 教职工数 Staff and Teachers | #专任教师 Full-time Teachers |
|---|---|---|---|---|---|---|
| **全省** | **Total** | **5852** | **25643** | **522076** | **68658** | **35128** |
| 哈尔滨 | Harbin | 1339 | 6665 | 140844 | 20026 | 9824 |
| 齐齐哈尔 | Qiqihar | 1038 | 4220 | 95861 | 7895 | 4031 |
| 鸡西 | Jixi | 286 | 1188 | 22991 | 2924 | 1485 |
| 鹤岗 | Hegang | 141 | 622 | 12357 | 1542 | 783 |
| 双鸭山 | Shuangyashan | 184 | 865 | 16973 | 2409 | 1269 |
| 大庆 | Daqing | 631 | 2712 | 52139 | 8609 | 4414 |
| 伊春 | Yichun | 105 | 517 | 10140 | 1648 | 972 |
| 佳木斯 | Jiamusi | 463 | 2184 | 41252 | 5585 | 2726 |
| 七台河 | Qitaihe | 152 | 628 | 11220 | 1592 | 832 |
| 牡丹江 | Mudanjiang | 409 | 1873 | 35451 | 5282 | 2824 |
| 黑河 | Heihe | 318 | 1184 | 24725 | 3527 | 1845 |
| 绥化 | Suihua | 716 | 2697 | 52750 | 6563 | 3533 |
| 大兴安岭 | Daxinganling | 70 | 288 | 5373 | 1056 | 590 |

# 17-33 各级各类成人学校基本情况(2018年)
# Basic Statistics on Adult Schools by Level and Type(2018)

单位：所、人 (unit, person)

| 学校类别 | Category | 学校数 Schools | 毕业生数 Graduates | 招生数 New Student Enrollment | 在校生数 Student Enrollment | 教职工数 Staff and Teachers | #专任教师 Full-time Teachers |
|---|---|---|---|---|---|---|---|
| **总计** | **Total** | **1767** | **255316** | **22572** | **221348** | **15119** | **10903** |
| 成人高等学校 | Adult Education Schools | 20 | 5037 | 11970 | 17336 | 1994 | 1019 |
| 广播电视大学 | Radio and TV Universities | 2 | 1148 | 2354 | 17336 | 334 | 160 |
| 职工高等学校 | Schools of Higher Education for Staff and Workers | 11 | 212 | 653 | 1239 | 569 | 399 |
| 管理干部学院 | College for Management Cadres | 3 | 1330 | 3596 | 5120 | 612 | 381 |
| 教育学院 | Pedagogical Colleges | 4 | 2347 | 5367 | 7440 | 479 | 79 |
| 成人中等学校 | Secondary Schools for Adults | 1747 | 250279 | 10602 | 204012 | 13125 | 9884 |
| 中等专业学校 | Specialized Secondary Schools for Adults | 36 | 18441 | 10602 | 35830 | 1962 | 1459 |
| 成人中学 | Secondary Schools for Adults | 21 | 3359 | | 3243 | 174 | 160 |
| 职工中学 | Secondary Schools for Staff and Workers | | | | | | |
| 农民中学 | Secondary Schools for Peasants | 21 | 3359 | | 3243 | 174 | 160 |
| 成人技术培训学校 | Technical Training Schools for Adults | 1690 | 228479 | | 164939 | 10989 | 8265 |
| 职工技术培训学校(机构) | Worker's Technical Training School | 80 | 8974 | | 28245 | 2339 | 1808 |
| 农村成人文化技术培训学校(机构) | Rural Culture & Technology Training School(Institution) | 879 | 78623 | | 61437 | 2379 | 1803 |
| 其他培训机构(含社会培训机构) | Other Training School | 731 | 140882 | | 75257 | 6271 | 4654 |

# 17-34　各级各类成人学校在校学生数
## Student Enrollment in Adult Schools by Level and Type

单位：万人　　(10000 persons)

| 学校类别 | Category | 2014 | 2015 | 2016 | 2017 | 2018 |
|---|---|---|---|---|---|---|
| **成人高等学校** | **Adult Education Schools** | **2.58** | **1.98** | **1.39** | **1.10** | **1.73** |
| 广播电视大学 | Radio and TV Universities | 0.30 | 0.28 | 0.27 | 0.23 | 0.35 |
| 职工高等学校 | Schools of Higher Education for Staff and Workers | 0.62 | 0.37 | 0.24 | 0.13 | 0.12 |
| 管理干部学院 | College for Management Cadres | 0.56 | 0.47 | 0.35 | 0.29 | 0.51 |
| 教育学院 | Pedagogical Colleges | 1.09 | 0.86 | 0.54 | 0.44 | 0.74 |
| **成人中等学校** | **Secondary Schools for Adults** | **51.90** | **63.75** | **47.94** | **36.03** | **20.40** |
| 中等专业学校 | Specialized Secondary Schools for Adults | 5.30 | 4.76 | 4.31 | 4.08 | 3.58 |
| 成人中学 | Secondary Schools for Adults | 1.12 | 1.26 | 0.78 | 0.39 | 0.32 |
| 成人技术培训学校 | Technical Training Schools for Adults | 45.48 | 57.73 | 42.85 | 31.57 | 16.49 |

# 17-35 科技活动基本情况
# Basic Statistics on Scientific and Technological Activities

| 指 标 | Item | 2016 | 2017 | 2018 |
|---|---|---|---|---|
| **单位基本情况** | **Basic Statistics on Unit** | | | |
| 单位数(个) | Number of Unit (unit) | 5125 | 4983 | 4534 |
| 有R&D活动单位数(个) | Number of Unit With R & D Activities (unit) | 666 | 702 | 607 |
| **研究与试验发展(R&D)投入情况** | **Statistics on R&D Input** | | | |
| R&D人员全时当量(人年) | Full-time Equivalent of R&D Personnel(man-year) | 54942 | 47406 | 37155 |
| #基础研究 | #Basic Research | 10485 | 11188 | 12350 |
| 应用研究 | Applied Research | 8479 | 7427 | 8150 |
| 试验发展 | Experimental Development | 35978 | 28792 | 16655 |
| R&D经费内部支出(万元) | Expenditure on R&D(10000 yuan) | 1525048 | 1465898 | 1349873 |
| #基础研究 | #Basic Research | 157698 | 228371 | 243869 |
| 应用研究 | Applied Research | 384187 | 275710 | 401990 |
| 试验发展 | Experimental Development | 983164 | 961817 | 704015 |
| #政府资金 | # Government Appropriation Funds | 553475 | 542391 | 534590 |
| 企业资金 | Self-raised Funds by Enterprises | 905912 | 876889 | 774650 |
| R&D经费内部支出相当于地区生产总值比例(%) | Proportion of R & D Expenditure to GDP (%) | 0.99 | 0.92 | 0.83 |
| **科技产出及成果情况** | **Statistics on S&T Outputs and Results** | | | |
| 发表科技论文(篇) | Scientific Papers Issued (piece) | 43169 | 45873 | 47478 |
| 出版科技著作(种) | Publication on Science and Technology (kind) | 1291 | 1355 | 1231 |
| 科技成果登记数(项) | Number of Major Achievements (item) | 1470 | 1489 | 1582 |
| 国家技术发明奖(项) | State Technological Invention Award (item) | 12 | 5 | 12 |
| 国家科学技术进步奖(项) | National Science and Technology Progress Award (item) | 13 | 13 | 15 |
| 专利申请受理数(件) | Number of Patent Applications Accepted(piece) | 12795 | 11685 | 11063 |
| #发明专利 | #Inventions | 6244 | 6572 | 6967 |
| 专利申请授权数(件) | Number of Patent Applications Granted(piece) | 6496 | 6735 | 5977 |
| #发明专利 | #Inventions | 2879 | 3328 | 2983 |
| **技术市场情况** | **Basic Statistics on Technical Market** | | | |
| 成交技术合同(件) | Number of Technical Contracts Completed (piece) | 1747 | 2836 | 3405 |
| 技术市场成交额(亿元) | Transaction Value in Technical Market(100 million yuan) | 132.0 | 151 | 170 |

# 17-36　科学研究与开发机构基本情况
# Basic Statistics on Research and Development Institutions

| 指　　标 | Item | 2014 | 2015 | 2016 | 2017 | 2018 |
|---|---|---|---|---|---|---|
| **机构基本情况** | **Basic Statistics on Institutions** | | | | | |
| 机构数(个) | Number of R&D Institutions(unit) | 226 | 226 | 226 | 226 | 226 |
| #中央属 | # Subordinated to Central Level | 16 | 16 | 16 | 16 | 16 |
| 地方属 | Subordinated to Local Level | 210 | 210 | 210 | 210 | 210 |
| **研究与试验发展(R&D)投入情况** | **Statistics on R&D Input** | | | | | |
| R&D人员(人) | R&D Personnel (person) | 7739 | 7663 | 7429 | 7359 | 7219 |
| R&D人员全时当量(人年) | Full-time Equivalent of R&D Personnel(man-year) | 7686 | 6778 | 6324 | 5573 | 6180 |
| #基础研究 | #Basic Research | 1212 | 1268 | | | |
| 应用研究 | Applied Research | 2375 | 2229 | | | |
| 试验发展 | Experimental Development | 4099 | 3281 | | | |
| R&D经费内部支出(万元) | Expenditure on R&D(10000 yuan) | 161622 | 139353 | 142700 | 180265 | 158671 |
| #基础研究 | #Basic Research | 25846 | 30880 | 24312 | 43017 | 39607 |
| 应用研究 | Applied Research | 42287 | 36789 | 34786 | 50447 | 37755 |
| 试验发展 | Experimental Development | 93490 | 71684 | 69118 | 64202 | 63362 |
| #政府资金 | # Government Appropriation Funds | 113682 | 107780 | 94445 | 125400 | 113195 |
| 企业资金 | Self-raised Funds by Enterprises | 7719 | 7056 | 8287 | 15572 | 3612 |
| **R&D项目(课题)情况** | **Statistics on R&D Topics** | | | | | |
| R&D项目(课题)数 (项) | Projects of R&D (item) | 2066 | 2165 | 2127 | 2386 | 1947 |
| R&D项目(课题)人员全时当量(人年) | Participants (man-years) | 6216 | 5806 | 5150 | 6152 | 2244 |
| R&D项目(课题)经费内部支出(万元) | Intramural Expenditure (10000 yuan) | 59811 | 65969 | 73034 | 107266 | 91791 |
| **科技产出及成果情况** | **Statistics on S&T Outputs and Results** | | | | | |
| 发表科技论文(篇) | Scientific Papers Issued (piece) | 3791 | 3543 | 3687 | 3477 | 3065 |
| #国外发表 | #Published in Foreign Periodicals | 512 | 427 | 736 | 667 | 583 |
| 出版科技著作(种) | Publication on Science and Technology (kind) | 103 | 139 | 71 | 86 | 56 |
| 专利申请受理数(件) | Number of Patent Applications Accepted(piece) | 521 | 624 | 789 | 851 | 774 |
| #发明专利 | #Inventions | 235 | 303 | 357 | 361 | 324 |
| 专利申请授权数(件) | Number of Patent Applications Granted(piece) | 378 | 412 | 557 | 620 | 627 |
| #发明专利 | #Inventions | 117 | 134 | 170 | 172 | 176 |

# 17-37　高等学校科技活动情况

# Basic Statistics on Higher Education for Scientific and Technological Activities

| 指　标 | Item | 2014 | 2015 | 2016 | 2017 | 2018 |
|---|---|---|---|---|---|---|
| **高等学校基本情况** | **Basic Statistics on Higher Education** | | | | | |
| 学校数(个) | Number of Schools (unit) | 83 | 121 | 135 | 136 | 132 |
| #理工农医 | #Science,Agricultural, Medicine | 46 | 56 | 56 | 56 | 54 |
| #人文社科 | #Humanities and Social Sciences | 37 | 65 | 79 | 80 | 78 |
| **R&D机构(个)** | **R&D Institutions (a)** | **267** | **305** | **329** | **358** | **306** |
| **研究与试验发展(R&D)投入情况** | **Statistics on R&D Input** | | | | | |
| R&D人员全时当量(人年) | Full-time Equivalent of R&D Personnel(man-year) | 14076 | 14787 | 14211 | 7932 | 15254 |
| #基础研究 | #Basic Research | 8441 | 6428 | 8653 | 4104 | 10499 |
| 应用研究 | Applied Research | 5221 | 5176 | 5247 | 2681 | 4421 |
| 试验发展 | Experimental Development | 348 | 541 | 311 | 1148 | 334 |
| R&D经费内部支出(万元) | Expenditure on R&D(10000 yuan) | 340561 | 380956 | 449414 | 184447 | 501664 |
| #基础研究 | #Basic Research | 89170 | 112322 | 125165 | 56431 | 195601 |
| 应用研究 | Applied Research | 238823 | 221990 | 317902 | 82435 | 296105 |
| 试验发展 | Experimental Development | 12567 | 11544 | 6348 | 45581 | 9959 |
| #政府资金 | #Government Appropriation Funds | 170908 | 212066 | 244137 | 112598 | 310329 |
| 企业资金 | Self-raised Funds by Enterprises | 166922 | 166070 | 195097 | 40298 | 184738 |
| **R&D项目(课题)情况** | **Statistics on R&D Topics** | | | | | |
| R&D项目(课题)数 (项) | Projects of R&D (item) | 18100 | 19807 | 17308 | 14122 | 18902 |
| R&D项目(课题)人员全时当量(人年) | Participants (man-year) | 14012 | 15577 | 14210 | 7943 | 15255 |
| R&D项目(课题)经费内部支出(万元) | Intramural Expenditure (10000 yuan) | 317633 | 379856 | 409465 | 146834 | 413788 |
| **科技产出及成果情况** | **Statistics on S&T Outputs and Results** | | | | | |
| 发表科技论文(篇) | Scientific Papers Issued (piece) | 37358 | 38123 | 36133 | 40839 | 41236 |
| #国外发表 | #Published in Foreign Periodicals | 12669 | 14050 | 14502 | 9759 | 12749 |
| 出版科技著作(种) | Publication on Science and Technology (kind) | 829 | 892 | 1142 | 1938 | 1083 |
| 专利申请受理数(件) | Number of Patent Applications Accepted(piece) | 6497 | 8974 | 7679 | 8083 | 7185 |
| #发明专利 | #Inventions | 3974 | 4763 | 3878 | 3388 | 5250 |
| 专利申请授权数(件) | Number of Patent Applications Granted(piece) | 3920 | 6130 | 5924 | 6407 | 5278 |
| #发明专利 | #Inventions | 1576 | 2559 | 2714 | 1827 | 2791 |

# 17-38　三项专利受理和授权情况
# Three Types of Patent Applications Examined and Granted

单位：件　　(item)

| 指　　标 | Item | 2014 | 2015 | 2016 | 2017 | 2018 |
|---|---|---|---|---|---|---|
| **受理专利数** | **Number of Patent Applications Examined** | **31856** | **34611** | **35293** | **30958** | **34582** |
| 发　明 | Inventions | 13468 | 14663 | 13177 | 10607 | 12017 |
| 实用新型 | Utility Models | 14557 | 16914 | 18856 | 17963 | 19530 |
| 外观设计 | Designs | 3831 | 3034 | 3260 | 2388 | 3035 |
| **授权专利数** | **Number of Patent Applications Certified** | **15412** | **18942** | **18046** | **18221** | **19435** |
| 发　明 | Inventions | 2454 | 4023 | 4345 | 4947 | 4309 |
| 实用新型 | Utility Models | 11036 | 12502 | 11707 | 11395 | 13066 |
| 外观设计 | Designs | 1922 | 2417 | 1994 | 1879 | 2060 |
| **在受理专利中** | **In Patent Applications Examined** | | | | | |
| 个　人 | Individual | 7974 | 8110 | 9581 | 10437 | 13615 |
| 大专院校 | Universities and Colleges | 9112 | 10967 | 11862 | 10383 | 11580 |
| 科研单位 | Research Institutions | 982 | 1058 | 1442 | 1558 | 1288 |
| 企　业 | Enterprises | 13586 | 14236 | 12118 | 8284 | 7812 |
| 机关团体 | Government Agencies and Organizations | 202 | 240 | 290 | 296 | 287 |
| **在授权专利中** | **In Patent Applications Certified** | | | | | |
| 个　人 | Individual | 5447 | 5219 | 4922 | 5334 | 6598 |
| 大专院校 | Universities and Colleges | 5201 | 7355 | 6772 | 7125 | 6320 |
| 科研单位 | Research Institutions | 448 | 598 | 591 | 873 | 859 |
| 企　业 | Enterprises | 4255 | 5709 | 5640 | 4766 | 5444 |
| 机关团体 | Government Agencies and Organizations | 61 | 61 | 121 | 123 | 214 |

# 17-39　科学技术协会机构和人员数
# Number of Institutions and Employed Persons of Associations for Science and Technology

单位：个、人　　( unit, person)

| 项　　目 | Item | 2014 | 2015 | 2016 | 2017 | 2018 |
|---|---|---|---|---|---|---|
| **机构数** | **Number of Associations or Learned Societies** | | | | | |
| 科协合计 | Total Number of Associations for Science and Technology | 140 | 140 | 140 | 140 | 140 |
| 省　级 | Provincial Level | 1 | 1 | 1 | 1 | 1 |
| 市地级 | City Level | 13 | 13 | 13 | 13 | 13 |
| 县　级 | County Level | 126 | 126 | 126 | 126 | 126 |
| 学会合计 | Total Number of Learned Societies | 144 | 144 | 155 | 114 | 114 |
| 省　级 | Provincial Level | 144 | 144 | 155 | 114 | 114 |
| 地市级 | City Level | | | | | |
| **人员数** | **Personnel** | | | | | |
| 科协合计 | Total Number of Associations for Science and Technology | 899 | 977 | 931 | 1030 | 1083 |
| #科学家和工程师 | #Scientists and Engineers | | | | | |
| 省　级 | Provincial Level | 262 | 262 | 247 | 344 | 364 |
| 市地级 | City Level | 211 | 289 | 263 | 297 | 288 |
| 县　级 | County Level | 426 | 426 | 421 | 389 | 431 |
| 学会理事 | Members of Boards of Directors | 3969 | 3969 | 6514 | 4125 | 6269 |
| #高级职称 | #Members with Senior Titles | | | | | |
| 省　级 | Provincial Level | 3969 | 3969 | 6514 | 4125 | 6269 |
| 市地级 | City Level | | | | | |

# 17-40 科协系统科技活动情况
# Basic Statistics on Scientific and Technological Activities of Associations for Science and Technology

| 项　目 | Item | 2014 | 2015 | 2016 | 2017 | 2018 |
|---|---|---|---|---|---|---|
| **学术活动** | **Academic Activities** | | | | | |
| 国内学术会议次数(次) | Domestic Academic Meeting (times) | 426 | 485 | 839 | 171 | 177 |
| 参加人数(人次) | Number of Participants (person-times) | 46824 | 58951 | 77767 | 22322 | 19936 |
| 交流学术论文(篇) | Number of Papers Presented (piece) | 7040 | 7157 | 12601 | 3974 | 3406 |
| **科技培训** | **Training Program** | | | | | |
| 一般培训班培训人数(万人次) | Number of Persons Trained in Training Classes (10000 person-times) | 223 | 199 | 203 | 190 | 40 |
| **科普活动** | **Activities for Popular Science** | | | | | |
| 科普讲座次数(次) | Number of Lectures(times) | 25445 | 11680 | 13416 | 1697 | 1581 |
| 听讲人数(万人次) | Number of Participants (10000 person-times) | 442 | 347 | 515 | 525 | 359 |
| 科普展览次数(次) | Number of Exhibitions(times) | 2357 | 2633 | 2651 | 123 | 458 |
| 参观人数(万人次) | Number of Participants (10000 person-times) | 64 | 98 | 159 | 182 | 136 |
| 青少年科技竞赛次数(次) | Number of Teenagers Participating in Science and Technology Competitions(times) | 346 | 317 | 308 | 133 | 115 |
| **科技出版** | **Publications** | | | | | |
| 科技报纸(种) | Number of Newspapers (kind) | 6 | 4 | 4 | 3 | 5 |
| 发行量(万份) | Number of Issue (10000 shares) | 191 | 71 | 71 | 1 | 1 |
| 科技期刊(种) | Number of Academic Journals (kind) | 17 | 19 | 45 | 9 | 15 |
| 发行量(万册) | Number of Issue (10000 copies) | 113 | 84 | 157 | 19 | 21 |
| 论文集(种) | Number of Copies Distributed (kind) | | | | | |
| 发行量(万册) | Number of Issue (10000 copies) | | | | | |

## 17-41 公有经济企业单位专业技术人员数(年底数)
## Number of Scientific and Technical Personnel in State-Owned and Collective-Owned Enterprises at Year-End

单位：人 (person)

| 类别 | Category | 合计 Total | | #高级职称 Members with Senior Titles | | #中级职称 Members with Secondary Titles | |
|---|---|---|---|---|---|---|---|
| | | 2017 | 2018 | 2017 | 2018 | 2017 | 2018 |
| **总计** | **Total** | **123627** | **140835** | **123627** | **19663** | **38296** | **44156** |
| 工程技术人员 | Engineering | 46507 | 60246 | 46507 | 9611 | 14389 | 25077 |
| 农业技术人员 | Agriculture | 13574 | 17701 | 13574 | 1104 | 2528 | 6198 |
| 科学研究人员 | Scientific Research | 720 | 242 | 720 | 77 | 182 | 75 |
| 卫生技术人员 | Health Care | 7396 | 8868 | 7396 | 1204 | 2866 | 3975 |
| 教学人员 | Teaching | 9869 | 8459 | 9869 | 1399 | 4579 | 3116 |
| 其它 | Economy | 45561 | 45319 | 45561 | 6268 | 13752 | 5715 |

## 17-42 事业单位专业技术人员数(2018年)
## Number of Scientific and Technical Personnel in Institutions(2018)

单位：人 (person)

| 类别 | Category | 学历 Academic | | | | |
|---|---|---|---|---|---|---|
| | | 研究生 Graduate | 大学本科 Undergraduate | 大学专科 College | 中专 Secondary | 高中及以下 High school and below |
| **总计** | **Total** | **29468** | **315349** | **138943** | **36716** | **2676** |
| 工程技术人员 | Engineering | 2670 | 24598 | 14694 | 3312 | 422 |
| 农业技术人员 | Agriculture | 591 | 9420 | 8014 | 2495 | 230 |
| 科学技术人员 | Scientific Research | 1660 | 3323 | 631 | 81 | 31 |
| 卫生技术人员 | Health Care | 6472 | 56193 | 27847 | 15073 | 451 |
| 教学人员 | Teaching | 16053 | 193327 | 72390 | 10702 | 701 |
| 其它 | Economy | 2022 | 28488 | 15367 | 5053 | 841 |

# 17-43 地方国有企事业单位五大类专业技术人员数
# Number of Scientific and Technical Personnel in Local State-Owned Enterprises and Institutions

单位：人 (person)

| 年份 Year | 合计 Total | 工程技术人员 Engineering | 农业技术人员 Agriculture | 卫生技术人员 Health Care | 科学研究人员 Scientific Research | 教学人员 Teaching |
|---|---|---|---|---|---|---|
| 1990 | 394936 | 173781 | 31010 | 112878 | 4873 | 72394 |
| 1995 | 660685 | 176636 | 28672 | 119136 | 4885 | 331356 |
| 1996 | 674304 | 173885 | 29181 | 123875 | 4889 | 342474 |
| 1997 | 687448 | 174120 | 29795 | 126429 | 5107 | 351997 |
| 1998 | 704590 | 176209 | 31968 | 127156 | 5808 | 363449 |
| 1999 | 733932 | 183370 | 30466 | 133307 | 5398 | 381391 |
| 2000 | 737890 | 182346 | 31134 | 135295 | 5252 | 383863 |
| 2001 | 737459 | 175644 | 29905 | 132167 | 5069 | 394674 |
| 2002 | 716539 | 158157 | 29564 | 130269 | 5047 | 393502 |
| 2003 | 716404 | 155432 | 30731 | 132671 | 5694 | 391876 |
| 2004 | 640340 | 127635 | 28149 | 123452 | 3251 | 357853 |
| 2005 | 652998 | 118318 | 28008 | 132515 | 6244 | 367913 |
| 2006 | 659834 | 115626 | 28653 | 130183 | 7043 | 378329 |
| 2007 | 678115 | 116311 | 32285 | 137244 | 7448 | 384827 |
| 2008 | 683084 | 111820 | 34084 | 140072 | 6955 | 390153 |
| 2009 | 688324 | 116152 | 35310 | 141749 | 5898 | 389215 |
| 2010 | 676844 | 114200 | 36220 | 137487 | 5027 | 383910 |
| 2011 | 692097 | 117109 | 36121 | 154820 | 6638 | 377409 |
| 2012 | 637316 | 99522 | 38198 | 132778 | 6911 | 359907 |
| 2013 | 656165 | 109558 | 40763 | 136690 | 8084 | 361070 |
| 2014 | 646741 | 104540 | 39481 | 134734 | 7498 | 360489 |
| 2015 | 640181 | 110047 | 40564 | 133675 | 8311 | 347584 |
| 2016 | 621962 | 113086 | 41555 | 123197 | 7045 | 337079 |
| 2017 | 657760 | 110986 | 42838 | 122852 | 8377 | 334680 |
| 2018 | 574852 | 106699 | 38480 | 116020 | 6692 | 306961 |

# 主要统计指标解释

**普通高等学校**　指通过国家普通高等教育招生考试，招收高中毕业生为主要培养对象，实施高等学历教育的全日制大学、独立设置的学院、独立学院和高等专科学校、高等职业学校及其他机构。

大学、独立设置的学院主要实施本科及本科层次以上的教育。独立学院主要实施本科层次的教育。高等专科学校、高等职业学校实施专科层次的教育。其他机构是指承担国家普通招生计划任务不计校数的机构，包括普通高等学校分校、大专班等。

**成人高等学校**　指通过国家成人高等教育招生考试，招收具有高中毕业或同等学力的人员为主要培养对象，利用函授、业余、脱产等多种形式，对其实施高等学历教育的学校。包括：职工高等学校、农民高等学校、管理干部学院、教育学院、独立函授学院、广播电视大学、其他成人高教机构等。其他成人高教机构是指承担国家成人招生计划任务不计校数的机构。

**小学学龄儿童净入学率**　指调查范围内已入小学学习的学龄儿童占校内外学龄儿童总数的比重。计算公式为：

$$\begin{matrix}\text{小学学龄儿童}\\\text{净入学率}\end{matrix}=\frac{\text{已入学的小学学龄儿童数}}{\text{校内外小学学龄儿童总数}}\times 100\%$$

**研究与试验发展(R&D)**　指在科学技术领域，为增加知识总量，以及运用这些知识去创造新的应用进行的系统的创造性的活动，包括基础研究、应用研究、试验发展三类活动。国际上通常采用 R&D 活动的规模和强度指标反映一国的科技实力和核心竞争力。

**基础研究**　指为了获得关于现象和可观察事实的基本原理的新知识(揭示客观事物的本质、运动规律，获得新发现、新学说)而进行的实验性或理论性研究，它不以任何专门或特定的应用或使用为目的。其成果以科学论文和科学著作为主要形式。用来反映知识的原始创新能力。

**应用研究**　指为获得新知识而进行的创造性研究，主要针对某一特定的目的或目标。应用研究是为了确定基础研究成果可能的用途，或是为达到预定的目标探索应采取的新方法(原理性)或新途径。其成果形式以科学论文、专著、原理性模型或发明专利为主。用来反映对基础研究成果应用途径的探索。

**试验发展**　指利用从基础研究、应用研究和实际经验所获得的现有知识，为产生新的产品、材料和装置，建立新的工艺、系统和服务，以及对已产生和建立的上述各项作实质性的改进而进行的系统性工作。其成果形式主要是专利、专有技术、具有新产品基本特征的产品原型或具有新装置基本特征的原始样机等。在社会科学领域，试验发展是指把通过基础研究、应用研究获得的知识转变成可以实施的计划(包括为进行检验和评估实施示范项目)的过程。人文科学领域没有对应的试验发展活动。主要反映将科研成果转化为技术和产品的能力，是科技推动经济社会发展的物化成果。

**R&D 人员**　指参与研究与试验发展项目研究、管理和辅助工作的人员，包括项目(课题)组人员，企业科技行政管理人员和直接为项目(课题)活动提供服务的辅助人员。反映投入从事拥有自主知识产权的研究开发活动的人力规模。

**R&D 人员全时当量**　指全时人员数加非全时人员按工作量折算为全时人员数的总和。例如：有两个全时人员和三个非全时人员(工作时间分别为 20%、30%和 70%)，则全时当量为 2+0.2+0.3+0.7=3.2 人年。为国际上比较科技人力投入而制定的可比指标。

**R&D 经费支出合计**　指调查单位用于内部开展 R&D 活动（基础研究、应用研究和试验发展）的实际支出。包括用于 R&D 项目（课题）活动的直接支出，以及间接用于 R&D 活动的管理费、服务费、与 R&D 有关的基本建设支出以及外协加工费等。不包括生产性活动支出、归还贷款支出以及与外单位合作或委托外单位进行 R&D 活动而转拨给对方的经费支出。

**R&D 经费支出中政府资金**　指 R&D 经费内部支出中来自各级政府部门的各类资金，包括财政科学技术拨款、科学基金、教育等部门事业费以及政府部门预算外资金的实际支出。

**R&D 经费支出中企业资金**　指 R&D 经费内部支出中来自本企业的自有资金和接受其他企业委托而获得的经费，以及科研院所、高校等事业单位从企业获得的资金的实际支出。

**R&D 项目（课题）数**　指在当年立项并开展研究工作、以前年份立项仍继续进行研究的研发项目（课题）数，包括当年完成和年内研究工作已告失败的研发项目（课题），但不包括委托外单位进行的研发项目（课题）数。

**R&D 项目（课题）人员全时当量**　指实际参加研发项目（课题）活动人员折合的全时当量。

**R&D 项目（课题）经费支出**　指调查单位内部在报告年度进行研发项目（课题）研究和试制等的实际支出。包括劳务费、其他日常支出、固定资产购建费、外协加工费等，不包括委托或与外单位合作进行项目（课题）研究而拨付给对方使用的经费。

**新产品销售收入**　指报告期企业销售新产品实现的销售收入。新产品是指采用新技术原理、新设计构思研制、生产的全新产品，或在结构、材质、工艺等某一方面比原有产品有明显改进，从而显著提高了产品性能或扩大了使用功能的产品。既包括经政府有关部门认定并在有效期内的新产品，也包括企业自行研制开发，未经政府有关部门认定，从投产之日起一年之内的新产品。

**专利** 是专利权的简称，是对发明人的发明创造经审查合格后，由专利局依据专利法授予发明人和设计人对该项发明创造享有的专有权。包括发明、实用新型和外观设计。反映拥有自主知识产权的科技和设计成果情况。

**发明（专利）** 指对产品、方法或者其改进所提出的新的技术方案。是国际通行的反映拥有自主知识产权技术的核心指标。

**实用新型（专利）** 指对产品的形状、构造或者其结合所提出的适于实用的新的技术方案。反映具有一定技术含量的技术成果情况。

**外观设计（专利）** 指对产品的形状、图案、色彩或者其结合所作出的富有美感并适于工业上应用的新设计。反映拥有自主知识产权的外观设计成果情况。

**科技活动** 指在自然科学、农业科学、医药科学、工程与技术科学、人文与社会科学领域(简称科学技术领域)中，与科技知识的产生、发展、传播和应用密切相关的有组织的活动。可分为研究与试验发展(R&D)、研究与试验发展成果应用及相关的科技服务三类活动。该定义是联合国教科文组织考虑成员国特别是发展中国家开展科技统计工作的需要，而对科技活动所作的统计界定。

**科技活动人员** 指直接从事科技活动、以及专门从事科技活动管理和为科技活动提供直接服务，累计的实际工作时间占全年制度工作时间 10%及以上的人员。(1)直接从事科技活动的人员包括：在独立核算的科学研究与技术开发机构、高等学校、各类企业及其他事业单位内设的研究室、实验室、技术开发中心及中试车间(基地)等机构中从事科技活动的研究人员、工程技术人员、技术工人及其它人员；虽不在上述机构工作，但编入科技活动项目(课题)组的人员；科技信息与文献机构中的专业技术人员；从事论文设计的研究生等。(2)专门从事科技活动管理和为科技活动提供直接服务的人员，包括：独立核算的科学研究与技术开发机构、科技信息与文献机构、高等学校、各类企业及其他事业单位主管科技工作的负责人，专门从事科技活动的计划、行政、人事、财务、物资供应、设备维护、图书资料管理等工作的各类人员，但不包括保卫、医疗保健人员、司机、食堂人员、茶炉工、水暖工、清洁工等为科技活动提供间接服务的人员。该指标用来反映投入科技活动人力的规模。

**科学家与工程师** 指科技活动人员中具有高、中级技术职称(职务)的人员和不具有高、中级技术职称(职务)的大学本科及以上学历人员。该指标用来反映投入科技活动人力的素质。

**专业技术人员** 指从事专业技术工作和专业技术管理工作的人员，即企事业单位中已经聘任专业技术职务从事专业技术工作和专业技术管理工作的人员，以及未聘任专业技术职务，现在专业技术岗位上工作的人员。包括工程技术人员，农业技术人员，科学研究人员，卫生技术人员，教学人员，经济人员，会计人员，统计人员，翻译人员，图书资料、档案、文博人员，新闻出版人员，律师、公证人员，广播电视播音人员，工艺美术人员，体育人员，艺术人员及企业政治思想工作人员，共十七个专业技术职务类别。用来反映科技人力资源情况。

# Explanatory Notes on Main Statistical Indicators

**Regular Institutions of Higher Education** refer to educational establishments recruiting graduates from senior secondary schools as the main target through National Matriculation TEST. They include full-time universities, independently established colleges, colleges, and institutions of higher professional education, institutions of higher vocational education and others.

Universities and independently established colleges primarily provide undergraduate and above courses; colleges mainly impart undergraduate courses, institutions of higher professional education and institutions of higher vocational education primarily provide professional trainings; and others refer to educational establishments, which are responsible for enrolling higher education students under the State Plan but not enumerated in the total number of schools, including: branch schools of universities and colleges and junior colleges.

**Institutions of Higher Education for Adults** refer to educational establishments, enrolling personnel with senior secondary school or equivalent education through National Matriculation TEST for Adult, and providing higher education courses in forms of correspondence, spare time, or full time for adults. Institutions of higher learning for adults include schools of higher education for staff and workers, schools of higher education for peasants, colleges for management cadres, pedagogical colleges, independent correspondence colleges, radio and television universities and other educational establishments. Other educational establishments refer undertakings to enrol adult students but not enumerated in the number of schools under the State Plan.

**Net Enrolment Ratio of Primary Schools** refers to the proportion of school age children enrolled at schools to the total number of school age children both in and outside schools (including retarded children, but excluding blind, deaf and mute children). The formula is:

$$\text{Net Enrolment Ratio of Primary Schools} = \frac{\text{Total Primary School - age Children at Schools}}{\text{Total Primary School - age Children Whether or Not Attending School}} \times 100\%$$

**Research and Development (R&D)** refers to systematic and creative activities in the field of science and technology aiming at increasing the knowledge and using the knowledge for new application. R&D includes 3 categories of activities: basic research, applied research and experiments and development. The scale and intensity of R&D are widely used internationally to reflect the strength of S&T and the core competitiveness of a country in the world.

**Basic Research** refers to empirical or theoretical research aiming at obtaining new knowledge on the fundamental principles regarding phenomena or observable facts to reveal the intrinsic nature and underlying laws and to acquire new discoveries or new theories. Basic research takes no specific or designated application as the aim of the research. Results of basic research are mainly released or disseminated in the form of scientific papers or monographs. This indicator reflects the innovation capacity for original knowledge.

**Applied Research** refers to creative research aiming at obtaining new knowledge on a specific objective or target. Purpose of the applied research is to identify the possible uses of results from basic research, or to explore new (fundamental) methods or new approaches. Results of applied research are expressed in the form of scientific papers, monographs, fundamental models or invention patents. This indicator reflects the exploration of ways to apply the results of basic research.

**Experiments and Development** refer to systematic activities aiming at using the knowledge from basic and applied researches or from practical experience to develop new products, materials and equipment, to establish new production process, systems and services, or to make substantial improvement on the existing products, process or services. Results of experiment and development activities are embodied in patents, exclusive technology, and monotype of new products or equipment. In social sciences, experiment and development activities refer to the process of converting the knowledge from basic or applied researches into feasible programmes (including conduct of demonstration projects for assessment and evaluation). There are no experiment and development activities in the science of humanities. This indicator reflects the capability of transferring the results of S&T into technique and products, and measures the realization of S&T in spearheading the economic and social development.

**R&D Personnel** refer to persons engaged in research, management and supporting activities of R & D, including persons in the project teams, persons engaged in the management of S&T activities of enterprises and supporting staff providing direct service to the research projects. This indicator reflects the size of personnel engaged in R&D activities with independent intellectual property.

**Full-time Equivalent of R&D Personnel** refers to the sum of the full-time persons and the full-time equivalent of part-time persons converted by workload. For instance, if there are 2 full-time persons and 3 part-time workers (20%, 30% and 70% of working hours respectively on R&D activities), the full-time equivalent are 2+0.2+0.3+0.7=3.2 person-years. This is an internationally comparable indicator of S&T manpower input.

**Total Expenditure of Funds on R&D** refers to the real expenditure of surveyed units on their own R&D activities (basic research, applied research, experiments and development) including direct expenditure on R&D activities, indirect expenditure of management and services on R&D activities, expenditure on capital construction and material processing by others. Excluding the expenditure on production activities, return of loan, and fees transferred to cooperated or entrusted agencies on R&D activities.

**Expenditure of Government Funds on R&D** refers to the expenditure of funds on R&D activities from government agencies at different levels, including appropriate funds on science and technology from financial departments, scientific funds, operating expenses from education departments and the real expenditure of extra budgetary funds from government agencies.

**Expenditure of Funds of Enterprises on R&D** refers to the expenditure of funds on R&D activities from self-raised funds of enterprises and funds from other enterprises through entrustment, and the expenditure of funds of institutions, such as institution of scientific research and universities, from enterprises.

**Number of R&D Projects (subjects)** refers to the number of R&D projects (subjects) set up and implemented at the reference year, and the number of R&D projects (subjects) set up in former years and under implementation, including the projects (subjects) finished and failed at the reference year, excluding the projects (subjects) implemented by others through entrustment.

**Full-time Equivalent of R&D Personnel** refers to the full-time equivalent of persons actually engaged in R&D projects (subjects).

**Expenditure of Funds on R&D Projects (subjects)** refers to the real expenditure of internal funds of the surveyed units on research and test of R&D projects (subjects) at the reference year, including service fee, other daily expenditure, cost for fixed assets, cost of external process; excluding expenditure of funds transferred to other cooperated or entrusted units of the projects.

**Sales Income of New Products** refers to the sales income of new products of the enterprises at the reference period. New products refer to products developed and produced with new technologies and designs or improved in structure, material, process or other aspects so that their performance are improved or their functions expanded. New products include those affirmed by government authorities in their validity period and also those developed by enterprises without the affirmation of government authorities within one year after they are put into production.

**Patent** is an abbreviation for the patent right and refers to the exclusive right of ownership by the inventors or designers for the creation or inventions, given from the patent offices after due process of assessment and approval in accordance with the Patent Law. Patents are granted for inventions, utility models and designs. This indicator reflects the achievements of S&T and design with independent intellectual property.

**Patented Inventions** refer to new technical proposals to the products or methods or their modifications. This is universal core indicator reflecting the technologies with independent intellectual property.

**Patented Utility Models** refer to the practical and new technical proposals on the shape and structure of the product or the combination of both. This indicator reflects the condition of technological results with certain technical content.

**Designs** refer to the aesthetics and industrially applicable new designs for the shape, pattern and colour of the product, or their combinations. This indicator reflects the appearance design achievements with independent intellectual property.

**Scientific and Technological Activities (S&T Activities)** refer to organized activities which are closely related with the creation, development, dissemination and application of the scientific and technical knowledge in the fields of natural sciences, agricultural science, medical science, engineering and technological science, humanities and social sciences (referred to as scientific and technological fields). S&T activities can be classified into 3 categories: research and development (R&D) activities, application of R&D results, and related S&T services. This statistical definition is made by UNICHIEF for scientific and technological activities to meet the need of carrying out statistical work in this field for its member countries particularly the developing countries.

**Personnel Engaged in S&T Activities** refer to personnel directly engaged in S&T activities, in the management of S&T activities, and in providing direct service to S&T activities, with over 10% of the total working hours in a year spent on S&T activities. (1) Personnel directly engaged in S&T activities include researchers, engineers, technicians and other related personnel engaged in S&T activities in independent-accounting R&D institutions, institutions of higher learning, and in research institutes, laboratories, technology development centres and central experiment workshops under enterprises and institutions. Also included are people working in S&T research project teams, professional and technical personnel working in S&T information archiving institutes, and graduate students working on the design of their thesis. (2) Personnel engaged in the management of S&T activities and in providing direct service to S&T activities include senior management people responsible for S&T activities in independent-accounting R&D institutions, S&T information archiving institutes, institutions of higher learning and in enterprises and institutions where S&T activities are undertaken. Also included are people responsible for the planning, administration, personnel management, financial management, logistics supply, equipment maintenance, information and library management that are related with S&T activities. People providing indirect services are excluded, such as security, medical service, drivers, plumbers, cleaners and those providing catering and related service. This indicator reflects the size of personnel engaged in S&T activities.

**Scientists and Engineers** refer to persons engaged in S&T activities either having obtained titles of senior and middle level professional positions, or those without such positions but have completed university or higher education. This indicator reflects the quality of personnel engaged in S&T activities.

**Professional and Technical Personnel** refer to persons

engaged in professional and technical work or in the management of professional and technical activities, i.e., people with professional or technical positions who are engaged in professional and technical work or in the management of professional and technical activities, and people without professional or technical positions but are working on professional or technical posts. They include professionals and technicians working in 17 categories of technical occupations including engineering, agriculture, scientific researches, medical service, teaching, economic research and application, accounting, statistics, translation, libraries, archives, cultural and museum service, journalism and publication, lawyers, notarization service, radio and television broadcasting, handicraft and fine arts, sports, performing art, and political workers in enterprises. This indicator reflects the condition of human resources in S&T.

# 第十八篇　文化、体育、卫生和社会服务

CHAPTER 18　CULTURE, SPORTS, PUBLIC HEALTH AND SOCIAL SERVICES

资料整理：安　静　　曹夏茵

# 18-1　文化文物机构数、从业人员数
## Number of Institutions and Personnel of Culture and Cultural Relics

| 项目 Item<br>年份 Year | 总计<br>Total | 艺术业<br>Art Institutions | 图书馆业<br>Public Libraries | 群众文化服务业<br>Mass Culture | 艺术教育业<br>Culture and Education | 文物业<br>Cultural Relic | #博物馆<br>Museums | 其他文化业<br>Other Culture Units |
|---|---|---|---|---|---|---|---|---|
| **机构数(个) Number of Institutions(unit)** | | | | | | | | |
| 2001 | 1361 | 153 | 97 | 946 | 9 | 127 | 41 | 29 |
| 2002 | 1458 | 157 | 97 | 1037 | 9 | 132 | 46 | 26 |
| 2003 | 1491 | 153 | 97 | 1081 | 9 | 131 | 45 | 20 |
| 2004 | 1419 | 146 | 96 | 1018 | 9 | 133 | 46 | 17 |
| 2005 | 1408 | 141 | 96 | 1015 | 8 | 132 | 46 | 16 |
| 2006 | 1401 | 142 | 96 | 1000 | 8 | 138 | 47 | 17 |
| 2007 | 1521 | 138 | 98 | 1033 | 8 | 146 | 53 | 98 |
| 2008 | 1630 | 142 | 101 | 1141 | 8 | 149 | 56 | 89 |
| 2009 | 1804 | 139 | 100 | 1227 | 7 | 173 | 71 | 158 |
| 2010 | 2338 | 138 | 107 | 1654 | 7 | 179 | 76 | 253 |
| 2011 | 2372 | 140 | 107 | 1652 | 6 | 205 | 103 | 262 |
| 2012 | 2373 | 136 | 106 | 1641 | 6 | 207 | 104 | 277 |
| 2013 | 2376 | 70 | 107 | 1640 | 6 | 250 | 156 | 303 |
| 2014 | 2381 | 73 | 107 | 1640 | 6 | 251 | 158 | 304 |
| 2015 | 2397 | 89 | 107 | 1641 | 6 | 250 | 158 | 304 |
| 2016 | 2457 | 105 | 108 | 1665 | 6 | 268 | 176 | 305 |
| 2017 | 2444 | 122 | 109 | 1635 | 6 | 275 | 183 | 297 |
| 2018 | 2389 | 146 | 109 | 1635 | 6 | 282 | 191 | 211 |
| **从业人员数(人) Number of Personnel(person)** | | | | | | | | |
| 2001 | 11423 | 5683 | 1565 | 2621 | 365 | 858 | 494 | 331 |
| 2002 | 12768 | 6200 | 1751 | 3070 | 378 | 948 | 570 | 421 |
| 2003 | 12700 | 6196 | 1706 | 3068 | 347 | 989 | 578 | 394 |
| 2004 | 12304 | 6147 | 1664 | 2767 | 360 | 1099 | 698 | 267 |
| 2005 | 12574 | 6129 | 1669 | 2947 | 342 | 1119 | 706 | 368 |
| 2006 | 12704 | 6067 | 1803 | 2978 | 362 | 1100 | 726 | 394 |
| 2007 | 14297 | 5997 | 1800 | 2538 | 354 | 1312 | 894 | 2296 |
| 2008 | 14022 | 5829 | 1819 | 2754 | 359 | 1408 | 967 | 1853 |
| 2009 | 14517 | 5602 | 1806 | 3387 | 339 | 1652 | 1206 | 1731 |
| 2010 | 16245 | 5571 | 1846 | 4324 | 330 | 1703 | 1245 | 2471 |
| 2011 | 17416 | 5506 | 1772 | 4530 | 324 | 2078 | 1636 | 3206 |
| 2012 | 18056 | 5308 | 1796 | 4633 | 323 | 2244 | 1788 | 3752 |
| 2013 | 18213 | 3660 | 1817 | 5110 | 469 | 2719 | 2369 | 4438 |
| 2014 | 18657 | 3935 | 1697 | 5299 | 535 | 2790 | 2387 | 4401 |
| 2015 | 18335 | 3782 | 1693 | 5193 | 298 | 2993 | 2618 | 4376 |
| 2016 | 19464 | 4293 | 1664 | 5468 | 644 | 3232 | 2867 | 4163 |
| 2017 | 19284 | 4290 | 1688 | 5683 | 605 | 3212 | 2893 | 3806 |
| 2018 | 18145 | 5139 | 1659 | 5685 | 607 | 3008 | 2691 | 2047 |

注：本表中不包括文化市场经营机构数。
a) Cultural market operators are not included.

# 18-2 主要文化机构和人员情况

# Statistics on Major Cultural Institutions and Personnel

| 机构类别 | Category of Institution | 机构(个) Number of Institutions(unit) | | | 从业人员(人) Number of Employed Persons(person) | | |
|---|---|---|---|---|---|---|---|
| | | 2016 | 2017 | 2018 | 2016 | 2017 | 2018 |
| **新闻出版** | **Press and Publications** | | | | | | |
| 图书出版社 | Publisher | 13 | 13 | 13 | 859 | 829 | 863 |
| 印　刷 | Printing | 3028 | 1953 | 1948 | 19474 | 17346 | 16478 |
| 出版物发行 | Publication | 2392 | 2325 | 2630 | 8878 | 7768 | 6932 |
| **艺术机构** | **Art Institutions** | | | | | | |
| 艺术表演团体 | Art Performance Groups | 57 | 71 | 90 | 3520 | 3682 | 4317 |
| 艺术表演场所 | Art Performance Places | 48 | 51 | 56 | 773 | 608 | 822 |
| 艺术教育机构 | Art Education Institutions | 6 | 6 | 6 | 644 | 605 | 607 |
| 文艺科研机构 | Art Scientific Research Institutions | 4 | 3 | 3 | 74 | 72 | 85 |
| **文物保护** | **Preservation of Cultural Relics** | | | | | | |
| 文物保护管理机构 | Cultural Relics Preservation Administration | 87 | 87 | 86 | 301 | 259 | 258 |
| 博物馆 | Museums | 176 | 183 | 191 | 2867 | 2893 | 2691 |
| 文物科研机构 | Cultural Relics Research Institute | 2 | 2 | 2 | 52 | 48 | 47 |
| 其他文物机构 | Other Cultural Relics | 3 | 3 | 3 | 12 | 12 | 12 |
| **公共图书馆** | **Public Library** | **108** | **109** | **109** | **1664** | **1688** | **1659** |
| **档　案** | **Archives** | | | | | | |
| 行政管理机构 | Administration | 120 | 126 | 139 | 1334 | 1293 | 999 |
| 档案馆 | Archives Center | 170 | 171 | 179 | 1026 | 1067 | 1393 |
| **群众文化** | **Popular Culture** | | | | | | |
| 群众艺术馆 | Mass Art Centers | 17 | 17 | | 417 | 402 | |
| 文化馆 | Cultural Centre | 131 | 131 | 149 | 1891 | 1918 | 2280 |
| 文化站 | Cultural Station | 1517 | 1487 | 1486 | 3160 | 3363 | 3405 |
| **文化娱乐** | **Cultural Entertainment** | | | | | | |
| 文化市场经营机构 | Cultural Market Operation Institutions | 5822 | 6093 | 5453 | 20954 | 20767 | 17722 |
| #娱乐场所 | #Entertainment Venues | 2304 | 2424 | 2274 | 9445 | 8940 | 6923 |
| 网　吧 | Internet Bar | 3420 | 3491 | 2978 | 9494 | 9333 | 6658 |

# 18-3 主要文化单位经费收支及资产情况(2018年)

# Statistics on Income and Expenditure and Assets of Major Cultural Institutions (2018)

单位：万元 (10000 yuan)

| 指　标 | Item | 广播电视 Radio and Television | 艺术表演场馆 Art Show Place | 艺术表演团体 Performing Arts Group | 文物保护 Cultural Relics Protection | 公共图书馆 Public Library | 群众文化 Mass Culture |
|---|---|---|---|---|---|---|---|
| 总收入 | General Income | 206647 | 18813 | 55730 | 47773 | 28533 | 44610 |
| 财政拨款 | Financial Appropriation | | 3083 | 49072 | | | |
| 艺术演出收入 | Income from Art Performance | | 1684 | 3347 | | | |
| #财政补助 | #Financial Aid | 186091 | | | 40816 | 28322 | 44170 |
| 上级补助 | Subsidy | | | | 3782 | 89 | 222 |
| 事业收入 | Income From Undertakings | 9021 | | | 676 | 113 | 38 |
| 经营收入 | Operating Income | 3445 | | | 440 | | |
| 总支出 | Total Expenditure | 212222 | 17903 | 56157 | 48404 | 28415 | 44012 |
| 年末固定资产原值 | Original Value of Fixed Assets | 310191 | 10977 | 49434 | 228753 | 85985 | 79520 |

# 18-4　艺术表演团体从业人员情况
# Statistics on Employed Persons in Art Performance Troupes

单位：人　(person)

| 项　目 | Item | 从业人员 Number of Employed Persons(person) | | #高级职称 Senior Title | | #中级职称 Intermediate Title | |
|---|---|---|---|---|---|---|---|
| | | 2017年 | 2018年 | 2017年 | 2018年 | 2017年 | 2018年 |
| **总　计** | **Total** | **3682** | **4317** | **1008** | **1049** | **960** | **987** |
| 省　级 | Run by Provinces | 1094 | 1105 | 283 | 362 | 272 | 290 |
| 地市级 | Run by Prefectures (Cities) | 1752 | 1629 | 604 | 534 | 554 | 539 |
| 县区级 | Run by Counties (Cities) and Others | 836 | 1583 | 121 | 153 | 134 | 158 |
| **按剧种分** | **By Type of Art** | | | | | | |
| 话剧、儿童剧、滑稽剧类 | Drama, Children's Play and Comedy Troupes | 246 | 211 | 82 | 77 | 86 | 89 |
| 歌舞、音乐类 | Song and Dance, Musicals | 1002 | 1087 | 289 | 307 | 214 | 215 |
| 京剧、昆曲类 | Peking Opera and Kunqu Opera | 220 | 184 | 73 | 68 | 68 | 68 |
| 地方戏曲类 | Local Opera | 583 | 520 | 153 | 190 | 140 | 157 |
| 杂技、魔术、马戏类 | Acrobatics, Magic and Circus | 340 | 230 | 63 | 64 | 107 | 106 |
| 曲艺类 | Folk Arts | 175 | 80 | 24 | 22 | 27 | 32 |
| 综合性艺术表演团体 | Comprehensive Art Performance | 1116 | 863 | 324 | 321 | 318 | 320 |

# 18-5　艺术表演团体情况
# Statistics on Art Performance Troupes

| 项　目 | Item | 2015 | 2016 | 2017 | 2018 |
|---|---|---|---|---|---|
| 剧团数(个) | Number of Troupes(unit) | 51 | 57 | 71 | 90 |
| 话剧、儿童剧、滑稽剧类 | Drama, Children's Play and Comedy Troupes | 11 | 5 | 6 | 16 |
| 歌舞、音乐类 | Song and Dance, Musicals | 9 | 16 | 14 | 18 |
| 京剧、昆曲类 | Peking Opera and Kunqu Opera | 2 | 2 | 1 | 1 |
| 地方戏曲类 | Local Opera | 5 | 7 | 12 | 15 |
| 杂技、魔术、马戏类 | Acrobatics, Magic and Circus | 4 | 3 | 5 | 6 |
| 曲艺类 | Folk Arts | 5 | 4 | 7 | 7 |
| 综合性艺术表演团体 | Comprehensive Art Performance | 15 | 20 | 26 | 27 |
| 从业人员(人) | Number of Employed Persons(person) | 3393 | 3520 | 3682 | 4317 |
| #高级职称 | #Senior Title | 1025 | 941 | 1008 | 1049 |
| 中级职称 | Intermediate Title | 958 | 931 | 960 | 987 |
| 本团创作首演剧目(个) | Premiere Repertoire By Its Troupe Produced(unit) | 17 | 19 | 33 | 29 |
| 演出场次(场) | Number of Performance (shows) | 7810 | 6420 | 7840 | 13650 |
| #国内演出 | #Domestic Performance | 7080 | 5940 | 7050 | 13220 |
| 国内演出观众人次(万人次) | Number of Domestic Audience(10000 person-times) | 328 | 332 | 333 | 587 |
| 事业收入(万元) | Business Income (10000 yuan) | 965 | 946 | 500 | 818 |
| 年末固定资产原值(万元) | Original Value of Fixed Assets (10000 yuan) | 37994 | 41610 | 47478 | 49434 |
| 建筑面积(万平方米) | Gross Floor Area (10000 sq.m) | 16 | 19 | 21 | 17 |
| #排练练功用房 | #Rehearsal Room | 4 | 4 | 5 | 5 |

# 18-6　艺术表演团体演出情况
## Statistics on Performance of Art Performance Troupes

| 项　目 | Item | 国内演出场次 (万场次) Number of Domestic Performance (10000 Shows) | | 国内观众人次 (万人次) Number of Domestic Audience (10000 person-times) | | 演出收入 (万元) Performance Income (10000 yuan) | |
|---|---|---|---|---|---|---|---|
| | | 2017 | 2018 | 2017 | 2018 | 2017 | 2018 |
| **总　计** | **Total** | **0.71** | **1.37** | **333** | **587** | **4475** | **3347** |
| 省　级 | Run by Provinces | 0.13 | 0.17 | 103 | 100 | 1202 | 859 |
| 地市级 | Run by Prefectures (Cities) | 0.21 | 0.25 | 121 | 96 | 858 | 1206 |
| 县区级 | Run by Counties (Cities) and Others | 0.37 | 0.95 | 109 | 390 | 2415 | 1283 |
| **按剧种分** | **By Type of Art** | | | | | | |
| 话剧、儿童剧、滑稽剧类 | Drama, Children's Play and Comedy Troupes | 0.08 | 0.17 | 18 | 34 | 310 | 592 |
| 歌舞、音乐类 | Song and Dance, Musicals | 0.17 | 0.24 | 74 | 77 | 1025 | 995 |
| 京剧、昆曲类 | Peking Opera and Kunqu Opera | | 0.02 | 17 | 14 | 27 | 16 |
| 地方戏曲类 | Local Opera | 0.10 | 0.19 | 75 | 143 | 74 | 428 |
| 杂技、魔术、马戏类 | Acrobatics, Magic and Circus | 0.09 | 0.12 | 58 | 178 | 675 | 678 |
| 曲艺类 | Folk Arts | 0.10 | 0.06 | 10 | 12 | 1580 | 307 |
| 综合性艺术表演团体 | Comprehensive Art Performance | 0.15 | 0.57 | 80 | 129 | 784 | 331 |

# 18-7　艺术表演场所演(映)情况(2018年)
## Statistics on Performance of Art Performance Places(2018)

| 项　目 | Item | 机构数 (个) Number of Institutions (unit) | 坐席数 (个) Number of Seats (unit) | 演出场次数 (场次) Number of performances (screenings) | 观众人次 (万人次) Audience attendance (10000 passengers) |
|---|---|---|---|---|---|
| **总　计** | **Total** | **56** | **25611** | **4570** | **154.6** |
| **按隶属关系分** | **By Jurisdiction of Management** | | | | |
| 省　级 | Run by Provinces | 2 | 750 | | |
| 地市级 | Run by Prefectures (Cities) | 14 | 9321 | 520 | 26.6 |
| 县区级 | Run by Counties (Cities) and Others | 40 | 15540 | 4060 | 127.9 |
| **按机构类型分** | **By Type of Troupes** | | | | |
| 剧　场 | Theaters | 29 | 10792 | 1750 | 30.6 |
| 影剧院 | Music Halls and Cinemas | 8 | 3750 | 50 | 3.7 |
| 书场、曲艺场 | Storytelling, Recitation and Ballad Places | 4 | 1413 | 550 | 9.6 |
| 杂技、马戏场 | Acrobatics and Circus Places | 1 | 900 | | |
| 音乐厅 | Concert Halls | 2 | 1250 | 220 | 13.4 |
| 综合性 | General Performance Theaters | 7 | 5326 | 570 | 22.5 |
| 其他艺术表演场馆 | Others | 5 | 2180 | 1430 | 74.7 |

# 18-8　群众艺术馆、文化馆(站)综合情况(2018年)
# Basic Statistics on National Mass Art Centers and Cultural Centers (Stations)(2018)

| 项　目 | Item | 合　计<br>Total | 文化馆<br>Cultural Center | 文化站<br>Cultural Station | #乡镇文化站<br>Township Cultural |
|---|---|---|---|---|---|
| 机构数(个) | Number of Institutions(unit) | 1635 | 149 | 1486 | 901 |
| 从业人员(人) | Number of Employed Persons(person) | 5685 | 2280 | 3405 | 1552 |
| 组织品牌节庆活动(次) | Number of Organizing Brand Festival Activities (Time) | 208 | 208 | | |
| 提供文化服务 | Providing Cultural Services | | | | |
| 次数(次) | Frequency (Time) | 44734 | 16860 | 27874 | 15025 |
| 惠及人次(万人次) | Person-Times(10000 person-times) | 1254 | 823 | 431 | 285 |
| 组织文艺活动 | Art Performances and Story-Telling Sessions | | | | |
| 次数(次) | Frequency (Times) | 28197 | 9636 | 18561 | 9786 |
| 参加人次(万人次) | Person-Times(10000 person-times) | 969 | 653 | 315 | 207 |
| 举办业余文艺训练班 | Number of Training Courses | | | | |
| 班次(次) | Frequency (Time) | 11860 | 4950 | 6910 | 3760 |
| 结业人次(万人次) | Graduation Number (10000 person-times) | 92 | 47 | 45 | 27 |
| 举办展览 | Number of Exhibitions | | | | |
| 次数(次) | Frequency (Time) | 3211 | 808 | 2403 | 1479 |
| 参观人次(万人次) | Person-Times(10000 person-times) | 179 | 108 | 71 | 50 |
| 组织公益性讲座次数 | Number of Public Lectures Organized | | | | |
| 次数(次) | Frequency (Time) | 1466 | 1466 | | |
| 参加人次(万人次) | Person-Times(10000 person-times) | 14 | 14 | | |
| 计算机(台) | Computers(set) | 9262 | 1709 | 7553 | 4511 |
| 本年收入合计(万元) | Revenue This Year (10000 yuan) | 44610 | 31479 | 13132 | 8190 |
| 本年支出合计(万元) | Expenditure This Year(10000 yuan) | 44012 | 30882 | 13130 | 8188 |
| #基本支出 | #Basic Expenditures | 33121 | 24449 | 8672 | 5306 |
| 年末固定资产原值(万元) | Original Value of Fixed Assets (million) | 79520 | 32900 | 46620 | 35575 |
| 建筑面积(万平方米) | Gross Floor Area (10000 sq.m) | 93 | 28 | 64 | 33 |
| #业务用房 | #Business Premises | 62 | 19 | 43 | 27 |
| 馆办文艺团体(个) | Art Performance Troupes Run by Centers(unit) | 373 | 373 | | |
| 馆办老年大学(个) | Aging College Run by Centers (unit) | 30 | 30 | | |
| 群众业余文艺团队(个) | Part-Time Art Groups (unit) | 8635 | 2310 | 6325 | 4382 |

# 18-9　文物业基本情况
# Statistics on Cultural Relics

| 项　目 | Item | 2015 | 2016 | 2017 | 2018 |
|---|---|---|---|---|---|
| 机构数(个) | Number of Institutions(unit) | 250 | 268 | 275 | 282 |
| 文物保护管理机构 | Protection and Management Agencies | 86 | 87 | 87 | 86 |
| 博物馆 | Museum | 158 | 176 | 183 | 191 |
| 文物科研机构 | Scientific and Research Agencies | 2 | 2 | 2 | 2 |
| 其它文物机构 | Other Agencies | 4 | 3 | 3 | 3 |
| 从业人员(人) | Number of Employed Persons(person) | 2993 | 3232 | 3212 | 3008 |
| 文物藏品(件) | Number of Collections (piece) | 773220 | 1013359 | 1018121 | 990509 |
| #一级藏品 | #Grade One | 2990 | 2832 | 2763 | 2698 |
| 基本陈列(个) | Basic Displays(unit) | 381 | 482 | 411 | 456 |
| 临时展览(次) | Temporary Exhibition (time) | 402 | 430 | 472 | 506 |
| 参观人次(万人次) | Number of visitors (10000 person-times) | 2156 | 2217 | 2354 | 2154 |
| #未成年人 | #Juveniles | 664 | 670 | 645 | 610 |
| 门票销售总额(万元) | Ticket Revenue(10000 yuan) | 5159 | 5038 | 1703 | 2010 |
| 总收入(万元) | Total Income (10000 yuan) | 63233 | 61997 | 57192 | 47773 |
| 总支出(万元) | Total Expenditure (10000 yuan) | 53725 | 53818 | 58029 | 48404 |
| 年末固定资产原值(万元) | Original Value of Fixed Assets at the end of the year (10000 yuan) | 193220 | 231468 | 234856 | 228753 |
| 公用房屋建筑面积(万平方米) | Public Housing Construction Area (10000 sq.m) | 61 | 69 | 67 | 69 |
| #展览用房 | #Exhibition Room | 37 | 42 | 40 | 41 |
| 文物库房 | Historical Relics Storage | 4 | 5 | 5 | 5 |

# 18-10 博物馆、文物机构业务活动
# Facilities and Services of Museums and Cultural Relic Agencies

| 项目 | Item | 博物馆 Museums | | 文物机构 Cultural Relic Agencies | | #文物保护管理机构 Protection and Management Agencies | |
|---|---|---|---|---|---|---|---|
| | | 2017 | 2018 | 2017 | 2018 | 2017 | 2018 |
| 机构数(个) | Number of Institutions (unit) | 183 | 191 | 92 | 91 | 87 | 86 |
| 从业人员(人) | Number of Employed Persons(person) | 2893 | 2691 | 319 | 317 | 259 | 258 |
| 藏品(件) | Number of Collections (piece) | 998973 | 971658 | 19148 | 18851 | 13962 | 13665 |
| #一级品 | #Grade One | 2727 | 2663 | 36 | 35 | 25 | 24 |
| 基本陈列(个) | Basic Displays(unit) | 404 | 449 | 7 | 7 | 7 | 7 |
| 临时展览(次) | Temporary Exhibition (time) | 462 | 496 | 10 | 10 | 10 | 10 |
| 参观人次(万人次) | Number of Visitors (10000 person-times) | 2332 | 2144 | 22 | 9 | 22 | 9 |
| 门票销售总额(万元) | Ticket Revenue(10000 yuan) | 1703 | 2010 | | | | |
| 总收入(万元) | Total Income (10000 yuan) | 48371 | 37699 | 8822 | 10074 | 6942 | 8172 |
| 经费支出(万元) | Total Expenditure (10000 yuan) | 48267 | 39080 | 9762 | 9324 | 7882 | 7513 |
| 年末固定资产原值(万元) | Original Value of Fixed Assets at The End of The Year (10000 yuan) | 231715 | 225684 | 3140 | 3069 | 1812 | 1830 |
| 公用房屋建筑面积(万平方米) | Public Housing Construction Area (10000 sq.m) | 65 | 67 | 2 | 2 | 2 | 2 |
| #展览用房 | #Exhibition Room | 39 | 41 | 1 | 0.4 | 1 | 0.4 |
| 文物库房 | Historical Relics Storage | 5 | 5 | | 0.2 | | 0.2 |

# 18-11 分地区公共文化设施情况(2018年)
# Statistics on Public Cultural Facilities by Region(2018)

单位：个 (unit)

| 地区 | Region | 公共图书馆 Public Library | 博物馆 Museums | 群众艺术馆文化馆 Museum of Mass Art Museum | 文化站 Cultural Centers |
|---|---|---|---|---|---|
| 哈尔滨 | Harbin | 18 | 51 | 21 | 283 |
| 齐齐哈尔 | Qiqihar | 13 | 19 | 17 | 181 |
| 鸡西 | Jixi | 4 | 6 | 12 | 80 |
| 鹤岗 | Hegang | 3 | 4 | 9 | 74 |
| 双鸭山 | Shuangyashan | 5 | 7 | 9 | 98 |
| 大庆 | Daqing | 6 | 11 | 6 | 82 |
| 伊春 | Yichun | 18 | 8 | 18 | 77 |
| 佳木斯 | Jiamusi | 7 | 10 | 11 | 71 |
| 七台河 | Qitaihe | 2 | 1 | 5 | 78 |
| 牡丹江 | Mudanjiang | 8 | 20 | 15 | 108 |
| 黑河 | Heihe | 6 | 21 | 7 | 86 |
| 绥化 | Suihua | 11 | 17 | 11 | 226 |
| 大兴安岭 | Daxinganling | 7 | 5 | 7 | 42 |

# 18-12　分地区公共图书馆基本情况(2018年)
# Statistics on Public Libraries by Region(2018)

| 地　区 | Region | 公共图书馆数(个) Number of Public Library (unit) | 从业人员(人) Number of Staff and Works (person) | 总藏量(千册件) Total Collections (1000 copies) | #图书 #Books | #本年新增藏量 #Purchased the Year |
|---|---|---|---|---|---|---|
| **全　省** | **Total** | **109** | **1659** | **22329** | **18276** | **905** |
| #省　级 | Province Level | 1 | 180 | 4054 | 3132 | 164 |
| #县　级 | County Level | 46 | 436 | 4422 | 3872 | 306 |
| 哈尔滨 | Harbin | 18 | 259 | 6021 | 4807 | 247 |
| 齐齐哈尔 | Qiqihar | 13 | 172 | 2438 | 2052 | 71 |
| 鸡　西 | Jixi | 4 | 63 | 682 | 462 | 41 |
| 鹤　岗 | Hegang | 3 | 33 | 545 | 498 | 18 |
| 双鸭山 | Shuangyashan | 5 | 51 | 545 | 434 | 50 |
| 大　庆 | Daqing | 6 | 151 | 1604 | 1355 | 31 |
| 伊　春 | Yichun | 18 | 179 | 1262 | 1037 | 59 |
| 佳木斯 | Jiamusi | 7 | 127 | 1076 | 927 | 17 |
| 七台河 | Qitaihe | 2 | 41 | 328 | 276 | 33 |
| 牡丹江 | Mudanjiang | 8 | 116 | 1236 | 1161 | 44 |
| 黑　河 | Heihe | 6 | 69 | 412 | 365 | 23 |
| 绥　化 | Suihua | 11 | 171 | 1649 | 1352 | 79 |
| 大兴安岭 | Daxinganling | 7 | 47 | 477 | 418 | 28 |

## 18-12　续表1　Continued

| 地　区 | Region | 累计发放有效借书证数(千个) Accumulative Number of Library Cards Distributed (1000 units) | 总流通人次(千人次) Total Number of Circulation (1000 person-times) | #书刊文献外借人次 Borrowing from Libraries | 阅览室座席数(个) Seats of Reading Room (unit) | 公用房屋建筑面积(千平方米) Floor Space of Buildings of Public Libraries (1000 sq.m) | #书库 #Stack Rooms | #阅览室 Reading Rooms |
|---|---|---|---|---|---|---|---|---|
| **全　省** | **Total** | **749** | **11305** | **4618** | **29202** | **336** | **57** | **95** |
| #省　级 | Province Level | 170 | 2210 | 390 | 2333 | 34 | 3 | 12 |
| #县　级 | County Level | 1104 | 2051 | 891 | 73 | 78 | 16 | 24 |
| 哈尔滨 | Harbin | 211 | 3135 | 1473 | 5887 | 56 | 13 | 15 |
| 齐齐哈尔 | Qiqihar | 57 | 960 | 253 | 3457 | 40 | 6 | 11 |
| 鸡　西 | Jixi | 27 | 331 | 146 | 865 | 8 | 2 | 3 |
| 鹤　岗 | Hegang | 11 | 223 | 39 | 605 | 13 | 3 | 2 |
| 双鸭山 | Shuangyashan | 16 | 267 | 206 | 809 | 7 | 2 | 2 |
| 大　庆 | Daqing | 78 | 1180 | 900 | 2996 | 41 | 4 | 9 |
| 伊　春 | Yichun | 76 | 466 | 216 | 3721 | 31 | 5 | 12 |
| 佳木斯 | Jiamusi | 19 | 595 | 205 | 2435 | 31 | 6 | 9 |
| 七台河 | Qitaihe | 2 | 142 | 56 | 340 | 3 | 1 | 1 |
| 牡丹江 | Mudanjiang | 40 | 931 | 278 | 1854 | 25 | 4 | 4 |
| 黑　河 | Heihe | 13 | 138 | 74 | 960 | 15 | 2 | 5 |
| 绥　化 | Suihua | 22 | 627 | 354 | 2136 | 24 | 4 | 7 |
| 大兴安岭 | Daxinganling | 7 | 100 | 28 | 804 | 8 | 2 | 3 |

18-12 续表2 Continued

| 地区 | Region | 书刊文献外借册次(千册次) Number of Books and Periodicals Lent to Readers (1000 copies times) | 为读者举办各种活动 Service Activities Provided for Readers | | 计算机(台) Computers (set) | | 总支出(万元) Total Expenditures (10000 yuan) | 增加值(万元) Value Added (10000 yuan) |
|---|---|---|---|---|---|---|---|---|
| | | | 次数(次) Number of Activities (times) | 参加人次(千人次) Number of Readers Involved (1000 person-times) | | #电子阅览室终端数 Terminals in Electronic Media Reading Rooms | | |
| **全 省** | **Total** | **9294** | **3739** | **1901** | **6099** | **3929** | **28415** | **21277** |
| #省 级 | Province Level | 882 | 640 | 760 | 606 | 278 | 6224 | 4112 |
| #县 级 | County Level | 1820 | 794 | 507 | 1842 | 1240 | 5842 | 4304 |
| 哈尔滨 | Harbin | 2887 | 1036 | 260 | 1078 | 719 | 5516 | 4222 |
| 齐齐哈尔 | Qiqihar | 635 | 300 | 74 | 685 | 415 | 2638 | 2046 |
| 鸡 西 | Jixi | 299 | 122 | 59 | 180 | 145 | 1062 | 784 |
| 鹤 岗 | Hegang | 68 | 45 | 40 | 178 | 83 | 617 | 533 |
| 双鸭山 | Shuangyashan | 564 | 75 | 24 | 184 | 80 | 854 | 619 |
| 大 庆 | Daqing | 1483 | 257 | 107 | 462 | 313 | 2440 | 1660 |
| 伊 春 | Yichun | 395 | 265 | 53 | 814 | 551 | 1485 | 1287 |
| 佳木斯 | Jiamusi | 504 | 238 | 66 | 358 | 291 | 1513 | 993 |
| 七台河 | Qitaihe | 167 | 26 | 7 | 72 | 65 | 321 | 249 |
| 牡丹江 | Mudanjiang | 572 | 190 | 59 | 417 | 293 | 2159 | 1843 |
| 黑 河 | Heihe | 135 | 77 | 19 | 296 | 186 | 857 | 659 |
| 绥 化 | Suihua | 637 | 337 | 368 | 536 | 367 | 2000 | 1745 |
| 大兴安岭 | Daxinganling | 66 | 131 | 5 | 233 | 143 | 729 | 525 |

# 18-13　广播电视事业发展情况
# Basic Statistics on Radio and Television Stations

| 项　　目 | Item | 2014 | 2015 | 2016 | 2017 | 2018 |
|---|---|---|---|---|---|---|
| **广播** | **Radio** | | | | | |
| 广播电台(座) | Number of Broadcasting Stations (set) | 14 | 14 | 14 | 10 | 10 |
| 广播节目综合人口覆盖率(%) | Radio Coverage of Population(%) | 98.6 | 98.6 | 98.8 | 98.8 | 99.0 |
| 公共广播节目套数(套) | Number of Public Radio Programs (set) | 95 | 101 | 111 | 107 | 108 |
| 全年制作广播节目时间(小时) | Length of Radio Programs Produced (hour) | 292229 | 219863 | 239479 | 255972 | 245174 |
| 全年公共广播节目播出时间(小时) | Length of Public Radio Programs Broadcasted (hour) | 489207 | 488597 | 536502 | 573841 | 587998 |
| **电视** | **Television** | | | | | |
| 电视台(座) | Number of Television Stations (set) | 15 | 15 | 15 | 10 | 10 |
| 电视节目综合人口覆盖率(%) | TV Coverage of Population (%) | 98.8 | 98.8 | 98.9 | 98.9 | 99.1 |
| 全省有线广播电视用户数(万户) | Number of Users of Cable Radio and TV(10 000 households) | 764.6 | 685.7 | 651.4 | 606.1 | 591.6 |
| #农村 | #Rural | | 162.2 | 152.9 | 112.4 | 125.9 |
| 数字电视用户数 | Number of Users of Digital TV | 701.4 | 619.7 | 642.6 | 554.6 | 568.8 |
| 有线广播电视入户率(%) | Popularization Rate of Cable Radio and TV (%) | 57.8 | 45.7 | 48.4 | 41.6 | 38.6 |
| #农村 | #Rural | | 23.7 | 24.6 | 18.5 | 20.5 |
| 公共电视节目套数(套) | Number of Public TV Programs (set) | 118 | 117 | 121 | 105 | 105 |
| 全年制作电视节目时间(小时) | Length of TV Programs Produced (hour) | 109622 | 97437 | 115121 | 90490 | 105089 |
| 全年公共电视节目播出时间(小时) | Length of Public TV Programs Broadcasted (hour) | 627979 | 605044 | 634212 | 587060 | 593441 |
| 全年电视剧播出数(部) | Number of TV Plays Broadcasted (set) | 4365 | 4061 | 3872 | 4963 | 4809 |
| 全年电视剧播出数(集) | Number of TV Plays Broadcasted(part) | 121639 | 125578 | 121301 | 176304 | 171629 |
| #进口电视剧播出数(部) | # Imported TV Plays (set) | 102 | 5 | 6 | 1 | 1 |
| 进口电视剧播出数(集) | Imported TV Plays (part) | 3080 | 160 | 182 | 40 | 40 |
| **广播电视技术及其他** | **TV Technology and Others** | | | | | |
| 广播电视总收入(亿元) | Revenue of Radio and TV (100 million yuan) | 59.6 | 57.8 | 63.2 | 82.1 | 59.8 |
| 广播电视从业人员数(人) | Staff and Workers of Radio and TV (person) | 19283 | 25194 | 20935 | 31923 | 27518 |
| 中、短波转播发射台(座) | Transmission and Relaying Stations of Medium and Short Wave Broadcast (unit) | 43 | 41 | 41 | 42 | 39 |
| 发射功率(千瓦) | Power of Transmitters (kw) | 1953 | 2162 | 2131 | 2167 | 2188 |
| 调频电视转播发射台(座) | Relaying Stations of Frequency Modulation TV Broadcasting(unit) | 332 | 194 | 203 | 218 | 223 |
| 调频发射功率(千瓦) | FM Transmitting Power(kw) | 496.8 | 673.2 | 683.3 | 632.3 | 635 |
| 电视发射功率(千瓦) | TV Transmitters Power(kw) | 576.6 | 625.4 | 690.8 | 981.4 | 1041.2 |
| 有线广播电视传输干线网络总长(万公里) | Length of Transmission Trunk for Cable Radio and TV (10 000 km) | 17.1 | 17.9 | 6.4 | 4.6 | 7.6 |

# 18-14 广播电视节目制作情况(2018年)
# Basic Statistics on Radio and Television Programs Produced(2018)

单位：小时 (hour)

| 项目 | Item | 总计 Total | 省级 Province Level | 地市级 City Level |
|---|---|---|---|---|
| **广播节目制作** | **Production of Radio Programs** | **245174** | **66907** | **143638** |
| 新闻 | News Programs | 36221 | 8160 | 18104 |
| 专题 | Special Subject Programs | 68762 | 15620 | 45387 |
| 综艺 | General Entertainment Programs | 47489 | 15034 | 26758 |
| 广播剧 | Radio Play Programs | 8758 | 2744 | 2018 |
| 广告 | Advertising Programs | 22444 | 8218 | 13256 |
| 其他 | Others | 61500 | 17132 | 38115 |
| **电视节目制作** | **Production of TV Programs** | **105089** | **28079** | **36723** |
| 新闻 | News Programs | 35090 | 11389 | 9013 |
| 专题 | Special Subject Programs | 16379 | 3937 | 6330 |
| 综艺 | General Entertainment Programs | 11575 | 2688 | 2266 |
| 影视剧 | TV Play Programs | 4560 | 207 | 50 |
| 广告 | Advertising Programs | 15324 | 5055 | 6677 |
| 其他 | Others | 22162 | 4802 | 12387 |

# 18-15 广播、电视节目播出情况(2018年)
# Basic Statistics on Radio and Television Programs Broadcasting (2018)

单位：小时 (hour)

| 项目 | Item | 总计 Total | 省级 Province Level | 地市级 City Level |
|---|---|---|---|---|
| **广播** | **Radio Broadcasting** | | | |
| 公共节目套数(套) | Number of Public Programs (set) | 108 | 9 | 36 |
| 平均每日播出时间 | Broadcasting Hours per Day | 1611 | 177 | 650 |
| 新闻资讯 | News Programs | 271 | 21 | 98 |
| 专题服务 | Special Subject Programs | 317 | 41 | 190 |
| 综艺益智 | General Entertainment Programs | 287 | 39 | 132 |
| 广播剧 | Radio Play Programs | 102 | 8 | 16 |
| 广告 | Advertising Programs | 113 | 23 | 76 |
| 其他 | Others | 521 | 46 | 138 |
| **电视** | **Television Broadcasting** | | | |
| 公共节目套数(套) | Number of Public Programs (set) | 105 | 7 | 31 |
| 平均每周播出时间 | Broadcasting Hours per Day | 10990 | 1027 | 3786 |
| 新闻资讯 | News Programs | 1517 | 137 | 465 |
| 专题服务 | Special Subject Programs | 908 | 78 | 326 |
| 综艺益智 | General Entertainment Programs | 794 | 49 | 229 |
| 影视剧 | TV Play Programs | 4492 | 487 | 1560 |
| 广告 | Advertising Programs | 1032 | 139 | 500 |
| 其他 | Others | 2247 | 138 | 706 |

# 18-16 出版、发行事业机构和人员数
# Number of Institutions and Personnel Engaged in News and Publishing Undertakings

| 指 标 | Item | 2012 | 2013 | 2014 | 2015 | 2016 | 2017 | 2018 |
|---|---|---|---|---|---|---|---|---|
| **机构数(个)** | **Number of Institutions (unit)** | **696** | **662** | **693** | **692** | **693** | **692** | **625** |
| 出版单位 | Publishing Units | **420** | 420 | 419 | 418 | 421 | 420 | 367 |
| 书刊印刷厂 | Printing Houses | 177 | 156 | 169 | 169 | 169 | 155 | 155 |
| 新华书店 | Book Stores | 99 | 86 | 105 | 105 | 103 | 103 | 103 |
| **人员数(人)** | **Number of Personnel (person)** | **26800** | **23469** | **23031** | **21045** | **20556** | **16434** | **15794** |
| 出版单位 | Publishing Units | 14686 | 13387 | 13468 | 12809 | 11865 | 9135 | 8798 |
| 书刊印刷厂 | Printing Houses | 8169 | 7018 | 6539 | 5304 | 5274 | 4991 | 4294 |
| 新华书店 | Book Stores | 3945 | 3064 | 3024 | 2932 | 3417 | 2308 | 2702 |

# 18-17 图书、期刊和报纸出版情况
# Number of Books, Magazines and Newspapers Published

| 年 份 Year | 出版数量(种) Number of Publications (kind) | | | 印刷数量(万册、万份) Printed Copies (10000 copies) | | | 总印张数(万印张) Printed Sheets (10000 sheets) | | |
|---|---|---|---|---|---|---|---|---|---|
| | 图书 Books | 期刊 Magazines | 报纸 Newspapers | 图书 Books | 期刊 Magazines | 报纸 Newspapers | 图书 Books | 期刊 Magazines | 报纸 Newspapers |
| 1978 | 269 | 24 | 3 | 10512 | 1361 | 13797 | 33915 | 3325 | 12789 |
| 1980 | 246 | 59 | 9 | 11108 | 2151 | 15324 | 50301 | 6161 | 13463 |
| 1985 | 855 | 88 | 28 | 16513 | 2795 | 49649 | 62240 | 8143 | 31764 |
| 1990 | 1176 | 184 | 58 | 12342 | 5302 | 56480 | 46750 | 14390 | 37577 |
| 1995 | 1868 | 311 | 86 | 11342 | 6718 | 69115 | 53136 | 19103 | 72446 |
| 2000 | 2070 | 319 | 75 | 9944 | 7919 | 73571 | 49187 | 24908 | 119448 |
| 2001 | 2281 | 322 | 76 | 9779 | 7391 | 69783 | 58022 | 24030 | 114053 |
| 2002 | 2258 | 323 | 76 | 8747 | 6459 | 74244 | 56561 | 23116 | 141986 |
| 2003 | 2098 | 323 | 76 | 7865 | 5615 | 73639 | 50934 | 21291 | 143870 |
| 2004 | 2828 | 312 | 76 | 7704 | 4331 | 74339 | 50388 | 21703 | 159947 |
| 2005 | 2930 | 315 | 76 | 5938 | 3503 | 71410 | 45850 | 14985 | 261470 |
| 2006 | 2667 | 307 | 95 | 5520 | 3870 | 89458 | 48814 | 18045 | 267697 |
| 2007 | 3099 | 309 | 95 | 5285 | 4996 | 78166 | 39911 | 23662 | 290481 |
| 2008 | 3182 | 313 | 91 | 5167 | 5092 | 72667 | 43260 | 25191 | 238501 |
| 2009 | 3408 | 314 | 90 | 6114 | 5210 | 75726 | 44384 | 26235 | 229434 |
| 2010 | 3515 | 314 | 90 | 7420 | 5253 | 78219 | 55880 | 26568 | 256544 |
| 2011 | 4430 | 315 | 89 | 8284 | 5502 | 79234 | 61349 | 28559 | 299480 |
| 2012 | 4218 | 315 | 89 | 6353 | 5640 | 78997 | 52721 | 29575 | 311360 |
| 2013 | 5247 | 314 | 88 | 6636 | 5789 | 74931 | 53024 | 29213 | 281419 |
| 2014 | 5043 | 315 | 88 | 7426 | 5279 | 69039 | 62513 | 28070 | 232130 |
| 2015 | 6087 | 314 | 88 | 7170 | 4467 | 66308 | 62626 | 25358 | 173144 |
| 2016 | 7336 | 314 | 88 | 7694 | 4340 | 62387 | 66638 | 24598 | 145570 |
| 2017 | 7549 | 315 | 86 | 8837 | 4390 | 56521 | 75582 | 24205 | 110925 |
| 2018 | 8709 | 315 | 68 | 8203 | 3483 | 49909 | 68944 | 18923 | 87629 |

# 18-18 图书出版情况(2018年)
# Statistics on Books Published by Categories(2018)

| 类 别 | Category | 种类(种) Number of Publications (item) | 总印数(万册) Printed Copies (10000 copies) | 总印张(千印张) Printed Sheets (1000 sheets) | 定价总金额(万元) Total Amount of Pricing (10000 yuan ) |
|---|---|---|---|---|---|
| **使用"中国标准书号"部分合计** | **Publications with "China International Standard Book Number"** | **8709** | **8203.5** | **689443.3** | **148602.9** |
| 马列主义、毛泽东思想 | Marxism-Leninism, Mao Zedong Thought | 8 | 0.9 | 151.1 | 48.6 |
| 哲 学 | Philosophy | 136 | 26.7 | 2980.0 | 1026.3 |
| 社会科学总论 | General Social Sciences | 44 | 17.2 | 2080.1 | 857.5 |
| 政治、法律 | Politics and Law | 165 | 23.6 | 2983.7 | 971.9 |
| 军 事 | Military Affairs | 54 | 7.0 | 794.5 | 195.0 |
| 经 济 | Economics | 231 | 33.6 | 4757.3 | 1473.7 |
| 文化、科学、教育、体育 | Culture, Science, Education and Sports | 4165 | 7277.6 | 594358.0 | 112719.2 |
| 语言、文字 | Languages | 254 | 39.3 | 4789.4 | 1348.7 |
| 文 学 | Literature | 1212 | 330.0 | 27001.7 | 11030.3 |
| 艺 术 | Arts | 485 | 59.9 | 5028.1 | 3155.1 |
| 历史、地理 | History and Geography | 318 | 83.7 | 7661.8 | 4119.1 |
| 自然科学总论 | General Natural Sciences | 11 | 3.1 | 243.9 | 99.5 |
| 数理科学、化学 | Mathematics and Chemistry | 277 | 49.8 | 7997.4 | 2108.1 |
| 天文学、地球科学 | Astronomy and Geology | 58 | 11.6 | 608.6 | 314.9 |
| 生物科学 | Biology | 187 | 23.9 | 1401.4 | 701.7 |
| 医药、卫生 | Medicine and Health Care | 270 | 42.2 | 6535.9 | 2104.8 |
| 农业科学 | Agricultural Science | 73 | 9.7 | 1217.6 | 549.1 |
| 工业技术 | Industrial Technology | 559 | 82.9 | 12986.4 | 3508.6 |
| 交通运输 | Transportation | 109 | 16.3 | 2575.1 | 669.2 |
| 航空、航天 | Aeronautics and Aerospace | 10 | 0.9 | 139.8 | 28.0 |
| 环境科学 | Environmental Science | 39 | 16.8 | 1874.2 | 757.6 |
| 综合性图书 | General Books | 44 | 46.6 | 1277.3 | 816.1 |

# 18-19 音像制品出版情况
# Statistics on Number of Publication of Audio-Video Products

| 指 标 | Item | 出版品种(种) Number of Publications (kind) (kind) | | 出版数量(万张) Volume of Publications (10000 discs) | | 发行量(万张) Circulation (10000 sheets) | |
|---|---|---|---|---|---|---|---|
| | | 2017 | 2018 | 2017 | 2018 | 2017 | 2018 |
| **总 计** | **Total** | **3** | **7** | **0.12** | **0.44** | **0.12** | **0.72** |
| 录象制品 | Video Products | 2 | 4 | 0.11 | 0.29 | 0.11 | 0.21 |
| 录音制品 | Fixation on Phonograms | 1 | 3 | 0.01 | 0.15 | 0.01 | 0.51 |

# 18-20　体育系统从业人员情况(2018年)
## Statistics on Staff and Workers in Physical Education System (2018)

单位：人　　(person)

| 指　标 | Item | 总　计 Total | 公务员 Civil Servants | 教练员 Coaches | 运动员 Athletes | 科研人员 Scientific and Technical Personnel |
|---|---|---|---|---|---|---|
| **总　计** | **Total** | **4764** | **626** | **1202** | **1348** | **68** |
| 体育行政机关 | Administrative Agencies of Physical Culture and Sports | 651 | 626 | | | |
| 运动项目管理部门 | Sports Events Management | 2116 | | 365 | 1346 | 13 |
| 本科院校 | Colleges | | | | | |
| 职业、运动技术学院 | Sports Technical Institutes | 128 | | | | 6 |
| 体育运动学校 | Physical Education and Sports Schools | 212 | | 92 | | 7 |
| 竞技体校 | Competitive Sports School | | | | | |
| 少儿体育运动学校（业余体校） | Spare-time Sports School | 1035 | | 719 | 2 | |
| 单项运动学校 | Physical Education and Sports Schools | 10 | | 8 | | |
| 训练基地 | Training Bases | 7 | | | | |
| 体育场馆 | Stadium and Gymnasium | 368 | | | | |
| 科研所 | Science and Technology Institute | 49 | | | | 42 |
| 其他事业单位 | Other Institutions | 188 | | 18 | | |
| 其　他 | Others | | | | | |

18-20　续表 Continued

单位：人　　(person)

| 指　标 | Item | 医务人员 Medical | 文化教师 Teachers | 管理人员 Administrative | 工勤人员 Logistics | 其他 Others |
|---|---|---|---|---|---|---|
| **总　计** | **Total** | **43** | **136** | **553** | **349** | **439** |
| 体育行政机关 | Administrative Agencies of Physical Culture and Sports | | | | 17 | 8 |
| 运动项目管理部门 | Sports Events Management | 31 | | 141 | 91 | 129 |
| 本科院校 | Colleges | | | | | |
| 职业、运动技术学院 | Sports Technical Institutes | 11 | 51 | 25 | 11 | 24 |
| 体育运动学校 | Physical Education and Sports Schools | | 68 | 27 | 7 | 11 |
| 竞技体校 | Competitive Sports School | | | | | |
| 少儿体育运动学校（业余体校） | Spare-time Sports School | | 15 | 124 | 24 | 151 |
| 单项运动学校 | Physical Education and Sports Schools | | 2 | | | |
| 训练基地 | Training Bases | | | 3 | 2 | 2 |
| 体育场馆 | Stadium and Gymnasium | | | 116 | 188 | 64 |
| 科研所 | Science and Technology Institute | 1 | | 2 | | 4 |
| 其他事业单位 | Other Institutions | | | 115 | 9 | 46 |
| 其　他 | Others | | | | | |

# 18-21 体育事业发展情况
## Development of Sports

| 指 标 | Item | 2013 | 2014 | 2015 | 2016 | 2017 | 2018 |
|---|---|---|---|---|---|---|---|
| **运动员教练员裁判员人数(人)** | **Number of Coaches and Referees (person)** | | | | | | |
| 等级运动员 | Number of Athletes in Grades | 1149 | 1170 | 1483 | 912 | 724 | 968 |
| 等级教练员 | Number of Coaches in Grades | 30 | 20 | 25 | 32 | 30 | 15 |
| 等级裁判员 | Number of Referees in Grades | 557 | 773 | 690 | 99 | 135 | 981 |
| 优秀运动员 | Excellent Athletes | 971 | 1064 | 1286 | 1363 | 1398 | 1348 |

# 18-22 卫生机构基本情况
## Basic Conditions of Health Institutions

| 年 份 Year | 卫生机构数 (个) Number of Health Institutions (unit) | 床位数 (张) Number of Beds (bed) | 人员数 (人) Number of Personnel (person) | #卫生技术人员 Medical Technical Personnel | 万人拥有卫生机构床位 (张) Number of Health Institutions Beds per 10000 Persons (bed) | 万人拥有卫生技术人员 (人) Number of Medical Technical Personnel per 10000 Persons (person) |
|---|---|---|---|---|---|---|
| 1980 | 8685 | 104022 | 175286 | 133527 | 32.5 | 41.7 |
| 1985 | 8794 | 107527 | 201065 | 151337 | 32.0 | 45.1 |
| 1990 | 8945 | 122328 | 227003 | 172821 | 34.5 | 48.8 |
| 1991 | 8878 | 124949 | 232614 | 178220 | 35.0 | 49.9 |
| 1992 | 8853 | 127164 | 237985 | 182368 | 35.2 | 50.5 |
| 1993 | 7702 | 127896 | 236793 | 179536 | 35.1 | 49.3 |
| 1994 | 7714 | 128390 | 235334 | 179362 | 35.0 | 48.8 |
| 1995 | 7637 | 126466 | 234074 | 178842 | 34.2 | 48.3 |
| 1996 | 7065 | 121441 | 230843 | 177663 | 32.6 | 47.7 |
| 1997 | 7676 | 121263 | 231589 | 178483 | 32.3 | 47.6 |
| 1998 | 7620 | 120470 | 226719 | 174980 | 31.9 | 46.4 |
| 1999 | 7653 | 120211 | 226532 | 176100 | 31.7 | 46.4 |
| 2000 | 8038 | 120454 | 222746 | 171252 | 31.6 | 45.0 |
| 2001 | 7944 | 118037 | 219624 | 169865 | 31.0 | 44.6 |
| 2002 | 8755 | 119547 | 198462 | 154660 | 31.4 | 40.6 |
| 2003 | 8469 | 115930 | 192858 | 149964 | 30.4 | 39.3 |
| 2004 | 8230 | 119645 | 190563 | 149274 | 31.4 | 39.1 |
| 2005 | 8326 | 119833 | 191172 | 150657 | 31.4 | 39.5 |
| 2006 | 8181 | 123308 | 191945 | 151916 | 32.3 | 39.8 |
| 2007 | 8464 | 126058 | 200346 | 158726 | 33.0 | 41.6 |
| 2008 | 7928 | 136315 | 203502 | 161927 | 35.6 | 42.3 |
| 2009 | 8678 | 146568 | 215412 | 172118 | 38.3 | 45.0 |
| 2010 | 8938 | 159957 | 233900 | 188612 | 41.8 | 49.3 |
| 2011 | 8656 | 165402 | 236101 | 191396 | 43.1 | 49.9 |
| 2012 | 8836 | 178342 | 241266 | 197168 | 46.5 | 51.4 |
| 2013 | 9582 | 189290 | 250191 | 203741 | 49.4 | 53.1 |
| 2014 | 9603 | 201538 | 256148 | 209169 | 52.6 | 54.6 |
| 2015 | 9304 | 211637 | 259395 | 212504 | 55.4 | 55.6 |
| 2016 | 20378 | 220039 | 292210 | 221345 | 57.8 | 58.2 |
| 2017 | 20278 | 241422 | 299903 | 229059 | 63.6 | 60.4 |
| 2018 | 20357 | 250139 | 299813 | 230890 | 66.3 | 61.2 |

注：2016年开始包括村卫生室情况，与以往年份不可比(下同)。
a) From 2016, includes the situation of the village health room, which is not comparable with the previous years.

# 18-23　卫生机构各类人员(2018年)
# Employed Persons in Health Care Institutions by Type of Occupation(2018)

单位：人　　(person)

| 类　别 | Category | 总计 Total | 医院 Hospitals | 卫生院 Health Centers | 疾病预防控制中心 Diseases Prevent and control Centers | 其他卫生机构 Other Institutes |
|---|---|---|---|---|---|---|
| **总　计** | **Total** | **299813** | **195406** | **22879** | **5801** | **966** |
| **卫生技术人员** | **Medical Technical Personnel** | **230890** | **160779** | **19041** | **4237** | **559** |
| 执业医师 | Doctors on Certified Doctors | 76451 | 52680 | 5070 | 1509 | 122 |
| 执业助理医师 | Assistant Doctors on Guard | 13024 | 4185 | 3126 | 356 | 28 |
| 注册护士 | Registered Nurses | 93081 | 74413 | 3816 | 320 | 115 |
| 药剂人员 | Pharmacists of Chinese Medicine Personnel | 11354 | 8124 | 1234 | 78 | 28 |
| 检验人员 | Laboratory Technicians Personnel | 8767 | 5714 | 643 | 833 | 46 |
| 其　他 | Others | 28213 | 15663 | 5152 | 1141 | 220 |
| **其他人员** | **Other Personnel** | **68923** | **34627** | **3838** | **1564** | **407** |
| 其他技术人员 | Other Technical Personnel | 10124 | 6605 | 926 | 537 | 174 |
| 管理人员 | Managerial Personnel | 17198 | 12148 | 1278 | 573 | 117 |
| 工勤人员 | Logistics Works | 21339 | 15874 | 1634 | 454 | 116 |
| **平均每万人拥有卫生技术人员** | **Number of Medical Technical Personnel per 10000 Population** | **61.2** | **42.6** | **5.0** | **1.1** | **0.1** |

注：其他卫生机构总计中包括乡村医生和卫生员。
a) Other Institutes include rural doctors and health workers.

# 18-24　医疗机构运营情况(2018年)
# Operation of Medical Institutions (2018)

| 指　标 | Item | 合计 Total | #医院 Hospitals | 卫生院 Health Centers | 门诊部 Clinics | 妇幼保健院 Maternity and Child Care Centers | 专科疾病防治院 Specialized Disease Prevention &Treatment Institutes |
|---|---|---|---|---|---|---|---|
| **门诊服务** | **Service of Clinics** | | | | | | |
| 诊疗人次(万人次) | Total Number of Patients Treated (10000 person-times) | 11179.3 | 6543.4 | 812.6 | 184.8 | 237.3 | 64.2 |
| #门　诊 | #Clinics Patients | 9822.0 | 5873.6 | 768.8 | 129.8 | 227.7 | 63.2 |
| 急　诊 | Emergency Patients | 592.9 | 542.0 | 13.9 | | 5.0 | 0.4 |
| **住院服务** | **Service of Clinics** | | | | | | |
| 入院人数(万人) | Hospital Admissions (10000 patients) | 563.8 | 474.3 | 67.0 | 1.6 | 8.9 | 3.4 |
| 住院病人手术人次(万人) | Number of Operation of Patients (10000 patients) | 120.2 | 116.0 | | | 3.9 | 0.3 |
| 每百门、急诊的入院人数(人) | Hospital Admissions per 100 Out-patient and Emergency Patient (person) | 6.8 | 7.5 | 7.0 | | 3.7 | 4.1 |
| **床位利用** | **Utilization of Hospital Beds** | | | | | | |
| 平均床位周转率(次) | Average Turnover of Beds (times) | 24.1 | 25.4 | 20.2 | | 17.4 | 9.8 |
| 平均床位工作日(日) | Number of Days per Bed in Use in a Year (days) | 252.8 | 270.5 | 150.4 | | 115.5 | 286.9 |
| 床位使用率(%) | Utilization Rate of Beds (%) | 69.3 | 74.1 | 41.2 | | 31.6 | 78.6 |
| 出院者平均住院日(日) | Average Hospitalization Period (days) | 9.9 | 10.2 | 6.5 | | 6.5 | 22.7 |

# 18-25　卫生机构、床位、人员数(2018年)
# Numbers of Health Institutions, Beds and Employed Persons (2018)

| 机构名称 | Name of Institutions | 机构数(个) Number of Institutions (unit) | 床位数(张) Number of Beds (bed) | 人员数(人) Number of Personnel (person) | #卫生技术人员 Medical Technical Personnel |
|---|---|---|---|---|---|
| **总　计** | **Total** | **20357** | **250139** | **299813** | **230890** |
| 医　院 | Hospitals | 1104 | 209590 | 195406 | 160779 |
| 综合医院 | General Hospitals | 728 | 147412 | 142432 | 118567 |
| 中医院 | Hospitals Specialized in Traditional | 161 | 27174 | 28063 | 22895 |
| 中西医结合医院 | Hospitals Combining Chinese and Western Medicine | 11 | 951 | 710 | 601 |
| 民族医院 | National Hospitals | 5 | 351 | 270 | 218 |
| 专科医院 | Specialized Hospitals | 196 | 33473 | 23848 | 18432 |
| 口腔医院 | Hospitals of Mouth Cavity Diseases Care | 22 | 539 | 1154 | 884 |
| 眼科医院 | Hospitals for Eye Care | 11 | 979 | 1111 | 725 |
| 耳鼻喉科医院 | Hospitals for Ear, Nose and Throat Care | 3 | 353 | 563 | 455 |
| 肿瘤医院 | Tumor Hospitals | 6 | 5172 | 4072 | 3255 |
| 心血管医院 | Hospitals for Vas of Heart | 6 | 1285 | 1072 | 935 |
| 胸科医院 | Hospitals for Chest | 1 | 650 | 676 | 583 |
| 妇产(科)医院 | Hospitals of Maternity | 19 | 1570 | 1910 | 1577 |
| 儿童医院 | Hospitals of Children | 3 | 1135 | 825 | 732 |
| 精神病医院 | Mental hospitals | 28 | 11850 | 4699 | 3355 |
| 传染病医院 | Hospitals for Infectious Diseases | 10 | 3163 | 2138 | 1699 |
| 皮肤病医院 | Hospitals of Dermatology | 7 | 229 | 194 | 164 |
| 结核病医院 | Hospitals for Tuberculosis | | | | |
| 职业病医院 | Hospitals for Occupational Disease | 1 | 694 | 828 | 570 |
| 骨科医院 | Orthopedics Hospitals | 10 | 1060 | 913 | 782 |
| 康复医院 | Rehabilitation Hospitals | 5 | 1219 | 475 | 385 |
| 整形外科医院 | Plastic Surgery Hospital | 1 | | | |
| 美容医院 | Hairdressing Hospital | 8 | 195 | 504 | 297 |
| 其他专科医院 | Other Specialized Hospitals | 55 | 3380 | 2714 | 2034 |
| 护理院 | Nursing Home | 3 | 229 | 83 | 66 |
| 疗养院 | Sanatoriums | 2 | 950 | 277 | 229 |
| 县(区)社区卫生服务站 | Sanitation and Service Agencies of Community of County | 614 | 7304 | 15007 | 12256 |
| 卫生院 | Health Cares | 976 | 23949 | 22879 | 19041 |
| 县(区)卫生所、医务室 | Institutions of Sanitation of County | 851 | | 2157 | 1983 |
| 门诊部 | Clinics | 863 | 386 | 7092 | 6286 |
| 县(区)诊所 | Clinique's of County | 4415 | | 8671 | 8339 |
| 村卫生室 | Village Clinics | 10740 | | 24447 | 4185 |
| 急救中心 | First-aid Centers | 16 | 6 | 890 | 421 |
| 采供血机构 | Institutions of Pick and Supply Blood | 29 | | 1001 | 718 |
| 妇幼保健院(所、站) | Maternity and Child Care Centers | 145 | 4316 | 8463 | 6631 |
| 专科疾病防治院(所、站) | Specialized Disease Prevention and Treatment Institutes | 94 | 3638 | 3687 | 2882 |
| 疾病预防控制中心 | Center for Diseases control and Prevention | 166 | | 5801 | 4237 |
| 卫生监督所 | Medical Supervise Institutions | 149 | | 2711 | 2231 |
| 计划生育技术服务机构 | Family Planning Institutions | 146 | | 623 | 336 |
| 医学科学研究机构 | Research Institutes of Medical Sciences | 5 | | 61 | 27 |
| 医学在职培训机构 | Medical Institutions of In-service Education | 9 | | 256 | 67 |
| 统计信息中心 | Statistical Information Center | 4 | | 46 | 6 |
| 其他卫生机构 | Other Medical Institutions | 29 | | 338 | 236 |

注：村卫生室人员数包括乡村医生和卫生员。

a) Village hygienists include rural doctors and health workers.

# 18-26 分地区卫生事业基本情况(2018年)
# Basic Statistics on Public Health by Region(2018)

| 地区 | Region | 卫生机构数(个) Number of Health Institutions (unit) | #医院 Hospital | #综合医院 General Hospitals | #县(区)社区卫生服务站 Sanitation and Service Agencies of Community of County | #卫生院 Health Centers | #县(区)诊所、卫生所、医务室 Institutions of Sanitation of County | #县(区)门诊部 Clinics of County |
|---|---|---|---|---|---|---|---|---|
| **全省** | **Total** | **20357** | **1104** | **728** | **614** | **976** | **5266** | **863** |
| 哈尔滨 | Harbin | 4187 | 326 | 192 | 140 | 187 | 818 | 402 |
| 齐齐哈尔 | Qiqihar | 2790 | 114 | 78 | 53 | 141 | 567 | 111 |
| 鸡西 | Jixi | 1010 | 67 | 49 | 30 | 51 | 348 | 26 |
| 鹤岗 | Hegang | 736 | 49 | 40 | 20 | 21 | 327 | 21 |
| 双鸭山 | Shuangyashan | 1161 | 51 | 36 | 83 | 45 | 315 | 28 |
| 大庆 | Daqing | 1409 | 116 | 67 | 95 | 64 | 447 | 111 |
| 伊春 | Yichun | 768 | 39 | 32 | 26 | 16 | 430 | 37 |
| 佳木斯 | Jiamusi | 1951 | 95 | 67 | 38 | 92 | 488 | 50 |
| 七台河 | Qitaihe | 643 | 27 | 17 | 18 | 20 | 198 | 5 |
| 牡丹江 | Mudanjiang | 2163 | 80 | 44 | 52 | 58 | 621 | 45 |
| 黑河 | Heihe | 1046 | 60 | 50 | 18 | 73 | 201 | 6 |
| 绥化 | Suihua | 2177 | 47 | 31 | 30 | 175 | 370 | 4 |
| 大兴安岭 | Daxinganling | 316 | 33 | 25 | 11 | 33 | 136 | 17 |

18-26 续表 Continued

| 地区 | Region | 卫生机构床位数(张) Number of Beds in Health Institutions (bed) | #医院 Hospital | 卫生机构人员数(人) Number of Persons in Health Institutions (person) | #卫生技术人员数(人) Medical Technical Personnel (person) | #执业(助理)医师 Assistant Doctors on Guard | #注册护师、护士 Registered Nurses |
|---|---|---|---|---|---|---|---|
| **全省** | **Total** | **250139** | **209590** | **299813** | **230890** | **89475** | **93081** |
| 哈尔滨 | Harbin | 86964 | 75343 | 88498 | 68721 | 26563 | 28698 |
| 齐齐哈尔 | Qiqihar | 31592 | 26749 | 37368 | 28444 | 10973 | 12208 |
| 鸡西 | Jixi | 13186 | 11248 | 14834 | 11883 | 4625 | 5069 |
| 鹤岗 | Hegang | 9438 | 8455 | 10960 | 8531 | 3090 | 3903 |
| 双鸭山 | Shuangyashan | 10864 | 8133 | 11434 | 8857 | 3097 | 3772 |
| 大庆 | Daqing | 18675 | 16728 | 28537 | 22314 | 9913 | 8715 |
| 伊春 | Yichun | 7006 | 6463 | 9214 | 7045 | 2681 | 2777 |
| 佳木斯 | Jiamusi | 19025 | 15359 | 22336 | 17150 | 6096 | 7066 |
| 七台河 | Qitaihe | 5072 | 4131 | 6251 | 4700 | 1761 | 1947 |
| 牡丹江 | Mudanjiang | 18294 | 15850 | 27780 | 22754 | 7988 | 8574 |
| 黑河 | Heihe | 7974 | 6930 | 12626 | 9744 | 4036 | 3581 |
| 绥化 | Suihua | 19132 | 11826 | 26141 | 17630 | 7460 | 5511 |
| 大兴安岭 | Daxinganling | 2917 | 2375 | 3834 | 3117 | 1192 | 1260 |

# 18-27 享受补助、救济人员情况
# Persons Receiving Subsidies or Relief Funds

单位：万人 (10000 persons)

| 项 目 | Item | 2014 | 2015 | 2016 | 2017 | 2018 |
|---|---|---|---|---|---|---|
| **城乡居民最低生活保障人数** | **Number of Persons Receiving Minimum Living Allowance in Urban Area and Rural Area** | **244.6** | **238.4** | **232.1** | **200.6** | **163.4** |
| 城镇居民最低生活保障人数 | Number of Persons Receiving Minimum Living Allowance in Urban Area | 127.3 | 120.2 | 111.1 | 95.4 | 74.1 |
| 农村居民最低生活保障人数 | Number of Persons Receiving Minimum Living Allowance in Rural Area | 117.3 | 118.2 | 120.9 | 105.2 | 89.3 |
| **传统救济情况** | **Traditional Relief** | | | | | |
| 农村特困人数 | Extremely poor population in rural areas | 13.6 | 13.3 | 12.2 | 11.3 | 10.3 |

# 18-28 社会福利单位机构和工作人员数
# Number of Social Welfare Institutions and Enterprises

| 项 目 | Item | 机构数(个) Number of Institutions or Enterprises (unit) | | | 工作人员(人) Number of Persons Engaged (person) | | |
|---|---|---|---|---|---|---|---|
| | | 2016 | 2017 | 2018 | 2016 | 2017 | 2018 |
| **总 计** | **Total** | **1222** | **1365** | **1481** | **17183** | **18688** | **18490** |
| 社会福利事业单位 | Social Welfare Institutions | 1019 | 1162 | 1290 | 13517 | 15125 | 15048 |
| 收容遣送站 | Collecting and Repatriation Units | 64 | 65 | 57 | 643 | 629 | 584 |
| 殡葬事业单位 | Funeral and Interment Institutions | 139 | 138 | 134 | 3023 | 2934 | 2858 |

# 18-29　社会福利事业单位基本情况(2018年)
# Basic Statistics on Social Welfare Institutions (2018)

| 项　目 | Item | 单位数(个) Number of Institutions or Enterprises(unit) | 工作人员(人) Number of Persons Engaged (person) | 床位数(张) Number of Beds (bed) | 年末收养人数(人) Number of Persons Housed (year-end)(person) |
|---|---|---|---|---|---|
| **总　计** | **Total** | **1379** | **15652** | **580** | |
| 优抚安置单位 | Institutions for Aftercare and Martyrs | 89 | 604 | 580 | 2646 |
| 收养性单位 | Adopting Institutions | 1290 | 15048 | | 148954 |
| #光荣院 | #Homes for Disabled Veterans | 50 | 282 | 6005 | 280 |
| 社会福利院 | Social Welfare Homes | 56 | 1772 | | 16930 |

注：优抚安置单位的年末收养人数为全年接待人次数。
a)The number of persons housed in the table of Institutions for Aftercare and Martyrs is the number of whole year.

# 18-30　调解民间纠纷分类
# Number of Civil Disputes Mediated by Type

| 项　目 | Item | 调解纠纷(件) Civil Disputes(cases) | | | 各种纠纷所占比重(%) Percentage(%) | | |
|---|---|---|---|---|---|---|---|
| | | 2016 | 2017 | 2018 | 2016 | 2017 | 2018 |
| **总　计** | **Total** | **282195** | **282968** | **362434** | **100.0** | **100.0** | **100.0** |
| 婚姻家庭 | Family Disputes | 56662 | 57520 | 77018 | 20.1 | 20.3 | 21.3 |
| 房屋、宅基地 | Housing and Housing Sites | 13853 | 12658 | 13417 | 4.9 | 4.5 | 3.7 |
| 邻　里 | Neighbor Disputes | 62050 | 65146 | 86743 | 22.0 | 23.0 | 23.9 |
| 损害赔偿 | Compensation for Damages | 16877 | 16581 | 19725 | 6.0 | 5.9 | 5.4 |
| 其　他 | Others | 132753 | 131063 | 165531 | 47.0 | 46.3 | 45.7 |

# 18-31 劳动争议案件受理和处理情况
# The Disposal of Labor Disputes

单位：件 (case)

| 项 目 | Item | 2014 | 2015 | 2016 | 2017 | 2018 |
|---|---|---|---|---|---|---|
| **案件受理情况** | **Cases Accepted** | | | | | |
| 当期案件受理数 | Number of Cases | 9411 | 11364 | 10661 | 12884 | 23326 |
| #集体劳动争议案件数 | # Collective Labour Disputes | 43 | 66 | 56 | 37 | 9 |
| 劳动者申诉案件数 | Cases Appealed by Laborers | 9351 | 11279 | 10496 | 12781 | 23187 |
| 劳动者当事人数(人) | Number of Laborers Involved(person) | 11002 | 13079 | 12690 | 14278 | 23613 |
| #集体劳动争议劳动者当事人数 | #Laborers Involved in Collective Labour Disputes | 1389 | 1442 | 1831 | 1275 | 142 |
| 争议原因 | Cause of the Disputes | | | | | |
| 劳动报酬 | Labour Remuneration | 2315 | 3528 | 3939 | 5289 | 9872 |
| 社会保险 | Social Insurances | 2478 | 2379 | 2192 | 2277 | 2842 |
| 变更劳动合同 | Change the Labour Contract | | | | | |
| 解除、终止劳动合同 | Relieve and End the Labour Contract | 871 | 670 | 624 | 563 | 1025 |
| 其 他 | Others | 2823 | 3755 | 2972 | 3515 | 5664 |
| **案件处理情况** | **Cases Disposed** | | | | | |
| 结案数 | Number of Cases Settled | 9283 | 11437 | 10683 | 13200 | 23205 |
| 处理方式 | by Manners of Settlement | | | | | |
| 仲裁调解 | by Mediation | 2787 | 3572 | 3248 | 4520 | 8187 |
| 仲裁裁决 | by Arbitration Lawsuit | 4952 | 6092 | 5874 | 6675 | 11228 |
| 其 他 | Other | 1544 | 1773 | 1561 | 2005 | 3790 |
| 处理结果 | by Result of Settlement | | | | | |
| 用人单位胜诉 | Lawsuit Won by Units | 667 | 731 | 778 | 1084 | 2533 |
| 劳动者胜诉 | Lawsuit Won by Laborers | 4562 | 5193 | 5260 | 7076 | 7633 |
| 双方部分胜诉 | Lawsuit Partly Won by Both Parties | 1667 | 1913 | 1868 | 2087 | 2333 |
| **本期未结案件数** | **Number of Cases Dissected** | **492** | **419** | **397** | **81** | **202** |
| **其他方式调解案件数** | **Number of the Arbitrated Cases through Other Forms** | **2326** | **2357** | **7274** | **11732** | **17674** |

# 18-32　律师、公证、调解工作基本情况
# Basic Statistics on Lawyers, Notarization and Mediation

| 项　目 | Item | 2014 | 2015 | 2016 | 2017 | 2018 |
|---|---|---|---|---|---|---|
| **律师工作** | **Lawyers** | | | | | |
| 律师事务所(个) | Number of Law Offices (unit) | 799 | 827 | 834 | 857 | 862 |
| 律师(人) | Number of Lawyers (person) | 4812 | 5009 | 5091 | 5378 | 5468 |
| #专职律师 | #Full-time Lawyers | 4450 | 4614 | 4733 | 4765 | 4840 |
| 兼职律师 | Part-time Lawyers | 198 | 231 | 252 | 236 | 220 |
| 聘请担任常年法律顾问的单位(处) | Number of Units with Permanent Legal Advisors (unit) | 6996 | 6275 | 6409 | 5212 | 6547 |
| 民事诉讼代理(件) | Agent of Civil Cases (case) | 24437 | 23190 | 25006 | 30468 | 41378 |
| 行政诉讼代理(件) | Agent of Administrative Action (case) | 1871 | 720 | 945 | 845 | 864 |
| 刑事辩护代理(件) | Agent and Defender of Criminal Cases (case) | 18442 | 22967 | 23413 | 11188 | 15166 |
| 非诉讼法律事务(件) | Agent of Non-Litigious Legal Affairs (case) | 5524 | 4638 | 6114 | 547 | 10108 |
| 咨询和代书(件) | Consulting and Writing (case) | 354517 | 394108 | 455621 | 100889 | 49278 |
| **公证工作** | **Notarization** | | | | | |
| 公证处(个) | Number of Notary Offices (unit) | 149 | 149 | 149 | 149 | 123 |
| #办理涉外的 | #Related to Foreign | 70 | 77 | 77 | 77 | 77 |
| 公证人员(人) | Notarial Personnel (person) | 985 | 999 | 1024 | 1092 | 864 |
| #公证员 | #Notaries | 432 | 424 | 421 | 399 | 412 |
| 公证员助理 | Assistant Notaries | 345 | 338 | 370 | 445 | 452 |
| 办理公证件数(件) | Number of Transacted Notarization (case) | 425022 | 380509 | 384625 | 426754 | 452323 |
| #国内经济合同公证 | Notarization of Domestic Economic | 53871 | 33751 | 31770 | 4038 | 15996 |
| **人民调解工作** | **Number of People's Mediation** | | | | | |
| 专职司法助理员(人) | Number of Full-time Judicial Assistants (person) | 2425 | 2449 | 2032 | 2382 | 2422 |
| 人民调解委员会(个) | Number of People's Mediation Committees (unit) | 16185 | 15699 | 16146 | 15286 | 15324 |
| 调解人员(人) | Number of Mediators (person) | 74015 | 67627 | 68135 | 59633 | 57508 |
| 调解民间纠纷(件) | Number of Civil Disputes Mediated (case) | 287914 | 262728 | 282195 | 282968 | 367248 |

# 18-33 国内公证业务分类
# Domestic Notarial Services by Type

单位：件 (piece)

| 分 类 | Item | 2017 | | 2018 | |
|---|---|---|---|---|---|
| | | 办理公证 Number of Notarial Documents Issued | 比重 (%) Percentage (%) | 办理公证 Number of Notarial Documents Issued | 比重 (%) Percentage (%) |
| **总 计** | **Total** | **426754** | **100.00** | **452323** | **100.00** |
| 合同(协议) | Contract (Agreement) | 4038 | 0.95 | 15996 | 3.54 |
| 继 承 | Inheritance | 83977 | 19.68 | 59320 | 13.11 |
| 委 托 | Proxy | 69956 | 16.39 | 89214 | 19.72 |
| 声 明 | Announcement | 43498 | 10.19 | 44913 | 9.93 |
| 赠 与 | Gift | 4049 | 0.95 | 3474 | 0.77 |
| 遗 嘱 | Testaments | 2769 | 0.65 | 2113 | 0.47 |
| 现场监督 | Site Supervision | 3504 | 0.82 | 2027 | 0.45 |
| 婚姻状况、亲属关系、收养关系 | Marital Status, Kinship Confirmation, Adoptive Relationship | 39874 | 9.34 | 46951 | 10.38 |
| 出生、生存、死亡 | Birth, Death | 19856 | 4.65 | 14880 | 3.29 |
| 身份、经历、学历、学位、职务、职称 | Identity, Experience, Education, Degree, Position, Title | 17148 | 4.02 | 15643 | 3.46 |
| 有无违法犯罪记录 | Illegal and Criminal Record Check | 20683 | 4.85 | 18757 | 4.15 |
| 公司章程 | Corporation Constitutions | 66 | 0.02 | 56 | 0.01 |
| 保全证据 | Evidence Preservation | 3009 | 0.71 | 3359 | 0.74 |
| 证书、执照 | Certificate (License) | 14381 | 3.37 | 26221 | 5.80 |
| 签名、印鉴 | Signature (Seal) | 21655 | 5.07 | 6334 | 1.40 |
| 文本相符 | Conformity of Documentation | 37461 | 8.78 | 47239 | 10.44 |
| 赋予强制执行效力 | Executor Force | 10343 | 2.42 | 17543 | 3.88 |
| 执行证书 | Certificate of Execution | 104 | 0.02 | 332 | 0.07 |
| 抵押登记 | Mortgage Registration | 77 | 0.02 | 4 | |
| 提 存 | Drawing | 91 | 0.02 | 34 | 0.01 |
| 保 管 | Storage | 85 | 0.02 | 5 | |
| 其 他 | Others | 30130 | 7.06 | 37908 | 8.38 |

# 18-34　婚姻登记和离婚情况
# Basic Statistics on Marriages and Divorces

| 年　份<br>Year | 居民登记结婚（对）<br>Registered Marriages (couple) | 初　婚（人）<br>First Marriages (person) | 再　婚（人）<br>Remarriages (person) | 涉外及华侨、港澳台同胞准予登记结婚的国内居民<br>Registered Marriages Related to Foreign, Oversea Chinese, Hong Kong, Macao & Taiwan<br>合　计（人）<br>Total (person) | #女　性<br>Female | 准予登记离　婚（对）<br>Registered Divorces (couple) | 法院协议判决离婚（对）<br>Agreement and Adjudged Divorces (couple) | 离婚率（‰）<br>Divorce Rate (‰) |
|---|---|---|---|---|---|---|---|---|
| 1985 | 284282 | 547585 | 20979 | 56 | 39 | 9155 | 30018 | 2.3 |
| 1990 | 284720 | 529796 | 39644 | 173 | 128 | 17104 | 37224 | 3.1 |
| 1995 | 267300 | 490744 | 43856 | 4312 | 4271 | 19237 | 54733 | 4.0 |
| 1996 | 260229 | 473216 | 47242 | 4002 | 3771 | 20571 | 58705 | 4.3 |
| 1997 | 270653 | 498139 | 43167 | 3173 | 3154 | 20737 | 61855 | 4.4 |
| 1998 | 234488 | 416018 | 52958 | 2745 | 2700 | 19792 | 56600 | 4.0 |
| 1999 | 224610 | 403756 | 45464 | 2168 | 2060 | 22654 | 52976 | 4.0 |
| 2000 | 217750 | 384399 | 51101 | 2560 | 2385 | 23739 | 51137 | 3.9 |
| 2001 | 222294 | 392712 | 51876 | 3889 | 3675 | 24940 | 50925 | 4.0 |
| 2002 | 193072 | 335930 | 50214 | 3770 | 3592 | 26698 | 45552 | 3.8 |
| 2003 | 201202 | 348460 | 53944 | 4208 | 3920 | 35186 | 42388 | 4.1 |
| 2004 | 235120 | 410058 | 60182 | 2844 | 2558 | 49278 | 43733 | 4.9 |
| 2005 | 228311 | 395978 | 60644 | 2448 | 2055 | 53932 | 42065 | 5.0 |
| 2006 | 231917 | 409739 | 54095 | 2942 | 2034 | 55506 | 43026 | 5.2 |
| 2007 | 252041 | 438465 | 65617 | 1982 | 1738 | 66779 | 40340 | 5.6 |
| 2008 | 283017 | 486996 | 79038 | 2879 | 2470 | 79403 | 40044 | 6.2 |
| 2009 | 303854 | 519276 | 88432 | 2929 | 2460 | 91355 | 36961 | 6.7 |
| 2010 | 308886 | 529835 | 87937 | 3093 | 2286 | 104406 | 35272 | 7.3 |
| 2011 | 332683 | 555952 | 109414 | 2390 | 1459 | 116019 | 35272 | 7.9 |
| 2012 | 345617 | 591433 | 99801 | 2348 | 1199 | 124138 | 32616 | 8.2 |
| 2013 | 376612 | 651424 | 101800 | 2101 | 1163 | 147613 | 30643 | 9.3 |
| 2014 | 352253 | 617682 | 86824 | 1853 | 1171 | 157983 | 29302 | 9.8 |
| 2015 | 318224 | 553715 | 82733 | 1500 | 997 | 162094 | 27708 | 9.9 |
| 2016 | 306307 | 522071 | 90543 | 1547 | 978 | 164902 | 22532 | 9.9 |
| 2017 | 286732 | 481250 | 92214 | 1271 | 816 | 175276 | 21573 | 10.4 |
| 2018 | 278195 | 462484 | 93906 | 1262 | 782 | 175566 | 19095 | 10.3 |

# 18-35 社会保险基本情况
# Basic Statistics of Social Insurance

| 项目 | Item | 2014 | 2015 | 2016 | 2017 | 2018 |
|---|---|---|---|---|---|---|
| 年末参加城镇职工基本养老保险人数(万人) | Number of Urban Staff Basic Pension Insurance Contributors at Year-end(10000 persons) | 1090.1 | 1118.0 | 1144.1 | 1206.1 | 1308.5 |
| #职工 | #Staff and Workers | 646.7 | 646.9 | 655.6 | 682.2 | 731.7 |
| 离退休人员 | Retirees | 443.4 | 471.1 | 488.5 | 523.9 | 576.8 |
| 基金收入(亿元) | Revenue(100 million yuan) | 922.2 | 1030.7 | 1005.7 | 1240.5 | 1630.2 |
| 基金支出(亿元) | Expenses(100 million yuan) | 1028.3 | 1223.2 | 1332.7 | 1534.2 | 1793.1 |
| 累计结余(亿元) | Balance at Year-end(100 million yuan) | 323.4 | 130.9 | -196.1 | -486.2 | -557.2 |
| 年末参加基本医疗保险人数(万人) | Number of Basic Medical Care Insurance (10000 persons) | 1586.4 | 1594.8 | 1599.8 | 2892.6 | 2908.6 |
| 年末参加城乡居民基本医疗保险人数(万人) | Number of Urban and Rural Households Basic Medical Care Insurance Contributors at Year-end (10000 persons) | 873.9 | 873.7 | 879.5 | 843.8 | 856.2 |
| #职工 | #Staff and Workers | 549.6 | 543.6 | 525.5 | 493.2 | 498.0 |
| 离退休人员 | Retirees | 324.3 | 330.1 | 354.0 | 350.6 | 358.2 |
| 基金收入(亿元) | Revenue(100 million yuan) | 210.4 | 229.8 | 258.4 | 285.6 | 308.1 |
| 基金支出(亿元) | Expenses(100 million yuan) | 192.8 | 213.0 | 237.8 | 259.9 | 267.8 |
| 累计结余(亿元) | Balance at Year-end(100 million yuan) | 256.9 | 273.5 | 294.8 | 320.6 | 360.9 |
| 年末参加城乡居民基本医疗保险人数(万人) | Number of Urban Residents Basic Medical Care Insurance Contributors at Year-end (10000 persons) | 712.5 | 721.1 | 720.3 | 2048.9 | 2052.3 |
| 年末参加失业保险人数(万人) | Number of Unemployment Insurance Contributors at Year-end (10000 persons) | 478.4 | 312.8 | 313.2 | 315.1 | 318.0 |
| #领取失业保险金 | #Beneficiaries of Unemployment Insurance Fund | 9.5 | 7.3 | 6.9 | 7.1 | 7.2 |
| 基金收入(亿元) | Revenue(100 million yuan) | 33.9 | 34.0 | 26.5 | 22.0 | 19.1 |
| 基金支出(亿元) | Expenses(100 million yuan) | 7.0 | 20.9 | 20.2 | 19.4 | 15.2 |
| 累计结余(亿元) | Balance at Year-end(100 million yuan) | 145.7 | 158.8 | 165.2 | 167.8 | 171.7 |
| 年末参加工伤保险人数(万人) | Number of Work Injury Insurance Contributors at Year-end (10000 persons) | 505.5 | 512.0 | 522.2 | 519.1 | 520.1 |
| #享受工伤待遇 | #Beneficiaries | 6.3 | 6.5 | 6.1 | 6.2 | 6.9 |
| 基金收入(亿元) | Revenue(100 million yuan) | 21.7 | 22.3 | 23.2 | 23.7 | 24.9 |
| 基金支出(亿元) | Expenses(100 million yuan) | 20.4 | 21.3 | 23.4 | 24.0 | 26.0 |
| 累计结余(亿元) | Balance at Year-end(100 million yuan) | 31.4 | 32.5 | 32.3 | 32.0 | 30.9 |
| 年末参加生育保险人数(万人) | Number of Maternity Insurance Contributors at Year-end (10000 persons) | 356.1 | 357.1 | 358.0 | 355.1 | 350.2 |
| #享受待遇 | #Beneficiaries | 7.8 | 6.4 | 9.4 | 8.9 | 8.2 |
| 基金收入(亿元) | Revenue(100 million yuan) | 6.7 | 7.1 | 6.3 | 6.8 | 7.5 |
| 基金支出(亿元) | Expenses(100 million yuan) | 5.6 | 4.5 | 6.9 | 6.4 | 5.5 |
| 累计结余(亿元) | Balance at Year-end(100 million yuan) | 12.4 | 15.5 | 15.0 | 15.3 | 17.4 |
| 年末参加城乡居民社会养老保险人数(万人) | Number of Urban and Rural Residents Basic Pension Insurance Contributors at Year-end (10000 persons) | 821.8 | 828.6 | 837.6 | 839.6 | 896.8 |
| #领取养老金 | #Farmer Beneficiaries | 263.8 | 290.2 | 309.6 | 328.0 | 347.7 |

# 主要统计指标解释

**广播/电视节目综合人口覆盖率**　指根据原国家广电总局制定的《广播电视人口覆盖率统计技术标准和方法》进行统计调查的，在对象区内能接收到由中央、省、地市或县通过无线、有线或卫星等各种技术方式转播的各级广播/电视节目的人口数占全国总人口数的百分比。

**艺术表演团体**　指由文化部门主办或实行行业管理（经文化行政部门审批或已申报登记并领取相关许可证），专门从事表演艺术等活动的各类专业艺术表演团体，含民间职业剧团。不包括群众业余文艺表演团体。

**艺术表演场馆**　指由文化部门主办或实行行业管理（经文化市场行政部门审批或已申报登记并领取相关许可证），有观众席、舞台、灯光设备，公开售票、专供文艺团体演出的文化活动场所。

**文化市场经营机构**　指经文化市场行政部门审批或已申报登记并领取相关许可证的、从事文化经营和文化服务活动的机构。

**国家综合档案馆**　指由中央或地方各级档案行政管理部门直接管理的，按行政区划或历史时期设置的，收集和管理所辖范围内多种门类档案的档案馆。

**等级运动员**　指经考核正式批准授予运动员称号的运动员，分为国际级运动健将、运动健将、一级、二级运动员。

**等级教练员**　指经考核正式批准授予等级教练员职称的教练员，分为国家级、高级、中级、初级教练员。

**医疗卫生机构**　指从卫生行政部门取得《医疗机构执业许可证》、《计划生育技术服务许可证》，或从民政、工商行政、机构编制管理部门取得法人单位登记证书，为社会提供医疗保健、疾病控制、卫生监督服务或从事医学科研和医学在职培训等工作的单位。医疗卫生机构包括医院、基层医疗卫生机构、专业公共卫生机构、其他医疗卫生机构。

**医院**　包括综合医院、中医医院、中西医结合医院、民族医院、各类专科医院和护理院，不包括专科疾病防治院、妇幼保健院和疗养院。

**基层医疗卫生机构**　包括社区卫生服务中心、社区卫生服务站、街道卫生院、乡镇卫生院、村卫生室、门诊部、诊所(医务室)。

**专业公共卫生机构**　包括疾病预防控制中心、专科疾病防治机构、妇幼保健机构（含妇幼保健计划生育服务中心）、健康教育机构、急救中心（站）、采供血机构、卫生监督机构、取得《医疗机构执业许可证》或《计划生育技术服务许可证》的计划生育技术服务机构。

**其他医疗卫生机构**　包括疗养院、临床检验中心、医学科研机构、医学在职教育机构、医学考试中心、农村改水中心、人才交流中心、统计信息中心等卫生事业单位。

**卫生人员**　指在医院、基层医疗卫生机构、专业公共卫生机构及其他医疗卫生机构工作的职工，包括卫生技术人员、乡村医生和卫生员、其他技术人员、管理人员和工勤人员。一律按支付年底工资的在岗职工统计，包括各类聘任人员(含合同工)及返聘本单位半年以上人员，不包括临时工、离退休人员、退职人员、离开本单位仍保留劳动关系人员、本单位返聘和临聘不足半年人员。

**卫生技术人员**　包括执业医师、执业助理医师、注册护士、药师（士）、检验技师（士）、影像技师、卫生监督员和见习医（药、护、技）师（士）等卫生专业人员。不包括从事管理工作的卫生技术人员(如院长、副院长、党委书记等)。

**执业医师**　指《医师执业证》“级别”为“执业医师”且实际从事医疗、预防保健工作的人员，不包括实际从事管理工作的执业医师。执业医师类别分为临床、中医、口腔和公共卫生四类。

**执业(助理)医师**　指《医师执业证》“级别”为“执业助理医师”且实际从事医疗、预防保健工作的人员，不包括实际从事管理工作的执业助理医师。执业助理医师类别分为临床、中医、口腔和公共卫生四类。

**每万人口执业(助理)医师**　每万人口执业(助理)医师=（执业医师数+执业助理医师数)/人口数 × 10000。人口数系年末常住人口。

**每万人口卫生技术人员**　每万人口卫生技术人员=卫生技术人员数/人口数 × 10000。人口数系年末常住人口。

每万人口医疗卫生机构床位　每万人口医疗卫生机构床位=医疗卫生机构床位数/人口数 × 10000。人口数系年末常住人口。

**社会工作师**　指通过全国社会工作师职业水平考试并取得社会工作师职业水平证书的人员。

**社会福利企业**　指以集中安置有一定劳动能力的残疾人就业为目的（残疾职工占生产人员 10%以上）、带有社会福利性质的企业总称。社会福利企业分类为: 社会福利工厂、假肢厂、其他福利企业。性质分为: 国有、集体和其他性质。

**城市居民最低生活保障人数**　指在报告期末家庭平均收入在当地规定的最低生活保障线以下的城镇居民数。包括“三无”对象，失业人员和在职、下岗、退休人员等。

**农村居民最低生活保障人数**　指报告期末在建立农村最低生活保障制度的地区，得到当地政府或集体给予最低生活保障的农业人口家庭人数。

**五保户**　指无法定抚养义务人，或者虽有法定抚养义务人，但是抚养人无抚养能力的; 无劳动能力的; 无生活来源的老年人、残疾人和未成年人。

**传统救济人数**　指国家规定由民政部门救济的特殊人员和 60 年代精简退职老职工救济人员。特殊人员包括麻风病人、原国民党起义、投诚人员、归侨、台胞台属、宽大释放人员、摘掉右派帽子人员、因公负伤的下乡知青、因计划生育手术事故造成死亡和丧失劳动能力人员等传统民政救济对象。

**社区服务机构数**　指报告期末设立的社区服务指导中心、社区服务中心、社区服务站、社区养老机构和设施、互助型的养老设施等其他社区服务机构的总和数。具有面向老人，残疾人，儿童及其家庭的商品递送、医疗保健、家庭保洁、日间照料、陪伴服务等为社区居家养老服务的设施和突出综合服务的职能。

**粗离婚率**　指某地区当年离婚对数占该地区年平均人口的比重。计算公式为:

$$粗离婚率=\frac{当年离婚对数}{年平均人口数}\times1000‰$$

**人民检察院直接立案侦查案件**　指按照管辖的规定，由人民检察院直接立案侦查的贪污贿赂犯罪、渎职犯罪、国家机关工作人员利用职权实施的侵犯公民人身权利和民主权利的犯罪以及经省级人民检察院决定立案侦查的国家机关工作人员利用职权实施的其他重大犯罪案件。

**要案**　指县、处级以上干部的犯罪案件。该指标主要反映职务犯罪案件中县、处级以上干部被人民检察院依法立案侦查的情况。

**批准逮捕**　指人民检察院对公安机关、国家安全机关、监狱管理机关提出逮捕的犯罪嫌疑人进行审查，根据事实，依法做出逮捕决定。该指标主要反映人民检察院对提请逮捕犯罪嫌疑人进行审查后依法做出批准逮捕决定的情况。

**决定逮捕**　指人民检察院对直接立案侦查的案件，认为需要逮捕犯罪嫌疑人时，依据法律做出的逮捕决定。该指标主要反映人民检察院对直接受理的案件行使决定逮捕权的情况。

**适用简易程序**　指人民法院对依法可能判处三年以下有期徒刑、拘役、管制、单处罚金的公诉案件，事实清楚，证据充分，人民检察院建议或者同意适用简易程序的案件；告诉才处理的案件; 被害人起诉的有证据证明的轻微刑事案件。

**提出抗诉**　指人民检察院对人民法院的判决、裁定认为确有错误，向人民法院提出对案件重新进行审理的诉讼活动。包括按照第二审程序提出的抗诉和按照审判监督程序（再审程序）提出的抗诉。

**立案监督**　指人民检察院对侦查机关刑事立案活动的监督。包括对应当立案而不立案的监督和不应立案而立案的监督。

**监督立案**　包括侦查机关接到要求说明不立案理由后主动立案和执行通知立案两个内容。

**监管活动**　指人民检察院对监狱等监管改造场所的管理活动进行的监督。青少年罪犯　指人民法院在报告期内判决发生法律效力的有罪判决中14周岁以上不满25周岁的罪犯。其中14周岁以上不满18周岁的罪犯为未成年罪犯。

**行政案件**　指公民、法人和其他组织不服行政机关作出的具体行政行为，向人民法院提起行政诉讼，人民法院依法审理的案件。

**单独赔偿**　指单独提起行政赔偿的案件。当事人对行政行为的合法性没有争议，就行政侵权造成的损害赔偿单独提起赔偿诉讼。

**公证人员**　指在公证处工作的人员总称，包括公证处主任、副主任、公证员、公证员助理(助理公证员)和其他从事辅助性工作的人员。

**公证文书**　指公证处根据当事人申请，依照事实和法律，按照法定程序制作的，具有法律效力的司法证明文书。

**受理劳动人事争议案件数**　指劳动人事争议仲裁委员会根据国家有关规定，对劳动人事争议当事人的申请予以审查，符合受理条件而正式立案、准备处理的劳动人事争议案件数。

**城镇职工基本养老保险**

**1.参保职工人数**　指报告期末按照国家法律、法规和有关政策规定参加城镇职工基本养老保险并在社保经办机构已建立缴费记录档案的职工人数，包括中断缴费但未终止养老保险关系的职工人数，不包括只登记未建立缴费记录档案的人数。

**2.离退休人员人数**　指报告期末参加城镇职工基本养老保险的离休、退休和退职人员的人数。

**3.基金收入**　指根据国家有关规定，由纳入基本养老保险范围的缴费单位和个人按国家规定的缴费基数和缴费比例缴纳的养老保险基金，以及通过其他方式取得的形成基金来源的收入。包括单位和职工个人缴纳的基本养老保险费、基本养老保险基金利息收入、上级补助收入、下级上解收入、转移收入、财政补贴和其他收入。

**4.基金支出**　指按照国家政策规定的开支范围和开支标准从养老保险基金中支付给参加基本养老保险的个人的养老金、丧葬抚恤补助，以及由于保险关系转移、上下级之间调剂资金等原因而发生的支出。包括离休金、退休金、退职金、各种补贴、医疗费、死亡丧葬补助费、抚恤救济费、社会保险经办机构管理费、补助下级支出、上解上级支出、转移支出、其他支出等。

**5.基金累计结余**　指截止报告期末基本养老保险基金收支相抵后的累计余额。

**城乡居民基本养老保险**

**1.参保人数**　指报告期末，参加城乡居民养老保险（在经办机构参保登记并已建立缴费记录以及制度实施当年已经年满60周岁并在经办机构参保登记）的总人数（不包括已经办理注销登记手续的人数）。

**2.基金收入**　指根据国家有关规定，由参加城乡居民基本养老保险的个人按规定缴费的城乡居民基本养老保险基金，以及通过集体补助、财政补助等其他方式取得的形成基金来源的收入。包括个人缴费收入、集体补助收入、政府补贴收入、利息收入、转移收入、上级补助收入、下级上解收入和其他收入。

**3.基金支出**　指按照国家政策规定的开支范围和开支

标准从城乡居民基本养老保险基金中支付给参加城乡居民基本养老保险的个人养老金待遇支出，以及由于参保人员跨统筹地区流动而发生的支出等。包括养老金待遇支出、转移支出、补助下级支出、上解上级支出、其他支出。

**4.基金累计结余**　指截止报告期末城乡居民基本养老保险基金收支相抵后的累计余额。

**基本医疗保险**

**1.参保人数**　指报告期末按国家有关规定参加相应基本医疗保险的人数。

**2.基金收入**　指由用人单位和个人按照国家规定的缴费基数、缴费比例或缴费标准缴纳的基本医疗保险基金，财政补助资金以及通过其他方式取得的形成基金来源的款项，包括：单位缴纳收入、个人缴纳收入、财政补助收入（含医疗救助补助个人收入）、财政补贴收入、利息收入和其他收入。

**3.基金支出**　指按照国家政策规定的开支范围和开支标准，从基本医疗保险基金中支付给参保人员的医疗保险待遇支出，以及其他支出。包括住院医疗费用支出、门急诊医疗费用支出、个人账户基金支出、其他支出。

**4.基金累计结余**　指截止报告期末基本医疗保险基金累计结余金额。

**失业保险**

**1.参保人数**　指报告期末按照国家法律、法规和有关政策规定参加了失业保险的城镇企业、事业单位的职工及地方政府规定参加失业保险的其他人员的人数。

**2.基金收入**　指报告期内筹集的失业保险基金的总额，包括失业保险费收入、利息收入、财政补贴收入、其他收入、转移收入、上级补助收入、下级上解收入。

**3.基金支出**　指报告期内为保障失业人员基本生活、促进其再就业等支出的基金总额，包括失业保险金支出、医疗补助金支出、丧葬补助金和抚恤金支出、职业培训和职业介绍补贴支出、农民合同制工人一次性生活补助支出、其他支出、转移支出、上级补助支出、下级上解支出。

**4.基金累计结余**　指截止报告期末失业保险基金收支相抵后的累计余额。

**工伤保险**

**1.参保人数**　指报告期末依据国家有关规定参加工伤保险的职工人数和有雇工的个体工商户的雇工数。

**2.享受保险待遇人数**　指年初至报告期末因工伤或职业病而享受工伤保险待遇的人数。为享受工伤医疗待遇中未评定等级的人数、享受伤残待遇人数以及享受因工死亡待遇人数之和。

**3.基金收入**　指根据国家有关规定，由参加工伤保险的单位按国家规定的缴费基数和缴费比例缴纳的工伤保险基金，以及通过其他形式取得的形成基金来源的款项。包括：单位缴纳的社会统筹基金收入、财政补贴收入、利息收入、其他收入。

**4.基金支出**　指按照国家政策规定的开支范围和开支标准从工伤保险基金中支付给参加工伤保险的人员及供养直系亲属工伤保险待遇支出及其他支出。包括工伤医疗费、伤残补助金、工亡补助金、护理费、丧葬补助费、工伤预防费用、职业康复费用和其他支出。

**5.基金累计结余**　指截止报告期末工伤保险基金累计结余金额。

**生育保险**

**1.参保人数**　指报告期末依据有关规定参加生育保险的人数。

**2.基金收入**　指根据国家有关规定，由参加生育保险的单位按照国家规定的缴费基数和缴费比例缴纳的生育保险基金，以及通过其他方式取得的形成基金来源的款项，包括：单位缴纳的基金收入、利息收入和其他收入。

**3.基金支出**　指按照国家政策规定的开支范围和开支标准，从生育保险基金中支付给参加生育保险的职工，因妊娠、分娩和计划生育手术而享受的待遇及其他支出。包括：生育津贴、医疗费用支出及其他支出。

**4.基金累计结余**　指截止报告期末生育保险基金累计结余金额。

# Explanatory Notes on Main Statistical Indicators

**The Population Coverage Rate of Radio/Television** refers to the percentage of the whole country's population who can receive radio/television programmes transmitted by national, provincial, municipal or county stations through wireless, cable or satellite techniques, according to Statistical Standard and Method on Television and Radio Coverage of Population established by the former State Administration of Broadcasting, Film and Television.

**Arts Performance Troupes** refer to the various professional performing arts groups, which sponsored by the cultural sectors or guided by the cultural society (approved by the cultural administration authority, or registered and permitted with the relative certificate), including non-governmental troupes. The mass amateur arts performance troupes are not included. administration, or registered and permitted with the relative certificate), with the facility of auditorium, stage and lighting, and selling tickets in public.

**Arts Performance Places** refer to the various sites for cultural activities, which sponsored by the cultural sectors or guided by the cultural society (approved by the cultural market.

**Cultural Market Operating Units** refer to the units dealing in culture and cultural services, which registered and permitted with the relative certificate by cultural market administration.

**National Comprehensive Archives** refer to all archives institutions, which are directly managed by the central and local levels archives administration, collecting and keeping various documents and materials by administrative regions or historical periods.

**Certified Grade Athletes** refer to those who are awarded the title of athletes through assessment. The titles include international level athletes, master of sports, first grade athletes and second grade athletes.

**Certified Grade Coaches** refer to those who are awarded the title of grade coaches through assessment. The titles include national level coaches, senior grade coaches, medium grade coaches and junior grade coaches.

**Medical and Health Care Institutions** refer to the units which have been qualified the Certification of Health Care Institution, certification of family planning technical service by the administration of public health, or qualified the Certification of Corporate Unit by the civil affairs, administration for industry and commerce, commission office for public sector reform, and engaging in medical care, disease prevention and control, health supervision and inspection, medicine research and on-job training, etc., including: hospitals, health care institutions at grass-root level, specialized public health institutions, and other medical and health care institutions.

**Hospitals** include general hospitals, hospitals specialized in traditional Chinese medicine, hospitals of integrated traditional Chinese and western medicine, ethnic hospitals, specialized hospitals and nursing hospitals, excluding specialized disease prevention and treatment institutes, maternal and child health care hospitals and convalescent hospitals.

Health Care Institutions at Grass-root Level include community health service centers, community health service stations, urban health centers, township health centers, village clinics, outpatient departments and clinics (health centers).

**Specialized Public Health Institutions** include centers for disease control and prevention, specialized disease prevention and treatment institutions, women and children care agencies(including women and children health care family planning service center), health education institutions, first aid centers, blood gathering and supplying institutions, health supervision and inspection agencies, and family planning technical service centers that obtained the Certification of Health Care Institution or certification of family planning technical service centers.

**Other Medical and Health Care Institutions** include sanatoriums, clinical laboratory centers, medicinal scientific research institutions, on-job training institutions, medical examination centers, rural water improvement centers, talent exchange centers, and statistical information centers, etc.

**Health Care Employees** refer to all employees engaged in the health care institutions, such as hospitals, health care institutions at grass-root level, specialized public health institutions, and other medical and health care institutions, including medical technical personnel, village doctors and assistants, other technical personnel, managerial and service staff. The data is based on the year end payroll, including personnel hired (including contract labor) and re-employed after retirement by the institution for over half a year and excluding temporary workers, retired personnel, resigned personnel, personnel who have left the institution but kept the contract relation and personnel who are re-employed after retirement or temporarily employed for less than half a year.

**Medical Technical Personnel** refer to the professional staff engaged in health care, including licensed doctors, licensed assistant doctors, registered nurses, pharmacists, laboratory technicians, imaging staff, health care supervisors and intern doctors, pharmacists, nurses, and technical personnel, excluding the medical technical personnel engaged in managerial job (e.g. president, vice president and secretary of the party committee etc).

**Licensed Doctors** refer to the medical workers who have obtained the licenses of qualified doctors and are employed in medical treatment, disease prevention or healthcare institutions, excluding the licensed doctors engaged in management job. The licensed doctors are divided into 4 categories: clinician, Chinese medicine physicians, dentist and public health physicians.

**Licensed Assistant Doctors** refer to the medical workers who have obtained the licenses of qualified assistant doctors and are employed in medical treatment, disease prevention or healthcare institutions, excluding the licensed assistant doctors engaged in management job. The classification of licensed assistant doctors is clinician, Chinese medicine, dentist and public health.

**Number of Licensed (Assistant) Doctors per 10000 Population** The formula is:

Number of Licensed Doctors per 10000 Population = (Number of Licensed Doctors + Number of Licensed Assistant Doctors) / Population *10000

The population is the figure of usual population at year-end.

**Number of Medical Technical Personnel per 10000 Population** The formula is:

Number of Medical Technical Personnel per 10000 Population = Number of Medical Technical Personnel / Population *10000

The population is the figure of usual population at year-end.

**Number of Beds of Medical and Health Care Institutions per 10000 Population** the formula is:

Number of Beds of Medical and Health Care Institutions per 10000 Population = Number of Beds of Medical and Health Care Institutions / Population *10000

The population is the figure of usual population at year-end.

**Social Welfare Enterprises** refer to those welfare-oriented enterprises employing a significant number of handicapped people with certain labour ability (handicapped employees shall exceed 10% of the production staff). They can be categorized as welfare factories, artificial limb plants and other welfare enterprises. They can be in the form of state ownership, collective ownership or other kinds of ownership.

**Number of Urban Residents Entitled to Minimum Living Allowances** refers to the number of those whose average family income is below a minimum local standard by the end of the reporting period, including both the employed and unemployed, laid off and retired, and those jobless people without stable residence or valid IDs.

**Number of Rural Residents Entitled to Minimum Living Allowances** refers to the number of those receiving the minimum living allowances from the local government or community in the rural areas where this allowances system is in place as of the end of the reference period.

**Households Enjoying Five Guarantees** refers to those senior citizens, handicapped or under-aged who, without labour ability, can not make a living by themselves and whose statutory providers are unable to support them or who have no statutory providers at all.

**Number of Recipients of Traditional Relief** refers to special personnel receiving support from civil affair department according to national regulations and personnel who resigned because of the streamlining in the 1960s. Special personnel include traditional recipients of civil affair support, such as lepers, insurrectionists and surrenders of former KMT, returned overseas Chinese, Taiwan compatriots, personnel pardoned and released early from prisons, personnel removed of the label "rightist", educated youth suffered from work injuries in the "Down to the Countryside Movement" and personnel who have lost their work capacity due to family planning surgeries.

**Number of Service Institutions in Communities** refers to the total number of community service guidance centers, community service centers, community service stations, community pension institutions and facilities and mutual aid pension facilities and other community service institutions at the end of the reporting period. These institutions offer home keeping and elderly care services for the elderly, handicapped people, children and their families, like commodity delivery, health care, cleaning, adult day care, companion and others.

**Crude Divorce Rate** refers to ratio of divorced couples to the annual average population in a certain region for the reference year, the formula is:

$$\text{Crude Divorce Rate} = \frac{\text{number of couples divorced for the reference year}}{\text{annual average population}} \times 1000‰$$

**Cases Registered and Handled Directly by People's Procuratorate Offices** refer to those serious criminal cases that, according to the functional jurisdiction, are registered and handled by the People's Procuratorate Offices, including the ones on bribery and corruption, the ones on abuse and dereliction of duty, offenses against citizens' personal and democratic rights by government officials abusing their powers; and that are registered and handled by the provincial Procuratorate offices in relation to other major crimes committed by government officials by abusing their powers.

**Key Cases** refer to crimes committed by county and director-level and above officials. This indicator reflects the situation of those county and director-level and above officials involved in criminal cases registered and handled by People's Procuratorate offices.

**Approval for Arrest** refers to the decision made by people's procuratorate office, in accordance with the law and relevant facts, to approve the arrest of the suspect(s) as proposed by the public security departments, state security departments or prisons authority. This indicator reflects approved arrests made by people's procuratorate offices that are proposed by related departments.

**Decision on Arrest** refers to decision made by the people's procuratorate office, in accordance with laws, to arrest the suspect(s) in the cases that are accepted and to be investigated by the procurators office. This indicator mainly reflects the implementation of the decision on arrest by people's procuratorate office.

**Application of Summary Procedure** refers to those cases of public prosecution where the suspects might be, according to law, sentenced to fixed-term imprisonment of no more than three years, criminal detention, public surveillance or punishment with fines exclusively by People's Court ; those cases where the facts are clear and the evidence is sufficient, and which the People's Procuratorate suggests or agrees that the summary procedure is applied to; those cases to be handled only upon complaints; and those minor criminal cases prosecuted by the victims with evidence.

**Protests Presented** refer to those protests presented by local People's Procuratorate at any level who considers that there exists some definite error in a judgment or order of first instance made by a People's Court at the same level to the People's Court at the next higher level, including the protests raised in accordance with the second instance and protests raised in accordance with procedure for trial supervision.

**Supervision of Case Registered** refers to the actions made by the People's Procuratorate to supervise the criminal cases registered by investigative authorities, including supervision of the cases which have wrongly not been registered and have wrongly been registered.

**Supervision of Case Registration** includes both the supervision of the registrations by the investigatory authorities and the supervision of the implementation of the notifications to register after the investigatory authorities are requested to state reasons for not registering a case.

**Supervisory Activities** refers to the supervision of the People's Procuratorate over the management of prisons as well as other places of criminal reformation.

**Juvenile Criminals** refers to the offenders within the age range of 14 to 25 convicted guilty by the court during the reporting period while those between 14 and 18 are defined as minor offenders.

**Administrative Cases** refer to the cases filed by citizens, corporations and other organizations against the specific administrative conducts of administrative authorities and handled by the court.

**Separate Compensation** refers to cases that are separately filed for administrative compensation by the party who has no dispute on the legality of administrative conducts but brings proceedings separately to claim for damages caused by administrative tort.

**Notary Personnel** refers to people working for notary offices including: directors, deputy directors, notaries, assistant notaries and other people providing assistance.

**Notary Documents** refer to legally binding judicial notary documents developed at the request of the interested party based on facts and the law following certain legal proceedings.

**Number of Labour Disputes Cases Accepted** refers to the number of cases of labour disputes submitted that, after being reviewed by the labour dispute arbitration committees in line with the relevant national regulations, are accepted and registered for treatment.

**Basic Pension Insurance for Urban Staff and Workers**

**1. Number of staff and workers covered** refers to staff and workers participating in the basic pension insurance for urban staff and workers programme according to national laws, regulations and related policies at the end of the reference period, who have already had payment records in social security management agencies, including those who have interrupt payment without terminating the insurance programme. Those who have registered in the programme but with no payment records are not included.

**2. Number of retirees** refers to the number of retirees participating in the basic pension insurance for urban staff and workers programmes by the end of the reference period.

**3. Revenue of the basic pension insurance programme** refers to payments made by employers and individuals participating in the pension insurance programme in accordance with the basis and proportion stipulated in State regulations, and income from other sources that become the source of pension insurance fund, including the premium paid by employers and staff and workers, interest income, subsidies from higher level agencies, income as transfer from subordinate agencies, transferred income, government financial subsidies and other income.

**4. Expenditure of basic pension insurance programme** refer to payment made on pensions and funeral subsidies to those covered in pension insurance programmes according to related national policies on scope and standard of expenditure. Also included are expenditure which arises due to shift of the insurance relationship or adjustment of funds among agencies. More specifically, included are pensions for resigned people, pensions for retired people, pension for people quitting jobs, various subsidies, medical fees, funeral subsidies, compensation payments, management fees for social security agencies, expenses on subsidies to lower subordinates, expenses as transfer to agencies at higher level, transferred expenditure and other expenditure.

**5. Balance of basic pension insurance programme** refers to the balance of basic pension insurance funds at the end of the reference period after deducting expenses from revenue.

**Basic Pension Insurance for Urban and Rural Residents**

**1. Number of participants** refers to people participating in the basic pension insurance for urban and rural residents programme who registered with the participation and established payment records, and who were 60 years old or above when the system was established and registered with the participation.. Those who cancelled their registration are not included.

**2. Revenue of the insurance programme** refers to the revenue from the payments made, in accordance with related regulations of the government, by individuals participating in the basic pension insurance for urban and rural residents programme and from the subsidies contributed by collective subsidies, public finance and other sources. It includes the payment by individual participants, collective subsidies, government subsidies, interest income, transferred income, subsidies from higher levels, contributions from lower levels, and income from other sources.

**3. Expenditure of the insurance programme** refers to payment made to those covered in the basic pension insurance for urban and rural residents according to related national policies on scope and standard of expenditure. Also included are expenditures which arise due to movement of participants among different locations. It includes the payment to the individual participants, transferred expenditures, expenses on subsidies to lower subordinates, expenses as transfer to agencies at higher level, and other expenditures.

**4. Balance of insurance programme** refers to the balance of basic pension insurance funds for urban and rural residents at the end of the reference period after deducting expenses from revenue.

**Basic Medical Care Insurance**

**1. Number of people participating** in the insurance programme refers to people participating in the basic medical care insurance programme according to related regulations at the end of the reference period.

**2. Revenue of the insurance programme** refers to payments made by employers and individuals participating in the medical care insurance programme in accordance with the basis and proportion stipulated in State regulations, government subsidies and income from other sources that become the source of medical insurance fund, including payment by employers and individuals, financial assistance (including medical assistance subsidiaries to individuals), financial subsidies, interest income and other incomes.

**3. Expenditure of the insurance programme** refers to medical care payment made to people covered in basic medical care insurance programme within the scope and standards of expenditure according to related national policies, and other expenses, including medical expenses of hospital inpatients, medical expenses for outpatients and emergency patients, payment to individual accounts and other expenditure.

**4. Balance of the basic medical care insurance programme** refers to the balance of medical care insurance funds at the end of the reference period after deducting expenses from revenue.

**Unemployment Insurance**

**1. Number of people covered** refers to staff and workers in urban enterprises or institutions who have participated in the unemployment insurance programme according to relevant policies and regulations, and other people who have participated according to local government regulations at the end of the reference period.

**2. Revenue of the unemployment insurance programme** refers to the total unemployment insurance funds raised in the reference period, including unemployment insurance premium, interest income, financial subsidies, other incomes, transferred income, subsidies from higher level agencies and income as transfer from subordinate agencies.

**3. Expenditure of the unemployment insurance programme** refers to total expenses during the reference period to guarantee the basic livelihood of unemployed people, and to encourage their re-employment. Included are unemployment relief, medical fees, funeral subsidies, compensation payments, training expenses, job placement expenses, one-time subsistence allowance for contracted migrant workers, other expenditures, transferred expenditure, expenses as transfer to higher level agencies and subsidies to lower level agencies.

**4. Balance of the unemployment insurance programme** refers to the balance of revenue of the programme after deducting expenses at the end of the reference period.

**Work Injury Insurance**

**1. Number of people covered** refers to staff and workers who have participated in the work injury insurance programme and employees who work for the self employed and have participated in the work injury insurance programme according to relevant national regulations at the end of the reference period.

**2. Number of beneficiaries** refers to number of people benefited from work injury insurance, as a result of work injury or occupational disease. It is the sum of beneficiaries of medical treatment of unrated work injuries, disability benefits for work injuries and compensation for deaths at work places.

**3. Revenue of the work injury insurance programme** refers to payments made by employers participating in the work injury insurance programme in accordance with the basis and proportion stipulated in State regulations, and income from other sources that become source of work injury insurance fund, including income of social comprehensive funds paid by employers, government financial subsidies, interest income and other incomes.

**4. Expenditure of the work injury insurance programme** refers to payments made from work injury insurance funds to those who participated in the work injury insurance programme and their direct dependents within the scope and standards of expenditure according to related national policies, and other expenditure, including medical fees for work injury, injury and disability subsidies, death subsidies, nursing fees, funeral subsidies, injury prevention fees, occupational rehabilitation fees and other expenditure.

**5. Balance of the work injury insurance programme** refers to the balance of the work injury funds at the end of the reference period.

**Maternity Insurance**

**1. Number of people covered** refers to people who have participated in the maternity insurance programme according to relevant regulation at the end of the reference period.

**2. Revenue of maternity insurance programme** refers to payments made by employers participating in the maternity insurance programme in accordance with the basis and proportion stipulated in State regulations, and income from other sources that become source of maternity insurance fund, including income of funds paid by employers, interest income and other income.

**3. Expenditure of the maternity insurance programme** refers to payments made from maternity insurance funds to staff and workers who participate in the maternity insurance programme within the scope and standards of expenditure in accordance with related national policies, expenses paid for pregnancy, child delivery or surgeries related to family planning, and other expenditure, including allowance for child bearing, medical fees and other expenditure.

**4. Balance of the maternity programme** refers to the balance of the maternity insurance funds at the end of the reference period.

# 第十九篇　城市概况

CHAPTER 19　GENERAL SURVEY OF CITIES

资料整理：戚　萍　赵秋梅　郭振威

# 19-1　城市公用事业基本情况
# Basic Statistics on Urban Public Utilities

| 指　　标 | Item | 2014 | 2015 | 2016 | 2017 | 2018 |
|---|---|---|---|---|---|---|
| **城市建设** | **City Areas and Floor Space of Buildings** | | | | | |
| 城区面积(平方公里) | Urban Area (sq.km) | 2786.8 | 2578.3 | 2716.3 | 2582.9 | 2587.7 |
| 建成区面积(平方公里) | Area of Built Districts (sq.km) | 1785.1 | 1772.2 | 1795.5 | 1819.7 | 1825.0 |
| 城市建设用地面积(平方公里) | Area of Land Used for Urban Construction (sq.km) | 1773.7 | 1772.2 | 1808.0 | 2201.3 | 1831.4 |
| 城市人口密度（人/平方公里) | Population Density of City Districts (persons/sq.km) | 4946 | 5504 | 5251 | 5515 | 5476 |
| **城市供水、燃气及集中供热** | **Water Supply, Gas Supply and Heating** | | | | | |
| 全年供水总量(亿立方米) | Annual Volume of Tap Water Supply (100 million cu.m) | 15.0 | 14.9 | 14.2 | 14.2 | 14.0 |
| #生活用水 | #Water Consumption for Residential Use | 3.8 | 3.4 | 3.5 | 3.7 | 3.7 |
| 人均生活用水(升) | Per Capita Water Consumption for Residential Use (liter) | 116.5 | 116.3 | 117.6 | 120.4 | 125.5 |
| 城市人口用水普及率(%) | Coverage Rate of Urban Population with Access to Tap Water (%) | 96.2 | 97.2 | 97.2 | 98.5 | 98.5 |
| 人工煤气供气量(亿立方米) | Coal Gas Supply (100 million cu.m) | 0.8 | 0.7 | 0.7 | 0.3 | 0.4 |
| #家庭用量 | #Consumption of Coal Gas for Residential Use | 0.4 | 0.4 | 0.3 | 0.2 | 0.2 |
| 液化石油气供气量（万吨) | Liquefied Petroleum Gas (10000 tons) | 21.4 | 21.0 | 19.6 | 18.9 | 19.9 |
| #家庭用量 | #Consumption of Liquefied Gas for Residential Use | 12.3 | 12.3 | 10.9 | 9.6 | 8.6 |
| 供气管道长度(公里) | Length of Gas Pipelines (km) | 8073 | 8282 | 8971 | 9934 | 10644 |
| 燃气普及率(%) | Coverage Rate of Urban Population with Access to Tap Gas (%) | 86.2 | 86.6 | 86.7 | 87.8 | 89.5 |
| 集中供热面积(万平方米) | Area of Centralized Heating(10000 sq.m) | 57656 | 62457 | 67401 | 73217 | 76652 |
| **城市市政设施** | **Municipal Infra-structure** | | | | | |
| 年末实有道路长度(公里) | Length of Paved Roads at Year-end(km) | 12252 | 12364 | 12626 | 12369 | 12726 |
| 每万人拥有道路长度(公里) | Length of Paved Roads Per 10000 Persons(km) | 5.5 | 5.6 | 5.7 | 5.6 | 5.5 |
| 年末实有道路面积(万平方米) | Area of Paved Roads at Year-end(10000 sq.m) | 18359 | 18651 | 19511 | 19781 | 21062 |
| 人均拥有道路面积(平方米) | Per Capita Area of Paved Roads(sq.m) | 13.3 | 13.1 | 13.6 | 13.9 | 14.9 |
| 城市排水管道长度(公里) | Length of City Sewage Pipes(km) | 9922 | 10345 | 10642 | 11990 | 12278 |
| 平均每万人拥有(公里) | Length of Sewer Pipelines per 10000 Population (km) | 4.4 | 4.6 | 4.8 | 5.2 | 5.3 |
| **城市公共交通** | **Public Transportation** | | | | | |
| 年末公共交通车辆运营数(辆) | Number of Public Vehicles under Operation at Year-end (Buses and Trolley Buses, etc.) (10000 units) | 17845 | 18631 | 19423 | 20159 | 19866 |
| 每万人拥有公共交通车辆(标台 | Number of Public Transportation Vehicles Per 10000 Population(unit) | 14.0 | 14.4 | 15.1 | 15.5 | 15.8 |
| 出租汽车数(万辆) | Taxis (10000 units) | 12.2 | 10.3 | 10.2 | 10.1 | 10.1 |
| **城市绿化和园林** | **City Greening** | | | | | |
| 园林绿地面积(公顷) | Public Green Areas (hectare) | 76346 | 76501 | 76788 | 69711 | 70669 |
| 人均公园绿地面积(平方米) | Per Capita Public Green Areas (sq.m) | 12.1 | 12.0 | 11.9 | 11.8 | 12.4 |
| 公园个数(个) | Number of Parks(unit) | 331 | 345 | 354 | 371 | 384 |
| 公园面积(公顷) | Area of Parks(hectare) | 9626 | 9777 | 9797 | 11450 | 12480 |
| **城市环境卫生** | **Environmental Sanitation** | | | | | |
| 生活垃圾清运量(万吨) | Volume of Garbage Disposal (10000 tons) | 553 | 523 | 535 | 553 | 525 |
| 粪便清运量(万吨) | Volume of Excrement and Urine Disposal (10000 tons) | 135 | 122 | 120 | | |
| 每万人拥有公厕(座) | Number of Public Toilets per 10000 Population(unit) | 5.4 | 5.0 | 4.6 | 4.4 | 4.5 |

# 19-2 12个省辖城市社会经济主要指标 (2017年,不含所辖县及县级市)

| 指　　标 | Item | 哈尔滨市 Harbin | 齐齐哈尔市 Qiqihar |
|---|---|---|---|
| **人口、就业** | **Population, Employment** | | |
| 年末户籍人口(万人) | Domicile Population at the Year-end(10000 persons) | 550.8 | 133.7 |
| 年平均人口(万人) | Annual Mean Population(10000 persons) | 550.9 | 134.8 |
| 年出生人口(人) | Annual Birth Population(person) | 44256 | 7724 |
| 年死亡人口(人) | Annual Death Population(person) | 80844 | 18290 |
| 年末总户数(万户) | Total Households at the Year-end(10000 households) | 229.8 | 59.4 |
| 年末单位从业人员数(城镇)(人) | Total Number of Employed Persons at the Year-end(person) | 1080732 | 242067 |
| #第一产业 | #Primary Industry | 3934 | 40953 |
| 第二产业 | Secondary Industry | 358234 | 65875 |
| 第三产业 | Tertiary Industry | 718564 | 135239 |
| 年末城镇登记失业人员数(人) | Number of Registered Unemployed Persons in Urban Areas at Year-end (person) | 73401 | |
| **土地面积** | **Land Areas** | | |
| 行政区域土地面积(平方公里) | Total Area of Administration Region(sq.km) | 10193 | 4365 |
| #建成区面积 | #Developed Areas | 434 | 140 |
| 城市建设用地面积(平方公里) | Urban Construction Land Areas(sq.km) | 426 | 140 |
| #居住用地面积 | #Land Areas of Living | 136 | 44 |
| 公共管理与服务设施用地面积(平方公里) | Land area for public management and service facilities(sq.km) | 53 | 14 |
| 工业用地面积(平方公里) | Land Areas of Industry (sq.km) | 95 | 30 |
| **综合经济** | **Total Economy** | | |
| 地区生产总值(当年价格)(万元) | Gross Domestic Product(10000 yuan) | 47127585 | 6366549 |
| 第一产业 | Primary Industry | 2747225 | 253535 |
| 第二产业 | Secondary Industry | 14107096 | 1824325 |
| 第三产业 | Tertiary Industry | 30273264 | 4288689 |
| 人均地区生产总值(元) | Per Capita GDP(yuan) | 85567 | 48096 |
| 地区生产总值增长率(%) | Growth Rate of GDP(%) | 7.6 | 6.4 |
| 地方一般公共预算收入(万元) | Local general public budget revenue(10000 yuan) | 3347920 | 478931 |
| #各项税收 | #Taxes | 2758156 | 334976 |
| 地方一般公共预算支出(万元) | Local general public budget expenditure(10000 yuan) | 6962770 | 1562462 |
| 年末金融机构存款余额(万元) | Balance of Deposits of National Banking System at the Year-end(10000 yuan) | 94183027 | 18610147 |
| #城乡居民储蓄年末余额 | #Balance of Deposits of Urban and Rural Residence | 40570082 | 13362857 |
| 年末金融机构各项贷款余额(万元) | Balance of Loans of National Banking System at the Year-end(10000 yuan | 92910726 | 1573565 |
| **规模以上工业** | **Industry** | | |
| 工业企业数(个) | Number of Industrial Enterprises(unit) | 764 | 180 |
| 内资企业 | Domestic Funded Enterprises | 696 | 173 |
| #国有企业 | #State-Owned Enterprises | 30 | 1 |
| 私营企业 | Private Enterprises | 238 | 77 |
| 港、澳、台商投资企业 | Enterprises with Funds from Hong Kong, Macao and Taiwan | 24 | 3 |
| 外商投资企业 | Foreign Funded Enterprises | 44 | 4 |

# Major Social and Economic Indicators of 12 Provincial Capitals (2017, Not Including The Cities at County Level and Counties)

| 鸡西市 Jixi | 鹤岗市 Hegang | 双鸭山市 Shuangyashan | 大庆市 Daqing | 伊春市 Yichun | 佳木斯市 Jiamusi | 七台河市 Qitaihe | 牡丹江市 Mudanjiang | 黑河市 Heihe | 绥化市 Suihua |
|---|---|---|---|---|---|---|---|---|---|
| 79.81 | 61.68 | 44.3 | 136.9 | 73.8 | 77.1 | 47.9 | 87.2 | 18.5 | 81.7 |
|  | 62.79 | 48.0 | 136.8 | 74.3 | 77.3 | 48.3 | 87.5 | 18.6 | 82.4 |
| 4106 | 2878 | 2352 | 9815 | 3127 | 6234 | 2706 | 5669 | 1205 | 4558 |
| 3711 | 10085 | 7582 | 13825 | 9862 | 7409 | 7424 | 8858 | 1349 | 13776 |
| 37.16 | 30.01 | 22.6 | 51.2 | 36.7 | 34.6 | 22.2 | 35.2 | 8.0 | 32.4 |
| 97054 | 85655 | 85526 | 448292 | 125132 | 78120 | 74098 | 89942 | 32269 | 26000 |
| 422 | 1088 | 2716 | 467 | 63976 | 3683 | 2562 | 214 | 2295 | 629 |
| 48496 | 50578 | 37155 | 242267 | 18460 | 21226 | 41192 | 22435 | 6003 | 5519 |
| 48136 | 33989 | 45655 | 205558 | 42696 | 53211 | 30344 | 67293 | 23971 | 19852 |
| 10223 | 13803 | 7082 | 39057 | 18785 | 13235 | 8032 | 18192 | 2611 | 1752 |
| 2300 | 4553 | 1760 | 5107 | 19608 | 1875 | 3646 | 2360 | 14446 | 2754 |
| 81 | 53 | 58 | 247 | 152 | 97 | 68 | 82 | 20 | 45 |
| 79.21 | 53.21 | 58 | 322 | 152 | 90 | 68 | 67 | 20 | 37 |
| 45.34 | 19.28 | 16 | 78 | 66 | 30 | 41 | 25 | 6 | 12 |
| 2.07 | 1.93 | 3 | 34 | 14 | 10 | 2 | 5 | 4 | 3 |
| 9.94 | 11.27 | 9 | 75 | 19 | 23 | 9 | 19 | 2 | 12 |
| 1654705 | 1415313 | 1213525 | 22907157 | 1650320 | 4561525 | 1757953 | 3589212 | 349527 | 1765596 |
| 72682 | 85982 | 37540 | 549423 | 536839 | 287815 | 154577 | 156886 | 13411 | 813461 |
| 750080 | 720265 | 346739 | 14223964 | 416893 | 1176080 | 730301 | 1262364 | 106567 | 455068 |
| 831943 | 609066 | 829246 | 8133770 | 696588 | 3097630 | 873075 | 2169962 | 229549 | 497067 |
| 20425 | 22946 | 24783 | 167420 | 22214 | 59023 | 36370 | 37154 | 34607 | 21750 |
| 6.1 | 9.9 | 2.4 | 2.4 | 7.0 | 6.0 | 6.3 | 6.8 | 3.7 | 6.4 |
| 267058 | 187118 | 143222 | 1427998 | 117248 | 225396 | 199646 | 391250 | 131286 | 43953 |
| 145644 | 116993 | 103594 | 1129127 | 74226 | 154503 | 134336 | 254588 | 54591 | 36115 |
| 1043519 | 740118 | 608590 | 1839878 | 1047480 | 853524 | 545616 | 1071969 | 276303 | 392530 |
| 6123782 | 4006397 | 4159210 | 19660362 | 4616442 | 6204682 | 3501456 | 7416408 | 1208675 | 3956679 |
| 4206911 | 3041557 | 2462207 | 12915402 | 3189518 | 4629288 | 2372217 | 4167064 |  | 2777638 |
| 4253820 | 1408049 | 6021477 | 7401341 | 1246597 | 2044161 | 1559466 | 4208330 | 726091 | 3007804 |
| 59 | 82 | 52 | 232 | 70 | 104 | 59 |  | 30 | 55 |
| 57 | 80 | 51 | 221 | 64 | 95 | 58 |  | 28 | 54 |
| 3 | 2 |  | 7 | 3 | 1 | 3 |  | 2 | 1 |
| 20 | 15 | 19 | 129 | 28 | 94 | 27 |  | 11 | 53 |
| 2 | 2 | 1 | 2 |  | 1 |  |  |  | 1 |
|  |  |  | 9 | 6 | 8 | 1 |  | 2 |  |

19-2 续表1

| 指 标 | Item | 哈尔滨市 Harbin | 齐齐哈尔市 Qiqihar |
|---|---|---|---|
| **邮电通讯** | **Post and Telecommunication** | | |
| 年末邮政局(所)数(处) | Number of Post and Telecommunications Offices(unit) | 121 | 75 |
| **贸易、外经** | **Domestic and Foreign Trade** | | |
| 限额以上批发零售企业数(法人数)(个) | Number of Corporation Enterprises of Wholesale and Retail Trade Above Designated Size(unit) | 623 | 102 |
| #零售业 | #Retail Trade | 357 | 75 |
| 外商直接投资项目个数(个) | Number of Projects for Contracted Foreign Direct Investment(unit) | 48 | 5 |
| 当年实际使用外资金额(万美元) | Foreign Capital Actual Used(USD 10000) | 306795 | 12831 |
| **教育、科技、文化、卫生** | **Education, Science and Technology ,Health** | | |
| 普通高等学校(所) | Number of Regular Institutions of Higher Education(unit) | 12 | |
| 中等职业教育学校数(所) | Number of Specialized Secondary Schools(unit) | 76 | 9 |
| 普通中学学校数(所) | Number of Regular Secondary Schools(unit) | 243 | 69 |
| 小学学校数(所) | Number of Primary Schools(unit) | 358 | 64 |
| 普通高等学校教师数(人) | Number of Full-time Teachers of Regular Institutions of Higher Education(person) | 965 | |
| 中等职业教育学校教师数(人) | Number of Full-time Teachers of Specialized Secondary Schools(person) | 5756 | 678 |
| 普通中学教师数(人) | Number of Full-time Teachers of Regular Secondary Schools(person) | 23041 | 5291 |
| 小学专任教师数(人) | Number of Full-time Teachers of Primary Schools(person) | 16044 | 3229 |
| 普通高等学校学生数(人) | Student Enrollment of Regular Institutions of Higher Education(person) | 60517 | |
| 中等职业教育学校学生数(人) | Student Enrollment of Specialized Secondary Schools(person) | 92716 | 4697 |
| 普通中学学生数(万人) | Student Enrollment of Regular Secondary Schools(10000 persons) | 25 | 3 |
| 小学学生数(万人) | Student Enrollment of Primary Schools(10000 persons) | 24 | 5 |
| 体育场馆数(个) | Number of Public Stadiums and Gymnasiums(unit) | 70 | |
| 剧场、影剧院数(个) | Number of Theaters ,Music Halls and Cinemas(unit) | 64 | 10 |
| 公共图书馆图书总藏量(千册、件) | Total Collections of Public Libraries(1000 volumes) | 900 | 148 |
| 医院个数(个) | Number of Hospitals(unit) | 247 | 65 |
| 医院床位数(张) | Number of Beds in Health Institutions(bed) | 62114 | 19309 |
| 医生数(执业医师+执业助理医师)(人) | Number of Doctors (Certified (assistant)Doctors)(person) | 20531 | 6180 |
| 注册护士(人) | Registered Nurses(person) | 23959 | 8491 |

COUNTINUED

| 鸡西市<br>Jixi | 鹤岗市<br>Hegang | 双鸭山市<br>Shuangyashan | 大庆市<br>Daqing | 伊春市<br>Yichun | 佳木斯市<br>Jiamusi | 七台河市<br>Qitaihe | 牡丹江市<br>Mudanjiang | 黑河市<br>Heihe | 绥化市<br>Suihua |
|---|---|---|---|---|---|---|---|---|---|
| | | | | | | | | | |
| 52 | 33 | 17 | 82 | 55 | 27 | 28 | 87 | 15 | 23 |
| | | | | | | | | | |
| 48 | 49 | 14 | 229 | 18 | 22 | 15 | 71 | 10 | 12 |
| | | | | | | | | | |
| 40 | 36 | 1 | 162 | 16 | 19 | 13 | 45 | 6 | 10 |
| 3 | 1 | | | | 2 | | 4 | | |
| 3333 | 3730 | | | 500 | 1185 | 262 | 23361 | | |
| | | | | | | | | | |
| | | | | | 4 | | | | |
| 5 | 3 | 3 | 11 | 5 | 8 | 1 | 5 | 5 | 1 |
| 31 | 22 | 21 | 75 | 38 | 34 | 24 | 35 | 11 | 32 |
| 23 | 22 | 8 | 89 | 33 | 33 | 19 | 39 | 10 | 36 |
| 575 | | | | 21 | 1526 | | | | |
| | | | | | | | | | |
| 130 | 383 | 72 | 530 | 281 | 220 | 4 | 172 | 239 | 168 |
| 2922 | 2330 | 1990 | 6325 | 3222 | 2540 | 1405 | 2975 | 895 | 3369 |
| 2114 | 1279 | 1379 | 4840 | 2641 | 2329 | 1443 | 2768 | 775 | 2762 |
| 2677 | | | | 1373 | 14175 | | 8753 | | |
| 969 | 2208 | 140 | 5309 | 4126 | 679 | 108 | 1375 | 3772 | 657 |
| 3 | 2 | 2 | 4 | 2 | 3 | 2 | 3 | 1 | 4 |
| 2 | 2 | 1 | 5 | 2 | 3 | 2 | 3 | 1 | 3 |
| 5 | 1 | 5 | 49 | 10 | 7 | 4 | 5 | 4 | |
| | 1 | 2 | 18 | 6 | 7 | 2 | 5 | 5 | 3 |
| | 35 | 30 | | 138 | 69 | 20 | 61 | 14 | 14 |
| 36 | 32 | 27 | 92 | 28 | 54 | 23 | 36 | 8 | 25 |
| 6185 | 6385 | 4731 | 13614 | 4566 | 9574 | 3401 | 10636 | 1210 | 1253 |
| 2023 | 1949 | 874 | 6829 | 1958 | 3159 | 1423 | 4159 | 616 | 363 |
| 2609 | 2748 | 1258 | 7250 | 2036 | 4302 | 1503 | 5121 | 592 | 165 |

## 19-2 续表2

| 指　　标 | Item | 哈尔滨市 Harbin | 齐齐哈尔市 Qiqihar |
|---|---|---|---|
| **人民生活** | **People's Livelihood** | | |
| 在岗职工平均人数(万人) | Number of Staff and Workers(10000 persons) | 101 | 18 |
| 在岗职工工资总额(万元) | Total Wages Bill of Staff and Workers(10000 yuan) | 7152716 | 1177942 |
| 城镇居民人均可支配收入(元) | Annual Per Capita Disposable Income of Urban Households(yuan) | 35546 | 26304 |
| 城镇居民人均消费支出(元) | Annual Per Capita Consumption Expenditure of Urban Households(yuan) | 25679 | 19757 |
| 每百户居民家庭拥有家用汽车(辆) | Number of Automobile Per 100 Urban Households(unit) | 26 | 24 |
| 每百户居民家庭拥有家用计算机(台) | Number of Computer Per 100 Urban Households(unit) | 90 | 65 |
| **社会保障** | **Social Security** | | |
| 城镇职工基本养老保险参保人数(人) | Urban Active Contributors of Basic Endowment Insurance(persons) | 1888029 | 297600 |
| 城镇居民基本医疗保险参保人数(人) | Urban Active Contributors of Basic Medical Treatment Insurance(persons) | 2184398 | 505400 |
| 失业保险参保人数(人) | Active Contributors of Unemployment Insurance(persons) | | |
| 提供住宿的各类社会服务机构数(个) | Number of various social service institutions providing accommodation(unit) | 366 | 128 |
| 其中：养老服务机构数(个) | Number of pension service institutions(unit) | 364 | 125 |
| 提供住宿的各类社会服务机构床位数(张) | Number of beds of various social service institutions providing accommodation(bed) | 26592 | 17924 |
| 其中：养老服务机构床位数(张) | Number of beds in elderly care service institutions(bed) | 25342 | 17447 |
| 城市居民最低生活保障人数(人) | Minimum number of urban residents(persons) | 51743 | 34150 |
| **市政公用事业** | **Municipal Utilities** | | |
| 年末实有城市道路面积(万平方米) | Area of Paved Roads at Year-end(10000 sq.m) | | 1194 |
| 排水管道长度(公里) | Length of City Sewage Pipes(km) | 3262 | 912 |
| 供水综合生产能力(包括自备水源)(万立方米/日) | Production Capacity of Tap Water Supply(10000 cu.m/day) | 181 | 29 |
| 供水总量(万吨) | Total Annual Volume of Water Supply(10000 tons) | 27361 | 6617 |
| #居民家庭用水量 | #For Residential Use | 11005 | 2241 |
| 供气总量（人工、天然气)(万立方米) | Volume of Gas Supply (Coal Gas and Natural Gas)(10000 tons) | 74321 | 21553 |
| #家庭用量 | #For Residential Use | 13300 | 3628 |
| 液化石油气供气总量(吨) | Volume of Liquefied Petroleum Gas Supply(ton) | 70280 | 8105 |
| #家庭用量 | #For Residential Use | 13650 | 2560 |
| 年末实有公共汽(电)车营运车辆数(辆) | Number of Public Vehicles under Operation at Year-end (Buses and Trolley Buses,etc.)(unit) | 7519 | 990 |
| 全年公共汽(电)车客运总量(万人次) | Number of Passengers Carried of Bus,Trolley Bus(10000 person-times) | 136246 | 4365 |
| 年末实有出租汽车数(辆) | Number of Taxi(unit) | 18193 | 1800 |
| 绿地面积(公顷) | Area of Urban Green Areas(hectare) | 13958 | 5300 |
| #公园绿地面积 | #Area of Parks Green Areas | 4429 | 1091 |

COUNTINUED

| 鸡西市 Jixi | 鹤岗市 Hegang | 双鸭山市 Shuangyashan | 大庆市 Daqing | 伊春市 Yichun | 佳木斯市 Jiamusi | 七台河市 Qitaihe | 牡丹江市 Mudanjiang | 黑河市 Heihe | 绥化市 Suihua |
|---|---|---|---|---|---|---|---|---|---|
| 9 | 8 | 7 | 45 | 11 | 7 | 7 | 8 | 3 | 3 |
| 492238 | 440926 | 408405 | 3524432 | 451583 | 458108 | 398235 | 514649 | 202733 | 130528 |
| 22607 | 21370 | | 38736 | 23676 | | 23528 | 30569 | 26138 | 23858 |
| 17161 | 19038 | | 23485 | 15170 | | 18199 | 24081 | 18538 | 15076 |
| 8 | 12 | | 35 | 15 | | 29 | 20 | 21 | 7 |
| 57 | 70 | | 62 | 89 | | 70 | 79 | 77 | 63 |
| | 116949 | 128458 | 337406 | | 143277 | 159755 | 200644 | 27111 | 38765 |
| 258100 | 248383 | 183479 | 266286 | 283030 | 509953 | 136545 | 374060 | 48609 | |
| 127300 | 73392 | 81500 | 159828 | 99335 | 110993 | 87568 | 121060 | 18485 | 8441 |
| 68 | 27 | 31 | 70 | 70 | 124 | 16 | 82 | 10 | 30 |
| 62 | 25 | | 70 | 70 | 122 | 14 | 82 | 8 | 30 |
| 4497 | 3228 | 2706 | 6424 | 4618 | 8390 | 1955 | 6897 | 878 | 3612 |
| 4056 | 3115 | | 6424 | 4618 | 7590 | 1802 | 6897 | 878 | 3612 |
| 52175 | 71919 | 44957 | 6564 | 89318 | 28762 | 28575 | 20288 | 5507 | 25900 |
| 684 | 477 | 486 | 3665 | 962 | 637 | 487 | 1046 | 180 | 258 |
| 335 | 322 | 323 | 2542 | 574 | 541 | 208 | 546 | 104 | 214 |
| 23 | 16 | 27 | 166 | 23 | 30 | 22 | 80 | 7 | 11 |
| 4130 | 2276 | 2136 | 23783 | 2527 | 3710 | 2287 | 3323 | 592 | 2379 |
| 1617 | 1209 | 1447 | 3914 | 1407 | 1720 | 911 | 1457 | 314 | 1300 |
| 960 | 1069 | 945 | 28312 | 13 | 4600 | 2321 | 2794 | 12 | 630 |
| 152 | 845 | 673 | 9000 | 7 | 1900 | 1716 | 1032 | 3 | 110 |
| 10575 | 5502 | 4360 | 5674 | 14512 | 5550 | 1430 | 8813 | 2580 | 4505 |
| 4537 | 4957 | 2160 | 5428 | 11802 | 1850 | 1310 | 4505 | 2280 | 4200 |
| 665 | 514 | 404 | 2034 | 380 | 601 | 424 | 771 | 95 | 322 |
| 10038 | 8537 | 4950 | 14939 | 3781 | 9562 | 8943 | 14027 | 1040 | |
| 2915 | 2037 | 1100 | 3550 | 4742 | 2559 | 1000 | 2919 | 957 | 2344 |
| 2809 | 2870 | 2319 | 13310 | 4630 | 3878 | 2710 | 5297 | 720 | 201 |
| 781 | 793 | 628 | 1870 | 1834 | 860 | 507 | 782 | 194 | |

# 19-3 分地区城市建设情况（2018年）
# Statistics on City Construction by Region (2018)

| 地　区 | Region | 城区面积（平方公里）Urban Area (sq.km) | 建成区面积（平方公里）Area of Built Districts (sq.km) | 城市建设用地面积（平方公里）Area of Land Used for Urban Construction (sq.km) | 征用土地面积（平方公里）Land Put in Requisition for State Construction Projects (sq.km) | 城市人口密度（人/平方公里）Population Density of Urban Area (persons/sq.km) |
|---|---|---|---|---|---|---|
| **总　计** | **Total** | **2587.7** | **1825.0** | **1831.4** | **27.4** | **5476** |
| **地级市合计** | **Total Number at Prefectural Level** | **1863.3** | **1487.1** | **1521.3** | **23.9** | **5935** |
| 哈尔滨 | Harbin | 467.3 | 441.7 | 433.8 | 18.3 | 10400 |
| 齐齐哈尔 | Qiqihar | 140.8 | 140.8 | 140.8 | 0.7 | 7769 |
| 鸡　西 | Jixi | 80.4 | 80.4 | 80.0 | 0.4 | 8388 |
| 鹤　岗 | Hegang | 85.0 | 53.2 | 53.2 | | 6188 |
| 双鸭山 | Shuangyashan | 118.0 | 58.1 | 58.1 | 0.7 | 3873 |
| 大　庆 | Daqing | 323.0 | 248.4 | 323.0 | 1.5 | 4411 |
| 伊　春 | Yichun | 179.9 | 154.0 | 152.2 | | 4255 |
| 佳木斯 | Jiamusi | 188.0 | 95.7 | 86.2 | | 3138 |
| 七台河 | Qitaihe | 67.6 | 67.6 | 67.6 | 0.2 | 6194 |
| 牡丹江 | Mudanjiang | 92.7 | 82.2 | 69.2 | | 7251 |
| 黑　河 | Heihe | 27.9 | 20.0 | 20.0 | | 5308 |
| 绥　化 | Suihua | 92.8 | 45.0 | 37.1 | 2.2 | 4043 |
| **县级市合计** | **Total Number at County Level** | **724.4** | **337.8** | **310.1** | **3.5** | **4475** |
| 尚　志 | Shangzhi | 152.0 | 21.3 | 21.3 | 0.7 | 1030 |
| 五　常 | Wuchang | 100.6 | 26.7 | 20.1 | 0.5 | 1893 |
| 讷　河 | Nehe | 20.0 | 15.0 | 15.0 | 0.3 | 5150 |
| 密　山 | Mishan | 87.4 | 19.4 | 17.4 | 0.1 | 1030 |
| 虎　林 | Hulin | 46.2 | 11.1 | 11.1 | | 1517 |
| 铁　力 | Tieli | 21.4 | 16.5 | 15.7 | | 5435 |
| 同　江 | Tongjiang | 10.8 | 10.8 | 10.7 | | 6093 |
| 富　锦 | Fujin | 17.9 | 16.2 | 16.2 | | 7011 |
| 抚　远 | Fuyuan | 12.6 | 5.6 | 5.0 | | 3373 |
| 绥芬河 | Suifenhe City | 28.3 | 28.3 | 20.7 | 0.8 | 3067 |
| 海　林 | Hailin | 24.3 | 17.7 | 17.7 | 0.4 | 4186 |
| 宁　安 | Ningan | 13.5 | 11.2 | 11.2 | | 5541 |
| 穆　棱 | Muling | 10.4 | 10.4 | 10.4 | 0.4 | 7529 |
| 东　宁 | Dongning | 19.3 | 14.7 | 14.6 | 0.01 | 4064 |
| 北　安 | Beian | 57.3 | 23.1 | 23.0 | 0.02 | 2281 |
| 五大连池 | Wudalianchi | 10.0 | 5.6 | 5.6 | | 4070 |
| 安　达 | Anda | 26.0 | 25.1 | 21.8 | | 8975 |
| 肇　东 | Zhaodong | 48.8 | 42.0 | 35.6 | | 4983 |
| 海　伦 | Hailun | 17.7 | 16.9 | 16.9 | 0.2 | 7805 |

# 19-4 分地区城市供水情况(2018年)

## Basic Statistics on Tap Water Supply in Cities by Region (2018)

| 地 区 | Region | 年末供水综合生产能力(万立方米/日) Production Capacity of Tap Water Supply (year-end) (10000 cu.m/day) | 年末供水管道长度(公里) Length of Water Supply Pipelines (year-end) (km) | 全年供水总量(万立方米) Total Annual Volume of Water Supply (10000 cu.m) | #生活用水 For Reside-ntial Use | #生产用水 For Produce-tive Use | 用水人口(万人) Number of Residents with Access to Tap Water (10000 persons) | 人均日生活用水量(升) Per Capita Daily Consumption of Tap Water for Residential Use (liter) |
|---|---|---|---|---|---|---|---|---|
| **总 计** | **Total** | **760.3** | **16070.0** | **139709.9** | **37201.8** | **39499.1** | **1395.6** | **125.5** |
| **地级市合计** | **Total Number at Prefectural Level** | **673.4** | **13063.9** | **124976.6** | **30720.3** | **36754.6** | **1183.3** | **115.5** |
| 哈 尔 滨 | Harbin | 191.0 | 2377.0 | 44367.2 | 12027.1 | 5508.7 | 486.0 | 149.5 |
| 齐齐哈尔 | Qiqihar | 41.0 | 1212.4 | 8354.3 | 3067.6 | 1063.0 | 109.4 | 127.0 |
| 鸡 西 | Jixi | 25.4 | 802.4 | 5041.4 | 1184.0 | 769.7 | 65.0 | 95.4 |
| 鹤 岗 | Hegang | 19.4 | 624.2 | 3851.9 | 1181.8 | 1364.8 | 51.9 | 90.2 |
| 双 鸭 山 | Shuangyashan | 26.0 | 1133.0 | 4198.3 | 1059.9 | 915.5 | 45.0 | 109.5 |
| 大 庆 | Daqing | 204.3 | 2943.9 | 30328.0 | 3989.0 | 18254.0 | 142.0 | 130.0 |
| 伊 春 | Yichun | 32.1 | 1275.9 | 4190.2 | 1613.4 | 1311.7 | 66.5 | 87.0 |
| 佳 木 斯 | Jiamusi | 34.3 | 637.2 | 5797.3 | 1902.7 | 1294.9 | 58.5 | 114.7 |
| 七 台 河 | Qitaihe | 22.3 | 860.1 | 3491.7 | 930.3 | 1018.9 | 41.4 | 95.4 |
| 牡 丹 江 | Mudanjiang | 60.0 | 599.0 | 10967.8 | 2060.0 | 4179.0 | 67.2 | 130.8 |
| 黑 河 | Heihe | 7.5 | 193.5 | 990.0 | 344.2 | 147.6 | 14.5 | 100.2 |
| 绥 化 | Suihua | 10.2 | 405.3 | 3398.4 | 1360.3 | 926.9 | 36.1 | 155.8 |
| **县级市合计** | **Total Number at County Level** | **86.9** | **3006.2** | **14733.4** | **6481.4** | **2744.5** | **212.4** | **106.7** |
| 尚 志 | Shangzhi | 3.8 | 207.7 | 1406.5 | 751.2 | 273.5 | 15.3 | 181.2 |
| 五 常 | Wuchang | 8.8 | 203.0 | 1244.0 | 653.0 | 187.0 | 18.6 | 109.9 |
| 讷 河 | Nehe | 2.1 | 102.3 | 400.4 | 239.9 | 28.5 | 10.3 | 80.5 |
| 密 山 | Mishan | 4.0 | 138.1 | 700.0 | 334.6 | 190.2 | 8.9 | 130.8 |
| 虎 林 | Hulin | 2.3 | 199.8 | 479.0 | 207.0 | 91.0 | 7.0 | 107.9 |
| 铁 力 | Tieli | 5.2 | 269.7 | 1064.0 | 803.0 | 100.0 | 11.1 | 199.9 |
| 同 江 | Tongjiang | 2.0 | 285.0 | 370.0 | 119.5 | | 6.6 | 70.2 |
| 富 锦 | Fujin | 8.0 | 93.3 | 745.3 | 190.0 | 283.0 | 12.2 | 75.9 |
| 抚 远 | Fuyuan | 3.0 | 59.5 | 271.0 | 111.0 | 55.5 | 4.2 | 101.1 |
| 绥 芬 河 | Suifenhe City | 8.6 | 182.4 | 1207.0 | 259.8 | 160.8 | 8.6 | 117.0 |
| 海 林 | Hailin | 3.3 | 90.4 | 721.1 | 207.0 | 20.0 | 9.9 | 96.0 |
| 宁 安 | Ningan | 3.0 | 153.9 | 616.0 | 238.8 | 5.0 | 7.5 | 119.7 |
| 穆 棱 | Muling | 2.4 | 143.9 | 455.9 | 233.2 | 56.8 | 7.9 | 107.6 |
| 东 宁 | Dongning | 7.0 | 103.7 | 582.0 | 225.9 | 133.9 | 7.8 | 92.8 |
| 北 安 | Beian | 5.2 | 139.5 | 997.0 | 375.0 | 298.0 | 12.9 | 109.1 |
| 五大连池 | Wudalianchi | 0.7 | 110.0 | 230.0 | 171.8 | 5.4 | 4.1 | 123.4 |
| 安 达 | Anda | 5.5 | 91.5 | 1022.0 | 420.1 | 58.5 | 22.5 | 63.1 |
| 肇 东 | Zhaodong | 7.0 | 149.9 | 1709.7 | 645.5 | 736.4 | 24.0 | 73.7 |
| 海 伦 | Hailun | 5.1 | 282.6 | 512.4 | 295.3 | 61.0 | 13.0 | 66.8 |

# 19-5 分地区城市燃气情况(2018年)
# Basic Statistics on Supply of Gas in Cities by Region (2018)

| 地区 | Region | 人工煤气生产能力(万立方米/日) Production Capacity of Coal Gas (10000 cu.m/day) | 管道长度(公里) Length of Gas Pipelines (km) | | | 全年供气总量(万立方米) Volume of Gas Supply (10000 cu.m) | | | 用气人口(万人) Population with Access to Gas (10000 persons) | | |
|---|---|---|---|---|---|---|---|---|---|---|---|
| | | | 人工煤气 Coal Gas | 液化石油气 Liquefied Petroleum Gas | 天然气 Natural Gas | 人工煤气 Coal Gas | 液化石油气(吨) Liquefied Petroleum Gas (ton) | 天然气 Natural Gas | 人工煤气 Coal Gas | 液化石油气 Liquefied Petroleum Gas | 天然气 Natural Gas |
| **总计** | **Total** | | **317.3** | **19.2** | **10307.8** | **3501** | **198967** | **158564** | **30.8** | **309.3** | **928.2** |
| **地级市合计** | **Total Number at Prefectural Level** | | **317.3** | | **9797.4** | **3501** | **152831** | **151678** | **30.8** | **168.6** | **892.7** |
| 哈尔滨 | Harbin | | | | 4409.8 | | 69000 | 80045 | | 18.5 | 467.5 |
| 齐齐哈尔 | Qiqihar | | | | 1382.8 | | 7464 | 28324 | | 1.0 | 107.2 |
| 鸡西 | Jixi | | | | 171.9 | | 5500 | 1500 | | 9.0 | 13.2 |
| 鹤岗 | Hegang | | | | 165.1 | | 4705 | 1248 | | 12.8 | 19.0 |
| 双鸭山 | Shuangyashan | | 89.8 | | 66.3 | 850 | 7021 | 267 | 6.3 | 4.0 | 24.0 |
| 大庆 | Daqing | | | | 2043.7 | | 6416 | 29600 | | 6.4 | 135.9 |
| 伊春 | Yichun | | | | 92.7 | | 14606 | 18 | | 61.7 | 0.5 |
| 佳木斯 | Jiamusi | | | | 904.0 | | 22432 | 5300 | | 1.3 | 57.0 |
| 七台河 | Qitaihe | | 227.6 | | 19.2 | 2651 | 1325 | 50 | 24.5 | 5.1 | 2.2 |
| 牡丹江 | Mudanjiang | | | | 349.0 | | 8758 | 3249 | | 7.2 | 59.3 |
| 黑河 | Heihe | | | | 101.0 | | 2100 | 77 | | 13.1 | 0.9 |
| 绥化 | Suihua | | | | 92.0 | | 3505 | 2000 | | 28.4 | 6.0 |
| **县级市合计** | **Total Number at County Level** | | | **19.2** | **510.4** | | **46136** | **6885** | | **140.7** | **35.5** |
| 尚志 | Shangzhi | | | | 28.0 | | 5112 | 628 | | 11.6 | 2.1 |
| 五常 | Wuchang | | | | | | 6710 | 160 | | 17.9 | 0.0 |
| 讷河 | Nehe | | | | 63.5 | | 452 | 815 | | 0.8 | 9.0 |
| 密山 | Mishan | | | | 39.7 | | 897 | 345 | | 4.9 | 3.2 |
| 虎林 | Hulin | | | | | | 1405 | | | 6.3 | |
| 铁力 | Tieli | | | | 43.4 | | 2170 | 89 | | 7.0 | 0.7 |
| 同江 | Tongjiang | | | 0.2 | 56.4 | | 384 | 127 | | 1.5 | 0.9 |
| 富锦 | Fujin | | | | 27.0 | | 3900 | 280 | | 8.9 | 3.1 |
| 抚远 | Fuyuan | | | | | | 260 | | | 3.0 | |
| 绥芬河 | Suifenhe City | | | | 32.0 | | 1023 | 88 | | 7.9 | 0.1 |
| 海林 | Hailin | | | | 53.0 | | 1960 | 58 | | 8.7 | 1.3 |
| 宁安 | Ningan | | | | 18.2 | | 1100 | 45 | | 6.4 | 1.0 |
| 穆棱 | Muling | | | | 11.5 | | 1178 | 71 | | 4.6 | 3.0 |
| 东宁 | Dongning | | | | 39.1 | | 1751 | 40 | | 5.3 | 1.9 |
| 北安 | Beian | | | | | | 5377 | | | 5.2 | |
| 五大连池 | Wudalianchi | | | | 17.6 | | 240 | 35 | | 1.0 | 0.2 |
| 安达 | Anda | | | | 32.8 | | 6524 | 830 | | 20.5 | 1.8 |
| 肇东 | Zhaodong | | | 19.0 | 44.1 | | 3820 | 3261 | | 14.6 | 7.0 |
| 海伦 | Hailun | | | | 4.2 | | 1875 | 13 | | 4.8 | 0.2 |

# 19-6　分地区城市集中供热情况(2018年)
# Basic Statistics on Heating in Cities by Region (2018)

| 地　区 | Region | 供应能力 Heating Capacity | | 供热总量 Quantity of Heat Supplied | | 集中供热管道长度 Length of Heating Pipelines | | 集中供热面积(万平方米) |
|---|---|---|---|---|---|---|---|---|
| | | 蒸　汽 (吨/小时) Steam (ton/hour) | 热　水 (兆瓦) Hot Water (Mega Watts) | 蒸　汽 (万吉焦) Steam (10000 gigajoules) | 热　水 (万吉焦) Hot Water (10000 gigajoules) | 蒸　汽 (公里) Steam (km) | 热　水 (公里) Hot Water (km) | Area of Centralized Heating (10000 sq.m) |
| **总　计** | **Total** | **4550.0** | **52234.2** | **2261.0** | **40921.3** | | **19991.7** | **76652.3** |
| **地级市合计** | **Total Number at Prefectural Level** | **3543.0** | **45140.2** | **1577.0** | **36334.6** | | **16695.1** | **67019.7** |
| 哈尔滨 | Harbin | 2929.0 | 17715.0 | 1366.0 | 16550.0 | | 3299.8 | 30580.5 |
| 齐齐哈尔 | Qiqihar | | 3878.0 | | 1966.0 | | 1000.0 | 5364.0 |
| 鸡　西 | Jixi | 180.0 | 1340.0 | 60.0 | 1040.0 | | 596.0 | 2483.0 |
| 鹤　岗 | Hegang | | 2243.0 | | 1702.9 | | 901.8 | 2627.9 |
| 双鸭山 | Shuangyashan | | 1454.0 | | 960.0 | | 885.0 | 2224.2 |
| 大　庆 | Daqing | | 7235.4 | | 6425.0 | | 6442.5 | 9246.0 |
| 伊　春 | Yichun | 215.0 | 2233.0 | 54.0 | 1383.0 | | 989.9 | 2385.0 |
| 佳木斯 | Jiamusi | | 1574.0 | | 1420.0 | | 560.0 | 3173.0 |
| 七台河 | Qitaihe | 72.0 | 823.0 | 74.0 | 929.0 | | 327.0 | 1654.4 |
| 牡丹江 | Mudanjiang | 147.0 | 4060.0 | 23.0 | 2117.0 | | 822.0 | 3998.0 |
| 黑　河 | Heihe | | 947.5 | | 658.1 | | 430.5 | 1084.0 |
| 绥　化 | Suihua | | 1637.3 | | 1183.6 | | 440.6 | 2199.7 |
| **县级市合计** | **Total Number at County Level** | **1007.0** | **7094.0** | **684.0** | **4586.7** | | **3296.6** | **9632.6** |
| 尚　志 | Shangzhi | | 577.0 | | 444.0 | | 196.0 | 639.0 |
| 五　常 | Wuchang | | 692.0 | | 264.4 | | 82.6 | 792.8 |
| 讷　河 | Nehe | | 412.0 | | 207.0 | | 84.0 | 420.0 |
| 密　山 | Mishan | 152.0 | 174.0 | 158.0 | 49.0 | | 174.0 | 439.0 |
| 虎　林 | Hulin | | 249.0 | | 220.0 | | 183.0 | 320.0 |
| 铁　力 | Tieli | 350.0 | 176.0 | 156.0 | 184.0 | | 150.1 | 555.0 |
| 同　江 | Tongjiang | | 174.0 | | 181.0 | | 175.0 | 334.0 |
| 富　锦 | Fujin | | 437.0 | | 336.5 | | 193.0 | 605.0 |
| 抚　远 | Fuyuan | | 198.0 | | 149.0 | | 153.0 | 215.0 |
| 绥芬河 | Suifenhe City | | 652.0 | | 371.8 | | 250.8 | 654.0 |
| 海　林 | Hailin | | 447.0 | | 280.0 | | 204.0 | 490.0 |
| 宁　安 | Ningan | 150.0 | 232.0 | 80.0 | 118.0 | | 147.0 | 400.0 |
| 穆　棱 | Muling | | 282.0 | | 225.0 | | 138.1 | 338.3 |
| 东　宁 | Dongning | | 92.0 | | 245.0 | | 274.0 | 401.0 |
| 北　安 | Beian | | 810.0 | | 458.0 | | 315.0 | 676.7 |
| 五大连池 | Wudalianchi | | 244.0 | | 123.0 | | 137.0 | 315.0 |
| 安　达 | Anda | | 336.0 | | 242.0 | | 123.0 | 632.0 |
| 肇　东 | Zhaodong | | 290.0 | | 240.0 | | 125.0 | 582.0 |
| 海　伦 | Hailun | 355.0 | 620.0 | 290.0 | 249.0 | | 192.0 | 823.8 |

# 19-7 分地区城市市政设施(2018年)
# Basic Statistics on Municipal Infrastructure in Cities by Region (2018)

| 地 区 | Region | 年末实有道路长度(公里) Length of Paved Roads (year-end) (km) | 年末实有道路面积(万平方米) Area of Paved Roads (year-end) (10000 sq.m) | 城市桥梁(座) Number of City Bridges (unit) | 城市排水管道长度(公里) Length of City Sewage Pipes (km) | 城市污水日处理能力(万立方米) Daily Disposal Capacity of City Sewage (10000 cu.m) | 城市道路照明灯(千盏) Number of Street Lights (1000 units) |
|---|---|---|---|---|---|---|---|
| **总 计** | **Total** | **12725.7** | **21062.4** | **1164** | **12278.4** | **401.6** | **686.0** |
| **地级市合计** | **Total Number at Prefectural Level** | **10363.6** | **17889.3** | **1031** | **10131.4** | **352.7** | **561.7** |
| 哈尔滨 | Harbin | 3406.0 | 7650.0 | 459 | 3382.7 | 155.0 | 184.3 |
| 齐齐哈尔 | Qiqihar | 541.2 | 1227.9 | 42 | 947.7 | 25.0 | 49.4 |
| 鸡 西 | Jixi | 460.2 | 712.9 | 82 | 334.7 | 19.2 | 35.4 |
| 鹤 岗 | Hegang | 401.3 | 484.9 | 31 | 322.4 | 8.0 | 12.8 |
| 双鸭山 | Shuangyashan | 443.8 | 501.3 | 25 | 339.4 | 10.0 | 13.5 |
| 大 庆 | Daqing | 2232.6 | 3674.6 | 192 | 2542.0 | 51.2 | 82.0 |
| 伊 春 | Yichun | 934.5 | 978.4 | 84 | 605.9 | 14.4 | 31.5 |
| 佳木斯 | Jiamusi | 335.2 | 663.8 | 30 | 566.3 | 20.0 | 50.9 |
| 七台河 | Qitaihe | 531.9 | 487.5 | 14 | 210.4 | 9.0 | 29.4 |
| 牡丹江 | Mudanjiang | 805.0 | 1068.4 | 68 | 559.2 | 25.9 | 47.0 |
| 黑 河 | Heihe | 84.0 | 182.1 | 3 | 106.8 | 5.0 | 9.4 |
| 绥 化 | Suihua | 188.0 | 257.8 | 1 | 213.8 | 10.0 | 16.1 |
| **县级市合计** | **Total Number at County Level** | **2362.1** | **3173.1** | **133** | **2147.0** | **48.9** | **124.3** |
| 尚 志 | Shangzhi | 146.8 | 205.7 | 14 | 94.4 | 4.0 | 3.2 |
| 五 常 | Wuchang | 119.8 | 164.4 | 5 | 124.3 | 3.0 | 4.5 |
| 讷 河 | Nehe | 85.9 | 102.5 | | 104.9 | 2.0 | 3.4 |
| 密 山 | Mishan | 115.0 | 185.0 | 5 | 109.3 | 1.5 | 3.5 |
| 虎 林 | Hulin | 77.5 | 109.5 | | 61.0 | 1.0 | 6.6 |
| 铁 力 | Tieli | 231.0 | 193.8 | 14 | 94.9 | 4.0 | 6.6 |
| 同 江 | Tongjiang | 77.3 | 141.7 | | 121.3 | 2.0 | 11.4 |
| 富 锦 | Fujin | 109.7 | 188.3 | | 100.8 | 2.5 | 9.7 |
| 抚 远 | Fuyuan | 60.6 | 132.3 | | 36.9 | 0.4 | 6.5 |
| 绥芬河 | Suifenhe City | 118.2 | 188.5 | 17 | 93.1 | 2.0 | 13.2 |
| 海 林 | Hailin | 194.8 | 220.0 | 12 | 123.4 | 4.0 | 8.5 |
| 宁 安 | Ningan | 86.7 | 105.5 | 4 | 95.9 | 2.0 | 3.4 |
| 穆 棱 | Muling | 148.2 | 108.1 | 19 | 76.2 | 2.0 | 7.9 |
| 东 宁 | Dongning | 124.5 | 156.6 | 10 | 83.0 | 2.0 | 5.5 |
| 北 安 | Beian | 127.9 | 300.2 | 16 | 132.1 | 3.0 | 9.1 |
| 五大连池 | Wudalianchi | 43.9 | 38.6 | 1 | 75.4 | 2.0 | 2.6 |
| 安 达 | Anda | 182.9 | 183.7 | 3 | 179.8 | 4.5 | 2.4 |
| 肇 东 | Zhaodong | 222.3 | 306.2 | 11 | 308.5 | 5.0 | 3.6 |
| 海 伦 | Hailun | 89.2 | 142.6 | 2 | 132.0 | 2.0 | 12.8 |

# 19-8　分地区城市公共交通情况(2018年)
# Basic Statistics on Public Transportation in Cities by Region (2018)

| 地　区 | Region | 年末公共交通车辆运营数(辆) Number of Public Vehicles under Operation at Year-end (unit) | #公共汽、电车 Bus and Trolley Bus | 运营线路总长度(公里) Length under Operation (km) | #公共汽、电车 Bus and Trolley Bus | 公共交通客运总量(万人次) Passengers Transported by Public Vehicles (10 000 person-times) | #公共汽、电车 Bus and Trolley Bus | 出租汽车(辆) Number of Taxi (unit) |
|---|---|---|---|---|---|---|---|---|
| **地级市合计** | **Total Number at Prefectural Level** | **19866** | **19716** | **33095** | **33073** | **253969** | **245700** | **101138** |
| 哈尔滨 | Harbin | 8576 | 8426 | 11793 | 11771 | 146777 | 138508 | 30776 |
| 齐齐哈尔 | Qiqihar | 1570 | 1570 | 2719 | 2719 | 12023 | 12023 | 15489 |
| 鸡　西 | Jixi | 969 | 969 | 2178 | 2178 | 12108 | 12108 | 4778 |
| 鹤　岗 | Hegang | 499 | 499 | 409 | 409 | 8813 | 8813 | 2813 |
| 双鸭山 | Shuangyashan | 674 | 674 | 903 | 903 | 6751 | 6751 | 3688 |
| 大　庆 | Daqing | 2479 | 2479 | 7513 | 7513 | 14801 | 14801 | 5573 |
| 伊　春 | Yichun | 691 | 691 | 1129 | 1129 | 6247 | 6247 | 4740 |
| 佳木斯 | Jiamusi | 1144 | 1144 | 710 | 710 | 12195 | 12195 | 6651 |
| 七台河 | Qitaihe | 542 | 542 | 490 | 490 | 9660 | 9660 | 1152 |
| 牡丹江 | Mudanjiang | 1224 | 1224 | 2424 | 2424 | 16208 | 16208 | 6540 |
| 黑　河 | Heihe | 426 | 426 | 1056 | 1056 | 3989 | 3989 | 5797 |
| 绥　化 | Suihua | 1072 | 1072 | 1770 | 1770 | 4398 | 4398 | 13141 |
| **县级市合计** | **Total Number at County Level** | **2016.0** | **2016.0** | **3718.7** | **3718.7** | **19501.9** | **19501.9** | **19462.0** |
| 尚　志 | Shangzhi | 381.0 | 381.0 | 634.5 | 634.5 | 3494.6 | 3494.6 | 1462.0 |
| 五　常 | Wuchang | 145.0 | 145.0 | 452.7 | 452.7 | 1632.0 | 1632.0 | 902.0 |
| 讷　河 | Nehe | 33.0 | 33.0 | 38.6 | 38.6 | 242.4 | 242.4 | 1486.0 |
| 密　山 | Mishan | 24.0 | 24.0 | 74.5 | 74.5 | 2193.0 | 2193.0 | 688.0 |
| 虎　林 | Hulin | 62.0 | 62.0 | 38.0 | 38.0 | 623.0 | 623.0 | 810.0 |
| 铁　力 | Tieli | 267.0 | 267.0 | 546.4 | 546.4 | 2383.4 | 2383.4 | 1226.0 |
| 同　江 | Tongjiang | 43.0 | 43.0 | 43.0 | 43.0 | 360.0 | 360.0 | 547.0 |
| 富　锦 | Fujin | 88.0 | 88.0 | 136.0 | 136.0 | 1120.0 | 1120.0 | 2242.0 |
| 抚　远 | Fuyuan | 6.0 | 6.0 | 16.0 | 16.0 | 81.0 | 81.0 | 152.0 |
| 绥芬河 | Suifenhe City | 105.0 | 105.0 | 115.9 | 115.9 | 661.8 | 661.8 | 719.0 |
| 海　林 | Hailin | 48.0 | 48.0 | 69.0 | 69.0 | 325.3 | 325.3 | 988.0 |
| 宁　安 | Ningan | 95.0 | 95.0 | 209.3 | 209.3 | 910.0 | 910.0 | 393.0 |
| 穆　棱 | Muling | 166.0 | 166.0 | 256.0 | 256.0 | 922.6 | 922.6 | 442.0 |
| 东　宁 | Dongning | | | | | | | 591.0 |
| 北　安 | Beian | 149.0 | 149.0 | 238.0 | 238.0 | 980.0 | 980.0 | 1689.0 |
| 五大连池 | Wudalianchi | 74.0 | 74.0 | 371.8 | 371.8 | 1190.0 | 1190.0 | 690.0 |
| 安　达 | Anda | 116.0 | 116.0 | 344.0 | 344.0 | 1122.0 | 1122.0 | 670.0 |
| 肇　东 | Zhaodong | 80.0 | 80.0 | 88.0 | 88.0 | 300.8 | 300.8 | 1555.0 |
| 海　伦 | Hailun | 134.0 | 134.0 | 47.0 | 47.0 | 960.0 | 960.0 | 2210.0 |

# 19-9 分地区城市绿地和园林(2018年)
# Basic Statistics on Parks and Green Areas in Cities by Region (2018)

| 地　区 | Region | 城市园林绿地面积(公顷) Area of Parks and Green Land (hectare) | #公园绿地 Park Green Areas | 公　园(个) Number of Parks (unit) | 公园面积(公顷) Area of Parks (hectare) | 建成区绿化覆盖率(%) Green Covered Area as % of Completed Area (%) |
|---|---|---|---|---|---|---|
| **总　计** | **Total** | **70669** | **17495** | **384** | **12480** | **36.0** |
| **地级市合计** | **Total Number at Prefectural Level** | **60962** | **14752** | **276** | **9395** | **37.9** |
| 哈尔滨 | Harbin | 15195 | 5074 | 95 | 2825 | 35.4 |
| 齐齐哈尔 | Qiqihar | 6097 | 1091 | 21 | 615 | 38.3 |
| 鸡　西 | Jixi | 2808 | 738 | 8 | 539 | 39.6 |
| 鹤　岗 | Hegang | 2871 | 793 | 7 | 652 | 41.3 |
| 双鸭山 | Shuangyashan | 2319 | 629 | 18 | 302 | 43.6 |
| 大　庆 | Daqing | 13442 | 1901 | 13 | 890 | 43.7 |
| 伊　春 | Yichun | 4666 | 1846 | 44 | 1426 | 31.7 |
| 佳木斯 | Jiamusi | 3732 | 860 | 20 | 829 | 42.0 |
| 七台河 | Qitaihe | 2730 | 527 | 18 | 369 | 44.4 |
| 牡丹江 | Mudanjiang | 5340 | 782 | 20 | 619 | 27.6 |
| 黑　河 | Heihe | 722 | 194 | 7 | 194 | 40.6 |
| 绥　化 | Suihua | 1041 | 318 | 5 | 136 | 26.0 |
| **县级市合计** | **Total Number at County Level** | **9707** | **2743** | **108** | **3084** | **29.1** |
| 尚　志 | Shangzhi | 299 | 159 | 4 | 132 | 17.0 |
| 五　常 | Wuchang | 425 | 200 | 5 | 186 | 17.5 |
| 讷　河 | Nehe | 414 | 211 | 1 | 204 | 30.5 |
| 密　山 | Mishan | 492 | 130 | 3 | 114 | 23.6 |
| 虎　林 | Hulin | 320 | 109 | 7 | 60 | 38.6 |
| 铁　力 | Tieli | 657 | 190 | 6 | 72 | 39.8 |
| 同　江 | Tongjiang | 1562 | 118 | 8 | 1262 | 39.9 |
| 富　锦 | Fujin | 459 | 117 | 2 | 5 | 30.6 |
| 抚　远 | Fuyuan | 100 | 67 | 7 | 69 | 18.4 |
| 绥芬河 | Suifenhe City | 916 | 125 | 18 | 262 | 38.0 |
| 海　林 | Hailin | 715 | 178 | 14 | 158 | 37.3 |
| 宁　安 | Ningan | 372 | 112 | 3 | 63 | 37.2 |
| 穆　棱 | Muling | 284 | 124 | 6 | 73 | 37.0 |
| 东　宁 | Dongning | 278 | 110 | 12 | 38 | 20.1 |
| 北　安 | Beian | 524 | 204 | 3 | 91 | 25.1 |
| 五大连池 | Wudalianchi | 100 | 64 | 1 | 52 | 20.6 |
| 安　达 | Anda | 405 | 91 | 4 | 23 | 18.6 |
| 肇　东 | Zhaodong | 984 | 417 | 3 | 200 | 36.1 |
| 海　伦 | Hailun | 401 | 19 | 1 | 21 | 27.3 |

# 19-10　分地区城市市容环境卫生情况(2018年)

# Basic Statistics on Urban Sanitation in Cities by Region (2018)

| 地　区 | Region | 清扫保洁面积(万平方米) Area under Cleaning Program (10000 sq.m) | 生活垃圾清运量(万吨) Volume of Garbage Disposal (10000 tons) | 市容环卫专用车辆设备总数(台) Number of Special Vehicles for Environmental Sanitation (unit) | 公共厕所(座) Number of Public Lavatories (unit) | #三类以上 Third Grade and Above |
|---|---|---|---|---|---|---|
| **总　计** | **Total** | **25695** | **524.9** | **8454** | **5788** | **2310** |
| **地级市合计** | **Total Number at Prefectural Level** | **21995** | **427.7** | **7144** | **4580** | **1928** |
| 哈尔滨 | Harbin | 8908 | 165.6 | 3486 | 1685 | 1167 |
| 齐齐哈尔 | Qiqihar | 1903 | 44.5 | 613 | 445 | 16 |
| 鸡　西 | Jixi | 790 | 34.3 | 348 | 367 | 166 |
| 鹤　岗 | Hegang | 485 | 17.3 | 432 | 322 | 65 |
| 双鸭山 | Shuangyashan | 364 | 18.1 | 201 | 176 | 96 |
| 大　庆 | Daqing | 3600 | 35.2 | 597 | 243 | 243 |
| 伊　春 | Yichun | 1086 | 28.8 | 383 | 513 | 94 |
| 佳木斯 | Jiamusi | 1316 | 25.8 | 115 | 530 | |
| 七台河 | Qitaihe | 662 | 17.1 | 159 | 16 | 2 |
| 牡丹江 | Mudanjiang | 1521 | 21.2 | 357 | 120 | 45 |
| 黑　河 | Heihe | 410 | 5.9 | 204 | 77 | 31 |
| 绥　化 | Suihua | 950 | 13.9 | 249 | 86 | 3 |
| **县级市合计** | **Total Number at County Level** | **3700** | **97.2** | **1310** | **1208** | **382** |
| 尚　志 | Shangzhi | 230 | 6.6 | 83 | 40 | 18 |
| 五　常 | Wuchang | 210 | 8.0 | 41 | 17 | |
| 讷　河 | Nehe | 106 | 4.4 | 122 | 88 | 80 |
| 密　山 | Mishan | 144 | 3.0 | 105 | 68 | 22 |
| 虎　林 | Hulin | 220 | 3.8 | 97 | 79 | 19 |
| 铁　力 | Tieli | 190 | 6.2 | 86 | 52 | 15 |
| 同　江 | Tongjiang | 155 | 2.7 | 90 | 9 | |
| 富　锦 | Fujin | 248 | 5.5 | 45 | 86 | 22 |
| 抚　远 | Fuyuan | 90 | 2.4 | 32 | 15 | |
| 绥芬河 | Suifenhe City | 260 | 7.3 | 78 | 28 | 11 |
| 海　林 | Hailin | 240 | 4.4 | 39 | 38 | 10 |
| 宁　安 | Ningan | 189 | 4.8 | 40 | 51 | 8 |
| 穆　棱 | Muling | 138 | 3.0 | 47 | 54 | 16 |
| 东　宁 | Dongning | 152 | 3.5 | 62 | 37 | 25 |
| 北　安 | Beian | 195 | 5.5 | 100 | 201 | 100 |
| 五大连池 | Wudalianchi | 75 | 1.6 | 65 | 35 | 16 |
| 安　达 | Anda | 340 | 8.5 | 74 | 124 | 14 |
| 肇　东 | Zhaodong | 306 | 10.1 | 73 | 182 | 5 |
| 海　伦 | Hailun | 212 | 6.0 | 31 | 4 | 1 |

# 19-11 分地区城市设施水平(2018年)
# Level of Public Facilities in Cities by Region (2018)

| 地 区 | Region | 城市用水普及率(%) Coverage Rate of Urban Population with Access to Tap Water (%) | 城市燃气普及率(%) Coverage Rate of Urban Population with Access to Gas (%) | 每万人拥有公共交通车辆(标台) Number of Public Transportation Vehicles Per 10000 Population (unit) | 人均城市道路面积(平方米) Per Capita Area of Paved Roads (sq.m) | 人均公园绿地面积(平方米) Per Capita Public Green Areas (sq.m) | 每万人拥有公共厕所(座) Number of Public Lavatories Per 10 000 Population (unit) |
|---|---|---|---|---|---|---|---|
| **总 计** | **Total** | **98.5** | **89.5** | | **14.9** | **12.3** | **4.5** |
| **地级市合计** | **Total Number at Prefectural Level** | **97.6** | **84.1** | **18.6** | **12.9** | **13.2** | **4.2** |
| 哈尔滨 | Harbin | 100.0 | 100.0 | 21.0 | 15.7 | 10.4 | 4.0 |
| 齐齐哈尔 | Qiqihar | 100.0 | 98.9 | 15.7 | 11.2 | 10.0 | 4.1 |
| 鸡 西 | Jixi | 96.4 | 33.0 | 13.7 | 10.6 | 10.9 | 5.6 |
| 鹤 岗 | Hegang | 98.7 | 60.5 | 10.2 | 9.2 | 15.1 | 6.2 |
| 双鸭山 | Shuangyashan | 98.4 | 75.1 | 14.2 | 11.0 | 13.8 | 4.0 |
| 大 庆 | Daqing | 99.6 | 99.9 | 21.2 | 25.8 | 13.3 | 2.1 |
| 伊 春 | Yichun | 86.9 | 81.2 | 9.4 | 12.8 | 24.1 | 6.8 |
| 佳木斯 | Jiamusi | 99.2 | 98.9 | 21.6 | 11.3 | 14.6 | 9.1 |
| 七台河 | Qitaihe | 98.8 | 75.8 | 15.1 | 11.6 | 12.6 | 0.4 |
| 牡丹江 | Mudanjiang | 100.0 | 99.0 | 20.0 | 15.9 | 11.6 | 1.8 |
| 黑 河 | Heihe | 97.6 | 94.8 | 20.3 | 12.3 | 13.1 | 5.7 |
| 绥 化 | Suihua | 96.1 | 91.7 | 27.7 | 6.9 | 8.5 | 2.4 |
| **县级市合计** | **Total Number at County Level** | **98.5** | **78.5** | **8.9** | **16.1** | **13.7** | **5.9** |
| 尚 志 | Shangzhi | 97.6 | 87.3 | 17.5 | 13.1 | 10.1 | 2.6 |
| 五 常 | Wuchang | 97.7 | 94.2 | 6.6 | 8.6 | 10.5 | 0.9 |
| 讷 河 | Nehe | 100.0 | 94.6 | 2.8 | 9.9 | 20.5 | 9.9 |
| 密 山 | Mishan | 98.9 | 89.2 | 18.8 | 20.6 | 14.4 | 7.6 |
| 虎 林 | Hulin | 100.0 | 90.3 | 8.8 | 15.6 | 15.5 | 11.4 |
| 铁 力 | Tieli | 95.8 | 66.1 | 22.9 | 16.7 | 16.4 | 4.5 |
| 同 江 | Tongjiang | 100.0 | 35.7 | 6.5 | 21.5 | 17.9 | 1.9 |
| 富 锦 | Fujin | 97.2 | 95.5 | 6.7 | 15.0 | 9.3 | 7.0 |
| 抚 远 | Fuyuan | 98.8 | 70.6 | 1.4 | 31.1 | 15.9 | 3.6 |
| 绥芬河 | Suifenhe City | 99.0 | 91.9 | 12.1 | 21.7 | 14.4 | 4.7 |
| 海 林 | Hailin | 97.5 | 98.0 | 3.3 | 21.7 | 17.5 | 3.8 |
| 宁 安 | Ningan | 100.0 | 99.6 | 10.9 | 14.1 | 15.0 | 7.0 |
| 穆 棱 | Muling | 100.0 | 96.1 | 12.7 | 13.8 | 15.8 | 7.1 |
| 东 宁 | Dongning | 100.0 | 91.8 | | 20.0 | 14.0 | 4.8 |
| 北 安 | Beian | 98.5 | 39.8 | 10.8 | 23.0 | 15.6 | 15.6 |
| 五大连池 | Wudalianchi | 100.0 | 30.7 | 16.7 | 9.5 | 15.6 | 9.6 |
| 安 达 | Anda | 96.6 | 95.9 | 5.2 | 7.9 | 3.9 | 5.4 |
| 肇 东 | Zhaodong | 98.8 | 89.0 | 3.3 | 12.6 | 17.1 | 7.5 |
| 海 伦 | Hailun | 94.3 | 35.9 | 9.2 | 10.3 | 1.4 | 0.3 |

# 主要统计指标解释

**供水综合生产能力**　指按供水设施取水、净化、送水、出厂输水干管等环节设计能力计算的综合生产能力。包括在原设计能力的基础上，经挖、革、改增加的生产能力。计算时，以四个环节中最薄弱的环节为主确定能力。

**供水管道长度**　指从送水泵至用户水表之间所有管道的长度。不包括新安装尚未使用、水厂内以及用户建筑物内的管道。

**城市供水总量**　指报告期供水企业(单位)供出的全部水量。包括有效供水量和漏损水量。

**生活用水**　包括公共服务用水和居民家庭用水。公共服务用水指为城区社会公共生活服务的用水。包括行政事业单位、部队营区和公共设施服务、批发零售业、住宿餐饮业以及社会服务业等单位的用水。居民家庭用水指城市范围内所有居民家庭的日常生活用水。包括城市居民、农民家庭、公共供水站用水。

**生产用水**　指在城区范围内生产、运营的农、林、牧、渔业、工业、建筑业、交通运输业等单位在生产、运营过程中的用水。

**用水普及率**　指报告期末城区用水人口数与城市人口总数的比率。计算公式:

$$用水普及率=\frac{城区用水人口(含暂住人口)}{城区人口+城区暂住人口}\times 100\%$$

**人工煤气生产能力**　指报告期末人工燃气生产厂制气、净化、输送等环节的综合生产能力，不包括备用设备能力。一般按设计能力计算，当实际生产能力大于设计能力时，应按实际测定的生产能力计算。测定时应以制气、净化、输送三个环节中最薄弱的环节为主。

**供气管道长度**　指报告期末从气源厂压缩机的出口或门站出口至各类用户引入管之间的全部已经通气、投入使用的管道长度。不包括煤气生产厂、输配站、液化气储存站、灌瓶站、储配站、气化站、混气站、供应站等厂(站)内的管道。

**城市供气总量**　指报告期燃气企业(单位)向用户供应的燃气数量。包括销售量和损失量。

**燃气普及率**　指报告期末城区使用燃气的城市人口数与城市人口总数的比率。其中燃气包括人工煤气、天然气、液化石油气三种。计算公式为:

$$燃气普及率=\frac{城区用气人口(含暂住人口)}{城区人口+城区暂住人口}\times 100\%$$

**城市供热能力**　指供热企业(单位)向城市热用户输送热能的设计能力。

**城市供热总量**　指在报告期供热企业(单位)向城市热用户输送全部蒸汽和热水的总热量。

**城市供热管道长度**　指从各类热源到热用户建筑物接入口之间的全部蒸汽和热水的管道长度。不包括各类热源厂内部的管道长度。

**道路长度**　指道路长度和与道路相通的桥梁、隧道的长度，按车行道中心线计算。

**城市桥梁**　指为跨越天然或人工障碍物而修建的构筑物。包括跨河桥、立交桥、人行天桥以及人行地下通道等。

**城市排水管道长度**　指所有排水总管、干管、支管、检查井及连接井进出口等长度之和。

**城市污水日处理能力**　指污水处理厂(或污水处理装置)每昼夜处理污水量的设计能力。

**年末公共交通车辆运营数**　指年末城市用于公共交通运营业务的全部车辆数。新购、新制和调入的运营车辆，自投入之日起开始计算；调出、报废和调作他用的运营车辆，自上级主管机关批准之日起不再计入。

**城市绿地面积**　指报告期末用作园林和绿化的各种绿地面积。包括公园绿地、生产绿地、防护绿地、附属绿地和其他绿地的面积。

**公园绿地**　城市中向公众开放的、以游憩为主要功能，有一定的游憩设施和服务设施，同时兼有健全生态、美化景观、防灾减灾等综合作用的绿化用地。包括综合公园、社区公园、专类公园、带状公园和街旁绿地。其中综合公园、专类公园和带状公园面积之和为公园面积。

**清扫保洁面积**　指报告期末对城市道路和公共场所(主要包括城市行车道、人行道、车行隧道、人行过街地下通道、道路附属绿地、地铁站、高架路、人行过街天桥、立交桥、广场、停车场及其他设施等) 进行清扫保洁的面积。一天清扫保洁多次的，按清扫保洁面积最大的一次计算。

**市容环卫专用车辆设备**　指用于环境卫生作业、监察的专用车辆和设备，包括用于道路清扫、冲洗、洒水、除雪、垃圾粪便清运、市容监察以及与其配套使用的车辆和设备。

**每万人拥有公共交通车辆**　指按城市人口计算的每万人平均拥有的公共交通车辆标台数。计算公式:

$$每万人拥有公共交通车辆=\frac{公共交通运营车标台数}{城区人口+城区暂住人口}$$

# Explanatory Notes on Main Statistical Indicators

**Production Capacity of Water Supply** refers to the designed overall production capacity of water facilities, covering the four segments of water collection, purification, conveyance, and outflow through trunk pipelines. Increased capacity through transformation and innovation projects is included as well. The capacity is determined mainly on the weakest of the above-mentioned four segments.

**Length of Water Supply Pipelines** refers to the total length of all the pipelines between the water pumps and the user water meters, excluding pipelines newly installed but not used yet, pipeline in the water factory, and pipeline in the user's buildings.

**Total Volume of Urban Water Supply** refers to the total volume of water supplied by water-works (units) during the reference period, including both the effective water supply and loss during the water supply.

**Consumption of Water for Living Use** It includes Consumption of Water for Public Service Use and Consumption of Water for Households Use. Consumption of Water for Public Service Use refers to water consumption for public service in the urban areas. It includes water consumption of administrative institutions, army camps, public facilities, wholesale and retail, accommodation and catering industry and social service industry, etc. Consumption of Water for Households Use refers to consumption of water for daily life of all households in cities, including households of urban residents and farmers, and public water supply stations.

**Consumption of Water for Production and Operation Use** refers to water consumption in the process of production and operation by production and operation units of agriculture, forestry, animal husbandry, fisheries, industry, construction industry, and transportation industry, etc. in urban areas.

**Coverage Rate of Urban Population with Access to Tap Water** refers to the ratio of the urban population with access to tap water to the total urban population at the end of reference period. The formula is:

$$\text{Coverage of urban population with access to tap water} = \frac{\text{Urban population with access to tap water}}{\text{Urban population}} \times 100\%$$

**Production Capacity of Gaswork Gas** refers to the overall production capacity of the urban gasworks in gas generation, purification and delivery at the end of the reference period, excluding capacity of the reserved facilities. In general, it is determined by the designed capacity, and when actual production capacity is larger than the designed capacity, the capacity is determined by the actual measurement on the weakest segment in the production, purification and delivery.

**Length of Gas Pipelines** refers to the total length of pipelines in use between the outlet of the compressor of gas-work or outlet of gas stations and the leading pipe of users, excluding pipelines within gasworks, delivery stations, LPG storage stations, refilling stations, gas-mixing stations and supply stations.

**Volume of Gas Supply** refers to the total volume of gas provided to users by gas-producing enterprises (units) during the reporting period, including the volume sold and the volume lost.

**Coverage Rate of Urban Population with Access to Gas** refers to the ratio of the urban population with access to gas to the total urban population at the end of the reference period. Gas here includes artificial coal gas, natural gas and liquefied petroleum gas. The formula is:

$$\text{Coverage rate of urban population with access to gas} = \frac{\text{Urban population with access to gas}}{\text{Urban population}} \times 100\%$$

**Heating Capacity in Urban Areas** refers to the designed capacity of heating enterprises (units) in supplying heating energy to urban users during the reference period.

**Quantity of Heat Supplied in Urban Areas** refers to the total quantity of heat from steam and hot water supplied to urban users by heating enterprises (units) during the reference period.

**Length of Urban Heating Pipelines** refers to the total length of steam or hot water pipelines for sources of heat to the leading pipelines of the buildings of the users, excluding internal pipelines in heat generating enterprises.

**Length of Paved Roads** refers to the length of roads with paved surface including bridges and tunnels connected with roads. Length of the roads is measured by the central lines.

**Urban Bridges** refer to bridges built to cross over natural or man-made barriers, including bridges over rivers, overpasses for traffic and for pedestrians, underpasses for pedestrians, etc.

**Length of Urban Sewage Pipes** refers to the total length of general drainage, trunks, branch and inspection wells, connection wells, inlets and outlets, etc.

**Daily Disposal Capacity of Urban Sewage** refers to the designed 24-hour capacity of sewage disposal by the sewage treatment works or facilities.

**Number of Vehicles under Operation at Year-end** refers to the total number of vehicles under operation by public transport enterprises (units) at the end of the year, based on the records of operational vehicles by the enterprises (units).

**Area of Urban Green Land** refers to the total area occupied for green projects at the end of the reference period, including park green land, production green land, protection green land, green land attached to institutions, and other green areas.

**Park Green Area** refers to green areas open to the public

for amusement and rest with the facilities of amusement, rest and services. Its function includes perfecting ecology, beautifying landscape, and preventing and reducing disaster. Park green areas include comprehensive park, community park, theme park, linear park and roadside green space. Total areas of comprehensive park, topic park and belt-shaped is the area of park.

**Road Area Cleaned** refers to the area which are regularly cleaned, as at the end of the reference period, at urban roads and public places (mainly including urban roadways, pedestrian walkways, vehicular tunnels, pedestrian underpasses, underground railway stations, lifted roads, pedestrians walk bridges, overpasses, plazas, parking lots and other facilities). If there are several times of cleaning in a day at a location, the area of that time of cleaning with the largest area cleaned will be taken.

**Vehicles and Facilities Dedicated to Urban Cleanliness and Environmental Sanitation** refer to vehicles and facilities dedicated for use in the operation, management and monitoring of environmental hygiene work. They include vehicles for road cleaning, washing, showering, ice removal, disposal of garbage and human wastes, cleanliness monitoring and related activities.

**Public Transportation Vehicles per 10000 Population** refers to the number of public transportation vehicles, calculated by urban population, per 10000 population in the city district. The formula for calculation is:

$$\text{Public Transportation Vehicles per 10000 Population} = \frac{\text{Number of Public Transportation Vehicles}}{\text{City District Population}}$$

# 附录　各县、市主要指标(2018年)

APPENDIX　MAIN INDICATORS OF COUNTIES(2018)

资料整理：王志博　魏　瑨　王　悦　张小璇
曹夏茵　赵秋梅　李红良　安　静
刘忠梁　郭振威

# 附录　各县、市主要指标(2018年)
# Main Indicators of Counties (2018)

| 县、市名称 | Name | 行政区域土地面积(平方公里) Total Land Area (sq.km) | 年底总人口(人) Total Population (year-end) (person) | 乡镇(个) Township and Towns (unit) | #建制镇 Organic Town | 村民委员会(个) Villagers Committee (unit) |
|---|---|---|---|---|---|---|
| 阿城区 | Acheng | 2814 | 544514 | 4 | 4 | 108 |
| 呼兰区 | Hulan | 2197 | 609287 | 9 | 9 | 162 |
| 宾　县 | Bin County | 3845 | 569697 | 17 | 12 | 143 |
| 依兰县 | Yilan County | 4616 | 379765 | 9 | 6 | 132 |
| 方正县 | Fangzheng County | 2969 | 220989 | 8 | 4 | 67 |
| 双城区 | Shuangcheng | 3112 | 770024 | 17 | 9 | 246 |
| 尚志市 | Shangzhi City | 8825 | 560448 | 17 | 10 | 163 |
| 五常市 | Wuchang City | 7512 | 897705 | 24 | 12 | 261 |
| 巴彦县 | Bayan County | 3138 | 645615 | 18 | 10 | 116 |
| 木兰县 | Mulan County | 3600 | 249428 | 8 | 6 | 86 |
| 通河县 | Tonghe County | 5675 | 235487 | 8 | 8 | 82 |
| 延寿县 | Yanshou County | 3150 | 246787 | 9 | 6 | 106 |
| 龙江县 | Longjiang County | 6200 | 580847 | 14 | 8 | 158 |
| 依安县 | Yian County | 3678 | 464931 | 15 | 6 | 149 |
| 泰来县 | Tailai County | 3922 | 303490 | 10 | 8 | 83 |
| 甘南县 | Gannan County | 4792 | 375508 | 10 | 5 | 95 |
| 富裕县 | Fuyu County | 4060 | 279955 | 10 | 6 | 90 |
| 克山县 | Keshan County | 3320 | 459566 | 15 | 7 | 122 |
| 克东县 | Kedong County | 2083 | 277110 | 7 | 5 | 98 |
| 拜泉县 | Baiquan County | 3599 | 553219 | 16 | 7 | 186 |
| 梅里斯区 | Meilisi Daur District | 2078 | 164060 | 6 | 5 | 49 |
| 讷河市 | Nehe City | 6648 | 681250 | 15 | 11 | 171 |
| 鸡东县 | Jidong County | 3243 | 270716 | 11 | 8 | 123 |
| 虎林市 | Hulin City | 9334 | 275326 | 11 | 7 | 85 |
| 密山市 | Mishan City | 7843 | 396504 | 16 | 8 | 154 |
| 萝北县 | Luobei County | 2167 | 213964 | 8 | 6 | 63 |
| 绥滨县 | Suibin County | 3335 | 176036 | 9 | 3 | 109 |
| 集贤县 | Jixian County | 2258 | 294415 | 8 | 5 | 150 |
| 友谊县 | Youyi County | 1647 | 108323 | 11 | 4 | |
| 宝清县 | Baoqing County | 10001 | 401556 | 10 | 6 | 145 |
| 饶河县 | Raohe County | 6765 | 139094 | 9 | 4 | 79 |
| 肇州县 | Zhaozhou County | 2445 | 429815 | 12 | 6 | 104 |
| 肇源县 | Zhaoyuan County | 4120 | 443397 | 16 | 8 | 135 |
| 林甸县 | Lindian County | 3493 | 254565 | 8 | 5 | 83 |
| 杜蒙自治县 | Durbote Mongolia Autonomous County | 6054 | 244558 | 11 | 5 | 79 |
| 大同区 | Datong | 2372 | 219184 | 8 | 4 | 58 |

注：阿城区、呼兰区、双城区、梅里斯区、大同区、阳明区、爱辉区、北林区、加格达奇区、佳木斯郊区和五大连池风景区的主要指标数据来自当地统计局(下同)。

a) The main indicators data of Acheng,Hulan,Shuangcheng,Meilisi Daur,Datong,Yangming,Aihui,Beilin and Jiagedaqi District,Jiamusi Suburb, Wudalianchi Scenic Spot come from local Statistics(the same as following tables).

附录 续表1 Continued

| 县、市名称 | Name | 行政区域土地面积(平方公里) Total Land Area (sq.km) | 年底总人口(人) Total Population (year-end) (person) | 乡镇个数(个) Township and Towns (unit) | #建制镇 Organic Town | 村民委员会数(个) Villagers Committee (unit) |
|---|---|---|---|---|---|---|
| 嘉荫县 | Jiayin County | 6739 | 70389 | 9 | 4 | 73 |
| 铁力市 | Tieli City | 6730 | 345571 | 8 | 5 | 76 |
| 桦南县 | Huanan County | 4415 | 411128 | 10 | 6 | 192 |
| 桦川县 | Huachuan County | 2268 | 203737 | 9 | 5 | 105 |
| 汤原县 | Tangyuan County | 3416 | 241604 | 10 | 4 | 137 |
| 抚远市 | Fuyuan City | 6263 | 83434 | 10 | 5 | 49 |
| 同江市 | Tongjiang City | 6300 | 175525 | 10 | 6 | 85 |
| 富锦市 | Fujin City | 8227 | 453454 | 11 | 11 | 267 |
| 佳木斯郊区 | Jiamusi Suburb | 1748 | 260145 | 13 | 7 | 178 |
| 勃利县 | Boli County | 4455 | 304444 | 10 | 5 | 133 |
| 穆棱市 | Muling City | 6673 | 271325 | 8 | 6 | 127 |
| 东宁市 | Dongning City | 7139 | 202973 | 6 | 6 | 102 |
| 林口县 | Linkou County | 7185 | 336520 | 11 | 11 | 176 |
| 绥芬河市 | Suifenhe City | 422 | 69607 | 2 | 2 | 11 |
| 海林市 | Hailin City | 8814 | 365797 | 8 | 8 | 112 |
| 宁安市 | Ningan City | 7924 | 411182 | 12 | 8 | 240 |
| 阳明区 | Yangming | 1345 | 217002 | 4 | 4 | 59 |
| 北安市 | Beian City | 7194 | 420494 | 9 | 5 | 62 |
| 五大连池市 | Wudalianchi City | 9846 | 335288 | 11 | 7 | 96 |
| 五大连池风景区 | Wudalianchi scenic spot | 748 | 21077 | 1 | 1 | 3 |
| 爱辉区 | Aihui | 14446 | 184064 | 11 | 3 | 89 |
| 嫩江县 | Nenjiang County | 15109 | 464733 | 14 | 9 | 147 |
| 逊克县 | Xunke County | 17344 | 95456 | 9 | 3 | 78 |
| 孙吴县 | Sunwu County | 4319 | 92582 | 11 | 2 | 94 |
| 安达市 | Anda City | 3586 | 450922 | 14 | 11 | 116 |
| 肇东市 | Zhaodong City | 3905 | 859001 | 21 | 12 | 186 |
| 海伦市 | Hailun City | 4667 | 756616 | 23 | 14 | 243 |
| 北林区 | Beilin | 2756 | 813016 | 20 | 14 | 148 |
| 望奎县 | Wangkui County | 2314 | 444755 | 15 | 10 | 109 |
| 兰西县 | Lanxi County | 2499 | 484699 | 15 | 8 | 105 |
| 青冈县 | Qinggang County | 2685 | 445557 | 15 | 11 | 165 |
| 庆安县 | Qingan County | 5469 | 365882 | 14 | 8 | 93 |
| 明水县 | Mingshui County | 2308 | 332909 | 12 | 6 | 99 |
| 绥棱县 | Suiling County | 4238 | 293632 | 11 | 5 | 76 |
| 呼玛县 | Huma County | 14335 | 286161 | 8 | 2 | 54 |
| 塔河县 | Tahe County | 14059 | 73083 | 7 | 4 | 11 |
| 漠河市 | Mohe City | 18432 | 70532 | 6 | 6 | 7 |
| 加格达奇区 | Jiagedaqi District | 1359 | 138382 | 2 |  | 8 |

## 附录 续表2 Continued

| 县、市名称 | Name | 地区生产总值（万元）Gross Domestic Product (10000 yuan) | 第一产业 Primary Industry | 第二产业 Secondary Industry | 第三产业 Tertiary Industry | 地区生产总值指数（上年=100）Indices of Gross Domestic Product (preceding year=100) | 人均地区生产总值（元）Per Capita GDP (yuan) |
|---|---|---|---|---|---|---|---|
| 阿城区 | Acheng | 3233322 | 185520 | 817478 | 2230324 | 103.6 | 59245 |
| 呼兰区 | Hulan | 1278975 | 370066 | 211203 | 697706 | 94.0 | |
| 宾　县 | Bin County | 3049266 | 370904 | 970952 | 1707410 | 102.3 | 53408 |
| 依兰县 | Yilan County | 1364203 | 232292 | 271017 | 860894 | 92.1 | 35798 |
| 方正县 | Fangzheng County | 644004 | 231745 | 105597 | 306662 | 102.5 | 29081 |
| 双城区 | Shuangcheng | 5299105 | 1022148 | 1159055 | 3117902 | 101.0 | 68625 |
| 尚志市 | Shangzhi City | 2137363 | 554357 | 432956 | 1150050 | 101.3 | 37933 |
| 五常市 | Wuchang City | 4132765 | 959002 | 1124188 | 2049575 | 104.5 | 45952 |
| 巴彦县 | Bayan County | 1810756 | 363160 | 259332 | 1188264 | 105.3 | 27934 |
| 木兰县 | Mulan County | 830684 | 212651 | 81332 | 536701 | 107.8 | 33175 |
| 通河县 | Tonghe County | 795631 | 266047 | 97152 | 432432 | 105.8 | 32930 |
| 延寿县 | Yanshou County | 648142 | 143617 | 143935 | 360590 | 97.7 | 26180 |
| 龙江县 | Longjiang County | 1004990 | 450066 | 258454 | 296470 | 108.7 | 17256 |
| 依安县 | Yian County | 588607 | 291142 | 84577 | 212888 | 104.7 | 12620 |
| 泰来县 | Tailai County | 535142 | 230734 | 108522 | 195886 | 106.1 | 17583 |
| 甘南县 | Gannan County | 805637 | 393583 | 172316 | 239738 | 104.5 | 21389 |
| 富裕县 | Fuyu County | 716003 | 277329 | 230222 | 208452 | 105.9 | 25483 |
| 克山县 | Keshan County | 717162 | 265289 | 164075 | 287798 | 105.0 | 15541 |
| 克东县 | Kedong County | 479187 | 144801 | 244396 | 89990 | 114.5 | 17239 |
| 拜泉县 | Baiquan County | 856251 | 267882 | 218204 | 370165 | 98.6 | 15437 |
| 梅里斯区 | Meilisi Daur District | 317336 | 132346 | 58173 | 126817 | 106.5 | 19289 |
| 讷河市 | Nehe City | 1147753 | 447244 | 206582 | 493927 | 105.9 | 16806 |
| 鸡东县 | Jidong County | 849439 | 302439 | 170874 | 376126 | 107.1 | 31202 |
| 虎林市 | Hulin City | 1508239 | 931573 | 166867 | 409799 | 104.2 | 54530 |
| 密山市 | Mishan City | 1374413 | 583359 | 199122 | 591932 | 106.6 | 34479 |
| 萝北县 | Luobei County | 864085 | 434775 | 143700 | 285610 | 104.8 | 40204 |
| 绥滨县 | Suibin County | 527844 | 357008 | 25992 | 144844 | 104.7 | 29921 |
| 集贤县 | Jixian County | 796751 | 244066 | 173938 | 378747 | 105.4 | 27009 |
| 友谊县 | Youyi County | 480087 | 223579 | 98060 | 158448 | 104.7 | 44452 |
| 宝清县 | Baoqing County | 1723224 | 967531 | 279400 | 476293 | 105.9 | 42866 |
| 饶河县 | Raohe County | 603395 | 412057 | 48459 | 142879 | 105.2 | 43409 |
| 肇州县 | Zhaozhou County | 1155975 | 450660 | 338603 | 366712 | 108.1 | 26846 |
| 肇源县 | Zhaoyuan County | 1014935 | 424481 | 120670 | 469784 | 105.3 | 23043 |
| 林甸县 | Lindian County | 454313 | 235041 | 47711 | 171561 | 109.4 | 18029 |
| 杜蒙自治县 | Durbote Mongolia Autonomous County | 781928 | 349809 | 149645 | 282474 | 109.8 | 33150 |
| 大同区 | Datong | 891173 | 357533 | 195071 | 338569 | 107.7 | 42518 |

注：2018年呼兰区GDP不含利民开发区；暂时无法计算呼兰区(不含利民开发区)人均地区生产总值。

a) the GDP of Hulan District in 2018 does not include the development zone for the benefit of the people; the per capita GDP of Hulan District (excluding the development zone for the benefit of the people) cannot be calculated temporarily.

附录 续表3 Continued

| 县、市名称 | Name | 地区生产总值(万元) Gross Domestic Product (10000 yuan) | 第一产业 Primary Industry | 第二产业 Secondary Industry | 第三产业 Tertiary Industry | 地区生产总值指数(上年=100) Indices of Gross Domestic Product (preceding year=100) | 人均地区生产总值(元) Per Capita GDP (yuan) |
|---|---|---|---|---|---|---|---|
| 嘉荫县 | Jiayin County | 240658 | 128432 | 25795 | 86431 | 103.1 | 34058 |
| 铁力市 | Tieli City | 810118 | 407877 | 122413 | 279828 | 105.8 | 23272 |
| 桦南县 | Huanan County | 1433874 | 617359 | 351780 | 464735 | 106.1 | 34816 |
| 桦川县 | Huachuan County | 733181 | 388815 | 210964 | 133402 | 106.2 | 33260 |
| 汤原县 | Tangyuan County | 865914 | 338616 | 294196 | 233102 | 106.1 | 35708 |
| 抚远市 | Fuyuan City | 708315 | 534965 | 28696 | 144654 | 105.8 | 59522 |
| 同江市 | Tongjiang City | 1098226 | 714891 | 105832 | 277503 | 106.1 | 52302 |
| 富锦市 | Fujin City | 1882672 | 741026 | 429668 | 711978 | 106.5 | 41465 |
| 佳木斯郊区 | Jiamusi Suburb | | | | | | |
| 勃利县 | Boli County | 570683 | 152728 | 147428 | 270527 | 107.4 | 20165.5 |
| 穆棱市 | Muling City | 1757737 | 215590 | 886467 | 655680 | 101.5 | 63257 |
| 东宁市 | Dongning City | 1473018 | 245005 | 353906 | 874107 | 101.4 | 75001 |
| 林口县 | Linkou County | 891462 | 252311 | 310189 | 328962 | 101.3 | 25965 |
| 绥芬河市 | Suifenhe City | 1479239 | 14548 | 155620 | 1309071 | 103.1 | 144602 |
| 海林市 | Hailin City | 1926696 | 281267 | 895070 | 750359 | 100.1 | 52265 |
| 宁安市 | Ningan City | 1944532 | 489664 | 699911 | 754957 | 100.9 | 46550 |
| 阳明区 | Yangming | 622467 | 70522 | 298858 | 253087 | 101.3 | |
| 北安市 | Beian City | 1165480 | 321359 | 239744 | 604377 | 106.8 | 27582 |
| 五大连池市 | Wudalianchi City | 862054 | 525560 | 78037 | 258457 | 106.9 | 32653 |
| 五大连池风景区 | Wudalianchi scenic spot | 65172 | 17878 | 5862 | 41432 | 105.5 | 30887 |
| 爱辉区 | Aihui | 278680 | 100673 | 85475 | 92532 | 107.7 | 34110 |
| 嫩江县 | Nenjiang County | 2093751 | 1016839 | 248623 | 828289 | 106.3 | 44859 |
| 逊克县 | Xunke County | 305790 | 167609 | 63348 | 74833 | 113.1 | 31909 |
| 孙吴县 | Sunwu County | 168409 | 80477 | 24772 | 63160 | 107.3 | 18120 |
| 安达市 | Anda City | 2635579 | 356066 | 946948 | 1332565 | 103.2 | 58129 |
| 肇东市 | Zhaodong City | 3633360 | 822083 | 1364269 | 1447008 | 103.0 | 42192 |
| 海伦市 | Hailun City | 1481810 | 815542 | 311025 | 355243 | 103.4 | 19524 |
| 北林区 | Beilin | 1778102 | 769555 | 492707 | 515840 | 106.4 | 21813 |
| 望奎县 | Wangkui County | 763962 | 345370 | 265500 | 153092 | 103.3 | 17146 |
| 兰西县 | Lanxi County | 757130 | 340478 | 242486 | 174166 | 105.6 | 15587 |
| 青冈县 | Qinggang County | 744991 | 393763 | 247958 | 103270 | 105.9 | 16700 |
| 庆安县 | Qingan County | 965698 | 439044 | 259740 | 266914 | 106.1 | 26310 |
| 明水县 | Mingshui County | 593653 | 259509 | 231095 | 103049 | 106.2 | 17798 |
| 绥棱县 | Suiling County | 634834 | 269374 | 187261 | 178199 | 101.7 | 21549 |
| 呼玛县 | Huma County | 131315 | 70704 | 10209 | 50402 | 101.5 | 29208 |
| 塔河县 | Tahe County | 186771 | 97508 | 13088 | 76175 | 105.3 | 25212 |
| 漠河市 | Mohe City | 292852 | 100928 | 48718 | 143206 | 106.7 | 41075 |
| 加格达奇区 | Jiagedaqi District | 390780 | 69359 | 58024 | 263397 | 106.0 | 28024 |

## 附录　续表4　Continued

单位：人 (person)

| 县、市名称 | Name | 城镇非私营单位就业人数 Number of Employment In Urban Units (Excluding Private) | 国有单位 State-owned Units | 集体单位 Collective-owned Units | 其他单位 Other | 城镇非私营单位就业人员平均工资(元) Average wage of Employed Persons(yuan, Excluding Private) |
|---|---|---|---|---|---|---|
| 阿城区 | Acheng | 26568 | 15439 | 1483 | 9646 | 59086 |
| 呼兰区 | Hulan | 35224 | 20980 | 1688 | 12556 | 61992 |
| 宾　县 | Bin County | 18555 | 14625 | 519 | 3411 | 62813 |
| 依兰县 | Yilan County | 15155 | 12980 | 13 | 2162 | 57797 |
| 方正县 | Fangzheng County | 11989 | 10568 | 435 | 986 | 52674 |
| 双城区 | Shuangcheng | 20951 | 17073 | 298 | 3580 | 64530 |
| 尚志市 | Shangzhi City | 28315 | 23933 | 192 | 4190 | 48325 |
| 五常市 | Wuchang City | 27778 | 23182 | 864 | 3732 | 55542 |
| 巴彦县 | Bayan County | 22983 | 19654 |  | 3329 | 57703 |
| 木兰县 | Mulan County | 11422 | 8358 | 28 | 3036 | 55829 |
| 通河县 | Tonghe County | 16251 | 12228 | 59 | 3964 | 50172 |
| 延寿县 | Yanshou County | 11816 | 10585 | 289 | 942 | 59260 |
| 龙江县 | Longjiang County | 16595 | 12544 | 360 | 3691 | 49593 |
| 依安县 | Yian County | 13668 | 11352 | 585 | 1731 | 46074 |
| 泰来县 | Tailai County | 12933 | 11433 | 362 | 1138 | 59463 |
| 甘南县 | Gannan County | 27891 | 25595 | 721 | 1575 | 50116 |
| 富裕县 | Fuyu County | 16294 | 13556 | 281 | 2457 | 46118 |
| 克山县 | Keshan County | 21109 | 18882 | 376 | 1851 | 44292 |
| 克东县 | Kedong County | 9234 | 7210 | 268 | 1756 | 45268 |
| 拜泉县 | Baiquan County | 10922 | 9187 | 384 | 1351 | 50619 |
| 梅里斯区 | Meilisi Daur District | 5138 | 4443 | 38 | 657 | 58102 |
| 讷河市 | Nehe City | 21780 | 18574 | 768 | 2438 | 46628 |
| 鸡东县 | Jidong County | 14027 | 11918 | 457 | 1652 | 40139 |
| 虎林市 | Hulin City | 47199 | 43248 | 16 | 3935 | 36240 |
| 密山市 | Mishan City | 34520 | 31659 | 436 | 2425 | 43284 |
| 萝北县 | Luobei County | 41364 | 39853 | 429 | 1082 | 38561 |
| 绥滨县 | Suibin County | 29929 | 28308 | 285 | 1336 | 33719 |
| 集贤县 | Jixian County | 19284 | 15766 | 791 | 2727 | 44294 |
| 友谊县 | Youyi County | 25311 | 23457 |  | 1854 | 46755 |
| 宝清县 | Baoqing County | 64045 | 60832 | 164 | 3049 | 38602 |
| 饶河县 | Raohe County | 33648 | 32313 | 91 | 1244 | 47298 |
| 肇州县 | Zhaozhou County | 20782 | 17291 | 1324 | 2167 | 49986 |
| 肇源县 | Zhaoyuan County | 14666 | 12074 | 391 | 2201 | 56987 |
| 林甸县 | Lindian County | 10584 | 9070 | 279 | 1235 | 56775 |
| 杜蒙自治县 | Durbote Mongolia Autonomous County | 13431 | 10750 | 40 | 2641 | 49802 |
| 大同区 | Datong | 10116 | 7926 | 898 | 1292 | 69957 |

# 附录 续表5 Continued

单位：人 (person)

| 县、市名称 | Name | 城镇非私营单位就业人数 Number of Employment In Urban Units (Excluding Private) | 国有单位 State-owned Units | 集体单位 Collective-owned Units | 其他单位 Other | 城镇非私营单位就业人员平均工资(元) Average wage of Employed Persons(yuan, Excluding Private) |
|---|---|---|---|---|---|---|
| 嘉荫县 | Jiayin County | 11332 | 10998 | | 334 | 42964 |
| 铁力市 | Tieli City | 35064 | 33188 | 84 | 1792 | 35693 |
| 桦南县 | Huanan County | 30910 | 26177 | 1077 | 3656 | 38682 |
| 桦川县 | Huachuan County | 13826 | 12553 | 333 | 940 | 36708 |
| 汤原县 | Tangyuan County | 19809 | 16664 | 298 | 2847 | 35591 |
| 抚远市 | Fuyuan City | 17311 | 16599 | 204 | 508 | 43205 |
| 同江市 | Tongjiang City | 10375 | 7567 | 224 | 2584 | 53391 |
| 富锦市 | Fujin City | 46862 | 38890 | 2289 | 5683 | 45395 |
| 佳木斯郊区 | Jiamusi Suburb | 9247 | 8376 | 219 | 652 | 52986 |
| 勃利县 | Boli County | 16457 | 11076 | 392 | 4989 | 45273 |
| 穆棱市 | Muling City | 17619 | 16172 | 242 | 1205 | 47705 |
| 东宁市 | Dongning City | 14746 | 13088 | 178 | 1480 | 58551 |
| 林口县 | Linkou County | 13213 | 11727 | 317 | 1169 | 53655 |
| 绥芬河市 | Suifenhe City | 8378 | 6550 | 193 | 1635 | 67831 |
| 海林市 | Hailin City | 28693 | 25068 | 329 | 3296 | 45442 |
| 宁安市 | Ningan City | 23263 | 20907 | 615 | 1741 | 54313 |
| 阳明区 | Yangming | 9461 | 4200 | 110 | 5151 | 65345 |
| 北安市 | Beian City | 44143 | 40144 | 252 | 3747 | 38277 |
| 五大连池市 | Wudalianchi City | 39278 | 34224 | 99 | 4955 | 33872 |
| 五大连池风景区 | Wudalianchi scenic spot | 6822 | 6254 | 7 | 561 | 27094 |
| 爱辉区 | Aihui | 16371 | 10961 | 42 | 5368 | 48974 |
| 嫩江县 | Nenjiang County | 70889 | 64760 | 93 | 6036 | 37256 |
| 逊克县 | Xunke County | 13887 | 12382 | 449 | 1056 | 35335 |
| 孙吴县 | Sunwu County | 11346 | 9767 | 398 | 1181 | 41161 |
| 安达市 | Anda City | 19288 | 14071 | 1028 | 4189 | 55688 |
| 肇东市 | Zhaodong City | 34735 | 23175 | 588 | 10972 | 49676 |
| 海伦市 | Hailun City | 25802 | 21734 | 679 | 3389 | 47337 |
| 北林区 | Beilin | 28732 | 18616 | 201 | 9915 | 51870 |
| 望奎县 | Wangkui County | 15752 | 13556 | 309 | 1887 | 45123 |
| 兰西县 | Lanxi County | 12658 | 10527 | 625 | 1506 | 54820 |
| 青冈县 | Qinggang County | 17336 | 10063 | 401 | 6872 | 49731 |
| 庆安县 | Qingan County | 18351 | 14493 | 168 | 3690 | 46328 |
| 明水县 | Mingshui County | 15411 | 13004 | 953 | 1454 | 49975 |
| 绥棱县 | Suiling County | 17157 | 16398 | 374 | 385 | 41092 |
| 呼玛县 | Huma County | 6178 | 5758 | 35 | 385 | 59350 |
| 塔河县 | Tahe County | 12482 | 12086 | | 396 | 42487 |
| 漠河市 | Mohe City | 17522 | 16517 | | 1005 | 41531 |
| 加格达奇区 | Jiagedaqi District | 21056 | 15878 | | 5178 | 68053 |

## 附录 续表6 Continued

单位：万元 (10000 yuan)

| 县、市名称 | Name | 农林牧渔业总产值 Gross Output Value of Farming, Forestry, Animal Husbandry and Fishery | | | | | 化肥施用折纯量(吨) Consumption of Chemical Fertilizers (ton, Converting the gross weight into weight containing 100% effective component) | 农村用电量(万千瓦时) Electricity Consumed in Rural Areas (10000 kwh) | 农用机械总动力(万千瓦) Total Agricultural Machinery Power (10000 kw) |
|---|---|---|---|---|---|---|---|---|---|
| | | 合 计 Total | #农 业 Farming | #林 业 Forestry | #牧 业 Animal Husbandry | #渔 业 Fishery | | | |
| 阿城区 | Acheng | 391591 | 204163 | 4074 | 146413 | 9841 | 17170 | 19840 | 48.6 |
| 呼兰区 | Hulan | 685842 | 453117 | 14500 | 185032 | 17050 | 35486 | 10068 | 59.8 |
| 宾 县 | Bin County | 760590 | 291444 | 30805 | 428278 | 6780 | 56249 | 10586 | 99.8 |
| 依兰县 | Yilan County | 423228 | 342405 | 16689 | 37874 | 5206 | 20484 | 14562 | 71.4 |
| 方正县 | Fangzheng County | 410331 | 302990 | 28176 | 57813 | 16556 | 13569 | 6794 | 73.6 |
| 双城区 | Shuangcheng | 1966432 | 1191662 | 10784 | 626779 | 29622 | 73935 | 29786 | 91.9 |
| 尚志市 | Shangzhi City | 982408 | 746053 | 54909 | 152154 | 16460 | 20774 | 16013 | 81.7 |
| 五常市 | Wuchang City | 1740191 | 1226163 | 80874 | 316939 | 40070 | 56707 | 25864 | 153.4 |
| 巴彦县 | Bayan County | 726291 | 415749 | 3519 | 245305 | 14130 | 43151 | 12947 | 144.2 |
| 木兰县 | Mulan County | 401942 | 266308 | 10081 | 96184 | 8805 | 17302 | 5310 | 75.1 |
| 通河县 | Tonghe County | 478609 | 373275 | 43370 | 38564 | 8474 | 15058 | 9827 | 98.9 |
| 延寿县 | Yanshou County | 290131 | 204837 | 12175 | 53599 | 4425 | 29460 | 8458 | 50.1 |
| 龙江县 | Longjiang County | 893236 | 422564 | 3855 | 451923 | 13770 | 38037 | 12875 | 178.1 |
| 依安县 | Yian County | 591743 | 344971 | 20731 | 212618 | 5522 | 22200 | 6785 | 66.6 |
| 泰来县 | Tailai County | 431392 | 258951 | 6873 | 144173 | 20022 | 40389 | 8544 | 85.7 |
| 甘南县 | Gannan County | 685280 | 422484 | 3087 | 248427 | 9520 | 25433 | 6466 | 75.1 |
| 富裕县 | Fuyu County | 548735 | 312253 | 3867 | 214465 | 17760 | 24915 | 8289 | 54.5 |
| 克山县 | Keshan County | 581146 | 352307 | 2074 | 207519 | 7106 | 21336 | 5399 | 69.0 |
| 克东县 | Kedong County | 292246 | 127219 | 6508 | 153378 | 4682 | 9988 | 3875 | 58.8 |
| 拜泉县 | Baiquan County | 497954 | 314127 | 22648 | 146375 | 7790 | 37239 | 9545 | 73.9 |
| 梅里斯区 | Meilisi Daur District | 240258 | 161840 | 2451 | 71304 | 3678 | 46424 | 3109 | |
| 讷河市 | Nehe City | 887567 | 509111 | 10659 | 340825 | 17820 | 35059 | 19038 | 116.9 |
| 鸡东县 | Jidong County | 545593 | 348830 | 15696 | 162949 | 10150 | 8120 | 13275 | 54.8 |
| 虎林市 | Hulin City | 1545392 | 1345054 | 50908 | 106725 | 24696 | 20130 | 6376 | 94.6 |
| 密山市 | Mishan City | 1066653 | 803630 | 11282 | 186752 | 41286 | 21980 | 14403 | 90.5 |
| 萝北县 | Luobei County | 845103 | 505579 | 13018 | 263441 | 3616 | 17811 | 1789 | 34.2 |
| 绥滨县 | Suibin County | 642320 | 476928 | 3570 | 78861 | 16589 | 19304 | 3038 | 64.3 |
| 集贤县 | Jixian County | 322912 | 256819 | 4953 | 52728 | 3738 | 28137 | 12595 | 69.2 |
| 友谊县 | Youyi County | 277897 | 253286 | 2180 | 16758 | 1370 | 335 | 105 | 3.9 |
| 宝清县 | Baoqing County | 1334213 | 968539 | 33691 | 270704 | 21194 | 25575 | 8936 | 93.0 |
| 饶河县 | Raohe County | 1040829 | 859743 | 80920 | 70121 | 7619 | 13972 | 1954 | 35.8 |
| 肇州县 | Zhaozhou County | 933452 | 369297 | 6595 | 548455 | 5156 | 34666 | 4486 | 70.1 |
| 肇源县 | Zhaoyuan County | 832282 | 455763 | 11614 | 314354 | 47661 | 24902 | 13747 | 54.5 |
| 林甸县 | Lindian County | 484741 | 222207 | 8614 | 233247 | 16045 | 23521 | 9746 | 106.0 |
| 杜蒙自治县 | Durbote Mongolia Autonomous County | 778906 | 260723 | 5198 | 434027 | 70935 | 25090 | 8126 | 83.8 |
| 大同区 | Datong | 699200 | 390585 | 29539 | 252477 | 26599 | 17566 | 3380 | 39.5 |

## 附录 续表7 Continued

单位：万元 (10000 yuan)

| 县、市名称 | Name | 农林牧渔业总产值 Gross Output Value of Farming, Forestry, Animal Husbandry and Fishery | | | | | 化肥施用折纯量(吨) Consumption of Chemical Fertilizers (ton, Converting the gross weight into weight containing 100% effective component) | 农村用电量(万千瓦时) Electricity Consumed in Rural Areas (10000 kwh) | 农用机械总动力(万千瓦) Total Agricultural Machinery Power (10000 kw) |
|---|---|---|---|---|---|---|---|---|---|
| | | 合 计 Total | #农业 Farming | #林业 Forestry | #牧业 Animal Husbandry | #渔业 Fishery | | | |
| 嘉荫县 | Jiayin County | 197179 | 172649 | 2769 | 13639 | 1710 | 6328 | 640 | 18.1 |
| 铁力市 | Tieli City | 690834 | 396320 | 68547 | 216099 | 3423 | 11694 | 2852 | 36.7 |
| 桦南县 | Huanan County | 1141678 | 617891 | 63676 | 426875 | 28762 | 46062 | 8115 | 104.6 |
| 桦川县 | Huachuan County | 640146 | 504323 | 2938 | 113299 | 14890 | 51002 | 15244 | 79.7 |
| 汤原县 | Tangyuan County | 657266 | 431766 | 19662 | 177180 | 11140 | 19219 | 23185 | 57.8 |
| 抚远市 | Fuyuan City | 869159 | 800253 | 4799 | 17814 | 28123 | 9911 | 7380 | 69.4 |
| 同江市 | Tongjiang City | 1009833 | 930319 | 4005 | 32673 | 15258 | 32406 | 4405 | 64.4 |
| 富锦市 | Fujin City | 1014221 | 922805 | 4052 | 56058 | 13953 | 62460 | 19620 | 135.4 |
| 佳木斯郊区 | Jiamusi Suburb | | | | | | 18060 | 14944 | 45.6 |
| 勃利县 | Boli County | 296320 | 170992 | 31118 | 77181 | 4842 | 27051 | 8982 | 44.6 |
| 穆棱市 | Muling City | 396520 | 282160 | 11653 | 77010 | 4320 | 12161 | 4131 | 31.3 |
| 东宁市 | Dongning City | 436868 | 369216 | 3291 | 23216 | 3035 | 9637 | 8965 | 54.0 |
| 林口县 | Linkou County | 449211 | 324791 | 2498 | 113056 | 2963 | 18434 | 7236 | 62.6 |
| 绥芬河市 | Suifenhe City | 25590 | 17212 | 10 | 7968 | 289 | 372 | 316 | 4.2 |
| 海林市 | Hailin City | 478406 | 389099 | 13417 | 62627 | 5049 | 12023 | 7507 | 41.9 |
| 宁安市 | Ningan City | 893993 | 620881 | 10004 | 207962 | 11447 | 24511 | 13322 | 91.4 |
| 阳明区 | Yangming | 13134 | 82037 | 230 | 45605 | 732 | 5136 | 4697 | 13.2 |
| 北安市 | Beian City | 563350 | 422843 | 26915 | 78763 | 8390 | 32182 | 4148 | |
| 五大连池市 | Wudalianchi City | 1062796 | 649561 | 240521 | 104074 | 18816 | 20273 | 9716 | 39.6 |
| 五大连池风景区 | Wudalianchi scenic spot | 20687 | 13401 | 693 | 3307 | 2773 | 2648 | 183 | 3.2 |
| 爱辉区 | Aihui | 198198 | 127358 | 20806 | 42405 | 3638 | 11105 | 1983 | 30.3 |
| 嫩江县 | Nenjiang County | 1915210 | 1534822 | 19155 | 232976 | 4662 | 34097 | 6110 | 90.9 |
| 逊克县 | Xunke County | 339680 | 251542 | 9764 | 35720 | 5622 | 25348 | 1834 | 51.1 |
| 孙吴县 | Sunwu County | 171377 | 136127 | 10543 | 18899 | 885 | 9003 | 1152 | 48.2 |
| 安达市 | Anda City | 710340 | 344799 | 2900 | 327343 | 23453 | 25627 | 11854 | 61.7 |
| 肇东市 | Zhaodong City | 1641325 | 712477 | 6269 | 852377 | 66266 | 68852 | 23167 | 62.6 |
| 海伦市 | Hailun City | 1124937 | 933034 | 15820 | 165100 | 7593 | 59356 | 13316 | 98.0 |
| 北林区 | Beilin | 1458500 | 715234 | 8156 | 671276 | 54519 | 35963 | 19252 | 126.0 |
| 望奎县 | Wangkui County | 679975 | 342317 | 1819 | 325766 | 9390 | 28924 | 6135 | 46.6 |
| 兰西县 | Lanxi County | 658318 | 380211 | 5385 | 260732 | 10535 | 43435 | 13853 | 47.5 |
| 青冈县 | Qinggang County | 767062 | 426460 | 5039 | 314747 | 12053 | 28095 | 18335 | 64.6 |
| 庆安县 | Qingan County | 782315 | 595707 | 17921 | 129769 | 21464 | 19205 | 16233 | 61.7 |
| 明水县 | Mingshui County | 503247 | 266947 | 6678 | 219477 | 7800 | 13129 | 7485 | 80.6 |
| 绥棱县 | Suiling County | 458085 | 390201 | 13089 | 32704 | 16540 | 20779 | 17767 | 71.3 |
| 呼玛县 | Huma County | 127661 | 87630 | 23704 | 8478 | 1307 | 4337 | 643 | 24.6 |
| 塔河县 | Tahe County | 188108 | 33381 | 137694 | 11436 | 352 | 319 | 395 | 2.9 |
| 漠河市 | Mohe City | 207607 | 60103 | 98006 | 31474 | 325 | 170 | 855 | 2.6 |
| 加格达奇区 | Jiagedaqi District | 43056 | 28114 | 1877 | 10725 | 662 | 1123 | 109 | 4.8 |

# 附录　续表8 Continued

单位：公顷　　(hectare)

| 县、市名称 | Name | 主要农作物播种面积 Sown Areas of Main Farm Crops | | | | |
|---|---|---|---|---|---|---|
| | | 粮　食 Grain Crops | #谷物 Cereal | #大豆 Soja | 油　料 Oil-bearing Crops | 甜　菜 Beetroots |
| 阿 城 区 | Acheng | 72689 | 69845 | 2433 | | |
| 呼 兰 区 | Hulan | 137483 | 123806 | 2304 | 32 | 3 |
| 宾　县 | Bin County | 161707 | 155738 | 2835 | 1 | |
| 依 兰 县 | Yilan County | 208651 | 191691 | 16840 | 25 | |
| 方 正 县 | Fangzheng County | 66634 | 55630 | 10607 | 50 | |
| 双 城 区 | Shuangcheng | 207372 | 196268 | 4333 | 1816 | |
| 尚 志 市 | Shangzhi City | 169853 | 105881 | 58300 | 549 | |
| 五 常 市 | Wuchang City | 266651 | 252733 | 13611 | | |
| 巴 彦 县 | Bayan County | 215527 | 182892 | 26466 | 1 | |
| 木 兰 县 | Mulan County | 100734 | 86576 | 13936 | 40 | |
| 通 河 县 | Tonghe County | 103222 | 73301 | 29037 | 5 | |
| 延 寿 县 | Yanshou County | 99860 | 61083 | 36715 | 22 | |
| 龙 江 县 | Longjiang County | 312287 | 298361 | 5716 | 385 | 488 |
| 依 安 县 | Yian County | 260442 | 184150 | 50664 | 72 | 6229 |
| 泰 来 县 | Tailai County | 167123 | 151392 | 6509 | 1185 | 12 |
| 甘 南 县 | Gannan County | 236891 | 196650 | 39170 | 1679 | 87 |
| 富 裕 县 | Fuyu County | 160565 | 129948 | 27243 | 12 | 1103 |
| 克 山 县 | Keshan County | 202972 | 93464 | 96631 | 203 | 276 |
| 克 东 县 | Kedong County | 117226 | 48191 | 68435 | | |
| 拜 泉 县 | Baiquan County | 238106 | 95674 | 130831 | 345 | 392 |
| 梅里斯区 | Meilisi Daur District | 86406 | 81703 | 4602 | 85 | 94 |
| 讷 河 市 | Nehe City | 382551 | 284740 | 84755 | 52 | 2012 |
| 鸡 东 县 | Jidong County | 94129 | 82539 | 10819 | 696 | |
| 虎 林 市 | Hulin City | 161523 | 128312 | 31993 | 155 | |
| 密 山 市 | Mishan City | 188139 | 173004 | 13474 | 2 | |
| 萝 北 县 | Luobei County | 74370 | 53866 | 20319 | 61 | |
| 绥 滨 县 | Suibin County | 91306 | 79846 | 10238 | | |
| 集 贤 县 | Jixian County | 114063 | 107655 | 6006 | 4 | |
| 友 谊 县 | Youyi County | 3170 | 2799 | 371 | 57 | 3 |
| 宝 清 县 | Baoqing County | 159529 | 94621 | 64480 | 867 | |
| 饶 河 县 | Raohe County | 86753 | 50813 | 34163 | 215 | |
| 肇 州 县 | Zhaozhou County | 129099 | 125463 | 3202 | 1025 | 160 |
| 肇 源 县 | Zhaoyuan County | 150407 | 124199 | 24018 | 11201 | |
| 林 甸 县 | Lindian County | 148984 | 92383 | 22401 | 215 | 117 |
| 杜蒙自治县 | Durbote Mongolia Autonomous County | 132975 | 104159 | 11787 | 750 | |
| 大 同 区 | Datong | 64230 | 56666 | 4370 | 2408 | 308 |

## 附录 续表9 Continued

单位：公顷 (hectare)

| 县、市名称 | Name | 主要农作物播种面积 Sown Areas of Main Farm Crops | | | | |
|---|---|---|---|---|---|---|
| | | 粮食 Grain Crops | #谷物 Cereal | #大豆 Soja | 油料 Oil-bearing Crops | 甜菜 Beetroots |
| 嘉荫县 | Jiayin County | 76450 | 28100 | 48349 | 15 | 1 |
| 铁力市 | Tieli City | 99813 | 58405 | 41407 | 209 | |
| 桦南县 | Huanan County | 202325 | 145268 | 54020 | 1968 | |
| 桦川县 | Huachuan County | 117557 | 104579 | 12074 | | |
| 汤原县 | Tangyuan County | 108834 | 89769 | 16931 | 0 | |
| 抚远市 | Fuyuan City | 154485 | 133268 | 21210 | | |
| 同江市 | Tongjiang City | 145447 | 89942 | 54840 | | |
| 富锦市 | Fujin City | 361533 | 285577 | 75616 | 44 | |
| 佳木斯郊区 | Jiamusi Suburb | 104207 | 84800 | 17053 | 24 | |
| 勃利县 | Boli County | 94173 | 88960 | 4011 | 35 | |
| 穆棱市 | Muling City | 121754 | 58052 | 60092 | 8190 | |
| 东宁市 | Dongning City | 40979 | 18189 | 21859 | 4297 | |
| 林口县 | Linkou County | 146862 | 88607 | 52775 | 3569 | |
| 绥芬河市 | Suifenhe City | 2764 | 282 | 684 | 187 | 1 |
| 海林市 | Hailin City | 78900 | 56384 | 20906 | 1567 | |
| 宁安市 | Ningan City | 136434 | 108267 | 17471 | 2046 | |
| 阳明区 | Yangming | | | | 1333 | |
| 北安市 | Beian City | 210059 | 75264 | 132256 | 51 | 62 |
| 五大连池市 | Wudalianchi City | 230896 | 68736 | 160830 | 32 | |
| 五大连池风景区 | Wudalianchi scenic spot | 12147 | 3588 | 6904 | | |
| 爱辉区 | Aihui | 111878 | 46865 | 50492 | 168 | |
| 嫩江县 | Nenjiang County | 431394 | 124544 | 301818 | 184 | |
| 逊克县 | Xunke County | 158007 | 60554 | 85177 | 36 | |
| 孙吴县 | Sunwu County | 104297 | 28084 | 66426 | 432 | |
| 安达市 | Anda City | 129607 | 121160 | 5866 | 76 | 136 |
| 肇东市 | Zhaodong City | 228547 | 217085 | 9368 | 233 | 199 |
| 海伦市 | Hailun City | 291917 | 148048 | 141954 | 15 | |
| 北林区 | Beilin | 197111 | 158678 | 27759 | | |
| 望奎县 | Wangkui County | 168841 | 134292 | 19768 | 5 | |
| 兰西县 | Lanxi County | 159605 | 153430 | 4973 | 182 | |
| 青冈县 | Qinggang County | 160930 | 150703 | 9907 | 204 | 14 |
| 庆安县 | Qingan County | 179727 | 138026 | 37385 | | |
| 明水县 | Mingshui County | 138336 | 103824 | 26475 | 35 | 27 |
| 绥棱县 | Suiling County | 134363 | 72466 | 61568 | 6 | |
| 呼玛县 | Huma County | 74860 | 11159 | 63070 | | |
| 塔河县 | Tahe County | 6884 | 152 | 6694 | | |
| 漠河市 | Mohe City | 3102 | 70 | 2883 | | |
| 加格达奇区 | Jiagedaqi District | 87416 | 8339 | 70894 | | |

附录　续表10　Continued

| 县、市名称 | Name | 主要农作物产量(吨) Yield of Main Farm Crops (ton) | | | | | 猪牛羊肉产量(吨) Yield of Pork Beef and Mutton (ton) | 水产品产量(吨) Aquatic Products (ton) |
|---|---|---|---|---|---|---|---|---|
| | | 粮食 Grain Crops | #谷物 Cereal | #大豆 Soja | 油料 Oil-bearing Crops | 甜菜 Beetroots | | |
| 阿城区 | Acheng | 499645 | 494412 | 3845 | | | 23567 | 10869 |
| 呼兰区 | Hulan | 1005901 | 933978 | 4220 | 40 | 110 | 44569 | 4268 |
| 宾县 | Bin County | 1085076 | 1073543 | 4786 | 3 | | 46042 | 8393 |
| 依兰县 | Yilan County | 1314995 | 1284187 | 30422 | 42 | | 8034 | 6901 |
| 方正县 | Fangzheng County | 364532 | 346520 | 17297 | 136 | | 6873 | 8900 |
| 双城区 | Shuangcheng | 1543692 | 1521395 | 6689 | 6854 | | 50828 | 11192 |
| 尚志市 | Shangzhi City | 803007 | 686905 | 105064 | 1318 | | 9228 | 9985 |
| 五常市 | Wuchang City | 1764020 | 1738338 | 24161 | | | 44327 | 10244 |
| 巴彦县 | Bayan County | 1454970 | 1372794 | 49746 | 1 | | 91898 | 18266 |
| 木兰县 | Mulan County | 596488 | 570011 | 25325 | 149 | | 8358 | 7224 |
| 通河县 | Tonghe County | 560318 | 506433 | 49921 | 10 | | 5082 | 7357 |
| 延寿县 | Yanshou County | 469804 | 404418 | 62039 | 20 | | 4165 | 4687 |
| 龙江县 | Longjiang County | 2063200 | 2037975 | 8778 | 245 | 1190 | 64819 | 8028 |
| 依安县 | Yian County | 1342461 | 1139043 | 64290 | 140 | 328313 | 48066 | 2212 |
| 泰来县 | Tailai County | 825715 | 802716 | 11716 | 2601 | 554 | 20241 | 14747 |
| 甘南县 | Gannan County | 1179081 | 1121373 | 54142 | 3955 | 3006 | 57048 | 8008 |
| 富裕县 | Fuyu County | 897466 | 837577 | 45707 | 25 | 28280 | 33205 | 3471 |
| 克山县 | Keshan County | 738954 | 555692 | 129531 | 575 | 9272 | 31917 | 2422 |
| 克东县 | Kedong County | 424450 | 323981 | 99342 | | | 10110 | 2894 |
| 拜泉县 | Baiquan County | 868565 | 642515 | 197196 | 602 | 12844 | 32972 | 4713 |
| 梅里斯区 | Meilisi Daur District | | | | 194 | 6405 | 15526 | 2452 |
| 讷河市 | Nehe City | 2048769 | 1880788 | 136119 | 61 | 90527 | 54038 | 10747 |
| 鸡东县 | Jidong County | 571221 | 547304 | 21895 | 1123 | | 24335 | 6286 |
| 虎林市 | Hulin City | 901229 | 840603 | 57412 | 308 | | 6946 | 10122 |
| 密山市 | Mishan City | 1164083 | 1137360 | 22123 | 7 | | 28023 | 25872 |
| 萝北县 | Luobei County | 363618 | 332296 | 30868 | 67 | | 46769 | 1516 |
| 绥滨县 | Suibin County | 460606 | 442338 | 15683 | | | 19197 | 6653 |
| 集贤县 | Jixian County | 778223 | 764151 | 12381 | 8 | | 10431 | 2389 |
| 友谊县 | Youyi County | 18539 | 17802 | 737 | 86 | 90 | 5529 | |
| 宝清县 | Baoqing County | 821294 | 713362 | 106340 | 213 | | 32968 | 6648 |
| 饶河县 | Raohe County | 392608 | 331585 | 57689 | 169 | | 6335 | 2223 |
| 肇州县 | Zhaozhou County | 965643 | 958138 | 6342 | 3561 | 5188 | 68446 | 8674 |
| 肇源县 | Zhaoyuan County | 1002061 | 949824 | 47040 | 30660 | | 34628 | 24673 |
| 林甸县 | Lindian County | 787645 | 681599 | 38321 | 302 | 2788 | 36841 | 12022 |
| 杜蒙自治县 | Durbote Mongolia Autonomous County | 743897 | 689835 | 23936 | 2682 | | 29231 | 32970 |
| 大同区 | Datong | 413743 | 403437 | 5508 | 7238 | 12662 | 27297 | |

附录 续表11 Continued

| 县、市名称 | Name | 主要农作物产量(吨) Yield of Main Farm Crops (ton) | | | | | 猪牛羊肉产量(吨) Yield of Pork Beef and Mutton (ton) | 水产品产量(吨) Aquatic Products (ton) |
|---|---|---|---|---|---|---|---|---|
| | | 粮食 Grain Crops | #谷物 Cereal | #大豆 Soja | 油料 Oil-bearing Crops | 甜菜 Beetroots | | |
| 嘉荫县 | Jiayin County | 246723 | 170001 | 76723 | 23 | 40 | 1241 | 736 |
| 铁力市 | Tieli City | 429656 | 368653 | 61003 | 348 | | 25236 | 982 |
| 桦南县 | Huanan County | 1168829 | 1038049 | 110982 | 3284 | | 48839 | 8227 |
| 桦川县 | Huachuan County | 758852 | 730473 | 23277 | | | 19587 | 8046 |
| 汤原县 | Tangyuan County | 679196 | 628921 | 36360 | 0 | | 40602 | 8092 |
| 抚远市 | Fuyuan City | 840427 | 809642 | 30772 | | | 2487 | 2140 |
| 同江市 | Tongjiang City | 660763 | 575473 | 84156 | | | 7268 | 15638 |
| 富锦市 | Fujin City | 2075634 | 1938087 | 135600 | 45 | | 23202 | 12141 |
| 佳木斯郊区 | Jiamusi Suburb | 654500 | 615000 | 33500 | 61 | | 60788 | 10460 |
| 勃利县 | Boli County | 523622 | 514315 | 6603 | 87 | | 15484 | 2432 |
| 穆棱市 | Muling City | 426695 | 318776 | 98897 | 13357 | | 14427 | 2497 |
| 东宁市 | Dongning City | 161327 | 117856 | 40337 | 6876 | | 4266 | 1764 |
| 林口县 | Linkou County | 580341 | 481559 | 79839 | 5436 | | 14953 | 1793 |
| 绥芬河市 | Suifenhe City | 11255 | 1595 | 1134 | 297 | 52 | 2316 | 170 |
| 海林市 | Hailin City | 372013 | 337161 | 30041 | 1801 | | 11068 | 3012 |
| 宁安市 | Ningan City | 889471 | 806097 | 27268 | 3445 | | 53731 | 6818 |
| 阳明区 | Yangming | | | | 1504 | | 11234 | 491 |
| 北安市 | Beian City | 679652 | 463752 | 211547 | 38 | 1920 | 10776 | 3717 |
| 五大连池市 | Wudalianchi City | 649506 | 392393 | 254519 | 90 | | 16871 | 3780 |
| 五大连池风景区 | Wudalianchi scenic spot | 29939 | 16861 | 10926 | | | 466 | 850 |
| 爱辉区 | Aihui | | | | 204 | | 10087 | 1997 |
| 嫩江县 | Nenjiang County | 1098550 | 599954 | 489002 | 431 | | 62344 | 2948 |
| 逊克县 | Xunke County | 554556 | 368406 | 133241 | 48 | | 9305 | 3686 |
| 孙吴县 | Sunwu County | 270268 | 152084 | 97737 | 474 | | 6779 | 718 |
| 安达市 | Anda City | 928159 | 912748 | 9098 | 172 | 4750 | 46883 | 19232 |
| 肇东市 | Zhaodong City | 1626881 | 1602826 | 17944 | 579 | 2205 | 117197 | 39317 |
| 海伦市 | Hailun City | 1340598 | 1042676 | 287787 | 37 | | 27980 | 12816 |
| 北林区 | Beilin | 1277460 | 1189286 | 44442 | | | 78528 | 31014 |
| 望奎县 | Wangkui County | 1109678 | 989523 | 35011 | 9 | | 86720 | 9858 |
| 兰西县 | Lanxi County | 1099657 | 1085634 | 7907 | 4368 | | 49307 | 9594 |
| 青冈县 | Qinggang County | 1136351 | 1116578 | 18347 | 616 | 516 | 51340 | 8916 |
| 庆安县 | Qingan County | 1069549 | 983364 | 64134 | | | 23983 | 13713 |
| 明水县 | Mingshui County | 778237 | 718545 | 42028 | 71 | 810 | 32301 | 5878 |
| 绥棱县 | Suiling County | 627953 | 519708 | 107046 | 5 | | 8184 | 10165 |
| 呼玛县 | Huma County | 127000 | 42418 | 83265 | | | 1421 | 489 |
| 塔河县 | Tahe County | 10114 | 447 | 9499 | | | 3055 | 266 |
| 漠河市 | Mohe City | 5249 | 136 | 4414 | | | 2598 | 238 |
| 加格达奇区 | Jiagedaqi District | 173472 | 28585 | 121545 | | | 1397 | 635 |

# 附录　续表12　Continued

| 县、市名称 | Name | 猪年底数量(头) Number of Hogs (year-end ) (head) | 羊年底数量(只) Number of Sheep and Goats(year-end )(head) | 牛奶产量(吨) Cow Milk (ton) | 大牲畜年底数量(头) Number of Large Animals (head) | #牛 Cattle and Buffaloes | #奶牛 Milk Cows |
|---|---|---|---|---|---|---|---|
| 阿城区 | Acheng | 131616 | 16933 | 583 | 43679 | 43219 | 265 |
| 呼兰区 | Hulan | 195619 | 26383 | 2435 | 15976 | 15264 | 876 |
| 宾　县 | Bin County | 215322 | 35343 | 76 | 171249 | 165110 | 16 |
| 依兰县 | Yilan County | 68766 | 64554 | 372 | 29303 | 29216 | 158 |
| 方正县 | Fangzheng County | 29880 | 5755 | | 15598 | 15356 | |
| 双城区 | Shuangcheng | 335700 | 51414 | 451290 | 153305 | 148313 | 90258 |
| 尚志市 | Shangzhi City | 70855 | 21392 | 46041 | 91415 | 88153 | 12965 |
| 五常市 | Wuchang City | 247246 | 35423 | 34352 | 74948 | 70299 | 7406 |
| 巴彦县 | Bayan County | 714900 | 29596 | 554 | 51118 | 50986 | 204 |
| 木兰县 | Mulan County | 47288 | 7371 | | 19703 | 19539 | |
| 通河县 | Tonghe County | 27101 | 8055 | 40 | 6761 | 6555 | 24 |
| 延寿县 | Yanshou County | 29132 | 8028 | | 18145 | 17644 | |
| 龙江县 | Longjiang County | 328600 | 713397 | 111625 | 281395 | 270465 | 33679 |
| 依安县 | Yian County | 312906 | 338895 | 28221 | 62325 | 61013 | 9171 |
| 泰来县 | Tailai County | 138296 | 168884 | 75582 | 51031 | 43597 | 10017 |
| 甘南县 | Gannan County | 380775 | 489705 | 68488 | 45779 | 44063 | 14707 |
| 富裕县 | Fuyu County | 169342 | 168604 | 269037 | 91428 | 87476 | 72297 |
| 克山县 | Keshan County | 188264 | 112885 | 32904 | 49443 | 45833 | 9886 |
| 克东县 | Kedong County | 33469 | 47759 | 166800 | 59573 | 59473 | 46650 |
| 拜泉县 | Baiquan County | 191072 | 104595 | 20943 | 69712 | 68230 | 6649 |
| 梅里斯区 | Meilisi Daur District | 107725 | 121000 | 31691 | 16805 | 15980 | 8880 |
| 讷河市 | Nehe City | 338651 | 227431 | 51172 | 124647 | 117985 | 14991 |
| 鸡东县 | Jidong County | 90239 | 72057 | 16838 | 25583 | 24591 | 4889 |
| 虎林市 | Hulin City | 40615 | 11720 | 49346 | 22099 | 22048 | 15790 |
| 密山市 | Mishan City | 168586 | 119670 | 79393 | 54512 | 54489 | 22013 |
| 萝北县 | Luobei County | 275499 | 16850 | 15486 | 14262 | 14232 | 5919 |
| 绥滨县 | Suibin County | 119810 | 25467 | 997 | 10723 | 10515 | 589 |
| 集贤县 | Jixian County | 74938 | 28484 | 1695 | 16668 | 16568 | 1058 |
| 友谊县 | Youyi County | 48482 | 11123 | 121 | 2232 | 2152 | 43 |
| 宝清县 | Baoqing County | 114645 | 122635 | 8026 | 26841 | 26841 | 2292 |
| 饶河县 | Raohe County | 35344 | 22766 | 143 | 10347 | 10190 | 35 |
| 肇州县 | Zhaozhou County | 347420 | 514044 | 50172 | 220093 | 211720 | 17256 |
| 肇源县 | Zhaoyuan County | 209334 | 267483 | 44065 | 54008 | 49804 | 15312 |
| 林甸县 | Lindian County | 244054 | 230364 | 232699 | 71973 | 70714 | 52838 |
| 杜蒙自治县 | Durbote Mongolia Autonomous County | 105044 | 278983 | 230825 | 128810 | 117195 | 75603 |
| 大同区 | Datong | 136943 | 129725 | 37690 | 28355 | 26479 | 12350 |

附录 续表13 Continued

| 县、市名称 | Name | 猪年底数量(头) Number of Hogs (year-end ) (head) | 羊年底数量(只) Number of Sheep and Goats(year-end )(head) | 牛奶产量(吨) Cow Milk (ton) | 大牲畜年底数量(头) Number of Large Animals (head) | #牛 Cattle and Buffaloes | #奶牛 Milk Cows |
|---|---|---|---|---|---|---|---|
| 嘉荫县 | Jiayin County | 8990 | 14266 | 1495 | 3334 | 3274 | 487 |
| 铁力市 | Tieli City | 80365 | 35981 | 51824 | 35502 | 35320 | 10090 |
| 桦南县 | Huanan County | 299881 | 95496 | | 119469 | 98704 | |
| 桦川县 | Huachuan County | 208945 | 49422 | 4897 | 42155 | 41995 | 1732 |
| 汤原县 | Tangyuan County | 234269 | 32835 | 50901 | 45752 | 45636 | 8765 |
| 抚远市 | Fuyuan City | 18914 | 18946 | 80 | 7963 | 7655 | 32 |
| 同江市 | Tongjiang City | 34063 | 15565 | | 9477 | 9453 | 211 |
| 富锦市 | Fujin City | 17869 | 148263 | 11840 | 18267 | 18052 | 2840 |
| 佳木斯郊区 | Jiamusi Suburb | 448100 | 63277 | 2958 | 51174 | 51140 | 1105 |
| 勃利县 | Boli County | 91625 | 46372 | | 13121 | 12944 | |
| 穆棱市 | Muling City | 77984 | 64337 | 510 | 56414 | 54017 | 116 |
| 东宁市 | Dongning City | 28423 | 25209 | 378 | 20331 | 20152 | 133 |
| 林口县 | Linkou County | 64264 | 108399 | 343 | 62970 | 52368 | 75 |
| 绥芬河市 | Suifenhe City | 17949 | 2374 | 316 | 1471 | 1367 | 96 |
| 海林市 | Hailin City | 56452 | 39340 | 4599 | 31201 | 30372 | 2686 |
| 宁安市 | Ningan City | 329856 | 109630 | 484 | 87103 | 85047 | 139 |
| 阳明区 | Yangming | 62648 | 21341 | 5145 | 20420 | 19663 | 1502 |
| 北安市 | Beian City | 41788 | 57854 | 74777 | 60065 | 58871 | 28152 |
| 五大连池市 | Wudalianchi City | 56252 | 131697 | 52364 | 67398 | 66118 | 17186 |
| 五大连池风景区 | Wudalianchi scenic spot | 995 | 1803 | 72 | 536 | 482 | 97 |
| 爱辉区 | Aihui | 17127 | 72332 | 33856 | 63875 | 60105 | 11287 |
| 嫩江县 | Nenjiang County | 404307 | 239070 | 184495 | 243329 | 236898 | 51423 |
| 逊克县 | Xunke County | 41118 | 121599 | 410 | 38736 | 34931 | 194 |
| 孙吴县 | Sunwu County | 31286 | 151338 | 734 | 54883 | 53229 | 504 |
| 安达市 | Anda City | 329400 | 114340 | 167419 | 72026 | 69987 | 41237 |
| 肇东市 | Zhaodong City | 704363 | 191038 | 77329 | 163839 | 154989 | 33790 |
| 海伦市 | Hailun City | 183507 | 78911 | 9683 | 49681 | 48951 | 4196 |
| 北林区 | Beilin | 542300 | 140643 | 17269 | 159803 | 159172 | 10025 |
| 望奎县 | Wangkui County | 692400 | 67400 | | 66989 | 62014 | |
| 兰西县 | Lanxi County | 344900 | 129641 | 49919 | 89606 | 87009 | 12756 |
| 青冈县 | Qinggang County | 314200 | 188710 | 21897 | 216313 | 212264 | 15363 |
| 庆安县 | Qingan County | 160260 | 39037 | 1138 | 49783 | 43868 | 2534 |
| 明水县 | Mingshui County | 249121 | 395127 | 50363 | 192514 | 181430 | 18790 |
| 绥棱县 | Suiling County | 72265 | 17400 | 191 | 9159 | 9159 | 196 |
| 呼玛县 | Huma County | 9043 | 21457 | 138 | 7793 | 6557 | 77 |
| 塔河县 | Tahe County | 28640 | 11970 | 215 | 9662 | 9161 | 215 |
| 漠河市 | Mohe City | 19105 | 4009 | 518 | 2660 | 1662 | 106 |
| 加格达奇区 | Jiagedaqi District | 11292 | 5677 | 929 | 1655 | 1636 | 244 |

# 附录　续表14　Continued

单位：万元　　(10000 yuan)

| 县、市名称 | Name | 全年主营业务收入2000万元及以上的工业企业 Industrial Enterprises With Annual Revenue From Principal Business Over 20 Million Yuan | | | | | | |
|---|---|---|---|---|---|---|---|---|
| | | 企业单位数（个） Number of Enterprises (unit) | #亏损企业 Losses | 资产合计 Total Assets | 流动资产合计 Total Current Assets | 非流动资产合计 Total of Non current Assets | 负债合计 Total Liabilities | 所有者权益 Creditors' Equity |
| 阿城区 | Acheng | 59 | 18 | 1426468 | 684590 | 741878 | 921660 | 504809 |
| 呼兰区 | Hulan | 76 | 18 | 2348813 | 1104103 | 1244710 | 1456639 | 892175 |
| 宾　县 | Bin County | 51 | 23 | 1867310 | 945308 | 922001 | 1291000 | 576309 |
| 依兰县 | Yilan County | 22 | 9 | 457086 | 134578 | 322507 | 408287 | 48798 |
| 方正县 | Fangzheng County | 29 | 7 | 311853 | 176133 | 135720 | 210478 | 101376 |
| 双城区 | Shuangcheng | 49 | 14 | 1348996 | 791562 | 557434 | 728774 | 620222 |
| 尚志市 | Shangzhi City | 28 | 11 | 351191 | 163138 | 188052 | 251355 | 99836 |
| 五常市 | Wuchang City | 98 | 21 | 1038809 | 601820 | 436989 | 645192 | 393617 |
| 巴彦县 | Bayan County | 27 | 10 | 335928 | 134289 | 201639 | 201276 | 134651 |
| 木兰县 | Mulan County | 23 | 4 | 142580 | 52780 | 89800 | 90622 | 51958 |
| 通河县 | Tonghe County | 23 | 5 | 182539 | 80351 | 102188 | 155616 | 26923 |
| 延寿县 | Yanshou County | 37 | 10 | 332005 | 209670 | 122334 | 229894 | 102111 |
| 龙江县 | Longjiang County | 19 | 4 | 723212 | 341841 | 381371 | 380231 | 342981 |
| 依安县 | Yian County | 21 | 8 | 361714 | 158780 | 202934 | 250370 | 111344 |
| 泰来县 | Tailai County | 20 | 6 | 310998 | 119144 | 191854 | 211482 | 99516 |
| 甘南县 | Gannan County | 34 | 12 | 664949 | 466231 | 198717 | 255800 | 409149 |
| 富裕县 | Fuyu County | 23 | 8 | 419313 | 185847 | 233465 | 239782 | 179530 |
| 克山县 | Keshan County | 14 | 7 | 198399 | 98275 | 100124 | 141857 | 56542 |
| 克东县 | Kedong County | 13 | 7 | 11185140 | 8729818 | 2455319 | 7200932 | 3984197 |
| 拜泉县 | Baiquan County | 14 | 2 | 2106187 | 756301 | 1349885 | 1087478 | 1018709 |
| 梅里斯区 | Meilisi Daur District | 4 | | 510118 | 394576 | 115541 | 321017 | 189100 |
| 讷河市 | Nehe City | 30 | 12 | 7553778 | 4034967 | 3518810 | 4749418 | 2804359 |
| 鸡东县 | Jidong County | 21 | 5 | 3498505 | 1618966 | 1879537 | 2379364 | 1119137 |
| 虎林市 | Hulin City | 56 | 11 | 14036174 | 9943395 | 4092775 | 6995009 | 7041167 |
| 密山市 | Mishan City | 39 | 9 | 6167620 | 2445591 | 3722029 | 3993846 | 2173775 |
| 萝北县 | Luobei County | 37 | 9 | 5907589 | 2873671 | 3033915 | 3743493 | 2164090 |
| 绥滨县 | Suibin County | 6 | 3 | 1642843 | 554668 | 1088175 | 1190417 | 452426 |
| 集贤县 | Jixian County | 36 | 15 | 8803209 | 4647469 | 4155742 | 8160479 | 642727 |
| 友谊县 | Youyi County | 16 | 7 | 2265923 | 819839 | 1446084 | 2074747 | 191175 |
| 宝清县 | Baoqing County | 36 | 10 | 2610349 | 1450624 | 1159723 | 1664358 | 945991 |
| 饶河县 | Raohe County | 10 | 5 | 990389 | 298122 | 692265 | 816638 | 173752 |
| 肇州县 | Zhaozhou County | 56 | 3 | 15435227 | 3344655 | 12090580 | 2720966 | 12714259 |
| 肇源县 | Zhaoyuan County | 90 | 1 | 6020628 | 3880232 | 2140392 | 3564761 | 2455865 |
| 林甸县 | Lindian County | 11 | 3 | 2996086 | 1310036 | 1686047 | 1551018 | 1445067 |
| 杜蒙自治县 | Durbote Mongolia Autonomous County | 36 | 8 | 7877172 | 3003770 | 4873399 | 4889623 | 2987550 |
| 大同区 | Datong | 25 | 9 | 12059787 | 3734921 | 8324862 | 9906298 | 2153482 |

附录 续表15 Continued

单位：万元 (10000 yuan)

| 县、市名称 | Name | 全年主营业务收入2000万元及以上的工业企业 Industrial Enterprises With Annual Revenue From Principal Business Over 20 Million Yuan | | | | | | |
|---|---|---|---|---|---|---|---|---|
| | | 企业单位数(个) Number of Enterprises (unit) | #亏损企业 Losses | 资产合计 Total Assets | 流动资产合计 Total Current Assets | 非流动资产合计 Total of Non current Assets | 负债合计 Total Liabilities | 所有者权益 Creditors Equity |
| 嘉荫县 | Jiayin County | 3 | 1 | 681993 | 309543 | 372450 | 310895 | 371099 |
| 铁力市 | Tieli City | 14 | 3 | 5576243 | 1565134 | 4011107 | 4751295 | 824947 |
| 桦南县 | Huanan County | 23 | 8 | 4064407 | 1257038 | 2807364 | 2431732 | 1632670 |
| 桦川县 | Huachuan County | 31 | 5 | 3918136 | 1151879 | 2766258 | 2096648 | 1821490 |
| 汤原县 | Tangyuan County | 15 | 3 | 1978474 | 800525 | 1177950 | 1309948 | 668528 |
| 抚远市 | Fuyuan City | 7 | 2 | 1030663 | 371623 | 659039 | 818005 | 212659 |
| 同江市 | Tongjiang City | 25 | 7 | 3389520 | 1176183 | 2213338 | 2480727 | 908792 |
| 富锦市 | Fujin City | 52 | 13 | 9077150 | 3892156 | 5184978 | 6331351 | 2745793 |
| 佳木斯郊区 | Jiamusi Suburb | 31 | 10 | 4021753 | 1668205 | 2353547 | 2293070 | 1728684 |
| 勃利县 | Boli County | 13 | 3 | 5775380 | 3807358 | 1968020 | 3273575 | 2501803 |
| 穆棱市 | Muling City | 23 | 11 | 3341796 | 1605127 | 1736668 | 2487866 | 853929 |
| 东宁市 | Dongning City | 23 | 3 | 2641582 | 698736 | 1942846 | 1896896 | 744685 |
| 林口县 | Linkou County | 10 | 5 | 991506 | 229916 | 761590 | 760224 | 231285 |
| 绥芬河市 | Suifenhe City | 38 | 22 | 2267852 | 1617177 | 650674 | 1914378 | 353466 |
| 海林市 | Hailin City | 25 | 9 | 4060339 | 2033290 | 2027049 | 3116490 | 943847 |
| 宁安市 | Ningan City | 17 | 8 | 2390276 | 824949 | 1565328 | 1941039 | 449234 |
| 阳明区 | Yangming | 36 | 10 | 14426296 | 6086761 | 8339524 | 8305832 | 6120461 |
| 北安市 | Beian City | 34 | 5 | 7531791 | 4092772 | 3439018 | 5924629 | 1607158 |
| 五大连池市 | Wudalianchi City | 9 | 2 | 1879082 | 817010 | 1062079 | 1948943 | -69862 |
| 五大连池风景区 | Wudalianchi scenic spot | 1 | | 3379 | 773 | 2606 | 1115 | 2264 |
| 爱辉区 | Aihui | 23 | 6 | 5598433 | 2183518 | 3414907 | 3699222 | 1899212 |
| 嫩江县 | Nenjiang County | 25 | 7 | 9260086 | 2166548 | 7093536 | 5426072 | 3834014 |
| 逊克县 | Xunke County | 8 | 1 | 4377554 | 1101761 | 3275792 | 3035835 | 1341720 |
| 孙吴县 | Sunwu County | 6 | | 614445 | 203425 | 411019 | 465423 | 149022 |
| 安达市 | Anda City | 47 | 18 | 13536928 | 5585991 | 7950936 | 9721379 | 3815556 |
| 肇东市 | Zhaodong City | 45 | 12 | 11553445 | 6330467 | 5222978 | 7938549 | 3614891 |
| 海伦市 | Hailun City | 30 | 11 | 2369113 | 1064567 | 1304545 | 1597556 | 771555 |
| 北林区 | Beilin | 91 | 25 | 13264295 | 5867024 | 7397264 | 9904700 | 3359586 |
| 望奎县 | Wangkui County | 10 | 3 | 1676250 | 664040 | 1012212 | 1378007 | 298239 |
| 兰西县 | Lanxi County | 17 | 4 | 1580477 | 575323 | 1005154 | 1166675 | 413802 |
| 青冈县 | Qinggang County | 22 | 3 | 6538856 | 2786759 | 3752095 | 3736529 | 2802326 |
| 庆安县 | Qingan County | 29 | 2 | 4769191 | 2351160 | 2418029 | 2813394 | 1955794 |
| 明水县 | Mingshui County | 9 | 3 | 1861401 | 972675 | 888726 | 1130082 | 731319 |
| 绥棱县 | Suiling County | 15 | 9 | 957219 | 398336 | 558887 | 703571 | 253651 |
| 呼玛县 | Huma County | 1 | | 340083 | -93219 | 433301 | 106508 | 233575 |
| 塔河县 | Tahe County | 3 | 1 | 509213 | 307170 | 202043 | 237130 | 272082 |
| 漠河市 | Mohe City | 6 | 2 | 2241166 | 1325312 | 915854 | 1634156 | 607010 |
| 加格达奇区 | Jiagedaqi District | 5 | 4 | 2106290 | 1618781 | 487509 | 2036544 | 69747 |

附录 续表16 Continued

单位：万元 (10000 yuan)

| 县、市名称 | Name | 全年主营业务收入2000万元及以上的国有控股工业企业 State-holding Industrial Enterprises With Annual Revenue From Principal Business Over 20 Million Yuan 企业单位数（个） Number of Enterprises (unit) | #亏损企业 Losses | 资产合计 Total Assets | 流动资产合计 Total Current Assets | 非流动资产合计 Total of Non current Assets | 负债合计 Total Liabilities | 所有者权益 Creditors' Equity |
|---|---|---|---|---|---|---|---|---|
| 阿城区 | Acheng | 12 | 5 | 316977 | 69949 | 247029 | 235555 | 81422 |
| 呼兰区 | Hulan | 8 | 4 | 586034 | 83180 | 502854 | 558417 | 27617 |
| 宾县 | Bin County | 7 | 3 | 477036 | 212329 | 264707 | 395121 | 81915 |
| 依兰县 | Yilan County | 6 | 2 | 316436 | 64382 | 252054 | 298879 | 17557 |
| 方正县 | Fangzheng County | 4 | 1 | 87716 | 15711 | 72005 | 65001 | 22715 |
| 双城区 | Shuangcheng | 2 | 1 | 44023 | 12311 | 31712 | 39718 | 4306 |
| 尚志市 | Shangzhi City | 3 | 2 | 60119 | 26399 | 33720 | 50971 | 9148 |
| 五常市 | Wuchang City | 3 | 2 | 81188 | 18007 | 63182 | 72468 | 8720 |
| 巴彦县 | Bayan County | 3 | 1 | 100342 | 13429 | 86913 | 87413 | 12929 |
| 木兰县 | Mulan County | 1 | 1 | 21698 | 1393 | 20305 | 26182 | -4484 |
| 通河县 | Tonghe County | 4 | 1 | 84465 | 22666 | 61799 | 72165 | 12300 |
| 延寿县 | Yanshou County | 2 | 1 | 81475 | 49267 | 32208 | 82452 | -978 |
| 龙江县 | Longjiang County | 4 | 1 | 128688 | 24759 | 103929 | 100688 | 28000 |
| 依安县 | Yian County | 2 | 2 | 34469 | 4473 | 29996 | 37988 | -3519 |
| 泰来县 | Tailai County | 2 | 1 | 72689 | 26097 | 46592 | 68418 | 4272 |
| 甘南县 | Gannan County | 4 | 3 | 77719 | 26101 | 51618 | 78985 | -1266 |
| 富裕县 | Fuyu County | 4 | 2 | 241624 | 116039 | 125585 | 133750 | 107874 |
| 克山县 | Keshan County | 3 | 2 | 51230 | 16983 | 34246 | 42201 | 9029 |
| 克东县 | Kedong County | 1 | 1 | 167937 | 24724 | 143212 | 166067 | 1869 |
| 拜泉县 | Baiquan County | 1 | 1 | 235229 | 30613 | 204616 | 305749 | -70519 |
| 梅里斯区 | Meilisi Daur District | 1 |  | 292698 | 267737 | 24961 | 181502 | 111196 |
| 讷河市 | Nehe City | 2 | 1 | 342637 | 69423 | 273213 | 370077 | -27441 |
| 鸡东县 | Jidong County | 3 | 1 | 657042 | 240427 | 416615 | 460686 | 196356 |
| 虎林市 | Hulin City | 4 | 1 | 2394350 | 1242435 | 1151914 | 1597276 | 797074 |
| 密山市 | Mishan City | 7 | 1 | 2803246 | 395820 | 2407424 | 1853810 | 949434 |
| 萝北县 | Luobei County | 5 | 1 | 1541544 | 310072 | 1231471 | 1071962 | 469581 |
| 绥滨县 | Suibin County | 2 | 1 | 777721 | 160285 | 617436 | 682072 | 95649 |
| 集贤县 | Jixian County | 3 | 1 | 826234 | 101143 | 725090 | 594460 | 231774 |
| 友谊县 | Youyi County | 5 | 5 | 1216942 | 207710 | 1009233 | 1325442 | -108499 |
| 宝清县 | Baoqing County | 2 | 2 | 772527 | 291970 | 480556 | 762446 | 10081 |
| 饶河县 | Raohe County | 2 | 1 | 420119 | 49862 | 370256 | 316511 | 103608 |
| 肇州县 | Zhaozhou County | 1 | 1 | 319065 | 32346 | 286720 | 364276 | -45211 |
| 肇源县 | Zhaoyuan County | 2 | 1 | 386427 | 87779 | 298648 | 389556 | -3128 |
| 林甸县 | Lindian County | 2 | 1 | 1349305 | 416755 | 932549 | 1196400 | 152905 |
| 杜蒙自治县 | Durbote Mongolia Autonomous County | 2 | 2 | 841155 | 150585 | 690570 | 833248 | 7907 |
| 大同区 | Datong | 6 | 1 | 5887488 | 1690197 | 4197291 | 4323828 | 1563660 |

附录 续表17 Continued

单位：万元 (10000 yuan)

| 县、市名称 | Name | 全年主营业务收入2000万元及以上的国有控股工业企业 State-holding Industrial Enterprises With Annual Revenue From Principal Business Over 20 Million Yuan | | | | | | |
|---|---|---|---|---|---|---|---|---|
| | | 企业单位数(个) Number of Enterprises (unit) | #亏损企业 Losses | 资产合计 Total Assets | 流动资产合计 Total Current Assets | 非流动资产合计 Total of Non current Assets | 负债合计 Total Liabilities | 所有者权益 Creditors' Equity |
| 嘉荫县 | Jiayin County | | | | | | | |
| 铁力市 | Tieli City | 2 | | 3758340 | 323108 | 3435232 | 3366344 | 391996 |
| 桦南县 | Huanan County | 4 | 2 | 2147012 | 283176 | 1863833 | 1511202 | 635809 |
| 桦川县 | Huachuan County | 4 | 2 | 2821986 | 345592 | 2476393 | 1707735 | 1114251 |
| 汤原县 | Tangyuan County | 4 | 2 | 805654 | 190257 | 615398 | 670279 | 135376 |
| 抚远市 | Fuyuan City | 3 | 1 | 506457 | 91589 | 414867 | 387716 | 118741 |
| 同江市 | Tongjiang City | 2 | 1 | 1643448 | 235455 | 1407993 | 1235766 | 407681 |
| 富锦市 | Fujin City | 11 | 3 | 5504777 | 1856617 | 3648157 | 4254999 | 1249776 |
| 佳木斯郊区 | Jiamusi Suburb | 2 | 1 | 781707 | 61841 | 719866 | 382938 | 398769 |
| 勃利县 | Boli County | 1 | 1 | 173568 | 11446 | 162122 | 223398 | -49830 |
| 穆棱市 | Muling City | 4 | 3 | 1027974 | 225936 | 802037 | 970981 | 56993 |
| 东宁市 | Dongning City | 3 | 1 | 1102130 | 52151 | 1049977 | 878952 | 223178 |
| 林口县 | Linkou County | 2 | 1 | 225293 | 43664 | 181630 | 271000 | -45705 |
| 绥芬河市 | Suifenhe City | | | | | | | |
| 海林市 | Hailin City | 2 | 1 | 269613 | 27514 | 242099 | 151665 | 117948 |
| 宁安市 | Ningan City | 4 | 3 | 1052183 | 210968 | 841216 | 1010415 | 41767 |
| 阳明区 | Yangming | 5 | 2 | 7610679 | 2367796 | 5242878 | 4713409 | 2897270 |
| 北安市 | Beian City | 8 | 3 | 3746011 | 1535184 | 2210827 | 2967649 | 778362 |
| 五大连池市 | Wudalianchi City | 2 | 2 | 552889 | 213438 | 339451 | 918858 | -365969 |
| 五大连池风景区 | Wudalianchi scenic spot | | | | | | | |
| 爱辉区 | Aihui | 6 | 2 | 2437186 | 454732 | 1982453 | 1341070 | 1096116 |
| 嫩江县 | Nenjiang County | 6 | 3 | 1244377 | 393740 | 850636 | 1216073 | 28304 |
| 逊克县 | Xunke County | 2 | 1 | 304426 | 31839 | 272587 | 225411 | 79015 |
| 孙吴县 | Sunwu County | 1 | | 105113 | 11612 | 93501 | 122839 | -17726 |
| 安达市 | Anda City | 4 | 2 | 2436270 | 573459 | 1862809 | 1374652 | 1061617 |
| 肇东市 | Zhaodong City | 5 | 3 | 1034452 | 347297 | 687155 | 1126876 | -92425 |
| 海伦市 | Hailun City | 1 | 1 | 521096 | 67075 | 454021 | 558633 | -37538 |
| 北林区 | Beilin | 9 | 5 | 5425772 | 1323933 | 4101839 | 4365182 | 1060590 |
| 望奎县 | Wangkui County | 1 | 1 | 266084 | 22069 | 244014 | 296875 | -30791 |
| 兰西县 | Lanxi County | 1 | 1 | 305613 | 45716 | 259897 | 369014 | -63401 |
| 青冈县 | Qinggang County | 1 | 1 | 220044 | 29486 | 190558 | 261029 | -40985 |
| 庆安县 | Qingan County | 3 | 1 | 1285995 | 325125 | 960868 | 993435 | 292560 |
| 明水县 | Mingshui County | 2 | 1 | 855581 | 427797 | 427784 | 657894 | 197687 |
| 绥棱县 | Suiling County | 1 | 1 | 252424 | 24526 | 227898 | 283187 | -30763 |
| 呼玛县 | Huma County | | | | | | | |
| 塔河县 | Tahe County | 1 | | 111408 | 104174 | 7234 | 65391 | 46016 |
| 漠河市 | Mohe City | 2 | 1 | 1505121 | 898776 | 606345 | 1086392 | 418729 |
| 加格达奇区 | Jiagedaqi District | 1 | 1 | 934573 | 595217 | 339356 | 935159 | -586 |

# 附录 续表18 Continued

| 县、市名称 | Name | 公共财政收入（万元）General Budgetary Financial Revenue (10000 yuan) | 政府性基金收入（万元）Governmental Fund Income (10000 yuan) | 公共财政支出（万元）General Budgetary Financial Expenditure (10000 yuan) | 政府性基金支出（万元）Governmental Fund Expenditure (10000 yuan) | 公路线路里程（公里）Length of Highways (km) | 普通中学在校学生（人）Students in Regular Secondary Schools (person) | 小学在校学生（人）Students in Primary Schools (person) |
|---|---|---|---|---|---|---|---|---|
| 阿城区 | Acheng | 47749 | 899 | 301968 | 17314 | 1899 | 20795 | 23344 |
| 呼兰区 | Hulan | 30050 | 165 | 361829 | 47514 | 1432 | 14689 | 20341 |
| 宾　县 | Bin County | 45609 | 7152 | 381276 | 83932 | 2381 | 23329 | 26217 |
| 依兰县 | Yilan County | 41221 | 2593 | 329684 | 2717 | 1767 | 12714 | 13694 |
| 方正县 | Fangzheng County | 18237 | 965 | 187475 | 1872 | 1252 | 8491 | 8731 |
| 双城区 | Shuangcheng | 43298 | | 513148 | 207188 | 2576 | 29944 | 32449 |
| 尚志市 | Shangzhi City | 36030 | 7783 | 339543 | 13588 | 2618 | 22176 | 22411 |
| 五常市 | Wuchang City | 75677 | 11382 | 533386 | 7795 | 3725 | 31211 | 32781 |
| 巴彦县 | Bayan County | 35717 | -450 | 430840 | 5753 | 2425 | 20405 | 21446 |
| 木兰县 | Mulan County | 11554 | 15970 | 234979 | 12207 | 1353 | 8182 | 10610 |
| 通河县 | Tonghe County | 21010 | 2863 | 206831 | 15429 | 1455 | 8308 | 8980 |
| 延寿县 | Yanshou County | 16712 | 4820 | 253079 | 4418 | 1170 | 7707 | 9661 |
| 龙江县 | Longjiang County | 42482 | 11019 | 411995 | 12551 | 2749 | 22220 | 24352 |
| 依安县 | Yian County | 31877 | 1499 | 326265 | 1604 | 2625 | 12616 | 13607 |
| 泰来县 | Tailai County | 30854 | 7369 | 247005 | 10759 | 2399 | 10766 | 14328 |
| 甘南县 | Gannan County | 32897 | 5051 | 328829 | 11371 | 2735 | 16202 | 18804 |
| 富裕县 | Fuyu County | 40083 | 2998 | 259917 | 31522 | 2196 | 10155 | 11044 |
| 克山县 | Keshan County | 19993 | 3432 | 327531 | 3919 | 2425 | 12911 | 10996 |
| 克东县 | Kedong County | 46240 | 1806 | 269263 | 2881 | 1626 | 9270 | 7671 |
| 拜泉县 | Baiquan County | 16562 | 1769 | 452232 | 2314 | 2412 | 13978 | 15431 |
| 梅里斯区 | Meilisi Daur District | 9590 | 1181 | 134627 | 1982 | 797 | 4422 | 5378 |
| 讷河市 | Nehe City | 30588 | 7242 | 433962 | 11444 | 2859 | 22353 | 22059 |
| 鸡东县 | Jidong County | 26573 | 1697 | 238492 | 2040 | 1763 | 10549 | 7266 |
| 虎林市 | Hulin City | 41377 | 6313 | 272308 | 13015 | 3463 | 11939 | 11068 |
| 密山市 | Mishan City | 36186 | 5373 | 322595 | 2579 | 2783 | 20287 | 12823 |
| 萝北县 | Luobei County | 35976 | 2416 | 214150 | 2641 | 2625 | 12953 | 6860 |
| 绥滨县 | Suibin County | 16568 | 2852 | 191972 | 11089 | 1920 | 5955 | 5948 |
| 集贤县 | Jixian County | 25668 | 3732 | 233614 | 3962 | 1225 | 13928 | 10306 |
| 友谊县 | Youyi County | 11743 | 590 | 83471 | 924 | 509 | 8084 | 3329 |
| 宝清县 | Baoqing County | 44728 | 11857 | 319440 | 35636 | 4077 | 15370 | 16482 |
| 饶河县 | Raohe County | 12828 | 1432 | 188551 | 3881 | 2526 | 5179 | 6434 |
| 肇州县 | Zhaozhou County | 32993 | 2790 | 269016 | 2851 | 1386 | 19821 | 13412 |
| 肇源县 | Zhaoyuan County | 28996 | 9915 | 264742 | 13329 | 1672 | 21577 | 14864 |
| 林甸县 | Lindian County | 23336 | 3921 | 226897 | 2269 | 1500 | 9423 | 10297 |
| 杜蒙自治县 | Durbote Mongolia Autonomous County | 34201 | 10349 | 262473 | 12464 | 1927 | 12923 | 9799 |
| 大同区 | Datong | 40337 | 3307 | 172048 | 4813 | 1178 | 9929 | 7909 |

附录 续表19 Continued

| 县、市名称 | Name | 公共财政收入(万元) General Budgetary Financial Revenue (10000 yuan) | 政府性基金收入(万元) Governmental Fund Income (10000 yuan) | 公共财政支出(万元) General Budgetary Financial Expenditure (10000 yuan) | 政府性基金支出(万元) Governmental Fund Expenditure (10000 yuan) | 公路线路里程(公里) Length of Highways (km) | 普通中学在校学生(人) Students in Regular Secondary Schools (person) | 小学在校学生(人) Students in Primary Schools (person) |
|---|---|---|---|---|---|---|---|---|
| 嘉荫县 | Jiayin County | 10007 | 765 | 165493 | 5783 | 1415 | 2463 | 2640 |
| 铁力市 | Tieli City | 29124 | 2937 | 265157 | 17568 | 1841 | 11297 | 8702 |
| 桦南县 | Huanan County | 30629 | 4801 | 395791 | 12439 | 1735 | 15016 | 14383 |
| 桦川县 | Huachuan County | 20983 | 3058 | 225253 | 3702 | 1440 | 7695 | 8002 |
| 汤原县 | Tangyuan County | 22504 | 2953 | 256335 | 10355 | 1760 | 7433 | 7879 |
| 抚远市 | Fuyuan City | 19089 | 1624 | 213047 | 2177 | 2200 | 4237 | 6105 |
| 同江市 | Tongjiang City | 24052 | 1757 | 238686 | 1912 | 2536 | 7866 | 10209 |
| 富锦市 | Fujin City | 61399 | 10321 | 539575 | 14974 | 4926 | 25714 | 22226 |
| 佳木斯郊区 | Jiamusi Suburb | 31241 | | 124033 | 1057 | 1172 | 5629 | 6765 |
| 勃利县 | Boli County | 31950 | 2528 | 286391 | 38253 | 1529 | 10473 | 10685 |
| 穆棱市 | Muling City | 51396 | 2710 | 305229 | 12879 | 2098 | 10077 | 10504 |
| 东宁市 | Dongning City | 37744 | 3252 | 217121 | 19253 | 1895 | 9194 | 9584 |
| 林口县 | Linkou County | 42388 | 5482 | 279784 | 6324 | 2501 | 10661 | 11213 |
| 绥芬河市 | Suifenhe City | 47927 | 1486 | 204846 | 33641 | 232 | 5787 | 7684 |
| 海林市 | Hailin City | 47995 | 3294 | 224738 | 11890 | 2583 | 13985 | 12020 |
| 宁安市 | Ningan City | 34674 | 7988 | 310321 | 11553 | 2698 | 14850 | 15516 |
| 阳明区 | Yangming | 28205 | | 64616 | 2563 | 152 | 9581 | 6284 |
| 北安市 | Beian City | 61840 | 8431 | 410611 | 9224 | 3168 | 17351 | 12198 |
| 五大连池市 | Wudalianchi City | 29788 | 8850 | 299293 | 8934 | 2851 | 10726 | 10198 |
| 五大连池风景区 | Wudalianchi scenic spot | 6301 | -455 | 46440 | 4160 | 231 | 824 | 649 |
| 爱辉区 | Aihui | 20518 | | 201022 | 293 | 1741 | 3907 | 7900 |
| 嫩江县 | Nenjiang County | 65173 | 19224 | 490795 | 10710 | 3750 | 20388 | 17258 |
| 逊克县 | Xunke County | 31118 | 1482 | 261855 | 1727 | 2373 | 3746 | 3648 |
| 孙吴县 | Sunwu County | 17507 | 1000 | 182933 | 1095 | 1404 | 4155 | 4367 |
| 安达市 | Anda City | 83770 | 16335 | 368720 | 24319 | 1956 | 19540 | 13237 |
| 肇东市 | Zhaodong City | 87877 | 13423 | 457567 | 14447 | 2301 | 37557 | 27641 |
| 海伦市 | Hailun City | 51268 | 5792 | 634645 | 6397 | 3680 | 29213 | 19860 |
| 北林区 | Beilin | 53502 | 4391 | 433436 | 5974 | 2451 | 38745 | 26197 |
| 望奎县 | Wangkui County | 41495 | 7324 | 365957 | 7826 | 1882 | 20074 | 12531 |
| 兰西县 | Lanxi County | 34796 | 4206 | 376509 | 50922 | 1985 | 19538 | 13034 |
| 青冈县 | Qinggang County | 29502 | 4406 | 375813 | 20045 | 2185 | 20630 | 11995 |
| 庆安县 | Qingan County | 43066 | 4552 | 312203 | 4795 | 2234 | 13613 | 11736 |
| 明水县 | Mingshui County | 25699 | 5306 | 324976 | 18478 | 1501 | 11310 | 8450 |
| 绥棱县 | Suiling County | 32767 | 741 | 304388 | 755 | 2065 | 14922 | 8843 |
| 呼玛县 | Huma County | 11521 | 452 | 125295 | 594 | 1353 | 1736 | 1556 |
| 塔河县 | Tahe County | 6560 | 333 | 79446 | 293 | 1292 | 1793 | 1400 |
| 漠河市 | Mohe City | 35706 | 332 | 115347 | 629 | 1772 | 1872 | 1739 |
| 加格达奇区 | Jiagedaqi District | 22504 | 1467 | 114241 | 11863 | 588 | 6460 | 4854 |